Gemeinde ohne Tempel
Community without Temple

Zur Substituierung und Transformation
des Jerusalemer Tempels und seines Kults
im Alten Testament, antiken Judentum
und frühen Christentum

Herausgegeben von
Beate Ego, Armin Lange
und Peter Pilhofer

in Zusammenarbeit mit
Kathrin Ehlers

Mohr Siebeck

Die Deutsche Bibliothek – CIP-Einheitsaufnahme

Gemeinde ohne Tempel: zur Substituierung und Transformation des
Jerusalemer Tempels und seines Kults im Alten Testament, antiken
Judentum und frühen Christentum = Community without temple /
hrsg. von Beate Ego ... in Zusammenarbeit mit Kathrin Ehlers. –
Tübingen : Mohr Siebeck, 1999
   (Wissenschaftliche Untersuchungen zum Neuen Testament; 118)
   ISBN 3-16-147050-8

© 1999 J. C. B. Mohr (Paul Siebeck) Tübingen.

Das Buch wurde von Gulde-Druck in Tübingen auf alterungsbeständiges Werkdruckpapier
der Papierfabrik Niefern gedruckt und von der Großbuchbinderei Heinr. Koch in Tübingen
gebunden.

ISSN 0512-1604

Wissenschaftliche Untersuchungen
zum Neuen Testament

Herausgegeben von
Martin Hengel und Otfried Hofius

118

Vorwort

Im vorliegenden Band werden die Vorträge veröffentlicht, die auf dem Symposion „Gemeinde ohne Tempel" vom 15. bis zum 19. März 1998 in Greifswald gehalten wurden. Auch wenn der Tagungsort Greifswald ein Novum war, hatte die Tagung selbst doch eine längere Vorgeschichte. Im Jahr 1994 faßten junge Wissenschaftler der Universitäten Hamburg, Leipzig und Tübingen den Plan, eine gemeinsame Lehrveranstaltung zum Jubiläenbuch anzubieten. Daraus erwuchs ein kleines Symposion, das im März 1996 in Leipzig stattfand. Die Ergebnisse dieser Tagung liegen in dem Band „Studies in the Book of Jubilees" vor (herausgegeben von Matthias Albani, Jörg Frey und Armin Lange, TSAJ 65, Tübingen 1997).

Auf der Leipziger Tagung entstand der Plan für eine Folgeveranstaltung zum Thema „Gemeinde ohne Tempel". Unter diesem Oberbegriff sollte die facettenreiche Frage diskutiert werden, wie Israel und das antike Judentum die Herausforderung theologisch verarbeitet haben, daß der Tempel als kultisches Zentrum nicht mehr zur Verfügung stand, weil er zerstört worden war, als religiös disqualifiziert galt oder, wie im Falle des Diasporajudentums, für eine wirkliche Partizipation am Kult zu weit entfernt lag. Der Schwerpunkt des Symposions lag in der Epoche des Zweiten Tempels (520 v.Chr. – 135 n.Chr.), wobei auch analoge Problemstellungen und Entwicklungen in vorexilisch-exilischer und rabbinischer Zeit, im Neuen Testament und der frühen Kirche, im alten Ägypten und in der griechisch-römischen Welt berücksichtigt wurden. Ein besonderes Anliegen war es dabei, Nachwuchswissenschaftler mit schon etablierten Fachleuten unserer Disziplinen ins Gespräch zu bringen. Neben dem auch schon mit der Organisation der Leipziger Tagung befaßten Armin Lange (Tübingen) wurde das Greifswalder Symposion von Beate Ego (Tübingen) und Peter Pilhofer (Greifswald) geplant und vorbereitet. Gemeinsam haben wir auch Freud und Leid der Herausgeberschaft durchkostet. Wir freuen uns, daß wir den Band nun zu einem glücklichen Ende gebracht haben, und hoffen, daß die Autorinnen und Autoren, vor allem aber auch die künftigen Leserinnen und Leser mit dem Ergebnis zufrieden sein werden.

Es verbleibt die angenehme Pflicht, Dank zu sagen: Die *Deutsche Forschungsgemeinschaft* hat die Durchführung des Symposions durch großzügige Förderung ermöglicht. Ihr gilt der Dank aller Teilnehmerinnen und Teilnehmer. Die Tagung selbst verdankt den Mitarbeiterinnen und Mitarbeitern des Tagungsbüros viel. Unser Dank gilt Frau Eva Ebel, Frau Manuela Kindermann und Herrn Thomas Mittring für ihren unermüdlichen Einsatz vor, während und nach der Tagung. Dank gebührt Herrn Prof. Dr. Dr. h.c. mult. Martin Hengel und Herrn Prof. Dr. Otfried Hofius sowie dem Verleger, Herrn Georg Siebeck, die den Band für die *Wissenschaftlichen Untersuchungen zum Neuen Testament* akzeptiert haben. Dank schulden die Herausgeber Herrn Georg Siebeck insbesondere auch für schon bewährte weitere Förderung des Projekts; für die Redaktion des Bandes danken wir Frau Katrin Ehlers und für den Satz Herrn Thomas Mittring.

An den Kosten des Buchsatzes haben sich die Theologische Fakultät der Ernst-Moritz-Arndt-Universität Greifswald und die Vereinigung der Freunde Universität Tübingen e.V. (Universitätsbund) mit namhaften Summen beteiligt.

Abschließend gilt unser Dank allen Autorinnen und Autoren für die fast durchweg reibungslose Zusammenarbeit von der Vorbereitung des Symposions bis hin zum letzten Korrekturgang: Ihnen ist es vor allem zu verdanken, daß dieser Tagungsband nun beinahe in Jahresfrist vorgelegt werden kann.

Greifswald/Tübingen   *Beate Ego*
im März 1999   *Armin Lange*
                                                     Peter Pilhofer

Inhaltsverzeichnis

IV Qumran

V Die Synagoge und die rabbinische Literatur

VI Neues Testament und Alte Kirche

I   Altes Testament

Die Veränderung tempeltheologischer Konzepte in Ezechiel 8–11

Andreas Ruwe, Greifswald

Zum Thema „Gemeinde ohne Tempel" hat ein Alttestamentler auf den ersten Blick nur wenig beizutragen. Das liegt nicht nur daran, daß die vielen Organisationsformen, die das israelitische Gemeinwesen in alttestamentlicher Zeit ausgebildet hat, niemals adäquat mit dem Begriff „Gemeinde" bezeichnet werden können. Zu bedenken ist auch, daß die Existenz von Tempeln und die Bezogenheit der Israeliten auf Heiligtümer bzw. auf ein zentrales Heiligtum während der Königszeit und der nachexilischen Zeit weitgehend das Normale gewesen sein dürfte.

Für die Exilszeit sehen die Dinge allerdings anders aus. Hinsichtlich dieser Epoche macht die Frage nach dem Umgang mit Tempellosigkeit im Rahmen alttestamentlicher Wissenschaft viel Sinn. 587/6 v.Chr. wurde der Jerusalemer Tempel von den Babyloniern verbrannt (II Reg 25,9). Seine Priester, seine Ausstattungsgegenstände und seine Kultgeräte wurden nach Babylon transportiert (II Reg 25,13ff.). Andere Tempel in Juda, die an die Stelle des Jerusalemer Heiligtums hätten treten können, gab es nicht oder ihre Nutzung war unter dem Eindruck der josianischen Reform – und der sie begleitenden dtn.-dtr. Bewegung – obsolet geworden.

In besonderer Weise war die nach Babylon deportierte Exulantenschaft von dieser Situation betroffen. Einem Text wie Jer 41, der davon berichtet, daß achtzig Männer in der Gedaljazeit mit Opfergaben zum zerstörten בית יהוה nach Jerusalem zogen, um dort Opfer darzubringen (Jer 41,5), ist zu entnehmen, daß der Jerusalemer Tempel auch nach der Zerstörung durch die Babylonier noch zu kultischen Zwecken genutzt und aufgesucht werden konnte. War ein geordneter Kult in Jerusalem wohl auch nicht mehr durchführbar – ganz ohne Tempel und die Möglichkeit, Opfer darzubringen, mußten die in Palästina verbliebenen Israeliten nach 587/6 offensichtlich nicht bleiben. Anders sah es dagegen für die Gruppe der Exilierten aus. Für diese Gruppe war der Tempel nicht nur zerstört. Durch ihre Verschleppung nach Babylon rückte das Heiligtum zusätzlich in unerreichbare Ferne, so daß schon die Erfüllung der Tora-Verpflichtung zur dreimaligen Wallfahrt im Jahr (Ex 23,17; 34,23; Dtn 16,16; vgl. I Reg 9,25) für sie ausgeschlossen gewesen sein dürfte. Überdies war die Religionsausübung der nach Baby-

lon Exilierten vermutlich durch folgendes Dilemma bestimmt: Einerseits
ist anzunehmen, daß gerade für sie, die Angehörige der Jerusalemer Eliten
waren (vgl. II Reg 24,14ff.; 25,11f.), der Tempel in Religionsausübung und
Theologie eine überaus wichtige Rolle spielte. Andererseits ließ es die vor-
auszusetzende dtn.-dtr. oder sonstwie zentralistische Prägung dieser Eliten
nicht zu, daß sie in ihrer neuen Umgebung einen neuen Tempel bauten. Für
diese Israeliten gab es nur einen legitimen Ort für den Tempel, und das war
Jerusalem. Im babylonischen Exil entstand aus diesen Gründen kein neuer
Tempel. Die Angehörigen der Gola waren insofern die wahrhaft Tempellosen
der Exilszeit.

Ich vermute nun, daß diese mehrschichtige Erfahrung von Tempelzerstörung und Tempelverlust für die babylonische Gola ein großes reli-
gionspraktisches und theologisches Problem gewesen ist und für die theologischen Schulen, die während der Exilszeit wirkten, eine große Herausforderung darstellte. Ich denke weiterhin, daß an nicht wenigen Stellen der
exilischen und frühnachexilischen Literatur Ansätze zur Bewältigung dieses Verlustes greifbar werden und daß die Frage nach der Verarbeitung des
Tempeldefizits überhaupt heuristisch wichtig ist, um entscheidende Inhalte
der exilischen und frühnachexilischen Literatur, wie z.B. die Profilierung des
Sabbats, sachgerecht zu verstehen.

Allerdings: Der Tempel ist eine religiöse Institution, die in der Religionsgeschichte Israels sehr verschiedene Funktionen erfüllte. Ich kann an dieser
Stelle deshalb keinen erschöpfenden Überblick über die unterschiedlichen
Strategien der exilischen und frühnachexilischen Literatur bieten, den Verlust
des Tempels zu bewältigen bzw. eine tempellose oder tempelferne Diaspora-
Existenz argumentativ vorzubereiten. Ich möchte mich statt dessen auf einen
einzelnen Punkt konzentrieren, der mir in diesem Zusammenhang allerdings
besonders wichtig erscheint. Ich beziehe mich auf Texte des Ezechielbuches,
insbesondere auf Ez 8–11. Anhand dieser Texte möchte ich zeigen, daß die
Bewältigung des Tempelverlustes in der Exilszeit auch mit einer Modifizierung des Gottesbildes einherging. Es geht mir darum aufzuweisen, daß der
Verlust des Tempels auch und gerade durch neue Ansätze von im engeren
Sinne theologischen Vorstellungen bewältigt wurde.

I

Im Zentrum meiner Überlegungen steht eine kurze Notiz am Ende der
Visionskomposition Ez 8–11. In der letzten Teileinheit dieser für das gesamte Ezechielbuch wichtigen Komposition[1] findet sich in Ez 11,16 eine sehr

---

[1] Die Komposition Ez 8–11 bildet bekanntlich mit der Berufungsvision Ez 1,1–3,15 sowie
der Tempelvision in Ez 43,1ff. einen dichten Verweiszusammenhang von Visionstexten, der

auffällige Aussage über die Exilierten. In einem Gotteswort, das der Prophet den Israeliten übermitteln soll, heißt es über die Gola:

16a Darum rede:
     So spricht der Herr JHWH:
     Gewiß, ich habe sie in die Ferne geschafft unter die Völker,
     und gewiß, ich habe sie zerstreut in die Länder,
16b und ich bin ihnen מעט zum Heiligtum geworden
     in den Ländern, in die sie gekommen sind.

In dieser Gottesrede wird in V. 16b eine Aussage über JHWH, das Heiligtum (מקדש) und die Exilierten gemacht, die offensichtlich irgendwie mit der Erfahrung des Tempelverlustes zusammenhängt. Wie ist diese Aussage aber genau zu verstehen? Viele Exegeten deuten Ez 11,16b als einen Hinweis auf ersatzweise geübte nichtkultische Formen von Gottesdienst im Exil. In diesem Sinn interpretiert schon Targum Jonathan diese Stelle, wo es folgendermaßen heißt:

„… und ich gab ihnen Synagogengebäude, die verschieden sind vom Gebäude meines Heiligtums …"[2]

Moderne Exegeten sehen in Ez 11,16b zwar weniger die Synagoge als Ersatzheiligtum propagiert, sie interpretieren diese Aussage aber häufig ganz ähnlich. ZIMMERLI etwa umschreibt den Sinn von Ez 11,16b mit folgenden Worten: „An Notformen eines auch ferne vom Heiligtum geübten Gottesdienstes, der von Jahwe gnadenhaft als (geminderte) Möglichkeit eines wirklichen Lebens angenommen wird, ist hier … ohne Zweifel gedacht."[3] An Stelle der Synagoge, die das Targum erwähnt, treten bei ZIMMERLI „Notformen" von Gottesdienst. Ähnliche Vermutungen äußern auch andere Interpreten.[4]

M.E. trifft diese Deutung aber kaum die Intention von Ez 11,16b und kommt als eine sachgemäße Interpretation nicht in Betracht. Denn Ez 11,16b erwähnt alternative Gottesdienstformen oder dergleichen mit keinem Wort. Will man dem Sinn dieses Satzes auf die Spur kommen, so muß man vielmehr folgendes beachten: Ez 11,16b ist eine streng auf JHWH bezogene Aussage. In seinem Wortlaut zielt der Satz eindeutig darauf ab, Gott selbst als das Heiligtum der Exilierten herauszustellen.

Diese Intention von Ez 11,16b ist allerdings schwer zu verstehen. Zwei Unklarheiten fallen dabei besonders ins Gewicht. Zum einen fragt man sich, inwieweit und in welcher Weise die Prädizierung JHWHs als des Heiligtums

---

nahezu das gesamte Ezechielbuch umgreift und so für seine Gesamtstruktur und -intention wichtig ist.

  [2] ויהבית להין בתי כנישתא חנין לבית מקדשי
  [3] ZIMMERLI, 250.
  [4] Vgl. etwa BERTHOLET, 41; MENES, 271f; FOHRER, 61, und FUHS, 62. POHLMANN, 167, läßt die Frage nach der Bedeutung von Ez 11,16b offen, führt aber die Auslegung ZIMMERLIS ohne Vorbehalt an.

der Exilierten überhaupt Sinn macht. Auf welchem Diskussionshintergrund war es argumentativ wichtig oder förderlich, Gott als מקדש der Gola zu bezeichnen? Weshalb heißt es an dieser Stelle nicht viel einfacher und verständlicher: „ich bin ihnen nahe" oder: „ich bin mit ihnen auch in jenen Ländern" o.ä.? Zum zweiten erhebt sich die Frage, welche Bedeutung die adverbiale Bestimmung מעט im Zusammenhang dieser Aussage hat.

Ich gehe davon aus, daß die vorliegende Formulierung von Ez 11,16b sehr bewußt gewählt ist, und frage, wie sie im Sinne des Autors oder der Autoren zu verstehen ist. Die Stringenz der Formulierung wird m.E. von ihrem Kontext her einsichtig. Bei der Interpretation dieser Stelle ist grundsätzlich zu berücksichtigen, daß sich diese Aussage auf ein Urteil der nichtexilierten Jerusalemer zurückbezieht, das im unmittelbaren Kontext zitiert wird (Ez 11,15). Im folgenden soll zunächst kurz auf diesen Kontext von Ez 11,16b eingegangen werden, sodann ist auf die beiden zentralen Interpretationsfragen zurückzukommen.

Zunächst zum *größeren Kontext*. Ez 11,16b ist ein Bestandteil der die Komposition Ez 8–11 abschließenden Gottesrede Ez 11,14–21. Viele Exegeten halten diese Gottesrede im ganzen oder teilweise für eine spätere Hinzufügung zur postulierten Grundschicht von Ez 8–11, die häufig als eine reine Visionsschilderung aufgefaßt wird.[5] Unstrittig ist diese Literarkritik freilich nicht. Denn abgesehen von weiteren Kontextverklammerungen[6] ist zu beachten, daß die Gottesrede Ez 11,14–21 – in Verbindung mit dem auf die Jerusalemer bezogenen ersten Teil der „Osttor-Szene" Ez 11,1–13 – überaus stimmig an die ersten beiden Abschnitte der Visionskomposition, Ez 8,1–9,11 und Ez 10,1–7, anschließt. Die enge Verbindung zwischen Ez 8,1–10,7 einerseits und Ez 11,1–21 andererseits wird deutlich, wenn man folgenden Gesichtspunkt beachtet: In Ez 8,1–10,7 werden die Jerusalemer nicht nur diverser Religionsvergehen beschuldigt. Ihnen werden darüber hinaus auch – und zwar mit gleicher Emphase – bestimmte soziale Vergehen und Rechtsbeugungen (מטה) zur Last gelegt (Ez 8,17b und 9,9a). Welche sozialen Delikte genau gemeint sind, wird in Ez 8,1–10,7 allerdings nicht ausgeführt. Die Schlußabschnitte der Visionskomposition, Ez 11,1–21, entfalten nun aber genau diese Seite der Anklage, so daß man vermuten kann, daß wenigstens gewisse Elemente von Ez 11,1–21 literarisch originär mit Ez 8,1–10,7 zusammengehören. Von Ez 11,1–21 her wird offensichtlich, daß es um unrechtmäßige Grundstücksaneignungen der nichtexilierten Jerusalemer geht, was insbesondere in Ez 11,2f.11 und in Ez 11,15bγ zum Ausdruck kommt. Der erste Teil der „Osttor-Szene", Ez 11,1–13, thematisiert dabei ganz entsprechend zu Ez 9,1–10,7 das Gerichtsgeschick der nichtexilierten

---

[5] ZIMMERLI, 202, hält die Gottesrede in Ez 11,14–21 für „... etwas innerhalb einer Visionsschilderung Singuläres und sachlich Ungehöriges". Ebenso äußern sich POHLMANN, 129, und HOSSFELD, Ezechiel, 279.

[6] Vgl. dazu GREENBERG, 150–163, und FUHS, 48f.

Jerusalemer, während die Gottesrede in Ez 11,14–21 Heilsankündigungen für die Exilierten bietet. Im letzteren Text stehen die Verheißungen, aus dem Exil gesammelt zu werden und die אדמת ישראל von JHWH zu erhalten, inhaltlich genau passend im Zentrum.

Der *engere Kontext* von Ez 11,16b sodann, Ez 11,14–21, ist ein „dreiteiliges Disputationswort".[7] Dieses ist folgendermaßen strukturiert: Nach einer Wortereignisformel (V. 14) wird der Prophet zunächst auf eine Aussage der nichtexilierten Jerusalemer über die Exilierten hingewiesen (V. 15). An diesen Hinweis schließen mit direktem Bezug (לכן) zwei parallel stehende und identisch formulierte Redebefehle an (V. 16aαβ // V. 17aαβ), auf die je eine an die Israeliten auszurichtende Gottesrede folgt: V. 16aγδb ist dabei auffälligerweise in der 3. plur. gestaltet, während die zweite Botschaft, V. 17aγδεb–21, mischstilartig in der 2. plur. und 3. plur. abgefaßt ist. Möglich ist, daß V. 17aγδεb–21 deuteronomistisch bearbeitet wurde. Dies gilt aber speziell für V. 18ff. Der erste Teil, V. 17, und der vordere Teil der Gottesrede überhaupt, V. 14–17, sind davon vermutlich nicht betroffen.[8]

Inhaltlich beziehen sich die beiden in V. 16 und V. 17 gebotenen Gottesreden auf die Aussagen (eines Teils) der nichtexilierten Jerusalemer über die Gola in V. 15b zurück. Beide Gottesworte bilden zusammengenommen – das fällt bei näherer Betrachtung deutlich ins Auge – eine Art Gegenbotschaft gegen die in V. 15b zitierten Statements der Jerusalemer. Denn es ist auffällig, daß die Jerusalemer in V. 15b mit *zwei* Aussagen zitiert werden. Zum einen behaupten sie, daß die Exilierten „*ferne von JHWH sind*" (רחקו מעל יהוה) (V. 15bβ).[9] Zum anderen stellen sie sich als die eigentlichen Besitzer des Landes hin (לנו היא נתנה הארץ למורשה V. 15bγ).

Es ist offensichtlich, daß sich die beiden Gottesworte in V. 16 und V. 17 präzise auf diese beiden Statements der Jerusalemer zurückbeziehen: V. 17 rekurriert auf V. 15bγ, indem der Behauptung der Jerusalemer, die eigentlichen Besitzer des Landes zu sein, durch die Verheißung widersprochen wird, daß die Exilierten aus den Ländern und Nationen gesammelt werden und *ihnen* die אדמת ישראל gegeben wird. V. 16 bezieht sich dagegen auf das Verdikt zurück, daß die Verbannten „*ferne von JHWH sind*" (V. 15bβ). Konzessiv wird in diesem Gotteswort zunächst die Tatsache der Zerstreuung der Exilierten in die Länder zugestanden (V. 16a). Dann wird aber adversativ darauf verwiesen, daß JHWH ihnen in den fernen Ländern zum Heiligtum geworden ist (V. 16b). In diesem strukturell sehr präzise formulierten Kontext (Ez 11,14–17) ist die Aussage von Ez 11,16b trotz ihres unbetonten Anschlusses

---

[7] HOSSFELD, Tempelvision, 155.

[8] Zu den literarkritischen Problemen in Ez 11,14–21 und den verschiedenen Lösungen vgl. HOSSFELD, Ezechiel, 279–284.

[9] Statt des Imperativs רְחֲקוּ ist wohl das Perfekt רָחֲקוּ zu lesen. Falls aber doch der Imperativ ursprünglich gewesen sein sollte – die Sinndifferenz ist nicht sehr groß. Im letzteren Fall wären die Exilierten nur direkt aufgefordert, ferne von JHWH zu bleiben.

an V. 16a als eine *Gegenbehauptung* zu V. 15bβ zu verstehen. Als solche ist sie grundsätzlich *positiv* gemeint. Sie widerspricht der unterstellten Gottesferne der Exilierten durch die Behauptung des Gegenteils.[10]

Ich komme damit auf die Frage nach dem konkreten Sinn der Prädizierung JHWHs als des Heiligtums für die Exilierten zurück. Vom Bezug von V. 16b auf V. 15bβ wird diese Prädizierung nun verständlich. Denn: Hinter dem Urteil der nichtexilierten Jerusalemer über die Exilierten („*Sie sind ferne von JHWH*") steht die Position traditioneller Tempeltheologie. Die Komposition Ez 8–11 ist m.E. überhaupt nicht als ein Tatsachenbericht über visionäre Erlebnisse zu verstehen, sie muß vielmehr als eine narrative Inszenierung theologischer Probleme und Positionen und deren Bearbeitung aufgefaßt werden. Die inkriminierten Teile der Jerusalemer Restbevölkerung bringen dabei die Auffassungen traditioneller Tempeltheologie zum Ausdruck. Das ergibt sich auch aus dem zweiten Statement, mit dem die Jerusalemer in Ez 8–11 zitiert werden. Auch die als Begründung für ihre Religionsfrevel angeführten Sätze, „*JHWH sieht uns nicht, verlassen hat JHWH das Land*" (Ez 8,12b; vgl. 9,9b), argumentieren auf der Basis tempeltheologischer Vorstellungen. Wird in diesen Aussagen doch das „Sehen JHWHs" restriktiv an JHWHs unmittelbare Präsenz im Israelland – und das heißt konkret: im Tempel – gebunden.[11]

Nach den Vorstellungen traditioneller Tempeltheologie ist der Tempel wesentlich der Ort der Gegenwart und Anwesenheit Gottes. Genauer: Für diese wichtige theologische Strömung in der Hebräischen Bibel ist der Tempel der *maßgebliche* Ort, wo Gottesbegegnung stattfindet und menschliche Nähe zu JHWH möglich ist. Ist JHWH nicht im Tempel oder ist der Zugang zum Tempel nicht gewährleistet, kann es danach auch keine Nähe zwischen JHWH und den Israeliten geben. Der gesamte Komplex tempel- bzw. zionstheologischer Texte, Traditionen und Inhalte, die im Hintergrund dieser Vorstellungen stehen, kann hier nicht dargestellt werden.[12] Greifbar wird der Kern tempeltheologischer Vorstellungen aber z.B. auch schon in der Forderung zur dreimaligen Wallfahrt im Jahr, die religionsgeschichtlich besonders wichtig ist, da sie in der alttestamentlichen Rechtsüberlieferung eine lange

---

[10]   Der Satz ist nicht als Ausdruck einer *negativen* Befindlichkeit der Exilierten zu verstehen, gegen SMEND, 65; KRAETZSCHMAR, 120; COOKE, 125; HERRMANN, 73, und viele andere.

[11]   M.E. dürfen die Statements der Jerusalemer, die in Ez 8,12; 9,9 und 11,15 als Zitate geboten werden, nicht literarkritisch gegeneinander ausgespielt werden, wie HOSSFELD, Tempelvision, 155, es unternimmt. Bei diesen Sätzen ist zu beachten, daß sie jeweils in ganz unterschiedlichen Begründungszusammenhängen stehen: Die Aussagen von Ez 8,12 und 9,9 dienen als Pseudolegitimationen für die begangenen Religionsfrevel. Ez 11,15 hingegen begründet die Ansprüche auf das Land. Die Widersprüchlichkeit der Argumentation, die besonders deutlich wird, wenn man beide Aussagen zusammenhält, könnte ein bewußt eingesetztes Mittel sein, um die innere Haltlosigkeit der aufgeführten Gründe zu markieren.

[12]   Vgl. dazu u.a. STECK, 111ff.; SPIEKERMANN, 165–225; JANOWSKI, Schekina-Theologie, 119–147; DERS., Königtum Gottes, 148–213; DERS., Tempel und Schöpfung, 214–246; DERS., Keruben und Zion, 247–280, und HARTENSTEIN, 3–23.

Tradition hat und sowohl im Bundesbuch als auch im sog. „kultischen Dekalog von Ex 34" als auch im Deuteronomium erhoben wird. In der Forderung

„dreimal im Jahr soll all dein Männliches beim Angesicht JHWHs, deines Gottes, erscheinen an dem Ort, den er erwählt" (Dtn 16,16; vgl. Ex 23,17; 34,23)

wird das Erscheinen der Israeliten am Kultort präzise als ein Erscheinen vor dem Antlitz JHWHs verstanden. Der Satz ist im strikten Sinne zu verstehen. Am Kultort findet die Begegnung der Israeliten mit JHWH statt, dreimal im Jahr. Der Sinn dieser Forderung darf m.E. nicht durch eine am Text nirgends festzumachende Eintragung von Vorstellungen einer über den Kultort hinausgehenden Omnipräsenz Gottes relativiert werden.[13]

Dieser Vorstellungszusammenhang steht m.E. auch hinter der Aussage der nichtexilierten Jerusalemer in Ez 11,15bβ. Denn genau dann, wenn Gott maßgeblich am zentralen Heiligtum gegenwärtig und menschlich kontaktierbar ist, dann bedeutet die Existenzweise der Exilierten, welche ferne vom Jerusalemer Tempel leben, zwangsläufig Ferne und Abgeschiedenheit von JHWH selbst. Die Behauptung, daß die Exilierten ferne von JHWH sind (Ez 11,15bβ), ist somit im Kern eine Konsequenz, die aus tempeltheologischen Grundauffassungen über die Gegenwart JHWHs gezogen wird.

Die auffällige Aussage von Ez 11,16b („… *und ich bin ihnen … zum Heiligtum geworden in den Ländern, in die sie gekommen sind*") macht auf diesem Hintergrund nun einen guten Sinn. In ihrem Wortlaut ist diese Aussage ein präziser Widerspruch gegen das Verdikt von Ez 11,15bβ auf der Basis einer Modifikation seiner tempeltheologischen Implikate. Die eigenartige Formulierung erklärt sich m.E. am besten durch die Annahme, daß hier grundsätzlich an der tempeltheologischen Vorstellung festgehalten werden soll, daß sich die Gegenwart Gottes durch das Heiligtum (מקדש) vermittelt. Zugleich soll aber die räumliche Begrenzung, die die Vermittlung der Gegenwart Gottes durch den Tempel impliziert, vermieden werden. Eben deshalb wird JHWH selbst als das Heiligtum prädiziert. Die entscheidende Funktion des Heiligtums, Gottesgegenwart zu vermitteln, wird auf diese Weise gewissermaßen auf JHWH selbst zurückprojiziert. Die traditionelle Konzentration der Vermittlung der Gegenwart Gottes auf den Jerusalemer Tempel bzw. auf Heiligtümer und heilige Orte überhaupt wird auf diese Weise mit den Mitteln tempeltheologischen Denkens entschränkt. Gott selbst ist das Heiligtum. Als solcher vermittelt er seine Gegenwart unbeschränkt. Als solcher kann er auch der ferne vom Tempel existierenden Gola gegenwärtig sein. Gerade in seinem vorliegenden Wortlaut macht Ez 11,16b also in der Tat

---

[13] Ich gehe mit CRÜSEMANN, 138–170, u.a. davon aus, daß die Grundschicht von Ex 34,11–26 einen alten Rechtstext bietet, der möglicherweise noch ins 9.Jh. v.Chr. gehört. Die Wallfahrtsforderung Ex 34,23 ist Teil dieser Grundschicht. Ursprünglich hat diese Forderung deshalb nichts mit den reflektierten שם-Theologien des Bundesbuches und des Deuteronomiums zu tun, die auf eine sehr differenzierte Identifikation des Tempels als des Wohnorts JHWHs hinauslaufen.

sehr viel Sinn – dann nämlich, wenn man diesen Satz als eine Modifikation traditionell tempeltheologischer Vorstellungen interpretiert.

An dieser Stelle ist nun auf das zweite Interpretationsproblem von Ez 11,16b einzugehen. Wie ist es zu verstehen, daß JHWH den Exilierten präzise מעט zum Heiligtum geworden ist? Die meisten Ausleger deuten diese adverbiale Bestimmung im negativen Sinne und übersetzen: „... *und ich bin ihnen (nur) ein wenig zum Heiligtum geworden* ...“ o.ä.[14] Diese Deutung dürfte aber maßgeblich durch eine von vornherein negative Sinnbestimmung der Aussage von Ez 11,16b motiviert sein. Bei ZIMMERLI z.B. ist das ganz eindeutig der Fall, denn er wertet V. 16b als eine sachlich identische Fortsetzung der konzedierenden Aussagen von V. 16a und spricht im Blick auf den Inhalt von V. 16b von einer „von Jahwe selbst gefügte[n] Gerichtswirklichkeit“.[15] Nun hat aber die obige Analyse des engeren Kontextes (Ez 11,14–17) ergeben, daß die Aussage von V. 16b keineswegs negativ gemeint ist, sondern als Gegenbehauptung zur These der angeblichen JHWH-Ferne der Exilierten (Ez 11,15bβ) nur einen positiven Sinn haben kann.[16] Die adverbiale Bestimmung מעט darf deshalb nicht in einem Insuffizienz signalisierenden Sinne („nur ein wenig“ o.ä.) interpretiert werden. Viel wahrscheinlicher ist, daß מעט an dieser Stelle eine *zeitliche* Bedeutung hat. Der Satz wäre also folgendermaßen zu übersetzen: „... *und ich bin ihnen für kurze Zeit [bzw. kurzfristig] zum Heiligtum geworden in den Ländern, in die sie gekommen sind.*“[17] Im Zusammenhang mit der zweiten Gottesrede in V. 17 macht diese Deutungsmöglichkeit einen sehr guten Sinn. Denn das entscheidende Gegenargument gegen die beiden Behauptungen der Jerusalemer (V. 15bβγ) liegt letztlich in V. 17, und zwar in der Verheißung, daß die Exilierten von JHWH gesammelt werden und er ihnen die אדמת ישראל zum Besitz geben wird. Nicht die Jerusalemer, sondern letztlich die Exilierten werden also, nachdem sie wieder ins Land zurückgekehrt sind, das Land besitzen! Die Exilssituation ist nach diesem Gotteswort nur eine Episode. Langfristig werden Rückkehr und erneuter Landbesitz das Leben der Exilierten bestimmen. Es ist offenbar dieser episodische Charakter der Exilssituation, der schon in V. 16b angesprochen wird. Wohl im Blick auf die Verheißungen von V. 17 wird JHWH nur eingeschränkt als das Heiligtum der Exilierten prädiziert. Der Satz bringt konkret zum Ausdruck, daß selbst für die kurze Zeit der

---

[14] ZIMMERLI, 249f.; BERTHOLET, 41; POHLMANN, 167; COOKE, 125; KRAETZSCHMAR, 121; FOHRER, 61; GREENBERG, 163 u.a.

[15] ZIMMERLI, 249.

[16] In diesem Sinne interpretiert auch HOSSFELD, Ezechiel, 281, die Stelle.

[17] Im temporalen Sinn wird מעט in vergleichbarer Weise auch in Hi 24,24 und Ruth 2,7 verwendet. Zum temporalen Sinn von מעט überhaupt vgl. die in den gängigen Wörterbüchern aufgeführten Belege (Jes 10,25; 29,17; Jer 51,33; Hos 1,4; 8,10; Ps 37,10).

Exilssituation die Unterstellung von Gottesferne hinsichtlich der Exilierten unzutreffend ist.

II

Die vorstehend gebotene Interpretation von Ez 11,16b zeigt deutlich, in welchem Maße die Komposition von Ez 8–11 durch tempeltheologisches Denken bestimmt wird. Sie zeigt ferner, daß die Autoren dieses Textbereichs keineswegs an einer prinzipiellen Überwindung des traditionellen Konzepts arbeiten. Neben der tempeltheologischen Einfärbung der Aussage von Ez 11,16b sprechen auch das betonte Insistieren auf der Rückkehr der Exilierten (Ez 11,17) sowie die literarisch mit Ez 8–11 vermutlich auf einer Ebene liegende Aussage von Ez 43,1ff., wonach der Prophet im Land einen neuen, als Ort des göttlichen Thrones bezeichneten Tempel schaut, dagegen, daß es hier um eine einfache Aufgabe von Grundvoraussetzungen der Tempeltheologie geht. Um so mehr stellt sich die Frage, wie es zu der oben skizzierten Modifikation tempeltheologischer Grundannahmen, die für die begrenzte Zeit des Exils eine regelrechte Diasporatheologie und ein Gotteskonzept der universalen Vergegenwärtigung erbringt, kommen konnte. Ist die Aussage von Ez 11,16b ein isolierter Spitzensatz am Ende von Ez 8–11 oder wird sie irgendwie vorbereitet und begründet? Im folgenden soll gezeigt werden, daß die sogenannte „Thronwagen-Herrlichkeits-Vision", die in Ez 10,(8)9–14.16f. und Ez 1,4–28 präsentiert wird, die Basis für eine solche Überschreitung des traditionellen Konzepts darstellt. Gleichzeitig soll deutlich gemacht werden, daß die „Thronwagen-Herrlichkeits-Visionsschilderungen" Texte sind, die für die Ausbildung der Vorstellung universaler Gottesgegenwart eine wichtige Rolle spielen. Die Relevanz der „Thronwagen-Herrlichkeits-Vision" für die hier verhandelte Thematik ist zunächst durch einen weiteren Blick auf die Komposition von Ez 8,1–11,25 aufzuweisen, sodann ist Ez 10,(8)9–14.16f. (und partiell Ez 1,4–28) kurz zu interpretieren.

GREENBERG hat gezeigt, daß die Komposition Ez 8,1–11,25 insgesamt sehr planvoll gestaltet ist.[18] Die gesamte Erzählung wird durch einen kunstvollen Rahmen, welcher Grundorientierungen über die Entrückung des Propheten von Babylon nach Jerusalem und zurück bietet, symmetrisch eröffnet (Ez 8,1–3) und wieder geschlossen (Ez 11,22–25).[19] Innerhalb dieses Rahmens findet sich die eigentliche, in Jerusalem situierte Erzählung Ez 8,3–11,23, die sich ihrerseits in zwei große Hauptszenen gliedert, zum einen in die „Nordtor-Tempel-Szene" (Ez 8,3–10,22) und zum anderen in die „Osttor-

---

[18] GREENBERG, 149–156.
[19] Vgl. GREENBERG, 150f. Zu Orientierung und Gestaltschließung als wesentlichen Gestaltungsfaktoren von Erzählungen vgl. HARDMEIER, 38–45.46f.

Szene" (Ez 11,1–23).[20] Aus dieser Jerusalem-Erzählung fällt nur der Zusammenhang Ez 10,(8)9–14.16f. formal heraus. Denn während die umgebende Erzählung vorwiegend mit Narrativen formuliert ist, besteht diese Passage fast durchweg aus Nominalsätzen. Im Gegensatz zu vielen neueren Auslegern, die Ez 10,8ff. für literarisch sekundär halten, ist m.E. davon auszugehen, daß dieses Stück fest mit der umgebenden Erzählung verbunden ist. Es bildet geradezu ihr argumentatives Zentrum.[21] Dafür sprechen folgende Beobachtungen: Bevor in Ez 10,18f. und Ez 11,22f. erzählt wird, daß der כבוד יהוה die Stadt verläßt, wird in Ez 10,8ff. sachlich stimmig das Ensemble beschrieben, das als Träger des כבוד dient. Auf diese Weise wird die Beweglichkeit des כבוד und die Tempelunabhängigkeit seines Thrones eindrücklich entfaltet. Dieser Inhalt ist sowohl eine kritische Gegenbotschaft gegen das zentrale Statement der Jerusalemer in der „Nordtor-Tempel-Szene", wonach JHWH das Land verlassen habe (Ez 8,12 und 9,9), als auch gegen das oben eingehender behandelte Statement in der „Osttor-Szene", daß die Exilierten ferne von JHWH seien (Ez 11,15). Dieser Inhalt bildet überdies die argumentative Grundlage für die Ausführungen in Ez 9,1ff., wonach JHWH selbst das Gericht über Stadt und Tempel (vgl. dazu besonders Ez 9,6f.) veranlaßt und Tempel und Stadt verläßt. Im Zusammenhang mit dem explizit als Verweistext ausgewiesenen Visionsbericht in Ez 1,4–28 muß Ez 10,(8)9–14.16f. deshalb als die argumentative Basis für die gesamte Komposition Ez 8,1–11,25 und damit auch für die Aussage von Ez 11,16b gelten.[22]

Welcher sachliche Zusammenhang besteht aber zwischen der „Thronwagen-Herrlichkeits-Vision" einerseits und der Aussage von Ez 11,16b andererseits? Um diesen Zusammenhang in den Blick zu bekommen, ist die Passage Ez 10,(8)9–14.16f. im Detail zu betrachten. Festzustellen ist dabei zunächst, daß diese Passage sorgfältig in ihren literarischen Kontext eingefügt wurde. Diesem Zweck dienen besonders die strukturell auffälligen Notizen in Ez 10,8 und Ez 10,15.18f. Ez 10,8 ist eine Anfangsnotiz, die den Übergang von der weitgehend aus Narrativen bestehenden *Erzählung* zu der vornehmlich aus Nominalsätzen bestehenden *Beschreibung* des Herrlichkeitsträgerensembles markiert. Wird in Ez 10,7 erzählt, daß die Hand eines Kerubs in das Feuer zwischen den Keruben faßt (um Glühkohlen zu ergreifen), so wird

---

[20] Die Notiz über das Ergriffen-Werden des Propheten durch den Geist in Ez 11,1 markiert den Hauptgliederungseinschnitt innerhalb der Jerusalemszene. Denn es ist zu beachten, daß die Notizen über das Ergriffen-Werden vom Geist in Ez 8,3; 11,1 und 11,24 das Grundgerüst der szenischen Gliederung der gesamten Erzählung bilden. So markiert Ez 8,3 den Ortswechsel von Babylon nach Jerusalem, Ez 11,24 dagegen den in der umgekehrten Richtung. Ez 11,1 ist insofern die Hauptzäsur innerhalb der Jerusalemszene Ez 8,3–11,23.

[21] Wenn ZIMMERLI, 203, und POHLMANN, 149, meinen, daß in dem Stück Ez 10,9ff. der Text Ez 1,15–21 variiert wiederzuerkennen sei, und daraus auf die Nachträglichkeit dieses Textes schließen, so ist das weder literarkritisch noch redaktionsgeschichtlich befriedigend argumentiert.

[22] In ähnlicher Weise sprechen sich auch FUHS, 58f., und METTINGER, 101, für die literarische Zugehörigkeit von Ez 10,(8)9–14.16f. zum Grundbestand von Ez 8,1–11,25 aus.

dieses Element in Ez 10,8 nochmals wiederholt, nun aber unter der deutlich verschobenen Perspektive der Beschreibung der Keruben.[23] Das Ende der Sequenz Ez 10,(8)9–14.16f. ist in folgender Weise profiliert worden: In Ez 10,15.18f. springt der Text in das für die gesamte Komposition Ez 8,1–11,25 dominante Genus der *Narratio* zurück. Die etwas verspätet kommenden Nominalsätze in Ez 10,16f.20ff. bilden retardierende Elemente, die noch zur Beschreibung des Trägerensembles gehören.

Es ist nicht ganz klar, was in Ez 10,(8)9–14.16f. genau beschrieben wird. Viele Autoren halten dieses Stück für eine modifizierende Wiederholung von Ez 1,15–21 und gehen dementsprechend davon aus, daß speziell die „Räder" (אופנים) thematisiert werden.[24] Doch diese Einschätzung trifft m.E. nicht die tatsächliche Intention des Textes. Denn es ist offensichtlich, daß sich Ez 10,16f. sowohl auf die Keruben als auch auf die אופנים bezieht. Da evidentermaßen auch Ez 10,14 die Keruben und Ez 10,12 sowohl die אופנים als auch die Keruben schildert, ist eine einseitige thematische Qualifizierung des Stücks als eine Beschreibung der אופנים nicht gerechtfertigt. Es geht in dieser Passage vielmehr darum, die beiden wesentlichen Elemente, die sich *unterhalb* des den Thron der Herrlichkeit JHWHs tragenden רקיע befinden, zu präsentieren. Werden die übrigen Elemente der „Thronwagen-Herrlichkeits-Vision" – insbesondere die die Herrlichkeit JHWHs und den Thron selbst beschreibenden Teile – in *Einzelsätzen* in Ez 8,2 (vgl. 1,27), Ez 10,1 (vgl. 1,26) und Ez 10,2 (vgl. 1,13) reformuliert, so wird in Ez 10,(8)9–14.16f. das schon in Ez 1,5–21.23f. die erste Vision dominierende Trägerensemble *im Zusammenhang* vor Augen geführt. Beiden Texten der „Thronwagen-Herrlichkeits-Vision" ist also gemeinsam, daß die unterhalb der Herrlichkeit befindlichen Trägerelemente ins Zentrum der Darstellung gerückt und breit beschrieben werden. Auf den Keruben (bzw. Wesen) und Rädern liegt also das besondere Augenmerk in beiden Visionsbeschreibungen.

Dieses besondere thematische Interesse an den Keruben und Rädern erklärt auch den auf den ersten Blick etwas willkürlich erscheinenden Aufbau von Ez 10,9–14.16f. Gerahmt von Sätzen, die sowohl die Räder als auch die Keruben thematisieren (Ez 10,9a.12.16f.), werden in dieser Passage abwechselnd Räder oder Keruben beschrieben, wie sich aus folgender Übersicht ergibt:

---

[23] Der etwas unvermittelte Wechsel zwischen הכרוב und הכרובים in Ez 10,2–8 (vgl. schon 9,3) ist für sich kein Anlaß für literarkritische Operationen (mit METTINGER, 101f., gegen ZIMMERLI, 204f. u.a.). Denn der Paralleltext Ez 1,4–28 zeichnet sich durch einen vergleichbaren Wechsel zwischen החיה und החיות aus (vgl. Ez 1,20ff. mit 1,5.13ff.19). Möglicherweise sollen durch diese Wechsel zwischen Singular und Plural unterschiedliche Aspekte desselben Phänomens zum Ausdruck gebracht werden.

[24] Vgl. ZIMMERLI, 203.239; HALPERIN, 131ff.; KEEL, 150f.; VOGT, 63–71; POHLMANN, 149.

V. 9a	Stellung der vier *Räder* und vier *Keruben* zueinander;
V. 9b–10	Material und Gestalt der *Räder*;
V. 11	Bewegungsart der *Keruben*;[25]
V. 12	Augen an *Keruben* und *Rädern*;
V. 13	Bezeichnung der *Räder* als „*das Räderwerk*" (הגלגל);
V. 14	Gesichter der *Keruben*;
V. 16f.	koordinierte Bewegung von *Keruben* und *Rädern*.

Die Keruben und Räder und ihr Zusammenhang – das ist das Thema von Ez 10,9–14.16f. Dieser Inhalt ist nicht zufällig gewählt, er ist vielmehr das wesentliche Moment der Darstellung in beiden Visionsbeschreibungstexten.[26] Auf die beiden Elemente ist auch im einzelnen zu achten. Für die Keruben ergibt sich folgendes: Sie sind in Ez 10,(8)9–14.16f. insgesamt durch Hände, Leiber, Flügel, vier Gesichter sowie durch Augen am ganzen Körper gekennzeichnet. Besonders herausgestellt wird zweierlei: einerseits die Art ihrer Fortbewegung (Ez 10,11) und andererseits die Tatsache, daß sie jeweils vier Gesichter haben (Ez 11,14). Hinsichtlich der Fortbewegung wird betont, daß sie sich in alle Richtungen bewegen können, ohne sich wenden bzw. umdrehen zu müssen (Ez 10,11). Die Darstellung zielt in diesem Punkt eindeutig darauf ab, die uneingeschränkte Beweglichkeit der Keruben hervorzuheben. Mit der Möglichkeit zur allseitigen Fortbewegung hängt aber offenkundig auch der zweite Darstellungsgesichtspunkt zusammen. Alle vier Keruben haben nach Ez 10,14 vier Gesichter. Aufgrund dieses Elements konnte die Bewegungsmöglichkeit in die verschiedenen Richtungen offenbar als eine unvermittelte dargestellt werden.

Hinsichtlich der Räder wird folgendes herausgestellt: Sie sind aus Topas bzw. Chrysolith[27] und ebenfalls ganz mit Augen bedeckt. Es wird besonders vermerkt, daß sie so wirken, als ob „*... ein Rad im anderen wäre*" (Ez 10,10). Sie bilden also eine Kugel. Auf diese Weise wird analog zu den viergesichtigen Keruben zum Ausdruck gebracht, daß auch sie sich in alle Richtungen bewegen können.[28] Auch das zweite Element der Beschreibung der Räder, ihre Bezeichnung als הגלגל („*Rad*" bzw. „*Räderwerk*") (Ez 10,13), scheint mit diesem Darstellungsinteresse zusammenzuhängen. Denn mit dem Lexem גלגל wird u.a. die Beweglichkeit eines Sturmwindes (vgl. Jes 5,28) assoziiert, oder es dient zur Bezeichnung von frei umherwehenden, radförmigen

---

[25] Ez 10,11 ist nicht auf die אופנים zu beziehen, da die Rede von „*ihren vier Seiten*" nicht für die Räder, sondern nur für die Keruben bzw. Wesen Sinn macht (vgl. Ez 1,8).

[26] Es ist m.E. fragwürdig, den Abschnitt über die אופנים in Ez 1,15–21 als eine spätere Ergänzung zu fassen, wie ZIMMERLI, 27ff.; KEEL, 144 u.a. vorschlagen. ZIMMERLI etwa meint, daß dieser Abschnitt aus der sonst durchgängigen Ordnung von unten nach oben herausfalle. Doch ob Ez 1,4–28 tatsächlich diese Darstellungsperspektive einnimmt, ist fraglich.

[27] Vgl. dazu KBL, 1654, und KEEL, 263f.

[28] Zur Diskussion um die Bedeutung von Ez 1,16 und 10,10 vgl. KEEL, 264–267.

Pflanzenteilen einer Distelart.[29] Auch die Bezeichnung גלגל scheint somit den Aspekt der unbegrenzten Mobilität zu unterstreichen. Bezüglich *beider* zentraler Elemente der Vision, die sich unterhalb des רקיע befinden, wird also das Moment der freien Beweglichkeit hervorgehoben. Das aus Keruben bzw. Wesen und Rädern bestehende Trägerensemble wird dementsprechend offenkundig deshalb in den Vordergrund der Darstellung gerückt, um die Ortsungebundenheit der Vergegenwärtigung der Herrlichkeit JHWHs zu begründen und anschaulich zu machen. KEEL hat bezüglich der vier חיות von Ez 1,4–28 in ikonographischer Perspektive herausgearbeitet, daß sie am ehesten mit den in Mesopotamien und Nordsyrien häufiger belegten Figuren der Himmelsträger identifiziert werden können, welche die vier kosmischen Winde bzw. die vier Himmelsrichtungen symbolisieren.[30] Trifft dieser Bezug auf die Himmelsrichtungen zu, dann ist auch hinsichtlich der vier Wesen von Ez 1,4–28 klar, daß sie dazu dienen, die umfassende Mobilität des Thrones der Herrlichkeit in alle Himmelsrichtungen anschaulich zu machen. Insgesamt ist die These kaum zu vermeiden, daß die „Thronwagen-Herrlichkeits-Vision" mit ihren wesentlichen Elementen כרובים, חיות und אופנים dem Ziel dient, die Ortsunabhängigkeit der Herrlichkeit JHWHs und die unbeschränkte Vermittlung der Gegenwart Gottes zu propagieren. Die Aussage von Ez 11,16b, wonach JHWH den Exilierten zum Heiligtum geworden ist, wird somit durch die Betonung der Beweglichkeit der Herrlichkeit JHWHs in den Visionsschilderungen in Ez 1 und Ez 10 vorbereitet und begründet. Ez 10,9–14.16f. und Ez 1,4–28 stellen anschaulich und in der autoritativen Form einer Gottesvision dar, was Ez 11,16b begrifflich-argumentativ formuliert. In den Visionsschilderungen Ez 1 und Ez 10 wird ein neues Gottesbild entwickelt. Auf dieser Grundlage wird der Verlust des Tempels kompensiert.

Die Beschreibungen in Ez 1 und Ez 10 und die Aussage von Ez 11,16b hängen aber noch in einer anderen Hinsicht miteinander zusammen. Es wurde oben ausgeführt, daß die Aussage von Ez 11,16b zentral intendiert, Funktionen und Leistungen, die traditionell dem Heiligtum zugeschrieben werden, auf JHWH gleichsam zurückzuprojizieren. Auch dieser Vorgang ist in den Visionstexten vorgebildet. Zu beachten ist in dieser Hinsicht besonders die Vorstellung von den Keruben und deren Benennung. Auffällig ist nämlich, daß dieselben Wesen, die in Ez 8–11 den Namen Keruben tragen, in Ez 1,4–28 noch durchweg mit dem relativ unbestimmten Begriff חיות bezeichnet werden. Diese Verschiebung in der Nomenklatur ist kein Zufall und kein Indiz für literarische Heterogenität. Auf diese Weise wird vielmehr zum Ausdruck gebracht, daß der Prophet die Keruben zunächst und in der Fremde am mesopotamischen „Fluß Kebar" als solche nicht erkannt hat. Der Rückbezug von Ez 10,9–14.16f. auf Ez 1,4–28 zielt in dieser Form darauf

---

[29] Vgl. DALMAN, 53, und Jes 17,13; Ps 83,14. Zu denken ist dabei vermutlich an *Gundelia Tournefortii*.

[30] Keel, 271.

ab, ein neues Bild von den Keruben auf der Grundlage einer prophetisch-
visionären Erfahrung zu entwickeln und zugleich die Neuheit dieses Bildes
herauszustellen.

In der Tempelvision von Ez 10 sieht der Prophet diese Wesen ein weiteres
Mal. Nun aber, in der vertrauten Umgebung des Tempels, erkennt er sie als
Keruben. Hier ist ihr natürlicher, angestammter Ort, deshalb erkennt er sie
hier[31]. Zugleich erkennt er, daß das Ensemble, das er sieht, identisch ist mit
dem „Wesen" (החיה), das er bereits am „Fluß Kebar" gesehen hatte (Ez
10,15.20a). Er erkennt aufgrund dieser Identität, daß die Wesen (חיות), die
er damals sah, in Wahrheit Keruben waren (Ez 10,20b). Auf diese Weise
wird herausgestellt, daß der Prophet hinsichtlich der Keruben eine neue
Erfahrung macht. Die recht verwickelte Gestaltung des Textes zielt darauf
ab, in der autoritativen Form einer Vision ein neues Bild der Keruben zu
präsentieren. Die Keruben gehören danach nicht mehr (wie vordem) primär
zum Tempel, sondern bilden unabhängig vom Tempel einen Teil der Sphäre
Gottes.

In Ez 8–11 wird der Verlust des Tempels für die Exilierten bearbeitet.
Er wird dabei aber keineswegs so bearbeitet, daß der Tempel durch eine
andere religiöse Institution substituiert würde. Er wird vielmehr durch eine
Modifikation des der Tempeltradition zugrundeliegenden Gotteskonzepts
kompensiert. Man kann den Vorgang, der sich hier vollzieht, vielleicht am
besten im Sinne Jan Assmanns als eine „Umbuchung" beschreiben. Funktionen und Institutionen (wie etwa die Keruben), die traditionell dem Tempel
zugehören, werden auf JHWH selbst bzw. die göttliche Sphäre übertragen
und auf diese Weise substituiert. Funktionen und Leistungen des Tempels,
der für die Exilierten nicht mehr existiert, werden direkt im Gottesbild verankert und auf diese Weise ersetzt.

Summary

This article shows that Ezekiel 8,1–11,25 is to be understood as a narrative
discourse dealing with the traditional conception of the temple-theology
during the exile. In the first part of the article it is shown that Ez 11,16b
argues against the statement suggested to the Jerusalemites who had not
been deported that the exiles are separated from YHWH (Ez 11,15b). The
latter opinion represents the point of view of the traditional temple-theology.
According to this position the temple is the particular place of the presence
of God. Being far away from the temple (as the exiles are) means to be far
away from YHWH. Ez 11,16b is a precise counter-statement to the position
of Ez 11,15b. In particular in Ez 11,16b YHWH himself is denoted as the

---

[31] Zur traditionellen Tempelgebundenheit der Keruben vgl. Janowski, Keruben und Zion,
247–280, bes. 257–269; Mettinger, DDD, 362–367.

sanctuary. That means that the function of the sanctuary (i. e. to mediate the presence of YHWH) is ascribed to his person. Thus the possibility of a divine presence which is independent of the temple is taken into account.

In the second part of the article it is argued that the vision of the Merkabah in Ez 10,8–17 (which refers to Ez 1,4–28) is the argumentative basis of the efforts to overcome the implications of the traditional temple-theology.

Bibliographie

A. BERTHOLET, Hesekiel. Mit einem Beitrag von K. Galling, HAT 13, 1936.

G. A. COOKE, The Book of Ezekiel, ICC, 1936.

F. CRÜSEMANN, Die Tora. Theologie und Sozialgeschichte des alttestamentlichen Gesetzes, München 1992.

G. DALMAN, Arbeit und Sitte in Palästina. Bd.1: Jahreslauf und Tageslauf. 1. Hälfte: Herbst und Winter, Gütersloh 1928.

G. FOHRER, Ezechiel. Mit einem Beitrag von K. Galling, HAT 13, 1955.

H. F. FUHS, Ezechiel 1–24, NEB 7, 1984.

M. GREENBERG, The Vision of Jerusalem in Ezekiel 8–11: A Holistic Interpretation, in: J. L. CRENSHAW/S. SANDMEL (Hgg.), The Divine Helmsman. Studies of God's Control of Human Events, FS L. H. Silberman, New York 1980, 143–164.

D. J. HALPERIN, The Exegetical Character of Ezek. X 9–17, VT 26 (1976), 129–141.

C. HARDMEIER, Prophetie im Streit vor dem Untergang Judas. Erzählkommunikative Studien zur Entstehungssituation der Jesaja- und Jeremiaerzählungen in II Reg 18–20 und Jer 37–40, BZAW 187, 1990.

F. HARTENSTEIN, Die Unzugänglichkeit Gottes im Heiligtum. Jesaja 6 und der Wohnort JHWHs in der Jerusalemer Kulttradition, WMANT 75, 1997.

J. HERRMANN, Ezechiel übersetzt und erklärt, KAT XI, 1924.

F.-L. HOSSFELD, Ezechiel und die deuteronomische-deuteronomistische Bewegung, in: W. Gross (Hg.), Jeremia und die „deuteronomistische Bewegung", BBB 98, 1995, 271–295.

— Die Tempelvision Ez 8–11 im Licht unterschiedlicher methodischer Zugänge, in: J. LUST (Hg.), Ezekiel and his Book. Textual and Literary Criticism and their Interrelation, BEThL LXXIV, 1986, 151–165.

B. JANOWSKI, „Ich will in eurer Mitte wohnen". Struktur und Genese der exilischen Schekina-Theologie, in: DERS., Gottes Gegenwart in Israel. Beiträge zur Theologie des Alten Testaments, Neukirchen-Vluyn 1993, 119–147.

— Keruben und Zion. Thesen zur Entstehung der Zionstradition, in: DERS., Gottes Gegenwart, 247–280.

— Das Königtum Gottes in den Psalmen. Bemerkungen zu einem neuen Gesamtentwurf, in: DERS., Gottes Gegenwart, 148–213.

— Tempel und Schöpfung. Schöpfungstheologische Aspekte der priesterschriftlichen Heiligtumskonzeption, in: DERS., Gottes Gegenwart, 214–246.

O. KEEL, Jahwe-Visionen und Siegelkunst. Eine neue Deutung der Majestätsschilderungen in Jes 6, Ez 1 und 10 und Sach 4, SBS 84–85, 1977.

R. KRAETZSCHMAR, Das Buch Ezechiel, HK III/3.1, 1900.

A. Menes, Tempel und Synagoge, ZAW 50 (1932), 268–276.

T. N. D. Mettinger, The Dethronement of Sabaoth. Studies in the Shem and Kabod Theologies, CB.OT 18, 1982.

— Art. Cherubim כרובים, in: K. van der Toorn, B. Becking, P.W. van der Horst (Hgg.), Dictionary of Deities and Demons in the Bible (DDD), Leiden u.a. 1995, 362–367.

K.-F. Pohlmann, Das Buch des Propheten Hesekiel (Ezechiel). Kapitel 1–19, ATD 22.1, 1996.

R. Smend, Der Prophet Ezechiel, KeH 8, 2. Aufl., 1880.

H. Spiekermann, Heilsgegenwart. Eine Theologie der Psalmen, FRLANT 148, 1989.

O. H. Steck, Friedensvorstellungen im alten Jerusalem, ThSt 111, 1972.

E. Vogt, Untersuchungen zum Buch Ezechiel, AnBib 95, 1981.

W. Zimmerli, Ezechiel. 1. Teilband: Ezechiel 1–24, BK XIII.1, 1969.

Gebotsobservanz statt Opferkult

Zur Kultpolemik in Jer 7,1–8,3

Armin Lange, Tübingen

Erich Zenger zum 60. Geburtstag

Die Tempelrede, Jer 7,1ff.,[1] wurde in den letzten Jahrzehnten wiederholt als jeremianische Polemik gegen die deuteronomisch-deuteronomistische Tempeltheologie[2] verstanden. Wegen der dtr Sprache von Jer 7,1–8,3 und der Rückschau des Textes auf die Katastrophe von 587 v.Chr. versteht die Mehrheit der Interpreten den Text jedoch unter Einfluß der Arbeiten von Duhm (74f.78.84) und Mowinckel (31.35.39) als Teil der dtr Jeremiaredaktion, wobei – von Ausnahmen abgesehen – ein unterschiedlich eingegrenzter jeremianischer Grundbestand zugestanden wird.[3] Die Kritik am Jerusalemer Tempel und seinem Kult wird dabei unabhängig von der jeweiligen Zuordnung gerne im Kontext prophetischer und dtr Kultkritik aus vorexilischer und exilischer Zeit verstanden. Tempel und Kult seien nicht als solche kritisiert, es ginge vielmehr um einen Widerspruch zwischen der Lebensführung der Frommen und der kultischen Praxis. Willi-Plein formuliert beispielhaft:

„Die «Tempelrede» wendet sich demnach nicht gegen eine Hochschätzung des Tempels, sondern baut vielmehr auf ihr auf. Die «Kultkritik» von Jer 7 ist Kritik an der Diskrepanz zwischen Berufung auf korrekten Kultablauf und ethischem und sozialem Umfeld dieses Kultes." „Die Schärfe des «kultkritischen» Prophetenwortes ist gerade durch die positive Voraussetzung des im Kult präsenten Gottes und seines

---

[1] Sowohl zur Tempelrede als auch zur Frage nach der prophetischen Kultkritik hat sich eine intensive und überaus fruchtbare Diskussion in einer Vielzahl von Veröffentlichungen niedergeschlagen. Die hier vorgegebenen Platzbeschränkungen machen es unmöglich, auch nur die wichtigsten Titel angemessen zu berücksichtigen. Das folgende kann daher nicht mehr als einen ersten Versuch zum Thema darstellen, von dem ich hoffe, es an anderer Stelle intensiver verfolgen zu können.

[2] So u.a. Weiser, 60ff.; Holladay, 249. Weippert, 43.47f., denkt an eine Volksfrömmigkeit, die sich fälschlicherweise auf dtr Vorstellungen beruft. An die Position von Weippert scheint sich auch Willi-Plein, 143ff., anzunähern.

[3] Vgl. etwa Rudolph, 51–54 (spricht unter Einfluß von Mowinckel noch von der Quelle C); Hyatt, Deuteronomic Edition, 254f.; Nicholson, 68–70; Thiel, 103ff.; Carroll, 207ff.; Seidl, 150–164; Wanke, 87.

Anspruches auf ungeteilte Verwirklichung aller, auch der mitmenschlichen Bereiche des Gotteswillens, gegeben."[4]

Während der Mehrheit nur zugestimmt werden kann, was den dtr Charakter von Jer 7,1–8,3 angeht,[5] scheint mir eine Interpretation des Textes im Rahmen vorexilisch-exilischer Kultkritik problematisch. Daher gilt es, in einem ersten Schritt, diese Kultkritik zu skizzieren, um sie dann mit der dtr Fassung der Tempelrede zu vergleichen.

Die prophetisch-dtr Kultpolemik

Kritische Auseinandersetzungen mit kultischer Frömmigkeit sind in vorexilischer und exilischer Zeit mehrfach belegt (Hos 5,6; 6,6; 8,11–14; Am 4,4f.; 5,21–25; Mi 6,6–8; Jes 1,10–17; Jer 6,20; I Sam 15,22; Prov 15,8; 16,6; 17,1; 21,3.27; 28,9). Zwei Belege sind paradigmatisch, I Sam 15,22 und Jes 1,10–17:[6]

In den beiden einleitenden Lehreröffnungsformeln von Jes 1,10[7] werden die politischen Führer und das Volk Jerusalems nicht nur ermahnt, auf die דְּבַר־יְהוָה ("das Wort JHWHs") und die תּוֹרַת אֱלֹהֵינוּ ("die Weisung unseres Gottes") zu hören, sondern auch mit den Machthabern Sodoms und dem Volk Gomorrhas verglichen. Der Vergleich zeigt einerseits, daß es im folgenden um die ethische Disposition der Angeredeten geht. Andererseits macht der Verweis auf Sodom und Gomorrha deutlich, daß mit דְּבַר יְהוָה und תּוֹרַת אֱלֹהֵינוּ nicht einfach das prophetische Wort gemeint ist, sondern die ethische Weisung JHWHs. Den Angeredeten wird vorgeworfen, daß sie das Gebot ihres Gottes nicht befolgen. In den sich unmittelbar anschließenden Versen werden dann Opfer und Kultfrömmigkeit am Jerusalemer Tempel kritisiert – wobei das durativ zu verstehende Imperfekt יֹאמַר יְהוָה ("sagt JHWH immer wieder"; V. 11) andeutet, daß es sich um ein lang anhaltendes Phänomen handelt: An Schlachtopfern, Brandopfern von Widdern, dem Fett des Mastviehs und dem Blut von Kälbern und Lämmern hat JHWH keinen Gefallen. In V. 13 werden die Opfer der Angeredeten als מִנְחַת־שָׁוְא ("Lügenopfer")

---

[4] 142; vgl. etwa WEISER, 62.66; THIEL, 115.118.132; WEIPPERT, 47–49; CARROLL, 216; HOLLADAY, 249.263; SEIDL, 153; WANKE, 91.94.

[5] Die erst kürzlich wieder von SEIDL überzeugend herausgearbeitete Prägung von Jer 7,1–8,3 durch dtr Sprache, Formen und Inhalte muß hier nicht erneut nachgewiesen werden. Es reicht, auf die sorgfältigen Analysen THIELs (103ff.) und SEIDLs (150ff.) zu verweisen.

[6] Zur Diskussion um die prophetische Kultkritik s. bes. VOLZ, Ablehnung, *passim*; HERTZBERG, *passim*; HENTSCHKE, *passim*; HYATT, Prophetic Criticism, *passim*; WÜRTHWEIN, *passim*; HERMISSON, 131–145; SCHÜNGEL-STRAUMANN, *passim*; BOECKER, *passim*; ERNST, 97ff.; ZWICKEL, 310–314.

[7] In die Debatte, ob Jes 1,10–17 Teil einer späteren, dann meist nachexilisch angesetzten Redaktion des Jesajabuches angehört (so u.a. KAISER, 39–43.49; LORETZ, 53f.120; BERGES, 62ff.) oder vom Propheten selbst stammt (so die Mehrzahl der Ausleger; s. z.B. WILDBERGER, 37; ERNST, 158–160; SWEENEY, 80), kann hier aus Platzgründen nicht wirklich eingegriffen werden, jedoch erscheinen mir die Argumente für eine Spätdatierung nicht überzeugend.

und קְטֹרֶת תּוֹעֵבָה ("Rauchopfer des Greuels") qualifiziert. Der Begriff מִנְחַת־
שָׁוְא belegt, daß die kritisierte Kultfrömmigkeit als Vorspiegelung falscher
Tatsachen verstanden wird. Ein unter solcher Vorspiegelung falscher Tatsachen dargebrachtes Opfer unterscheidet sich in seiner Qualität nicht von
paganen Riten und wird daher als תּוֹעֵבָה ("Greuel") qualifiziert. In V. 13bβ
wird dieses Mißverhältnis auf die prägnante Formel לֹא־אוּכַל אָוֶן וַעֲצָרָה
("ich ertrage nicht Frevel und Feier") gebracht. Diese Quintessenz wird in
V. 14–17 chiastisch entfaltet. Zuerst betonen V. 14f., daß JHWH Neumonde
und Feste der Angeredeten haßt und sie nicht länger ertragen möchte – ja,
sogar ihre Gebete hört er nicht. V. 15b, יְדֵיכֶם דָּמִים מָלֵאוּ ("eure Hände sind
voll Blut"), zeigt, daß diese Abneigung JHWHs gegenüber den kultischen
Bemühungen der Adressaten auf ihr Verhalten zurückzuführen ist, und leitet
so zu V. 16f. über, die das אָוֶן aus V. 13 aufnehmen: Die Bewohner Jerusalems werden aufgerufen, von ihrem Frevel umzukehren und nach Recht zu
trachten. Daß dieser Aufruf in V. 16 mit zwei metaphorisch verwendeten
Ermahnungen zur Reinigung (רַחֲצוּ הִזַּכּוּ „wascht euch, reinigt euch") eingeleitet wird, zeigt, daß die Paränese zu rechtem Verhalten im Kontext der
kritisierten Kultfrömmigkeit verstanden werden will. Was JHWH von den
Bewohnern Jerusalems erwartet, wird in V. 17 mit klassisch altorientalischen
Beispielen für sozial Benachteiligte[8] deutlich gemacht: „Leitet den Bedrück-
ten,[9] verhelft der Waise zu Recht, rechtet für die Witwe". In Jes 1,10–17 geht
es nicht um eine generelle Ablehnung von Kultfrömmigkeit, Opfer und Kult
werden vielmehr der ethischen Qualifikation des opfernden, betenden etc.
Frommen untergeordnet.[10] Der Kult ist kein Selbstzweck, der auf magische
Weise Heil schafft. Den Frevler vermag er nicht zu retten.

Das in Jes 1,10–17 belegte Primat der Disposition des Opfernden gegenüber kultischer Frömmigkeit findet sich ähnlich auch in anderen Belegen
der klassischen Prophetie: So betont das Buch Hosea gegenüber dem frevel-
haften und götzendienerischen Israel:

בְּצֹאנָם וּבִבְקָרָם יֵלְכוּ לְבַקֵּשׁ אֶת־יְהוָה וְלֹא יִמְצָאוּ חָלַץ מֵהֶם

„Mit ihrem Kleinvieh und ihren Rindern gehen sie, JHWH zu suchen, aber sie werden
ihn nicht finden, er hat sich ihnen entzogen." (Hos 5,6)

כִּי חֶסֶד חָפַצְתִּי וְלֹא־זָבַח וְדַעַת אֱלֹהִים מֵעֹלוֹת

„Denn an Loyalität habe ich Wohlgefallen und nicht an Schlachtopfern, und an
Gotteserkenntnis mehr als an Brandopfern!" (Hos 6,6)

---

[8] Dazu s. WILDBERGER, 48; KAISER, 48f.
[9] Statt חָמֵץ ist mit dem einhelligen Zeugnis der Versionen חָמוֹץ zu vokalisieren (s. u.a.
WILDBERGER, 34; KAISER, 39 Anm. 8; ERNST, 155f. Anm. 271).
[10] Zur ethischen Prärogative vgl. etwa WILDBERGER, 38f.48f.; KAISER, 43–49; ERNST, 172–
178; BERGES, 62f.

כִּי־הִרְבָּה אֶפְרַיִם מִזְבְּחֹת לַחֲטֹא הָיוּ־לוֹ מִזְבְּחוֹת לַחֲטֹא אֶכְתָּב־לוֹ רֻבּוֹ תּוֹרָתִי כְּמוֹ־זָר
נֶחְשָׁבוּ זִבְחֵי הַבְהָבַי יִזְבְּחוּ בָשָׂר וַיֹּאכֵלוּ יְהוָה לֹא רָצָם עַתָּה יִזְכֹּר עֲוֹנָם וְיִפְקֹד חַטֹּאותָם
הֵמָּה מִצְרַיִם יָשׁוּבוּ

„Mehrte Ephraim Altäre zur Sühne, so wurden sie ihm Altäre zur Sünde. Schrieb
ich ihm tausendfach meine Weisungen auf, so galten sie (ihm) wie etwas Fremdes.
Schlachtopfer voller Gier opfern sie, Fleisch, um es zu essen – JHWH hat keinen
Gefallen daran. Jetzt gedenkt er ihrer Schuld und sucht heim ihre Sünde: Sie müssen
nach Ägypten zurückkehren." (Hos 8,11–13)[11]

Auch im Buch Amos wird das Primat der ethischen Disposition gegenüber
der Kultfrömmigkeit des frevlerischen Israel betont:[12]

בֹּאוּ בֵית־אֵל וּפִשְׁעוּ הַגִּלְגָּל הַרְבּוּ לִפְשֹׁעַ וְהָבִיאוּ לַבֹּקֶר זִבְחֵיכֶם לִשְׁלֹשֶׁת יָמִים
מַעְשְׂרֹתֵיכֶם וְקַטֵּר מֵחָמֵץ תּוֹדָה וְקִרְאוּ נְדָבוֹת הַשְׁמִיעוּ כִּי כֵן אֲהַבְתֶּם בְּנֵי יִשְׂרָאֵל נְאֻם
אֲדֹנָי יְהוִה

„Kommt nach Bethel und frevelt, nach Gilgal, frevelt noch mehr. Und bringt am
Morgen eure Schlachtopfer, am dritten Tag eure Zehnten. Laßt Rauch aufsteigen von
gesäuertem Brot als Dankopfer, ruft «Freiwillige Gaben!», laßt es hören. Wahrlich,
so liebt ihr es, Söhne Israels! Spruch des Herrn JHWH." (Am 4,4f.)

שָׂנֵאתִי מָאַסְתִּי חַגֵּיכֶם וְלֹא אָרִיחַ בְּעַצְּרֹתֵיכֶם כִּי אִם־תַּעֲלוּ־לִי עֹלוֹת וּמִנְחֹתֵיכֶם לֹא
אֶרְצֶה וְשֶׁלֶם מְרִיאֵיכֶם לֹא אַבִּיט הָסֵר מֵעָלַי הֲמוֹן שִׁרֶיךָ וְזִמְרַת נְבָלֶיךָ לֹא אֶשְׁמָע וְיִגַּל
כַּמַּיִם מִשְׁפָּט וּצְדָקָה כְּנַחַל אֵיתָן הַזְּבָחִים וּמִנְחָה הִגַּשְׁתֶּם־לִי בַמִּדְבָּר אַרְבָּעִים שָׁנָה בֵּית
יִשְׂרָאֵל

„Ich hasse, ich verabscheue eure Feiern, und eure Feste rieche ich nicht, – daß ihr
mir Opfer bringt –. Und an euren Opfergaben habe ich keinen Gefallen, das Ab-
schlußopfer von eurem Mastvieh betrachte ich nicht. Fort von mir mit dem Lärm
deiner Lieder, das Spiel deiner Harfen höre ich nicht. Aber es ströme wie Wasser das
Recht und Gerechtigkeit wie ein unversiegbarer Bach. Habt ihr mir Schlachtopfer
und Opfergabe gebracht in der Wüste vierzig Jahre lang, Haus Israel?" (Am 5,21–25)

Und auch die Position Jeremias ist von dieser Haltung geprägt.

לָכֵן שִׁמְעוּ הַגּוֹיִם וּדְעִי עֵדָה אֶת־אֲשֶׁר אֲשֶׁר עֹשֶׂה בָּם שִׁמְעִי הָאָרֶץ הִנֵּה אָנֹכִי מֵבִיא רָעָה
אֶל־הָעָם הַזֶּה פְּרִי מַחְשְׁבוֹתָם כִּי עַל־דְּבָרַי לֹא הִקְשִׁיבוּ וְתוֹרָתִי וַיִּמְאֲסוּ־בָהּ לָמָּה־זֶּה לִי
לְבוֹנָה מִשְּׁבָא תָבוֹא וְקָנֶה הַטּוֹב מֵאֶרֶץ מֶרְחָק עֹלוֹתֵיכֶם לֹא לְרָצוֹן וְזִבְחֵיכֶם לֹא־עָרְבוּ לִי

„Daher hört ihr Völker, und erkennt wohl, was ich ihnen antun will, höre es, Land:
Siehe, ich bringe Unheil über dieses Volk als die Frucht ihres Denkens, denn auf
meine Worte haben sie nicht geachtet, und meine Weisung – sie haben sie verworfen.
Was soll mir der Weihrauch, der aus Saba kommt, und der köstliche Gewürzrohr
aus fernem Land? Eure Brandopfer sind nicht wohlgefällig, und eure Schlachtopfer
gefallen mir nicht." (Jer 6,18–20)[13]

Daß die vorexilisch-exilische Prophetie in ihrer Kultkritik weisheitliches Gedankengut aufnimmt,[14] zeigt sich deutlich in dem ägyptischen Text Merikare

---

[11] Zu Text und Übersetzung vgl. JEREMIAS, 103.
[12] Zum Verhältnis von Am 5,21–25 zu Jes 1,10–17 s. ERNST, 161ff.
[13] Zur Textkritik s. RUDOLPH, 46.
[14] Zur Sache vgl. etwa WILDBERGER, 35f.; KAISER, 45–47; BOECKER, 179f.; ERNST, 95ff.

127–129 und Prov 15,8; 16,6; 17,1; 21,3.27; 28,9.[15] Als Beispiel sei hier Prov 21,3 zitiert:

עֲשֹׂה צְדָקָה וּמִשְׁפָּט נִבְחָר לַיהוָה מִזָּבַח

„Tue Gerechtigkeit und Recht, es wird von JHWH einem Opfer vorgezogen!"

Daß diese Einstellung zur Kultfrömmigkeit sich nicht nur in weisheitlichen und prophetischen Texten findet, sondern, wie die Aufnahme einer prophetischen Lehrerzählung in I Sam 15 zeigt,[16] auch vom dtr Geschichtswerk übernommen wurde, belegt I Sam 15,22: Nachdem Samuel Saul aufgefordert hat, die von Gott in Bann getanen Amalekiter und alle ihnen gehörenden Lebewesen zu töten, schlägt Saul die Amalekiter und vollstreckt den Bann. Dabei verschont er den amalektischen König Agag, die besten Tiere und alles Wertvolle (V. 1–9). Als Saul von Samuel mit seiner Gebotsübertretung konfrontiert wird (V. 10ff.), macht er geltend, das verschonte Vieh sei als Opfer für JHWH gedacht (V. 15.21). Der Handlungsaufbau konfrontiert so kultische Frömmigkeit und Gebotsobservanz miteinander. Der erste Höhepunkt der Erzählung ist dabei mit der Antwort Samuels erreicht:

וַיֹּאמֶר שְׁמוּאֵל הַחֵפֶץ לַיהוָה בְּעֹלוֹת וּזְבָחִים כִּשְׁמֹעַ בְּקוֹל יְהוָה הִנֵּה שְׁמֹעַ מִזֶּבַח טוֹב
לְהַקְשִׁיב מֵחֵלֶב אֵילִים

„Samuel aber sagte: «Hat JHWH Gefallen an Brand- und Schlachtopfern wie am Hören auf die Stimme JHWHs? Siehe, Gehorchen ist besser als Ganzopfer, Aufzumerken besser als das Fett von Widdern!»"" (I Sam 15,22)

Nicht das von Saul beabsichtigte Opfer wird kritisiert, sondern der Bruch von JHWHs Gebot. Was der Deuteronomist auf diese Weise thematisiert, ist eine Frage von Prioritäten. Wenn Opferfrömmigkeit und Gebotsobservanz miteinander in Konflikt geraten, ist Gehorsam besser als Opfer. Daß Saul JHWHs Weisung zugunsten des Opfers mißachtete, gibt seinem Handeln ausweislich V. 23 eine pagane Qualität.

„Das Handeln des Volkes, welches das Banngebot bricht und Opfertiere herbeischleppt, wird ... in den Bereich des oberflächlichen, heuchlerischen Gottesdienstes eingereiht, den die Propheten schon immer als illegitim qualifiziert hatten. Der Ungehorsam wird nun mit anderen Sünden parallelisiert (V.23a): Wahrsagerei und Götzendienst."[17]

Es kann zusammengefaßt werden: Den genannten Texten geht es nicht um eine Ablehnung des Opferkults als solchen.

„Als Teil der unbedingten Unheilsankündigung gegen das Volksganze verkünden die Propheten die Verwerfung des Kults durch Jahwe ... Zugleich impliziert ihre

---

[15] Zur Stellung der Weisheit zum Kult s. PERDUE, *passim*; ERNST, 9ff., und meine Ausführungen im Zusammenhang mit Koh 4,17ff. (145–157).

[16] Zur intensiven Diskussion um das redaktionelle Wachstum von I Sam 15 s. den Bericht bei DIETRICH/NAUMANN, 41–45.

[17] STOLZ, 103f.

Kultkritik – durch Rückgriff auf die weisheitliche Gegenüberstellung von Ethos und Kult – auch eine Begründung für kommendes Unheil: Anstelle eines Kults ohne soziale Gerechtigkeit hätte «strömen sollen wie Wasser das Recht …»“.[18]

„Die Propheten sind dabei von der Überzeugung durchdrungen, daß durch kultisches Handeln die gestörte Gottesbeziehung nicht mehr repariert werden kann. Ein Kult, der das nicht mehr leistet, ist aber sinnlos, kann nur der schärfsten Ablehnung verfallen, wie sie von den Propheten dann ja auch so eindrücklich ausgesprochen worden ist. In dieser Situation kann eine Reflexion über Wert oder Unwert kultischer Betätigung an sich nicht mehr im Blickfeld der Propheten liegen und hat es auch nicht getan.“[19]

Die Tempelrede Jer 7,1–8,3

Wie schon VOLZ beobachtet hat, ist die zentrale Frage der Tempelrede „*Was gibt Schutz?*“[20] Die in der Tempelrede kritisierte Antwort hierauf lautet ausweislich V. 4: הֵיכַל יְהוָה הֵיכַל יְהוָה הֵמָּה („sie sind der Tempel JHWHs, der Tempel JHWHs“).[21] Daß zu Beginn des 6. Jh. v.Chr. der Jerusalemer Tempel als Garant der Unverletzbarkeit Jerusalems betrachtet werden konnte, hängt unbestrittenermaßen mit den Ereignissen des Jahres 701 v.Chr. zusammen. In Reaktion auf das von Hiskia schon 705 v.Chr. initiierte antiassyrische Bündnis strengt Sanherib 701 v.Chr. einen durch Schwierigkeiten im Osten des assyrischen Reiches um einige Jahre verzögerten Vergeltungsfeldzug an, der ihn nach der Niederwerfung anderer am Aufstand beteiligter Völker und einem Sieg über ein ägyptisches Hilfsheer schließlich vor die Mauern Jerusalems führte. Gegen eine hohe Kontributionssumme bleibt Jerusalem verschont und Hiskia an der Macht. Die Herrschaft der Davididen wird jedoch auf den Stadtstaat Jerusalem selbst beschränkt. Den Rest Judas schlägt Sanherib den Philisterfürsten von Aschdod, Gaza und Ekron zu. Juda wurde auf diese Weise vom ersten ins zweite Stadium der assyrischen Vasalität überführt.[22] Was ein Normalfall assyrischer Imperialpolitik war, hatte jedoch theologiegeschichtlich entgegengesetzte Auswirkungen. Wohl mit zunehmender zeitlicher Distanz wurde die Verschonung Jerusalems im Jahr 701 v.Chr. auf den schützenden Einfluß des Tempels als des Wohnsitzes JHWHs zurückgeführt. Die Ereignisse schienen die Unverletzbarkeit Zions bestätigt zu haben (vgl. Jes 29,5–8; 31,4–9). Als Jerusalem etwa 100 Jahre später vom neobabylonischen Imperium bedroht wurde, gab die so verstan-

---

[18] ERNST, 203, das Zitat im Zitat findet sich Am 5,24.
[19] BOECKER, 175.
[20] Jeremia, 90.
[21] Die dreifache Wiederholung in 𝔐 läßt sich am besten als eine nachträgliche Angleichung an die in magischer aber auch liturgischer Praxis beliebte Dreizahl verstehen. Die zweifache Wiederholung in 𝔊 darf daher als ursprünglich gelten (vgl. HOLLADAY, 235).
[22] Zur Interpretation der Ereignisse vgl. z.B. DONNER, 352ff.

dene Erfahrung von 701 v.Chr. Anlaß zur Hoffung – eine Hoffnung, die sich in V. 4 noch in dem Ausruf „der Tempel JHWHs, der Tempel JHWHs" widerspiegelt.

Im Rückblick auf die Katastrophen von 597 und 587 v.Chr. sah sich der dtr Autor/Redaktor von Jer 7,1–8,3 nun gezwungen, zu erklären, wieso sich die mit dem Heiligtum verbundenen Heilshoffnungen nicht erfüllten. Zu diesem Zweck läßt er Jeremia auf den Ausruf von V. 4 mit einem von dtr Gedankengut durchsetzten Umkehrruf reagieren: „Wenn ihr wirklich Recht schafft zwischen einem Mann und seinem Nächsten, Fremdling, Waise und Witwe nicht bedrückt, kein unschuldiges Blut vergießt an diesem Ort und nicht, euch selbst zum Übel, anderen Göttern nachlauft, dann will ich an diesem Ort, bei euch in dem Land wohnen, das ich euren Vätern gegeben habe von Ewigkeit zu Ewigkeit" (7,5–7). Wenn Israel seinen hier beispielhaft umschriebenen Bundesverpflichtungen nachkommt, wird ihm gestattet sein, sicher in dem Land zu leben, das Gott den Vätern gegeben hat. Der Kultfrömmigkeit wird auf diese Weise das Einhalten der Bundesverpflichtungen gegenübergestellt. Dabei tritt an die Stelle des Tempels als Wohnort Gottes[23] „dieser Ort",[24] was ausweislich von V. 7 Jerusalem und das mit ihm verbundene, den Vätern von Gott geschenkte Land benennt (V. 3.7).[25] In feiner Nuancierung ist jetzt nicht mehr der Tempel, sondern Jerusalem als Teil des den Vätern verheißenen und geschenkten Landes der Ort, an dem Gottes Gegenwart heilsmächtig wirkt und erfahren werden kann.

Der in dtr Kontext zu erwartende und der Ermahnung von V. 5–7 korrespondierende Ungehorsam wird in V. 9 in Anlehnung an den Dekalog geschildert:[26] „Nicht wahr, stehlen, morden, ehebrechen, falsch schwören, dem Baal opfern und anderen Göttern nachlaufen, die ihr nicht kanntet?" Obwohl das Volk ausweislich dieser Beispiele seinen Bundesverpflichtungen in keiner Weise nachkommt, erwartet es, durch den Tempel und seinen Kult auf geradezu magische Weise gerettet zu werden: „Und dann kommt ihr und stellt euch vor mich in diesem Haus, über dem mein Name genannt ist, und sagt: «Wir sind gerettet», damit ihr all diese Greuel tun könnt" (V. 10).

---

[23] In V. 3.7 liest ‫ע‬ (in V. 3 auch α′ und in V. 7 auch einige masoretische Handschriften) statt des Piʿel von ‫שכן‬ (so 𝔐 vgl. 𝔊 𝔖 𝔗) ein Qal und versteht das jeweils folgende ‫אתכם‬ nicht als *nota accusativi* mit Suffix sondern als die Präposition ‫את‬ mit Suffix („ich werde bei euch wohnen" statt „ich werde euch wohnen lassen"). Weil durch V. 4 eine enge Verbindung mit dem Tempel hergestellt wird und darüber hinaus wohl kaum das ganze Volk in Jerusalem hätte wohnen können, ist das Qal mit Volz, 88; Rudolph, 50, und Wanke, 87f., als die ursprüngliche Lesart vorzuziehen.

[24] Die Wendung ‫בַּמָּקוֹם הַזֶּה‬ meint in den Texten der dtr Jeremiaredaktion durchgängig Jerusalem (s. 7,3.6f.20; 14,13; 16,2f.9; 19,3f.6f.11f.; 22,3.11; 24,5; 27,22; 28,3f.6; 29,10; 32,37; 40,2; 42,18; 44,29; 51,62). Einzige Ausnahme im Jeremiabuch sind die postdtr Belege 33,10.12.

[25] Zur Verschmelzung von Jerusalem und Land durch die Wendung ‫בַּמָּקוֹם הַזֶּה‬ in V. 7 vgl. z.B. Duhm, 75; Giesebrecht, 46; Thiel, 108f.; Wanke, 89.

[26] Dazu vgl. etwa Giesebrecht, 47; Volz, Jeremia, 91; Smith, passim; Rudolph, 53; Weiser, 63; Thiel, 115; Carroll, 209; Holladay, 244f.; Wanke, 90.

Was aus solchen Erwartungen wird, zeigt das Beispiel des Schiloheiligtums (V. 12). Wie dieses von JHWH wegen der Bosheit Israels zerstört wurde, so wird er jetzt auch den Jerusalemer Tempel zerstören, das Südreich wird das gleiche Schicksal ereilen wie das Nordreich (V. 15).

Nur das Beachten von Gottes Geboten und nicht die magische Hoffnung auf den Tempel hätte die Rettung vor der neobabylonischen Bedrohung bringen können. Bei dieser Hoffnung handelt es sich nach Meinung des dtr Autors/Redaktors der Tempelrede um דִּבְרֵי הַשֶּׁקֶר (V. 4.8). Im Kontext der Ermahnung, die Bundesverpflichtungen zu erfüllen statt auf magische Rettung durch den Tempel zu hoffen, kann das Idiom nicht mit „Lügenworte" wiedergegeben werden.[27] Da Tempelideologie und Gebotserfüllung einander hier geradezu gegenübergestellt werden, kann שֶׁקֶר keine Selbsttäuschung oder Irreführung meinen. Das Wort steht „somit auf dem Hintergrund des Gottesbundes …, der ewig dauert (v 7b) und auf den man sich darum ganz anders verlassen kann als auf solch «treu- und bundesbrüchige Worte»."[28]

Wie schon die oben diskutierten kultkritischen Belege betont auch Jer 7,3–15 die Gebotsobservanz. Die dtr Jeremiaredaktion unterscheidet sich von diesen Texten jedoch deutlich in ihrer Beurteilung der Tempel- und Kultfrömmigkeit. Die Hoffnung auf magischen Schutz durch den Jerusalemer Tempel verführt zur Mißachtung von Gottes Gebot und hat daher die Qualität eines Bundesbruchs, was die Tempelideologie in den Bereich des Paganen rückt. Nur wer den Geboten nachkommt, wird weiterhin im den Vätern verheißenen und geschenkten Land leben können. Es ist dabei bemerkenswert, daß JHWH seinen Namen nach V. 10–15 zwar im Schilo-Heiligtum hat wohnen lassen (אֲשֶׁר שִׁכַּנְתִּי שְׁמִי שָׁם בָּרִאשׁוֹנָה „wo ich zu Beginn meinen Namen wohnen ließ" V. 12), daß aber im Zusammenhang mit dem Jerusalemer Tempel nur gesagt wird, über ihm sei JHWHs Name genannt: הַבַּיִת אֲשֶׁר נִקְרָא־שְׁמִי עָלָיו („das Haus, über dem mein Name genannt wird" V. 10f.14; vgl. V. 30). Von Gottes Wohnen wird dagegen jetzt im Zusammenhang mit dem Land gesprochen (V. 7). Gott wohnt zwar noch bei denjenigen, die nach seinen Geboten leben בַּמָּקוֹם הַזֶּה („an diesem Ort" V. 7), aber nicht der Tempel ist der Wohnort JHWHs, sondern Jerusalem und damit verbunden das Land: „dann will ich an diesem Ort bei euch in dem Land wohnen, das ich euren Vätern gegeben habe von Ewigkeit zu Ewigkeit" (V. 7).

Nachdem Tempelideologie und Kultfrömmigkeit in V. 3–15 in einen Zusammenhang mit Bundesbruch und Paganismus gestellt wurden, ist es nur konsequent, wenn sich 7,16–8,3 mit Götzendienst und Opferkult beschäftigen. Dabei zeigen bewußt gesetzte kompositionelle Verknüpfungen mit dem

---

[27] So u.a. GIESEBRECHT, 46; RUDOLPH, 50.53; WEIPPERT, 27; WILLI-PLEIN, 140; WANKE, 88; vgl. VOLZ, Jeremia, 87; WEISER, 59.62; CARROLL, 206.208; HOLLADAY, 235.242.

[28] KLOPFENSTEIN, 95.

vorhergehenden Kontext,[29] daß Jer 7,16–8,3 von Jer 7,1–15 her zu lesen ist. In
7,16–20 wird Jeremia die Fürbitte für das Volk verboten, da ganze Familien
sich am Kult der Himmelskönigin beteiligten – hier ist wohl ein synkreti-
scher Ištar/Aštarte-Kult gemeint[30] –, und der Abschnitt 7,29–34 polemisiert
gegen die auf dem Tophet des Hinnom-Tals stattfindenden Kindopfer.[31]

Beide Absätze umschließen wie eine Inklusion die Ausführungen zum
Opferkult Israels in 7,21–28: In der Art einer priesterlichen Tora[32] gebietet
JHWH in V. 21, die Ganzopfer (עֹלוֹת) den Schlachtopfern (זְבָחִים) hin-
zuzufügen und das Fleisch beider zu essen.[33] Da das Ganz- oder Brandopfer
per definitionem als ganzes geopfert wird (s. Lev 6f.; Dtn 12,27), ist die An-
weisung – wie von den Auslegern allgemein angenommen – im höchsten Maße sarkastisch. Diese sarkastische Zurückweisung von Ganz- und Schlachtopfern wird in V. 22 mit dem Hinweis gerechtfertigt, JHWH habe Israel
nichts über Brand- und Schlachtopfer geboten, als er es aus Ägypten her-
ausführte. Ein einfacher Blick in die Konkordanz macht deutlich: Die Behauptung steht im krassen Widerspruch zum Befund des Pentateuch. Aus
Platzgründen kann hier die Frage, ob die dtr Jeremiaredaktion sich in V. 22
auf eine frühere Form der Tora bezieht, die noch keine Opfervorschriften
enthielt, nicht wirklich diskutiert werden. Zur Lösung des Problems wurden
in der Sekundärliteratur im wesentlichen fünf Modelle entwickelt: a) der Verfasser von V. 22 bezieht sich auf eine Form der Tora ohne Opfervorschriften
(so z.B. Duhm, 81f.); b) die Äußerung lasse sich mit den jehovistischen und
dtn Passagen des Pentateuchs vereinbaren, da Opfervorschriften dort ein
Randphänomen seien, nicht jedoch mit der Priesterschrift (so etwa Giesebrecht, 50f.; Wanke, 93); c) der Verfasser kennt zwar eine Form der Tora mit
Opfergesetzgebung, „blickt (aber) über die Gesetzeskodizes zurück nach der
ursprünglichen Stiftung und über die Kodizes hinaus zu dem Sinn Jahwes"
(Volz, Jeremia, 103 Anm. 1 und 102f.; Rudolph, 57f.; ähnlich Thiel, 127:
„es handelt sich primär um ein theologisches Urteil"; Carroll, 216: „Obedience, not sacrifice, was the original command, and by that standard the
nation's history has been one of complete and continual rebellion against

---

[29] Das הַזֶּה הַמָּקוֹם („dieser Ort" 7,20) knüpft an V. 3.6f. an, und die Wendung בַּבַּיִת
אֲשֶׁר־נִקְרָא־שְׁמִי עָלָיו („in dem Haus, über dem mein Name genannt wird" V. 30) nimmt
7,10.14 auf, während die Anspielung auf den mit der dtn Fassung des Dekalogs in Zusammenhang stehenden Vers Dtn 5,33 in Jer 7,23 an die Aufnahme des Dekalogs in Jer 7,9 erinnert.

[30] Zur Sache und zur Diskussion um die Himmelskönigin s. S. Ackerman, 5–35.

[31] Zum Molech-Opfer s. die Arbeiten von Eissfeldt, Müller, Heider, Day und Koch.

[32] Zur Gattung s. Thiel, 122; Holladay, 259; Wanke, 93.

[33] Die Suffixe der 2. mask. („eure Ganzopfer", „eure Schlachtopfer") dürfen hier nicht als
Eingrenzung auf eine bestimmte Gruppe von Opfernden verstanden werden. Dagegen spricht
neben dem generellen Charakter von V. 22 auch, daß die dtr Jeremiaredaktion den Abschnitt
V. 21–29 ausweislich seiner kompositionellen Verknüpfungen mit V. 1–15 an die in V. 2
genannten Adressaten (כָּל־יְהוּדָה „ganz Judah") gerichtet verstanden wissen will. Nicht die
Opfer einer bestimmten Gruppe werden kritisiert, sondern die Opfer von ganz Judah (vgl.
Duhm, 81).

Yahweh";); d) V. 22 soll im Sinne der oben vorgestellten Kultpolemiken die
Bedeutung des Opferkults relativieren, JHWH geht es um Gerechtigkeit und
nicht um Opfer (so STROBEL, 214ff.; vgl. WILLI-PLEIN, 148); e) mit Ganz-
und Schlachtopfern werden nur individuelle, freiwillig dargebrachte Opfer
thematisiert und nur diese und nicht den offiziellen Tempelkult hat V. 22 im
Blick (MILGROM, 273–275; HOLLADAY, 261f.).

Ex 20,24; 23,18 und Dtn 12,6ff. scheinen mir jedoch gegen diese Lösungen zu sprechen. M.E. ist der Text von der Aufnahme des Dekalogs in Jer
7,9 her zu verstehen. Wurde dort das von den Israeliten zu erfüllende Gebot
als der Dekalog verstanden, ist es nicht unwahrscheinlich, daß die dtr Jeremiaredaktion auch in V. 22 vom Dekalog spricht, der ja bekanntlich keine
Opfervorschriften enthält – eine Annahme, die durch die Aufnahme von Dtn
5,33 in Jer 7,23b erhärtet wird (s.u., 29f.). Die Behauptung von V. 22 stünde
in diesem Fall noch nicht einmal im Widerspruch zur Darstellung des Dtn,
denn ausweislich Dtn 4,44–49 und Dtn 5f. wurde den Israeliten am Horeb
nur der Dekalog gegeben, während Mose ihnen den dtn Gesetzeskorpus erst
vor dem Einzug ins Land mitteilte.[34]

Der Opferkult widerspricht nach V. 22 somit dem am Horeb gegebenen
und sich im Dekalog manifestierenden Gebot. Wenn es beachtet wird, gelten
ausweislich der häufig im Zusammenhang mit Bundesaussagen gebrauchten
Formel von V. 23 nach wie vor die mit dem Sinaibund verknüpften Heilszusa-
gen: וְהָיִיתִי לָכֶם לֵאלֹהִים וְאַתֶּם תִּהְיוּ־לִי לְעָם („und ich werde euer Gott sein,
und ihr werdet mein Volk sein").[35] Von Bedeutung für die Interpretation der
Tempelrede ist, daß diese Formel darüber hinaus auch im Kontext mit dem
Wohnen JHWHs verwendet wird: Schon im Umfeld von Lev 26,12 wird
im Zusammenhang mit dieser Formel neben vielerlei anderen Heilsgütern
betont, wenn Israel seine Satzungen und Gebote halte, werde JHWH unter
ihnen wohnen: וְנָתַתִּי מִשְׁכָּנִי בְּתוֹכְכֶם („ich werde meinen Wohnsitz in eure
Mitte geben" Lev 26,11). Wohl in Aufnahme von Lev 26,11f. verwendet Ez
37,26f. die Formel im Zusammenhang mit dem Wohnen JHWHs in seinem
Heiligtum, nachdem von einem ewigen Friedensbund die Rede war:

„Und ich werde mein Heiligtum (מִקְדָּשִׁי) in ihre Mitte geben in Ewigkeit, und mein
Wohnsitz (מִשְׁכָּנִי) wird über ihnen sein, und ich werde ihr Gott sein, und sie werden
mein Volk sein."

---

[34] Ähnlich schon Rashi und Qimḥi; vgl. auch WEINFELD, 52–55 (dort die Belege bei Rashi
und Qimḥi).

[35] Weitere Belege der Formel finden sich Ex 6,7; Lev 26,12; Jer 11,4; 24,7; 30,22; 31,1.33;
32,38; Ez 11,20; 14,11; 36,28; 37,23.27; Sach 2,15; 8,8. Von diesen wird im Kontext von Ex 6,7;
Lev 26,12; Jer 11,4; 31,33; Ez 37,23.27 ein Bund thematisiert, und in Jer 11,4 findet sich eine über
die eigentliche Formel hinausreichende wörtliche Parallele, die Jer 11 wohl kompositionell mit
Jer 7 verknüpfen soll.

Ähnlich betont Sach 2,14f.:

„Jubele und freue dich Tochter Zion, denn siehe, ich werde kommen und in deiner Mitte wohnen (וְשָׁכַנְתִּי), Spruch JHWHs. Und viele Völker werden sich JHWH an jenem Tag anschließen, und sie werden mir zum Volk werden, und ich werde in deiner Mitte wohnen (וְשָׁכַנְתִּי),[36] und du wirst erkennen, daß JHWH der Heerscharen mich zu dir gesandt hat."

Die beiden Belege machen deutlich, daß in exilisch-nachexilischer Zeit die in Jer 7,1–15 kritisierte Vorstellung von dem heilsbringenden Wohnen JHWHs in seinem Tempel mit der Formel „ich werde euer Gott sein, und ihr sollt mein Volk sein" verbunden werden konnte. Wenn sie in V. 23 nur auf Gebotserfüllung und Bundesschluß bezogen wird, ist dies vor dem Hintergrund von Ez 37,26f. und Sach 2,14f. als Ablehnung der in Ez 37,26f. und Sach 2,14f. mit der Formel verbundenen zionstheologisch motivierten Heilshoffnung zu verstehen, zumal genau solche Heilshoffnungen in Jer 7,1–15 kritisiert werden.

Ein zweiter Schriftbezug in V. 23b stellt eine weitere Verbindung zu V. 1–15 her: Der Wortlaut des Halbverses ähnelt Dtn 5,33.

וַהֲלַכְתֶּם בְּכָל־הַדֶּרֶךְ אֲשֶׁר אֲצַוֶּה אֶתְכֶם לְמַעַן יִיטַב לָכֶם	בְּכָל־הַדֶּרֶךְ אֲשֶׁר צִוָּה יְהוָה אֱלֹהֵיכֶם אֶתְכֶם תֵּלֵכוּ לְמַעַן תִּחְיוּן וְטוֹב לָכֶם וְהַאֲרַכְתֶּם יָמִים בָּאָרֶץ אֲשֶׁר תִּירָשׁוּן
„und wandelt auf dem ganzen Weg, den ich euch geboten habe, damit es euch gut geht" (Jer 7,23b).	„und auf dem ganzen Weg, den JHWH, eurer Gott, euch geboten hat, sollt ihr wandeln, damit ihr lebt und Gutes habt und ihr die Tage lang macht in dem Land, das ihr in Besitz nehmen werdet" (Dtn 5,33).

Dtn 5,33 steht am Ende einer mit der dtr Fassung des Dekalogs zusammenhängenden Ermahnung zur Gebotsobservanz. Wenn Jer 7,23b diesen Vers aufnimmt, verbindet die dtr Jeremiaredaktion die Ermahnung von Jer 7,23a, den Bundesverpflichtungen nachzukommen, mit der in Dtn 5 im Kontext des Bundesschlusses am Horeb stehenden Offenbarung des Dekalogs. Nicht in Opferkult und Tempelideologie liegt Israels Heil, sondern im schriftlich fixierten und hier mit hoher Kunst ausgelegten Gebot.

Der kurze geschichtliche Rückblick in 7,24–26 verbindet diese Zurückweisung von Opferkult und Tempelideologie mit einem weiteren klassischen Topos dtr Geschichtsinterpretation. Obwohl Gott mit Israel am Horeb einen Bund schloß, hörte es vom Exodus bis zur fiktiven Jetztzeit der dtr Jeremiaredaktion nicht auf das Gebot, sondern wandelte in der Verstockheit seines

---

[36] 𝕲 liest statt וְשָׁכַנְתִּי καὶ κατασκηνώσουσιν („und sie werden wohnen") und möchte das Verb so auf das näherliegende Beziehungswort גּוֹיִם רַבִּים („viele Völker") beziehen. Demgegenüber stellt וְשָׁכַנְתִּי die *lectio difficilior* dar und ergibt darüber hinaus eine stilistisch wertvolle Inklusion mit V. 14.

bösen Herzens. Selbst auf die immer wieder gesandten Propheten hörte Israel nicht (V. 25b–26). Das Motiv von den vergeblich gesandten Propheten wird dabei von der dtr Jeremiaredaktion – abgesehen vom Parallelbeleg Jer 26,4 – immer im Zusammenhang mit dem Abfall Israels zu fremden Göttern verwendet (Jer 25,4; 35,15; 44,4).[37] Jer 35,15 ist beispielhaft:

„Und ich sandte zu euch all meine Knechte, die Propheten, immer wieder: «Kehrt doch um, ein jeder von seinem üblen Weg, bessert eure Taten und lauft nicht anderen Göttern nach, um ihnen zu dienen, und wohnt auf dem Boden, den ich euch und euren Vätern gegeben habe!» Aber sie neigten nicht ihr Ohr und hörten nicht auf mich."

Wenn die dtr Jeremiaredaktion das Motiv jetzt mit Israels Opferkult in Zusammenhang bringt, wirft auch dies auf den Opferkult Israels ein paganes Licht. Er geschieht gegen Gottes Gebot und die Mahnungen der Propheten und ist von gleicher Qualität wie Israels Abfall zu anderen Göttern.

Vor diesem Hintergrund wird nochmals deutlich, wieso die dtr Jeremiaredaktion den Abschnitt über Israels Opferkult mit Passagen inkludiert, die sich mit seinen heidnischen Kulten beschäftigen. Der Opferkult des Jerusalemer Tempels unterscheidet sich in seiner Qualität weder von den Kindopfern auf dem Tophet des Hinnom-Tals noch von dem Kult der Himmelskönigin. Wie die Hoffnung auf magischen Schutz durch den Jerusalemer Tempel widerspricht der Opferkult Gottes Bund mit seinem Volk. Jer 7,1–8,3 geht damit weit über die im ersten Abschnitt des Aufsatzes beobachtete ethische Priorität gegenüber dem Opferkult hinaus. Jetzt gilt nicht mehr: „Gehorchen ist besser als Ganzopfer, Aufzumerken besser als das Fett von Widdern!" (1Sam 15,22), sondern Gebotsobservanz statt Opferkult und Tempelideologie.

Das abschließende Gerichtswort von Jer 8,1–3 droht eine angemessene Strafe für das in den Augen der dtr Jeremiaredaktion auf vielerlei Art bundesbrüchige Gottesvolk an: Die Gebeine von Königen, Fürsten, Priestern, Propheten und Bewohnern Jerusalems werden aus ihren Gräbern herausgeholt werden, und Sonne, Mond und anderen Verkörperungen von Astralgottheiten ausgesetzt sein, die sie verehrten. Israel hat nicht nur fremde Götter verehrt, sondern der eigene Opferkult und die eigene Tempeltheologie waren von paganer Qualität und mußten daher zu einer entsprechenden Strafe führen. Die in 8,1–3 angesprochene Katastrophe von 587 v.Chr. hat ihren Ursprung neben Götzendienst (7,5f.9.16–20.29–34), sozialen und ethischen Mißständen (7,5f.9) auch in der magische Züge tragenden Tempelideologie (7,4.10) und dem mit ihr verbundenen Opferkult (7,21–28).

Es bleibt die Frage, ob diese selbst im Rahmen der dtr Jeremiaredaktion als Spitzensätze zu beurteilenden Äußerungen mehr sind als ein Versuch, die Zerstörung des Jerusalemer Tempels im Jahr 587 v.Chr. zu erklären. Da eine Antwort hierauf nur im Rahmen der Datierung der in ihrem Charak-

---

[37]   Zum Motiv vgl. THIEL, 123.

ter umstrittenen dtr Jeremiaredaktion selbst möglich ist, muß es an dieser Stelle bei einer Problemanzeige bleiben. Mir scheint das von ALBERTZ (391–393) vorgeschlagene Modell am plausibelsten: In einem längeren Prozeß dtr Pflege der von DUHM und MOWINCKEL A und B genannten Quellen des Jeremiabuchs entstanden sukzessive die typischen Redekomplexe der dtr Jeremiaredaktion,[38] welche dann gegen Ende des Exils oder in frühnachexilischer Zeit zu einer ersten Fassung des Jeremiabuchs zusammengebunden wurden. Das vorgeschlagene Modell bringt es mit sich, daß einzelne Zeitangaben, wie etwa die siebzigjährige Dauer der babylonischen Herrschaft in Jer 25,11f. (vgl. den älteren Beleg Jer 29,10), nicht unbedingt für die Datierung der Endfassung von dtrJer herangezogen werden können. Da es sich bei der Tempelrede in Jer 7,1–8,3 um den ersten umfangreicheren dtr Komplex des Jeremiabuchs handelt und da dieser Text, wie schon häufig beobachtet, kompositionelle Verknüpfungen zu vielen Passagen des Jeremiabuchs aufweist (s. etwa 6,20; 11,14; 14,11f.; 19,5–9.11b–12; 22,1–5; 26,1–10; 44,15–19), dürfte die Tempelrede mit einiger Wahrscheinlichkeit erst im Rahmen der dtr Jeremiaredaktion selbst ihre heutige Fassung erlangt haben.

Daß die dtr Jeremiaredaktion sich in ihrer Polemik gegen Tempelideologie und Opferkult genötigt sieht, über die prophetische Kultkritik und damit auch über Jeremias eigene Position (Jer 6,20) hinauszugehen, erklärt sich m.E. am besten durch einen zeitgeschichtlichen Anlaß. Dabei macht es die besondere Schärfe der Position der dtr Jeremiaredaktion unmöglich, ihren Anlaß in dem provisorischen Jerusalemer Kult während der Exilszeit zu suchen.[39]

Da sich die in Jer 7,1ff. mit dem Tempel verbundenen hochgespannten Heilserwartungen auch in der auf den Wiederaufbau des Tempels zielenden Verkündigung Haggais und Sacharjas finden, scheint es mir wahrscheinlich, daß hier der gesuchte zeitgeschichtliche Anlaß für die generelle Ablehnung von Tempelideologie und Kult durch die dtr Jeremiaredaktion liegt:

„Mit diesem ihrem Plädoyer für eine religiöse und soziale Erneuerung Judas grenzten sich die dtr. Jeremia-Interpreten wahrscheinlich gegen andere Heilshoffnungen ab, wie sie eindeutig in der frühnachexilischen Zeit belegt (Hag 1,3–11; 2,15–19), aber wohl schon in fortgeschrittener Exilszeit wieder aufgekommen waren: daß es nur darauf ankäme, den Tempel wieder zu errichten und den Opferkult in Gang zu bringen, um die Sicherheit und den Wohlstand des Landes wiederherzustellen."[40]

---

[38] Gegen ALBERTZ, 392, dürfte es sich dabei schon um einen zumindest größtenteils schriftlichen Prozeß gehandelt haben.

[39] So JANSSEN, 104; THIEL, 127.

[40] ALBERTZ, 395f.; vgl. den Vorschlag CARROLLS, die Tempelrede im Rahmen von Auseinandersetzungen der Esra-Nehemia-Zeit zu verstehen (216f.), und WANKES Spekulation, ob nachexilische Tempelbesucher die eigentlichen Adressaten des Textes seien (89).

Summary

Deuteronomistic theology incorporated prophetic rejections of cult and sacrifices (cf. e.g. in Am 5:22, 25; Hos 6:6; 8:13; Jes 1:11; Jer 6:20) into its thought as attested by 1 Sam 15:22f. Compared to these references, Jer 7:1–8:3 represents a more developed state of cult-criticism. In earlier texts sacrifices and other cultic practices are not totally refused but a life of guilt, social misbehavior and idolatry combined with cultic piety is criticized. Comparably, 1 Sam 15:22f. stresses that not unasked sacrifices of banned Amalekite property but Sauls obedience missed in his dealings with the conquered Amalekites and their property is of greater value to YHWH.

In contrast, the magic trust of the people expressed in v. 4, that they will be saved because the Jerusalem Temple is the dwelling of YHWH, puts the Temple as a whole in doubt. While the sanctuary at Shilo is described as a dwelling for YHWH's name, the Jerusalem Temple only bears his name (v. 10). Orientated along the lines of the decalogue, V. 9 describes the people trusting in the false security provided by the Temple as follows: "You steal, you murder, you commit adultery and perjury, you burn sacrifices to Baal, you run after other gods whom you have not yet known?" But even worse their magic trust encourages them to break the covenant with YHWH. Thus, according to v. 10 the Temple thought in itself is of pagan quality. But contrary to the hopes for safety connected with the Temple the example of Shilo demonstrates that God is willing to destroy his Jerusalem sanctuary. Instead of living in the Temple, God is living in Jerusalem and the land he gave to the peoples forefathers. If the people are willing to mend their ways and live according to the prescriptions of God's covenant, they are allowed to stay with YHWH in the land (v. 3, 5–7).

Jer 7:21–28 is surrounded with paragraphs dealing with pagan cultic practices. Jer 7:16–20 describes the worship of the Queen of Heaven (a syncretistic fertility cult) as grounds for Jerusalem's destruction while in Jer 7:29–34 the Hinnom valley's tophet and the child sacrifices practiced there are named. Included by these passages, Jer 7:21–28 stresses that neither whole-offering nor sacrifice were part of the commands given by God to Israel when it was brought out of Egypt. Sacrificial worship is therefore a further example for Israels disobedience corresponding to pagan cultic practices and is thus another reason for its destruction.

Logically, v. 23 describes the alternative behaviour expected by God from his chosen people in covenantal language and terms of obedience to the law: "If you obey me, I will be your God and you shall be my people. You must conform to all my commands, if you would prosper." Covenant and law are thus understood as an alternative concept to the Temple cult.

In this way, the deuteronomistic redactor/author of the Temple sermon tries not only to explain the destruction of the Jerusalem Temple in 587 BCE but reacts most probably also to contemporary problems. Thus, he aims at efforts towards a rebuilding of the Jerusalem Temple in early Persian times and the high hopes connected with them.

Bibliographie

S. Ackerman, Under Every Green Tree. Popular Religion in Sixth-Century Judah, HSM 46, 1992.

R. Albertz, Religionsgeschichte Israels in alttestamentlicher Zeit, GAT 8.1–2, 1992.

U. Berges, Das Buch Jesaja. Komposition und Endgestalt, Herders Biblische Studien 16, 1998.

H. J. Boecker, Überlegungen zur Kultpolemik der vorexilischen Propheten, in: J. Jeremias/L. Perlitt (Hgg.), Die Botschaft und die Boten, FS H. W. Wolff, Neukirchen 1981, 169–180.

R. P. Carroll, Jeremiah. A Commentary, OTL, 1986.

J. Day, Molech. A God of Human Sacrifice in the Old Testament, UCOP 41, 1989.

W. Dietrich/Th. Naumann, Die Samuelbücher, EdF 287, 1995.

B. Duhm, Das Buch Jeremia erklärt, KHC 11, 1901.

H. Donner, Geschichte Israels und seiner Nachbarn in Gründzügen, GAT 4.1–2, 2., durchgesehene und ergänzte Aufl., 1995.

E. Eissfeldt, Molk als Opferbegriff im Punischen und Hebräischen und das Ende des Gottes Moloch, BRGA 3, 1935.

A. B. Ernst, Weisheitliche Kultkritik. Zu Theologie und Ethik des Sprüchebuchs und der Prophetie des 8. Jahrhunderts, BThSt 23, 1994.

F. Giesebrecht, Das Buch Jeremia. Übersetzt und erklärt, HK III.2.1, 2. Aufl., 1907.

G. C. Heider, The Cult of Molek. A Reassessment, JSOT.S 43, 1985.

R. Hentschke, Die Stellung der vorexilischen Schriftpropheten zum Kultus, BZAW 75, 1957.

H.-J. Hermisson, Sprache und Ritus im altisraelitschen Kult. Zur „Spiritualisierung" der Kultbegriffe im Alten Testament, WMANT 19, 1965.

H. W. Hertzberg, Die prophetische Kritik am Kult, in: ders., Beiträge zur Traditionsgeschichte und Theologie des Alten Testaments, Göttingen 1962, 81–90 (= ThLZ 75, 1950, 219–226).

H. W. Holladay, Jeremiah 1. A Commentary on the Book of the Prophet Jeremiah Chapters 1–25, Hermeneia, 1986.

J. Ph. Hyatt, The Deuteronomic Edition of Jeremiah, in: L. G. Perdue/B. W. Kovacs (Hgg.), A Prophet to the Nations. Essays in Jeremiah Studies, Winona Lake 1984, 247–267 (Erstveröffentlichung in Vanderbilt Studies in the Humanities 1, 1951, 71–95).

— Prophetic Criticism of Israelite Worship, Cincinnati 1963.

E. Janssen, Juda in der Exilszeit. Ein Beitrag zur Frage der Entstehung des Judentums, FRLANT 69, 1956.

J. Jeremias, Der Prophet Hosea. Übersetzt und erklärt, ATD 24.1, 1983.

O. Kaiser, Das Buch des Propheten Jesaja. Kapitel 1–12. Übersetzt und erklärt, ATD 17, 5. Aufl., 1991.

M. A. Klopfenstein, Die Lüge nach dem Alten Testament. Ihr Begriff, ihre Bedeutung und ihre Beurteilung, Zürich/Frankfurt a.M. 1964.

K. Koch, Molek astral, in: A. Lange/H. Lichtenberger/K. F. D. Römheld (Hgg.), Der Mythos im Alten Testament und seiner Umwelt, FS H.-P. Müller, BZAW, im Druck, 29–50.

A. Lange, In Diskussion mit dem Tempel. Zur Auseinandersetzung zwischen Kohelet und weisheitlichen Kreisen am Jerusalemer Tempel, in: A. Schoors (Hg.), Qohelet in the Context of Wisdom, BEThL 136, 1998, 113–159.

O. Loretz, Der Prolog des Jesaja-Buches (1,1–2,5). Ugaritologische und kolometrische Studien zum Jesaja-Buch I, UBL 1, 1984.

J. Milgrom, Concerning Jeremiah's Repudiation of Sacrifice, ZAW 89 (1977), 273–275.

S. Mowinckel, Zur Komposition des Buches Jeremia, Kristiania 1914.

H.-P. Müller, molæk, ThWAT 4 (1984), 957–968.

E. W. Nicholson, Preaching to the Exiles. A Study of the Prose Tradition in the Book of Jeremiah, Oxford 1970.

L. G. Perdue , Wisdom and Cult. A Critical Analysis of the Views of Cult in the Wisdom Literatures of Israel and the Ancient Near East, SBL.DS 30, 1977.

W. Rudolph, Jeremia, HAT 12, 3., verbesserte Aufl., 1968.

B. Schmidt, Israel's Beneficient Dead. Ancestor Cult and Necromancy in Ancient Israelite Religion and Tradition, FAT 11, 1994.

H. Schüngel-Straumann, Gottesbild und Kultkritik vorexilischer Propheten, SBS 60, 1972.

Th. Seidl, Jeremias Tempelrede: Polemik gegen die joschijanische Reform? Die Paralleltraditionen Jer 7 und 26 auf ihre Effizienz für das Deuteronomismusproblem in Jeremia befragt, in: W. Gross (Hg.), Jeremia und die „deuteronomistische Bewegung", BBB 98, 1995, 141–179.

E. J. Smith, The Decalogue in the Preaching of Jeremiah, CBQ 4 (1942), 197–209.

A. Strobel, Jeremias, Priester ohne Gottesdienst? Zu Jer 7,21–23, BZ 1 (1957), 214–224.

F. Stolz, Das erste und zweite Buch Samuel, ZBK 9, 1981.

M. A. Sweeney, Isaiah 1–30. With an Introduction to Prophetic Literature, FOTL 16, 1996.

W. Thiel, Die deuteronomistische Redaktion von Jeremia 1–25, WMANT 41, 1973.

P. Volz, Der Prophet Jeremia übersetzt und erklärt, KAT 10, 2. Aufl., 1928.

— Die radikale Ablehnung der Kultreligion durch die alttestamentlichen Propheten, ZSTh 14 (1937), 63–85.

G. Wanke, Jeremia. Teilband 1: Jeremia 1,1–25,14, ZBK.AT 20.1, 1995.

M. Weinfeld, Jeremiah and the Spiritual Metamorphosis of Israel, ZAW 88 (1976), 17–56.

H. Weippert, Die Prosareden des Jeremiabuches, BZAW 132, 1973.

A. Weiser, Das Buch Jeremia. Kapitel 1–25,14. Übersetzt und erklärt, ATD 20, 8. Aufl., 1981.

H. Wildberger, Jesaja. 1. Teilband: Jesaja 1–12, BK 10.1, 2., verbesserte Aufl., 1980.

I. Willi-Plein, Opfer und Kult im alttestamentlichen Israel. Textbefragungen und Zwischenergebnisse, SBS 153, 1993.

E. WÜRTHWEIN, Kultpolemik oder Kultbescheid? Beobachtungen zu dem Thema „Prophetie und Kult", in: Wort und Existenz. Studien zum Alten Testament, Göttingen 1970, 144–160 (= E. WÜRTHWEIN [Hg.], Tradition und Situation. Studien zur alttestamentlichen Prophetie, FS A. Weiser, Göttingen 1963, 115–131).

W. ZWICKEL, Der Tempelkult in Kanaan und Israel. Studien zur Kultgeschichte Palästinas von der Mittelbronzezeit bis zum Untergang Judas, FAT 10, 1994.

„Wo sollte ein Haus sein, das ihr mir bauen könntet?" (Jes 66,1)

Schöpfung als Tempel JHWHs?

Matthias Albani, Leipzig*

1. Das Problem

66,1

a) (α) So spricht der Herr:

כֹּה אָמַר יְהוָה

(β) Der Himmel ist mein Thron // (γ) und die Erde der Schemel meiner Füße.

הַשָּׁמַיִם כִּסְאִי // וְהָאָרֶץ הֲדֹם רַגְלָי

b) (α) Wo sollte ein Haus sein, das ihr mir bauen könntet //

אֵי־זֶה בַיִת אֲשֶׁר תִּבְנוּ־לִי

(β) und wo ein Ort als meine Ruhestatt?

וְאֵי־זֶה מָקוֹם מְנוּחָתִי

66,2

a) (α) Und meine Hand hat all dies gemacht //

וְאֶת־כָּל־אֵלֶּה יָדִי עָשָׂתָה

(β) und <mir gehört> all dies[1] – Spruch des Herrn.

וַיִּהְיוּ כָל־אֵלֶּה נְאֻם יְהוָה

b) (α) Und ich schaue auf den Demütigen //

וְאֶל־זֶה אַבִּיט אֶל־עָנִי

(β) und den, der zerschlagenen Geistes ist //

וּנְכֵה־רוּחַ

(γ) und der zittert zu meinem Wort hin.

וְחָרֵד עַל־דְּבָרִי

---

* Dr. Matthias Albani ist Stipendiat der Volkswagen-Stiftung, deren Förderung auch diesen Aufsatz ermöglicht hat.

[1] Mit Hanson, Koenen, Lau u.a. lese ich an dieser Stelle וְהָיוּ לִי; zur Begründung, siehe Lau, 171f.; siehe dagegen Beuken, 57.

„Über dieses Stück gehen die Meinungen am weitesten auseinander, und es ist schwer, eine befriedigende Lösung zu finden. Sie hängt von der Beantwortung zweier Fragen ab: 1. Spiegelt sich in 66$_{1-4}$ ein konkretes historisches Ereignis wider, ist es eine Reaktion auf den Plan eines Tempelbaus? 2. Werden Tempel und Kult absolut abgelehnt oder nur unter bestimmten Bedingungen?"[2]

Mit diesen Worten hat ELLIGER vor 70 Jahren die Exegese der Tempelpolemik in Jes 66,1ff. in seiner forschungsgeschichtlich einflußreichen Monographie „Die Einheit des Tritojesaja" eingeleitet. An seiner Einschätzung der exegetischen Problematik von Jes 66,1ff. hat sich im Grunde bis heute nichts geändert. Nach wie vor werden die von ELLIGER aufgelisteten Fragen kontrovers beantwortet. Im Hinblick auf die zweite Frage scheint zumindest in der neueren deutschsprachigen Literatur Einigkeit darüber zu bestehen, daß die Ablehnung des Tempels grundsätzlich zu verstehen ist (STECK, KOENEN, LAU). Angesichts der sonst so zentralen Bedeutung des Jerusalemer Tempels für die israelitische Religion sind jedoch auch Vorschläge für ein weniger radikales Verständnis dieses Textes gemacht worden. So wurde vielfach die Ansicht vertreten, daß sich die Polemik nur gegen den Bau eines JHWH-Tempels außerhalb von Jerusalem richte, wobei man etwa an ein Heiligtum in Babylon für die Exulanten (HITZIG) oder an einen samaritanischen Tempel auf dem Garizim (DUHM) dachte.[3] ELLIGER bezieht die Ablehnung des Tempelbaus nur auf einen Plan synkretistischer Altjudäer (vgl. Jes 57,3–13; 65,1–7) für die Errichtung eines eigenen Tempels.[4] Dafür gibt es jedoch im Text selbst keinerlei Anhaltspunkte. Sicher dagegen ist, daß Jes 66,1f. schöpfungstheologisch gegen einen Tempelbau polemisiert. Am wahrscheinlichsten gilt immer noch die Annahme, daß der Jerusalemer Tempel gemeint ist.[5] Es stellt sich dann die Frage, ob in Jes 66,1f. eine Substitution des Jerusalemer Tempels als Thron- und Wohnstätte JHWHs durch Himmel und Erde (Merismus, siehe Punkt 3), d.h. durch die Gesamtheit der Schöpfung, intendiert ist. Haben wir hier also die schöpfungstheologische Variante des Tagungsthemas „Gemeinde ohne Tempel" vor uns?

Im folgenden soll die These begründet werden, daß die schöpfungstheologische Problematisierung des Tempelbaus in Jes 66,1f. – wie auch immer sie gemeint sein mag – eine Facette eines tempeltheologischen Reflektionsprozesses in exilisch-nachexilischer Zeit darstellt (Punkt 4), die im Zusammenhang mit einem *neuen Gottesverständnis* steht (Punkt 5). Genauer: Es soll gezeigt werden, daß die „tritojesajanische" Tempelbaupolemik auf dem Hintergrund des neuen universalen monotheistischen Gottesverständnisses

---

    2   ELLIGER, Einheit, 104.
    3   Vgl. dazu die Forschungsüberblicke bei SEKINE, 45f.; KOENEN, 184f.
    4   ELLIGER, Einheit, 107f.
    5   So auch SEKINE, 45; KOENEN, 185; LAU, 169.

zu verstehen ist, wie man es vor allem bei „Deuterojesaja" antrifft. Daraus
ergeben sich wiederum Konsequenzen für die Frage nach dem Verhältnis
von Schöpfungstheologie und Tempelverständnis in Jes 66,1f.

2. Literarkritische und redaktionsgeschichtliche Aspekte

Die Frage nach dem Verständnis von Jes 66,1–2 ist unmittelbar verknüpft
mit dem Problem der literarischen Entstehung des Tritojesajabuches! Wenn
nämlich diese beiden Verse als grundsätzliche Ablehnung des Tempels verstanden werden, dann muß erklärt werden, wie sich diese extreme Position
zu anderen Stellen in Jes 56–66 verhält, wo von einer tempelkritischen Haltung nichts zu bemerken ist (vgl. etwa Jes 56,7; 60,13; 64,10; 66,6). Entweder
sucht man eine redaktionsgeschichtliche Lösung für diesen offensichtlichen
Widerspruch, indem die widersprüchlichen Aussagen in Bezug auf den Tempel unterschiedlichen literarischen Schichten bzw. Fortschreibungsphasen
zugeordnet werden (1). Oder man versucht, die tempelkritische Aussage in
66,1–2 weniger radikal zu interpretieren (2). Für beide Lösungsversuche sei
hier je ein Beispiel aufgeführt.

(1) Was die Frage nach der literarischen Entstehung der letzten zehn Kapitel des Jesajabuches betrifft, so sind die Dinge zur Zeit stark im Fluß. Das
herkömmliche Bild einer seit DUHM „Tritojesaja" genannten Prophetenge-
stalt, auf die Jes 56–66 im wesentlichen zurückgehen soll (so auch ELLIGER),[6]
„zerfließt" allmählich im Strom redaktionsgeschichtlicher Hypothesenbil-
dung, der nicht nur den Schlußteil des Jesajabuches erfaßt hat (Fortschrei-
bungsmodelle).[7] Zur Signalisierung der redaktionsgeschichtlichen Problematik sind daher die Bezeichnungen „Deuterojesaja" und „Tritojesaja" stets
mit Anführungszeichen versehen. Im Hinblick auf die vorliegende Fragestel-
lung genügt es jedoch, ein relativ einfaches redaktionsgeschichtliches Modell
aus jüngerer Zeit zu skizzieren, was allerdings nicht bedeutet, daß andere kompliziertere Entwürfe damit geringgeschätzt werden. Jedes der gegenwärtig diskutierten Modelle hat seine Vorzüge und Schwachstellen.

KOENEN („Ethik und Eschatologie im Tritojesajabuch") schlägt z.B. folgende Schichtung des Tritojesajabuches vor: a) eine tritojesajanische Grundschicht aus der Zeit zwischen 520 und 515; b) eine redaktionelle Schicht,
die von einem Redaktor aus der zweiten Hälfte des 5.Jh. v.Chr. stammt;

---

[6] Siehe dazu etwa den Forschungsüberblick bei SEKINE, 4ff.

[7] Hier sei vor allem auf die Arbeiten von STECK in dem Sammelband „Studien zu Tritojesaja" hingewiesen, der mit seinem Fortschreibungsmodell seit den 80er Jahren einen neuen
redaktionsgeschichtlichen Ansatz vertritt, wonach es weder eine Person „Tritojesaja" noch ein
selbständiges Tritojesajabuch je gegeben habe, sondern nur produktive Fortschreibungen vor-
handener Komplexe des Jesajabuches, vgl. die Zusammenfassung seiner Position a.a.O., Vff.,
3ff.; ein anderes Fortschreibungsmodell vertritt LAU, 14ff., der sich von STECKS Ansatz abgrenzt.

c) Einzeltexte (56,9–12; Volksklagelied Jes 63,7–64,11) und Glossen.[8] Das Tempelwort 66,1f. gehört nach Koenen zur tritojesajanischen Grundschicht (a.a.O., 185ff.256), während z.B. die „tempelfreundlichen" Worte in 56,7 (a.a.O., 28ff.222ff.242) oder 60,7b.13b (a.a.O., 146f.149ff.) und 66,6 (a.a.O., 200f.) auf einen späteren Redaktor zurückzuführen sind. 66,3–4 trennt Koenen von 66,1f. aus verschiedenen Gründen literarkritisch ab.[9] Damit ist der Widerspruch im Hinblick auf die Tempelaussagen redaktionsgeschichtlich gelöst. Die radikale Tempelpolemik stammt von einem „Schüler Deuterojesajas" und wird aus der Situation in der Zeit des Tempelwiederaufbaus zwischen 515 und 520 (vgl. Haggai und Sacharja) verständlich (a.a.O., 185.219).

Wie gesagt gibt es jedoch derzeit auch plausible redaktionsgeschichtliche Modelle, die das literarische Wachstum von Jes 56–66 ganz anders beschreiben[10] und dementsprechend Jes 66,1f. anders historisch situieren.[11] Es ist hier nicht annähernd möglich, die gegenwärtige Forschungssituation auf dem Gebiet der Tritojesaja-Forschung angemessen zu diskutieren (Sekine, Koenen, Beuken, Steck, Lau). Soweit ich sehe, zeichnet sich ein Konsens auf redaktionsgeschichtlicher Ebene derzeit nicht ab. Dies spricht m.E. dafür, daß man mit der bisher entwickelten literarkritischen und redaktiongeschichtlichen Methodik *allein* das Problem der literarischen Entstehung des Jesajabuches nicht lösen kann.

(2) In redaktionsgeschichtlichen Modellen, welche die unterschiedlichen Aussagen zum Tempel nicht auf verschiedene literarische Schichten verteilen – vor allem natürlich im Einheitsmodell (vgl. z.B. Elliger) – kann die Tempelbaukritik in Jes 66,1f. aufgrund von Jes 56,7; 60,13; 64,10; 66,6 nicht als grundsätzliche Ablehnung des Tempels verstanden werden. Doch wie ist Jes 66,1f. dann gemeint? Spekulative Annahmen wie eingangs angesprochen (Tempelbau in Babylon, Samaria etc.) sind hier nicht weiterführend.

---

[8] Zur Schichtung des Tritojesajabuches nach Koenen und zur Botschaft des „Tritojesaja" sowie des „Redaktors" siehe die Zusammenfassung S. 239.

[9] Dieser literarkritischen Abgrenzung Koenens habe ich mich hier angeschlossen, siehe dazu auch unten unter Punkt 3; zwar könnte man zugunsten der Zusammengehörigkeit von 1–4 argumentieren, daß in 1–2 der Bau des Tempels abgelehnt wird und in 3–4 folgerichtig der zu diesem Tempel gehörige Opferkult. Doch wendet Koenen dagegen ein, daß in V. 3b nicht der JHWH–gemäße Opferkult am Tempel kritisiert wird, sondern der Abfall von JHWH und die Teilnahme an Götzenkulten. „Dann aber kann V. 3a kaum im Sinne einer grundsätzlichen oder auf den Jerusalemer Tempel bezogenen Kultkritik verstanden werden" (a.a.O., 190); darüber hinaus gibt es noch eine ganze Reihe weiterer Indizien, die für eine literarkritische Scheidung zwischen 1–2 und 3–4 sprechen, siehe a.a.O., 190ff.; m.E. ist Koenens literarkritische Abgrenzung zutreffend.

[10] Zu Jes 60–62 vgl. etwa die Kritik von Steck an Koenens Modell, der bereits „die Entstehung … der Grundschicht von Jes 60–62 redaktionsgeschichtlich von vornherein als Fortschreibung der literarischen Vorgabe Jes *40–55"sieht (a.a.O., 121ff.).

[11] Vgl. etwa Steck, 35ff., der im Rahmen seiner Fortschreibungstheorie die Tempelpolemik zur Schlußschicht des Jesajabuches rechnet, die er in die hellenistische Zeit verortet (vgl. besonders a.a.O., 38f.).

Eine plausible Möglichkeit für eine weniger radikale Interpretation hat beispielsweise SCHRAMM („The Opponents of Third Isaiah") aufgezeigt, indem er die Fragen in 66,1b als „hypothetical" versteht, etwa in dem Sinne: „Given the fact that I, YHWH, fill heaven and earth, what sort of house could you possibly build that could contain me?" (a.a.O., 164). Er interpretiert Jes 66,1f. im Sinne von I Reg 8,27, wo ebenfalls der Tempel nach den dort Salomo in den Mund gelegten Worten die kosmische Größe JHWHs nicht zu erfassen vermag. „The idea is: O God, a mere house cannot contain you, nevertheless I have built you one anyway!" (a.a.O., 165 Anm. 1). Nach SCHRAMM spiegeln Stellen wie I Reg 8,27 und Jes 66,1f. eine Diskussion in exilisch-nachexilischer Zeit über die Frage wider, wo Gott wirklich wohnt. Die dtr. Lösung (I Reg 8,23–53) kann man z.B. auf folgende Formel bringen: Der Tempel ist vor allem ein Haus des Gebetes (vgl. I Reg 8,28), während Gott selbst im Himmel wohnt.[12] In diesem Sinne seien auch die verschiedenen Äußerungen in Jes 56–66 zu verstehen:

„We have already met with the idea of the temple as a house of prayer in Isa. 56.7. I would argue that Isa. 66.1; Isa. 56.7 and 1 Kgs 8.23–53 all reflect a certain reinterpretation of the temple, but to regard any or all of them as 'anti-temple' would be a gross misnomer" (a.a.O., 165).[13]

Soweit zwei ganz verschiedene Lösungsansätze für das Tempelproblem in „Trjes". In diesem kurzen Beitrag ist es nicht möglich, eine Entscheidung für ein bestimmtes redaktionsgeschichtliches Modell und die jeweils damit zusammenhängende Interpretation der Tempelkritik in 66,1f. angemessen zu begründen. Dies ist jedoch für die Entfaltung des hier diskutierten Themas – der Frage nach einer Substitution des Tempels im Rahmen einer monotheistischen Schöpfungstheologie – auch gar nicht nötig. Ob man nun eine grundsätzliche Ablehnung eines realen Tempelbauvorhabens in Jes 66,1f. annimmt (1) oder nur eine „hypothetische" Verneinung des Tempels als

---

[12] Vgl. dazu auch METZGER, Wohnstatt, 150; JANOWSKI, Mitte, 175ff.; HARTENSTEIN, 225ff.

[13] WALLIS, 85, versteht Jes 66,1f. ebenfalls auf dem Hintergrund des dtr. Tempelverständnisses als privilegierte Gebetsstätte; andere weniger radikale Interpretationsvorschläge zu Jes 66,1f.: BEUKEN, 63f., gibt zu bedenken: „The tenor of Isa. 66.1–6 is not to reject principally the temple as God's dwelling, but the notion is turned down that He needs the temple and owes it to a benevolent initiative from Israel. The relations of dependency are different: from the temple YHWH takes care of the oppressed and He demonstrates his might in the approaching judgement over the oppressors." SEKINE, 46, erwägt als Alternative zur totalen Ablehnung des Tempelbaus, daß hier der in der Exilszeit entstandene „Wortgottesdienst" (vgl. 66,2b) im Gegensatz zum traditionellen Gottesdienst betont werden solle; so auch WESTERMANN und PAURITSCH. KOCH, 157, der die Einheitshypothese vertritt, denkt dagegen offenbar an verschiedene Phasen in der Verkündigung des Propheten: „Bei der Auseinandersetzung über das Tempelbauprojekt entfernt sich der späte Tritojesaja (anders noch 56,7) wie kein anderer Profet von den Grundlagen der israelitischen Kultreligion."

Wohnstätte JHWHs (2), in jedem Fall wird zu zeigen sein, daß in exilisch-
nachexilischer Zeit aufgrund einer neuen universalen Gottesauffassung eine
theologische Reflexion und Auseinandersetzung über die Bedeutung des Jerusalemer Tempels im Hinblick auf die Gegenwart Gottes einsetzte.[14] Dieser
Zusammenhang soll nun etwas deutlicher dargestellt werden, zunächst in Jes
66,1f., dann im größeren Kontext der exilisch-nachexilischen Literatur.

3. Die schöpfungstheologisch begründete Ablehnung des Tempelbaus

Nach „Tritojesaja" widerspricht der Jerusalemer Tempelbau vor allem der
kosmischen Größe JHWHs: Die Gegenwart Gottes kann nicht an ein
menschliches Bauwerk gebunden sein, sondern erstreckt sich über den ganzen Kosmos (66,1a).[15] Der Verweis auf den Himmel als Thron JHWHs und
auf die Erde als Schemel seiner Füße soll die universale Größe des Schöpfers
vor Augen führen: „Das meristische Wortpaar ‚Himmel-Erde' bezeichnet
die Gesamtheit der Schöpfung."[16] Himmel und Erde gehören dem Schöpfergott, der alles gemacht hat (V. 2a),[17] so daß es völlig unangemessen ist, ihm
ein bestimmtes Gebäude oder einen bestimmten Ort zuweisen zu wollen.[18]
Umgekehrt könnte man positiv formulieren: Nur das von Gott selbst gebau-

---

[14]   In meinem Greifswalder Vortrag hatte ich mich nachdrücklich der Position KOENENS,
LAUS u.a. angeschlossen, die Jes 66,1f. im radikalen Sinne verstehen. Aus den hier genannten
Gründen möchte ich die Frage der Grundsätzlichkeit jedoch offen lassen.

[15]   Vgl. zur Vorstellung des Himmels als Thron Gottes Ps 2,4; 11,4; 33,13; 103,19; 123,1; Jes
40,22; 57,15; 63,19b.

[16]   LAU, 170; zwar knüpft die Rede vom „Schemel seiner Füße" an eine zentrale kosmo-
logische Vorstellung der Zionstradition an (vgl. Jes 60,13; Ez 43,7; I Chr 28,2; Ps 99,5; 132,7;
Thr 2,1), daß der Zion und speziell der Tempel als Fußschemel JHWHs ein auf Erden besonders herausgehobener Ort sei; doch wird diese partikulare und anthropomorphe Vorstellung
zugleich universalisiert, indem ausdrücklich die *gesamte Erde* als Schemel für die Füße JHWHs
bezeichnet wird. Daß die gesamte Erde Gottes Fußschemel ist, wird im Alten Testament nur an
dieser Stelle gesagt, vgl. dazu BEUKEN, 55; ähnlich ist es mit dem Nominalsatz „Der Himmel ist
mein Thron": Hier wird die in Ps 11,4 und 103,19 formulierte Aussage, daß JHWHs Thron im
Himmel (בַּשָּׁמַיִם כִּסְאוֹ) sei, zugespitzt und überboten, indem nicht nur ein bestimmter Ort *im*
Himmel, sondern der *gesamte Himmel* als Thron JHWHs erscheint. Das Motiv vom Thronen
Gottes im Himmel (vgl. auch Ps 33,13; 74,2; 103,19; 123,1) betont besonders die Transzendenz
JHWHs, vgl. Otto, 1022: „Jes 66,1f. kritisiert um der Transzendenz des im Himmel thronen-
den JHWHs willen die Motive des Tempels und Gottesberges als *kisse', hădom* oder *měnuḥăh*
JHWHs."

[17]   Zur Begründung, daß sich das doppelte כָּל־אֵלֶּה in V. 2a auf Himmel und Erde in V. 1a
bezieht, siehe KOENEN, 186 Anm. 166.

[18]   Vgl. in diesem Sinne auch KOENEN, 186.

te „Schöpfungshaus" ist ihm angemessen (66,2a).[19] Die gesamte Schöpfung ist daher der Tempel Gottes.[20]

Nachdem in V. 1–2a der Bau einer Wohn- und Ruhestätte für JHWH als ein lächerliches Vorhaben dargestellt wurde, von dem sich JHWH distanziert, erklärt 2b, auf wen er von seinem himmlischen Thron her wohlgefällig herabblickt (נבט), nämlich auf den עָנִי im doppelten Sinne des Wortes, der demütig Gottes Wort fürchtet.[21] Dieser Gedanke hat auch sonst für „Tritojesaja" konstitutive Bedeutung: Der Hohe, Erhabene, Heilige wohnt gerade bei den Niedrigen, Demütigen, Armen und Gequälten (vgl. 57,15), nicht aber bei den Großen und Mächtigen der Gesellschaft. Zu den Gedemütigten und sozial Armen ist der Prophet gesandt, um die frohe Botschaft vom kommenden Heil zu verkünden (vgl. 61,1). Mit der positiven Hervorhebung der armen und demütigen Gottesfürchtigen erhält der Gedankengang von Jes 66,1–2 einen sinnvollen Abschluß.[22] Die Kritik am falschen Opferkult in 66,3–4 bringt dagegen ganz neue Gesichtspunkte ins Spiel, die mit der bishe-

---

[19] Die Frage אֵי־זֶה in 66,1b bezieht sich vor allem auf die Angemessenheit einer irdischen Wohnung JHWHs angesichts seiner kosmischen Größe (66,1a) und seiner Schöpfermacht (66,2a). Das Fragepronomen wird in der Forschungsliteratur entweder im lokalen Sinne („wo?") oder qualitativ („was für ein?") interpretiert, wobei die unterschiedlichen Übersetzungsmöglichkeiten zuweilen als Gegensätze dargestellt werden. Lau hat jedoch überzeugend herausgestellt, daß es sich eher um zwei verschiedene Aspekte der einen Frage handelt. Durch die ausdrückliche Bezugnahme auf מָקוֹם in 66,1 ist zwar der lokale Aspekt vorrangig, doch schwingt der qualitative Aspekt in der Frage mit. Lau, 171, formuliert zusammenfassend den Sinn der Frage: „Es gibt keinen Ort in der ganzen Schöpfung, den JHWH nicht selbst geschaffen hätte und der ihm nicht schon gehörte. Es ist daher der schöpferischen Tat JHWHs gänzlich unangemessen, ihm einen bestimmten Ort oder ein Haus zuweisen zu wollen."

[20] Beuken, 55, meint, daß das Wortpaar „Fußstuhl – Thron" nur die Herrschermacht JHWHs bezeichne, nicht aber eine Wohnvorstellung, so daß man nicht sagen könne, daß „the cosmos would be God's house in the same manner as the temple was for other circles." Dagegen ist allerdings einzuwenden, daß sich die zweite polemische Frage in 66,1bβ וְאֵי־זֶה מָקוֹם מְנוּחָתִי auf den Tempel als Wohn- und Ruhestätte bezieht, so daß von daher auch die Vorstellung von dem riesigen, in der Schöpfung thronenden Gott als „Wohnen" interpretiert werden kann. Herrschafts- und Wohnaspekt können nicht gegeneinander ausgespielt werden. Auch die Gegenüberstellung von Bauen des Tempels durch Menschen in V. 1 und Schaffen Gottes in V. 2 deutet darauf hin, daß die Schöpfung als von Gott selbst gebautes Tempelhaus verstanden werden soll.

[21] Zu der Wendung חָרֵד עַל־דְּבָרִי siehe unten unter Punkt 5; Koenen, 187f., setzt 66,1f. zu Jes 57,14–19 und 58,3–12 in Beziehung, wo JHWHs Zuwendung besonders den Opfern von Ungerechtigkeit, Gewalt und Armut zugesagt wird. „Eine weitere Verbindung zwischen 58,3–12 und 66,1f. liegt in der kultkritischen Tendenz beider Texte. Jes 58 wendet sich gegen Leute, die zwar die Riten des traditionellen Fastens praktizieren, dabei aber ihre Mitmenschen unterdrücken … Jahwe steht weder auf Seiten der Tempelbauer noch bei den Observanten von Fastenriten. Er blickt auf die Bedrängten und die, welche sein Wort beachten."

[22] Koenen, 187, hat überzeugend argumentiert, daß Jes 66,1f. auch formgeschichtlich als abgeschlossene Einheit anzusehen ist. Er ordnet die Einheit der kultischen Gattung „Tora" zu, deren Funktion hier ins Gegenteil verkehrt wird, wodurch der Verfasser eine Zuspitzung seiner Aussage erreicht. Für diese Gattung sind Aussagesätze charakteristisch, „in denen Jahwe ausspricht, was er begehrt und was er ablehnt."

rigen schöpfungstheologischen Argumentation gegen den Tempel nichts zu tun haben (s.o.), und unterscheidet sich auch in Sprache und Form von den beiden vorhergehenden Versen.[23] In 66,1–2 geht es um die Frage der Gegenwart bzw. des Wohnens Gottes (nicht im Tempel, sondern in der Schöpfung und bei den Demütigen), in 66,3–4 dagegen wird der Opferkult als Götzendienst (vgl. וּבְשִׁקּוּצֵיהֶם נַפְשָׁם חָפֵצָה) diskreditiert. Die Zusammenstellung der Tempelkritik mit der Opferpolemik dürfte daher sekundär sein.

Die Kritik am Tempel als Wohnstätte JHWHs in 66,1f. hat wahrscheinlich auch eine eschatologische Dimension. Freilich wird diese erst sichtbar, wenn man den vorausgehenden Kontext in die Betrachtung einbezieht. In 65,17 wird nämlich die Schaffung eines neuen Himmels und einer neuen Erde verheißen,[24] wobei die Neuschöpfungsaussage dann in V. 18f. auf Jerusalem konzentriert wird.[25] Ähnlich wie in Kapitel 60 wird in 65,17ff. das zukünftige Bild einer Stadt gezeichnet, in der es weder Not noch Ungerechtigkeit, sondern nur noch Freude und Jubel geben wird. Der Grund dafür ist die unmittelbare Präsenz JHWHs in Jerusalem: „Und es wird sein: ehe sie rufen, werde ich antworten, während sie noch sprechen, werde ich erhören" (65,24). Wenn Gott tatsächlich in dieser unmittelbaren Weise im *gesamten* Jerusalem gegenwärtig sein wird (vgl. auch 60,1f.), dann ist der Tempel als besonderer Wohnort JHWHs nicht mehr erforderlich. Auch die Vermittlung durch eine besondere Priesterkaste ist dann nicht mehr nötig, denn alle Jerusalemer werden „Priester JHWHs genannt" werden (Jes 61,6). Dieses neue Jerusalem wird das Schöpfungswerk JHWHs sein (הִנְנִי בוֹרֵא אֶת־יְרוּשָׁלַם; Jes. 65,18), nicht das von Menschen.

Zusammenfassend kann man also formulieren: „Tritojesaja" lehnt den Tempel als Wohnstätte Gottes ab, weil JHWH als protologischer (66,2a) und eschatologischer (65,17f.) Schöpfer bereits überall gegenwärtig ist (66,1) und künftig vor allem im neuen Jerusalem unmittelbar präsent sein wird (65,24).

---

[23] Hier ist m.E. eine literarkritische Trennung von 66,1–2 und 3–4 wahrscheinlicher, vgl. die Argumentation von KOENEN, 189ff.; anders dagegen LAU, 173ff.

[24] LAU, 136, bemerkt m.E. zutreffend zu 65,17, daß mit der Neuschöpfung von Himmel und Erde durch JHWH kein apokalyptisches Programm (so WESTERMANN und STECK) gemeint sei, sondern emphatische Redeweise vorliege; so auch KOENEN, 171 Anm. 76; Lau verweist wie KOENEN auf Jes 43,19 als Vorlage. Jes 65,17 bewegt sich also ganz im Rahmen der Theologie des „Dtjes".

[25] Zur scheinbaren Spannung zwischen Jes 65,17a und 18b bemerkt Koenen: „In Jes 65,16b–24 spricht v17a überschriftartig von der Erschaffung eines neuen Himmels und einer neuen Erde (חדש) und meint damit, wie v18b zeigt, die völlige Erneuerung Jerusalems. Das Gewicht des Textes liegt auf der ausführlichen Beschreibung der neuen Verhältnisse im wiederaufgebauten Jerusalem. V17b meint nicht, daß der alte Himmel und die alte Erde vergessen würden, sondern bezieht sich wie v16b auf die früheren Leiden."

4. Gegen welche Tempeltheologie richtet sich Jes 66,1f., und welcher historische Hintergrund ist für dieses Wort anzunehmen?

Es wurde bereits die These geäußert, daß die Tempelzerstörung im Jahre 587 v.Chr. (vgl. Jes 64,9f.) zu einem gewandelten Verständnis der Jerusalemer Thron- und Wohnvorstellung[26] im Sinne einer transzendenteren Gottesvorstellung geführt hat:[27] Gott thront z.B. nach der dtr. Theologie im Himmel, während nur sein Name noch im Tempel „sein" soll (vgl. I Reg 8,29.30; 38,44f.).

„Die alte Wohn- und Thronvorstellung konnte als Einschränkung der Wirksamkeit Jahwes und als Bindung Jahwes an einen Ort mißverstanden werden. Daß der Name Jahwes im Tempel anwesend sei, während Jahwe selbst im Himmel thront und von *dorther* das Gebet erhört, besagt, daß man nicht unbedingt im Jerusalemer Heiligtum zugegen sein muß, um bei Jahwe Gehör und Erhörung zu finden. Mit dem Jerusalemer Heiligtum ist Israel vielmehr ein Orientierungspunkt gegeben, auf den hin man beten und der Erhörung gewiß sein darf. Für die Situation der Exilszeit, in die hinein der Deuteronomist seine Botschaft richtet, besagt das schließlich, daß die Herrschaft des im Himmel thronenden Gottes durch die Zerstörung des Tempels unangetastet bleibt, und daß die Stätte des Jerusalemer Heiligtums auch nach der Zerstörung des von Salomo errichteten Gebäudes weiterhin der Ort für die Anwesenheit des Namens Jahwes, Gebetsstätte und Orientierungspunkt für das Gebet bleibt."[28]

---

[26] Zur vorexilischen Jerusalemer Tempeltheologie vgl. Mettinger, 24ff.; des weiteren siehe jetzt vor allem auch die differenzierte und umfangreiche Analyse zu Jes 6 von Hartenstein, der die bisher übliche Deutung einer mythischen Einheit von himmlischer und irdischer Wohnstatt JHWHs (Metzger) in der vorexilischen Jerusalemer Tempeltheologie als unangemessen erweist. Um das Jes 6 zugrundeliegende Weltbild und Raumverständnis zu eruieren, führt Hartenstein die Unterscheidung von impliziter und expliziter Kosmologie ein (siehe a.a.O., 18ff.); dabei kommt er u.a. zu dem Ergebnis, daß die „vorexilische Jerusalemer Wohnortvorstellung keine explizite Lokalisierung des Gottesthrones im kosmischen Bereich des Himmels" (226) kennt und erst in exilischer Zeit die Vorstellung von der himmlischen Wohnstatt JHWHs im Sinne einer expliziten Kosmologie aufkommt, die sowohl durch die historischen Ereignisse (Tempelzerstörung) als auch durch einen Wandel des Weltbildes angestoßen worden sei (s. a.a.O., 19ff.226ff.); vgl. zur Wandlung der Himmelsvorstellung im theologischen Denken Israels auch Bartelmus, 204ff.

[27] Siehe in diesem Sinne Otto, 1022.

[28] Metzger, Wohnstatt, 150f.; vgl. zur dtr. Tempeltheologie vor allem auch Janowski, Mitte, 173ff.; Ez 43,7–9 knüpft dagegen viel stärker an die traditionelle Thron- und Wohnvorstellung an, wobei der neue Aspekt das Wohnen „inmitten der Israeliten" (V. 7a und 9b), die „Selbstbindung Jahwes an Israel" ist (vgl. a.a.O., 168–173); Hartenstein, 229ff., zeigt am Beispiel von Ps 74 und Thr 5,17–22, wie man unmittelbar nach der Zerstörung des Tempels versucht hat, die dadurch ausgelöste Glaubenskrise zu bewältigen. Im Hinblick auf die Tempelvorstellung gelangt er zu der Hypothese: „Die Erfahrung einer Unzugänglichkeit Gottes, die diesen *jenseits seines Heiligtums* in abgründiger Verborgenheit zurücktreten ließ, setzte in frühnachexilischer Zeit in der Jerusalemer Kulttradition einen Umformungsprozeß der traditionellen Aussagen über JHWHs Königsherrschaft in Gang. Die ausdrückliche Lokalisierung des JHWH-Throns im ‚Himmel' gehörte vermutlich nicht schon zu den Voraussetzungen dieser Umformung, son-

Die letzte Konsequenz im Sinne einer Universalisierung der Vorstellung von
der Gottesgegenwart zieht der Verfasser von Jes 66,1f.: JHWH hat sich danach mit der Erschaffung von Himmel und Erde selbst Thronsitz und Fußschemel geschaffen, so daß es eigentlich überflüssig ist, ein von Menschen-
hand als Gottesthron und Wohnsitz verstandenes Heiligtum zu schaffen.[29]
Nur in Jes 66,1 wird die Erde insgesamt als Fußschemel Gottes bezeichnet,
so daß hier offenbar eine ganz singuläre Vorstellung vom Thron JHWHs im
Alten Testament vorliegt![30] Gott ist damit nicht an einer bestimmten Stelle lokalisierbar, andererseits aber auch in seiner Schöpfung omnipräsent, so
daß ihn seine Verehrer überall erreichen können. Wie bereits unter Punkt 2
skizziert, ist die Frage allerdings offen, ob diese theologische Einsicht auch
andere Tempelauffassungen, etwa im Sinne der dtr. Anbetungsstätte, aus-
schließt oder im Gegenteil als selbstverständlich voraussetzt.

Die größte sachliche Nähe zu Jes 66,1f. bietet im Alten Testament eine
späte Interpretation des Tempelweihspruches I Reg 8,12f. im sog. „Tempelweihgebet Salomos", wo es heißt: „Aber sollte Gott wirklich auf Erden wohnen? Siehe, der Himmel und aller Himmel Himmel können dich nicht fassen
– wie sollte es dann dies Haus tun, das ich gebaut habe? (I Reg 8,27)"[31] Hier
wird der Tempel als Wohnstatt JHWHs ebenfalls radikal in Frage gestellt,
wobei die Einfügung dieser kritischen Tempelinterpretation in den Kontext des dtr. Tempelweihgebets zeigt, daß das Heiligtum als Anbetungsstätte
nicht von dieser radikalen Kritik betroffen ist. Die Errichtung eines Tempelgebäudes kann nach I Reg 8,27 nur als ein Zugeständnis Gottes an den
Menschen verstanden werden. Die Gottesvorstellung scheint hier jedoch im
Unterschied zu dem schöpfungsimmanenten Verständnis in Jes 66,1f. radikal
transzendent zu sein („Siehe, der Himmel und aller Himmel Himmel können
dich nicht fassen …"). Möglicherweise wurde diese späte Interpolation unter
dem Einfluß von Jes 66,1f. vorgenommen.

Die Argumentation in Jes 66,1f. ist z.B. vor dem Hintergrund der exilisch-
frühnachexilischen Zeit gut vorstellbar, als einerseits durch die Zerstreuung
der Judäer nach Mesopotamien und Ägypten der Glaube an die Omnipräsenz
JHWHs zu einer Überlebensbedingung des israelitischen Gottesglaubens
wurde,[32] andererseits die Zerstörung des Tempels als hervorgehobenem Ort

---

dern erst zu ihren Ergebnissen …"; zur Wandlung der Tempel- und Zionsvorstellungen in der
Exilszeit vgl. auch OTTO, 1020ff.

[29] Vgl. in diesem Sinne METZGER, Wohnstatt, 153f.

[30] Vgl. dazu auch BEUKEN, 55; SCHRAMM, 162 Anm. 2.

[31] Siehe dazu WÜRTHWEIN, 97; METZGER, Wohnstatt, 153, und jüngst HARTENSTEIN, 225f.

[32] Auf eine vom Tempel unabhängige Gottesverehrung könnte auch die Formulierung in V.
2b hindeuten: „und der erzittert vor meinem Wort" וְחָרֵד עַל־דְּבָרִי. Die Betonung des Gotteswortes, so WESTERMANN, 328, deute auf eine „neue Art des Gottesdienstes" hin, „die während
des Exils entstanden war, ein Typ des Wortgottesdienstes, aus dem die Synagoge erwuchs. Wo
das Gotteswort und die Antwort der Gott lobenden Gemeinde das Wesen des Gottesdienstes
ausmachen, ist der heilige Ort als das Haus Gottes nicht mehr die unbedingte Voraussetzung

der Gottespräsenz theologisch verarbeitet werden mußte.[33] Ob jedoch die Tempelpolemik in 66,1f. gegen ein aktuelles Bauprojekt gerichtet ist, nämlich gegen den von Haggai und Sacharja betriebenen Wiederaufbau des Jerusalemer Tempels im Jahre 520–515 v.Chr,[34] das wird – wie eingangs erwähnt – in der Forschung kontrovers diskutiert.[35] Obwohl es sicher verschiedene denkbare Situationen in nachexilischer Zeit für das Tempelwort in 66,1f. gibt, erscheint mir die Konfliktsituation um den Tempelwiederaufbau zur Zeit Haggais und Sacharjas immer noch der plausibelste historische Hintergrund für die Tempelbaupolemik zu sein.[36] Auch wenn das Wort nicht als radikale Ablehnung des Tempels zu verstehen sein sollte, so ist doch auch eine Auseinandersetzung, die lediglich um ein Neuverständnis des Tempels („Gebetshaus") geführt wurde, gerade nach der Katastrophe besonders gut vorstellbar. In späterer Zeit, nach der Etablierung des Tempelkultes zum religiösen Zentrum der nachexilischen Gemeinde, ist eine solche Grundsatzdiskussion weniger wahrscheinlich.

Eine deutlich erkennbare tempeltheologische Gegenposition scheint z.B. in Ez 43,7 vorzuliegen, wo die traditionelle vorexilische Thron- und Wohnvorstellung – mit einigen neuen Akzenten versehen[37] – repristiniert wird:

„Du Menschenkind, das ist der Ort meines Thrones (מְקוֹם כִּסְאִי) und die Stätte meiner Fußsohlen (מְקוֹם כַּפּוֹת רַגְלַי); hier will ich für immer dort wohnen (אֶשְׁכָּן־שָׁם) unter den Israeliten (בְּתוֹךְ בְּנֵי־יִשְׂרָאֵל). Und das Haus Israel soll nicht mehr meinen heiligen Namen entweihen."

Hier tauchen die traditionellen tempeltheologischen Schlüsselbegriffe auf, die in Jes 66,1 schöpfungstheologisch universalisiert werden. Für Ezechiel

---

des Gottesdienstes." Ähnlich auch Wallis, 88; siehe dagegen Koenen, 188 Anm. der diese „synagogale" Deutung Westermanns ablehnt und darunter allgemein den „ehrfürchtigen Gehorsam" gegenüber dem Willen Gottes versteht, vgl. Becker, 11; siehe dazu auch unten Anm. 52.

[33] Ganz anders Steck, 35, der die Vorstellung einer „weltumfassenden Größe des thronenden Jahwe, der horizontal das weltumspannende, neue Gottesvolk dieser Schicht entspricht", als „Position der Exilszeit" für unwahrscheinlich hält. Zumindest das universale Gottesverständnis ist jedoch schon in der Exilszeit bei „Deuterojesaja" und evtl. auch bei Jeremia (23,24) anzutreffen; siehe dazu unten unter Punkt 5.

[34] Siehe dazu z.B. Koch, 163ff.; Seidel, 43ff.; Albertz, 478ff.

[35] Gegen die These, daß Jes 66,1f. „a direct repudiation of the temple building campaign of Haggai" (Hanson) im Jahre 520 v.Chr. sei, argumentiert Schramm, 162ff.; Haggai und „Trjes" seien sich in der Überzeugung einig, „that the temple is central" (163); in welchem Sinne Schramm Jes 66,1f. versteht, wurde bereits oben erläutert; dagegen sieht Koenen, 184f.219.239, Jes 66,1f. genau als Antithese zu Haggais Verkündigung; Lau, 178, konstatiert lediglich, daß die theologische Position in 66,1f. weit über die dtr. hinausgehe (I Reg 8,27) und daher das Stück „irgendwann in nach-dtr. Zeiten entstanden sein wird."

[36] Diese Annahme ist auch dann noch wahrscheinlich, wenn man Jes 66,1f. nicht als direkte Ablehnung der Positionen Haggais und Sacharjas versteht, vgl. etwa die Argumentation bei Wallis, 84f.

[37] Siehe dazu vor allem die Analyse zu Ez 43,7–9 bei Janowski, Mitte, 168–173, besonders 172f.

ist die Konzeption eines neuen idealen Tempels ein Grundpfeiler seiner Botschaft: Der Tempel soll wie kein anderer Ort der Erde wieder die auserwähl-
te Stätte der JHWH-Gegenwart und der höchsten Heiligkeit sein. Gegen
dieses priesterliche Tempelkonzept, dem eine verschärfte Heiligkeitsvorstel-
lung zugrundeliegt,[38] könnte sich „Tritojesaja" wenden, wenn er betont,
daß die gesamte Erde Fußschemel JHWHs ist und der Himmel sein Thron.
Ein exklusives Wohnen JHWHs im Jerusalemer Tempel ist mit dem Glauben an einen universalen Schöpfergott nicht vereinbar. Die Entweihung des
göttlichen Namens geschieht dagegen nach „Trjes" nicht durch kultische
Unreinheit, sondern durch mangelnde Gottesfurcht und soziale Ungerechtigkeit. Nicht die noch genauere Trennung von Heiligem und Profanem im
Tempel, sondern eine Haltung der Demut vor Gott bringt das gestörte Got-
tesverhältnis wieder in Ordnung. JHWH will nach „Tritojesaja" nicht die
perfekte Reinheit,[39] sondern Gottesfurcht und Gerechtigkeit, nicht eine kultisch herausgehobene Priesterkaste (Ez 44,20ff.), sondern das Priestertum
aller Israeliten (Jes 61,6).

　　Wenn man allerdings Jes 66,1f. als Antithese zu Ez 43,7 versteht, dann
kann man Jes 60,13b (und auch 60,7b) nicht demselben Verfasser wie 66,1f.
zuordnen, denn die Aussage von 60,13 entspricht grundsätzlich dem Tempelverständnis Ezechiels: „... um den Ort meiner Heiligkeit (מְקוֹם מִקְדָּשִׁי) zu
verherrlichen, und den Ort meiner Füße (מְקוֹם רַגְלַי) ehre ich" (60,13b). Man
stößt also auch bei der Frage nach der tempeltheologischen Gegenposition
wieder auf das redaktionsgeschichtliche Gesamtproblem des Tritojesajabuches,[40] wobei die Gefahr von Zirkelschlüssen hier sehr groß ist. Bei dieser

---

[38]　Vgl. dazu ALBERTZ, 449ff.

[39]　Hiermit korrespondiert der formgeschichtliche Befund, daß es sich bei V. 1–2 um die
prophetische Nachahmung einer priesterlichen Tora handelt, die jedoch ins Gegenteil verkehrt
wird, siehe KOENEN, 187; die Spitze dieser Gattungsverkehrung könnte sich gegen die priesterliche Tempeltheologie der Ezechielschule mit ihren verschärften Reinheitsidealen für das neue
Heiligtum richten.

[40]　Vgl. etwa die ganz unterschiedlichen Lösungversuche zu Jes 60,13 bei KOENEN und LAU;
KOENEN, 149, ordnet 13b (und auch 7b) aus verschiedenen Gründen einem Redaktor zu und
66,1f. „Tritojesaja"; nach LAU, 54ff., dagegen ist 60,13 wie auch der Kontext in Kapitel 60 auf
den „schriftgelehrten Propheten Tritojesaja" zurückzuführen und 66,1f. einer anderen literarischen Schicht (Tradentenkreis II, vgl. a.a.O., 168ff.). Allerdings sieht LAU in Jes 60,13 eine
„Emanzipation der Gottesbergtradition gegenüber der Tempeltradition" in Jer 17,12 und Ez
43,7, die in einer offenen Auseinandersetzung zwischen beiden Traditionen in Jes 66,1 gipfele:
„Mit der Auslassung des Begriffes ‚Thron' in TrJes 60,13 kann ... eine theologische Auseinandersetzung mit einer möglichen Eingrenzung der Wendung ‚Stätte meines Heiligtums' und ‚Ort
meiner Füße' auf das Tempelgelände selbst verbunden sein. Die theologische Ausweitung dieser
Begriffe auf das Ziongelände insgesamt entspricht allgemein der Bedeutung Zions bei TrJes wie
insbesondere der Erscheinung der Herrlichkeit Jahwes *über dem Zion* (nicht speziell über dem
Tempel) in TrJes 60,1–3" (a.a.O., 55). Wenn also die „Verherrlichung" in 60,13b gar nicht den
Tempel meint, dann besteht auch kein Widerspruch zu 66,1f.; allerdings spricht dagegen, daß
kurz zuvor in 7b „das Haus meiner Herrlichkeit" „verherrlicht" wird und in 13b dies ebenso
vom „Ort meiner Heiligkeit" ausgesagt wird. An beiden Stellen tritt das Verb פאר auf. Daher
dürfte wohl an beiden Stellen (7b und 13b) vom Tempel die Rede sein, vgl. dazu auch STECK,

Problemanzeige müssen wir es belassen, da in diesem kurzen Aufsatz die tempeltheologische Relevanz der Schöpfungstheologie in Jes 66,1f. im Mittelpunkt der Betrachtung stehen soll.

5. Welches Gottesverständnis liegt der schöpfungs-theologischen Tempelpolemik in Jes 66,1f. zugrunde?

Als wichtiger Impuls für eine neue Tempelvorstellung im Hinblick auf die Frage nach JHWHs räumlichem Verhältnis zum Tempel wurde die Zerstörung des Jerusalemer Heiligtums und die Zerstreuung Israels genannt. Darüber gibt es in der Forschung offenbar keine Kontroverse. Im Unterschied etwa zu Ps 74 und Thr 5,17–22 kommen in Jes 66,1f. diese traumatischen Erfahrungen jedoch nicht zur Sprache. Vielmehr wird hier schöpfungstheologisch mit der universalen Präsenz JHWHs argumentiert. Das Gottesverständnis ist also explizit der entscheidende Impuls für die Kritik an der Vorstellung vom Tempel als Wohn- und Ruhestätte Gottes. Welcher theologische Hintergrund ist konkret für dieses Verständnis von Gott als universalem allgegenwärtigen Schöpfer denkbar?

In den redaktionsgeschichtlichen Arbeiten zu „Tritojesaja" besteht Einigkeit darüber, daß Jes 40–55 die wichtigste Bezugsgröße für das literarische und theologische Verständnis von Jes 56–66 ist, wobei jedoch die Meinungen über die Art und Weise der Beziehungen zwischen beiden Abschnitten des Jesajabuches auseinandergehen.[41] Es ist daher naheliegend, zunächst bei „Dtjes" nach Anknüpfungspunkten für die eben benannte universale Vorstellung von Gott als Schöpfer der Welt zu suchen. Bekanntlich findet sich in Jes 40–48 die breiteste Bezeugung des Schöpfungsglaubens im Alten Testament neben Gen 1–2. Für die Begründung des monotheistischen Bekenntnisses bei „Dtjes" spielt die Schöpfungstheologie eine herausragende Rolle.[42] Dies dürfte der nächstliegende theologische Verständnishintergrund für die

67 („Der Grundtext in Jes 60 und sein Aufbau"); zu Jes 60,13 und der Tempelproblematik in „Trjes" siehe vor allem auch a.a.O., 101–105 („Jesaja 60,13 – Bauholz oder Tempelgarten?").

[41] KOENEN, 216f. versteht etwa „Tritojesaja" als „Schüler des großen Exilspropheten": „Nachdem sich nun herausstellte, daß mit der Rückkehr nicht die Heilszeit, sondern neues Elend begann, weiß sich Tritojesaja dazu berufen, die Heilsverkündigung Deuterojesajas in der neuen Situation zu aktualisieren. Er nimmt deswegen immer wieder auf das autoritative Wort seines Lehrers Bezug." Für LAU hingegen spielen sich die Beziehungen zwischen Jes 40–55 und 56–66 nur auf der literarischen Ebene ab und sind als Fortschreibungstexte zu verstehen. Die von ihm postulierten „Tradentenkreise" sind als „schriftgelehrte Propheten" anzusehen, vgl. die Einleitung, a.a.O., 1–21; auch STECK erklärt Jes 56–66 mit literarischen Fortschreibungsvorgängen, wenn auch anders als LAU: „Vier Stufen dieser Fortschreibung haben sich uns dabei versuchsweise nahegelegt: Jes 60–62 ist im ältesten Bestand nur Fortschreibung von Jes 40–55, alle anderen Passagen in Tritojesaja gehören in drei Stufen produktiven Redaktionen an, die sich sämtlich auf eine Schriftrolle beziehen, auf die Protojesaja und das erweiterte Deuterojesaja-Corpus bereits zu einem Jesajabuch vereinigt werden bzw. bereits vereinigt sind" (a.a.O., 44).

[42] Siehe dazu beispielsweise VORLÄNDER, 107ff.; KOCH, 138f.

schöpfungstheologische Ablehnung der traditionellen tempeltheologischen Thron- und Wohnvorstellung in Jes 66,1f. sein.

Jes 66,1f. läßt sich dabei besonders gut auf dem Hintergrund der schöpfungstheologischen Unvergleichlichkeitsargumentation „Deuterojesajas" in Jes 40,12–26 verstehen:[43] Der über dem Kreis der Erde thronende Schöpfergott (40,22; vgl. 66,1), dessen Macht sich besonders an der Schaffung des astralen Himmelsheeres zeigt (40,26), ist unvergleichlich (40,18.25) und sprengt die Möglichkeiten menschlichen Verstehens (40,13ff.). Vor seiner kosmischen Größe erscheinen alle geschichtlichen und kosmischen Größen als nichtig (40,14–16.22–24). Im Hinblick auf den Tempelkult ist Jes 40,16 von besonderem Interesse: Wenn nämlich „der Libanon[44] zu wenig zum Feuer und seine Tiere zu wenig zum Brandopfer" für den unvergleichlichen Gott sind, dann kann der Opferkult am Tempel der Größe des Schöpfers erst recht nicht würdig sein.[45] Es geht also sowohl in Jes 40,16 als auch in 66,1f. um die Unvereinbarkeit der menschlichen und göttlichen Größenordnungen. Was für die Opfervorstellung ausgesagt wird, gilt auch für die tempeltheologische Thron- und Wohnvorstellung: JHWH thront von Anbeginn der Schöpfung

---

[43] LAU, 169 Anm. 127, geht kurz auf die Frage nach einem evtl. Zusammenhang von Jes 66,1ff. und Jes 40,22 ein und meint, daß der Autor sich nicht auf „Dtjes" beziehe. Als Begründung führt er an, daß sich im Kontext von Jes 40,22 weder ein Bezug auf die Gottesbergtradition noch eine grundsätzliche Tempelkritik finde. Letzteres trifft zwar zu, ist jedoch keineswegs ein zureichender Grund, eine Bezugnahme auf „Dtjes" auszuschließen. Das entscheidende Argument für die grundsätzliche Ablehnung des Tempelbaus ist doch ein neues Verständnis von JHWH als universalem Schöpfergott, wie LAU, 170, selbst feststellt: „Die Macht JHWHs läßt menschliche Bauvorhaben für seine ‚Wohnstatt' lächerlich erscheinen, beherrscht er doch als Schöpfer Himmel und Erde. Die Gegenwart JHWHs läßt sich folglich nicht auf eine bestimmte Lokalität (מָקוֹם) eingrenzen!" Der Schlüssel zum Verständnis von Jes 66,1ff. ist daher nicht in erster Linie die Gottesbergtradition oder eine bestimmte tempelkritische Tradition, sondern die zuerst explizit bei „Dtjes" entfaltete universale Schöpfungstheologie, welche einschneidende Konsequenzen für das Tempelverständnis hat. Daß „Dtjes" selbst diese Konsequenzen nicht ausdrücklich zieht, dürfte schlicht damit zusammenhängen, daß in seiner historischen Situation (Exil) ein Tempelneubau noch nicht zur Debatte stand.

[44] Möglicherweise steckt hinter dem Verweis auf den Libanon in Jes 40,16 eine zusätzliche Spitze gegen den Tempel zu Jerusalem, denn nach I Reg 5,20ff. ist der erste Tempel aus dem Zedern- und Zypressenholz des Libanon erbaut worden. Auch bei „Trjes", in Jes 60,13, wird der Tempel als Fußschemel JHWHs mit dem Libanon assoziiert: Dort wird auf die Herrlichkeit des Libanon (כְּבוֹד הַלְּבָנוֹן) verwiesen, durch die der Tempel, der Ort seiner Füße, verherrlicht werden soll (וּמְקוֹם רַגְלַי אֲכַבֵּד). Diese Stelle steht freilich direkt der Aussage von 66,1f. entgegen. KOENEN, 149ff., hat gezeigt, daß es sich bei V. 13b zusammen mit 6bβ; 7b und 9b um redaktionelle Zusätze handelt, die alle „Pracht des neuen Jerusalem auf das Heiligtum beziehen und so den Kult in den Mittelpunkt rücken" wollen. „Der Verfasser von v13a dachte nicht an die Verherrlichung des Tempels. Er wollte die herrliche Waldespracht, die Deuterojesaja mit dem Wüstenzug verband (Jes 41,19 – M. A.), auf den Zielort dieses Zuges, auf Jerusalem übertragen … Auf den Tempel übertrug erst der Redaktor die Baumesverheißung" (a.a.O., 151); vgl. dazu auch STECK, 101–105.

[45] Eine ähnliche schöpfungstheologisch begründete Kritik am Tempelkult findet sich auch in Ps 50,7ff., wobei der Schwerpunkt dort auf der Aussage liegt, daß die gesamte Schöpfung ohnehin JHWH gehört (vgl. 50,12), so daß er nicht auf menschliche „Nahrungszufuhr" via Opferkult angewiesen ist; vgl. dazu LAU, 170 Anm. 131.

über dem Erdkreis und hat sich den Himmel wie ein Wohnzelt bereitet (40,22). Eine lokale Eingrenzung JHWHs auf ein menschliches Bauwerk widerspricht daher der für Menschen unvorstellbaren Schöpfergröße des unvergleichlichen Gottes, an deren Erweis „Deuterojesaja" außerordentlich gelegen ist.[46]

Hier schließt sich ein weiterer wichtiger Gesichtspunkt aus der Perspektive von Jes 40,12–26 an: Ein menschlicher Tempelbau würde Gottes Schöpfungshandeln vergleichbar machen! Die Schöpfungsaussage in Jes 66,2a (עשׂה) hat die Funktion, „alles menschliche Bauen (בנה) in den Schatten zu stellen. Die auf der Schöpfungsaussage basierende Eigentumsdeklaration soll alles menschliche Bauen für JHWH ad absurdum führen. Gott, dem schon alles gehört, kann man nichts bauen."[47] In diesem Sinne versteht offenbar auch Act 7,48ff. die Stelle.[48] Einem Gott, der „alles" (כָּל־אֵלֶּה) ohne fremde Hilfe mit seiner Hand (יָדִי) geschaffen hat (66,2), wird ein menschliches Bauwerk nicht gerecht. In Jes 40,12–14 wird JHWH bezeichnenderweise als „Handwerker der Schöpfung" dargestellt, der weder Hilfe noch Rat bei seiner Schöpfertätigkeit nötig hat.[49] Auch sonst betont „Dtjes", daß Gott allein Himmel und Erde geschaffen habe (vgl. 44,24; vgl.

---

[46] Gegen diese Interpretation der Tempelpolemik in Jes 66,1f. von „Dtjes" her scheint Jes 44,28b zu sprechen, wo es heißt: „der zu Kyros sagt: Mein Hirte! Er soll all meinen Willen vollenden und sagen zu Jerusalem: Werde wieder gebaut! und zum Tempel: Werde gegründet!" (וְהֵיכָל תִּוָּסֵד). Allerdings hat ELLIGER, Deuterojesaja, 478f., überzeugende Argumente vorgebracht, daß 28b kaum als „deuterojesajanisch" angesehen werden kann; KRATZ, 74f.78ff., geht noch darüber hinaus und hält V. 28 insgesamt für eine jüngere Zufügung zu 24–27; er nimmt an, daß es sich in Jes 44,28 und der dazugehörigen Kyros-Ergänzungsschicht um „eine frühe Ausprägung chronistischer Theologie im Rahmen prophetischer Weissagung" handelt, die Sach 8,9 und Hag 2,18 voraussetzt und wahrscheinlich „aus der Zeit des Tempelbaus selbst (nach 520 v.Chr.)" stammt. Die Zufügung in Jes 44,28 führe die Grundlegung post eventum auf Kyros zurück (a.a.O., 88).

[47] KOENEN, 186.

[48] BEUKEN, 53, weist darauf hin, daß mit dem in 7,48 verwendeten Begriff χειροποίητός der Tempelbau in eine Linie mit dem Götzendienst gestellt werde, da in der LXX die Götzen als Werk von Menschenhänden bezeichnet werden (vgl. etwa Dtn 4,28). BEUKEN meint, daß damit die Aussage in Jes 66,2 einen vollkommen neuen Sinn erhalte. Allerdings ist diese Interpretation nicht ganz einsichtig, denn auch im MT werden die Götzen als „Werk von Menschenhänden" (Dtn 4,28: מַעֲשֵׂה יְדֵי אָדָם) charakterisiert. Es ist daher eher KOCH, 159, zuzustimmen, der annimmt, daß in Jes 66,1f. die „deuterojesajanische Polemik gegen die Götterbilder als menschliche Machwerke" auf den Tempel ausgeweitet werde. Was „Dtjes" betrifft, so sei hier wieder auf Jes 40,12ff. verwiesen. BERLEJUNG, 333f., vertritt die These, daß die Einfügung der Polemik gegen die Götzenbilderherstellung (40,[18]19–20) in den Kontext von 40,12–26 den Gegensatz zwischen JHWH als „Handwerker der Schöpfung" (40,12–14) und den menschlichen Handwerkern als Produzenten von Kultbildern (40,19–20) herausstellen will. Es ist daher gut vorstellbar, daß auch der menschliche Tempelbau Jes 66,1f. im Horizont dieses Gegensatzes zu verstehen ist. Zumindest dürfte jedoch der totale Gegensatz zwischen dem Werk der Hände Gottes und dem Werk von Menschenhänden in Jes 66,2 impliziert sein.

[49] Zur Vorstellung von „JHWH als Handwerker der Schöpfung" in Jes 40,12ff. vgl. BERLEJUNG, 374.

auch 45,7).[50] Menschliches Bauen und göttliches Schaffen sind daher nicht vergleichbar. Die Unvergleichlichkeit des göttlichen Schaffens wird in Jes 40,25f. vor allem an der Schaffung der Gestirnheere (ברא!) demonstriert, da die Beherrschung der Gestirne nach damaliger Auffassung als außerordentlicher göttlicher Machterweis galt (Jes 40,26).[51]

Nur demütige Gottesfurcht (66,2b) ist die angemessene Haltung gegenüber diesem unvergleichlichen Schöpfergott, denn der im Himmel thronende König macht nach „Dtjes" die Stolzen und Mächtigen der Erde zunichte (40,23f.). JHWH tritt an dieser Stelle als der eigentliche Richter der Welt auf, der die „Richter der Erde" (שֹׁפְטֵי אָרֶץ) zugrunde gehen läßt, möglicherweise wegen ihres herrschaftlichen Hochmuts.[52] Die dem allmächtigen Richter und Schöpfergott angemessene Haltung der Demut kann man im Anblick der Schöpfungswerke, vor allem der Gestirne (40,26), erlangen. Besonders in der Befehlsgewalt Gottes über das Himmelsheer zeigt sich seine unvergleichliche Schöpfermacht, wie die auffällige Häufung der Begriffe für Macht und Kraft am Ende von V. 26 zeigt. Das ehrfürchtige „Erheben der Augen" gen Himmel in Jes 40,26 (... שְׂאוּ־מָרוֹם עֵינֵכֶם וּרְאוּ) und das wohlgefällige „Herabblicken" Gottes vom Himmel auf den Demütigen bzw. Armen in Jes 66,2 (אַבִּיט אֶל־עָנִי) entsprechen einander in komplementärer

---

[50] Vgl. כל עשׂה in 44,24 mit וְאֶת־כָּל־אֵלֶּה יָדִי עָשָׂתָה in 66,2a; hinter dem „Ausspannen des Himmels" und dem „Festmachen der Erde" (... רֹקַע הָאָרֶץ) נֹטֶה שָׁמַיִם) in 44,24 steht auch wie in 40,22 die Vorstellung von der Errichtung eines Wohnzeltes.

[51] In Mesopotamien galt der Götterkönig Marduk als Lenker und Beherrscher der Gestirngötter, vgl. *Enuma eliš* IV,17ff.; V,1ff.; die göttliche Königsherrschaft Marduks steht dort in engem Zusammenhang mit seiner astralen Herrschaftsfunktion. Auf diesem mesopotamischen Hintergrund ist auch die Aussage von JHWHs Herrschaft über die Gestirne Jes 40,26 im Rahmen der monotheistischen Unvergleichlichkeitsargumentation des „Dtjes" (Jes 40,12–26) zu sehen. Diese These wird in meiner gerade entstehenden Habilitationsschrift (Fertigstellung im Frühjahr 1999 geplant) näher begründet; vgl. dazu auch meinen Aufsatz „Der das Siebengestirn und den Orion macht" (Am 5,8) – Zur Bedeutung der Plejaden in der israelitischen Religionsgeschichte.

[52] Vgl. etwa das Gericht über das hochmütige Babylon in Jes 47: Nicht Babylon ist „Herrin über Königreiche" (47,5), sondern JHWH, der Herr der Welt. Das Erzittern vor dem Wort Gottes (וְחָרֵד עַל־דְּבָרִי) könnte also auf dem Hintergrund von Jes 40,23f. auf das Gerichtshandeln JHWHs bezogen sein, der jene zunichte macht, die sich hochmütig über seinen Willen hinwegsetzen; LAU, 173, verweist auf Esr 9,4, wo ebenfalls das Verbaladjektiv חָרֵד im Zusammenhang mit dem Wort Gottes auftritt (vgl. auch Esr 10,3) und im Hinblick auf die Mischehenproblematik „die Furcht vor dem in der Thora (und den Propheten) angedrohten Gerichtshandeln Gottes" bezeichnet. Im Kontext der prophetischen Verkündigung des „Trjes" dürfte wohl nicht an die Thora, sondern eher an prophetische Worte gedacht sein, die Gottes Gericht über die Stolzen und Hochmütigen zum Inhalt haben, vgl. etwa Jes 2,6–22; 3,1–26, denn nach Jes 57,15f. und 66,2b wohnt JHWH, „der Hohe und Erhabene", bei „denen, die demütigen und zerschlagenen Geistes" sind. Gerade die vorexilische Gerichtsverkündigung Jesajas über die Hohen und Mächtigen dürfte in der Exilszeit zentrale Bedeutung für die theologische Bewältigung der Katastrophe von 587 v.Chr. gehabt haben. In diesem Zusammenhang könnte WESTERMANNS oben erwähnte These ihre Berechtigung haben, wonach während des Exils eine neue, vom Tempel unabhängige Art des Gottesdienstes entstand, in der das Gotteswort im Mittelpunkt stand, vgl. WESTERMANN, 328; WALLIS, 88.

Weise. An anderer Stelle bei „Tritojesaja", in Jes 57,15, heißt es, daß JHWH als hoch und heilig Wohnender gerade bei den Menschen zugegen ist, die zerschlagenen und demütigen Geistes sind (מָרוֹם וְקָדוֹשׁ אֶשְׁכּוֹן וְאֶת דַּכָּא וּשְׁפַל־רוּחַ לְהַחֲיוֹת רוּחַ).

Am eindrücklichsten ist die demütige Haltung angesichts der Schöpfer-herrlichkeit in Ps 8,4f. in Worte gefaßt: „Wenn ich sehe die Himmel, deiner Finger Werk, den Mond und die Sterne, die du bereitet hast: was ist der Mensch, daß du seiner gedenkst, und des Menschen Kind, daß du dich seiner annimmst?" Diese ehrfürchtige Haltung erwächst nicht aus dem Tempelkult, sondern aus der Betrachtung der Schöpfungswerke, die wiederum auf den einzig wahren Gott des Himmels und der Erde, auf den Hohen und Heili-gen, verweisen. Nach Ps 8,2 zeigt sich die Majestät bzw. Hoheit Gottes am Himmel (תְּנָה הוֹדְךָ עַל־הַשָּׁמָיִם). Ähnlich wie in Jes 40,22.26 kann beson-ders in den Gestirnen die Schöpfermacht des im Himmel thronenden Königs JHWH bewundert werden.

In den Schöpfungspsalmen der exilisch-nachexilischen Zeit findet diese nicht ausdrücklich am Tempelkult orientierte religiöse Einstellung hymni-schen Ausdruck: Nach Ps 19,1 etwa verkünden die Himmel den כְּבוֹד־אֵל, wobei besonders der Sonnenlauf auf den Schöpfer verweist (19,5b–7).[53] Ps 104 schildert plastisch, wie der mit Licht bekleidete JHWH die gesam-te Schöpfung mit seinem schöpferischen Walten erfüllt.[54] In 104,2 wird dabei wie in Jes 40,22 die Vorstellung von der Schöpfung als Wohnzelt mit dem Himmel als Zeltdach angesprochen. Insgesamt erscheinen Him-mel und Erde in Ps 104 als „Weltenbau JHWHs".[55] Die angemessene Hal-tung gegenüber JHWH in seinem „Schöpfungstempel" ist der Lobpreis des Schöpfers (104,1.31ff.), während die Frevler darin kein Existenzrecht haben (104,35).[56] Da Gott in seinem „Schöpfungshaus" allgegenwärtig ist, kann der

---

[53] Vgl. dazu ausführlich Albani, Das Werk seiner Hände, 237–256.

[54] Zum „Lichtkleid JHWHs" als himmlischem König in Ps 104 siehe jetzt vor allem Podel-la, 232ff.

[55] So Hartenstein, 224f.; zur expliziten Kosmologie der schöpfungstheologischen Bau–Metaphorik in nachexilischen Texten vgl. a.a.O., 93ff.; Podella, 237, meint, daß in Ps 104 nur der Himmel der Tempel JHWHs sei, nicht jedoch der gesamte Kosmos. Allerdings kann man dagegen einwenden, daß gerade bei der Schaffung der Erde in V. 5 der „im Alten Testament für den Vorstellungsbereich der Tempelgründung wesentliche und symbolisch bedeutsame" Begriff יסד benutzt wird (siehe Hartenstein, 93), so daß hier wahrscheinlich eine Übertragung des Vorstellungsbereiches der Tempelgründung auf die Schöpfung im Sinne einer „Weltgründung" vorliegt. Dann wäre jedoch wie in Jes 66,1f. die gesamte Schöpfung als Tempel JHWHs zu verstehen, wobei jedoch Podella zuzustimmen ist, daß der Himmel als Thron JHWHs (Ps 103,19) in besonderer Weise als göttlicher Wohnbereich im Schöpfungsganzen vorbehalten ist; zur Tempelgründungsterminologie siehe auch Kratz, 88ff.

[56] In Hinblick auf das „Erzittern" der Gottesfürchtigen in Jes 66,2b ist diese Bitte um die Vernichtung der Gottlosen aufschlußreich: JHWH als Schöpfergott ist nicht nur *Fascinosum* sondern auch *Tremendum*, der seine Feinde vernichtet, vgl. auch Ps 8,3b; zum furchterre-gen-den Aspekt des Schöpfergottes im Hinblick auf die Natur siehe das Erbeben der Berge beim Herabblicken JHWHs in Ps 104,32!

Fromme ihm auch überall begegnen: „Von allen Seiten umgibst du mich und hältst deine Hand über mir … Führe ich gen Himmel, so bist du da; bettete ich mich bei den Toten, siehe, so bist du auch da …" (Ps 139,5.8; vgl. Jer 23,24 und Dtn 4,39).[57] Der Wegbereiter für dieses universale Gottesverständnis im Sinne eines allgegenwärtigen und allmächtigen Schöpfers scheint jedoch vor allem „Deuterojesaja" gewesen zu sein.[58] In Jes 66,1f. wird somit die monotheistische Schöpfungsargumentation „Deuterojesajas" im Hinblick auf den Tempel konkretisiert.

Kann man also von einer Substitution des Tempels durch die Schöpfung in Jes 66,1f. sprechen? Sicher ist zumindest, daß hier die traditionelle Vorstellung vom Tempel als *Thron- und Wohnstätte* JHWHs schöpfungstheologisch radikal in Frage gestellt wird: Der Schöpfergott JHWH erfüllt mit seiner Gegenwart Himmel und Erde, so daß es vermessen ist, daß Menschen ihm ein Haus bauen wollen. Ein Verständnis des Tempels als privilegierter *Opfer- und Gebetsstätte* (vgl. 56,7) ist dagegen durch dieses Wort nicht notwendigerweise ausgeschlossen. Die zentrale theologische Bedeutung Jerusalems und des Zion als heiligem Ort der Gottesbegegnung wird jedenfalls sonst in Jes 56–66 nicht bestritten, so daß Jes 66,1f. und 56,7 durchaus als zwei Seiten der einen „tempeltheologischen Medaille" angesehen werden können. Der schöpfungstheologische Universalismus von 66,1f. spiegelt sich in einem neuen universalen Verständnis der Bestimmung des Tempels: „Mein Haus – ein Bethaus *für alle Völker* wird es genannt werden" (56,7). Wer sich dem überall gegenwärtigen Gott Israels anschließt, der ist auch in seinem Tempel willkommen.[59]

---

[57]　In ähnlicher Weise spricht auch Jer 23,24 von der Allgegenwart JHWHs, vor dem man sich nicht verbergen kann. HARTENSTEIN, 104f., nimmt an, daß es sich hier um einen „späteren Zusatz im Jeremiabuch" handelt, der im Rahmen nachexilischer Reflexionen über das Verhältnis JHWHs zur Welt zu verstehen ist: „Die hier verwendete Dialektik von ‚Nähe' und ‚Ferne' JHWHs hat ihren ursprünglichen Ort in der Jerusalemer Kulttradition mit ihrer Vorstellung der Heilsgegenwart des כָּבוֹד, sie ist hier aber in eine Gottesrede übernommen worden, die – ähnlich wie in der ebenfalls späten Reflexion von Jes 66,1f. – nur noch Gott selbst in geheimnisvoller Weise in sozusagen ‚kosmischen' Ausmaßen in der Welt präsent sein läßt. Der Tempel spielt dabei keine Rolle mehr bzw. wird als überflüssig abgelehnt." Vgl. auch das monotheistische Bekenntnis in Dtn 4,39: „So sollst du nun heute wissen und zu Herzen nehmen, daß der JHWH Gott ist oben im Himmel und unten auf Erden und sonst keiner." Siehe dazu NIELSEN, 62ff., der diese Stelle in die frühnachexilische Zeit verortet, „als dtr Kreise eine gewisse Inspiration von heimkehrenden ‚Schülern' eines Deutero- oder Tritojesaja empfangen haben mögen."

[58]　Siehe dazu etwa VORLÄNDER, 107ff.; KOCH, 137ff.; zwar ist auch bei Jeremia in der Spätphase seiner Verkündigung kurz vor dem Exil der Glaube an JHWH als Weltschöpfer bezeugt, vgl. WEIPPERT, 65ff.; doch konstatiert WEIPPERT, daß die damit verbundenen Vorstellungen nicht mehr zu ihrer vollen Entfaltung gelangt seien (a.a.O., 88); dies geschieht dann erst bei „Dtjes".

[59]　Siehe in diesem Sinne KOCH, 160; WALLIS, 85.

Summary

According to Isa 66:1f. the building of the Temple contradicts the universal dimension of God: The presence of YHWH can not be limited to a house built by humans because he is filling the whole cosmos (66:1a). Heaven and earth are the property of the creator, who has made everything (66:2a). It has to be questioned whether "Trito-Isaiah" is rejecting the Temple as God's dwelling place in a principle way. Is the Temple in his thought substituted by the "house of creation"? What is the historical context of this unique prophetic utterance about the Temple?

The article examines these and other questions concerning Isa 66:1f. and the exilic-postexilic debate on God's actual dwelling-place in face of the disaster of 587 BCE. It can be shown that "Trito-Isaiah's" rejection of building the Temple is an extreme consequence of monotheistic thought as formulated first by "Deutero-Isaiah". Isa 66:1f. should especially be seen against the background of "Deutero-Isaiah's" disputation words in Isa 40:12–26, where the prophet has tried to demonstrate the incompatibility of God as sole and universal creator of heaven and earth who is governing the world from his heavenly throne (Isa 40:22). Thus, "Trito-Isaiah" is extending "Deutero-Isaiahs" monotheistic understanding of God to the Temple in a very distinctive way.

Bibliographie

M. Albani, „Der das Siebengestirn und den Orion macht" (Am 5,8) – Zur Bedeutung der Plejaden in der israelitischen Religionsgeschichte [erscheint Ende 1998].

— „Das Werk seiner Hände verkündet die Feste". Die doxologische Bedeutung des Sonnenlaufes in Psalm 19, in: ders./Th. Arndt (Hgg.), Gottes Ehre erzählen, FS Hans Seidel, Leipzig 1994, 237–256.

R. Albertz, Religionsgeschichte Israels in alttestamentlicher Zeit 2: Vom Exil bis zu den Makkabäern, GAT 8.2, 1992.

R. Bartelmus, Art. שָׁמַיִם, ThWAT VIII (1995), 204–239.

J. Becker, Gottesfurcht im Alten Testament, AnBib 25, 1965.

A. Berlejung, Die Theologie der Bilder. Herstellung und Einweihung von Kultbildern in Mesopotamien und die alttestamentliche Bilderpolemik, OBO 162, 1998.

W. Beuken, Does Trito-Isaiah reject the Temple? An Intertextual Inquiry into Isa. 66.1–6, in: S. Draisma (Hg.), Intertextuality in Biblical Writings. Essays in Honour of Bas van Iersel, Kampen 1989, 53–66.

K. Elliger, Deuterojesaja. 1.Teilband: Jes 40,1–45,7, BK XI.1, 1978.

— Die Einheit des Tritojesaia (Jes 56–66), Stuttgart 1928.

P.D. Hanson, The Dawn of Apocalyptic, Philadelphia 1975.

F. Hartenstein, Die Unzugänglichkeit Gottes im Heiligtum. Jesaja 6 und der Wohnort JHWHs in der Jerusalemer Kulttradition, WMANT 75, 1997.

B. Janowski, „Ich will in eurer Mitte wohnen". Struktur und Genese der exilischen *Schekina*-Theologie, JBTh 2 (1987), 165–193.

— Tempel und Schöpfung. Schöpfungstheologische Aspekte der priesterschriftlichen Heiligtumskonzeption, JBTh 5 (1990), 37–69.

K. Koch, Die Propheten II. Babylonisch-persische Zeit, 2. Aufl., Stuttgart/Berlin/Köln/Mainz 1988.

K. Koenen, Ethik und Eschatologie im Tritojesajabuch, WMANT 62, 1990.

R. G. Kratz, Kyros im Deuterojesaja-Buch. Redaktionsgeschichtliche Untersuchungen zu Entstehung und Theologie von Jes 40–55, FAT 1, 1991.

W. Lau, Schriftgelehrte Prophetie in Jes 56–66, BZAW 225, 1994.

M. Metzger, Himmlische und irdische Wohnstatt Jahwes, UF 2 (1970), 139–158.

— Königsthron und Gottesthron. Thronformen und Throndarstellungen in Ägypten und im Vorderen Orient im dritten und zweiten Jahrtausend vor Christus und deren Bedeutung für das Verständnis von Aussagen über den Thron im Alten Testament, AOAT 15.1–2, 1985.

T. N. D. Mettinger, The Dethronement of Sabaoth. Studies in the Shem and Kabod Theologies, CB.OT 18, 1982.

E. Nielsen, Deuteronomium, HAT I.6, 1995.

E. Otto, Art. צִיּוֹן, ThWAT VI (1989), 994–1028.

K. Pauritsch, Die neue Gemeinde: Gott sammelt Ausgestoßene und Arme (Jes 56–66), AnBibl 47, 1971.

Th. Podella, Das Lichtkleid JHWHs. Untersuchungen zur Gestalthaftigkeit Gottes im Alten Testament und in seiner altorientalischen Umwelt, FAT 15, 1996.

B. Schramm, The Opponents of Third Isaiah. Reconstructing the Cultic History of the Restoration, JSOT.S 193, 1995.

H. Seidel, Prophetie nach dem babylonischen Exil: Haggai und Sacharja, in: G. Wallis (Hg.), Erfüllung und Erwartung. Studien zur Prophetie auf dem Weg vom Alten zum Neuen Testament, Berlin 1990, 34–70.

S. Sekine, Die Tritojesajanische Sammlung (Jes 56–66) redaktionsgeschichtlich untersucht, BZAW 175, 1989.

O. H. Steck, Studien zu Tritojesaja, BZAW 203, 1991.

H. Vorländer, Der Monotheismus Israels als Antwort auf die Krise des Exils, in: B. Lang (Hg.), Der einzige Gott. Die Geburt des biblischen Monotheismus, München 1981, 84–113.

G. Wallis, Das Tritojesajabuch, in: ders. (Hg.), Erfüllung und Erwartung. Studien zur Prophetie auf dem Weg vom Alten zum Neuen Testament, Berlin 1990, 71–90.

H. Weippert, Schöpfer des Himmels und der Erde. Ein Beitrag zur Theologie des Jeremiabuches, SBS 102, 1981.

C. Westermann, Das Buch Jesaja. Kap. 40–66, ATD 19, 1968.

E. Würthwein, Das erste Buch der Könige. Kap. 1–16, ATD 11.1, 1977.

E. Zenger u.a., Einleitung in das Alte Testament, KStTh 1.1, 1995.

Warum mußte der Zweite Tempel gebaut werden?

INA WILLI-PLEIN, Hamburg

I. Mußte der Zweite Tempel gebaut werden? Die Frage ist an sich müßig, da er tatsächlich gebaut worden ist. Ging dies auf eine religiöse oder eine politische Entscheidung zurück oder auf beides zugleich, je nachdem, wer hier entschied? War der Tempel für irgend jemanden wirklich nötig, oder war er (auch) mehr oder weniger ein Prestigeobjekt, sei es der persischen Oberhoheit oder der an seinem Aufbau beteiligten Kreise aus Jerusalem oder der babylonischen bzw. persischen Diaspora?

In Auseinandersetzung mit dem Thema dieses Symposions sind einige kritische Fragen den Erwägungen über die Gründe des Tempelbaus zwischen 520 und 515 v.Chr. voranzustellen:

- Kann im Zusammenhang mit diesem Tempel von einer Gemeinde die Rede sein?
- Ist die Zerstörung des vorexilischen Tempels von Jerusalem ein theologisches Problem gewesen, das in der Exilszeit oder danach gelöst werden mußte, und wie wurde die Partizipation am nachexilischen Kult von den Menschen verwirklicht, die sich als „Israel" verstanden?
- Hat es während der Zeit des Zweiten Tempels einzelne oder Gruppen gegeben, die den bestehenden Tempel in der Weise als disqualifiziert ansahen, daß sie seine Substituierung im Sinne der Ersetzung durch etwas anderes gewünscht und befürwortet hätten?

Im Sinne einer heutigen politischen oder konfessionellen Gemeinde kann in bezug auf den Zweiten Tempel von einer „Gemeinde" sicher nicht die Rede sein. Um so interessanter ist die Frage, wer wie am Tempelkult partizipierte und in welcher Form dies möglich war. Dasselbe ließe sich eigentlich schon für den vorexilischen Tempel von Jerusalem fragen: Vor der josianischen Reform war er ganz gewiß nicht der einzige JHWH-Tempel[1] und auch nicht der einzige, vielleicht nicht einmal der wichtigste religiöse Mittelpunkt, etwa für Wallfahrtsfeste. Prophetenworte des 8. Jh. (v.a. Am 4,4f.) lassen Betel[2] – ähnlich wie Gilgal – als Wallfahrtsort erkennen, und in I Reg

---

[1] Später de facto auch nicht, wie der Tempel in Elephantine zeigt. Zu den religiösen Bauten auf dem Garizim und in Leontopolis vgl. den Beitrag von Frey in diesem Band, 171.

[2] Auch wenn man die „Kultlegende" von Betel in Gen 28,10–19 anders als ALBERTZ, 220 Anm. 33 (mit Aufnahme von Ergebnissen von BLUM), weder selbst noch ihre etwaigen traditionsgeschichtlichen Vorstufen in die „vorstaatliche Zeit" datieren möchte, trifft es zu, daß Jerobeams I. Kultpolitik eine aus israelitischer Sicht eher „konservative Handschrift" erkennen

12,28f. wird polemisch die Konkurrenz zu Jerusalem thematisiert. Die Bedeutung von Betel im Jakob-Zyklus könnte für dessen auch nach dem Ende des Nordreichs fortwährende Attraktivität sprechen. Die deuteronomische Kultzentralisation wird schon in den Dtn-Texten selbst mit dem Theologumenon des Wohnenlassens des Namens des einen JHWH an dem einen dafür gewählten Ort als seiner Residenz verbunden.[3] Ob aber die Zerstörung dieser Wohnadresse Gottes ein größeres theologisches Problem war, als es die Existenz von mehreren Heiligtümern gewesen ist, ist zu bezweifeln.

Natürlich ist der Verlust des Tempels beweint worden, wie nicht nur die Klagelieder (v.a. Thr 5), sondern auch die Volksklagelieder im Psalter erkennen lassen. Die auf den 7. Dezember 518 v.Chr. datierbare Anfrage von einigen Notabeln an das Kultpersonal[4] des im Wiederaufbau befindlichen Tempels, ob jetzt noch die Fortsetzung des seit langer Zeit geübten Trauerfastens sinnvoll sei (Sach 7,3), läßt den gleichen Schluß zu. Doch das Leben war weitergegangen, und die nachdrückliche Mahnung der Propheten Haggai und Sacharja zum Wiederaufbau zeigt, daß es theologischer Überzeugungsarbeit bedurfte, um ihn gegen die Gewöhnung an einen Alltag ohne Tempel durchzusetzen.[5]

Auch später hat es Menschen gegeben, die sich zu Israel zählten und doch fern vom Tempel lebten. Das Leben in der Diaspora in der zweiten Hälfte der Perserzeit war für einen gebildeten Juden gehobener gesellschaftlicher Position in großer räumlicher Entfernung von Jerusalem doch als jerusalem- und tempelorientierte Religionspraxis vor allem dank der festen Gebetszeiten möglich.[6] Die Identität als Israel schließt die Identität der gottesdienstlichen Gemeinschaft auch für den einzelnen, der nicht physisch an ihr teilnehmen kann, ein, solange der Kult von den Repräsentanten dieser Gemeinschaft ausgeführt wird.

Daß der vorhandene Tempel als Ort der Anbetung die religiöse Sprache, die ja im wesentlichen gottesdienstliche Sprache ist, prägte, ist selbstverständlich. Solche Prägung schließt rhetorische Elemente ein, zu denen

---

läßt, jedenfalls wenn der den Nordreichtraditionen entsprechende Exodusbezug des Stierkultes wirklich auf ihn zurückgeht. Nach Gen 28 ist Betel ein Stelenheiligtum, also ein Kultplatz mit anikonischem Kult, wozu auch die Deutung des Ortsnamens als Appellativum erwogen worden ist; vgl. METTINGER, 131. Am 7 scheint ein Tempelgebäude vorauszusetzen.

[3] Vgl. dazu WEIPPERT, 76–94, sowie KELLER.

[4] Interessanterweise Priester und Propheten!

[5] Vgl. CLINES, 82: „In whose interest was the rebuilding? Not the people's …". Seine hierin überzeugenden Überlegungen führen allerdings deshalb zu unbefriedigenden Resultaten, weil er Haggai gegen den Text die „categorization of the people as ‚unclean' " unterstellt. Mit dem anaphorischen כן in Hag 2,14 wird aber auf den vorangehend geschilderten Sachverhalt Bezug genommen: „genauso verhält es sich mit diesem Volk …".

[6] Die in sich stimmige Welt des Erzählers der aramäischen Daniellegenden, v.a. Dan 6, ist die ausgehende Perserzeit; vgl. dazu WILLI-PLEIN, Daniel.

auch hyperbolische Topoi und Überbietungsmetaphorik[7] gehören können. Die Feststellung, daß ein kultischer Akt – z.B. ein Einzelopfer – durch Elemente persönlicher Frömmigkeit ersetzbar ist, bedeutet aber noch nicht, daß die Ersetzung als solche grundsätzlich zu wünschen ist.

II. Gegen Ende des 6. Jh. v.Chr. war der Tempelbau nicht in dem Sinne notwendig, daß das physische Leben und Wohlergehen der in Jerusalem und der Landschaft Juda Lebenden oder dorthin Zurückkehrenden oder von Angehörigen der Diaspora ihrer Ansicht nach vom funktionierenden Tempelkult abhängig gewesen wäre. Sowohl die im Lande Zurückgebliebenen als auch die Angehörigen der Gola hatten jahrzehntelang ohne Tempel gelebt und konnten ohne ihn weiterleben. Weder Gegenwartsorientierung noch Zukunftsforschung waren grundsätzlich tempelbezogen.[8] Daß der Tempel kein Mittel des Katastrophenschutzes war, dürfte in den letzten Jahrzehnten des 6. Jh. jedem klar gewesen sein.[9] Die praktische Vernunft sprach gegen den Tempelbau (Hag 1,2). Was aber sprach für ihn?

„So hat JHWH Zebaot gesagt:
Kehrt zurück zu mir – Ausspruch JHWH Zebaots –,
so will ich zu euch zurückkehren, hat JHWH Zebaot gesagt" (Sach 1,3).

Dieser „Bußruf"[10] eröffnet die mindestens noch die Nachtgesichte (Sach 1,7–6,8) einschließende redaktionelle Einheit der Sacharjaworte zum Tempelbau. Interessant daran ist die bedingte Verheißung der Rückkehr Gottes und deren unausgesprochene Implikation, daß die Angesprochenen ein Interesse an Gottes Rückkehr haben, das ihre eigene Rückkehr – was auch immer darunter konkret zu verstehen sein mag[11] – zu motivieren vermag. Auch wenn hier eine Metapher vorliegt, setzt sie die Möglichkeit des wörtlichen Verständnisses voraus: Gott kann nur zurückkehren, wenn er fortgegangen ist.

---

[7] Der mündlich in einer der Diskussionen des Symposions von L. H. Schiffman gegebene Hinweis, daß in der jüdischen Nachgeschichte die Metaphorisierung des Kultes und seiner Einzelelemente mit fortschreitender zeitlicher (und dazu wäre m.E. zu vermuten: auch räumlicher) Entfernung vom Tempel zunimmt, sollte vielleicht weiter verfolgt werden. Wer den Tempel nicht hat, schafft sich einen Ersatz durch Spiritualisierung.

[8] Beide Anliegen wurden üblicherweise an antiken Heiligtümern bearbeitet und waren im israelitischen Kontext als Tora und Prophetie nach 587 grundsätzlich weiterhin möglich.

[9] Gegen die Ansicht, die Tempelwidmung als „Palast JHWHs" sei als solche schon Katastrophenschutz, richtet sich (mit sicher jeremianischem Kern) bereits Jer 7,4ff.; nach 587 war dies die allgemeine Erfahrung.

[10] Mit der typisch dtr. anmutenden Bußterminologie, die jedoch nicht automatisch zur Einordnung des Wortes als deuteronomistisch führen darf: „Rückkehr" kann in frühnachexilischer Zeit ein allgemeines Thema sein!

[11] Man kann an die Rückkehr von Mitgliedern der babylonischen Gola in die Heimat, aber auch zerstreuter Landbevölkerung in das Stadtgebiet von Jerusalem denken. In jedem Fall sind die Angesprochenen sicher ganz überwiegend Angehörige der zweiten oder gar dritten Generation in bezug auf die 597 und 587 Weggeführten.

Gottes Abreise aus seinem Tempel in Jerusalem, die der Prophet Ezechiel am 28. Dezember 593 v.Chr.[12] visionär erlebte (Ez *10), wird also
vielleicht auch im Sacharjawort gut 70 Jahre später als bekannt vorausgesetzt, aber sie ist revidierbar. Gottes Rückkehr wurde in Ez 43,1–5 für den
neuen, bei Ezechiel nur in einem utopischen Entwurf vorgestellten Tempel angekündigt. Sacharja verknüpft die Zusage der Rückkehr Gottes mit
dem Aufruf zum Tempelbau. *Tempel und Erfahrung der Gegenwart Gottes
gehören also zusammen*, obwohl eines ohne das andere möglich ist: Die von
Ezechiel geschaute Abreise Gottes geht der Zerstörung des Tempels voraus, d.h. der Tempel garantiert nicht die Gegenwart Gottes; der von Haggai
und Sacharja geforderte Tempelbau wiederum geht der Erfahrbarkeit der
Gegenwart Gottes voraus, ist aber andererseits, wie besonders das vierte
Nachtgesicht[13] zeigt, durch die Allgegenwart des „Herrn der ganzen Erde" ermöglicht. Gottes Abreise und Rückkehr ist bei Ezechiel eigentlich
die Abreise und Rückkehr seines כבוד, seiner Herrlichkeit, die den Tempel
erfüllt[14] und der die Huldigung der Anbetenden gilt. Gott selbst ist zwar
grundsätzlich ortsunabhängig, aber die Menschen sind es nicht. Nach diesen
prophetischen Zeugnissen ist der Tempel um der Menschen willen nötig, als
Ort der öffentlichen Huldigung und Ansprechbarkeit Gottes.

Praktisch wurde der Wiederaufbau des Tempels durch die Eroberung des
neubabylonischen Reiches und den Antritt seiner Rechtsnachfolge[15] durch
den Perserkönig Kyros ermöglicht. Der genaue Wortlaut und die Hinter-
gründe einer entsprechenden Verfügung des Kyros sind in der Forschung
umstritten. Die größte Wahrscheinlichkeit einer möglichen Textform des
sogenannten Kyrosedikts kommt dem aramäischen Text im Esra-Nehemia-
Werk[16] zu:

„Im Jahr eins des Königs Kyros:
König Kyros faßte einen Beschluß:
Das Gotteshaus in Jerusalem: Das Haus werde gebaut!
Ein Ort, an dem sie Schlachtungen schlachten.

---

[12] Nach der bislang einleuchtendsten Aufschlüsselung des Datierungssystems im Ezechielbuch durch KUTSCH, Daten.

[13] In Sach 4: Sach 3,1–7(8–10) ist ursprünglich eine eigene Einheit, die erst sekundär in das
Ensemble der Nachtgesichte eingefügt wurde, so daß das vierte (von sieben) nachträglich zum
fünften von acht Einzelgesichten wurde.

[14] Vgl. bereits Jes 6, also einen auf das 8. Jh. zurückgehenden Text, und (anders) Ex 40,34
und Ez 43,5. Hierzu vgl. PODELLA, zum „Motiv des durch Gottespräsenz gefüllten (Tem-
pel-)Hauses" 190.

[15] S.u. S. 65.

[16] „Das Buch Esra-Nehemia ist ein selbständiges Werk und will über die in ihm verarbeiteten
Quellen hinaus als solches ... gelesen werden" (WILLI, 43). Den entscheidenden sprachlichen
Nachweis hierfür führte bereits 1968 JAPHET, Authorship, 330–331. Zum eigenen historiogra-
phischen Konzept des Esra-Nehemia-Werkes vgl. jetzt DIES., Composition.

Und seine Fundamente werden gelegt: Seine Höhe 60 Ellen, seine Breite 60 Ellen.[17]
Drei Schichten von behauenem Stein und eine Schicht aus Holz.
Und die Kosten sollen vom Haus des Königs gegeben werden.
Und auch die Gefäße des Gotteshauses aus Gold und Silber, die Nebukadnezzar aus
dem Tempel in Jerusalem herausgenommen und nach Babel gebracht hat, sollen sie
zurückkehren lassen, und es gehe zum Tempel in Jerusalem an seinen Ort und gehe
hinunter ins Gotteshaus" (Esr 6,3–5[18]).

Hiernach passierte fast 20 Jahre lang überhaupt nichts – wenn man von
der wahrscheinlichen Errichtung oder Herrichtung eines Brandopferaltars
an der Brandopferstelle im Tempelareal absieht. Sie ist ebenso wie die Verbindung der Namen von Serubbabel und Josua, Scheschbazzar und Kyros, Tattenai, Darius, Haggai und Sacharja mit dem Tempelbau dem Esra-
Nehemia-Bericht zu entnehmen, aber nicht datierbar. Allerdings kann auch
erwogen werden, daß ein gewissermaßen inoffizieller Brandopferaltar auf
dem Areal des zerstörten Tempels bereits unmittelbar nach 587 eingerichtet
und während der ganzen Exilszeit von der im Land verbliebenen Bevölkerung unterhalten wurde.[19] Auch die Instandsetzung des Brandopferaltars
vor dem Beginn konkreter Tempelbaumaßnahmen und die damit verbundenen Feierlichkeiten können aber finanzielle Mittel gebunden haben. Damit
wäre wahrscheinlich das religiös Vordringliche aus der Sicht der im Land
Ansässigen geschehen, wenn auch vielleicht nicht die Intention des königlichen Edikts erfüllt.

Was das Edikt – falls es als historisch anzusehen ist – tatsächlich oder
nach Ansicht des Esra-Nehemia-Werkes beabsichtigte, welchen Sinn also
ein königlich autorisierter Tempelwiederaufbau in Jerusalem haben konnte, hängt davon ab, was dieser Tempel aus der Sicht der Perser sein konnte
und was er aus der Sicht der Propheten Haggai und Sacharja, ihrer israelitischen Zeitgenossen und des ihr Zeugnis als Quelle verarbeitenden Esra-
Nehemia-Chronisten war. Leider ist die Quellenlage, was die Verhältnisse in

---

[17] In bezug auf die Maßangaben mutet der Text gestört an; die Länge fehlt, die Höhe scheint
übertrieben; vgl. BHS und die Kommentare. Natürlich kann nicht an ein würfelförmiges Bauwerk gedacht werden. Wohl aber könnte auch dieser Text das Quadrat als Grundform voraussetzen, also eine quadratische Grundplatte von ca. 30 m Seitenlänge. Die Maße des eigentlichen
Gebäudes wären dann nicht angegeben bzw. nicht mehr erhalten. Hier soll nur vor vorschnellen
Textkorrekturen gewarnt werden. 30 m Höhe sind zwar ganz unwahrscheinlich, doch könnte
diese Angabe sich als Maximalwert auf die Gesamthöhe zwischen Fundamenten einschließlich
möglicher Substruktionen und dem höchsten Dachelement beziehen. Drei Steinlagen mit darauf
aufgebauter Holzschicht lassen auf eher bescheidene Maße des planbaren Gebäudes schließen.

[18] Auch wenn man diesen aramäischen Text für eine (und unter den im Alten Testament
wiedergegebenen die einzig mögliche) Fassung des Kyrosedikts hält, könnten Zweifel an der
Authentizität von V. 5 aufkommen. Es ist aber wohl denkbar, daß hier die jerusalemspezifi-
sche Entsprechung zur Rückführung von Götterbildern an ein beraubtes und vernachlässigtes
Heiligtum vorliegt.

[19] Vgl. zu diesem „worship of the Lord in Jerusalem from the Destruction of the First
Temple until the Dedication of the Second Temple" die wichtigen Ausführungen in dem mit
dieser Überschrift versehenen Abschnitt (S. 224ff.) bei JAPHET, Temple.

der neubabylonischen bzw. dann persischen Verwaltungseinheit „jenseits des Stromes", also westlich des Euphrat, und darin wiederum speziell Palästina betrifft, mager. So bleibt auch die Einordnung vieler alttestamentlicher Texte in konkrete historische Bezüge hypothetisch.

Dies gilt auch für eine sich in der Forschung dank der wichtigen Arbeiten von ALBERTZ etablierende Konzeption der „offiziellen Religion" Israels, nach der die „Aufsplitterung der offiziellen Jahwereligion in konkurrierende Traditionen bzw. Konzeptionen ... in der nachexilischen Epoche ... augenfällig" sei und „sich am ehesten als späte Folge des Zusammenbruchs der staatlichen und kultischen Institutionen von 587 verstehen" lasse. Weil in der Exilszeit „die offizielle Jahwereligion ihre institutionelle Stütze verloren"[20] habe, sei es in dieser Zeit zu drei Entwürfen gekommen, nämlich dem des dtrG. und der dtr. Partien des Jeremiabuchs, dem der Ezechielschule und dem sich aus exilischer Heilsprophetie herleitenden Entwurf der Dtjes-Schule. Die „Heilsprophetie" hätte dann „kurze Zeit im Rahmen des Tempelbaus" eine Basis in den neugeschaffenen Institutionen gehabt und sich etablieren können.

Gegen ein solches Konzept offizieller Religion im Sinne offizieller Theologie sind allerdings Bedenken anzumelden. Offizielle Religion impliziert Elemente der Staatlichkeit. Sie ist die durchsetzbare Religionausübung eines Gemeinwesens, das in ihr seine Identität dargestellt finden kann; ihr Komplementärbegriff ist die Privatreligion einzelner, die für die religiöse Selbstdarstellung der Gruppe irrelevant ist. Offizielle Religion kann durchaus in das Privatleben der einzelnen durch sie repräsentierten Menschen eingreifen, z.B. durch die Definition ethischen Normverhaltens, das als für diese Gruppe konstitutiv zu gelten hat. In diesen Belangen (z.B. im Eherecht) kann der einzelne nicht tun, was er will, ohne sich damit von der offiziellen Religion zu distanzieren. Die mit einem Durchsetzungsapparat ausgestattete offizielle Religion sanktioniert solche Bereiche, kümmert sich aber nicht um religiöse Praktiken einzelner, die nicht in ein ausschließendes Konkurrenzverhältnis zu ihr treten. Nur wenn einzelne sich Gruppenrepräsentanz anmaßen, die ihnen nach Ansicht der die offizielle Religion durchsetzenden Organe nicht zukommt, liegt ein Konflikt vor, der eine Entscheidung und deren Durchsetzung durch Machtmittel verlangt. Nach Am 7,13 war das Heiligtum von Betel eine Institution der offiziellen Religion, *„denn ein königliches Heiligtum ist es, und Königtumshaus"*, d.h. eine staatliche Institution. Vielleicht hätte man das gleiche vom Jerusalemer Tempel in bezug auf das Südreich sagen können. Zu der in diesem Sinne offiziellen Religion gehört neben dem Tempel der König; beides läßt sich nicht trennen. Noch dem dtrG., dem gewiß königskritische Gedanken nicht fernlagen und das vom deuteronomischen Gedanken des einen Heiligtums geprägt ist, stellt sich die Geschichte Israels als Geschichte der Könige von Nord- und Südreich dar.

Was bleibt von der offiziellen Religion, wenn der König fehlt? Diese Frage wird vielleicht erstmals im Zukunftsentwurf des Ezechiel reflektiert. Das enge Miteinander und Ineinander von Tempel und Königspalast wird als Sünde der Vergangenheit erkannt (Ez 43,7–9). So soll es nicht mehr sein.

---

[20] ALBERTZ, 464; das anschließende Zitat steht auf S. 465. Bedenken gegen dieses Konzept der nachexilischen offiziellen Religion (vgl. dazu auch das Schaubild S. 467) können hier nur angedeutet werden; s.u. S. 63f. mit Anm. 24.

Der heilige Bezirk ist allein Gott und dem Dienst vor ihm vorbehalten. Der Regent[21] hat zwar einen bevorzugten Platz innerhalb der gottesdienstlichen Gemeinschaft, die ihn als eine Größe eigener Wichtigkeit dem priesterlichen Kultpersonal gegenüberstellt. Möglicherweise bahnt sich schon hier *in nuce* ein Gedanke an, der im Bild der zwei Ölzweige vor dem göttlichen Leuchter in Sacharjas viertem Nachtgesicht zwei menschliche Repräsentationsfiguren vor dem im Tempel angerufenen Gott stehen läßt und als nachexilische „Dyarchie" bezeichnet worden ist. Der Dienst vor dem Herrn der ganzen Erde ist es, der die beiden Ölsöhne bei Sacharja zu Repräsentanten der gottesdienstlichen Gemeinschaft macht, der Einzug der Herrlichkeit Gottes durch das hernach für immer geschlossene Tor ist es, der bei Ezechiel den Priestern ihren Dienst und dem Regenten seinen Platz im Gottesdienst anweist. Nach diesen prophetischen Entwürfen konstituiert der Gott Israels die „offizielle Religion" Israels.[22] Darum werden die Menschen, denen die prophetische Botschaft Ezechiels gilt, durchgängig als „Israel" identifiziert. Für den Priester Ezechiel, den Angehörigen der geistigen Oberschicht des nachjosianischen Jerusalem mit seinem Tempel, ist also der Bezug auf den Gott Israels identitätsstiftend für die ihm als seine Hausgemeinschaft zugehörende Größe „Israel". In dieser Sicht sind Elemente von Nordreichtraditionen in die jerusalembezogene Tempelschau integriert. *Der Gott Israels macht die Menschen, deren Repräsentanten den Tempelkult in Jerusalem tragen sollen, zu Israel.*

Der Gott Israels ist aber nach alter Tradition und auch nach der visionären Erfahrung Ezechiels mobil.[23] Wenn er will, geht er ins Exil, und wenn wiederum Neues beginnen soll, kehrt er aus dem Exil zurück. *Diese* gottbezogene offizielle Religion hat keine Durchsetzungsmechanismen. Sie braucht insofern auch keine Eigenstaaatlichkeit.[24] Weder der Regent des

---

[21]　Der neutrale Ausdruck נשיא läßt offen, ob es sich um einen König handelt, und zwar vermutlich im genuin ezechielischen Kontext wohl zugleich wegen der ungeklärten Lage des als Geisel inhaftierten, aber als König nicht abgesetzten Jojachin und wegen der Situation der gottgegebenen Abhängigkeit vom neubabylonischen König.

[22]　Nicht von ungefähr ergänzt durchgängig die אדני-Bezeichnung den Gottesnamen. Sie ist nicht als redaktionell zu tilgen, sondern stellt JHWH (bereits wichtig in der Berufungsvision auch für den Propheten!) als den „(Dienst-)Herrn" im Sinne des Großfamilienoberhauptes dar, dem das „Haus" Israel, das widerspenstige Haus getadelt wird, untersteht. אדנים plur. für „Dienstherrschaft" liegt eindeutig in Ex 21,32; Dtn 23,16; I Sam 25,10.14.17; 26,15f.; 29,4.10; II Sam 2,5 und wahrscheinlich auch in Am 4,1 vor. Die Konzeption Ezechiels (ähnlich wohl auch bei Amos und vielleicht Dtjes anzunehmen) von Gott als „Herrschaft" könnte auf den nachexilischen Umgang mit dem Gottesnamen prägend gewirkt haben.

[23]　Auch noch nach dem priesterschriftlichen Konzept des Heiligtums in der Wüste.

[24]　Hier sind weitere Vorbehalte gegen die Darstellung der nachexilischen offiziellen Religion und deren Machtkämpfe anzumelden, die im folgenden nur kurz angedeutet werden. Daß der Tempelbau und was damit zusammenhing, „glühende Erwartungen eines weltpolitischen Umbruchs und einer nationalen Restauration" auslöste, „die sich an dem Davididen Serubbabel festmachten" (ALBERTZ, 471), läßt sich den Texten nicht entnehmen. Was mit Serubbabel geschah, ist ebenso unbekannt, wie überhaupt die Frage, was sich in den ersten Regierungs-

Ezechiel noch der persische Sonderbeauftrage Serubbabel sind Könige auf dem Thron Davids über ein unabhängiges Königtum in Jerusalem, über Juda oder Israel. Gleichwohl gibt es einen König, den der Gott Israels autorisiert hat.

Der – nicht nur nach dem Zeugnis Deuterojesajas – von Gott autorisierte König über Israel ist in den letzten Jahrzehnten des 6. Jh. der Perserkönig, zunächst Kyros, zur Zeit des Tempelbaus dann Darius. Damit ist der nichtisraelitische König gewissermaßen in die offizielle Religion Israels integriert, aber es ist doch andererseits dringend zu fragen, wie umgekehrt die Autorisierung dieser Religion durch den Perserkönig verstanden werden kann. Zugleich wird deutlich, daß die nachexilische „offizielle Religion" keinen unabhängigen Durchsetzungsapparat hatte. Sie brauchte ihn allerdings wohl auch nicht. Denn – und dies ist der wichtigste Einwand gegen ein Konzept von Parteienkämpfen gegen die offizielle Religion Israels in nachexilischer Zeit – „offizielle Religion" bedeutet nicht „offizielle Theologie". Wo dies – z.B. im Zusammenhang mit der Echnaton-Religion in Ägypten – der Fall zu sein scheint, geht es um Orte, Personal, Besitz und Machtansprüche der allenfalls mit theologischen Argumenten verdrängten religiösen Elemente. Solange die offizielle Religion störungsfrei funktioniert und ausgeführt wird, ist es gleichgültig, was sich die einzelnen Menschen dabei denken. Glaubenskontrolle hat in vorchristlicher Religiosität keinen Platz; Orthopraxie ist wichtig, Orthodoxie ist kein Thema. Das sollte auch im Zusammenhang der sogenannten „Toleranz der Achämeniden"[25] bedacht werden.

Allerdings war die Selbstdarstellung der Perserkönige bestrebt, die Wiederherstellung gestörter Kulte und deren Heiligtümer, d.h. der Elemente offizieller Religion unterworfener Gebiete, nachzuweisen. Die persische Akkulturationsbereitschaft[26] ermöglichte die Übernahme bestehender Strukturen der unterworfenen Gebiete und damit das Funktionieren eines Riesenreiches,[27] das offenbar von den unter seine Oberhoheit Geratenen nicht als

---

jahren des Darius in Palästina abspielte, weitgehend ungeklärt ist. Darius hat Serubbabel kaum als „gefährlich" eingeschätzt. Seine davidische Abstammung empfahl ihn vermutlich für den Sonderauftrag.

[25]　Zu den hiermit zusammenhängenden Fragen der Religionspolitik der Achämeniden und der Situation in den ersten Jahrzehnten der Perserherrschaft entsteht gegenwärtig eine Hamburger Dissertation zum Alten Testament.

[26]　Dieser Begriff wird von HöGEMANN, 357, verwendet und ist gegen HöGEMANN selbst (S. 334f.) dem üblichen Begriff der Toleranz vorzuziehen. Große Bedenken sind allerdings gegen HöGEMANNS Ansicht (S. 335) einer „Trennung von Politik und Religion, wie sie zum ersten Mal von den Persern praktiziert" worden sei, als einem „Akt der Religiosität und der ‚Aufklärung' zugleich" geltend zu machen. Ein „Verschweigen Ahura Mazdas" im Kyros-Zylinder kann nur feststellen, wer ein bestimmtes Konzept der Religion der Achämeniden hat und außerdem eben nicht mit Akkulturation rechnet.

[27]　Der Begriff „Reich" ist mit Vorbehalt zu verwenden im Sinne der von den einzelnen (unterworfenen) Teilgebieten akzeptierten und durch administrative Kontroll- und Versorgungsmaßnahmen manifestierten Oberherrschaft des persischen „Königs der Könige".

übermäßig bedrückend empfunden wurde. Das Leben konnte im wesentlichen bleiben, wie es war, u.U. sogar wieder werden, was es hätte sein sollen. So jedenfalls präsentiert sich die Eroberung durch Kyros für die Vertreter der offiziellen Religion Babylons nach der wahrscheinlich rückblickend übertrieben dargestellten Vernachlässigung durch Nabonid. In diesem Sinne traten die Perser bewußt die Rechtsnachfolge des unterworfenen neubabylonischen Weltreichs an.

Wie sich dies allerdings in dessen entfernten Randgebieten auswirkte, ist eine andere Frage. Von sich aus hätte gewiß kein Perserkönig an den Wiederaufbau eines vor einem halben Jahrhundert dem Erdboden gleichgemachten Regionaltempels im Bergland Palästinas gedacht. Es muß Menschen gegeben haben, deren religiöse Identität mit diesem Tempel verknüpft war und die die Gunst der Stunde erkannten und wahrnahmen, indem sie – vielleicht auf dem Hintergrund der Ereignisse im babylonischen Kernland – auf das zerstörte Heiligtum von Jerusalem aufmerksam machten und auch dessen Wiederaufbau als im Sinne des achämenidischen Herrschaftsideals günstig darzustellen vermochten. Dies setzt vermutlich voraus, daß die offizielle Bedeutung des Jerusalemer Tempels nicht nur für Stadt und unmittelbares Umland, sondern auch für eine weitere – und dann ganz entsprechend Josias Maßnahmen wohl auch Teile des ehemaligen Nordreichs umfassende – Umgebung noch 50 Jahre nach der Eroberung des Südreichs bekannt oder zumindest nachweisbar gewesen sein kann. Der urkundlich belegte Unterhalt des letzten selbständigen davidischen Königs am babylonischen Königshof, die geschlossene Ansiedlung der Exulanten im babylonischen Kernland, der wohl schon mit der ersten Gola erfolgte Traditionstransfer und das Fortbestehen eigener, tempelunabhängiger religiöser Strukturen und Lebensäußerungen – einschließlich der Prophetie sowohl Ezechiels und seiner Tradenten als auch Deuterojesajas – dürften dies in bezug auf die in der östlichen Diaspora Lebenden ausreichend begründen. Für die im Land verbliebene Bevölkerung ist eine gewisse Kontinuität wohl auch einer rudimentären Kultstätte in Jerusalem nicht unwahrscheinlich.

Wenn also ein Perserkönig den Tempelbau „autorisierte", so mußte es dabei aus persischer Sicht um Wiederherstellung geordneter Verhältnisse in der Region im Sinne der Ausübung der dort schon immer geltenden (offiziellen) Religion gehen. Die Akkulturationsfähigkeit (bzw. sogenannte Toleranz) der Achämeniden äußerte sich vor allem im Verzicht auf die Forderung der zusätzlichen Einführung von Elementen der offiziellen Religion der politischen Obermacht.

Aus innerisraelitischer Sicht aber ging es wohl nicht in gleicher Weise um Restauration. Der Jerusalemer Tempel hatte als solcher nicht schon ewig bestanden. David hatte eine nichtisraelitische Stadt eingenommen und mit der Lade ein Stück israelitischer Identität in sie eingebracht, zugleich aber auch Formen und Elemente des vorgefundenen Stadtkultes übernommen. Noch Jeremia- und Ezechielbuch lassen das Fortleben von Teilen des vorisraelitischen Kultes bis zum Ende des Südreichs erkennen. Die Frage, worüber Josia nach dem dtr. Bericht der Auffindung der Toraschrift erschrak, ist offen. Die dtr. Zensuren für die sündigen Könige lassen aber vermuten, daß es das Gebot der Kultzentralisation war,[28] wobei Kultzentralisation hier Brandopferzentralisation heißt.

Grundsätzlich hätte die Errichtung oder allenfalls das Fortbestehen eines torakonformen Brandopferaltars ausreichen können, wenn nicht das Element der „Gotteswohnung" gleich wichtig gewesen wäre. Die Residenz des Gottes Israels in Jerusalem hatte aber erst mit der Ladeüberführung begonnen.[29] Nur ein Geschichtskonzept, das von einem Anfang weiß, kann auch mit einem Ende rechnen, wie es Ezechiel im Blick auf die Abreise der Herrlichkeit, d.h. der kultischen Anwesenheit des Gottes Israels, aus dem Tempel tat. Und umgekehrt eröffnet nur die Erfahrung eines Endes die Möglichkeit, an einen neuen Anfang zu denken. Widerstände – sei es auch nur als tatenlose Resignation – gegen den Tempelbau von seiten der im Lande verbliebenen Bevölkerung wären schon deshalb verständlich, weil diese nicht in gleicher Weise wie die Exulanten ein Ende erlebt hatte.

Der Wiederaufbau des Jerusalemer Tempels konnte also aus persischer Sicht als Restauration, aus jüdischer Sicht, die in dieser Beziehung im wesentlichen, wenn auch nicht ausschließlich, die Sicht der Angehörigen der Gola war, als Neuanfang verstanden werden. Dem Überleben sollte neues Leben folgen. Mußte deshalb der Zweite Tempel gebaut werden?

III. Mögliche Motive der mit einem Wiederaufbau des Tempels verbundenen Erwartungen können aus verschiedenen literarischen Zeugnissen innerhalb des Alten Testaments entnommen werden. Daß das Zentrum der priesterschriftlichen Heiligtumskonzeption „Sühne als Heilsgeschehen"[30] ist, hat JANOWSKI gezeigt. Die Frage der zeitlichen Einordnung der P-Partien des Pentateuch soll hier jedoch nicht aufgerollt werden. Mit ihr hängt aber auch die weitere Frage zusammen, ob der priesterschriftliche Entwurf Traditionswissen und daran geknüpfte Hoffnungen in der Exilszeit bündelt und also, was die Realien betrifft, sich rückblickend am vorexilischen Tempel orientiert und somit als Zeugnis der dem Wiederaufbau vorausgehenden Erwartungen gelten kann, oder ob er vielmehr erst in nachexilischer Zeit schriftlich niedergelegt wurde und somit bereits den Zweiten Tempel vor Augen hatte. Auch ist immer im Auge zu behalten, daß der Sühnevollzug nicht der einzige Inhalt des priesterschriftlichen Gesamtentwurfs ist.

Nicht nur sprachliche, sondern auch traditionsgeschichtliche Berührungen zwischen priesterschriftlicher Literatur und dem Ezechielbuch sind wie-

---

[28] Hinzu kommt sicher der Molech-Kult, der wohl ursprünglich ein Jerusalemer Königsfamilienkult war; vgl. WILLI-PLEIN, Opfer und Kult, 60–64. Das Nebeneinander von vorexilischem Tempel, Königspalast und Königsgräbern ist auch Ezechiel (43,7–9) ein Greuel.

[29] Vgl. zu wichtigen Einzelfragen in diesem Zusammenhang JANOWSKI, Keruben und Zion.

[30] JANOWSKI, Sühne als Heilsgeschehen.

derholt dargestellt worden und auch für den wahrscheinlichen Grundbestand der Ezechiel-Worte,[31] zu dem zumindest Teile auch des sogenannten „Verfassungsentwurfs" in Ez 40–48 gehören, wahrnehmbar. Herzstück dieser Schlußkapitel des Buches ist die Schilderung der idealen Tempelarchitektur (Ez *40–42), die im Vollzug der Grundrißmessungen dargestellt wird. Rekonstruktionsversuche differieren wegen der Lücken im Erwartungswissen aller neuzeitlichen Leser, also deren mangelhafter „enzyklopädischer Kompetenz"[32], doch lassen sich die entscheidenden Elemente auf jeden Fall erkennen. Es handelt sich um einen auf der Grundform konzentrisch ineinanderliegender Quadratflächen von Außen- und Innenhof aufbauenden Komplex, der achsensymmetrische und drehsymmetrische Merkmale aufweist.[33] Die Symmetrieachse verläuft von Osten nach Westen und führt ins Allerheiligste. Der Mittelpunkt der beiden großen Hofquadrate und somit auch der Drehpunkt für deren Randarchitektur, soweit die Drehsymmetrie nicht durch die wichtigere Achsensymmetrie und die Besetzung der Westseite durch das Tempelgebäude und die seine Besonderheit sichernden Anlagen überdeckt wird, wird vom Brandopferaltar eingenommen. Dieser ist also eigentlich das Zentrum des Heiligtums;[34] das Allerheiligste liegt exzentrisch als Zielpunkt auf der Ost-West-Achse. Da ein Zugang zu äußerem und innerem Hof weder von Westen noch vom nach außen verschlossenen Osttor her möglich ist, gelangt man von Norden oder Süden, also rechtwinklig zum Weg des einziehenden Gottes, in das Heiligtum.

Denkt man sich den ganzen Komplex als Hausanlage (בית) im weiteren Sinne, so entspricht der eigentliche Tempelbau dem privaten Wohnbereich, in den niemand außer dem Hausherrn und seinen Bedienern geht. Der innere Hof ist der nicht überdachte Arbeitsbereich dieser Hausanlage, und vielleicht entspricht dann der Brandopferaltar der Küche bzw. der Feuerstelle. Wenn hier auch niemand wirklich gespeist wird, so werden doch jeden-

---

[31] Vgl. zu allen Teilen der Ez-Forschung McKeating; grundsätzlich auch Becker. Die Forschungslage ist bis heute extrem kontrovers. Im folgenden werden im wesentlichen die Ergebnisse des Kommentars von Zimmerli für plausibel gehalten. Die auf dem Wege der „tendenzkritischen Beobachtungen" (S. 22) gewonnenen literarkritischen Operationen und die daraus resultierende Sicht der Entstehung des Ezechielbuches und des Alters seiner Teile, die Pohlmann, Das Buch des Propheten Hesekiel, vertritt und in einzelnen Studien (ders., Ezechielstudien, und ders., Ezechiel oder das Buch) begründet hat, beruhen auf Grundannahmen zur historischen und geistesgeschichtlichen Situation ab 587, die hier nicht geteilt werden, aber nicht im einzelnen diskutiert werden können.

[32] Zu diesem literaturwissenschaftlichen Begriff bzw. dem der „Enzyklopädie" für die beim Modell-Leser vorausgesetzte, in ihren Einzelheiten darum nicht mehr ausgeführte Sprach- und Lebenswelt, die für das Textverständnis nötig ist, vgl. z.B. Eco, 95 u.ö.

[33] Vgl. verschiedene Grundrißentwürfe etwa bei Busink, Bd. 2, 701–775; vgl. Businks eigene Grundrißskizze zum Gesamtkomplex (S. 710) und z.B. die Skizzen von Fuhs, Bd. 2.

[34] Auch in I Reg 8,64 wird (anachronistisch) für die feierliche Einweihung des Tempels die Heiligung der Mitte des Vorhofes berichtet, um dort Brandopfer darzubringen.

falls die Brandopfer wie eine Mahlzeit zubereitet.[35] Die Vorbereitung zur
Bewirtung ist eine Form der Huldigung. Aufgetragen wird aber etwas anderes, und zwar auf dem Schaubrottisch im Tempelraum (Ez 41,21b.22[36])
das die Anwesenheit (פנים) Gottes anzeigende Brot. Der Brandopferaltar ist
im ezechielischen Entwurf also das Zentrum des beschränkt öffentlichkeits-
zugänglichen Innenhofes eines Hausgevierts und insofern hier das Zentrum
der Huldigung bzw. des Verkehrs der Gemeinschaft mit Gott. Der eigentliche Wohntrakt wird aber vom Tempelgebäude eingenommen, Gottes Pri-
vatgemach ist das Allerheiligste. Zwei Grundideen kommen also in diesem
Entwurf zusammen und müssen bautechnisch gelöst werden: Ezechiels Heiligtum ist zugleich Huldigungs- und Begegnungsort (und als solcher Ort des
zentralisierten Brandopfers) und Gotteswohnung.

Gegenüber den um die Wahrung der Transzendenz Gottes ringenden[37]
Beschreibungen der Eingangsvision Ez 1–3 und ihrer Wiederaufnahme in
Kap. 10 wird in Ez 43,7–9 in seltsam anthropomorpher Redeweise der Tempel als „Ort meines Throns" und „Ort meiner Fußsohlen" bezeichnet. In
dieser Benennung der Anwesenheit Gottes in seinem Heiligtum liegt also offenbar ein Rückgriff auf alte Jerusalemer Tempeltradition vor. Dieses
„Thronen" Gottes ist aber von der zur Schechinatheologie führenden[38] Vorstellung des „Wohnhaftmachens" (שׁכן pi.) (des Namens) Gottes zu unterscheiden. Ezechiels Entwurf vereint alte Jerusalemer Zionstradition[39] und
deuteronomisch inspirierte Kult- und Huldigungszentralisation. Der ideale
Tempel hat kein eindeutiges Zentrum, sondern zwei Brennpunkte. Dadurch
wird die naheliegende Gefahr des Anthropomorphismus gelindert, die die
dtr. Literatur ihrerseits bannt, indem sie immer wieder betont, daß Gott nicht
in einem Haus wohnt, kein Haus benötigt, vielmehr seinerseits dem König
ein Haus baut, und indem sie Gottes Anwesenheit im Tempel vom Sitzen auf
dem Thron zur Anwesenheit im Sinne der Ansprechbarkeit transformiert.

Nach den vom Deuteronomium und seiner Folgeliteratur inspirierten
Zeugnissen ebenso wie nach dem Entwurf des Ezechiel braucht Israel den
Tempel, um sich auf die Huldigung des dort angerufenen und ansprechbaren
Gottes zu konzentrieren, aber Gott braucht den Tempel nicht. Mit anderen
Worten, deuteronomistische, ezechielische und priesterschriftliche Aussagen
und Entwürfe zum Tempel stimmen darin überein, daß die Errichtung des
(Zweiten) Tempels dem menschlichen Bedürfnis nach einem Zentrum der
Anbetung entspricht.

---

[35] Zum Aspekt von Opfern als Gottesbewirtung vgl. die Arbeiten von MARX, Les offrandes
végétales, und DERS., La Place du sacrifice.

[36] Mit ZIMMERLI, 1051, als dem vorexilischen Schaubrottisch entsprechend zu verstehen.

[37] Hierzu gehört die Häufung von Textsignalen, die geradezu pleonastisch sichern sollen,
daß die Beschreibung nur als Vergleich mit etwas „so ähnlich wie" dem Geschauten gelten kann:
Vergleichspartikel כ, Nomina מראה und דמות.

[38] Dazu JANOWSKI, Schekina-Theologie, 165–193.

[39] Dazu JANOWSKI, Keruben und Zion.

Wenn trotzdem Haggai und Sacharja[40] die Wahrnehmung der Chance zur Wiedererrichtung des Tempels gegen menschliche Trägheit durchsetzen müssen, so bestätigen sie dieses Bedürfnis noch einmal von einer anderen Seite her. Es geht um die Überwindung von Lethargie und Depression; das Heiligtum verleiht der auf es konzentrierten Gemeinschaft einen kultischen Mittelpunkt und eine Perspektive der Hoffnung. Durch den darin verehrten Gott Israels ist der Tempel Identitätsmittelpunkt Israels und insofern das Zentrum von dessen „offizieller Religion" nach der Binnenperspektive derer, die zu Israel gehören.

IV. Allerdings hat der Tempelbau durch die persische Bauerlaubnis und die zur Verfügung gestellten Mittel auch eine Außenperspektive. Sie stellt sich den Außenstehenden, die das Werk im Sinne der eigenen Selbstdarstellung als gute Herrschaft fördern, also dem persischen König bzw. seinen Organen, anders dar als jenen Außenstehenden, denen eine von der eigenen unterschiedene, jerusalemzentrierte Gruppenidentität im palästinischen Bergland aus politischen Gründen eher ungelegen kommt, also den im Esra-Nehemia-Werk genannten Widersachern, und noch einmal anders den zum Bau mahnenden Propheten selbst. Auch sie scheinen Aspekte der Außenperspektive bedacht zu haben. Dies legt jedenfalls ein Blick auf den Grundbestand der Nachtgesichte (Sach 1,7–13; 2,1–4.5–9; 4,1–5.10b–16; 5,1–4.5–11; 6,1–8) nahe.

In den sieben Einzelgesichten geht es um einen Erkundungsritt nach den mit Darius' Regierungsantritt verbundenen Unruhen im persischen Reichsgebiet (1,7–13),[41] um den Rückblick auf den Machtwechsel als Voraussetzung der Jetzt-Situation (2,1–4), um den Plan von Jerusalems Zukunft (2,5–9), um – dies ist das Zentrum der ganzen Einheit – den Tempel als Ort der Gottespräsenz und der dabei zum Dienst autorisierten zwei Repräsentanten (4,1–5.10b–16), aber in der Folge auch um die Klärung unklarer Eigentumsverhältnisse (5,1–4), die Beseitigung von Widerrechtlichkeit im zwischenmenschlichen Bereich (5,5–11) und die Legitimität des Nordlandes, d.h. des Zentrums der politischen Macht am Ort der politischen Verwaltungshoheit (6,1–8). Mit dem Tempelbau legitimiert sich der Perserkönig als Bauherr des Tempels zugleich als König über Israel. Dieser Tempel wird Zentrum der von seinem König als solche in bezug auf Israel anerkannten Religion, und dies wird sich auch in einer Reorganisation und Bereinigung der Lebensverhältnisse äußern.

Insofern mußte nach dem Entwurf der Nachtgesichte, aber auch nach den Worten Haggais, der Tempel um Jerusalems willen und auch darum gebaut werden, um einen Neuanfang des gewissermaßen bürgerlichen Lebens der

---

[40] Wie später in bei bestehendem Tempel natürlich veränderter Lage auch Maleachi.
[41] Dessen Ergebnis ist die Zusage für Jerusalem, daß „mein Haus" gebaut werden soll.

auf diesen Tempel konzentrierten Gemeinschaft zu ermöglichen. Ein Tempel hat Öffentlichkeitscharakter; Tempelstiftung ist ein öffentlicher Akt.[42]

Weil aber diese Gemeinschaft sowohl nach ihrem Selbstverständnis als auch nach dem sich in der Bauerlaubnis aussprechenden Anspruch des Perserkönigs diesen nichtisraelitischen König als ihren König betrachtete und akzeptierte, hatte zumindest nach ihrer Binnenperspektive der Tempel auch einen Zweck für die anderen Untertanen bzw. Teilbewohner des Perserreiches. Hiermit dürfte die erstaunliche Offenheit der nachexilischen Schriften des Alten Testaments für die je eigene Religiosität der anderen Völker – allerdings nur solange sie nicht im Innern der jerusalemzentrierten Gemeinschaft übernommen zu werden drohte – zu erklären sein.

„Ja, von Sonnenaufgang bis zu ihrem Untergang ist mein Name groß unter den Nationen, und an jedem (Kult-)Ort wird Räucherung und Darbringung veranlaßt meinem Namen und reine Huldigungsgabe, ja, groß ist mein Name unter den Nationen, hat JHWH Zebaot gesagt" (Mal 1,11).

Erst im Bewußtsein der Vielfalt möglicher Formen der Gottesverehrung in der Vielzahl von Völkern, die sich in einer größeren, multikulturellen und doch einer erkennbaren Obermacht untergeordneten Gemeinschaft befinden, wird die Rolle der eigenen religiösen Identität im Konzert der Völker so bedacht, daß sie als Dienst auch für die Völker, also als stellvertretender Gottesdienst auch für die Außenstehenden, die ja gleichwohl dem eigenen, als einig-einzigen bekannten Gott zugehören, verstanden werden kann. So wird nicht nur die dtr. Reflexion im Tempelweihgebet Salomos (I Reg 8,41–43) verständlich, sondern auch der Gedanke, daß dieser Tempel ein „Bethaus für alle Völker" (Jes 56,7) sein soll.

Mit der *Vollendung des Tempelbaus* 515 v.Chr. beginnt die zweite große Periode der antiken Geschichte Israels als „Zeit des Zweiten Tempels". Ihre ersten zwei Jahrhunderte sind eine Zeit des relativen Friedens unter der als gottverordnet anerkannten persischen Königsherrschaft – die Zeit, in der ein großer Teil der Schriften des Alten Testaments entstand oder seine uns vorliegende „Endgestalt" annahm. Es war die Zeit der Wiederherstellung Jerusalems – zwar nicht mehr als der Residenz des Königs auf Davids Thron, wohl aber als des irdischen Thronsitzes des eigentlichen Königs Israels, der der Herr aller Völker ist. So mußte der Tempel eigentlich vor allem darum wieder erbaut werden, damit Jerusalem wieder – Jerusalem wurde.

---

[42] Indem Stiftung und Widmung offiziell bekannt sind und als repräsentativ für die dahinterstehende, als für das Gemeinwesen relevant angesehene Gemeinschaft gelten, ist ein Tempel deren öffentlicher Ausweis. Dagegen sind Vereinshäuser von Kultvereinen (worunter man vielleicht auch frühe Synagogen und Kirchen zählen kann) keine öffentlichen Gebäude.

Summary

Regarding the situation in which the Second Temple was built between the years 520 and 515 BCE we should not speak of a "Gemeinde", the German term implying political and religious connotations and thus meaning a politically organized body of people living in one place or country or a religious congregation as well. The problem of terminology is in loose connection with the distinction between official and private religion. Official religion should not be equated with (a modern idea of) official theology, which did not exist at that time. In all probability, the preexilic Temple of Jerusalem had never been a cultic centre the destruction of which would have provoked a theological crisis. The Temple as such (not with regard to its personnel and their orthopraxy) does not seem to have ever been considered as religiously obsolescent. Its substitution, in the sense of being replaced by something different, was not discussed.

On the other hand, towards the end of the sixth century BCE the reconstruction of the Temple was not necessary in the sense that physical life and welfare of the inhabitants of Jerusalem or the exiles and those of them who returned would have been thought to depend on a working temple cult. For many decades people had been living without a temple in the country as well as in exile, and they could have continued to do so. The idea that, in full accord with God's will, Israel's sovereignty had passed first to the Neobabylonian conqueror and then to the Persian kings did not urge the need of a second temple. But the Persian authorization to reconstruct the Temple surely consolidated that idea by presenting Darius as the royal builder of the sanctuary in Jerusalem and thus as the legal successor of the kings of Judah, for a temple is a public building and as such part of, and representative for, official religion. So this Temple could be regarded as "a house of prayer for all people" (Is 56:7), its liturgy as a service for all nations.

Why, according to the testimony of the OT, the Achaemenids had every reason to build the Second Temple as a state-approved sanctuary for the region of Judah, may be inferred from the biblical books of Haggai and Zechariah and the historiographical reconstruction of the Ezra-Nehemia-Work. Inner motives may be deduced from conceptions of the Priestly Code, the Book of Ezekiel and of elements of visions and oracles of post-exilic prophets including Malachi, finally from the way deuteronomistic historiography depicts the building of the First Temple.

The decision to rebuild the destroyed Temple in Jerusalem may have resulted from religious or political motives – or both, depending on who decided. More than two millennia later we cannot know whether there was any real need for the Temple, or whether it was but an object of prestige for either the Persian Empire or the inhabitants of Jerusalem and those who returned from the Babylonian exile.

The Second Temple was built in order to realize the physical experience of divine presence, which means the opportunity of direct contact with God. It was felt to be the centre of public worship for the God of Heaven and Earth who had chosen this place to "put His name there". Besides that, and perhaps above all, the Second Temple had to be built for the sake of Jerusalem.

Bibliographie

R. Albertz, Religionsgeschichte Israels in alttestamentlicher Zeit, GAT 8.1/2, 1992.

J. Becker, Erwägungen zur ezechielischen Frage, in: L. Ruppert/P. Weimar/E. Zenger (Hgg.), Künder des Wortes. Beiträge zur Theologie der Propheten, FS J. Schreiner, Würzburg 1982, 137–148.

Th. A. Busink, Der Tempel von Jerusalem von Salomo bis Herodes, 2 Bde., Leiden 1970/1980.

D. J. A. Clines, Haggai's Temple Constructed, Deconstructed and Reconstructed, in: T. C. Eskenazi/K. H. Richards (Hgg.), Second Temple Studies 2: Temple and Community in the Persian Period, JSOT.S 175, 1994, 60–87.

U. Eco, Lector in fabula. Aus dem Italienischen von H. G. Held, 2. Aufl., München 1994.

J. Frey, Temple and Rival-Temple – The Cases of Elephantine, Mt. Gerizim, and Leontopolis, im vorliegenden Band, 171ff.

H. F. Fuhs, Ezechiel 1–2, NEB 7 und 22, 1984/1988.

P. Högemann, Das Alte Vorderasien und die Achämeniden. Ein Beitrag zur Herodot-Analyse, BTAVO.B 98, 1992.

B. Janowski, „Ich will in eurer Mitte wohnen". Struktur und Genese der exilischen Schekina-Theologie, JBTh 2 (1987), 165–193.

— Keruben und Zion. Thesen zur Entstehung der Zionstradition, in: D. R. Daniels/U. Glessmer/M. Rösel (Hgg.), Ernten, was man sät, FS K. Koch, Neukirchen-Vluyn 1991, 231–264.

— Sühne als Heilsgeschehen. Studien zur Sühnetheologie der Priesterschrift und zur Wurzel KPR im Alten Orient und im Alten Testament, WMANT 55, 1982.

S. Japhet, Composition and Chronology in the Book of Ezra-Nehemia, in: T. C. Eskenazi/K. H. Richards (Hgg.), Second Temple Studies 2: Temple and Community in the Persian Period, JSOT.S 175, 1994, 189–216.

— The Supposed Common Authorship of Chronicles and Ezra-Nehemia Investigated Anew, VT 18 (1968), 330–331.

— The Temple in the Restoration Period: Reality and Ideology, USQR 34,3–4 (1991), 195–251.

M. Keller, Untersuchungen zur deuteronomisch-deuteronomistischen Namenstheologie, BBB 105, 1996.

E. Kutsch, Die chronologischen Daten des Ezechielbuches, OBO 62, 1985.

A. Marx, Les offrandes végétales dans l'Ancien Testament. Du tribut d'hommage au repas eschatologique, VT.S 57, 1994.

— La Place du sacrifice dans l'Ancien Israel, in: J. A. EMERTON (Hg.), Congress Volume Cambridge 1995, VT.S 65, 1997, 203–218.

H. McKEATING, Ezekiel, OTGu 19, 1993.

T. N. D. METTINGER, No Graven Image? Israelite Aniconism in Its Ancient Near Eastern Context, CB.OT 42, 1995.

T. PODELLA, Das Lichtkleid JHWHs. Untersuchungen zur Gestalthaftigkeit Gottes im Alten Testament, FAT 15, 1996.

K. F. POHLMANN, Das Buch des Propheten Hesekiel (Ezechiel). Kapitel 1–19, ATD 22.1, 1996.

— Ezechiel oder das Buch von der Zukunft der Gola und der Heimkehr der Diaspora, in: O. KAISER, Grundriß der Einleitung in die kanonischen und deuterokanonischen Schriften des Alten Testaments, Bd. 2: Die prophetischen Werke, Gütersloh 1994, 82–102 .

— Ezechielstudien, BZAW 202, 1992.

H. WEIPPERT, „Der Ort, den Jahwe erwählen wird, um dort seinen Namen wohnen zu lassen". Die Geschichte einer alttestamentlichen Formel, BZ 24 (1980), 76–94.

T. WILLI, Juda – Jehud – Israel. Studien zum Selbstverständnis des Judentums in persischer Zeit, FAT 12, 1995.

I. WILLI-PLEIN, Daniel 6 und die persische Diaspora, Jud. 47 (1991), 12–21.

— Opfer und Kult im alttestamentlichen Israel. Textbefragungen und Zwischenergebnisse, SBS 193, 1993.

W. ZIMMERLI, Ezechiel, BK XIII.1–2, 2. Aufl., 1979.

Leviten, Priester und Kult in vorhellenistischer Zeit
Die chronistische Optik in ihrem geschichtlichen Kontext

Die Vorstellung von einer „Jerusalemer Kultgemeinde" hat, nach früheren Ansätzen, seit dem Zweiten Weltkrieg die Sicht des perserzeitlichen Israel nahezu unangefochten bestimmt. Danach wäre *an die Stelle eines Volkes* eine *Gemeinde* getreten, und eine kultisch, religiös orientierte Institution hätte das einstige souveräne Königreich Juda ersetzt: „Kult und Priestertum traten jetzt ... nach der Beseitigung der eigenen Staatlichkeit als wesentliche Träger des israelitischen Lebens in den Vordergrund."[1] Halten aber die drei Säulen, auf denen die These einer sogenannten „Jerusalemer Kultgemeinde" ruht, einer kritischen Betrachtung der Quellen stand? Die Stimmen mehren sich, die das bezweifeln.[2] Drei zentrale Punkte, die gegen eine solche Konstruktion sprechen, müssen neu bedacht und beleuchtet werden, wenn die chronistische Optik von Kult und Kultpersonal angemessen dargestellt werden soll.

I. Israel als Ethnie

Der Zweite Tempel gilt, nachdem es ihn schließlich gab,[3] als ein „Bau לְיהוָה אֱלֹהֵי יִשְׂרָאֵל" („ein Bau für JHWH, den Gott Israels", Esr 4,3). Was ist das für ein Israel? Es trägt den Namen des alten Stämme- und Kultverbandes in Norden und Osten von Juda. Aber es rekrutiert sich nun zur Hauptsache aus יְהוּדָה (וּבִנְיָמִן) (Juda [und Benjamin], Esr 4,1), dem עַם־יְהוּדָה (Esr 4,4),

---

[1] NOTH, 286.

[2] WILLIAMSON, Israel, v.a. 132–140, fand im deutschsprachigen Raum viel zu wenig Beachtung. Hier stellt BLUM, 25, fest: „Tatsächlich erweisen sich bei einer kritischen Sichtung die Grundlagen der Hypothese von der Kultgemeinde als so brüchig und die Einwände so gravierend, daß die eigentlich interessante Frage sein dürfte, wie und weshalb diese Sicht der Dinge sich ... durchsetzen und mehr als hundert Jahre Bestand haben konnte." Die theologischen Motive ortet er S. 37: „Auch Noth u.a. wollten, verkürzt gesagt – das *alte* Israel für die christliche Tradition retten, aber meinten dies nur um den Preis einer konsequenten Disqualifikation des Judentums tun zu können oder sollen." Demgegenüber formuliert BLUM, 26, unverzüglich und überzeugend „eine dreifache Gegenthese: ... Entgegen der vorherrschenden Sicht war Juda in der persischen Zeit 1. weder entpolitisiert und ohne Autonomie noch 2. seiner Verfassung nach eine Theokratie noch 3. eine konfessionelle Gemeinde."

[3] Dazu in diesem Band WILLI-PLEIN, Zweiter Tempel, 57.

d.h. den Einwohnern der Landschaft im nächsten Umkreis Jerusalems (so auch Neh 2,16) bzw. der persischen Provinz gleichen Namens, *und* den nach Ägypten, v.a. aber nach Syrien, Mesopotamien, ja bis ins ferne Elam (Nehemia kam aus Susa) verstreuten Nachfahren der Bürger Jerusalems und des ehemaligen Königreiches Juda, die ihrerseits יְהוּדָה/יְהוּדָאיִן (Neh 5,8; Est *passim*; Dan 3,8.12 expliziert durch בְּנֵי גָלוּתָא דִּי יְהוּד in Dan 2,25; 5,13*bis*; 6,14) waren, aber sich diesem größeren Israel zurechneten.

Gerade in der Diaspora war man sich solcher Abkunft und der Verantwortung dafür bewußt. Und wer sich über das nachexilische Israel, über die neue Geltung Jerusalems *und* über die Bedeutung seines Tempels und seines Kultes Klarheit verschaffen will, darf den Aspekt des Diasporajudentums nicht außer acht lassen.

1.) *ḫāṭ[ā/ī]ru-Gemeinschaften*

Grundsätzlich unterscheiden sich die – vorab als Elite aus Jerusalem – deportierten Judäer im babylonischen Exil nicht von anderen „western minorities".[4] Wie die Auslands-Phönizier, -Transjordanier, -Tyrer und die längst semitisierten Philister fanden sie sich in einem ohnehin schon ethnisch recht vielfältigen Babylonien wieder. Die Multiethnizität und Multikulturalität im Alten Orient ist von kaum einer Seite, auch nicht von Gen 11, negativ gewertet worden. In Fragen der nationalen, kulturellen und religiösen Identität dürfen wir an das antike Vorderasien nicht die Maßstäbe des 19. Jh. und des sich herausbildenden europäischen Nationalismus anlegen. Zur angestammten Einwohnerschaft Babyloniens gesellten sich nun Persönlichkeiten der Verwaltungs- und Oberschicht, auch der Priesterschaft und des spezialisierten Handwerks, die entweder freiwillig eingewandert oder unfreiwillig in die Nähe des Zentrums Babylons deportiert waren. In der in verschiedenen Ausfertigungen vorhandenen Liste der Rationenempfänger[5] an Nebukadnezzars prunkvollem Hof finden sich neben König Jojachin und seinen fünf Söhnen und acht weiteren Judäern eine lange Reihe von Persönlichkeiten aus der Aristokratie und der handwerklich-künstlerisch-intellektuellen Elite. Die Zusammensetzung läßt sich internationaler nicht denken; die aufgezählten Männer stammen aus Ägypten, dem semitisierten Philistäa (Aschkelon), Phönizien, Syrien, Zilizien, Lydien, Elam, Medien und Persien. Alle diese Gruppierungen waren in einer Art Vorform des seit osmanischen Zeiten im Nahen Osten funktionierenden Millet-Systems organisiert.

Die sog. *ḫāṭ[ā/ī]ru-Gemeinschaften*, wie sie nach dem Begriff für „Hof, Gehöft" (aram. חֲטַר) akkadisch genannt werden konnten, waren Korporationen mit gewissen eingeschränkten Befugnissen zur Selbstverwaltung vor

---

[4] Dazu EPH'AL, 74–83.

[5] Es existieren vier Ausfertigungen: Text A: Babylon 28122; Text B: Babylon 28178 = Vorderasiatische Tontafelsammlung Berlin [= VAT] 16283; Text C: Babylon 28186 = VAT 16378, auf 592 v.Chr. datiert; Text D: Babylon 28232. Text und Übersetzung bei WEIDNER, 923–935.

allem in zivilrechtlichen und wohl auch religiösen Belangen und stellten eine Art Kolonie oder Landsmannschaft dar.[6]

In hellenistischer Zeit werden diese Ethnien unter der Bezeichnung πολίτευμα, auch κοινόν (hebr. חבר), zum Alltag gehören.[7] Sie verfügen dann über jeweils verschieden definierte δόξα καὶ τιμή[8]; sie haben das Recht der Niederlassung und bürgerliche Rechte (κατοίκησιν καὶ πολιτείαν[9]). Das πολίτευμα der jüdischen Gemeinschaft findet sich von Fall zu Fall als „(Voll-)Versammlung" zusammen und wird durch ein Kollegium repräsentiert. Dieses besteht normalerweise aus einem Vorsitzenden „mit seinen Kollegen". Solchermaßen regelt das πολίτευμα religiöse und daher sicher auch zivilrechtliche und rituelle (Eheschließung, alle Gebiete der späteren Halacha), aber ebenso kulturelle (Sprache und Traditionspflege) und soziale Fragen in eigener Machtbefugnis.[10]

2.) Vorformen des hellenistischen Korporations- und Clubwesens

Dieser Status von Korporationen mit ganz bestimmten Rechten vor allem in zivilrechtlicher und – damit zusammenhängend – religiöser Hinsicht ist aber alles andere als eine hellenistische Innovation. Das berühmteste Fallbeispiel ist Elephantine, wo die judäische Söldnerkolonie, חילא יהודיא[11], die sogar längst vor der persischen Zeit, schon um die Mitte des 7. Jh., bestand, neben der beruflich-militärischen Organisation einen selbstverständlichen, wenn auch nicht immer unangefochtenen, zivilrechtlichen und religiösen Gestaltungsraum genoß – bis hin zum Betrieb eines eigenen Tempels.[12] Wir kennen hier in Ägypten keinen über den militärischen Bereich hinausgehenden Terminus, der diesen landsmannschaftlichen Aspekt der judäischen Söldner und ihrer Familien bezeichnet hätte. Wohl aber ist durch Zufall ein Ostrakon[13] erhalten, dem wir entnehmen können, daß sich das religiöse Gemeinschaftsleben genau wie im weiten allgemein westsemitischen Kulturkreis von Marseille bis nach Palmyra, seit Ugarit bis in die Zeit des Talmuds, wesentlich als מַרְזֵחַ abspielte.[14] Das geschah in einer Art Kultverein oder Kulturclub. Er umfaßte die בְּנֵי מַרְזֵחַ und wurde in der Regel vom Vorstand mit Vorsitzenden gebildet. Er traf sich nicht nur zu mehrtägigen religiösen

---

6 Vgl. ZADOK, 68.74. Zum Begriff ḫāt[ā/i]ru und seiner Ableitung vom aram. Wort für „Hürde, Hof" (vgl. aram. חֲטַר, hebr. חָצֵר) s. AHw, 337.
7 BICKERMAN, 32–35.56f.
8 Ant XII,118f.
9 Ant XII,119–146.
10 Dazu immer noch BICKERMAN, 35ff.
11 COWLEY, 62f. Nr. 21 Z. 2.11; 66 Nr. 22 Z. 1.
12 PORTEN, 299–301.
13 Ostrakon Cairo 35468a, um 475 v.Chr.; LINDENBERGER, 39 Nr. 13.
14 LINDENBERGER, 39 Nr. 13 Z. 3, vgl. PORTEN, 179–186.

Feiern mit gemeinsamem Bankett, sondern auch zu Gedenkfeiern für verstorbene Mitglieder, allenfalls mit einem religiös motivierten (Leichen-)Mahl (vgl. auch in der Bibel Jer 16,5.8; [Am 6,7]).

Selbst hier, bei den aus rein wirtschaftlichen Gründen in Ägypten lebenden Auslandsjudäern, ist ein Bewußtsein für judäische Lebensführung, vor allem für das Begehen von Schabbat und Jahresfesten (hier vor allem Pässach) zu verzeichnen. Neben den entsprechenden biblischen Belegen, hauptsächlich in P, und späteren Nachrichten über besondere Regelungen für jüdische Soldaten in Alexanders Heer (Ant XI,339)[15] kommt den Hinweisen auf die Schabbat- und Festpraxis im Diasporajudentum der Achämenidenzeit besonderes Gewicht zu. Direkt geben die aramäischen Ostraka aus Ägypten Auskunft, indirekt das Onomastikon der ägyptischen wie der babylonischen Diaspora. In vier Ostraka (Clermont-Ganneau [= CG] 44; 152; 186; 204; Berlin St. M. 11383) ist von בשבה (CG 152[16]), עד יום שבה oder [י]ום שבה (CG 44[17]; CG 186[18]) sowie von [ע]רובה (CG 204; Berlin St. M. 11383[19]) die Rede. Sie sind alle um das Jahr 475 v.Chr., in die Regierungszeit des Xerxes, zu datieren. Besonders aussagekräftig ist der Brief an eine Frau namens Jislach, die beschworen wird, unbedingt „morgen, am Schabbat" sich „beim Schiff" im Hafen einzufinden und das an sie abgesandte „Gemüse" in Empfang zu nehmen, „damit es nicht kaputt/verloren geht" (CG 152[20]). Gerade die Einschärfung „am", d.h. trotz des Schabbat, so zu tun, zeigt, wie sehr die Institution des Schabbat das Leben der Kolonisten bestimmte. Ähnliches gilt von Pässach. In Bodleian Aram. Inscr. 7 fragt die Briefschreiberin oder der Briefschreiber, nachdem sie oder er die Sorge für bestimmte Kleinkinder anbefohlen hat und bevor sie sich nach dem Befinden des Babys erkundigt hat: שלח לי אמת תעבדן פסחא „Schick mir (Nachricht), wann ihr Pässach feiert!"[21] Der intime und familiäre Brief ist ebenfalls auf 475 zu datieren, d.h. er liegt 2–3 Generationen vor dem berühmten Pässachbrief[22] aus dem Jahre 419 v.Chr., der im Gegensatz zu unserem Familienbrief mehr das offizielle, verwaltungstechnische Umfeld der jüdischen Garnison im Auge hat.

Aus diesen Zeugnissen[23] geht eindeutig die selbstverständliche Geltung von Schabbat und von Jahresfesten wie Pässach in der jüdischen Diaspora in Ägypten hervor.

---

[15] Vgl. noch Ap I,190–193 sowie Ant XIII,249–252; XIV,63–68; außerdem mShab VI, 2.4.
[16] LINDENBERGER, 46 Nr. 22 Z. 2.
[17] LINDENBERGER, 40 Nr. 14 Z. 5.
[18] LINDENBERGER, 49 Nr. 26 Z. 7.
[19] LINDENBERGER, 41 Nr. 16 Z. 15.
[20] LINDENBERGER, 46 Nr. 22 Z. 1f.
[21] LINDENBERGER, 44 Nr. 19 Z. 8f.
[22] COWLEY, 60–65 Nr. 21 = LINDENBERGER, 56–58 Nr. 30a bzw. 30b.
[23] Vgl. dazu PORTEN, *passim*, und PORTEN/YARDENI, *passim*.

3.) Die *dahyu* und der Aufbau der Vielvölkergesellschaft unter achämenidischer Oberhoheit

So gewiß also die multiethnische, multikulturelle und multireligiöse Situation die Gefahr der Auflösung und der Assimilation in sich barg – man konnte ihr begegnen, und man ist ihr entgegengetreten. Die Lage in Palästina stellte sich übrigens durchaus ähnlich dar wie in der Diaspora. Einmal waren sämtliche durch Kyros von den Neubabyloniern übernommenen Gebiete, d.h. Babylonien selbst wie die sog. „Transeuphratene" (aram. עֲבַר נַהֲרָא), der gesamte Westen des Reiches, verwaltungstechnisch zur 5. Satrapie zusammengefaßt. Bis zur Zeit von Xerxes I. (486–465) gehörten Jerusalem und sein Umland ein- und derselben Satrapie an wie die Zentren der judäischen Diaspora in Babylonien. Vor allem aber baute sich das achämenidische Reich als feudaler Verbund ganz verschiedener, meist aristokratisch organisierter Gemeinwesen auf. Die grundlegende Einheit war die *dahyu*. Die meisten Bezeichnungen des Großkönigs entstammen der Vorstellungswelt der Vorgängerreiche, v.a. der (neu)assyrisch-(neu)babylonischen Königsideologie. Ohne Äquivalent ist aber die Selbstbezeichnung *xšāyaθiya dahyūnām*. Die übliche Wiedergabe „König der Länder",[24] „king of countries",[25] trifft, wie Lecoq gezeigt hat,[26] nicht den Kern der Sache. Es geht darum, die vielfältigen Belege des Begriffs unter einen Hut zu bringen.

dahyu findet sich erstens in der Königstitulatur, sodann im Plural als Liste von Völkern, v.a. im Ausdruck „sowohl Persien wie Medien wie *andere Völker*" (*utā Pārsa utā Māda utā aniyā dahyāva* Bagistaninschrift [= DB] I,41; vgl. DB I,34f.46f.66f.), drittens mit der Bezeichnung eines Volkes, einer Ethnie, einer Stadt- oder Dorfbevölkerung als Apposition „*dahyu* X oder Y": „in einer *dahyu* namens Nisaya in Medien" (*Nisāya nāma dahyāuš* DB I,58f.), viertens als gesellschaftliche Gruppe im Sinne von „Bevölkerungsschicht", schließlich eher selten als Subjekt eines Verbs (*šiyava* – „gehen" DB I,41; *pariyāy*, sc. *dāta* „(Gesetz) respektieren" DB I,23).

Schon länger ist die Gleichsetzung von *dahyu* und „Satrapie" abgewiesen worden. Aber auch andere Wiedergaben entfallen, sobald man gesehen hat, daß das Elamische in den entsprechenden Parallelpassagen den Begriff als Fremdwort übernimmt, ihn aber mit dem bloß für belebte Wesen statthaften Pluralsuffix *-pe* versieht: *da-a-ia-ú-iš-pe*. Mithin handelt es sich bei den Aufzählungen in der berühmten Bagistaninschrift DB I,13–16.34f.40f.46f.66f.; II,6–8 (vgl. I,17.18.21.23; IV,33.92) nicht um „Länder". Wenn sich Darius in I,13–16 rühmt: „nach dem Willen Ahuramazdas war ich ihr König", dann hat er nicht den territorialen, sondern den (mul-ti)ethnischen, (inter)nationalen Aspekt seiner Herrschaft im Auge. Wie Le-

---

[24] Weissbach, *passim.*

[25] Kent, *passim.*

[26] Lecoq, 138: Um die Vielfalt von Bedeutungsnuancen des Begriffs *dahyu* verständlich zu machen, genügt es „de lui comparer le latin *gens.*"

COQ nachweist, ist aber auch die Übersetzung „Volk" nicht an allen Stellen passend. So gelten DB I,15 die Griechen zwar als eine einzige *dahyu*; aber in der Darius-Inschrift aus Persepolis 12–15 bilden sie drei verschiedene *dahyu*, nämlich als Griechen vom Festland, als Griechen vom Meer (der „Inseln" im AT) und als Griechen von jenseits des Meeres.[27] M.a.W. geht es wiederum nicht um einen puren Nationalismus, sondern um sozio-ökonomisch-kulturelle Einheiten, die je ihre eigene Struktur haben, gleichgültig, ob das nun in der Heimat oder auf einem mehrheitlich von anderen Bevölkerungen bewohnten Territorium der Fall ist. So lebt die erwähnte Ethnie der *Nisaya* zwar in Medien, auf medischem Boden, ist aber nicht einfach identisch mit „den Medern". Daher scheint *dahyu* am ehesten die durch ihre Bürgerschaft repräsentierte Bevölkerungsgruppe zu sein. Genau das ist u.E. aber die Grundbedeutung des aus vorexilischer Zeit übernommenen, nun aber in persischer Zeit neu definierten hebräischen Ausdrucks עַם הָאָרֶץ.[28] Er entspricht im Gebrauch sehr exakt dem altpersischen Begriff *dahyu*. Die *dahyu* kann, wie der nachexilische עַם הָאָרֶץ sowohl durch positive Wirkungen (DB I,13–16; עַם הָאָרֶץ Hag 2,4; Sach 7,5) wie durch negative Initiativen auffallen (DB II,6–8; עַם הָאָרֶץ Esr 4,4). Und obwohl der territoriale Aspekt nicht im Vordergrund steht, so bleibt auch im Falle der *dahyu* – wie selbstverständlich bei עַם הָאָרֶץ – die Verbindung der bezeichneten Bevölkerung mit der betreffenden Landschaft konstitutiv. *dahyu* bezeichnet also eine – nichtpersische, nichtmedische – Bevölkerungsgruppe, die am Aufbau des Achämenidenreiches durch ihre aristokratisch verfaßte Bürgerschaft oder Oberschicht als der repäsentativen Einwohnerschaft einer bestimmten Region beteiligt ist. Aus gewissen Belegstellen geht hervor, daß diese ethnisch-zivilrechtliche Struktur dem *kāra*, der „Gesellschaft in Waffen", der „Militärorganisation" entgegengesetzt ist.[29]

Als Folgerung ergibt sich: Die nationale Identität der Judäer in Heimat und Diaspora schloß zwar zweifellos den Bezug zum Kult und zum Tempel in Jerusalem ein, war aber keineswegs daran geknüpft, sondern konnte sich auch unabhängig davon auf die Struktur des Perserreiches stützen.[30]

Die *ethnische Zugehörigkeit zum jüdischen Volk* war als solche nie ernstlich in Frage gestellt, gerade nicht in der babylonischen Diaspora. Sie wird hier im Gegenteil schon politisch-zivilrechtlich als konstitutiv *vorausgesetzt*, genau wie im Fall zahlreicher anderer Ethnien, aus denen sich das achämenidische Großreich aufbaute. Das Ende des Königreiches Juda ist nicht das Ende des jüdischen Volkes; fern der Heimat war es nicht weniger Israel als zuhause. Daher erscheint der Kult in persischer Zeit *nie* als Ersatz für staat-

---

[27] LECOQ, 133.
[28] WILLI, Juda, 11–17.30–33.
[29] LECOQ, 138.
[30] Vgl. HOGLUND, 66: „Moreover, there is evidence that the empire sought to maintain the administrative identity of such collectives by ensuring their ethnic distinction …"

liche Souveränität. Denn *Israel hatte seinen Staat: das Achämenidenreich*. Es nahm daran in doppelter Weise teil: einmal als ethnische Gruppierung in der Diaspora (*ḫāt[ā/ī]ru* – „[zumeist ethnisch konstituierte] Korporation, Landsmannschaft"), dann nach langer Auseinandersetzung auch als die Verwaltungseinheit der Provinz יְהוּד. Beide gesellschaftlichen bzw. politischen Gruppierungen „Israels" waren in je verschiedener Weise dem Jerusalemer Tempel verbunden.

Die Umstände, unter denen die Judäer in der Diaspora ihr Leben aufbauten und gestalteten, unterschieden sich allerdings kaum grundlegend von denen, in denen sich die übriggebliebene Bevölkerung zuhause und die junge Provinz Jehud in ihrem Anfangsstadium befand.

II. Ein Bethaus für alle Völker

Die Prophetie Jes 56,1–7(8), ein Wort der Jesajaschule aus der Perserzeit, sieht eine Zeit kommen, wo „das Haus" (hebr. הַבַּיִת) zu Jerusalem universal geachtet und von aller Welt als Platz für Opfer und Gebete bevorzugt sein wird. Das ist doppelt bemerkenswert. „Haus", בַּיִת, kommt im zweiten Teil des Jesajabuches nur 3mal vor (Jes 56,5.7; 66,20).[31] Aber mit *dem Haus*, im Munde Gottes ausdrücklich als בֵּיתִי bezeichnet, verbindet sich die universale Perspektive, nicht mit dem Vollzug des Kultes. Das bedarf der Erklärung.

Was an Kult in Jerusalem auch während der Zeit, die der Tempel in Trümmern lag, möglich blieb und auch vollzogen wurde, war eng auf die Nachkommen Israels und besonders auf die nichtdeportierten Judäer beschränkt und eindeutig israelitisch geprägt.[32] Alles freilich, was in diesem Rahmen geschieht, wird vom Verfasser des Buches Esra-Nehemia ausdrücklich als vorläufig charakterisiert, wenn er betont וְהֵיכַל יְהוָה לֹא יֻסָּד (Esr 3,6). Es handelt sich um dieselbe Situation, die Haggais Gleichniswort 2,4 zugrundeliegt. In seinem Plädoyer für die Wiedererbauung „des Hauses" (Hag 1,2.8.9.14; 2,3.7.9) hat Haggai mit einer Haltung zu kämpfen, die sagt: „Was brauchen wir einen Tempel, wo doch ein Opferkult möglich und im Gange ist?" Daß das der Fall war, dafür könnte auch die Anwesenheit von כֹּהֲנִים sprechen, wie sie Hag 2,11f. und Sach 7,3 (in den Jahren 2 und 4 des Darius, also vor Vollendung des Tempels) vorausgesetzt ist. Und schließlich definiert die – wohl originale – Fassung des Kyros-Edikts in Esr 6,3 den

---

31 Vgl. WILLIAMSON, Isaiah, 210, sowie besonders Jes 2,2–4 // Mi 4,1–4 .

32 Es sei hier an die in Jer 41, v.a. V. 5, erwähnten Pilger aus Sichem, Silo und Samaria erinnert, die im 7. Monat mit Getreide- und Weihrauchgaben unterwegs zur Opferstätte waren. Ähnliche Rückschlüsse läßt Esr 3 zu: Die Errichtung eines Altars erscheint nicht als beabsichtigtes Ziel der Versammlung, sondern nur als deren Folge. Anlaß zu dem Treffen mag auch hier eine Wallfahrt aus der Landschaft Juda „im 7. Monat" mit Buß- und Fastcharakter gewesen sein. Im Anschluß daran wurde dann חַג הַסֻּכּוֹת begangen, das aber ohnehin nicht primär an eine Heiligtum gebunden war.

Platz des zu erbauenden Tempels als „den Ort, da man Opfer opfert", und zwar ohne daß ein Altar eigens erwähnt würde.

Wichtig ist: Wenn in dieser tempellosen Zeit Opferhandlungen – eventuell rein vegetabilische, wie Jer 41 nahelegen könnte – vorgenommen wurden, so standen sie in Kontinuität zum Zentral- und Königsheiligtum des ehemaligen Königreiches Juda. Zu dieser nationalen Einschränkung paßt die zweimalige, voneinander wohl unabhängige Erwähnung des 7. Monats als eines für eine Versammlung geeigneten Termins. Der *Opferkult*, wenn es ihn denn gab, war auf Menschen beschränkt, die sich zu Israel zählten.

Das Bild ändert sich in dem Moment, wo zur Opferstätte und zur Kulthandlung wieder „das Haus", der Tempel, tritt. An dieser Stelle berührt sich die theologische Dimension mit der historischen Entwicklung. Denn der Tempel, gerade der zweite, war nie das Haus irgendeiner Gemeinde, sei es einer „Kult-" oder „Bürger-Tempel-Gemeinde", noch eines Volkes, sondern er war „mein Haus" (Hag 1,9; Sach 1,16; 3,7[?]; Jes 56,5(?).7), „Haus JHWHs" (Hag 1,2; Jes 66,20), im eigentlichen Sinne des Wortes „Gottes-Haus". Solange dieses nicht stand, mochten Opfer und Kult noch so *rite* erfolgen – es fehlte ihnen die Ausrichtung, die „Adresse". Und es mangelte ihnen und der Stätte an כָּבוֹד, an „Gewichtigkeit", an Reputation, die die Einwohnung und Präsenz Gottes an dieser Stelle signalisierte (Hag 2,3.7.9; Sach 2,9.12). Und nicht nur innerweltlich war ein Mangel zu verzeichnen. Auch der transzendenten Heiligkeit ($\sqrt{}$ קדשׁ) Gottes konnte nicht adäquat Rechnung getragen werden. Denn sie nahm nicht durch Diffusion, Ausbreitung auf horizontaler Ebene, zu, sondern durch Absonderung und Ausgrenzung, „Einheiligung" des für Gott reservierten Besitzes und Hauses (Hag 2,11–14). Diese Abgrenzung ist etwas ganz anderes als die Exklusivität einer menschlichen Gruppe oder Gemeinde. „Heiligkeit" setzt allerdings eine Aussonderung des zum kultischen Dienst bestellten Personals *innerhalb* des jüdischen Volkes voraus. Hier kommt der bibl.-hebr. Begriff der „Erwählung" ($\sqrt{}$ בחר) zum Zuge, hier, in diesem Bereich, sollten sich schwerwiegende Auseinandersetzungen und Spannungen zwischen verschiedenen Auffassungen ergeben. Das sind aber ganz andere Aspekte als die Frage um Zugehörigkeit oder Ausschluß von der Ethnie, die etwa im Zusammenhang mit der Pässachfeier (Ex 12), vor allem aber in Bezug auf zivilrechtlich-lebenspraktische (halachische) Probleme (Neh 10,13) akut wurde.

Als solcher, von seiner Widmung her, war der Zweite Tempel universal ausgerichtet. Das hängt mit der Konzeption des כָּבוֹד zusammen. Sowohl Haggai (2,7) wie Sacharja (in der textlich unsicheren Stelle 2,12) bringen כָּבוֹד in Zusammenhang mit Ereignissen und Entwicklungen in der Völkerwelt. Nach Haggai mag zwar das zweite Haus äußerlich weit weniger prächtig aussehen, aber an innerer Bedeutung (כָּבוֹד Hag 2,9) wird es das erste übertreffen. Der Grund liegt in der verheißenen Anteilnahme der Völkerwelt (2,7). Auch Sach 6,15; 8,20–22.23; 14,16–19; Mi 4,1–5 // Jes 2,1–4; Jes 56,1–7(8); 66,18–23

(V. 18 כָּבוֹד!); Mal 1,11 stellen den Jerusalemer Tempel, seinen Bau und den
Kult in einen universalen Rahmen.

Nun mag man einwenden, bei diesen prophetischen Stimmen handle
es sich um ein Minderheitsvotum oder um einen eingeschränkten Grup-
penstandpunkt, der zur Sicht einer Kultgemeinde oder einer „theokrati-
schen" Partei quer liege. Für den kultischen Standpunkt hat man vor allem
die Chronik und Esra-Nehemia in Anspruch nehmen wollen. Sehr zu Unrecht! Tatsächlich könnte man das einzige größere prosaische Werk, das sich
mit dem Zweiten Tempel in vorhellenistischer Zeit befaßt, nämlich *Esra-
Nehemia*, geradezu als *historisierte Prophetie* oder Geschichtsschreibung aus
prophetischem Gesichtswinkel bezeichnen.[33] Und die *Chronik* ihrerseits
ist nichts anderes als das Gegenstück zur prophetisch erhellten Zukunft,
nämlich die mit prophetischen Begriffen und Denkmodellen ausgeleuchtete
Vergangenheit!

Festzuhalten ist hier: Der Jerusalemer *Tempel* und sein *Kult* sind ihrem Wesen nach *nicht national, sondern universal ausgerichtet.* Die zur
Verfügung stehenden Quellen äußern sich über die Trägerschaft recht unterschiedlich, aber eigentlich nie in Richtung eines Tempelstaates oder einer
„Bürger-Tempel-Gemeinde". Die nationale Identität (Bürgerrecht) beruht
einzig auf der Abstammung (אִם מִישְׂרָאֵל הֵם [„ob sie aus Israel (stamm-
ten)"] heißt es Esr 2,59 = Neh 7,61) und drückt sich in der Lebenshaltung
(בְּרִית [„Bundesverpflichtung"] heißt Jes 56,4, was später Halacha genannt
werden wird; Sprache und Kultur, v.a. Beschneidung und Schabbat) aus. Die
Beziehung zu Tempel und Kult lag dagegen auf einer ganz anderen Ebene.

III. Israels Gott und Israel

Worin besteht denn nun aber das Proprium, die *differentia specifica* des
Jerusalemer Tempels? Die Frage stellt sich um so nachhaltiger, wenn die nationale Identität zwar nicht ohne, aber auch nicht ausschließlich durch den
Kult definiert ist, sondern letztlich in der auf die Tora bezogenen Lebenshaltung ihren gültigen Ausdruck findet. Und sie stellt sich noch einmal dort,
wo man die universale Perspektive Jerusalems erkannt und anerkannt hat.
Unsere Untersuchung geht die Frage vom umfangreichsten Zeugnis biblisch-
frühjüdischer Literatur aus spätpersischer Zeit, den Büchern der *Chronik*,
an und sucht zwei grundlegende Elemente zu ihrer Beantwortung namhaft
zu machen. Die Antwort selbst sei vorweggenommen. Sie lautet: Der Kult
des Zweiten Tempels wird zwar durch das jüdische Volk getragen, aber er
ist mehr als eine rein jüdische Angelegenheit. Er wird im Namen Israels, des
proto-eschatologischen Zwölfstämmevolkes,[34] vollzogen, und er geschieht

---

[33] Vgl. dazu WILLI, Juda, v.a. 41–117.
[34] Dazu WILLIAMSON, Israel, 71–82.87–118; WILLI, Juda, 119–137.159–164.179f.

nicht arbiträr nach menschlichem Gutdünken, sondern gründet in der Israel kundgewordenen Tora. Der Kult zu Jerusalem ist nicht *opus operatum*,
sondern Erfüllung und Ausdruck des ergangenen und niedergeschriebenen
Gotteswortes: Er geschieht כַּכָּתוּב, „wie geschrieben steht". Er ruht nicht
auf sich selbst, sondern auf einer Autorität außerhalb seiner: Er hat Anteil
an etwas, was schon seit je, *a priori*,[35] da ist und Israel in der Tora anvertraut
wurde. Er ist Vollzug dieses Wortes.

Das kommt vielfältig zum Ausdruck, und zwar vor allem in der chr. Ge-
schichtsdarstellung. Die Chronik ist keine Kult- oder „Kirchen-" Geschichte
Jerusalems,[36] sondern stellt die Geschichte eines Volkes, Israels mit seinen
zwölf Stämmen, dar. Das zeigt schon die Exposition I Chr 1–10 hinlänglich.
In dieses Israel ist Jerusalems Kult eingebettet, ihm ist er sozusagen zu treuen
Händen anvertraut – als ein Gut, das daher auch „veruntreut" (√מעל) werden kann.[37] Dabei ist freilich im Erzählzusammenhang der Chronik nicht
vom Kult des Zweiten Tempels die Rede, sondern vom Gottesdienst des
Hauses, das David vorbereitet und Salomo gebaut hat, und der daher gewiß auch als eine Art Modell oder unerreichtes Vorbild für den Kult am
wiedererbauten Tempel verstanden werden will. Insofern ist es unzulässig,
das „Soll" unbesehen als ein „Ist" zu behandeln und den Kult des Zweiten
Tempels Zug um Zug aus der Chronik rekonstruieren zu wollen. Wir dürfen
davon ausgehen, daß der Chronist der Priesterschaft am Tempel seiner Zeit
mindestens so kritisch gegenüberstand wie Maleachi,[38] und die Maßstäbe seiner Kritik einer ähnlich gelagerten idealen Sicht „levitischen" Gottesdienstes
entspringen. Die schriftgelehrte frühjüdische Priesterkritik ist im Grunde
nichts anderes als gegenwartsbezogene *applicatio* der Botschaft der klassischen Schriftprophetie des 8. Jh. und ihrer Kultkritik. Das soll im folgenden
anhand der Chronik und vor allem im Blick auf das Levi-Kapitel der Bürgerrechtslisten, I Chr 5,27–6,66, dargestellt werden.

1.) Der traditionsgemäße Gottesdienst: כַּכָּתוּב *„wie geschrieben steht"*

Was aber übernommen werden darf und soll, das sind die Grundlagen und
Kriterien des Opfer- und Gottesdienstes. Was im Kult eingerichtet und voll-

---

[35] Insofern ist der Jerusalemer Kult Teil des chronistischen Israel-Konzepts, wie es JAPHET,
Ideology, 124, beschreibt: „Israel, by its very nature, is YHWH's people. This relationship exists
a priori and is not the result of any historical process."

[36] Die Überschrift „Chronique ecclésiastique", mit der kein Geringerer als REUSS die Übersetzung der Chronik versah, hat die Einschätzung und das Verständnis der Chronik nachhaltig
beeinflußt.

[37] JOHNSTONE, 113–138; WILLI, Chronik, 62.

[38] O'BRIEN, 63–83, macht gute Gründe dafür geltend, das ganze „Book of Malachi as ... an
adapted *rib* form" (81) zu bezeichnen. Zur Einordnung des Buches vgl. auch MEINHOLD; zur
Priesterkritik besonders 7f.

zogen wird, geschieht nicht zufällig. In einer Reihe von geringfügig modifizierten Formulierungen, die sich auf drei Grundtypen zurückführen lassen, heißt es immer wieder, was da durchgeführt worden sei, sei geschehen

a) „wie geschrieben – nämlich nieder-‚geschrieben'und ‚vorgeschrieben'– steht",
b) „nach (dem Buch, der Verschriftung) der Weisung JHWHs durch Mose", „ganz wie Mose... geboten hat", schließlich
c) auf der Ebene der Ausführung „nach dem Gebot/der Regelung/der Vorschrift Davids (und Salomos)", aber auch „des Königs (sc. Hiskia oder Josia)".

Die genannten Referenzformulierungen sind in ihrer Häufigkeit und in ihrem spezifischen Anwendungsbereich ein Proprium der Chronik. Im DtrG. findet sich Vergleichbares nur in Jos (1,8); 8,31, auch hier auf den Kult, nämlich auf den Altarbau, bezogen.

I Reg 2,3 ist eine dtr. Formulierung und bezieht sich allgemein auf den Wandel des Königs; II Reg 14,6 meint ebenfalls ein juridisches Verhalten, das sich auf Dtn 24,16 gründet. Als Verankerung für die chr. Redeweise käme am ehesten der Bericht über Josias Reform II Reg 22,13; 23,3.21.24 in Betracht. Allein, hier wird ganz eindeutig auf die genau bestimmbare, so überraschend zutagegetretene Toraverschriftung (Rolle) Bezug genommen.

Aber gerade wenn man von „Verankerung" spricht, so zeigt sich, daß die chr. Ausdrucksweise sowohl nach der Statistik wie nach dem Stellenwert eine andere Qualität hat als die angeführten Stellen aus DtrG. Obwohl es sich um Referenzaussagen handelt, sollte man zunächst *nicht* vorschnell nach außerchronistischen Bezugsgrößen fahnden, sondern die Formulierungen selber unter die Lupe nehmen. Bedeutsam ist schon der erste Formeltyp, der die Wurzel כתב ausdrücklich verwendet. כתב kommt in I–II Chr insgesamt 38mal vor, davon 17mal in Übereinstimmung mit der Vorlage. Es handelt sich meist um Schlußnotizen zu den betreffenden Regierungsepochen, wo die Wurzel auch im DtrG. gehäuft vorkommt. Von den verbleibenden 21 Belegen der Allerweltswurzel betreffen nicht weniger als 10 den qualifizierten Gebrauch des Wortes. Sie ist hier mit „auf-, nieder- oder vor*schreiben*" wiederzugeben. Alle Stellen haben es mit dem *Kult* zu tun. Nicht die vielfältigen übrigen Lebensbereiche, die ja von der Tora nicht minder umfaßt werden, sondern der Kult sollte ausgeführt werden „wie geschrieben steht": I Chr 16,40; 28,19; II Chr 23,18; 30,5.18; 31,3; 35,4.12.26, in etwas anderer Weise auch I Chr 24,6. An 6 Stellen ist der Ort der Niederschrift genannt; am präzisesten in

I Chr 16,40: (וּלְכָל־הַכָּתוּב) בְּתוֹרַת יְהוָה אֲשֶׁר צִוָּה עַל־יִשְׂרָאֵל „in der Tora JHWHs, die er Israel geboten hat" (vgl. verkürzt בְּתוֹרַת יְהוָה II Chr 31,3; 35,26; auch בִּכְתָב מִיַּד יְהוָה I Chr 28,19) oder nach dem menschlich-historischen Aspekt

II Chr 23,18: לְהַעֲלוֹת עֹלוֹת יְהוָה כַּכָּתוּב בְּתוֹרַת מֹשֶׁה „JHWH-Ganzopfer zu opfern, entsprechend dem als Mose-Tora Aufgeschriebenen"

II Chr 35,12: לְהַקְרִיב לַיהוָה כַּכָּתוּב בְּסֵפֶר מֹשֶׁה „um JHWH darzureichen, entsprechend dem als Mose-Buch Aufgeschriebenen"

Esr 3,2: (לְהַעֲלוֹת עָלָיו עֹלוֹת) כַּכָּתוּב בְּתוֹרַת מֹשֶׁה אִישׁ־הָאֱלֹהִים „in Form der Weisung Moses", und zwar eben laut II Chr 35,12 „als Verschriftung/Buch des Mose".

Die Berufung auf Schrift und auf Schriftkonformität allgemein ist dabei der springende Punkt, nicht der einzelne Fundort oder die spezielle Quelle.[39] Die Schriftlichkeit wird entweder explizit ausgedrückt durch das Part. pass. Qal der Wurzel כתב, beziehungsweise mittels eines Präpositionalausdrucks, z.B. durch בְּסֵפֶר (z.B. II Chr 35,12). Sie kann aber auch nur implizit vorausgesetzt werden, etwa wenn kultische Maßnahmen einfach „nach der Weisung JHWHs durch Mose" oder „nach dem Wort JHWHs durch Mose" oder als „durch Mose geboten" vollzogen werden (II Chr 30,16; 34,14; I Chr 15,15; II Chr 35,6; I Chr 6,34). In diesen Fällen steht der *Schrift*steller Mose im Vordergrund, nicht anders als bei den später auf ihn folgenden Propheten.[40] Sogar die *Könige* David und Salomo sind so zu denken, wenn sie auf der Ebene der Anwendung und Ausführung nicht nur das „Gebot", die „Regel" formulieren, sondern auch aufschreiben, vgl. II Chr 8,14f.; 29,25; 35,4; 35,15 (siehe auch II Chr 23,18; 29,15; 30,12; 35,16).

Nicht der Kult als solcher, *qua opus operatum*, ist also für den Chronisten das Entscheidende, sondern die Tatsache, daß er nach der *Israel* anvertrauten Art, der Mose von Gott zuhanden *Israels* übergebenen und als Schrift vorliegenden Tora geschieht! Darum steht die *Schriftkonformität* des jeweiligen kultischen Sachverhalts im Blick, nicht die Zurückführung auf diese oder jene spezielle Stelle oder Passage. Bei den genannten, immer wieder leicht abgewandelten Ausdrücken handelt es sich um *Schriftkonformitätsklauseln*, nicht um Zitationsformeln![41] Dem Chronisten kommt es auf die Vergleich-

---

[39] Da sich zu diesem Punkt im Verlauf des Symposions eine Diskussion ergab, die weiterzuführen verspricht, sei an dieser Stelle wenigstens vorläufig auf die in Leipzig entstehende Dissertation von L. HÄNSEL zu Tora in Esra-Nehemia und Chronik im Rahmen frühjüdischer Torahermeneutik verwiesen.

[40] WILLI, Chronik als Auslegung, 216–241.

[41] Auch DONNER vermeidet den Begriff „Zitationsformel", obwohl er sich um Identifikation der jeweiligen Texte oder Textcorpora bemüht, und spricht lieber von „kanonischer Hinweisformel" (234*bis*). Das erfährt von anderer Seite her volle Bestätigung. BACHER, Bd. 1, 88, zeigt, daß das „Part. pass. כָּתוּב … zur häufigsten Benennung *des* Bibeltextes wurde", während zur eigentlichen „Einführung von Citaten *aus* dem Bibeltexte … sein aramäisches Aequivalent כְּתִיב" verwendet wurde (Hervorhebung T. W.). Für die technische Zitierung des *Inhalts* einer Stelle, d.h. dessen, was „sie sagt", kommt ohnehin fast ausschließlich die Wurzel אמר in Betracht, vgl. Bacher, Bd. 1, 6: „Die passivische Ausdrucksweise נֶאֱמַר ‚es ist gesagt worden', ist die häufigste Form der Citirung von Bibelstellen."

spartikel כְ und auf die Vergleichbarkeit überhaupt an.[42] Bezugsgröße ist *die* Schrift als Einheit und Ganzheit, nicht eine bestimmte Fundstelle oder Textpassage.

Interessant ist und bleibt freilich, daß ausgerechnet beim Kult solcher Wert auf Schriftkonformität gelegt wird. Der Grund dürfte in der Tatsache zu suchen sein, daß Gottesdienst, der Jerusalemer Gottesdienst, von seiner Grundlage und von dem Forum her, an das er sich richtete, keine nationalen Schranken kannte und kennen konnte. Er galt dem *einen* und einzigen Gott, dem Gott des das ganze Erdenrund überspannenden Himmels; und er richtete sich an die – im Achämenidenreich zusammengefaßte – Völkerwelt insgesamt, an alles, was von „Adam, Seth, Enosch …" (I Chr 1,1) abstammte. Israelitisch war er aber von der Durchführung her, insofern nämlich, als er im Geist der Israel anvertrauten Tora geschah, nach der Überlieferung und im Sinne Moses bzw. Davids und Salomos. Gerade weil der Kult für den Chronisten universale Geltung hat, muß seine israelitische Komponente definiert werden. Das geschieht durch die mit כְ eingeleiteten Vergleichsausdrücke. Die Referenzgröße kann dabei recht unterschiedlich bezeichnet werden.[43] Neben die „Tora JHWHs/Moses" bzw. das „Buch Moses" tritt etwa die „Regel" (כְּמִשְׁפָּט I Chr 23,31) oder das „Gebot Moses" (כְּמִצְוַת מֹשֶׁה II Chr 8,13). Das zeigt noch einmal, daß es nicht um Schriftzitation, schon gar nicht um die Angabe von speziellen Fundorten und Referenztexten im modernen, gar wissenschaftlichen Sinn geht, sondern um *Homologie*, um allgemeine Zustimmung und *Übereinstimmung mit der Tradition*.[44] Tatsächlich sind diese Formeln nichts anderes als ein Versuch, begrifflich auszudrücken, was heute Tradition oder Überlieferung heißt.[45] Kulturgeschichtlich bedeutsam

---

[42] Die Untersuchungen von JENNI bestätigen auf rein sprachlicher Ebene die oben gewonnenen Ergebnisse. Vgl. etwa die Ausführungen zu Rubrik 72 „Handlung entsprechend Befehl" 135: „Beim Vergleich zwischen einer Handlung und einer abstrakten Befehlsnorm kann die Präposition כ im Deutschen nicht mit ‚wie', sondern nur mit ‚entsprechend/gemäß' wiedergegeben werden. Auch hier handelt es sich um einen echten, wenn auch verkürzten Vergleich: ‚tun, wie (zu tun) die Norm (verlangt)', entsprechend dem volleren Vergleich in Rubrik 71: ‚tun, wie (zu tun) jemand befohlen hat'. Die Gleichheit betrifft hier den Handlungsinhalt als solchen, die Ungleichheit den Wirklichkeitsbezug (konkrete – verlangte Handlung) und die Zeitlage der beiden Größen (bestimmte Handlungszeit – generelles Vorhandensein der Norm), wobei auf das erstmalige Ergehen des Befehls und auf den Abstand zwischen diesem und der Befolgung des Befehls keine Rücksicht genommen wird."

[43] Vgl. die – nicht auf die Chronik bezogene, aber gerade deshalb für das im allgemeinen spätere Alte Testament aussagekräftige – Zusammenstellung der Referenzbegriffe bei JENNI, 135: תורה, פה, עצה, משפט, מצוה, הכתוב, כתב, טהרת הקדש, חקה, זמן, דת, דבר, ברית.

[44] WILLI-PLEIN, Unterscheidung, 87, macht den Beginn dieser Entwicklung schon in den mit כ formulierten Verweisen von DtrG. aus und hält dazu fest: „Angeführt wird die Kategorie כָּתוב als ‚Schriftwort' bzw. ‚Schriftlich Vorliegendes' in der Umschreibung (mit כ essentiae) durch eine gewissermaßen inhaltsgleiche andere Größe, nämlich Tora/Tradition/Unterweisung."

[45] Auch ist noch nicht der Stand erreicht, der in mAv I,1 anhand der hebräischen Termini קבל pi. und מסר eine griffige Beschreibung von Überlieferung im Sinne von Rezeption und Tradition erlauben würde.

ist dabei, daß Tradition für den Chronisten und seine Zeit von Schriftlichkeit nicht mehr zu trennen ist. Die Situation ist genau umgekehrt als drei Jahrhunderte zuvor, da unter Josia die selbstverständlich mündliche Tradition mit einem Mal in verschrifteter Form auftauchte und so zunächst für Aufruhr und Argwohn sorgte, bis sie für unbedenklich befunden wurde.[46] Nun legitimiert sich umgekehrt die lebendige Tradition, und zwar gerade die sakrale, kultische, durch die Schrift. Der Kult des prä- und frühhellenistischen Israel beruht also keineswegs auf esoterischem Insiderwissen, sondern mißt sich an der allem Volk zugänglichen und aller Welt vorzeigbaren schriftlichen Tora. *Das perserzeitliche Judentum, wie es uns in der Chronik entgegentritt, ist zuerst eine Torakultur, eine Kultur der geschriebenen Tora, und erst dann eine Tempelkultur* im Sinne des zeitgenössischen Griechenland oder des (vor)ptolemäischen Ägypten.[47] Verschiedene Gründe mögen zu dieser Eigenart beigetragen haben.

Das Umfeld, für das der Chronist sein Werk verfaßte, war in ganz anderem Maße schrift- und urkundenbewußt als das etwa noch für DtrG. und seine Zeit galt. Nicht erst der Hellenismus,[48] sondern schon die ihm voraufgehende spätpersische Zeit ist durch eine Schriftkultur im eigentlichen Sinne des Wortes geprägt. Die Praxis des Achämenidenreichs, Verwaltungsvorgänge dokumentarisch, in Form schriftlicher Urkunden, festzuhalten, hatte zwar alte sumerisch-assyrisch-babylonische bzw. elamitische Wurzeln. Doch sie gelangte jetzt zu einem bis dahin nicht erreichten Stand der Perfektion.[49] Das machte sich natürlich auch in anderen Lebensbereichen geltend. Kein Wunder, daß man sich auch in Jerusalem zunehmend über die Begleitumstände und Bedingungen der eigenen Überlieferung Rechenschaft zu verschaffen suchte! Und das hieß: Man kannte diese Überlieferung als Schrift und hielt sie als solche hoch. So braucht man für die Wertschätzung einer schriftlichen Fassung der Tora keineswegs die vielverhandelte Reichsautorisation zu bemühen. Wichtiger scheint, gerade für die spätpersische, vorhellenistische bzw. frühhellenistische Zeit die allgemeine kulturelle Atmosphäre. Es genügt, auf Berossos und seine Βαβυλωνίακα oder auf sein ägyptisches Pendant Manetho mit seinen Αἰγυπτίακα zu verweisen. Wenn sich unsere Belege aus der Chronik auf Mose als den *amanuensis* Gottes, als den Vermittler auch der geschriebenen Fassung der in Israel zu befolgenden Tradition berufen und David und Salomo in seine Fußstapfen treten lassen, so ist das ein Gegenstück zu Menes, mit dem Manetho seine Geschichte beginnen läßt, weil mit ihm *schriftliche* Überlieferung beginnt, oder zu dem

---

[46] WILLI-PLEIN, Unterscheidung, 84f.
[47] Dazu BURKERT, 29.
[48] Dazu BICKERMAN, 54–71: „Impact of Hellenism on Judaism: the Scribes."
[49] Zu den Persepolistäfelchen und vergleichbaren Dokumenten vgl. GREENFIELD, 289–295; SANCISI-WEERDENBURG/KUHRT, Bd. 2, 79–81.

Urwesen Ωάννης (< sum. *uma.an.na*?, Beiname des weisen Adapa), mit dem nach Berossos Schrift und Kultur im Zweistromland eingesetzt haben soll.

2.) Der „*levitische*" Gottesdienst: Levi in Israel

Nicht der Kult als solcher bringt Israels Proprium zum Ausdruck, sondern seine Übereinstimmung mit der als Schrift festgehaltenen Tradition *Israels*. Was zeichnet diesen schriftgemäßen, traditionsverbundenen Kult des spätpersischen Israel nach dem Zeugnis der Chronik aus? Es sind drei Komponenten. Man könnte sie als die chronistischen *notae cultus* bezeichnen:

1. Wie eingangs gezeigt, teilt die Chronik mit der nachexilischen Literatur überhaupt die Voraussetzung, daß der Jerusalemer Gottesdienst grundsätzlich universal ausgerichtet ist und damit eine Veranstaltung für *den* Menschen schlechthin, für die Menschheit vor Gott darstellt. BemR I,3 (Wilna [2]1923, Bd. II, 5a) wird diese Haltung auf die klassische Formulierung bringen. Hier heißt es im Blick auf den Untergang des Heiligtums im Jahre 70 n.Chr.: „Die Völker der Welt haben durch die Zerstörung des Tempels einen größeren Schaden erlitten als Israel."
2. Element und Voraussetzung dieser Universalität ist nach chr. Sicht, daß der Kult zuerst und vor allem die verlorenen Teile des Hauses Israel miteinbezieht. Ohne sie ist er nicht komplett, nicht *rite*. Das Judentum der Judäer in Jehud und in der weiten Diaspora muß sich bewußt sein, daß es sozusagen nur stellvertretend für das größere Ganze Israel steht.[50] Der schriftgemäße Kult ist ja nach der ihn begründenden Tora *nicht* auf das Judentum, sondern auf das vollständige, alle zwölf Stämme umfassende *Israel* bezogen und bleibt es auch (I Chr 16,40; 28,5–19, II Chr 30,18, vgl. 21; 35 [vgl. vor allem 35,17–18]). Der Zweite Tempel ist nach Esr 6,16f.[51] mit einer „Entsündung[52] von zwölf Ziegenböcken für ganz Israel, nach der Zahl der Stämme Israels" eingeweiht worden!
3. Das Bewußtsein, Israel – nicht eine Gemeinde oder Kultgemeinde – zu repräsentieren und zum Vollzug der Tora des Mose berufen zu sein, erklärt noch einen ganz anderen Aspekt im Bild des Kultes, wie es der Chronist entwirft und wie er es seiner Gegenwart als Mahnung, als Forderung, als Vor-bild entgegenhält. Es handelt sich um eine Seite des Kultes, die man nach dem geschichtlichen Lauf der Dinge schon längst vergangen und vergessen gewähnt hätte: den Levitismus.

Mit dem alten, vorexilischen *Stand* Levi hängt diese Erscheinung nur indirekt zusammen. Und auch mit der realen Situation und Funktion von Leviten im Betrieb des Zweiten Tempels ist sie kaum deckungsgleich. Was einst zu den hervorragendsten charismatischen Phänomenen nordisraelitischen religiösen Lebens gehört hatte, war durch die Entwicklung der Umstände dreifach bis ins Mark ihrer Existenz getroffen. Israel, das Nordreich, hatte als

---

[50] WILLI, Juda, 159–164.

[51] Esra-Nehemia wird hier als ein zwar selbständiges, von der Chronik unabhängiges Werk aufgefaßt, aber nichtsdestoweniger als ein engster Kotext im Rahmen des Alten Testaments, u.U. vom selben Verfasser. Vgl. WILLI, Juda, 54 mit Anm. 35, sowie ebd. Anm. 35 neuere Literatur zu dieser Frage.

[52] So BUBER/ROSENZWEIG, 491, statt der üblichen Übersetzung „Sündopfer".

selbständiges Gemeinwesen aufgehört zu existieren. Im Süden liefen die Reformmaßnahmen des Josia auf eine Stärkung der Priesterschaft Jerusalems hinaus. Zu ihr gehörte dann auch der von Haggaj und Sacharja erwähnte Oberpriester Josua b. Jozadak, mit dem sich der Wiederaufbau des Heiligtums verbindet. Leviten erscheinen hier und auf lange hinaus überhaupt nicht auf der Bildfläche. Signifikant für die Zurücksetzung der Angehörigen levitischer Gruppen und Familien ist die Evidenz aus dem 6. Jh. in Ez 44 und aus der Mitte des 5. Jh. in Esr 8. Die in den ezechielischen Grundentwurf der Vision vom künftigen Tempel nicht allzulange nachher eingearbeiteten Bestimmungen statuieren in V. 13–16[53] klipp und klar:

V. 13 ... וְלֹא יִגְּשׁוּ אֵלַי לְכַהֵן לִי

V. 14 ... וְנָתַתִּי אוֹתָם שֹׁמְרֵי מִשְׁמֶרֶת הַבַּיִת

V. 15 ... וְהַכֹּהֲנִים הַלְוִיִּם בְּנֵי צָדוֹק

V. 16 ... וְשָׁמְרוּ אֶת־מִשְׁמַרְתִּי

Die Leviten „sollen sich mir nicht in priesterlicher Funktion nähern, sondern ich gebe sie als Wächter zur Bewachung des Hauses ... – die Priester aber, die levitischen, die Zadoksöhne, sie wachen als Bewachung meiner selbst."

Das führte in der Praxis dazu, daß Persönlichkeiten und Familien, die sich ihres levitischen Erbes bewußt waren, sich am neuerstandenen Tempel und im langsam wiederaufblühenden Jerusalem keine wirklichen Chancen ausrechneten. Der Priester Esra hat aus allen übrigen Kreisen des Volkes Idealisten gefunden, die sich seiner Rückwanderer-Karawane anschlossen – nur keine Leviten (Esr 8,15–20). Die Lage wird sich grundsätzlich kaum verändern, und der lange Marsch der Leviten durch die klerikalen Organisationen wird sogar mit dem Ende des Zweiten Tempels noch nicht abgeschlossen sein. Josephus berichtet jedenfalls in Ant XX,216f. über die Forderung der Sänger-Leviten, wenigstens kleidungsmäßig den Priestern gleichgestellt zu sein.

Esra ist sich allerdings der Bedeutung des levitischen Elements für das neue Jerusalem soweit bewußt, daß er die Karawane nicht aufbrechen läßt, bis er ein, wenn auch höchst bescheidenes, Kontingent von rückkehrwilligen Leviten beisammen hat. Wie auch der Entwurf der Priesterschrift zeigt, waren die Zeiten längst vergangen, wo jemand *qua* Levit zum Priesterdienst qualifiziert war. Gewiß mochte es einzelne Priester geben, die sich der levitischen Tradition verpflichtet wußten. Aber bei der Bestallung zum Priester waren ganz andere Kriterien maßgebend als die Beziehungen zum Stand der Leviten. Das Levitentum war keine *conditio sine qua non* für die Ausübung der priesterlichen Funktionen. Insofern war der Jerusalemer Klerus eine lokale Priesterschaft unter Hunderten, ja Tausenden anderer im weiten achämenidischen Reich. Sollte er „israelitisch" im Sinne der Konformität mit Tradition und Schrift sein, dann konnte und durfte er aber auf das levitische Element

---

[53] Ganz ähnlich Ez 48,11.

nicht verzichten. Nur das erlaubte es vor allem der dieser Tradition bewußten jüdischen Diaspora, sich mit dem Tempelgeschehen zu identifizieren.

Das Zeugnis des Maleachibuches verrät manches von dieser Spannung zwischen Realität und Norm, zwischen gegenwärtiger Wirklichkeit und altehrwürdigem Ideal, zwischen Praxis und – vielleicht auch hier schon weitgehend schriftlicher – Tradition. Eine sorgfältige syntaktische Untersuchung kommt zu dem Schluß: „While the Book of Malachi equates the function of *kohen* and *lewî/benê-lewî* the book offers no contextual ground by which to explain this equation."[54] Mit anderen Worten: Eine Antwort auf die Frage, warum „Levi", der Eponym der Leviten, den angeschuldigten כֹּהֲנִים, Priestern, als Ur- und Vorbild hingestellt wird, läßt sich nicht innerhalb des Buches finden, sondern muß außerhalb gesucht werden. Nach den uns zugänglichen Zeugnissen spielen alte, vorexilische und gemeinisraelitische Traditionen bei der Wiedereinrichtung des Jerusalemer Kultes in frühpersischer Zeit höchstens implizit eine Rolle. Erst geraume Zeit später melden sie sich auf andere Weise, explizit, zur Stelle. Das geschieht durch die in weiten Schichten des Alten Testaments favorisierte Kompromißformel vom „levitischen Priestertum". Selbst Ez 44,15 spricht nach dem heutigen masoretischen Text in verräterischer Plerophorie von den Priestern als וְהַכֹּהֲנִים הַלְוִיִּם בְּנֵי צָדוֹק. Wer in Jerusalem Priesterdienst versah, oder wer überhaupt einer Priesterfamilie angehörte, ob in der Heimat oder in der Diaspora, der berief sich nun auf „Levi". „Levi" erschien dabei immer weniger – wie im Buch Maleachi noch deutlich – als der Eponym eines *Standes* denn vielmehr als Vater eines *„Stammes"* Levi. Diese Sprachregelung erscheint ambivalent. Einerseits mag sie als weitere Usurpation levitischen Erbes durch die ohnehin schon bevorrechteten Priester wirken. Andererseits verlieh sie den nichtpriesterlichen Trägern levitischer Traditionen einen gewissen geistigen und moralischen Rückhalt. Wenn sie deren konkrete Situation schon nicht grundsätzlich veränderte, so definierte sie doch die „Israelizität" der priesterlichen Funktionen und des Jerusalemer Kultes von „Levi" her. Damit waren die Leviten wenigstens ideologisch mit einem Fuß in der Tür, wenn es um den Betrieb des Tempels ging. Allerdings mag die praktische Durchsetzung entsprechender Ansprüche selbst eines *clerus minor* noch dornenvoll genug gewesen sein. Die Tradition, der – auch musikalische – Umgang mit dem Wort waren im Grunde das einzige, was solche „Leviten" einbringen konnten. Sie hatten nur ein geistiges Gewicht in die Waagschale zu werfen: die Tora als das umfassende Bildungs-, Rechts-, Religions- und Lebensgut „Israels". Für sie kam in der Tat alles darauf an, daß der Kult am Jerusalemer Tempel nicht irgendwie, sondern „gemäß der Tora Moses" – des Leviten der Leviten! – oder eben „wie geschrieben steht", geschah. Denn ihre Legitimation beruhte nicht mehr wie einst auf einem Priesterdienst im Vollsinn,

---

[54] O'Brien, 47, wo auch verschiedene Versuche zur Lösung des Problems genannt sind.

sondern auf der Pflege der *Überlieferung*, auf der Anwendung des *Wortes* und auf der Auslegung der *Schrift*.[55] Dafür aber war der Kult nicht von vornherein offen.[56] Der Platz dafür mußte im Gottesdienst Jerusalems erst gefunden werden.[57]

Einen wesentlichen Beitrag dazu leistet die Chronik. Sie schildert den idealen Gottesdienst, den David als Mitte des durch ihn geeinten Israel ein-gerichtet haben soll. Er tat das „wie geschrieben steht", d.h. nach der von Mose vermittelten und aufgezeichneten Tradition, und erwies sich dadurch als getreuer Mandatar der מַמְלֶכֶת/מַלְכוּת יְהוָה. Dieses Mandat ging auf seine Nachfolger über, zuerst an Salomo, der dem Dienst die entsprechende Stätte bereitete, sodann an die weiteren Davididen (II Chr 13,8), aber dann über die neubabylonischen Herrscher an die achämenidischen Könige (vgl. Esr 1,1–4). Da dieses JHWH-Königtum zwar die ganze Völkerwelt umfaßt, aber seine Basis im Israel der zwölf Stämme hat, bekundet die chr. Geschichtsgestal-tung zentrales Interesse an dem von Israel getragenen Kult zu Jerusalem und an dessen Förderung bzw. Vernachlässigung durch den jeweiligen Herrscher und seine Epoche.

Dabei liegt aller Nachdruck auf dem gesamtisraelitischen, und das heißt nach dem Gesagten, „schriftgemäßen" und „levitischen" Charakter dieses Gottesdienstes. Die implizite Forderung bzw. Kritik richtet sich dabei kei-neswegs nach außen, etwa an die Adresse der hierfür lange, freilich kaum zu Recht, in Anspruch genommenen Samaritaner. Angesprochen ist nicht Samaria, sondern Jerusalem. Was Maleachi von prophetischer Warte aus for-muliert, erscheint in der Chronik auf der Ebene der Geschichtsschreibung.

Sozusagen programmatisch begegnet diese Sicht der Dinge in I Chr 6. Sie findet also schon in den „Bürgerrechtslisten Israels", im Eingang des chr. Werks, ihren Ausdruck. Noch vor den einschlägigen Partien in der Geschichtserzählung, die sich mit Kult und Kultpersonal befassen (I Chr 13–16; 22–29; II Chr 5; 17; 30–31; 35), wird hier Levi als das Herz Israels vorgestellt. I Chr 5,27–6,66 steht nicht bloß nach der Kapitelzählung in

---

[55] Dazu GERTNER, der eine Eingrenzung des frühjüdischen Levitenamtes über einen Rück-schluß von den mittelalterlichen Masoreten auf die persisch-hellenistischen Verhältnisse ver-sucht und in den „medieval masoretic masters" geradezu ein „revival … of the earlier, pre-talmudic, ideals" erblickt (242).

[56] Es sei hier nur angedeutet, daß etwa die Frage nach der Bedeutung und dem Ort der Psalmen im Jerusalemer Gottesdienst einmal unter diesen Gesichtspunkten angegangen werden sollte. Sie ist sehr vielschichtig und liturgiegeschichtlich noch keineswegs befriedigend geklärt. Die vorexilischen Umstände sind von den vor- und frühhellenistischen Verhältnissen völlig verschieden, und auch bei den letzteren wäre zwischen „Soll" und „Ist" im Sinne des oben Ausgeführten noch gründlich zu handeln.

[57] In diesem Zusammenhang drängt sich die Frage auf, ob u.U. eine Rezitationskultur, wie sie der Ahuramazdakult der regierenden Achämeniden kannte und pflegte, Jerusalem dazu herausforderte, seinerseits kultischen Gebrauch von Schrift zu machen.

der Mitte der Bürgerrechtslisten Israels.[58] In der Bestandsaufnahme und Situationsanalyse Israels als einer organischen Gesamtheit bildet Levi mit seinem Annex Issachar die *zentrale Einheit.* Juda und Simeon im Süden, Ruben, Gad und Halbmanasse im Ostjordanland gehen voraus; (Issachar,) Benjamin, (Dan und) Naftali, Halbmanasse und Efraim, Ascher, Benjamin, aber auch Jerusalem folgen.[59] Nicht so sehr im Stoff als in der Einordnung Levis geht der Chronist seinen eigenen und neuen Weg. Wie unerhört seine Konzeption ist, erhellt der Vergleich mit den älteren Behandlungen Levis, die zum Teil auch die Quellen für I Chr 6 sind. Am ehesten ließe sich I Chr 6 noch mit Ex 6,14–27 vergleichen, wo die levitischen Sippen an die Familienhäupter Rubens und Simeons angeschlossen werden – aber eben nicht als Mitte, sondern mit dem Achtergewicht auf Mose und Aaron. Num 1,49–53 sondert Levi ausdrücklich vom übrigen Israel ab; nicht anders Num 3 als Nachtrag zu Num 2. Num 26,57–62 ist ein Sonderanhang zu den fertig aufgezählten Sippen des übrigen Israel, und in Jos 13–19 fehlt Levi überhaupt, um dann in Jos 21 für sich behandelt zu werden. Niemand käme dagegen bei I Chr 6 auf die Idee, mit Num 1,49; 2,33 zu behaupten, daß Levi „nicht unter die Israeliten gezählt" werde.[60] Nach chr. Konzeption gehört Levi im Gegenteil mitten ins zwölfstämmige Israel hinein, es wird *nicht* im Zusammenhang mit Jerusalem, nicht zusammen mit dem Heiligtum – wie in der Priesterschrift! – und mit dem Kult behandelt, sondern im Zusammenhang mit dem Volk. Für den Chronisten ist Levi *eine,* ja *die* Funktion Israels, und umgekehrt ist *Israel* das Volk Levis, in gewisser Hinsicht weniger Juden- als Levi-tum! Hier findet sich die biblische Basis für die spätere extensive Sicht, wonach das ganze jüdische Volk Heiligkeitscharakter trägt. Diese Anschauung tritt uns heute vorab in pharisäischen Quellen entgegen und besagt, daß auch die nichtpriesterlichen, nichtlevitischen Teile des jüdischen Volkes zu einem heiligtumsgemäßen Wandel und zu sakraler Observanz berufen sind.

Die Analyse von I Chr 6 mag diese These belegen. Das Kapitel ist von der Anlage her genauso aufgebaut wie die Präsentation der anderen Israelstämme: Es schreitet von der Genealogie zur Geographie. I Chr 5,27–6,34 enthält die Bürgerrechtslisten der „Söhne Levis" nach den drei Hauptzweigen Gerschon, Kehat und Merari und den „großen Namen", die sie ausmachen. Das Korpus der Listen selber beginnt dabei erst mit 6,1. Vorgängig finden sich zwei Hinweise, die Hörern bzw. Lesern die Materie erschließen sollen. In auffälliger Analogie zur Juda-Liste in I Chr 2, die ja eigentlich eine Hezron-

---

[58] Manches spricht dafür, daß I Chr 10 als eine Art „Scharnier" einerseits zu den Bürgerrechtslisten, andererseits zu den unabdingbaren Voraussetzungen der in I Chr 11,1 – erst hier(!); vgl. den Narrativ in 11,1 im Unterschied zu 10,1 – anhebenden Geschichtserzählung gehört, vgl. WILLI, Chronik, 61f.

[59] Ausführlicher WILLI, Chronik, 56f.

[60] Selbst in I Chr 21,6 nimmt Joab nicht Levi *qua* Levi von der durch David angeordneten Zählung aus, sondern „Levi und Benjamin", weil ihm die Zählung des ganzen Volkes Israel „ein Greuel war"!

Liste ist, wird der mittlere Nachkomme, hier Kehat, vorgezogen. Wie Ram
der Juda-Genealogie als Rückgrat dient, so Kehat für Levi. Dabei wird *nicht*
auf das Priester- bzw. Hohepriestertum des Zweiges Bezug genommen. Im
Gegenteil betont 5,29a, nach Num 26,59 (vgl. Num 12,1ff. und Mi 6,4), daß
Aaron, Mose *und* Mirjam gleichberechtigte Geschwister, nämlich Kinder
des Kehat-Erstgeborenen Amram, sind. Was anschließend in 5,30–41 folgt,
ist zwar faktisch eine Hohenpriesterstammreihe, über Amt und Würde der
aufgezählten Söhne Aarons fällt aber kein Wort. Die Aaroniden werden einfach als Spezialfall der *Bᵉnê ʿAmrām*, wiederum der *Bᵉnê Qᵉhāt* und damit
unter keiner anderen Qualität denn als *Bᵉnê Lewî* angeführt, die sie nach
dieser israelgenealogischen Perspektive des Chronisten mit dem letzten und
hintersten Sänger teilen. Die Präsentation als Stammreihe, in der jede Generation durch einen Namen vertreten ist, wird also den Sinn haben, ein
chronologisches Gerüst für das nachher in Fülle ausgebreitete diachrone
Material abzugeben. Daß dazu die Aaroniden gewählt werden, liegt an der
Überlieferungssituation. Nachrichten, die einen zeitlichen Rahmen für einen
so langen Zeitraum liefern konnten, lagen am ehesten für die Haupt- oder
Hohenpriester vor. Daß der einzige Vers, 5,36, der eine priesterliche Funktion (כהן pi.; in der Chronik noch I Chr 24,1; II Chr 11,13) erwähnt, als
chronologische Orientierung oder Einleitung gemeint ist, ergibt sich klar
aus dem Vergleich mit dem analogen Vers 5,41. Die Epoche David-Salomo,
durch den Tempelbau markiert und gekrönt, und die Deportation durch
Nebukadnezzar II. bilden die beiden großen Zäsuren des chronologischen
Rasters, in das dann im folgenden der Stoff zu den Levi-Nachkommen eingebracht wird. Dabei verfährt der Chronist ganz nach der bei den anderen
Stämmen allgemein befolgten Zweiteilung.[61] In 6,1–34 werden die Bürgerrechtslisten nach dem Gesichtspunkt der Genealogie, in 6,35–66 nach dem
der Geographie vorgeführt. Es dürfte dabei kein Zufall sein, daß auch die
zweite Hälfte durch eine Aaronidenstammreihe eingeführt und situiert wird.
6,35–38 wird die Stammreihe allerdings nur bis auf den Zadoksohn Ahimaaz
geführt – im Blick auf den Folgetext passend und einleuchtend. Denn nach
dem chr. Geschichtsaufriß muß die Zuweisung der Wohn- und Weideorte
an die Leviten mit David-Salomo abgeschlossen gewesen sein, und genau in
diese Epoche mündet die Aaronidenreihe mit Ahimaaz. Hier wie bei allen
Stammreihen kommt es wesentlich auf das letzte Glied an. Auch in diesem
Fall ist übrigens nichts von einer funktionalen oder sozialen Prärogative der
Aaroniden angedeutet. Die Beobachtung von Auld, „that nowhere in I Chr
6,39–66 are the Aaronites said to be either priests or Levites"[62], ist u.E. als ein
weiteres Indiz dafür zu werten, daß es dem Chronisten um ein gesamthaftes
Bild des Stammes Levi zu tun ist. Gegenüber der Präponderanz der aaro-

---

[61] WILLI, Chronik, 55.71
[62] AULD, 194.

nidischen Priesterschaft in der zeitgenössischen Wirklichkeit macht er die Überlieferung geltend und sucht so die Integration randständiger Gruppen ins Tempelpersonal zu fördern.

Über die Priorität von Jos 21,2–42 und I Chr 6,39–66 mag man unterschiedlich urteilen. Mit JAPHET[63] möchten wir I Chr 6 von Jos 21 abhängig denken. Entscheidend scheint uns aber die Art zu sein, wie der Chronist Levi innerhalb der Stämme Israels positioniert und in seinem Gesamtzusammenhang vorführt. Danach kann schwerlich die Rede davon sein, der Chronist gebe den Aaroniden „much greater prominence than Joshua".[64] Im Gegenteil sucht er den tatsächlich tiefen Graben zwischen priesterlichem und nichtpriesterlichem Kultpersonal durch die Berufung auf die Tradition und das gemeinsame Levi-Erbe und -Herkommen zu überbrücken, genau wie er dann diese einheitlich gesehene Größe Levi in die Gesamtheit Israels integriert.

Levi ist in der chr. Darstellung definitiv vom Stand zum Stamm Israels geworden, der sich genau wie die übrigen Stämme durch Abkunft *und* – gegen alle althergebrachten Levitenregeln! – durch land- bzw. ortschaftliche Herkunft konstituiert. Was Levi tut und darstellt, ist eine Funktion Israels und macht den Jerusalemer Kult zum Kult Israels am Gott Israels. Damit ist die universale Komponente des Jerusalemer Tempels nicht verraten, sondern im Gegenteil präzisiert und untermauert. Der Kult zu Jerusalem gilt eben nicht einem „jüdischen Gott", sondern dem ein-einzigen Gott der ganzen Welt, der dadurch nicht weniger, sondern erst recht der „Gott Israels", eines Volkes in und für die Welt, ist.

Fazit: Der Jerusalemer Kult war gleichzeitig sowohl bedeutender als auch bescheidener, als es der Ausdruck „Kultgemeinde" nahelegt. Nichts spricht für eine etablierte Hierokratie und eine von ihr durchwaltete „Kult-" oder „Bürger-Tempel-Gemeinde". Das Problem lag umgekehrt darin, das jüdische Volk angemessen am Kult zu beteiligen und die nationale Rolle der Priesterschaft zu definieren, d.h. ihre Aufgabe gegenüber dem Ganzen Israels zu legitimieren. Die Chronik trägt diesen beiden Anforderungen dadurch Rechnung, daß sie den Kult durch die *Schriftkonformitätsklausel* sowie durch den ihr eigenen *Levitismus* in die Tradition Israels einbindet.

Summary

Israel as an Ethnic Group in the Achaemenid Empire

In Persian times, to belong to the Jewish people was a question of birth. Being part of it was never put seriously in question. In matters of politics and civil laws the Jewish identity was presupposed. Particularly in the diaspora it was constitutional, as in the case of numerous other ethnic groups forming the

---

[63] JAPHET, Chronicles, 147.
[64] AULD, 194.

Achaemenid empire. Thus the end of the kingdom of Judah does not signify the end of the Jewish nation. Far from home it was no less Israel than in Palestine. That is why in the Persian period the cult of Jerusalem never was a substitute for political sovereignty. For Israel had its state: the Achaemenid empire. It participated in it, on the one hand as an ethnic group in the diaspora (*ḫāṭ[ā/ī]ru*, "corporation"), and increasingly – although only after long endeavours and dangerous crashs – also in Palestine, as a separate province, Yehud. Both groups of "Israel" were, each in its own way, connected with the Jerusalem Temple.

The national identity, constituting civil rights, was based solely on descendance (cf. Ezra 2:59 = Neh 7:61). It found its expression in the peculiar way of life. What later would be called Halakha is in Isa 56:4 still conceived as *běrît*,"covenant," embracing tradition, language and culture, especially circumcision and observance of Shabbat.

The Universalism of the cult

The relation to the Temple and to the cult belongs to a totally different sphere, as early (Hag, Zech), middle (Mal) and late (Ezra–Neh, Chr) Persian testimonies indicate. The sources contain various information about the support of the Temple and cult, but none points to a corporation in cult ("Kultgemeinde") or even a Temple state. Ezra 1:1–4 portrays Cyrus, the founder of the Achaemenid empire, as taking full responsibility for the Temple. Thus the author of the book applies prophetic views and terms to historiography.

The God of Israel

Therefore, the universal, international orientation of Temple and cult has to be taken into account, whereas the conception of a "Kultgemeinde" should be given up, the national significance of the Temple in Jerusalem thereby appearing only in clearly defined and limited terms. The problem of Temple and cult in prehellenistic times is certainly not an external, but an internal one, resulting from its Israelite features. The Priestly code, though conceiving the cult in universal terms of creation and mankind, integrates the sanctuary into a particular twelve-tribe Israel. In Chronicles, cult and priestly functions are normative since they are Davidic and bear an all-Israelite character. This is achieved in a double way: the cult is Israelite as far as

a) it is performed "according to the Tora " or "as it is written,"

b) it is not exclusively a priestly affair, but a "levitical" one.

Bibliographie

A. G. AULD, The „Levitical Cities". Text and History, ZAW 91 (1979), 194–206.

W. BACHER, Die exegetische Terminologie der jüdischen Traditionsliteratur. 1. Teil: Die bibelexegetische Terminologie der Tannaiten. 2. Teil: Die bibel- und traditionsexegetische Terminologie der Amoräer, unveränderter Nachdruck der Ausgabe Leipzig 1899 (1. Teil) und Leipzig 1905 (2. Teil), Darmstadt 1965.

E. BICKERMAN, From Ezra to the Last of the Maccabees. Foundations of Post-Biblical Judaism, 2. Aufl., New York 1966.

E. BLUM, Volk oder Kultgemeinde? Zu einer Theorie über das nachexilische Judentum in der alttestamentlichen Wissenschaft, KuI 10 (1995), 24–42.

M. BUBER/F. ROSENZWEIG, Die Schrift. Bd. 4: Die Schriftwerke, Köln/Olten 1962.

W. BURKERT, The Meaning and Function of the Temple in Classical Greece, in: M. V. Fox (Hg.), Temple in Society, Winona Lake 1988, 27–47.

A. E. COWLEY (Hg.), Aramaic Papyri of the Fifth Century B.C., Oxford 1923, Nachdruck Osnabrück 1967.

H. DONNER, „Wie geschrieben steht". Herkunft und Sinn einer Formel, SbWGF XXIX Nr. 4, 1992, 147–161 (= DERS., Aufsätze zum Alten Testament aus vier Jahrzehnten, BZAW 224, 1994, 224–238).

I. EPHʿAL, The Western Minorities in Babylonia in the 6th–5th Centuries B.C. Maintenance and Cohesion, Or. 47 (1978), 74–90.

M. GERTNER, The Masorah and the Levites. An Essay in the History of a Concept, VT 10 (1960), 242–272.

J. C. GREENFIELD, Aspects of Archives in the Achaemenid Period, in: K. R. Veenhoff (Hg.), Cuneiform Archives and Libraries. Papers read at the 30e Rencontre Assyriologique Internationale Leiden 4–8 July 1983, Leiden 1986, 289–295.

K. G. HOGLUND, The Achaemenid Context, in: P. R. DAVIES (Hg.), Second Temple Studies 1: Persian Period, JSOT.S 117, 1991, 54–72.

S. JAPHET, I & II Chronicles. A Commentary, OTL, 1993.

— The Ideology of the Book of Chronicles and Its Place in Biblical Thought, BEAT 9, 1989.

E. JENNI, Die hebräischen Präpositionen, Bd. 2: Die Präposition Kaph, Stuttgart, Berlin, Köln 1994.

W. JOHNSTONE, Guilt and Atonement. The Theme of 1 and 2 Chronicles, in: J. D. MARTIN/P. R. DAVIES (Hgg.), A Word in Season, FS W. McKane, JSOT.S 42, 1986, 113–138.

R. G. KENT, Old Persian. Grammar – Texts – Lexicon, AOS 33, 2. Aufl., 1953.

P. LECOQ, Observations sur le sens du mot *dahyu* dans les inscriptions achéménides, Transeuphratène 3 (1990), 131–140.

J. M. LINDENBERGER, Ancient Aramaic and Hebrew Letters, hg. von K. H. RICHARDS, SBL Writings from the Ancient World Series 4, 1994.

A. MEINHOLD, Art. Maleachi/Maleachibuch, TRE 22 (1992), 6–11.

M. NOTH, Geschichte Israels, 10. Aufl., Göttingen 1986.

J. O'BRIEN, Priest and Levite in Malachi, SBL.DS 121, 1990.

B. PORTEN, Archives from Elephantine. The Life of an Ancient Jewish Military Colony, Berkeley/Los Angeles, 1968.

— /A. Yardeni, Textbook of Aramaic Documents from Ancient Egypt. Bd. 1: Letters. Bd. 2: Contracts, Winona Lake 1986 und 1989.

E. Reuss, Chronique ecclésiastique de Jérusalem, in: La Bible. Traduction nouvelle. Bd. 4, Paris 1878.

H. Sancisi-Weerdenburg/A. Kuhrt (Hgg.), Achaemenid History II. The Greek Sources. Proceedings of the Groningen 1984 Achaemenid History Workshop, Leiden 1987.

E. F. Weidner, Jojachin, König von Juda, in babylonischen Keilschrifttexten, in: Mélanges syriens, FS M. René Dussaud, Bd. 2, Bibliothèque archéologique et historique 3, 1939, 923–935.

F. H. Weissbach, Die Keilinschriften der Achämeniden, Leipzig 1911, unveränderter Nachdruck Leipzig 1968.

T. Willi, Chronik, BK XXIV.1 (fasc. 1ff.), 1991.

— Die Chronik als Auslegung. Untersuchungen zur literarischen Gestaltung der historischen Überlieferungen Israels, FRLANT 106, 1972.

— Juda – Jehud – Israel. Studien zum Selbstverständnis des Judentums in persischer Zeit, FAT 12, 1995.

H. G. M. Williamson, The Book Called Isaiah. Deutero-Isaiah's Role in Composition and Redaction, Oxford 1994.

— Israel in the Books of Chronicles, Cambridge 1977.

I. Willi-Plein, Spuren der Unterscheidung von mündlichem und schriftlichem Wort im Alten Testament, in: G. Sellin/F. Vouga (Hgg.), Logos und Buchstabe. Mündlichkeit und Schriftlichkeit im Judentum und Christentum der Antike, TANZ 20, 1997, 77–89.

— Warum mußte der Zweite Tempel gebaut werden?, im vorliegenden Band, 57ff.

R. Zadok, The Jews in Babylonia during the Chaldaean and Achaemenid Periods According to Babylonian Sources, Studies in the History of the Jewish People and the Land of Israel Monograph Series 3, 1979.

Plausibilitätsverlust herkömmlicher Religion bei Kohelet und den Vorsokratikern

HANS-PETER MÜLLER, Münster

I.

1. Von allen Peripherformen der althebräischen Religion zeigt die „Weisheit", an deren Neige das Denken Kohelets angesiedelt ist,[1] den größten Abstand von den alttestamentlichen Zentralmotiven. Es fehlen nicht nur das für die Geschichtstheologie konstitutive Motiv vom Kommen und Eingreifen JHWHs am Schauplatz der Not Israels und damit dessen religiös begründetes Volksbewußtsein. Es fehlen auch die unter anderem für die Individualpsalmen grundlegende persönliche Gottesbeziehung sowie eine durch die Offenbarung am Sinai legitimierte Gebots- und Gesetzesfrömmigkeit. Die gemeinorientalisch orientierte Weisheit war nicht nur von jeher eigentlich ohne Tempel; sie konstituierte auch keine Gemeindesolidarität mit Disziplinanspruch und Identitätsbehauptung. Vor allem ist sogar die Schöpfungsreligion der Weisheit eine andere als die der biblischen Schöpfungsmythen;[2] in dieser Inspezifizität ist sie für die Struktur weisheitlicher Frömmigkeit von eher untergeordneter Bedeutung.

Kohelet nun bezeichnet mit seiner Kritik an Kult, Opfer, Eid und Gelübde,[3] die freilich schon die ältere Weisheit kannte,[4] mit seinem Pessimismus und seiner Skepsis die Neige selbst dieser im Sinne der *propria biblica* eher unergiebigen Religiosität; ja, als „das Hohelied des Weltschmerzes" ist das Buch Kohelet, wie GUNKEL formulierte, „kaum mehr als eine Urkunde der Auflösung der Religion".[5] Dafür waren im 3. Jh. v.Chr., der mutmaßlichen Zeit des Wirkens Kohelets, die Traditionsmischungen und Verbindlichkeitsdefizite in der hellenistischen „Welt"-Kultur, die endgülti-

---

[1] Vgl. MÜLLER, Neige der althebräischen „Weisheit".

[2] Vgl. DOLL.

[3] Vgl. zu Kult und Opfer Koh 4,17; 9,2a, zum Eid die Andeutung in 9,2b, zum Gelübde 5,(1-)3–5.

[4] Vgl. etwa zum Opfer Prov 21,3 und 16,7 LXX sowie 15,8; 21,27 zum „Schlachtopfer der Frevler", zum Eid Sir 23,9–11 (im Blick auf die Essener Jos Bell II,134–136; Ant XV, 365–372, Philo, Quod omnis probus liber est, 84), zum Gelübde Prov 20,25.

[5] GUNKEL, 47.

ge politische Depotenzierung der meisten vorher führenden Schichten,[6] die Fortschritte einer präwissenschaftlich-technischen Wirklichkeitsaneignung seitens einer neuen, durch „Welt"-Handel und politische Kollaboration prosperierenden Oberschicht, die Möglichkeit, Sinn- und Glücksbedarfe außerreligiös zu befriedigen, und manches Ähnliche und Andere ursächlich. Ein Plausibilitätsverlust herkömmlicher Religion hatte sich auf verschiedenen Ebenen ergeben; in der Weisheit aber waren die Voraussetzungen dafür am ehesten virulent, so daß sie unter den eben genannten Faktoren bei Kohelet insbesondere wirksam wurden.

2. Theologisch gut gemeinte Versuche, das Denken Kohelets, wenn schon nicht als spezifisch israelitisch auszugeben, so doch einem positiven weisheitlichen Gottesglauben gleichsam einzugemeinden,[7] greifen meines Erachtens zu kurz. Wie monoton Kohelets Begriffe göttlichen Handelns sind,[8] zeigt der Tatbestand, daß an 18 von 26 Stellen, an denen das Subjekt *(ha)ᵃᵉlōhîm* mit einem Verb verbunden wird, dieses entweder *ntn* „geben" oder *ʿśh* „machen" ist – beides mit wenig spezifischen Objekten und darum weithin formelhaft wirkend. In dem Maße, wie die Welt Kohelets vollends in ein Wertvakuum zu stürzen scheint, muß sein Gott, wenn er nicht geradezu dämonisiert werden soll, zum fernen *Deus otiosus* verblassen, vor dem der Einsichtige, statt ihn etwa mit Gelübden zu behelligen, besser überhaupt schweigt (5,1[–6]). An die Stelle eines wohltätig oder strafend handelnden Gottes tritt mit 9,7 entsprechend eine nur noch permissive Instanz, die alles, was der Mensch tut, „längst gebilligt hat".[9] Ein ohnehin weisheitlich ausgedünnter Gottesbegriff scheint zudem vom hellenistischen Schicksalsglauben unterlaufen: Seine Funktion kann von *miqrȩ̂* (2,14f.; 3,19; 9,2f.; immer im Zusammenhang mit dem Tod) nach dessen griechischer Entsprechung τύχη, beides eigentlich das „Treffen",

---

[6] Vgl. MÜLLER, Neige der althebräischen „Weisheit", 256–259 = Mensch, 161–164; ferner zum sozialgeschichtlichen Hintergrund Kohelets den Forschungsbericht bei KAISER, 17–20, und – darin nicht berücksichtigt – Harrison; dazu BOHLEN, 262–264.267f.

[7] So nach dem Vorgang ZIMMERLIS, LOHFINKS u.a.; zuletzt FISCHER unter der redaktionsgeschichtlichen Voraussetzung, daß die Edition von Koh 3,16–12,7 das Werk seines ersten Epilogisten sei; vgl. aber auch GESE unter der entgegengesetzten Voraussetzung, „daß keinerlei Abtrennung sekundären Materials nötig" ist (96). Seine Deutung entspricht weithin dem rabbinischen Verständnis Kohelets als Prediger der Gottesfurcht und des Torastudiums, das BONS, 328–332, darstellt. In mYad 3,5 wird immerhin darüber diskutiert, ob die Bücher Cant und Koh „die Hände verunreinigen"; vgl. auch die kritische Haltung in bShab 30b.

[8] Vgl. zum folgenden MÜLLER, Wie sprach Qohälät von Gott?

[9] Vgl. zur Übersetzung GALLING, 112. V. 7b muß nur dann mit LAUHA, 169, als redaktionell verdächtigt werden, wenn man *rāṣâ* mit „hat Gefallen" übersetzt und das Verb dabei im spezifischen Sinn göttlicher Zuwendung versteht, was zu dem sächlichen Objekt *maʿᵃśȩ̄kā* „dein Tun" nicht recht paßt. Immerhin schränkt LAUHA ein: „Doch ist der Satz nicht mit Sicherheit als unecht einzuschätzen. Möglicherweise bringt er denselben Gedanken wie 5,19 zum Ausdruck: Devise der Freude gefällt Gott, weil sie als Betäubungsmittel dem Menschen die Erbärmlichkeit seines Lebens zu vergessen hilft." Noch neutraler, nämlich im Sinne der Providenz, versteht den Satz BARSTAD, nach dem „alles, was der Mensch macht, schon von Gott so festgelegt ist, wie es ihm gefiel'" (*rāṣâ*, 643).

oder von *ḥelæq* (2,10 u.ö.; im Zusammenhang mit den Lebensgütern) nach
dessen Entsprechung μοῖρα, beides eigentlich „Teil, Portion", übernommen
werden; eine *miqrê* zuzuordnende finite Verbform, nämlich *yiqrê* „trifft",
erscheint in 9,11 mit den Subjekten *'et wāpæga'*, „Zeit und Widerfahrnis"
(vgl. 3,1–18), als anonymen Instanzen. „Gott" scheint als Inbegriff des Un-
verfügbaren geradezu dekodiert werden zu können, wie es hellenisch schon
früh zu geschehen scheint: Bereits bei dem Lyriker Archilochos im 7. Jh.
v.Chr. sind es nicht mehr die Götter, sondern Τύχη und Μοῖρα, die dem
Menschen „alles geben".[10] Was Kohelet nach der Eröffnung des diskursiven
Hauptabschnitts seines Buches (1,12–3,15)[11] „sucht" (*drš*; *tûr* 1,13; vgl. 7,25),
ist denn auch keineswegs Gott o.ä., sondern wesentlich neutraler die in seinem Umfeld als göttlich hypostasierte *ḥåkmā*, d.h. eine „Wahrheit" der Wirklichkeit,[12] gleichsam die Wahrheit der Dinge selbst[13] in deren sinngebender
Ordnung, als wäre der Glaube an eine prinzipiell erkennbare Wahrheit zwar
die letzte Form möglicher Frömmigkeit, eine solche freilich, die umgekehrt
am Gottesbegriff weisheitlichen Herkommens scheitert, wenn Gottes Vorsehung als willkürlich und zugleich unabänderlich geradezu sinnraubend wird

---

10   Text und Übersetzung: TREU, 68.

11   M. E. handelt es sich nur in 1,12–3,15 um so etwas wie einen thematisch konzipierten, dis-
kursiv angelegten Traktat, der sich allenfalls mit der gleichzeitig aufkommenden hellenistischen
Diatribe (Anm. 28) vergleichen ließe; vgl. MÜLLER, Theonome Skepsis, sowie zur Diskussion
über Strukturprobleme des Koheletbuches jetzt LOHFINK, Koheletbuch.

12   Das doppelte von *lidrōš* *wᵉlātûr* abhängige Adverbial beinhaltet im ersten Element, in
baḥåkmā, ein präpositionales Objekt, nämlich das, wonach gesucht wird, im zweiten Element,
in *'al kol* *ᵃšer na'ᵃśâ taḥat haššāmayim*, den Bereich, in dem gesucht wird. So ergibt sich für
Koh 1,13a die Übersetzung: „Ich richtete meinen Sinn darauf, in allem (d.h. in bezug auf alles),
was unter dem Himmel geschieht, die Wahrheit zu suchen und zu erforschen." *ḥåkmā* ist denn
nicht die für das Suchen und Erforschen instrumentalisierte „Weisheit" im Sinne von Vernunft
o.ä., sondern wie in Hi 28,12.20; Prov 8,22ff., wo *ḥåkmā* materialisiert bzw. personifiziert wird,
die vom Weisen im Bereich des Geschehens gesuchte sittliche Ordnung, die für Kohelet den
Sinn oder die „Wahrheit" der Wirklichkeit ausmacht. Zu dieser Bedeutung von *ḥåkmā* vgl.
MÜLLER/KRAUSE, 941; zu Koh 1,13 vgl. MÜLLER, Theonome Skepsis, 3f.

13   Für die vorkantische Aufklärungsphilosophie, etwa CHRISTIAN WOLFFS, lag die „Wahrheit der *Dinge*", also nicht erst der *Urteile* über sie, in ihrer (der Dinge) Übereinstimmung
mit logischen Erfordernissen wie innerer Widerspruchsfreiheit, zureichender Verursachung u.ä.
Insofern befand sich die frühe Aufklärung auf einer ähnlichen Suche wie die altorientalische
und alttestamentliche Weisheit. Beide übersehen, daß logische Erfordernisse schon darum nur in
Urteilen über Dinge, nicht in diesen selbst gefunden oder vermißt werden können, weil Widerspruchsfreiheit, Zureichen der Verursachung o.ä. nur im Bewußtsein von den Dingen existieren
oder nicht existieren. Ob die Wirklichkeit als solche – abgesehen von dem Bewußtsein, das wir
von ihr haben – logischen Erfordernissen entspricht, können wir darum nicht wissen, weil wir
aus unserem Bewußtsein, das logischen Mandaten unterliegt, nicht heraustreten können, um etwa eine „Realadäquanz" dieser Mandate überprüfen zu können. Die mutmaßliche Hauptfrage
der Metaphysik, ob Logik ein Regelsystem nur unseres Denkens darstellt oder im Sein der Dinge selbst begründet ist, überhaupt ernsthaft zu stellen, bedeutet bereits, die Problematik jeder
Metaphysik aufzuweisen; als Regelsystem unseres Denkens könnte Logik ja auch ein Faktor
der Fehlanpassung des Denkens an seinen Gegenstand sein.

(2,24b–26; 3,13f.).[14] Transzendenz wird in ihrer Widerständigkeit erlebt. – Kohelets alternative Option für die Lebensfreude, die anders als weisheitliche Wahrheitssuche wenigstens nichts verspricht, was sie nicht zu halten vermag (2,24a; 3,12f. u.ö.),[15] kann dann in 12,1 zwar durch den Verweis auf den Schöpfer nachmotiviert werden. Wie wenig motivationsfähig aber selbst der Schöpferglaube für ein kurzes, nichtiges Leben „unter der Sonne" bzw. „dem Himmel"[16] ist, zeigt der in 4,2f. (vgl. 6,3–5; 7,1) artikulierte Wunsch, nie geboren worden zu sein.[17] Mit Ausnahme des Hinweises von 12,1 werden die Schöpfungsaussagen Kohelets auch eher entwertet oder eingeschränkt.[18] Selbst die Lebensfreude bietet Gott nach 5,17–19 nur als eine Art Narkotikum an, damit der Mensch die Mühsal seines Lebens augenblicksweise ver-

---

[14] Koh 2,24b–26 schränkt das Ergebnis von V. 24a ein: Auch über die hier als *bonum* aufgewertete Lebensfreude kann der Mensch nicht verfügen; sie wird von Gott nach willkürlichen Maßstäben gewährt oder entzogen (vgl. 5,17f.). Der *hôtæ* von 26b ist keineswegs – wie etwa in 9,2.18 – der „Sünder", sondern derjenige, „der (sc. das göttliche Wohlgefallen) verfehlt"; nur darum kann 2,24–26 in 26bα mit einer Nichtigkeitsformel schließen, die nicht zu eliminieren ist. Andernfalls auch würde Kohelet mit V. 26abα zum Tun-Ergehen-Zusammenhang zurücklenken, den er in 6,8; 7,15; 8,10–14; 9,2 bezweifelt. 3,12f. wiederholt einerseits das Motiv von 2,24a; andererseits betont 3,14a, wiederum die Gabe entwertend, die Unabänderlichkeit einer göttlichen Entscheidung. Vgl. MÜLLER, Theonome Skepsis, 11f.16f.; DERS., Der unheimliche Gast, 447f. = Mensch, 176f.

[15] Zur Funktion von Koh 2,24a und 3,12f. als Ergebnis zweier von Kohelet unternommener Lebensexperimente, auf die wir sogleich zurückkommen werden, vgl. MÜLLER, Wie sprach Qohälät von Gott?, 508ff.; Theonome Skepsis, 3ff.; DERS., Der unheimliche Gast, 444–448 = Mensch, 173–177.

[16] Zur Kürze und Nichtigkeit des Lebens vgl. 5,17, wo *mispar jᵉmê hajjâw* offenbar „die (kleine) Zahl seiner Lebenstage" meint, und 9,9, wo von *kol jᵉmê hayyê hæblækā* „allen deinen nichtigen Lebenstagen" die Rede ist. *tahat haššæmæš* „unter der Sonne" kommt bei Kohelet 27mal vor, *tahat haššamayim* „unter dem Himmel" 3mal; beide Wendungen werten den Lebensraum des Menschen als niedrig ab; vgl. MÜLLER, Neige der althebräischen „Weisheit", 244 = Mensch, 149.

[17] Vgl. Hi 3,12. Das Motiv ist in der Antike und auch sonst weit verbreitet: Es findet sich in den Sprüchen des Ipu-wer 4,1; in Theognis, Elegien 5,425ff.; Sophokles, Oidipus auf Kolonos 1224–7; Antigone 462ff.; Euripides, Hekabe 349ff. sowie in erzählerischer Form bei Herodot I,30f.; vgl. zu Heraklit DIELS/KRANZ, 22 B 20. Ablehnend gegenüber dem Gedanken verhält sich Epikur im Brief an Menoikeus. Vgl. das Diktum POLGARS „Das Beste ist es, nicht geboren zu sein: doch wem passiert das schon?" (bei MARQUARD, 129) oder den Titel von CIORAN „De l'inconvénient de l'être né" ferner Sir 41,2f. und die Aufforderung des Sokrates am Ende von Platons Phaidon, anläßlich des Todes dem Heilgott Asklepios einen Hahn zu opfern, als sei Sokrates nun von einer langen Krankheit genesen (F. NIETZSCHE). Anaxagoras hat bei Aristoteles (Eudemische Ethik I 5. 1216 a 11–15) auf die Frage, warum einer sich entscheiden könnte, lieber geboren als nicht geboren zu sein, die Antwort gegeben: „um das Himmelsgewölbe zu betrachten und die Ordnung im Weltall".

[18] So bleiben die Attribute *yāpæ* „schön" für das „(Wirklichkeits-)Ganze" in 3,11a und *jāšar* für den Menschen in 7,29a hinter dem *kî-tôb* bzw. *hinnē-tôb mᵉʾōd* von Gen 1,4 u.ö. zurück. Vor allem werden auch diese Positivaussagen durch die Einschränkung *bᵉʾittô* „zu seiner Zeit", d.h. einst, in der Urzeit der Schöpfung (3,11a), sowie durch die jeweils nachfolgenden Sätze 3,11bβ und 7,29b konterkariert.

gessen kann.[19] – Degeneriert „Furcht Gottes" aus einer freilich verwaschenen Bezeichnung von Religion als Motivation weisheitlicher und anderer Ethik schließlich in 3,14b; 5,6b; 7,18 zum Begriff für die Haltung eines auflehnungs- und erwartungslosen Sich-Fügens unter eine unabänderliche, letztlich aber vertrauensunwürdige Determination,[20] so darf es uns auch nicht wundern, wenn der Zweifel am Tun-Ergehen-Zusammenhang (6,8; 7,15; 8,10–14; 9,2), dem Kern einer soziomorphen Kosmologie von einst,[21] nicht einmal mehr das Theodizeeproblem weckt. Der Gott Kohelets ist fast durchgehend ein Abstraktum ohne Gestalt und Namen, auch ohne eigentlichen Willen; er ist keine Person, an die man einen Vorwurf richten könnte, wie Hiob es tut. Vor allem: In wichtigen Abschnitten wie dem Proömium 1,4–11 und dem Gedicht von der Allmacht der „Zeit" 3,1–8, wonach die ewige Wiederkehr bzw. der polare Wechsel aller Geschehnisse als sinnraubend erscheinen, kann Kohelet auf den Begriff „Gott" überhaupt verzichten;[22] die als widerständig erlebte Transzendenz symbolisiert er hier auf andere Weise.

3. Anschaulich wird der Plausibilitätsverlust herkömmlichen Schöpferglaubens vielleicht noch an einem eher beiläufig-unscheinbaren Zug. In einem philosophischen Lebensexperiment prüft Kohelet die „Weisheit" und die „Torheit", d.h. das Spiel der Lebensfreude, jeweils auf ihren „Gewinn" (1,13–2,11), wobei die Würfel für letztere fallen (2,24a; 3,12f. u.ö.). Um das Experiment mit der Lebensfreude zu maximieren, entwirft Koh 2,4–6 dabei eine Phantasielandschaft mit Weinbergen, Gärten und Parks, wie wir sie ähnlich auf der Flascheninschrift Amminadabs von Tell Sīrān, aber auch am Environ der Liebenden im Hohenlied finden.[23] Der Wunsch nach Selbstverwandlung (Travestie) in einer künstlich-künstlerischen, einer „geistigen Landschaft"[24] entspricht dabei zwar einem menschlichen Grundbedürfnis; auffällig bleibt aber, daß dieses hier, wie unter anderem in der griechisch-römischen Literaturgeschichte,[25]

---

[19] In V. 19b ist mit Versionen *maʿnēhû* „gibt er ihm zu schaffen" zu lesen, das mit HALAT zu *ʿnôt* (1,13; 3,10) sowie zu *ʿinyān*, einer Lieblingsvokabel Kohelets, zu stellen und als *ʿnh* III zu lemmatisieren ist. So „denkt" der Mensch nach 19a „nicht viel an die Tage seines Lebens", deren Kürze V. 17 beklagt (vgl. Anm. 16). Anders FISCHER, 81–86, der *maʿnēhû* mit Hinweis auf den Gebrauch von *ʿnh* in den Psalmen und in Anknüpfung an LOHFINK, Revelation, von *ʿnh* I „antworten" ableiten will; aber Sprache und Frömmigkeit der Psalmen sind Kohelet sonst ganz fremd.

[20] „Furcht Gottes" erscheint in 5,6b als Alternative zu der zwar nicht grundsätzlich abgelehnten, aber doch kühl bewerteten überkommenen Religion mit ihren Gelübden; in 7,18b ist sie ein *tertium* neben Gerechtigkeit und Sich-Weise-Dünken auf der einen, Ungerechtigkeit und Torheit auf der anderen Seite. In 3,14 vollends ist sie die intendierte Reaktion auf ein göttliches Handeln, das sich in unwiderruflicher Willkür erschöpft, womit der Diskurs 1,12–3,15 seinen Abschluß findet.

[21] Zur sozio- und technomorphen Wirklichkeitswahrnehmung in den Religionen überhaupt vgl. TOPITSCH; dazu ASSMANN, 31.

[22] Vgl. zu einer weitgehenden Funktionslosigkeit der Urhebergottheit Kohelets SCHMID, 192f., und den Selbstbericht MICHELS, 100; Kohelets Gottesbegriff ist darin demjenigen Epikurs ähnlich.

[23] Vgl. MÜLLER, Kohelet und Amminadab; DERS., Travestien.

[24] Vgl. MÜLLER, Travestien; zum Terminus „geistige Landschaft" vgl. SNELL.

[25] Vgl. MÜLLER, Selbstverwandlung.

vorwiegend in Spätzeiten seine abschließende Verwirklichung sucht, wenn zugleich
die vorfindliche Realität den Sinn- und Glücksbedarf infolge Erschöpfung bislang
bergender Deutungsmuster nicht mehr zu befriedigen vermag. Trotz des in 12,1
nachfolgenden Bezugs der Lebensfreude auf den Schöpfer braucht die Wirklichkeit
auch für Kohelet die Sublimation, eine Korrektur in der Phantasie, um auch nur
als Feld eines Sinnexperiments in Frage zu kommen. Das aber setzt gerade angesichts des Zweifels an einem soeben aufkommenden Unsterblichkeitsglauben (3,19–
21)[26] ein Element der Daseinsverdrossenheit voraus, die sich in einer Gemeinschaft,
die am heilsgeschichtlichen Hintergrund des Tempelkults ohnehin nicht mehr ihren religiösen Mittelpunkt hatte, auch von schöpfungsmythischer Bejahung entfernt;
schwindende Geborgenheit in einer Welt, die einst auf die eine oder andere Weise vom Heiligen durchdrungen war, wird in religiösen Endphasen angesichts einer
widerständigen Transzendenz allenfalls mittels einer ästhetischen Gegenwelt wieder-
gewonnen.

II.

1. Daß zwischen Kohelet und einer gleichzeitigen epikuräischen bzw. skeptischen Popularphilosophie eine Verbindung besteht, wird derzeit wieder
unvoreingenommener anerkannt.[27] Möglicherweise hat der lockere Diskurs
von , sofern man hinter ihm ein Frage-Antwort-Spiel oder eine Widerlegung
wechselnder Selbsteinwände vermuten darf, in der „Diatribe", die auf Kohelets Zeitgenossen Teles und/oder Bion von Borystenes zurückgeht, eine
Gattungsparallele.[28]
2. Aber vielleicht kann man bei der Suche nach griechischen Parallelen zum
Denken Kohelets noch weiter zurückgehen.[29] Kritik an der herkömmlichen
Religion, z.T. mit pessimistischen oder skeptischen Zügen, findet sich schon
bei den Vorsokratikern. Man muß sich die Entwicklung einer Kultur nicht
nach Analogie des Werdens und Vergehens eines Organismus vorstellen,
um zu bemerken, daß die Denkgeschichte fast jeder höheren Kultur ein
Stadium durchläuft, in dem die primäre Orientierung an einer meist mythi-

---

[26] Vgl. MÜLLER, Weisheitliche Deutungen.
[27] Vgl. etwa LOHFINK, Kohelet, 9f.15; LORETZ, Anfänge, 23; DERS., Jüdischer Gott;
SCHWIENHORST-SCHÖNBERGER, „Nicht im Menschen …", 233ff.; dazu die Forschungsberichte
von SCHWIENHORST-SCHÖNBERGER, Stand, 26–28; KAISER, 26–31, und BOHLEN.
[28] Vgl. zum Diatribestil bei Kohelet HADAS, 205–210; LOHFINK, Kohelet, 10; DERS., Koheletbuch, 44, und NICKEL, 545. Nach KLEIN, 164, spricht gegen die Zuordnung zur Gattung Diatribe
unter anderem, daß diese erst im 3. Jh. aufkommt; dazu wieder SCHWIENHORST-SCHÖNBERGER,
Stand, 22, der auf S. 21f. weitere Vertreter eines Verständnisses des Buchs Kohelet vom Diatribestil her benennt.
[29] Unlängst hat VON LOEWENCLAU, 328, den Versuch eines Vergleichs Kohelets mit Sokrates
gewagt, indem sie „im Fragen und Reflektieren Kohelets eine echte Parallele zum sokratischen
Gespräch" fand, „wie es die Dialoge Platons widerspiegeln". In einem weiteren Zusammenhang
wäre die alte Frage nach einem elementaren ostmediterranen Kulturzusammenhang neu zu
stellen.

schen Religion einer empirisch oder rational motivierten Kritik anheimfällt, aus der sie nicht unverändert wieder hervorzugehen vermag. Dieses Stadium ist bei den Hellenen unter Plausibilitätsverlust einer älteren mythischen Wirklichkeitswahrnehmung nur relativ früher eingetreten. Zwar hat umgekehrt auch die hebräische Weisheit, wie etwa die Aufnahme von Motiven des Weltschöpfungsmythos in die Gottesreden des Hiobbuchs (38,1ff.) zeigt,[30] eine größere Offenheit für den mythischen Hintergrund aller Religion, als gewöhnlich zugestanden wird. Sowohl die hebräische wie die hellenische Antike kennen zudem die Umsetzung obsolet gewordener Mythenmotive in das lyrische Spiel – erstere im Hohenlied, letztere etwa in einem so frühen Gedicht wie dem Gebet Sapphos an Aphrodite 1 D. = 1 LP.[31] Dennoch macht es einen wesentlichen Unterschied aus, wenn die Kritik Kohelets die an Alltagserfahrungen und deren rationaler Durchdringung orientierte Weisheitsreligion, nicht mehr eine kultbezogene Mythos- oder eine nationale Geschichtsreligion zum Gegenstand hat.

3. Thales soll nach Aristoteles, Metaphysik A 3. 983b 6 (= DIELS/KRANZ, 11 A 12) die ἀρχή, d.h. den schöpferischen Urgrund der Dinge, nicht mehr aus einem göttlichen Handeln hergeleitet, sondern in einem Urstoff, dem Wasser, gesucht haben;[32] darin liegt auch dann ein wichtiger Schritt aus der herkömmlichen Religion, wenn die ἀρχή nicht als tote Materie, sondern als eine Substanz mit eher herrscherlichen Eigenarten erscheint.[33] An die Stelle einer narrativen Wirklichkeitsdeutung durch den Mythos tritt jedenfalls eine begriffliche: Die vielfältige Weltvorstellung wird aus *einem* Begriff entwickelt, aus dem Begriff dessen, *was* war und ist, nicht aus einer Erzählung von dem, *wie* es einst geschah.[34] Wenn unser Gewährsmann Aristoteles im gleichen Zusammenhang die als ewig gedachte ἀρχή[35] mit dem Begriff φύσις belegen kann, so wird der Bestand der Welt schon dadurch auf diese selbst, nicht auf das Wirken von Gottheiten gegründet.[36]

Φύσις als *Nomen actionis* zu φύειν „(er-)zeugen, hervorbringen; entstehen, wachsen" hat dabei – wie lateinisch *natura* von *nasci*[37] – seinen letzten Hintergrund zwar immer noch an der mythischen Vorstellung einer „Geburt"

---

[30] Vgl. MÜLLER, Gottes Antwort = Mensch, 121–142.

[31] Vgl. MÜLLER, Handerhebungsgebet. Vgl. DIEHL (= D.) und LOBEL/PAGE (= LP.)

[32] Aristoteles (De caelo B 13. 249a 28 [= DIELS/KRANZ, 11 A 14]) bezeichnet es als die „älteste" überkommene Lehre, die Thales von Milet vertreten haben soll, „daß die Erde auf dem Wasser ruhe", ja wie Holz auf ihm schwimme, woraus er nach Seneca (Nat. quaest. III 4, p. 106,9 [Gercke] = DIELS/KRANZ, 11 A 15) das Erdbeben erklärt; dabei entspricht der zitierte Halbsatz der altorientalisch-alttestamentlichen Vorstellung etwa von Gen 1.

[33] Vgl. FRÄNKEL, 298f.

[34] Vgl. CAPELLE, 5.68. So hat auch der Magnetstein nach Thales bei Aristoteles (De anima I 2. 405a 19 [= DIELS/KRANZ, 11 A 22; CAPELLE, 71]) eine Seele, so daß er Eisen bewegen kann; vgl. Anm. 39.

[35] Zur Ewigkeit der ἀρχή vgl. CAPELLE, 5 Anm. 6.

[36] CAPELLE, 71 Anm. 2.

[37] Vgl. GRAESER, 13, der darin HEIDEGGER folgt.

des Seienden aus dem Schoß einer Göttin;[38] als ein Immanenzbegriff aber
konstituiert die Prinzipialisierung der Welt als φύσις eine nicht mehr transzen-
denzbezogene Einheit des Seienden, nachdem die nur noch etymologische
Geburtsvorstellung allenfalls eine Metapher ist. Wenn Thales dann aber, falls
wir der Überlieferung trauen dürfen, die Vorstellung einer Allbeseelung in
den Glauben zurückübersetzt,[39] „daß alles voller Götter sei",[40] so scheint
es ihm mittels des *Physis*-Begriffes zugleich möglich zu werden, „vertrau-
te Attribute göttlichen Seins auf die Natur (zu) übertragen":[41] Tatsächlich
liegt Thales an einer Deutung der Weltallvorstellung; die „Götter" sind ihm
interpretatorische Hilfsmittel.

Die griechische Philosophie ist also schon an ihrem Anfang mit dem Aus-
gang aus mythischer Unmündigkeit viel weiter gegangen als Kohelet: Seiner
Depotenzierung Gottes zum *Deus otiosus* entspricht und widerspricht bei
Thales eher ein *Deus-sive-natura*; eine Entwirklichung personhafter Gottheiten liegt in beiden Fällen vor.

4. Die soziomorphe Kosmologie, nach der die altorientalische und alttestamentliche Weisheit mit ihrer Voraussetzung eines Tun-Ergehen-
Zusammenhangs auch die außermenschliche Wirklichkeit[42] wie eine Gesellschaft agieren läßt, die den an ihre Normen Anpassungswilligen belohnt
und den Widerstrebenden straft, hat in einem bekannten Satz Anaximanders
eine Entsprechung. Der Ausspruch wird bei Simplikios (um 530 n.Chr.) zu
Aristoteles, Physik 24,13 (= DIELS/KRANZ, 12 B 1), nach Theophrast folgendermaßen überliefert:

Ἐξ ὧν δὲ ἡ γένεσίς ἐστι τοῖς οὖσι, καὶ τὴν φθορὰν εἰς ταῦτα γίνεσθαι κατὰ τὸ χρεών·
διδόναι γὰρ αὐτὰ δίκην καὶ τίσιν ἀλλήλοις τῆς ἀδικίας κατὰ τὴν τοῦ χρόνου τάξιν.

---

[38] Vgl. zur altorientalischen Vorstellung von der Schöpfung als einer Geburt MÜLLER, Mythos, 15f. u.ö.

[39] Umgekehrt können schon die Götter der althellenischen Naturreligion, Helios, Selene,
Uranos, Iris u.a., in die Naturphänomene, die ihnen den Namen gaben, zurückübersetzt werden.
Sie repräsentieren eine Gotthaltigkeit natürlicher Erscheinungen, die in der Vorstellung einer
Allbeseelung umfassend und gleichsam endgültig wiederkehrt; sie haben einen Bezug auf etwas
außerhalb ihrer, eine „Referenz", wodurch sie (sc. interreligiös, interkulturell) miteinander
vergleichbar und einander gleichsetzbar sind (ASSMANN, 18–24). Eine solche Rückübersetzung
findet sich bei Xenophanes: „Was sie Iris nennen, auch das ist seiner Natur nach nur eine Wolke,
purpurn und hellrot und gelbgrün zu schauen" (DIELS/KRANZ, 21 B 32; CAPELLE, 118); ähnlich
Empedokles bei „Menander" (sc. Genethlios) I 5,2 (DIELS/KRANZ, 31 A 23) und Aetius I 3,20
(DIELS/KRANZ, 31 A 33), beides bei CAPELLE, 238f.

[40] Bei Aristoteles, De anima A 5. 411a 7 (= DIELS/KRANZ, 11 A 22; CAPELLE, 72). Was vom
Magnetstein gelten soll (vgl. Anm. 34), wird auf das Weltall übertragen.

[41] GRAESER, 24.

[42] Daß dabei nicht nur an Naturdinge gedacht ist, hat HEIDEGGER, 331, mit Recht betont, so
daß die Übersetzung „Dinge" für τὰ ὄντα eigentlich zu eng ist; sie hat den Vorteil, eine sächliche
Pluralbildung zu gestatten.

„Woraus aber die Dinge ihre Entstehung haben, dahinein findet auch ihr Untergang statt gemäß der Schuldigkeit; denn sie leisten einander Sühne und Buße für ihre Ungerechtigkeit gemäß der Verordnung der Zeit."[43]

Wenn danach das Entstehende bei seinem Untergang an seinen Ursprungsort zurückkehrt, so fühlen wir uns – was die *eine* Hälfte der in sich zurückkehrenden Bewegung angeht – an die ewige Wiederkehr von Koh 1,4–11 erinnert: Mit der „Schuldigkeit" (χρεών) wird aber eine positiv-wertige Weltnorm vorausgesetzt, die ähnlich wie unser Begriff des „Natur*gesetzes*" ein Rechtssystem als Metapher wählt; der Kosmos wird wie eine Rechtsgemeinschaft vorgestellt.[44] Dazu hat FRÄNKEL auf die aktivische Struktur im zweiten Teil der Formulierung hingewiesen: „die Wendung drückt aus, daß die Strafe nicht als ein passives Leiden aufgefaßt wird, sondern als eine aktive Leistung; der Rechtsverletzer (sc. Naturdinge, Produkte und Wesen) ‚gibt' dem Opfer seiner Missetat ... ‚Recht', denn die Sühne verwandelt das bestehende Unrecht in ein wiederhergestelltes Recht."[45] Dies garantiert, wie ursprünglich wohl auch nach der altorientalischen und alttestamentlichen Weisheit, bereits ein immanenter Ordnungsmechanismus, nicht erst die göttliche Vorsehung.[46] Die verordnende „Zeit" aber ist nicht eine selbst als Triebkraft wirkende Vollstreckerin, wie FRÄNKEL meinte; vielmehr geschieht der wechselseitige Ausgleich von Werden und Vergehen nach „Schuldigkeit" oder „Notwendigkeit",[47] und das heißt lediglich „zur rechten Zeit", wobei die Polarität von Werden und Vergehen an Koh 3,1–8 mit seinen Gegensatzpaaren erinnert.[48] Eine Ordnung aber, die von der Gesellschaft auf alles Seiende übertragen wird, kann umgekehrt auf die Gesellschaft zurückwirken: Diese soll nun eine sittliche Weltordnung in sich fortsetzen, ist also nicht, wie wir heute lieber vermuten,[49] innerhalb eines chaotischen Kosmos eine menschgemäßere Gegenwelt, die gegen die Natur in ihr und um sie immer erst aufgebaut und angesichts von Bedrohung und Aufhebung ständig regeneriert werden muß.

Nach dem Rahmentext, in den Simplikios den zitierten Satz eingebettet hat,[50] ging Anaximander auf dem Weg einer abstrakten Prinzipialisierung

---

[43] Übersetzung nach CAPELLE, 82.

[44] Vgl. JAEGER, 218f. Wenn Anaximander von einer „Ungerechtigkeit" der Dinge spricht, so setzt er als Oppositum so etwas wie deren „Wahrheit" (Anm. 13) voraus, die sich freilich nicht an logischen, sondern an juridischen Maßstäben bemißt.

[45] FRÄNKEL, 304.

[46] Vgl. zur alttestamentlichen Weisheit KOCH.

[47] Indem HEIDEGGER, 341, κατὰ τὸ χρεών wie viele andere mit „nach der Notwendigkeit" übersetzt, transponiert er die moralisch-juridische Metaphorik, die in „Schuldigkeit" liegt (vgl. S. 331), ins Ontologische, wie es hier speziell seiner philosophischen Konzeption entspricht.

[48] Zu ähnlichem Gegensatzpaar bei Alkman vgl. FRÄNKEL, 290; zu Empedokles siehe sogleich.

[49] So etwa bei LUHMANN.

[50] Ausführliches Zitat DIELS/KRANZ, 12 A 9: A. ... ἀρχήν τε καὶ στοιχεῖον εἴρηκε τῶν ὄντων τὸ ἄπειρον – „A. ... hat als Ursprung und Element der Dinge das Unendliche angenommen."

der Welt darin ein Stück weiter als sein Lehrer Thales,[51] daß er die ἀρχή als
ein ἄπειρον identifizierte, ein Ewig-Unendliches, Unaussprechliches als einen
Inbegriff des Möglichen, aus dem das Wirkliche hervorgeht,[52] das – als ein
Reservoir polarer Grundkräfte für Entstehung und Untergang – geradezu
den Platz des Göttlichen einnimmt. Weithin erlischt damit die Motivation
für den Mythos: Die moralisch-juridische Ordnung, welche das Seiende bei
Bestand hält und in seinem Sein legitimiert,[53] wird – vielleicht in Rückkehr
zu einem *vor*mythischen Wirklichkeitsverständnis – zu einem Merkmal des
Seienden selbst, wenn dies auch nur *via negativa*, auf dem Gegenpol des
Bekannten, gefunden wird, das für ein ohnehin polar ausgerichtetes Denken
dennoch aus ihm hervorgeht; die illusorische „Verstaatlichung des Welt-
bilds"[54] hat freilich zur Voraussetzung, daß die mythische *quaestio iuris* im
Blick auf das Seiende nach wie vor gestellt werden kann.

5. Weit über Kohelet hinaus geht eine Entmythisierung des Kosmos, wenn
Empedokles unter Inkaufnahme eines logischen Widerspruchs von einer
Determination der das Weltgeschehen lenkenden polaren Energien „Liebe"
(φιλία) und „Streit" (νεῖκος), damit aber auch der Kosmo- und Zoogonie
durch die τύχη ausgeht.[55] Demokrit vollends ersetzt die anthropomorphe
Weltwahrnehmung des Mythos durch eine Art Materialismus.[56] Scheinbare
Zweckhaftigkeit in der Welt geht tatsächlich auf eine verursachende Kraft
einfachster Art zurück: Dieselbe notwendige Ursächlichkeit wirkt in derselben Weise auf eine strukturell immer gleiche Materie. Ein darin angelegter
immanenter Determinismus wird zum Motiv der Erkenntniskritik: Die Eigenschaften, die wir an den Dingen wahrzunehmen meinen, gebe es nicht

---

Ein paar Zeilen weiter folgt der hier kommentierte Satz. Übersetzung des ganzen Zitats bei
CAPELLE, 81f.

[51] Seinem Lehrer Thales folgt Anaximander darin, daß er die Entstehung des Lebendigen
im Wasser sucht, so in den bei CAPELLE, 87f., zitierten Sätzen (DIELS/KRANZ, 12 A 11.30).
DIELS/KRANZ, 12 A 10f., zeigen die Anfänge eines Evolutionismus, auf welchem Weg Empedokles und Demokrit weiter voranschritten.

[52] Vgl. FRÄNKEL, 300.

[53] Vgl. zur legimierenden Funktion des Mythos MÜLLER, Mythos, *passim*.

[54] Vgl. zum Begriff JOËL, 258. Daß Anaximander bei den Begriffen des hier kommentier-
ten Satzes in ποιητικωτέροις οὕτως ὀνόμασιν, d.h. in Metaphern, rede, betont Theophrast; vgl.
HEIDEGGER, 330. Offenbar werden so auch die Götter zu Metaphern, wenn sie Anaximander
einerseits mit dem ἄπειρον, andererseits, nach Cicero, den unzähligen Welten identifiziert,
die neben- und nacheinander aus diesem hervorgehen; vgl. JASPERS, Philosophen, 629.

[55] Vgl. die zahlreichen Belege bei CAPELLE, 197–206.218–220.

[56] Dem materialistisch-deterministischen Ansatz Demokrits widersprechen einerseits seine
geradezu idealistische Ethik und seine Zugeständnisse an den herkömmlichen Götterglauben
(bes. DIELS/KRANZ, 68 B 175), sowie andererseits der Tatbestand, daß er, der alles Naturge-
schehen auf die Notwendigkeit (ἀνάγκη) zurückführt, die Welt*entstehung* indeterministisch
auf Zufall beruhen läßt. „Idealistisch" und änigmatisch ist auch eine Überlieferung bei Aetius,
wonach Demokrit Gott als νοῦν ἐν πυρὶ σφαιροειδεῖ „Geist in kugelförmigem Feuer", d.h. in
kugelförmig feuriger Gestalt (?), definiert habe (DIELS/KRANZ, 68 A 71); vgl. zu Demokrits
Gottesvorstellung Anm. 60f.

φύσει, sondern nur herkömmlicher Meinung nach (νόμῳ);[57] daraus folgen ein Mißtrauen gegen die Sinneswahrnehmungen,[58] aber auch eine gegen das Denken gerichtete Skepsis.[59] Der herkömmlichen Religion sichert Demokrit durch seine *Eidola*-Lehre ein dürftiges Recht: Götter werden als eidetische Imaginationen, eine figurative Zwischenwelt von Subjekt und Objekt, dekodiert;[60] ihre Produktion entspringt aber der Natur der Dinge und des Menschen.[61]

Gegenstand einer konkreten Religionskritik sind schon bei Hesiod (Theogonie 535ff.),[62] aber auch bei Verfechtern der Gewaltlosigkeit wie den Orphikern und Pythagoräern, bei Heraklit[63], Empedokles[64], Theophrast[65] u.a. die Opfer. Ein ausdrücklicher Atheismus, den Kohelet nicht kennt, fehlt auch in der vorklassischen griechischen Philosophie fast ganz.[66]

6. Mit der nacharistotelischen griechischen Philosophie hat Kohelet den pragmatischen Eudämonismus gemein: Nicht mehr die großen metaphysischen Fragen nach dem Sein hinter der Erscheinung, nach der kosmische Ordnung oder dem Verhältnis von Subjekt und Objekt, sondern die Möglichkeit individuellen Lebensglücks angesichts eines problematisch werdenden Verhältnisses des einzelnen zu den Gesellschaften der hellenistischen Großreiche beherrschte nun das Denken und Handeln.[67] Geradezu einer Unverfügbarkeit des Glücks wurde umgekehrt die griechische Skepsis inne, zumal für sie

---

[57] Diogenes Laertius, Vita philosophorum IX 45 (DIELS/KRANZ, 68 A 1 [S. 84, Z. 23]): ποιότητας δὲ νόμῳ εἶναι φύσει δ' ἄτομα καὶ κενόν „Eigenschaften gibt es (nur) der Meinung nach, von Natur (gibt es nur) Atome und leeren Raum (Leere)"; ähnlich DIELS/KRANZ, 68 B 9 und 125.

[58] DIELS/KRANZ, 68 A 59 und B 9.

[59] DIELS/KRANZ, 68 B 10 und 117; mit B 117 ist Koh 7,24 zu vergleichen.

[60] Einschlägige Belege finden sich bei CAPELLE, 419 (Nr. 61f.), 421f. (Nr. 67–70) und 469f. (Nr. 283); vgl. allgemein zu den *Eidola* S. 429 (Nr. 91–94).

[61] Der Natur der *Dinge* entspringt die Produktion religiöser Vorstellungen, sofern Demokrit die Götter als *Eidola* (Cicero: *imagines*) identifiziert, die sich von den Dingen ablösen und unsere Sinne treffen. Der Natur des *Menschen* entspringt sie einerseits, weil der Mensch auf noch unverstandene Himmelserscheinungen u.ä. mit Furcht reagiert (DIELS/KRANZ, 68 A 75); andererseits sind es Weise der Vorzeit, die nach B 30 ihre Hände zum Himmel erhoben und Zeus verehrten (vgl. JASPERS, Nachlaß I, 58f.), wozu B 129 zu stellen ist.

[62] Daß Zeus, d.h. die Götter, nur den geringsten Teil des Opfers bekommen, wird hier auf Prometheus zurückgeführt, der die Götter ausgetrickst habe; ein ironischer Zug, auch im mythischen Gewande, ist kaum zu übersehen.

[63] DIELS/KRANZ, 22 B 5.

[64] DIELS/KRANZ, 31 B 128.

[65] Bei Porphyrios, De abstinentia 2,27.

[66] So hat Kritias die (Götter-)Furcht als das Mittel abgewertet, das „ein schlauer und gedankenkluger Mann" erfunden habe, ὅπως εἴη τι δεῖμα τοῖς κακοῖσι „damit ein Schreckmittel da sei für die Übeltäter" (DIELS/KRANZ, 88 B 25,7f.). Weiteres bei BURKERT, 465–468.

[67] Umgekehrt brachte die Erschließung neuer Räume für Warenproduktion und -austausch vor allem in den Zentren der Hellenisierung des Orients und der Diadochenherrschaft für individuelles Lebensglück auch ganz neue Entfaltungsmöglichkeiten: Geistige und politische Anpassung an die neuen Verhältnisse eröffnete Aufstiegsmöglichkeiten; politische Ohnmacht war Anlaß, Selbstverwirklichung im Alltäglichen zu suchen.

nicht nur nichts mit Sicherheit erkennbar, sondern selbst dieses skeptische Metawissen keineswegs gewiß war.[68] Entsprechend wird bei Kohelet eine in der altorientalischen und alttestamentlichen Weisheit wohl von vornherein angelegte Ambivalenz bei der Beurteilung menschlicher Erkenntnisfähig-keit[69] in der Atmosphäre spätgriechischer Popularphilosophie allererst ne-gativ vereindeutigt. Anders als in der griechischen Skepsis ist es aber nicht der Zweifel an den Fähigkeiten der menschlichen Sinne und unserer Ver-nunft, sondern ein Rest festgehaltenen Gottesbewußtseins, der nach Kohelet eine Einsicht in Ordnung und Sinn zumindest des Wirklichkeits*ganzen* als unmöglich erscheinen läßt: Gott ist es, der die Aufgabe, in der Wirklichkeit eine „Wahrheit" auszumachen, zwar „gibt" (1,13), gleichzeitig aber durch ei-ne ebenso willkürliche wie unabänderliche Vorsehung, die alles durchwirkt, auch ihren Erfolg verhindert (3,11bβ.14; 8,17; vgl. 7,23f.[70]); ein Rest von Plausibilität herkömmlicher Weisheitsreligion führt in theonome Skepsis. Weil Transzendenz – offenbar anders als bei den Vorsokratikern, deren gele-gentliche Skepsis immanent begründet wird – als widerständig erlebt wird, bleibt selbst Religionskritik, indem sie als Erkenntniskritik generalisiert ist, auf dialektisch vermittelte Weise immer noch religiös.

Summary

Of all peripheral forms of Old Testament religion, "wisdom," at the close of which the thinking of Qohelet is situated, shows the biggest gap to the central motifs of Old Testament theology. Especially Qohelet's search for "truth" in reality, i.e. for any meaningful order of being, founders through the action of a God whose providence is at once arbitrary and immutable. The result is a theonomic scepticism; transcendence is seen as opposed to human efforts of sense-giving. Therefore Qohelet's faith is driven into a evaporation of God to a remote *Deus otiosus*; Israel's God as a Saviour is replaced by a mere permissive instance (9:7) and even by an anonymous power of fate only.

Qohelet's sceptically resigned wisdom not only has parallels in texts of Hellenistic popular philosophy; some motifs of his conception are, moreover, comparable with tendencies in the pre-Socratics, e.g. with the replacement of mythical instances by an impersonal but nevertheless numinous ἀρχή and a self-empowered φύσις since Thales, with a socio-morphic understanding of reality in Anaximandros, or with the determination of what happens by

---

[68] Vgl. HOSSENFELDER, 149f.

[69] So wird in *Ludlul bēl nēmeqi* II,33–35 die Überlegenheit der göttlichen Vorsehung ge-genüber menschlichem Verstehen betont. Prov 16,9; 19,21; 21,30f. hebt die gleiche Überlegenheit gegenüber menschlichem Planen hervor.

[70] Vgl. MÜLLER, Theonome Skepsis, 15–17; DERS., Neige der althebräischen „Weisheit", 248–250 = Mensch, 155–157; DERS., Der unheimliche Gast, 449–452 = Mensch, 178–181.

τύχη directing "love" (φιλία) and "strife" (νεῖκος) according to Empedocles, finally by the system promoted by Democrit, and others more.

Qohelet shares a pragmatic eudaemonism with post-Aristotelic Greek philosophy; the possibility of an individual happiness, considering the growing difficulty of the individual in the societies of the Hellenistic kingdoms, now dominated thought and action. The undisposability of happiness actually became inherent in Greek scepticism, as there was neither any assurance of perception, nor even was this very meta-knowledge of any degree of certitude. Different from Greek scepticism, it is not the doubt of the abilities of human sensual perception and reason, but a remnant of God consciousness hold on; God himself, according to Qohelet, makes an insight into order and meaning of reality as a whole entirely impossible. Criticism of religion generalized as criticism of human perception so still remains religious.

Bibliographie

J. Assmann, Ma`at. Gerechtigkeit und Unsterblichkeit im Alten Ägypten, München 1990.

H. M. Barstad, *rāṣāh*, ThWAT VII (1993), 640–652.

R. Bohlen, Kohelet im Kontext hellenistischer Kultur, in: L. Schwienhorst-Schönberger (Hg.), Das Buch Kohelet. Studien zur Struktur, Geschichte, Rezeption und Theologie, BZAW 254, 1997, 249–274.

E. Bons, Das Buch Kohelet in jüdischer und christlicher Interpretation, in: L. Schwienhorst-Schönberger (Hg.), Das Buch Kohelet. Studien zur Struktur, Geschichte, Rezeption und Theologie, BZAW 254, 1997, 327–362.

W. Burkert, Griechische Religion der archaischen und klassischen Epoche, RM 15, 1977.

W. Capelle, Die Vorsokratiker, Stuttgart 1963.

E. M. Cioran, De l'inconvéniant de l'être né, Paris 1973.

E. Diehl, Anthologia Lyrica Graeca, 3. Aufl., Leipzig 1950.

H. Diels/W. Kranz, Die Fragmente der Vorsokratiker, 2 Bde., 6. Aufl., Zürich/Berlin 1951 und 1952.

P. Doll, Menschenschöpfung und Weltschöpfung in der alttestamentlichen Weisheit, SBS 117, 1985.

A. A. Fischer, Skepsis oder Furcht Gottes? Studien zur Komposition und Theologie des Buches Kohelet, BZAW 247, 1997.

H. Fränkel, Dichtung und Philosophie des frühen Griechentums, München 1962.

K. Galling, Der Prediger, in: ders./O. Plöger/E. Würthwein, Die Fünf Megilloth, HAT I.18, 1969.

H. Gese, Zur Komposition des Koheletbuches, in: H. Cancik/H. Lichtenberger/P. Schäfer (Hg.), Geschichte – Tradition – Reflexion, Bd. 1: Judentum, FS M. Hengel, Tübingen 1996, 69–98.

A. Graeser, Die Vorsokratiker, in: G. Böhme (Hg.), Klassiker der Naturphilosophie. Von den Vorsokratikern bis zur Kopenhagener Schule, München 1989, 7–28.

H. GUNKEL, Die israelitische Literatur, in: P. Hinneberg (Hg.), Die Kultur der Gegenwart, Nachdruck der 2. Aufl. von 1925, Darmstadt 1963, 53–112.

M. HADAS, Der Hellenismus. Werden und Wirken, Kindlers Kulturgeschichte Europas Bd. 3, München 1983.

C. R. HARRISON, Qoheleth in Social-Historical Perspective, Diss. Duke University Durham NC, 1991.

M. HEIDEGGER, Der Spruch des Anaximander, in: DERS., Holzwege, Gesamtausgabe I.5, Frankfurt a. M. 1977, 321–373.

M. HOSSENFELDER, Die Philosophie der Antike, Bd. 3: Stoa, Epikureismus und Skepsis, GPh 3, 1985.

W. JAEGER, Paideia. Die Formung des griechischen Menschen I, 3. Aufl., Berlin 1954.

K. JASPERS, Die großen Philosophen I, 4. Aufl., München 1988.

– Die großen Philosophen. Nachlaß I: Darstellungen und Fragmente, hg. v. H. SANER, München/Zürich 1981.

K. JOËL, Geschichte der antiken Philosophie I, Tübingen 1921.

O. KAISER, Beiträge zur Kohelet-Forschung. Eine Nachlese, ThR 60 (1995), 1–31.233–253.

CHR. KLEIN, Kohelet und die Weisheit Israels. Eine formgeschichtliche Studie, BWANT 132, 1994.

K. KOCH, Gibt es ein Vergeltungsdogma im Alten Testament?, in: DERS. (Hg.), Um das Prinzip der Vergeltung in Religion und Recht des Alten Testaments, WdF 125, 1972, 130–180.

A. LAUHA, Kohelet, BK XIX, 1978.

E. LOBEL/D. PAGE, Poetarum Lesbiorum Fragmenta, Oxford 1955.

I. VON LOEWENCLAU, Kohelet und Sokrates – Versuch eines Vergleiches, ZAW 98 (1986), 327–338.

N. LOHFINK, Kohelet, NEB, 1980.

– Das Koheletbuch, in: L. SCHWIENHORST-SCHÖNBERGER (Hg.), Das Buch Kohelet. Studien zur Struktur, Geschichte, Rezeption und Theologie, BZAW 254, 1997, 39–122.

– Revelation by Joy, CBQ 52 (1990), 625–635.

O. LORETZ, Anfänge jüdischer Philosophie nach Qohelet 1,1–11 und 3,1–15, UF 23 (1991), 223–244.

– Jüdischer Gott und griechische Philosophie (ḥokmat yevanit) im Qohelet-Buch, MAR 8 (1994), 151–176.

N. LUHMANN, Soziale Systeme. Grundriß einer allgemeinen Theorie, Frankfurt a. M. 1984.

O. MARQUARD, Apologie des Zufälligen. Philosophische Studien, Stuttgart 1986.

D. MICHEL, Qohelet, EdF 258, 1988.

H.-P. MÜLLER, Gottes Antwort an Ijob und das Recht religiöser Wahrheit, BZ 32 (1987), 210–231.

– Ein griechisches Handerhebungsgebet? – Zu Sappho 1 D. (= 1 LP.) in: M. WEIPPERT/ST. TIMM (Hgg.), Meilenstein, FS H. Donner, ÄAT 30, 1995, 134–142.

– Kohelet und Amminadab, in: A. A. DIESEL/R. G. LEHMANN/E. OTTO/A. WAGNER (Hgg.), „Jedes Ding hat seine Zeit …" Studien zur israelitischen und altorientalischen Weisheit, FS D. Michel, BZAW 241, 1996, 149–166.

— Die Kunst der Selbstverwandlung in imaginären Landschaften – Zur Vorgeschichte von Vergils „Arkadien" [erscheint demnächst in: Veröffentlichungen des Arbeitskreises zur Erforschung der Religions- und Kulturgeschichte des Antiken Vorderen Orients (AZERKAVO) 2, Münster].

— Mythos – Kerygma – Wahrheit. Gesammelte Aufsätze zum Alten Testament in seiner Umwelt und zur Biblischen Theologie, BZAW 200, 1991.

— Neige der althebräischen „Weisheit", ZAW 90 (1978), 238–263 (= DERS., Mensch – Umwelt – Eigenwelt. Gesammelte Aufsätze zur Weisheit Israels, Stuttgart 1992, 143–168).

— Theonome Skepsis und Lebensfreude – Zu Koh 1,22–3,15, BZ 30 (1986), 1–19.

— Travestien und geistige Landschaften. Zum Hintergrund einiger Motive bei Kohelet und im Hohenlied, ZAW 109 (1997), 557–574.

— Der unheimliche Gast. Zum Denken Kohelets, ZThK 84 (1987), 440–464 (= DERS., Mensch – Umwelt – Eigenwelt, 169–193).

— Weisheitliche Deutungen der Sterblichkeit: Gen 3,19 und Pred 3,21; 12,7 im Licht antiker Parallelen, in: DERS., Mensch – Umwelt – Eigenwelt, 69–100.

— Wie sprach Qohälät von Gott?, VT 18 (1968), 507–521.

— /M. KRAUSE, Art. ḥākam, ThWAT II (1977), 920–944.

R. NICKEL, Epiktet, Teles, Musonius. Ausgewählte Schriften griechisch/deutsch, München/Zürich 1994.

H. H. SCHMID, Wesen und Geschichte der Weisheit, BZAW 101, 1966.

L. SCHWIENHORST-SCHÖNBERGER, „Nicht im Menschen gründet das Glück" (Koh 2,24). Kohelet im Spannungsfeld jüdischer Weisheit und hellenistischer Philosophie. Herders Biblische Studien 2, 1994.

— Kohelet. Stand und Perspektiven der Forschung, in: DERS. (Hg.), Das Buch Kohelet. Studien zur Struktur, Geschichte, Rezeption und Theologie, BZAW 254, 1997, 5–38.

B. SNELL, Arkadien. Die Entdeckung einer geistigen Landschaft, in: DERS., Die Entdeckung des Geistes. Studien zur Entstehung des europäischen Denkens bei den Griechen, 7. Aufl., Göttingen 1993, 257–274.

E. TOPITSCH, Vom Ursprung und Ende der Metaphysik, Wien 1958.

M. TREU (Hg.), Archilochos, Fragmente griechisch/deutsch, München 1959.

Der Psalter als Heiligtum

Erich Zenger, Münster

Die These, die ich unter dieser Überschrift erläutern möchte,[1] klingt im Blick auf sie paradox: Der Psalter als Ganzer (und im übrigen bereits die meisten Teilsammlungen, die in ihm integriert sind) hat *originär* einen nicht-liturgischen und kultunabhängigen „Sitz im Leben",[2] was zur Folge hat, daß damit sogar auch die in ihm stehenden tempelbezogenen und tempel-theologisch imprägnierten Psalmen auch von *diesem* „Sitz im Leben" aus interpretiert werden wollen. *Für diese These* möchte ich eine Reihe von Beobachtungen anführen:

---

[1] Die nachstehenden Ausführungen sind identisch mit dem dritten Teil meines Beitrags „Der Psalter als Buch".

[2] Vgl. die grundlegende Auseinandersetzung mit den Thesen und Argumenten einer originär „kultischen" Verwendung des Psalters in frühjüdischer Zeit und der Begründung für den Psalter als „Andachts- und Erbauungsbuch" bei Füglister. Daß Psalmen überhaupt (also nicht nur der Psalter als Buch) nur relativ spät und vereinzelt in die synagogale Liturgie aufgenommen wurden, zeigen Maier, Zur Verwendung, und Thoma. Mit der These soll keineswegs bestritten werden, daß *einzelne* Psalmen originär als kultische Texte entstanden sind (vor allem dürfte dies für einzelne Hymnen und Königspsalmen gelten) und daß Einzelpsalmen (z.B. die sog. Tagespsalmen) und sogar Psalmenkompositionen in der Liturgie des Zweiten Tempels „aufgeführt" wurden (vgl. I Chr 16); aber daß die sukzessive Entstehung des Psalters und seine Endkomposition sich der Psalmenverwendung der Jerusalemer Tempelliturgie verdanken, ist m.E. auszuschließen. Zur Frage nach dem Sitz im Leben des Psalters vgl. auch die Überlegungen von Fiedler und Vermeylen, die auf die Verwendung von Einzelpsalmen in der Tempelliturgie hinweisen, aber die Frage nach dem Sitz im Leben des Psalters nicht diskutieren. Demgegenüber greift Lohfink, Psalmengebet, die These von Füglister auf und sucht sie in folgender Perspektive zu präzisieren: „Füglister … spricht einfach vom Psalter als ‚Erbauungsbuch' und geht dann vor allem auf Fragen des inhaltlichen Verständnisses ein. Mir scheint die Frage wichtig, auf welche *konkrete* Weise (Hervorhebung: E. Z.) der Psalter der persönlichen ‚Erbauung' diente. Einfach durch *Lektüre*?" (4 Anm. 6). Lohfinks These lautet: Der „Sitz im Leben" des Psalters ist die damals verbreitete (Technik) der Meditation mit Hilfe auswendig aufgesagter (d.h. in einem halblauten, rhythmischen Singsang rezitierter) Texte: „Die Texte, über die der einzelne gedächtnismäßig verfügte, werden natürlich verschieden umfangreich gewesen sein. Doch beim Vergleich mit unseren heutigen Gedächtnisleistungen können wir eher an ein Mehr als an ein Weniger denken. Das muß damals der ‚Sitz im Leben' des Psalters gewesen sein. Er war einer der Texte, die man ‚meditierend' murmelte – falls er für diese Tätigkeit nicht sogar der Text gewesen ist. Wichtig ist, daß der Psalter rezitiert wurde. Sicher hat man auch einzelne Psalmen herausgegriffen und aufgesagt, wenn es sich ergab. Auch wird nicht jeder den ganzen Psalter beherrscht haben. Trotzdem waren nicht einzelne Psalmen – das Psalmenbuch war der Meditationstext. Der Psalter war ein *einziger* Meditationstext" (6).

1. Die zweiteilige Ouvertüre des Psalters: Ps 1–2

Schon die Ouvertüre des Psalters, Ps 1–2, läßt keinen liturgischen Bezug erkennen.[3] Daß die Psalmen 1 und 2 auf der Ebene der Endkomposition als Ouvertüre zu lesen sind, kann als Konsens der Forschung gelten.[4] Es spricht vieles dafür, daß Ps 1 von der Schlußredaktion sogar eigens dafür geschaffen und daß im Zusammenhang damit der bis dahin den Psalter eröffnende Psalm 2 erweitert wurde. Auf diese Erweiterung geht meiner Auffassung nach der Abschnitt Ps 2,10–12 zurück, der dem Königspsalm 2,1–9 ein neues Licht aufsetzt. Während nach Ps 2,1–9 der Zionskönig im Auftrag JHWHs die Könige der Erde mit Gewalt der Weltherrschaft JHWHs unterwerfen soll, wird der König in 2,10–12 zu einer Art Tora-Lehrer[5] für die Völker, der sie vor dem eschatologischen Strafgericht retten will. Aus dem „kriegerischen" Zionskönig wird eine tora-weisheitliche Gestalt, die im Dienst der univer- salen Königsherrschaft JHWHs steht. Bereits in Ps 2 kündigt sich damit die königstheologische bzw. messianische und theokratische Doppelperspektive an, die die Gesamtkomposition des fünfteiligen Psalters und seines Schluß- finales Ps 146–150 bestimmt.

Dieses Bild des Zionskönigs von Ps 2 wird in Ps 1 betont an den Anfang des Psalters überhaupt gestellt. Der Mann, der hier seliggepriesen wird, ist im Sinne der Endkomposition der königliche David bzw. in kollektivieren- der Leseweise ist es die königliche Gemeinde der Psalmenbeter(innen). Die Königsperspektive ist zum einen durch die Baum-Metapher in Ps 1,3 (vgl. Ez 31) angezeigt; zum anderen ist die Anspielung auf das sog. Königsgesetz Dtn 17,14–20 nicht zu übersehen, wo der ideale König als „Schüler der Tora" beschrieben wird.

Das Profil des in Ps 1–2 gezeichneten „Königsbildes" erhält seine beson- deren Nuancen, wenn es im Zusammenhang der beiden Texte Dtn 6,4–19 und Jos 1,1–9 gesehen wird, auf die die Psalmenkomposition Ps 1–2 anspielt. Zwei Aspekte sind besonders hervorzuheben:

a) Die Anspielungen auf Jos 1[6] heben hervor, daß der Weg ins Land der Verheißung gerade und nur mit dem Buch der Tora = mit dem Psalter als der Tora Davids gelingt.

---

[3] Daß Ps 2,1–9 möglicherweise einen „kultischen" Sitz im Leben hatte, z.B. im Rahmen der Königsinthronisation (falls man diesen Teil des Psalms vorexilisch datiert), bleibt von dieser Feststellung unberührt; mir geht es hier um die nunmehr gegebene Positionierung des Psalms in der Endkomposition des Psalters.

[4] Vgl. u.a. Kratz; Maier, Psalm 1; Miller; Reindl, Psalm 1; Sheppard, 136–144; Wehrle; Zenger, Ps 1–2; ders., Der jüdische Psalter.

[5] Diese Perspektive wäre dann besonders stark, wenn man die rätselhafte Vokabel בר in Ps 2,12aα auf die Tora beziehen könnte.

[6] Vgl. Ps 1,2.3b mit Jos 1,7–8 sowie Ps 2,10 mit Jos 1,7.

b) Die Anspielungen auf Dtn 6,4–19[7] deuten an, daß das Rezitieren des Psalmenbuches Realisierung der Liebe des *einzigen* Gottes, Absage an alle anderen Götter und vor allem Ausdruck der in Dtn 6,4–19 geforderten Lehenstreue zu JHWH allein ist.

Die Baum-Metapher für den Gerechten in Ps 1,3 erhält ihre Tiefendimension darüber hinaus durch den intertextuellen Bezug zu Ez 47,1–12; Ps 92,14–16 und zu Sir 24. Diese Texte reflektieren die vom Heiligtum (bzw. vom Jerusalemer Tempel) ausgehende Lebensmächtigkeit. In Ps 92,14–16 werden die Gerechten mit immergrünen und Frucht tragenden Bäumen verglichen, deren Lebenskraft daher rührt, daß sie „gepflanzt sind im Hause JHWHs". Die Vision von dem mächtigen Gottesstrom, der im Jerusalemer Tempel entspringt und durch das Kidrontal zum Toten Meer hinabfließt, gipfelt in Ez 47,12 darin, daß an diesem Strom Bäume wachsen, deren Laub nicht welkt und die immerzu Frucht tragen. Diese Metaphorik steht auch im Hintergrund von Sir 24,23–29, wo die Tora der Gottesstrom ist, der vom Jerusalemer Heiligtum ausgeht und das Land bewässert. Diese ursprünglich an den Tempel gebundene Bildwelt wird in Ps 1,1–3 aufgenommen und transformiert. Als Proömium zum Psalter verheißt Ps 1,1–3 nun: Wer sich „die Tora JHWHs" durch die Rezitation der Psalmen aneignet, wurzelt und wächst an dem „Gottesstrom", d.h. an der Quelle des vom Zion aus wirkenden Gottes. Daß in Ps 1 die Zions-Metaphorik im Hintergrund steht, wird auch auf der Textoberfläche spätestens in Ps 2,6 und in Ps 3,5 sichtbar, wo der Zion ausdrücklich als „Ort", von dem aus JHWH rettet, präsent wird.

Versteht man die Psalmenkomposition Ps 1–2 als programmatische Ouvertüre des Psalters, die stark von der Figur Davids her konzipiert ist, erhält auch die interpretatorisch meist unterschätzte Seligpreisung, die nun den 2. Psalm beschließt (2,12d: אשרי כל חוסי בו), ihr spezifisches Gewicht.[8] Es ist bemerkenswert, daß das Verbum חסה beinahe nur im Psalter vorkommt und hier überwiegend in „Davidpsalmen".[9] In literar- bzw. redaktionsgeschichtlicher Hinsicht sind mehrere dieser חסה-Belege sogar sekundär bzw. stellen redaktionelle Bögen her. Man kann die drei Davidpsalter Ps 3–41; Ps 51–72; Ps 138–144.145 geradezu als Explikationen jenes Geschehens lesen, das mit חסה ביהוה zusammengefaßt wird[10] und das der redaktionelle Vers Ps 34,23 so zusammenfaßt:

---

[7] Vgl. Ps 1,1f. mit Dtn 6,6f. sowie Ps 2,11f. mit Dtn 6,13–15.

[8] Daß die Seligpreisung Ps 2,12d mit der Seligpreisung Ps 1,1a eine (redaktionell-kompositionelle) Inklusion bildet, ist schon oft herausgestellt worden.

[9] חסה findet sich in: Dtn 32,37 (ein Psalm!); Jdc 9,15 (eine poetische Fabel!); II Sam 22,3.31 (= Ps 18,3.31); Jes 14,32; 30,2; 57,13; Nah 1,7 (ein Psalm!); Zeph 3,12; Ps 2,12; 5,12; 7,2; 11,1; 16,1; 17,7; 18,3.31; 25,20; 31,2.20; 34,9.23; 36,8; 37,40; 57,2(2x); 61,5; 64,11; 71,1; 91,4; 118,8.9; 141,8; 144,2; Prov 14,32; 30,5; Ruth 2,12.

[10] Vgl. dazu CREACH, 74–121.

פודה יהוה נפש עבדיו
ולא יאשמו כל החסים בו

JHWH kauft frei die Sache seiner Knechte,
und nicht werden büßen, die auf ihn vertrauen.

Liest man die beiden Seligpreisungen Ps 1,1–2 und Ps 2,12d als zusammen-
gehörende Aussage (sie bilden ja eine Inklusion), ergibt sich: Die sich in der
Psalmenrezitation vollziehende Aneignung der Tora JHWHs ist der konkrete
Vollzug von חסה ביהוה. Diese Psalmenrezitation ist in Ps 1 nicht an den
Tempel und nicht an besondere tempelkultbezogene Gebetszeiten gebunden, sondern nur an die Psalmentexte selbst. Damit werden die Psalmen
selbst zu einem Haus der Zuflucht, wie dies m.E. bündig in dem allgemein
als schwierig empfundenen Vers Ps 8,3 zum Ausdruck kommt: Wer immer
diese Säuglinge und Kleinkinder sind (m.E. eine Metapher für die Kinder der
Mutter Zion),[11] was aus dem Munde dieser Kinder hervorgeht und was ihnen Zuflucht/Schutz bietet, ist ihr Bekenntnis Ps 8,2; d.h. der Name JHWHs
bzw. JHWH selbst ist ihre Zuflucht.

2. Das fünfteilige Finale: Ps 146–150

Auch das fünfteilige Finale des Psalters Ps 146–150 ist keine Aufforderung
zur Tempelliturgie. Dies gilt auch für den letzten Psalm dieses Finales und
des Psalters überhaupt, nämlich Ps 150.[12] Dieses Finale wächst, wie Stich-
wortaufnahmen zeigen, aus Ps 145, dem Lobpreis auf die universale Königsherrschaft JHWHs, heraus und deutet zugleich den Psalter als Medium der
Vergegenwärtigung und der Annahme *dieser* Königsherrschaft. Vor allem in
den beiden Randpsalmen 146 und 150, die höchstwahrscheinlich ausdrücklich für dieses Finale geschaffen wurden, klingt Ps 145 sowohl in semantischer
wie in motivlicher Hinsicht weiter.

Die Anordnung dieser fünf Psalmen ist, wie ich andernorts detailliert aufgezeigt habe,[13] so gestaltet, daß im jeweils nachfolgenden Psalm das im Schluß
des vorangehenden Psalms angesprochene Thema aufgegriffen und entfaltet
wird. Um diese thematische Weiterleitung zu erreichen, wurden Ps 147 und
Ps 148 an ihrem Schluß jeweils erweitert. Die thematische Weiterführung
in der Abfolge der fünf Psalmen 146–150 läßt sich knapp folgendermaßen
charakterisieren:

---

[11] Vgl. zu dieser Interpretation HOSSFELD/ZENGER, 77–80.

[12] Daß eine poetisch-literarische Transformation der Fest-, Orchester- und Chorszenerie,
wie sie in Ps 150 entfaltet wird, möglich ist, bestätigt z.B. Sir 39,13–16, wo gewiß keine Aufforderung zur Tempelmusik vorliegt.

[13] Vgl. ZENGER, „Alles Fleisch", sowie RISSE; wie man heute noch angesichts der Forschungslage eine Monographie über Ps 147 schreiben kann, ohne den Kompositionszusammenhang zu
reflektieren (vgl. die Mainzer Habilitationsschrift von SEDLMEIER), ist mir unverständlich.

a) Ps 146 schließt in V. 10 mit der Ankündigung von JHWHs ewigem Königtum, das er besonders in seiner Zuwendung zu Zion („*dein* Gott, Zion, von Geschlecht zu Geschlecht") offenbart. Worin diese Zuwendung besteht, entfaltet dann Ps 147: JHWH erweist sich im Aufbau Jerusalems als Retter seines armen Volkes und als guter Weltenkönig, der für seine Schöpfung sorgt.

b) Ps 147 schließt in V. 19–20 mit der Aussage, daß JHWH an keinem anderen Volk der Erde so gehandelt hat wie an Israel und daß er ihm *seinen* דבר und *seine* חקים und משפטים gegeben habe. Diese Sonderrolle Israels im Konzept der von JHWH gesetzten Weltordnung wird im anschließenden Psalm 148 in doppelter Weise erläutert. Zum einen wird in den beiden Hauptteilen des Psalms (V. 1–6.7–13) die Ordnung selbst nachgezeichnet und schöpfungstheologisch begründet, und zum anderen wird im abschließenden V. 14 mit Anspielung auf I Sam 2,10 überraschend die Durchbrechung dieser Ordnung festgestellt, die darin besteht, daß JHWH „seinem Volk ein Horn erhöht".

c) Ps 148 schließt, wie eben gesagt, mit der rätselhaften Formulierung von der „Erhöhung eines Horns für sein Volk", wobei dieses Geschehen in 148,14 zusätzlich als Gabe (Grund?) des JHWH-Lobpreises bestimmt wird. Der anschließende Psalm 149 nimmt genau diese Thematik auf und erläutert, *wer „sein Volk"* ist (die Anawim als die *Gemeinde der Getreuen*) und worin *die Macht* (d.h. „das Horn") ihres Lobpreises besteht. Wer immer diese Gemeinde der Armen ist, es ist auf keinen Fall die den priesterlichen Tempelkult mitfeiernde Versammlung.

d) Ps 149 schließt mit der Vision von der Durchsetzung des משפט כתוב (V. 9). Das mag einerseits durchaus im Sinne des in der Prophetie vielfach angesagten eschatologischen Strafgerichts an der Völkerwelt gemeint sein. Andererseits geht es dabei letztlich um die Durchsetzung von משפט als der universalen Rechtsordnung des Zionskönigs JHWH, der der Weltenkönig ist (vgl. Ps 145). Daß alles Handeln JHWHs auf dieses Ziel hin angelegt ist und daß das „neue Lied" der Gemeinde der Gerechten dieses Ziel „herbeisingen" soll, entfaltet der anschließende (und letzte) Psalm 150. Der Lobpreis, zu dem Ps 150 auffordert, „findet statt in ‚seinem Heiligtum', ‚seiner gewaltigen Festung'. Das kann jetzt weder der Zion mit seinem Tempel noch einfach das himmlische Heiligtum im Gegensatz zur irdischen Welt sein, sondern es ist der neue Kosmos, in dem alle Kräfte des Unheils durch das ‚neue Lied'der Armen gebunden und beseitigt sind".[14]

Auf der Ebene der Komposition Ps 145.146–150 ist „David" der Sprecher von Ps 150. Er fordert – liest man Ps 150 im Horizont von Ps 148 – den ganzen Kosmos zum Lobpreis des Himmels- und Weltkönigs JHWH auf. Was nach der Tempeltheologie im Tempel geschieht, nämlich daß dort stellvertretend für den ganzen Kosmos das Gotteslob erklingt, wird nun, am Ende des Psalters, im Psalter selbst vollzogen: Wo immer ein Abschnitt aus dem Psalter rezitiert wird, vollzieht sich gebündelt und stellvertretend der kosmische Lobpreis. Ps 150 nimmt einerseits die Szenerie der Tempelmusik auf und transformiert sie andererseits zum metaphorischen Kontext der nicht-liturgischen Psalmenrezitation: Gemäß Ps 150,6a bündeln *die Worte*

---

[14] LOHFINK, Lobgesänge, 109.

des Psalters den nicht-verbalen Lobpreis der ganzen Schöpfung – vom Tanz
der Erde über den Jubelgesang der Flüsse und Bäume bis hin zum Lobpreis
aller Tiere (vgl. Ps 96,12; 96,7f.; 114,7; 148,7–10).

3. Die Einordnung von Psalmen in die David-Biographie

Gegen eine zu enge Anbindung des Psalters an die Tempel- und Synagogenliturgie sprechen auch jene midrasch-artigen Psalmen-Überschriften, die
einen expliziten Bezug auf die David-Vita haben.[15] Das hier sichtbar wer-
dende David-Bild unterscheidet sich signifikant vom David-Bild der Chronik. Während David in der Chronik weder als Beter noch als Sänger von
Psalmen auftritt, sondern Begründer und Organisator der Tempelmusik,
wahrscheinlich sogar Erfinder von Instrumenten sowie Auftraggeber zur
Dichtung von Psalmen und ihrer musikalischen Aufführung ist, steht der
David der Psalmenüberschriften (mit Ausnahme von Ps 30) in keinerlei li-
turgischem Kontext. Im Gegenteil: Er befindet sich an „profanen" Orten,
ist ein Verfolgter und Sünder, ein von Feinden Bedrohter und aus Feindes-
hand Geretteter, der unter dem besonderen Schutz JHWHs steht – und der
dies in den Psalmen, die er selbst rezitiert, festhält. Er betet *diese* Psalmen
weder in seiner „amtlichen" Funktion als König noch in Anspielung auf seine *besondere* königstheologisch begründete Gottesnähe. Zumindest in jenen
Psalmen, die in ihrer Überschrift Lebenssituationen Davids konkretisieren,
ist David (anachronistisch gesprochen) „Laie". Aber gerade *als solcher* ist
der Psalmenbeter David eine *allgemeine* Identifikationsfigur: „As David, so
every man".[16]

Diese narrative Davidisierung macht den Psalter zu einem *Lese*-Buch, das
eine Deutung der David-Vita mit Hilfe der ihm zugeschriebenen Psalmen
gibt. Vor allem durch die „biographischen" Überschriften werden die Psalmen so mit den Erzählungen der Samuelbücher korreliert, daß sie nun auch
selbst zu einem Erzählzusammenhang werden. Vielleicht sind die „David-
Überschriften" sogar das stärkste Argument dafür, daß der Psalter nicht als
„Kultliederbuch" entstanden ist. Die Davidisierung der Psalmen bzw. des
Psalters insgesamt macht das Psalmenbuch zu einer nicht-kultischen Rollendichtung,[17] die zugleich den Anspruch erhebt, als „Textpartitur" *Davids*
eine besondere Dignität zu haben.

---

[15] Vgl. vor allem BALLHORN; FÜGLISTER, 368–379; KLEER, 11–127; MAYS, David.

[16] WILSON, 24.

[17] Zum Phänomen der „Rollendichtung" in der frühjüdischen Literatur vgl. van OORSCHOT;
allerdings ist sein Rückschluß von Esr 9 auf die Verwendung von Psalmen bzw. des Psalters „in
kultischem Kontext" m.E. problematisch; zumindest für den *Psalter* als „Erzählung" über den
betenden David ist kultische Verwendung auszuschließen.

4. Die Bedeutung der tempeltheologischen Bezüge des Psalters

Diese besondere Dignität des Psalters kommt in seiner ausdrücklichen Anbindung an die Tempeltheologie zum Ausdruck. Freilich ist der Tempelbezug des Psalters und der meisten Psalmen, in denen Tempeltheologie prägend ist, nicht mehr ursprünglich und unmittelbar, sondern gebrochen und transformiert gegeben. Zwar haben zahlreiche Psalmen tempeltheologische Motive und Bezüge, aber nicht der Tempelkult, schon gar nicht der Opferkult, steht dabei im Mittelpunkt des Interesses, sondern der Tempel als Erscheinungs- bzw. Wirkungsort JHWHs sowie als Versammlungsort Israels und sogar der Völker, die ihm dort als dem Weltkönig und Garanten der universalen Gerechtigkeit huldigen. In nicht wenigen Psalmen ist der Tempel sogar nur Metapher für die Geborgenheit und den Schutz, die JHWH den Psalmenbetern gewährt. Als eindrucksvolle Beispiele kommentiere bzw. nenne ich kurz Ps 27 und Ps 91.

Ob die beiden in *Psalm 27* deutlich voneinander unterschiedenen Teile V. 1–6 und V. 7–13(14) zwei ursprünglich selbständige Psalmen sind oder nicht, braucht (und kann) hier nicht diskutiert werden. Für unseren Zusammenhang ist entscheidend: Beide Teile haben ihre jeweils spezifische Bildwelt. Während in V. 1–6 die Not und die Rettung des Beters mit Bildern des Krieges (Aufmarsch eines Heeres und Belagerung; Sicherheit in einer befestigten Fluchtburg auf hohem Felsen; Siegesfeier und Jubel) geschildert wird, entstammt die in V. 7–13 gezeichnete Notsituation der juristischen Welt (verleumderische Anklage mit drohender Verurteilung zum Tod). Beide Teile sind überlagert bzw. durchmischt mit Bildern vom Tempel als Ort der rettenden und beglückenden Gegenwart Gottes. Die Durchmischung der Bildwelten ist so offenkundig, daß Formulierungen wie „Dies eine habe ich erbeten von JHWH, dies suche ich, daß ich wohnen darf im Haus JHWHs alle Tage meines Lebens …" (Ps 27,4) „nur" als Metaphorisierung der Tempeltheologie verstanden werden können: *Im* und *mit* dem Rezitieren des Psalms ruft der Beter die Gotteswirklichkeit herbei, die *„eigentlich"* im und vom Tempel erwartet wird.

Daß das Psalmenrezitieren die dem Heiligtum zugesprochene Gottesgegenwart präsent machen kann, sagt *Psalm 91* ausdrücklich. Dieser Psalm beginnt in V. 1–2 mit einer Art „Lehr-Satz" über den Schutz, den erfährt, wer sich mit dem Rezitieren dieses Psalms ausdrücklich und entschieden zu JHWH bekennt:

„Es wohnt im Schutz des Höchsten (Eljon),
im Schatten des Allmächtigen (Schaddaj) nächtigt,
wer zu JHWH sagt: „Meine Zuflucht und meine Burg bist du,
mein Gott, auf den ich vertraue!" (Ps 91,1f).

Ps 91 ist durch und durch von einer Lebenserfahrung der Angst vor unheimlichen, weil urplötzlich hereinbrechenden Gefährdungen bestimmt. Dieser Lebensangst setzt Ps 91 seine Überzeugung entgegen: Es gibt einen Ort, der rettende Zuflucht inmitten des Gefahrenstrudels bietet – und dieser Ort ist JHWH: *Er* ist ein Haus, in dem man sich zu Hause und geborgen erfahren kann. Das ist der „Grund-Satz", den *der erste Teil des Psalms* (V. 1–2) feststellt. Die Bilder von V. 1–2 stammen aus zwei Erfahrungsbereichen der altisraelitischen Lebenswelt, die hier so verschmolzen sind, daß sie eine plastische Einheit bilden. Die Bilder „Schutz/Versteck" und „Schatten" kommen aus der altorientalischen Heiligtumstheologie. Insofern das Heiligtum ein von der profanen Welt ausgegrenzter sakraler Raum (Temenos) mit ureigenen Rechten (u.a. Tempel-Asylie und Friedenspflicht) ist, aber auch insofern das Heiligtum der Ort der gemeinsamen Feste ist, verbinden sich mit ihm Vorstellungen von unbedrohter Lebensintensität und beglückender Ruhe (V. 1: „Schutz" und „Versteck"). Die in V. 2 eingespielten Bildwelten „Zuflucht" und „Burg" rufen die Erfahrungen ins Bewußtsein, daß in Zeiten kriegerischer Invasionen oder räuberischer Bandenüberfälle die ummauerten Städte und Festungen auf den Berghöhen für die in ungeschützten Dörfern und Gehöften lebenden Menschen eine „sichere" Zuflucht waren. Die besondere Pointe unseres Psalms ist nun die Übertragung dieser Bildwelt auf JHWH. Der in V. 1–2 formulierte Grund-Satz bedeutet: Wo immer sich ein Mensch auch befindet, sofern er sich dem Schutz JHWHs als seines Gottes anheimstellt, kann er gewiß sein, daß sich JHWH ihm als schützendes und rettendes Haus erweist. Wer sich an *diesen* Gott hält, der wird von ihm gehalten. *Was* ein Mensch, der sich so zu JHWH bekennt, für sich erhoffen darf, entfaltet der zweite Teil des Psalms (V. 3–13), *warum* man solches erhoffen darf, sagt dann der dritte Teil des Psalms (V. 14–16).

Daß viele Psalmen einerseits von der Tempeltheologie geprägt sind, diese aber andererseits metaphorisiert und transformiert haben, zeigt sich besonders dort, wo „hinter" den Texten noch liturgische Vollzüge erkennbar sind, ohne daß die Psalmen selbst bei solchen Vollzügen verwendet wurden bzw. verwendbar waren. Entgegen den früher beliebten Thesen der Forschung, daß im Psalter zahlreiche liturgische Formulare erhalten seien (Formulare für Klage- und Bußgottesdienste, Ladeprozessionen, Tor- und Einlaßliturgien u.ä.), tendiert bekanntlich die gegenwärtige Forschung mehr und mehr zu der Auffassung, daß derartige Formulare in den überlieferten Psalmen sich nur noch gebrochen widerspiegeln und daß hier meist eine weisheitlich beeinflußte Aufnahme liturgischer Elemente vorliegt. Klassische Beispiele dafür sind die beiden Psalmen 15 und 24, in denen der weisheitlich-belehrende Charakter auffällt.

5. Die weisheitliche Imprägnierung des Psalters

Insgesamt ist der Psalter weisheitlich imprägniert, was gegen allzu große kultische Nähe der Psalterredaktionen spricht. Nicht wenige Psalmen sind weisheitlich bearbeitet.[18] Vor allem die Antithetik „Gerechte – Frevler" tritt immer wieder auf.[19] Sie ist schon in Ps 1 programmatisch entfaltet und dominiert auch Ps 146, den Eröffnungspsalm des Psalterfinales; Ps 1 und Ps 146 sind im übrigen gezielt aufeinander bezogen.[20] Die weisheitliche Imprägnierung des Psalters wird besonders daran erkenntlich, daß weisheitliche Psalmen als Eckpsalmen von Teilkompositionen und von Psalmenbüchern positioniert sind. Die korachitischen Teilkompositionen Ps 42–49 und 84–88 sind jeweils mit Weisheitspsalmen abgeschlossen. Das dritte, vierte und fünfte Psalmenbuch beginnt jeweils mit einem Weisheitspsalm bzw. sogar mit einer weisheitlichen Komposition: Ps 73; Ps 90–92; Ps 107. Alle diese weisheitlichen Psalmen haben den einzelnen Beter und seinen alltäglichen Lebensweg im Blick. Das gilt ebenso von Ps 119, der nach meiner Auffassung gezielt als strukturelle Mitte des 5. Psalmenbuchs und als hermeneutische Leseanweisung für den gesamten Psalter eingefügt wurde.[21] Diese Positionierung und der Inhalt von Ps 119 definieren den Psalter geradezu als nicht-kultisches Medium der Begegnung mit JHWH.[22]

Wie stark die Epoche, in der der Psalter seine endgültige Buchgestalt erhielt, den „Psalmendichter" David als Weisheitslehrer bzw. als Schriftgelehrten dachte, zeigt sich im Buch Jesus Sirach und in dem „David's Compositions" (= DavComp) genannten Textstück (11QPs^a XXVII$_{2-11}$). Sirach

---

18 Vgl. besonders FÜGLISTER, 354–365 („Sapientialisierung" und „Nomisierung" des Psalters); MAYS, The Place; REINDL, Weisheitliche Bearbeitung; STOLZ; WHYBRAY, 36–87. Die Präsenz von „Weisheitsgedichten" im Psalter haben auch schon GUNKEL/BEGRICH stark beachtet, allerdings haben sie dieses Phänomen völlig anders ausgewertet: „Nun kann keine Frage sein, daß die Weisheitsgedichte ihre Stätte ursprünglich nicht im Gottesdienst besessen haben, sondern ganz anderswo zu Hause sind … *Nachträglich* (Hervorhebung: E. Z.) aber müssen die Weisheitsgedichte von denen, die für die Ordnung des Gottesdienstes zu sorgen hatten, also von Priestern und Sängern, dort aufgenommen worden sein. Das ist offenbar geschehen, weil sie unter den Laien so beliebt gewesen sind, daß man sie bei den kultischen Aufführungen nicht entbehren wollte … Bei welcher Gelegenheit des Gottesdienstes solche Weisheitsgedichte aufgeführt worden sind, läßt sich nicht erkennen" (394).

19 Vgl. dazu besonders LEVIN.

20 Vgl. Ps 146,4b.8c.9c mit Ps 1,6.

21 Vgl. ZENGER, 5. Psalmenbuch.

22 Vgl. zu diesem Aspekt von Ps 119 LEVENSON, 566: „If the goal of the author was to create the psychic conditions conducive to the spiritual experience he seeks, then those commentators who wish the psalm were shorter have missed the point of it. Its idea can be communicated in a verse or two, indeed in any verse or two of the 176. But merely knowing the theology is not equivalent to being in the state of mind that comes from reading it in a deliberate and reflective fashion, such as that which the medieval Catholics called *lectio divina*. There are liturgies that are best short, and others, like Psalm 119, that work only if they are long." Im Prinzip gilt dies auch *vom Psalter als Ganzen*. Zu Ps 119 als Medium der „Offenbarung" vgl. auch GREENBERG, 376–378.

parallelisiert in 47,1–11 David mit dem Porträt des schriftgelehrten Weisen von 38,34cd–39,11.[23] Und die DavComp nennen den Psalmendichter David ausdrücklich einen „Weisen" (חכם) sowie einen „Schriftgelehrten" (סופר), und sie verwurzeln Davids schriftgelehrte Weisheit im inspirierenden Geist Gottes.[24]

6. Der „Sitz im Leben" des Psalters

Die von uns skizzierten poetischen Techniken und die unverkennbare Nähe gerade der jüngsten Teile des Psalmenbuchs zur späten Weisheit machen es sehr wahrscheinlich, daß der Psalter seine Endgestalt im Milieu jener Weisheitsschule erhalten hat, die in gewisser Distanz zur Tempelaristokratie und deren hellenisierenden Tendenzen stand und die mit ihrer Verbindung von Tora-Weisheit, Eschatologie und „Armenfrömmigkeit" den Psalter als ein Volksbuch ausgestaltete und verbreitete, das als „konservative" Summe der Tradition gelernt und gelebt werden konnte.

Für die Herkunft der Endkomposition des Psalters aus dem Milieu der Weisheitsschule spricht die sprachliche und theologische Verwandtschaft der Psalterrahmung Ps 1–2 und Ps 146–150 mit dem Sirachbuch.[25]

Der im Psalterrahmen ausgezogene Bogen von Torastudium (Ps 1–2) zum Lobpreis des Schöpfergottes und seiner kosmos-rettenden Tora (Ps 146–150) wird im Sirachbuch ausdrücklich und mehrfach reflektiert.[26] Man könnte etwas zugespitzt sagen: Nach Meinung des Sirachbuchs ist es die eigentliche Aufgabe des Weisheitslehrers, Psalmen zu dichten, zu lehren und auszulegen[27] – und zwar genau in jener anthologischen Intertextualität, die für die redaktionellen Anteile in Ps 1–2.146–150 charakteristisch ist. Daß das Sirachbuch nicht nur ungewöhnlich viele Psalmen des Psalters zitiert und eigene Psalmen schafft, und zwar im Dienst seiner „Weisheitslehre",[28]

---

[23] Vgl. KLEER, 131–177; MARBÖCK, 25.51.124–132.

[24] Vgl. KLEER, 289–306.

[25] Zur Rezeption von Ps 1 vgl. Sir 6,37; 14,20–15,10; 38,34; 50,28; zu Ps 2 vgl. Sir 35,23; 36,7–11; zu Ps 145 vgl. Sir 17,9f.; 39,35; zu Ps 147 vgl. Sir 39,17–18; 43,19–21; 51,12; zu Ps 148 vgl. Sir 39,17–18; 42,5; 51,12; zu Ps 149 vgl. Sir 36,1–22; zu Ps 150 vgl. Sir 39,15.

[26] Vgl. besonders Sir 14,20–15,10; 17,6–10; 43,27–33; dazu: MARBÖCK, 166–175.

[27] Vgl. besonders Sir 15,10; 39,6; 44,5.

[28] Vgl. dazu den Überblick bei JANSEN, 63–79, mit dem Ergebnis S. 78: „Sirach sagt zu verschiedenen Malen gerade heraus, daß der Weise Psalmendichter ist. Diese Dichtertätigkeit geht Hand in Hand mit der Sprichwörterdichtung. Der Weise ist auf die Eingebung von oben angewiesen und wird vom Geist erfüllt. Seine Dichtung springt aus einer göttlichen Eingebung hervor ... Diese Beispiele von Psalmen und Lehrdichtungen [im Buch Sirach], die den Einfluß der Psalmendichtung erkennen lassen, bestätigen, was Sirach von dem Weisen sagt: der Weise ist ein Psalmendichter. Sirach sieht aber auch noch in dem Weisen einen Propheten, einen von Gott inspirierten, von göttlichem Geist erfüllten Mann. Zwar ist es deutlich, daß diese Prophetie ganz und gar auf die Schriftpropheten, in erster Linie auf die Verheißungen der Heilsprophetie aufgebaut ist; man sieht jedoch in ihr eine wirkliche Prophetie." MARBÖCK, 45,

und daß das Sirachbuch trotz der vermutlich aristokratischen Provenienz seines Verfassers dennoch am Kampf für die „Armen" teilnimmt,[29] bestätigt abermals, daß wir die Psalterredaktion in diesem Milieu suchen müssen. Gerade diese Kampfsituation, die in den jüngsten Textebenen des Psalters besonders scharf zur Sprache kommt, hatte ja dazu geführt, daß die Weisheit und die sie tragenden Schreiberschulen neue Wege gingen.[30]

Träger dieser „neuen" Weisheitsbewegung, deren tora-, tempel- und israelbezogene Spiritualität sich einerseits von der des Kohelet massiv absetzt und sich andererseits in den nun auch entstehenden apokalyptischen Texten (z.B. Dan; Hen) profiliert, dürften jene vormakkabäischen חסידים gewesen sein,[31] die sich in Ps 149 selbst[32] mit der anspruchsvollen Bezeichnung קהל ausdrücklich definieren und ihr Gruppen- und Individualprofil in Ps 1 und Ps 146[33] entfalten. Ihre Herkunftssituation läßt sich mit HENGEL so beschreiben: „Vermutlich standen sie in einem gewissen Gegensatz zu dem ‚offiziellen', durch die priesterliche Hierarchie und die reiche Laienaristokratie verkörperten Judentum, das in der Gegenwart Gottes in Kult und Tora sein Genüge fand und prophetisch-apokalyptische Vorstellungen mit Mißtrauen betrachtete. In den mehr vom einfachen Volk geschätzten Konventikeln der ‚Frommen' wurde dagegen besonders die eschatologische Überlieferung der Propheten tradiert und erweitert. Während ab der Mitte des 3.Jh.s v.Chr. ein großer Teil der priesterlichen Oberschicht und des Laienadels ... mehr und mehr der hellenistischen Assimilation verfiel, bildeten diese bisher nur lose verbundenen Kreise jene Anschauungen aus, die dann in der Verfolgungszeit unter Antiochos IV. plötzlich ans Licht traten ... Wahrscheinlich hatten sich im Blick auf die Gefahr einer hellenistischen Überfremdung die gesetzestreuen konservativ-nationalen Kreise, wie sie etwa durch Ben Sira und später durch die der niederen Priesterschaft entstammenden Familie des Mattathias aus Modein vertreten wurden, den ‚pietistischen'Chasidim stark angenähert".[34]

---

macht darauf aufmerksam, daß sich bei Sirach auch apokalyptische Züge ankündigen (vgl. 39,7b; 44,16; 49,8.14f.); gerichtsprophetische Perspektiven finden sich besonders in Sir 36.

[29] Vgl. Sir 10,14–17; 13,1–27; 34,24–27; 35,15–26.

[30] Zu den „Schreiberschulen" als Redaktionsorten der Überlieferung und als Produktionsorten neuer Texte vgl. u.a. HENGEL, 143–152; JANSEN, 57–63.100–119 (daß Jansen trotzdem die kanonischen Psalmen bzw. den kanonischen Psalter gerade nicht in dieses Milieu ansetzt, sondern nur die übrige frühjüdische „Psalmendichtung", ist mit dem Druck der Position seines Lehrers Mowinckel zu erklären); LOHFINK, Deuteronomistische Bewegung, 335–347; RIESNER, 159–198.

[31] Zum Kontext der im Psalter zusammenfließenden Tora-Weisheit und apokalyptischen Weisheit vgl. ALBERTZ, 623–676.

[32] Vgl. ZENGER, Psalm 149.

[33] Vgl. REINDL, Psalm 146.

[34] HENGEL, 322.324. Vgl. auch MARBÖCK, 188: „Das nach Kohelet anzusetzende Werk des Jerusalemer Weisen und Schriftgelehrten Jesus Ben Sira spiegelt mehrfache Umbrüche: außenpolitisch den Herrschaftswechsel in Palästina von den Ptolemäern zu den Seleukiden unter

Daß diese „fromme" Lebensweisheit des Psalters, die man als „kleine Biblia" bzw. als „Kurz-Tora" auswendig lernen konnte und wie die „große" Tora „Tag und Nacht" rezitierte (vgl. Ps 1), in den Kreisen der Anawim und Hasidim bekannt und beliebt war, illustriert das wohl um die Zeitenwende entstandene 4. Makkabäerbuch, wo die Mutter – in einem freilich in seiner Authentizität umstrittenen Abschnitt – ihren sieben Söhnen das Beispiel ihres frommen Vaters so vor Augen stellt: „Er pflegte auch, als er noch bei uns war, das Gesetz und die Propheten zu lehren ... Er pflegte uns den Psalmendichter David vorzusingen, der sagt: ‚Viel sind die Leiden der Gerechten' (Ps 34,20)" (IV Makk 18,10.15).

7. Der Psalter als Heiligtum

Auch wenn der Psalter weder als „Gesangbuch des Zweiten Tempels" oder als „Gebetbuch für die synagogale Liturgie" entstanden ist noch in dieser Funktion verwendet wurde, sondern seine Endgestalt als Buch der *frommen Lebensweisheit* erhielt, so darf doch die ihn insgesamt prägende Struktur der Gottesanrede als sein Proprium nicht vergessen werden. Von dieser Eigenart her kann man die Funktion des Palters etwas überspitzt *so* zusammenfassen: Nach Meinung der den ganzen Psalter redaktionell prägenden weisheitlichen Theologie ist *der Psalter selbst das Heiligtum*, in dem Gott gesucht und gelobt werden soll und von dem Gottes Segen und Rettung ausgehen können. Allerdings geht es dabei nicht um Substituierung des Tempels oder des Tempelkultes, sondern um Begegnung mit dem *auch und vor allem* am Jerusalemer Tempel und von ihm aus wirkenden JHWH, dem König Israels und König der ganzen Welt.

Als Abschnitte des Psalters, der von seiner Ouvertüre (Ps 1–2) her meditierende Aneignung von Tora und Nebiim und von seinem Finale (Ps 146–150) her Huldigung vor dem Zionsgott, dem Schöpfer Himmels und der Erden, dem König Israels und dem König aller Völker ist, erhalten die *Einzelpsalmen* neue theologische Dignität, die sie aus den übrigen Elementen privater Frömmigkeit herausheben: *Diese* Gebete sind Einübung der Tora; wer sie rezitiert, hält die Welt- und Lebensordnung des Gottes Israels, der der Gott der ganzen Erde ist, lebendig. Psalmenrezitation ist *Dienst* am und im kommenden Gottesreich. Wer die Psalmen „privat" rezitiert, tut dies

---

Antiochos III. (um 200 v.Chr.), innenpolitisch die entsprechenden wechselnden Reaktionen der führenden Familien: des hohenpriesterlichen Hauses der Oniaden sowie der einflußreichen Familien der Tobiaden." Hatte bereits das ptolemäische Staatspachtsystem zu starken ökonomischen und sozialen Verwerfungen geführt, so verschärfte sich diese Situation nun noch mehr. Auch der Hellenisierungsdruck, dem die Oberschicht teilweise nachgab und den sie sogar „nach unten" weiterzugeben versuchte, wurde nun noch stärker und löste *auch* in einem Teil der „intellektuellen" Kreise eine Gegenbewegung aus, die sich u.a. in der Psalter-Redaktion konkretisierte.

doch nicht „privat": Er reiht sich ein in die „liturgische" Gemeinschaft der Psalmenbeter mit „David" als ihrem Vorbeter – wo auch immer *diese* Psalmen aktuell gebetet werden mögen. Und zugleich gilt: Diesen Texten wohnt buchstäblich die rettende, schützende, tröstende und vergebende Gegenwart Gottes inne. Man kann dies gut mit den Worten von Ps 22,4 zusammenfassen:

„Du bist heilig/der Heilige,
du thronst auf den Psalmen Israels."

Auf der Ebene der Psalterredaktion muß freilich die Funktion der Psalmen *Israels* als *stellvertretende* Psalmenrezitation für die ganze Schöpfung verstanden werden, wie der letzte Satz des Psalters sagt: כל הנשמה תהלל יה.

In der Tat: So verstanden ist der *Psalter* das Heiligtum, in dem sich der biblische Gott mitteilen will. Dieses Heiligtum steht nach Meinung der Psalterredaktion nicht in Opposition zum Jerusalemer Tempel, sondern partizipiert an seinen Verheißungen. KRATZ hat diese Funktion des Psalters für die einzelnen Beter und Beterinnen gut zusammengefaßt:

„Der Psalter als ganzer war zweifellos nicht (mehr) für liturgische Zwecke am zweiten Tempel bestimmt und wurde auch erst sehr spät in den Ritus der Synagoge integriert. Und doch ist er mit den Doxologien selbst als eine Art Liturgie gestaltet, bei der der Leser nicht nur auf Tora und Kult verwiesen wird, sondern das Lesen des Psalters als solches zum torakonformen liturgischen Vorgang wird. Wie die gottesdienstliche Liturgie an der himmlischen Liturgie partizipiert, so läßt der Psalter in seiner von Ps 1 und den Doxologien geprägten Gestalt seinen Benutzer im privaten, dem Tempel- und Synagogengottesdienst adäquaten Gebet sowie in der von diesem Gebet vermittelten Glaubens- und Lebenshaltung an dem partizipieren, was Gott gemäß Tora und ‚Propheten' für die Seinen schon jetzt und in Zukunft vorgesehen hat."[35]

Summary

It was the idea of GUNKEL that the main types of biblical psalms were composed for and used in the cult. Nobody would want to revert to opinions prior to GUNKEL and nobody would suppose today that the liturgy of the First or Second Temple functioned without psalms. The question after the function of psalms in the liturgy of the synagogue must be discussed in a more distinguished way. Nevertheless MAIER called for caution concerning simplified opinions in this respect. There is little or no probability that the psalter as a whole was developed for and used in the worship of the Temple or the synagogue. This should be illustrated by the following considerations:

1. Already in the psalter's framework in Psalm 1–2 and Psalm 146–150 no concern about worship can be found.

---

[35] KRATZ, 34.

2. At least the midrashic titles of given psalms with their relation to the life of David reveal no cultic concerns, but characterize David on the contrary as a "layman" – which is obviously an anachronistic designation. By this davidization the psalms become a non-cultic fiction. This is confirmed by the Psalms 151A and B, which coins the psalter by its allusion to 1 Samuel 16–17 as a polemical treatise against evilness and evil people.

3. Although plenty of the psalms are related to Temple thought and its motifs, the psalter is not particularly interested in the Temple cult but in the Temple as the sphere of YHWH's revelation and activity as well as Israel's and even the peoples' place of assembly. In not a small number of the psalms the Temple functions even as a metaphor of shelter and refuge which YHWH grants to his worshippers praying psalms.

4. Contrary to formerly famous opinions that the psalter preserves several liturgical schedules (i.e. complaint- and atonement-worships, ark processions, gate and admission liturgies etc.) the current discussion tends to the opinion that such schedules are only partly reflected in the preserved psalms and that we meet mostly sapientialized reception of liturgical elements.

5. In total, the psalter is covered with sapiential elements, which contradicts to the idea of a cultic character of the different psalter redactions. Not a small number of psalms are sapientially reworked. Especially the antithesis of the just and the wicked can be found several times. This is programmatically described in Psalm 1 and dominates also Psalm 146, the opening of the final part of the psalter – both psalms are consciously put in relation to each other. The sapientialization of the psalter is especially evident in the marked distinguished position of sapientialized psalms in parts and books of the psalter. The korahitic part of the psalter, Psalm 42–49 and 84–88, is concluded by sapiential psalms. The third, fourth and fifth book of the psalter begins with a sapientialized psalm or even with a small sapientialized collection of psalms, i.e. Psalm 73; Psalm 90–92; Psalm 107. These sapiential psalms focus on the individual praying person and his life. This is also true for Psalm 119, which is in my opinion consciously placed in the fifth book of the psalter as its structural center and as a hermeneutical key to the whole psalter. In this way, the psalter is defined as a non-cultic means to encounter YHWH. To carry it to the extreme, according to the sapiential thought coining its redactions the psalter itself is a sanctuary in which God is to be looked for, in which he shall be praised, and from which his blessing and salvation will come.

Bibliographie

R. Albertz, Religionsgeschichte Israels in alttestamentlicher Zeit 2: Vom Exil bis zu den Makkabäern, GAT 8.2, 1992.

E. Ballhorn, „Um deines Knechtes David willen" (Ps 132,10). Die Gestalt Davids im Psalter, BN 76 (1995), 16–31.

J. F. D. Creach, Yahwe as Refuge and the Editing of the Psalter, JSOT.S 217, 1996.

P. Fiedler, Zur Herkunft des gottesdienstlichen Gebrauchs von Psalmen aus dem Frühjudentum, ALW 30 (1988), 229–237.

N. Füglister, Die Verwendung und das Verständnis der Psalmen und des Psalters um die Zeitenwende, in: J. Schreiner (Hg.), Beiträge zur Psalmenforschung. Ps 2 und 22, fzb 60, 1988, 319–384.

M. Greenberg, Three Conceptions of the Torah in Hebrew Scriptures, in: E. Blum/Chr. Macholz/E. W. Stegemann (Hgg.), Die Hebräische Bibel und ihre zweifache Nachgeschichte, FS R. Rendtorff, Neukirchen-Vluyn 1990, 365–378.

H. Gunkel/J. Begrich, Einleitung in die Psalmen. Die Gattungen der religiösen Lyrik Israels, Göttingen 1933.

M. Hengel, Judentum und Hellenismus. Studien zu ihrer Begegnung unter besonderer Berücksichtigung Palästinas bis zur Mitte des 2. Jh.s v.Chr., WUNT 10, 2. Aufl., 1973.

F.-L. Hossfeld/E. Zenger, Die Psalmen I: Psalm 1–50, NEB 29, 1993.

H. L. Jansen, Die spätjüdische Psalmendichtung. Ihr Entstehungskreis und ihr »Sitz im Leben«, SNVAO.HF 3, 1937.

M. Kleer, „Der liebliche Sänger der Psalmen Israels". Untersuchungen zu David als Dichter und Beter der Psalmen, BBB 108, 1996.

R. G. Kratz, Die Tora Davids. Psalm 1 und die doxologische Fünfteilung des Psalters, ZThK 93 (1996), 1–34.

J. D. Levenson, The Sources of Torah: Psalm 119 and the Modes of Revelation in Second Temple Judaism, in: P. D. Miller Jr./P. D. Hanson/S. Dean Mc Bride (Hgg.), Ancient Israelite Religion, FS F. M. Cross, Philadelphia 1987, 559–574.

C. Levin, Das Gebetbuch der Gerechten. Literargeschichtliche Beobachtungen am Psalter, ZThK 90 (1993), 355–381.

N. Lohfink, Gab es eine deuteronomistische Bewegung?, in: W. Gross (Hg.), Jeremia und die „deuteronomistische Bewegung", BBB 98, 1995, 313–382.

— Lobgesänge der Armen. Studien zum Magnifikat, den Hodajot von Qumran und einigen späten Psalmen, SBS 143, 1990.

— Psalmengebet und Psalterredaktion, ALW 34 (1992), 1–22.

J. Maier, Psalm 1 im Licht antiker Zeugnisse, in: M. Oeming/A. Graupner (Hgg.), Altes Testament und christliche Verkündigung, FS A. H. Gunneweg, Stuttgart 1987, 353–365.

— Zur Verwendung der Psalmen in der synagogalen Liturgie (Wochentag und Sabbat), in: H. Becker/R. Kaczynski (Hgg.), Liturgie und Dichtung. Ein interdisziplinäres Kompendium I: Historische Präsentation, PiLi 1, 1983, 55–90.

J. Marböck, Gottes Weisheit unter uns. Zur Theologie des Buches Sirach, Herders Biblische Studien 6, 1995.

J. L. Mays, The David of the Psalms, Interp. 40 (1986), 143–155.

— The Place of the Torah-Psalms in the Psalter, JBL 106 (1987), 3–12.

P. MILLER, The Beginning of the Psalter, in: J. C. McCANN (Hg.), The Shape and Shaping of the Psalter, JSOT.S 159, 1993, 83–92.

J. VAN OORSCHOT, Nachkultische Psalmen und spätbiblische Rollendichtung, ZAW 106 (1994), 69–86.

J. REINDL, Gotteslob als „Weisheitslehre". Zur Auslegung von Psalm 146, in: DERS. (Hg.), Dein Wort beachten. Alttestamentliche Aufsätze, Leipzig 1981, 116–135.

— Psalm 1 und der „Sitz im Leben" des Psalters, ThJb(L) (1979), 39–50.

— Weisheitliche Bearbeitung von Psalmen. Ein Beitrag zum Verständnis der Sammlung des Psalters, in: J. A. EMERTON (Hg.), Congress Volume Vienna 1980, VT.S 32, 1980, 333–356.

R. RIESNER, Jesus als Lehrer. Eine Untersuchung zum Ursprung der Evangelien-Überlieferung, WUNT 2.7, 1981.

S. RISSE, „Gut ist es, unserem Gott zu singen". Untersuchungen zu Psalm 147, MThA 37, 1995.

F. SEDLMEIER, Jerusalem – Jahwes Bau. Untersuchungen zu Komposition und Theologie von Psalm 147, fzb 79, 1996.

G. T. SHEPPARD, Wisdom as a Hermeneutical Construct. A Study in the Sapientializing of the Old Testament, BZAW 151, 1980.

F. STOLZ, Psalmen im nachkultischen Raum, ThSt 129, 1983.

C. THOMA, Psalmenfrömmigkeit im Rabbinischen Judentum, in: H. BECKER/R. KACZYNSKI (Hgg.), Liturgie und Dichtung. Ein interdisziplinäres Kompendium I: Historische Präsentation, PiLi 1, 1983, 91–105.

J. VERMEYLEN, L'usage liturgique des Psaumes dans la société israélite antique, QuLi 71 (1990), 191–206.

J. WEHRLE, Ps 1 – Das Tor zum Psalter. Exegese und theologische Schwerpunkte, MThZ 46 (1995), 215–229.

N. WHYBRAY, Reading the Psalms as a Book, JSOT.S 222, 1996.

G. H. WILSON, The Editing of the Hebrew Psalter, SBL.DS 76, 1985.

E. ZENGER, „Daß alles Fleisch den Namen seiner Heiligung segne" (Ps 145,21). Die Komposition Ps 145–150 als Anstoß zu einer christlich-jüdischen Psalmenhermeneutik, BZ 41 (1997), 1–27.

— Der jüdische Psalter – ein anti-imperiales Buch?, in: R. ALBERTZ (Hg.), Religion und Gesellschaft, AOAT 248, 1997, 95–108.

— Komposition und Theologie des 5. Psalmenbuchs Ps 107–145, BN 82 (1996), 97–116.

— Der Psalter als Buch, in: E. ZENGER (Hg.), Der Psalter in Judentum und Christentum, Herders Biblische Studien 17, 1998, 1–57.

— Der Psalter als Wegweiser und Wegbegleiter. Ps 1–2 als Proömium des Psalmenbuchs, in: A. ANGENENDT/H. VORGRIMLER (Hgg.), Sie wandern von Kraft zu Kraft, FS R. Lettmann, Kevelaer 1993, 29–47.

II   Umwelt

Ägypter ohne Tempel

Dieter Kurth, Hamburg

Der folgende Beitrag soll ein wenig helfen, das Thema des Symposions von außen zu beleuchten. Das „Außen" wird aus jüdischer Sicht, neben anderen Völkern des Alten Orients, nicht zuletzt auch von Altägypten repräsentiert. So sei kurz vorgestellt, wie die gottesfürchtigen Menschen des Nillandes reagierten, wenn sie ohne Tempel waren. Dazu konnte es kommen, wenn

- ein Tempel verfiel oder gar abgerissen wurde,
- Ägypter für eine längere Zeit im Ausland weilten,
- neues Land dem ägyptischen Reich einverleibt wurde.

Bevor ich auf diese Punkte eingehe, muß die Eigenart der altägyptischen Kultlandschaft in Erinnerung gerufen werden. Dabei kann hier aber nur das aufgezeigt werden, was in der langen Geschichte des Landes im wesentlichen unverändert blieb, und der Schwerpunkt muß wegen der Quellenlage auf der Zeit ab dem Mittleren Reich liegen.

Tempel gab es überall in Ägypten, und sie waren recht verschieden, unter anderem hinsichtlich ihres Ranges und ihrer Funktion. Unterschiede im Rang ergaben sich zum einen aus der politischen Bedeutung und der Wirtschaftskraft des zugehörigen Ortes. Einen besonderen Rang hatten deshalb die Tempel der jeweiligen Hauptstadt, ab dem Mittleren Reich also Thebens; es folgten die Tempel in den Hauptstädten der 42 Gaue des ägyptischen Stammlandes, und den Schluß bildeten die Tempel kleinerer Provinzorte. Zum anderen hing der Rang der Tempel auch von der theologischen Bedeutung ihrer Hauptgottheit ab, so wie sie sich im Laufe der Geschichte aufgrund verschiedener Faktoren herausgebildet hatte. In der Ptolemäerzeit erscheint dann eine Einteilung der Tempel in solche ersten, zweiten und dritten Ranges.[1] Hinsichtlich ihrer Funktion heben sich die königlichen Totentempel und die Göttertempel voneinander ab. Deren Architektur und Dekoration hat aber im Neuen Reich mehr Gemeinsamkeiten als Unterschiede. Noch geringer sind die Unterschiede im Bereich der Wirtschaft: Alle Tempel sind ökonomische Einheiten, welche, parallel und teils auch in Konkurrenz zum Staat, die Wirtschaft des Landes organisieren.

---

[1] Spiegelberg, 76.

Hinter diesem Erscheinungsbild der ägyptischen Kultlandschaft steht ein bestimmter Gottesbegriff, der mit „Henotheismus" angemessen bezeichnet wurde.[2] Zwar treffen wir auch innerhalb der Götterwelt auf hierarchische Strukturen, auf Götterfamilien mit einem dominanten Vater oder auf die Einteilung in große und kleine Götter, aber an bestimmtem Orte und zu bestimmter Zeit war der jeweilige eine Gott dem jeweiligen Gläubigen alles. In diesem Sinne ist es zu verstehen, wenn über den König gesagt wird: (Thutmosis III. hat für Amun-Re, den Hauptgott von Karnak, daselbst erbauen lassen) „ein vollendetes Denkmal,[3] wie es nie zuvor gesehen wurde, weil er ihn mehr liebt als alle (anderen) Götter."[4] Das Göttliche zeigte sich dem Ägypter überall und in vielen Formen. Darum empfand er Ehrfurcht und religiöse Scheu auch vor den Gottheiten der anderen Kultorte, ja selbst vor denen des Auslandes. Anerkannt wurden die anderen, wenn sie göttliches Wesen hatten, was sich ja schon dadurch erwies, daß es Gläubige gab, die diese Götter verehrten. Daß Echnaton die vielen Gottheiten durch den Einen verdrängen ließ, wurde von den Ägyptern selbst als fremd und falsch empfunden. Unter diesen Gegebenheiten konnte weder ein absoluter Monotheismus entstehen noch die ausschließliche Bindung der altägyptischen Religion an einen einzigen Kultort. Diese Eigenart seiner Religion hat auch das Verhalten des Ägypters bestimmt, wenn er aufgrund äußerer Umstände seinen Tempel entbehren mußte.

Wenn ein Tempel baulich verfiel, wurde er erneuert, in der Regel größer und schöner, auch unter Änderung des Bauplanes. Zwei Texte aus Karnak mögen als Beispiele genügen:

„Die Majestät des Königs von Ober- und Unterägypten … Philippos Arrhidaios hat des Amun Großen-Sitz[5] vorgefunden, wie er (nun) dabei war zu verfallen, da er (doch schon) zur Zeit der Majestät des Königs von Ober- und Unterägypten … Thutmosis III. gebaut worden war,[6] und Seine Majestät errichtete ihn aufs neue, aus Granit, als ein vortreffliches Werk für die Ewigkeit."[7] Unter Pharao Taharqa wird berichtet: „…, ich habe die Mauer des Tempels des Amun in Karnak erneuert."[8]

Wurde nun ein Tempel aufs neue erschaffen, dann benutzte man dazu auch Steine der Vorgängerbauten; teils riß man auch den alten Tempel nieder, ohne daß dieser verfallen war. Verwerflicher Steinraub? Man mag es vermuten, aber es ist kaum nachzuweisen; denn gemäß altägyptischer Sichtweise lebten in jedem neuen Pharao seine Vorgänger wieder auf, ebenso wie deren Tempelbauten, wenn der Nachfolger den neuen Tempel mit den Steinen des

---

[2] Vgl. HORNUNG, 227ff.
[3] Das bezieht sich auf bestimmte Teile des Tempelgebäudes „Ach-menu" in Karnak.
[4] BARGUET, 205.
[5] Das ist das Barken-Sanktuar.
[6] Also vor mehr als 1100 Jahren.
[7] BARGUET, 137 (den Text findet man in: SETHE, 10).
[8] BARGUET, 39. Vgl. ferner S. 83.194f.216.

alten errichtete. Der Umbau des Tempels war also legitim, die Erweiterung
geradezu eine vom Königsdogma geforderte Pflicht, so wie es in folgenden
Worten anklingt, die Amun an König Thutmosis III. richtet: „Ich bin es, der
deine Würde als König von Ober- und Unterägypten geschaffen hat, weil
ich weiß, daß du für mich vollendete Denkmäler errichtest."[9] Die An- und
Umbauten in Karnak zum Beispiel hatten ein solches Ausmaß, daß sich die
Frage aufdrängt, ob denn überhaupt ein Tempel jemals fertiggeworden ist.
Eigentlich war der altägyptische Tempel nie fertig; er galt als ein lebendiges
Wesen und wuchs wie dieses weiter, solange der Kult in ihm lebte. Bedenkt
man außerdem, daß der Kult einsetzte, sobald der Kernbau des Tempels errichtet war, dann wird deutlich: Der Kult war nicht an den fertigen Tempel
gebunden, Verfall, Abriß, Wiederaufbau und Umbau wurden nur als Phasen im Lebensrhythmus eines Tempels empfunden. Die Phasen ohne Tempel
waren allerdings nur kurz und lokal begrenzt, da in Ägypten zu allen Zeiten
Tempel gebaut wurden, auch unter fremden Herrschern.

In der mittelägyptischen Literatur findet man Berichte von Individuen,
die längere Zeit im Ausland verbringen mußten. Zwar erfahren wir darin
nicht direkt etwas über die „Gemeinde ohne Tempel", jedoch läßt sich einiges
für die vorliegende Frage ableiten, weil der in der Fremde weilende Ägypter
auch über das Verhältnis zu seinem Gott spricht.

Sinuhe hatte die Meldung vom Tode des Pharao mitgehört, war darüber
derartig in Schrecken geraten, daß er aus Ägypten floh. Er erreichte Palästina,
wurde dort gut aufgenommen, lebte inmitten der ansässigen Bevölkerung
und machte eine große Karriere. Nirgendwo in dieser langen Erzählung, die
aus dem Mittleren Reich stammt, ist die Rede davon, daß Sinuhe den Tempel
vermißt hätte. Was er gegen Ende seines Lebens vermißt, das ist seine Heimat,
und dabei vor allem das Begräbnis an seinem Wohnort. So sagt er:

„O Gott, wer du auch seiest, der diese Flucht bestimmt hat, du mögest gnädig sein
und mich wieder in die Heimat bringen. Vielleicht wirst du mich den Ort wiedersehen
lassen, an dem mein Herz weilt. Was gäbe es größeres, als wenn meine Leiche in dem
Land bestattet würde, in dem ich geboren bin?"[10]

Über den Grund für seine Flucht läßt Sinuhe den Leser im Dunkeln. Er sagt
lediglich: „Ich weiß nicht, wer mich in dieses fremde Land gebracht hat; es
war wie ein Plan des Gottes."[11] Nach einem siegreich überstandenen Zwei-
kampf äußert sich Sinuhe erneut über seinen Gott: „Und dann hat der Gott
gehandelt, um wieder gnädig zu sein einem, an dem er seine Macht gezeigt,
den er in ein anderes Land getrieben hatte."[12] Man sieht: Der Gott führt
Sinuhe in die Fremde, und er behält den Kontakt zu ihm, auch ohne Tempel.

---

[9] BARGUET, 188 Anm. 3.
[10] ERMAN/GARDINER, Tf. 10, Sinuhe, B, 156–160.
[11] A.a.O., Sinuhe, B, 42f.
[12] A.a.O., Sinuhe, B, 147–149.

Was Sinuhe vermißt, ist nicht der Tempel, es ist das Grab in der Heimat. Für diese Haltung gibt es in der ägyptischen Literatur weitere Beispiele.[13]

Die Geschichte des Schiffbrüchigen stammt ebenfalls aus dem Mittleren Reich. In ihr lesen wir unter anderem, daß der Held der Erzählung nach dem Untergang seines Schiffes auf eine Insel gespült wird. Sobald er wieder bei Sinnen ist, bringt er „den Göttern ein Brandopfer"[14] dar. Bald darauf erscheint ein schlangengestaltiger Gott, der ihn aufnimmt und gut behandelt. Als Dank verspricht der Gerettete, dem Gott nach der Rückkehr in seine Heimat kostbare Geschenke zu senden. Doch der Gott lacht nur über die Worte des Schiffbrüchigen und weist ihn darauf hin, daß er selbst von all den versprochenen Dingen mehr als genug besitze. Schließlich verlangt der Gott vom Schiffbrüchigen etwas anderes: „Mache mir einen guten Namen in deiner Stadt; das ist es, was ich möchte."[15] Nach dem Empfinden des Schiffbrüchigen liegt die Insel am Rande der bewohnten Welt, und darum nennt er den schlangengestaltigen Gott „einen Gott, der die Menschen liebt in einem fernen Land, das die Menschen nicht kennen."[16] Der Gott bestätigt das wenig später, wenn er sagt, daß die Insel nach der Abreise des Schiffbrüchigen wieder im Meer versinken wird.

Auch in dieser Erzählung hören wir nicht, daß der in die Fremde verschlagene Ägypter den Tempel vermißt hätte. Es ist kein Tempel vorhanden, und so opfert er den Göttern Ägyptens *sub divo*. Im vorliegenden Zusammenhang erscheint mir weiterhin bedeutsam, daß selbst in einer fernen, unbekannten Gegend der Welt ein Gott wohnt, den die Menschen nicht kennen, der aber die Menschen kennt und ihnen wohlgesonnen ist. Ich möchte folgern: Für die Menschen des Nillandes wohnte an jedem Ort der Welt ein Gott, und wo auch immer ein Ägypter ihn erkannte, konnte er für ihn der Gott der Stunde sein.[17]

Gegen Ende der Neuen Reiches wurde der Tempelbeamte Wenamun von Karnak nach Byblos geschickt, um Holz für den Bau der großen Nilbarke des Amun zu besorgen. Er führte auf dieser langen Reise eine tragbare Statue des Amun mit sich, die „Der Amun des Weges" genannt wurde. Die Gegenwart des Gottes sollte wohl die Verhandlungen mit den Machthabern von Byblos erleichtern, denn man erwartete, daß der einst mächtige Amun von Karnak noch immer sehr respektiert werde. Nun, die Mission des Wenamun ist

---

[13] Siehe OSING, 1103. Im Alten Reich (6. Dynastie) werden Expeditionen eigens dazu ausgesandt, um die Leichen im Ausland verstorbener Ägypter zu bergen, damit ihnen eine Bestattung in der Heimat zuteil werde.

[14] GOLÉNISCHEFF, Pap. 1115 Zeile 55f.

[15] A.a.O., Pap. 1115 Zeile 159f.

[16] A.a.O., Pap. 1115 Zeile 147f.

[17] Natürlich wurde die betreffende Gottheit immer mit ägyptischen Augen gesehen. Es gibt gute Gründe für die Annahme, daß sich hinter dem schlangengestaltigen Gott, dem der Schiffbrüchige begegnet, der Sonnengott Re(-Atum) verbirgt. Siehe DERCHAIN-URTEL, 83ff.; vgl. auch KURTH, Interpretation, 167ff.

offenbar gescheitert, aber eine Episode des Textes wirft etwas Licht auf
das vorliegende Thema: Wenamun, der kein eigenes Schiff besaß, mußte
in Byblos längere Zeit warten. Da errichtete er für die Reise-Statuette des
Amun am Strand des Hafens von Byblos ein Zelt;[18] hier ruhte der Gott
den Umständen entsprechend angemessen, und in diesem Zelt war er wie in
einem Tempel den profanen Blicken entzogen.

In etlichen Steinbrüchen und Minen, die sich außerhalb des ägyptischen
Niltales befanden, wurden, wenn man eine regelmäßige Ausbeutung geplant
hatte, feste Lager angelegt. War dieses Stadium erreicht, folgte zumeist der
Bau eines Heiligtums. Als Beispiele nenne ich auf der Halbinsel Sinai die
beiden Orte Serabit el-Chadim[19] und Timna,[20] wo sich jeweils ein Heiligtum
der Göttin Hathor befand.

Im Steinbruch von Serabit el-Chadim wurde Türkis abgebaut. Die Expeditionen aus dem Niltal kamen vom Beginn des Mittleren bis zum Ende
des Neuen Reiches. Die beiden Sanktuare des Tempels,[21] bei denen es sich
um künstlich angelegte Grotten handelt, waren ziemlich bescheiden, aber
der Tempel mit seinen vielen Vorbauten umfaßte nach Abschluß der Er-
weiterungen immerhin mehr als 400 m²; das Tempelgelände innerhalb des
Temenos war noch wesentlich größer. Das Heiligtum von Timna war bedeutend kleiner: Ein Hof von ca. 63 m² umschloß ein Sanktuar von nur ca. 4,5
m². In Timna wurde während des Neuen Reiches Kupfer abgebaut. In eine
Felswand der näheren Umgebung des Heiligtums hat man eine Ritualszene
eingraviert: Sie zeigt Ramses III., der Hathor ein Opfer darbringt. Ritual-
szenen dieser Art wurden in der Regel von Expeditionsleitern oder höheren
Beamten angebracht, um die lokale Gottheit zu verehren; die Verehrung galt
auch dem regierenden König, obgleich dieser hier schon deshalb gefordert
war, weil als ideell erster Priester aller Tempel nur er den Göttern die Opfer
darreichen konnte.

Natürlich wurde die Bescheidenheit dieser baulichen Anlagen von den
äußeren Umständen diktiert. Ein Blick auf die großen Tempel des Niltales
macht den Kontrast deutlich. Jedoch läßt sich allein mit den geringen Ausmaßen der abgelegenen Heiligtümer kein Unterschied im Rang begründen,
denn zu allen Zeiten gab es Tempel, die zwar klein, aber doch bedeutend
waren, in den Zentren[22] wie auch in der Provinz.

---

[18] GARDINER, 64 und 66 (Wenamun, 3,11f. und 1,x+12f.).
[19] Siehe BONNET/LE SAOUT/VALBELLE, und CHARTIER-RAYMOND/GRATIEN/TRAUNECKER/
VINÇON; VALBELLE/BONNET, Abb. auf Seite 119.
[20] GIVEON, 593ff.
[21] Siehe Abb. 1–3.
[22] Z. B. der Tempel der 18. Dynastie in Medinet Habu.

Die Haltung des Gläubigen gegenüber der Gottheit an einem vom Nil-tal weit entfernten Ort kann der Text[23] einer Stele aus Serabit el-Chadim verdeutlichen, die sich noch heute *in situ* befindet:

„(1) Die Majestät dieses Gottes (der König) hat den Siegelbewahrer des Gottes, den Kabinettsvorsteher, den Mannschaftsführer Harurrê, ausgesandt zu (2) diesem Bergwerksgebiet. Ankunft in diesem Lande am 3. Monat der Peret-Jahreszeit, und dies war wahrlich nicht die Zeit, um (3) in dieses Bergwerksgebiet zu kommen. Dieser Siegelbewahrer des Gottes spricht nun zu den Beauftragten, die (dereinst noch) in dieses Bergwerksgebiet zu dieser Jahreszeit kommen werden: (4) Ihr möget deswegen nicht verzagen! Seht, Hathor gibt es (das Türkis) gewiß (5) dem, der frisch (ans Werk geht). Seht doch mich an. Ich habe solches bei mir (selbst) verwirklicht. Ich war von Ägypten gekommen, (6) verzagt, weil es als unerreichbar vor mir stand, seine (des Türkis) richtige Farbe zu finden, da das (7) Gebirgsland heiß war im Sommer, die Berge glühten und die Farben nicht mehr stimmten. Als das Land (am Morgen) hell wurde, (8) stieg ich auf ins (Minengebiet) „Tor-des-Horizontes". Ich befragte die Bergleute deswegen, (9) und zwar die kundigen, die in diesem Bergwerk waren.

Sie sagten darauf: „Es gibt Türkis (10) im Berg bis in Ewigkeit, die (richtige) Farbe aber ist das, was man zu dieser Jahreszeit suchen muß. (11) Wir haben dergleichen schon vorher gehört: Das Bergwerk ist zu dieser Jahreszeit ergiebig gewesen, die Farbe (12) aber war das, woran es dabei dauernd mangelte in dieser beschwerlichen Zeit des Sommers."

(13) Ich zog weiter in dieses Bergwerksgebiet, indem die Macht des Königs mein Herz lenkte. (14) Dann habe ich dieses Land erreicht. Ich begann die Arbeit mit einem guten Anfang, denn (15) meine Mannschaft war vollständig angekommen, ohne daß es bei ihr einen Verlust gegeben hätte. So war ich nicht mehr verzagt (16) angesichts der Arbeit, denn es war mir gelungen, einen guten Anfang zu nehmen. Ich zog wieder fort im 1. Monat (17) der Schemu-Jahreszeit, und ich brachte diesen kostbaren Stein (Türkis) mit. Ich habe (dabei) mehr geleistet (18) als jeder, der (vorher) gekommen war und mehr als alles, was beauftragt war. Nichts blieb zu wünschen übrig, denn die Farbe (des Türkis) war (19) vollkommen, den Augen ein Fest, und vollkommener war er als der zur richtigen Zeit (gewonnene).

So opfert, (20) opfert der Herrin des Himmels, stimmt unbedingt die Hathor gnädig! Wenn Ihr es tut, dann wird (es) (21) euch nützen. Wenn ihr noch mehr hinzugebt, wird euch das Glück anhaften. (22) Ich habe meine Expedition in höchster Vollendung ausgeführt, ohne daß (23) gegen meine Arbeit eine Stimme erhoben wurde. [Was ich getan habe] war ein Erfolg, und die [gesamte] Mannschaft und Truppe (24) [neigte das Haupt?] ... (25) ... (26) ..."[24]

---

[23] Siehe Abb. 4–7. Letzte Bearbeitung des Textes der Stele Inscr. Sinai, Nr. 90: KURTH, Der Erfolg des Harurrê. Die dort fehlende photographische Dokumentation findet man nun innerhalb des vorliegenden Artikels. Ein gutes Photo gibt es auch bei VALBELLE/BONNET, 119, jedoch keine Detailaufnahmen; da der Text einige epigraphische Probleme enthält, dürften die hier veröffentlichten Photos willkommen sein.

[24] In Umschrift: (1) *mꜣꜥ ḥm n nṯr pn śḏꜣwtj nṯr jmj-rꜣ ꜥḥnwtj ḫrp śkw Ḥrwr-Rꜥ* (2) *r bjꜣ pn śpr r tꜣ pn m ꜣbd 3 prt jśt n tr jś pw n jwt* (3) *r bjꜣ pn śḏꜣwtj nṯr pn ḏd.f ḥr śrw jwtj.śn r bjꜣ pn r tr pn* (4) *jmj.tn bdš ḥrw.tn ḥr.ś m.tn ḏd śt Ḥt-ḥr* (5) *n wꜣḏ mꜣ n.j r.j jrj.n.j mnt jm.j jwtj.j ḥr Kmt* (6) *ḥr.j bdš*

Der Stolz des Harurrê auf seine eigene Leistung als Expeditionsführer ist nicht zu übersehen, doch er läßt auch keinen Zweifel daran, daß sein Erfolg ohne die Gnade der lokalen Hauptgöttin Hathor von Serabit el-Chadim nicht möglich gewesen wäre. Er nennt sie „Herrin des Himmels" und gibt ihr damit das Epitheton einer großen Göttin, obwohl diese Hathor im Niltal so gut wie keine Bedeutung hatte; hier auf dem Sinai aber hat sie dieselbe Machtfülle wie zum Beispiel die große Hathor von Dendera im Niltal, und darum fordert er die zukünftigen Expeditionsleiter auf, die Hathor von Serabit el-Chadim ganz besonders zu verehren.

Alles Bisherige hat besondere Situationen aufgezeigt. Im Normalfalle waren die Ägypter bestrebt, überall dort, wo sie lebten, ihre Tempel zu errichten, und zwar so groß und vollkommen, wie es nur ging. Das gilt auch für die großen Gebiete, die ab dem Mittleren Reich und vor allem während des Neuen Reiches erobert und annektiert wurden. Wir besitzen archäologische und schriftliche Quellen über zahlreiche ägyptische Tempel in Nubien und Palästina.

Die Zeiten ohne Tempel dürften also immer nur kurz und lokal begrenzt gewesen sein. Zwei Aussagen aus sehr viel späterer Zeit begründen recht eindringlich, warum die Gegenwart eines Tempels notwendig war. Die erste finden wir im ptolemäischen Tempel von Edfu[25], wo eine Inschrift diesen Tempel den „Ort-des-angenehmen-Lebens" nennt, „der das Leben seiner Bewohner angenehm macht."[26] Die zweite Aussage stammt von einem koptischen Christen, der noch heute[27] beim Tempel von Edfu ein Restaurant betreibt. Als wir über das nahegelegene Kloster von Hager Edfu sprachen, sagte er, er wolle immer nur in der Nähe eines Klosters leben, weil nur die Gebete der Mönche bewirkten, daß es dem Ort und seinen Bewohnern gut ergehe. Diese Äußerung wurde mit großem Ernst vorgebracht und ließ eine tiefe Überzeugung erkennen. Sie belegt, daß mein Gewährsmann den Gottesdienst im Kloster als Quelle des Wohlergehens für die ringsum lebende

---

šʒ m ḥr.j gmjt jnm.ś mꜥ šm (7) ḫʒśt m šmw ḏww ḥr ʒbw jnm ḫn ḥḏ tʒ (8) ṯs.j m Rʒ-ʒḫt wn.j wśd.j ḥmwwt ḥr.ś (9) śbkw ntj m bʒ pn dd.ḥr.śn jw mfkʒt (10) m ḏw r nḥḥ jnm pw wḥʒ r tr pn jw (11) pʒ.n śdm mjtt bʒ jj r tr pn jnm (12) mś pw gʒ(t) r.ś m tr pn kśn n šmw (13) wn.j mꜥ.j r bʒ pn bʒw nśwt ḥr rdjt m jb.j (14) ꜥḥꜥ.n.j śpr.kwj r tʒ pn śꜥ.n.j kʒt r tp-nfr jj.n (15) mś.j mḥ r-ḏr.f n sp ḫpr nhw jm n bdš (16) ḥr.j m-ḫʒt bʒk śpr.n.j r ndrt tp-nfr fḫ.n.j m tpj (17) šmw jnj.n.j ꜥt tn špśt rdj.n.j ḫʒw (18) ḥr jj nb ꜥʒw nb nn ḫʒʒ.j <nfr> jrtj m ḥb nfr śj r jtrw.ś mtj wdn (20) wdn n nbt pt śḥtp tn mj Ḥt-ḥr jrj.tn śt ʒḫ (21) n.tn rdj.tn ḫʒw ḥr.ś wśḏ jm.tn (22) jrj.n.j mś.j m nfr nfr nn kʒjt ḥrw (23) r bʒkt.j jrjt.n.j m wśḏ mś ḏmw (24) mj ḳd[.śn? ḥr?] [wʒḥ?] [tp?] ... (25) ... (26) ...

25 Zeit Ptolemäus X., 107–88 v.Chr.

26 CHASSINAT, 187, 12. Entscheidend für die Gabe des angenehmen (wörtlich: süßen) Lebens ist natürlich die Gegenwart des Gottes Horus, der an der vorliegenden Textstelle ein Epitheton trägt, das, wörtlich übersetzt, „Der-süß-an-Leben" bedeutet, also den Gott als Träger und Spender des glücklichen Lebens kennzeichnet; vgl. dazu auch KURTH, Dekoration, 252f.; „seiner Bewohner" bezieht sich im engeren Sinne auf die Priester und auf die Menschen, welche in Abhängigkeit vom und nahe beim Tempel lebten; im weiteren Sinne sind damit auch die Bewohner der Stadt Edfu gemeint – beides läßt sich kaum trennen.

27 Das gilt für das Frühjahr 1997.

Bevölkerung ansieht, was in dieser Hinsicht durchaus mit der altägyptischen Überzeugung vergleichbar ist, daß der Kult in den Tempeln den Fortbestand der Schöpfung und das Wohlergehen der Menschen sicherte.[28]

Zusammenfassend kann man sagen, daß die Menschen Altägyptens in der Nähe eines Tempels und im Schutze ihres lokalen Gottes leben wollten. Wenn sie aber, durch äußere Umstände erzwungen, keinen Tempel in ihrer Nähe hatten, dann schufen sie auf die verschiedenste Weise einen den Umständen angemessenen Ersatz, der als gleichwertig galt, solange das Wesentliche bewahrt blieb. Ein Schmerz, entstanden durch das Fernsein vom heimischen Tempel, ist den Quellen nicht zu entnehmen. Die Götter Ägyptens waren dort, wo ihre Gläubigen waren.

Summary

Considering the environment of ancient Judaism, Egypt represents another community with temples. As a matter of fact the Egyptians also had times and situations without a temple.

Egyptian temples were repaired and renovated whenever necessary. The new temple usually was bigger and more splendid than its predecessor. Each temple was accepted as *alive*, the cult was started, when the heart of the building had been built ready. Thus the months under construction were found not as days "without temple", but as a certain episode in the temple's life.

Whenever individuals had to leave Egypt, e.g. as a traveller or a refugee, they did not miss the temple. Ancient texts dealing with this situation tell us of a special type of homesickness: Persons pray to their god to lead them back to Egypt, back to a final place of burial in their country. So Egyptians outside Egypt did not miss either their god or their temple, but only a burial plot. Even far from home they find a god to pray to.

Times and countries without a temple never did disconnect the believers in Ancient Egypt from their God: Egypt's Gods were whereever their believers happened to stay.

Bibliographie

P. BARGUET, Le Temple d'Amon-Rê à Karnak, Kairo 1962.

C. BONNET/F. LE SAOUT/D. VALBELLE, Le Temple de le déesse Hathor, maîtresse de la turquoise à Sérabit el-Khadim, Cahier de recherches de l'Institut de papyrologie et égyptologie de Lille 16 (1994), 15–29.

---

[28] Vgl. DERCHAIN, 61ff.

M. CHARTIER-RAYMOND/B. GRATIEN/C. TRAUNECKER/J.-M. VINÇON, Les sites miniers pharaoniques du Sud-Sinaï. Quelques notes et observations de terrain, Cahier de recherches de l'Institut de papyrologie et égyptologie de Lille 16 (1994), 31–77.

E. CHASSINAT, Le temple d'Edfou VII, Le Caire 1932.

PH. DERCHAIN, Le rôle du roi d'Egypte dans le maintien de l'ordre cosmique, in: L. DE HEUSCH (Hg.), Le pouvoir et le sacré, ACER 1, 1962, 61–73.

M.-T. DERCHAIN-URTEL, Die Schlange des „Schiffbrüchigen", SAK 1 (1974), 83–104.

A. ERMAN (Hg.), Literarische Texte des Mittleren Reiches II: Hieratische Papyrus aus den königlichen Museen zu Berlin, Bd. 5: Die Erzählung des Sinuhe, bearbeitet von A. H. Gardiner, Leipzig 1909.

A. H. GARDINER, Late-Egyptian Stories, BAeg 1, 1932.

R. GIVEON, Art. Timna, LÄ VI (1986), 593–595.

W. GOLÉNISCHEFF, Les papyrus hiératiques Nos. 1115, 1116 A und 1116 B de l'Ermitage Impérial à St-Pétersbourg, Leipzig 1913.

E. HORNUNG, Der Eine und die Vielen, Darmstadt 1973.

D. KURTH, Die Dekoration der Säulen im Pronaos des Tempels von Edfu, GOF.Ä 11, 1983.

— Der Erfolg des Harurrê in Serabit el-Chadim, Göttinger Miszellen 154 (1996), 57–63.

— Zur Interpretation der Geschichte des Schiffbrüchigen, SAK 14 (1987), 167–179.

J. OSING, Art. Heimatgebundenheit, LÄ II (1977), 1102–1104.

K. SETHE (Hg.), Urkunden des ägyptischen Altertums, Bd. 2: Hieroglyphische Urkunden der griechisch-römischen Zeit, Leipzig 1904.

W. SPIEGELBERG, Der demotische Text der Priesterdekrete von Kanopus und Memphis (Rosettana), Heidelberg 1922.

D. VALBELLE/CH. BONNET, Le sanctuaire d'Hathor maîtresse de la turquoise, Paris 1996.

Abb. 1: Die Lage des Tempels in der einsamen Bergregion von Serabit el-Chadim.

Abb. 2: Im Inneren des Tempels.

Abb. 3: Die Stele Inscr. Sinai, Nr. 90, Gesamtansicht.

Abb. 4: Der Haupttext der Stele, oben, Zeilen 1–12.

Abb. 5: Der Haupttext der Stele, Mitte, Zeilen 9–21.

Abb. 6: Der Haupttext der Stele, unten, Zeilen 16 bis Ende.

Abb. 7: Der Haupttext der Stele, Detailaufnahme, Zeilen 2–6.

Der Tempel bei Vergil und im herodianischen Judentum

WILLIAM HORBURY, Cambridge

C. F. D. Moule
zum neunzigsten Geburtstag am 3. Dezember 1998

1. Einleitung

Nostrorum primus Maro non longe fuit a veritate – „Maro, als erster unter den Unseren, war nicht weit von der Wahrheit entfernt"(Lactanz, Divinarum institutionum [= D. I.] I,5, über Aeneis [= Aen.] VI,724–726).[1] So schreibt im frühen 4. Jh. Laktanz, ein lateinischer Christ im griechischen Osten. Er kann sogar auch in aller Kürze und Kühnheit formulieren: *noster* Maro, „unser Maro"(D. I. epitome 3). *Noster* bedeutet natürlich *Romanus*. Ohne Zweifel schreibt Laktanz als ein Mann des Westens und der lateinischen Sprache. Trotzdem war es, wie wir sehen werden, auch für die Griechen der östlichen römischen Provinzen möglich und üblich, Vergil in ihre eigene Kultur einzubringen.

Aber noch wichtiger für unser Thema ist die Behauptung: *Maro non longe fuit a veritate.* So positiv äußerte sich Laktanz gelegentlich, obwohl er auch – wie vor ihm Tertullian (Ad nationes II,9) – kühne Kritik am Pietätsanspruch des vergilianischen *pius* Aeneas (D. I. V,10) und überdies an paganen oder stoischen Elementen der vergilianischen Theologie übte (D. I. II,4; VII,3, nochmals über Aen. VI,725–726). Hier jedoch, in D. I. I,5, erscheint Vergil als christlicher *Vates*. Dies war fast *opinio communis* des christlichen Altertums, die unvergeßlich durch die Auslegung der vierten Ekloge in der Oratio ad Sanctos des Kaisers Constantin ausgedrückt ist.[2]

Wo aber ein *Vergilius christianus* erscheint, dort muß man auch nach einem *Vergilius iudaicus* fragen. Immer wieder scheint Vergil nicht weit von der Gedankenwelt des antiken Judentums entfernt zu sein. Diese Frage erhebt sich besonders in der wissenschaftlichen Diskussion der vierten Ekloge und des sechsten Buches der Aeneis. Es ist möglich, daß beide mit der Si-

---

[1] Für freundliche Hilfe mit dem deutschen Text dieses Aufsatzes danke ich Frau Jutta Leonhardt, Herrn Dr. Niclas Förster und Herrn Dr. Markus Bockmuehl.

[2] BARNES, 75 mit Anm. 143; COURCELLE, Les exégèses chrétiennes, 157–170.

byllinischen Dichtung und der messianischen Hoffnung direkt oder indirekt
verknüpft sind.

Gerade diese Frage nach einem *Vergilius iudaicus* war ein Lieblingsthe-
ma der Säulen der klassischen Philologie, der Altertumswissenschaft und
der Theologie, vor allem von NORDEN, WEBER und LIETZMANN.[3] NORDEN
wandte sich *gegen* einen möglichen Einfluß der jüdischen Literatur auf Vergils Dichtung. Er diskutierte die Frage schon in seiner Auslegung des sechsten
Buches der Aeneis (hier in Verbindung mit der Geschichte der Apokalyptik) und später in seinem berühmten Buch „Die Geburt des Kindes", das
sich mit der sogenannten „messianischen Ekloge" beschäftigt.[4] Im Sinne der
Religionsgeschichtlichen Schule ging er bei der vierten Ekloge von einem
orientalischen, nicht aber von einem spezifisch jüdischen Einfluß aus. Ähnlich waren die Vorschläge von GRESSMANN, der einen durch die babylonische
Sybille vermittelten, babylonischen Ursprung annahm, und von KNOX, der
die Rezeption des nichtjüdischen apokalyptischen Denkens sowohl bei den
Römern als auch bei den Griechen unterstrich.[5]

Mit NORDEN stimmten und stimmen in unserer Zeit viele – einschließlich STERN in seinem Standardwerk „Greek and Latin Authors on Jews and
Judaism"– in der Ablehnung des direkten jüdischen Einflusses überein.[6]
Doch bilden einige Autoren eine Ausnahme, besonders in der Diskussion
der vierten Ekloge. So haben NISBET in Oxford und PARKE am Trinity College Dublin für eine Verbindung zum hellenistisch-jüdischen Messianismus
plädiert.[7]

Daher scheint es wichtig, die viel diskutierte Frage „Vergil und das Judentum" erneut aufzugreifen. Den Rahmen dieser Untersuchung bildet die
eingehende Erörterung des Themas „Vergil und der griechische Osten" in
der neueren wissenschaftlichen Literatur. Neues Material zu der sogenannten *fortuna* des Vergil wurde besonders durch die Papyrusfunde der letzten fünfzig Jahre bekannt. Es gibt auch eine Fülle neuer Untersuchungen
über den hellenistischen Hintergrund seiner Dichtung, über die Kultur der
östlichen Provinzen und nicht zuletzt über das antike Judentum. Aufgrund
dieser neuen Funde und Forschungen scheint Vergil nicht nur der jüdischen
Gedankenwelt nahezustehen, sondern auch ein Spiegel der Leitideen des augusteischen Zeitalters zu sein, wie sie auch in den östlichen Provinzen und
sogar im herodianischen Judäa einflußreich waren. So schrieb bereits 1891
der Cambridger Neutestamentler *Westcott*:

„It may seem to be a paradox – it ought to be a truism – that the Aeneid is the Roman
Gospel … Few things are more surprising in the histories of the apostolic age than

---

[3] LIETZMANN, 25–62.

[4] NORDEN, Aeneis, 6–9; Geburt, 52–54.134.

[5] GRESSMANN, 462–478; KNOX, 17–21.

[6] STERN, Bd. 1, 316f., Nr. 43 (Geo. III,12–15), und CLAUSEN, 127–129.

[7] Nisbet, Easterners and Westerners; Parke, 145f.

that Virgil finds no place in the popular estimate of the influences at work in moulding or expressing current opinion."[8]

„In moulding or *expressing* current opinion": Mit dieser Formulierung betont WESTCOTT, daß Vergil ein Spiegel der Bewegungen in der Geistesgeschichte seiner Zeit gewesen sein könnte. Diese Äußerung WESTCOTTS gilt vielleicht auch für das Thema „Gemeinde ohne Tempel".

Dieser Fragestellung entsprechend soll den zweiten Teil dieses Aufsatzes eine Skizze des *Vergilius graecus* bilden, des Vergil der östlichen Provinzen, und man darf vielleicht auch sagen, des Vergil des herodianischen Judäa. Der dritte Teil konzentriert sich auf das Verständnis des Tempels bei Vergil, vor allem in der Aeneis, in der Aeneas so lange eine Stadt und einen Ort für seine Götter sucht, „bis er in Latium endlich | Wohnstätten schuf für sich selbst und die Götter der Vorfahren"– *dum conderet urbem, inferretque deos Latio* (Aen. I,5f.).[9] Im vierten Teil schließlich wird eine jüdische Quelle betrachtet, die wahrscheinlich nicht weit von Vergil entfernt ist. Es handelt sich um das vierte Buch der Sibyllinen, in dem die jüdische Sibylle sich gegen den Tempelkult zu wenden scheint.

2. Vergilius graecus

Wie ein Echo auf die Formulierungen *Romanus Vergilius* von Petronius (Satyricon 118,5) und *noster Maro* von Laktanz klingt die Wendung „Roman Virgil" des viktorianischen Dichters TENNYSON, die in England zu einem bekannten Ausspruch wurde.[10] Heute läßt sich auch vom *Vergilius graecus* sprechen. Diese Formulierung bedeutet in erster Linie „griechischer Vergil";[11] doch kann sie auch auf andere charakteristische Züge des Dichters hinweisen.

Zuerst ist, um mit einigen bekannten Dingen zu beginnen, die Topographie seines Lebenslaufes von 70 bis 19 v.Chr. zu nennen, die in den griechischen Kulturraum weist. Vergil war stolz auf seine Herkunft aus Mantua; doch verbanden ihn seine späteren Beziehungen, so scheint es, vor allem mit Rom und der ehemaligen *Magna Graecia*, d.h. Campanien.[12] So war es in

---

[8] WESTCOTT, Vf.

[9] An dieser Stelle und im folgenden wird nach der deutschen Vergil-Übersetzung von EBENER zitiert.

[10] Tennysons „Ode to Virgil", die er für die Mantuaner Vergilfeier von 1882 geschrieben hat, beginnt: „Roman Virgil, thou that singest Ilion's lofty temples robed in fire, | Ilion falling, Rome arising, wars, and filial faith, and Dido's pyre", und endet: „Wielder of the stateliest measure ever moulded by the lips of man". LEVI, 304, urteilt: „The Mantuans asked for a scribble and got a masterpiece."

[11] BALDWIN.

[12] Parthenope wird als Wohnsitz bestätigt durch Geo. IV,564f., Philodemus (Papyri aus Herculaneum Paris 2), ein Brieffragment von Augustus sowie durch die Tatsache, daß Vergil dort begraben wurde (HORSFALL, Companion, 2.7).

der Nähe von Parthenope, Neapolis, daß er den in Herkulaneum wohnenden Epikuräer Philodemus von Gadara, und vielleicht auch die *docta dicta
Sironis* (Catalepton V,9; vgl. VIII,1f.), die gelehrten Sprüche des Siro, eines
zweiten Epikuräers, hörte;[13] hier schrieb er während der Komposition der
Georgica: „denn förderte mich, den Vergilius, liebreich Neapel"– *Vergilium
me ... dulcis alebat | Parthenope* (Georgica [= Geo.] IV,563f.); hier, bei Cumae
und Avernus, hat er die Landschaft der Sibylle und der Unterweltsreise des
Aeneas kennengelernt; und hier, in der Nähe von Neapel an der Straße nach
Puteoli, ruhen auch – laut der Tradition – seine sterblichen Überreste. Hier,
in Puteoli und wahrscheinlich auch in Pompeji, gab es ferner eine bedeutende
syrische und jüdische Gemeinde; in diesem Punkt war in Campanien dieselbe Situation wie in den östlichen Provinzen anzutreffen, wo die syrische
und jüdische Diaspora in den griechischen Städten weit verbreitet war.[14] Die
letzte Ruhestätte Vergils, wie sie im Grabepigramm der Vita Suetonii (Dona-
ti) beschrieben ist, dürfte auch für sein inneres Leben bezeichnend sein, das
tief von der griechischen Kultur beeinflußt war:

> „Mantua sah mich erwachen, Kalabrien sterben, Neapel | birgt mich im Grab. Ich
> besang Hirtenwelt, Landbau und Krieg."
> *Mantua me genuit, Calabri rapuere, tenet nunc
> Parthenope; cecini pascua rura duces.*

Seine „süße Parthenope" (Geo. IV,563f.) hielt den Mantuaner fest (*tenet
nunc*).

In Übereinstimmung mit diesen Andeutungen war Vergil natürlich als
Dichter nicht nur Römer, sondern auch Grieche und Alexandriner. Hinter
der Bukolika steht Theokrit, hinter der Georgica stehen Hesiod und Ara-
tus, hinter der Aeneis Homer und Apollonius Rhodius. Die griechischen
literarischen Quellen des Vergil stellen ein weites Feld für Untersuchungen dar. Darüber hinaus hatte Vergil in Rom oder Campanien wahrscheinlich persönliche Kontakte zu griechischen Dichtern und Literaturkritikern;
Horsfall verweist auf Herakleon von Tilotis in Ägypten und Aristonicus
von Alexandrien.[15]

Ferner verdient auch die Rezeption Vergils in der griechischen Literatur Beachtung.[16] So wurde er zu Lebzeiten von Philodemus erwähnt, und

---

[13] Nur durch den Catalepton bezeugt (vielleicht eine frühe Folge aus Vergils Beziehung
zu Neapel [so Horsfall, Companion, 7f.10f.]), aber vergleichbar mit der Notiz des Vergil
bei Philodemus. Als historisch zutreffend wurde die Nachricht über Siro als philosophischen
Lehrer des Vergil von Gigante, Campania, 28–36, angesehen.

[14] Für Juden und Syrer in Puteoli; vgl. Jos Bell II,101–105; Ant XVII,328; CIJ 561 = Noy,
23 (Grabinschrift aus Marano, in der Nähe von Puteoli) mit dem Kommentar von Noy; ferner
in Pompeji, Noy, 38–40. Vgl. auch CIJ 556 = Noy, 26 (Grabinschrift der [Cl]audia Aster
[H]ierosolymitana [ca]ptiva, wahrscheinlich aus Neapel oder seiner Umgebung).

[15] Horsfall, Virgilio, 39–42.

[16] Zum folgenden vgl. D'Ippolito, 801.

am Ende der Regierungszeit Hadrians nahm Phlegon von Tralles das Geburtsdatum des Οὐεργίλιος Μάρων ὁ ποιητής in seine Chronik auf (Photius, Bibliotheca, 97). Im frühen 3. Jh. berichtet dann Cassius Dio, wie der unglückliche Tribun Iulius Crispus „einen Ausspruch des Dichters Maro"– es handelt sich um ein Zitat aus Drances' bitterer Verurteilung des Krieges, den Turnus führte – angesichts der großen Verluste des Septimius Severus im Partherkrieg benutzte. Als Crispus dieses geflügelte Wort verwendete, wurde er auf Befehl des Severus hingerichtet. An dieser Stelle findet sich bei Dio (76.10, 2) eine griechische Zusammenfassung der betreffenden Zeilen des Vergil: „Nur damit Turnus die Lavinia als Braut heimführen kann, sterben wir ganz unbeachtet."Die Vorlage in der Aeneis lautet (Aen. XI,371–373):

> „Freilich, wenn Turnus nur glücklich heimführt die fürstliche Gattin, | mögen wir wertloses Volk, auch ohne Gräber und Tränen, | fallen im Felde!"
>
> *scilicet ut Turno contingat regia coniunx*
> *nos animae viles, inhumata infletaque turba,*
> *sternamur campis.*

Dieselbe Passage ist als lateinische Schreibübung in einem frühen Vergilpapyrus (POxy. 50.3554) bezeugt, deren Text wahrscheinlich in Ägypten während des 1. Jh. n.Chr. niedergeschrieben wurde.[17] Es ist möglich, daß die Auswahl gerade dieser Zeilen als Schreibübung nicht nur durch die vielen verschiedenen Buchstaben des lateinischen Alphabets, die in ihr enthalten sind, angeregt wurde. Sie könnte auch darauf zurückzuführen sein, daß diese Passage durch Theatervorstellungen bekannt gewesen war. Horsfall hat auf diesen Aspekt der frühen Vergilzitate aufmerksam gemacht, und schon bei Sueton wird eine Pantomime über Turnus erwähnt.[18] Es ist aber auch mit der wichtigen Funktion der vergilianischen Reden in der Rhetorikausbildung zu rechnen. Solche Überlegungen sind wahrscheinlich auch für den Hintergrund des Zitats bei Dio von Bedeutung.

Auch in griechischer Sprache las man Vergil sehr früh. Vermutlich bestand, wie z.B. die Notiz bei Phlegon zeigt, bei den griechischsprachigen Provinzialen ein Interesse an diesem Klassiker der römischen Welt. Die Übersetzungstätigkeit begann, soweit wir wissen, in Rom schon im 1. Jh n.Chr. mit Polybius, einem Freigelassenen des Kaisers Claudius (Seneca, Dialogi XI,5). Unter Septimius Severus übersetzte sodann der Epiker Peisander von Laranda das zweite Buch der Aeneis ins Griechische, und im frühen 4. Jh. gab Euseb die „messianische Ekloge"in griechischer Fassung in der Oratio ad Sanctos des Constantin wieder. Das Studium des Vergil in griechischer Sprache und bei griechischsprechenden Lesern ist außerdem in der spätrömischen und byzantinischen Zeit durch Papyri aus Ägypten, Syrien und Palästina nachweisbar, z.B. durch das lateinisch-griechische Glossar der

---

[17] Gigante, La fortuna, 40f.
[18] Horsfall, Companion, 251; Sueton, Nero 54 (zitiert von Horsfall, Companion, 249).

Vergilpapyri des 5. Jh. aus Nessana im südlichen Judäa und durch Exemplare einer zweisprachigen Vergilausgabe.[19]

Im Lichte dieser Notizen und Übersetzungen meinte man mehrfach, Anspielungen auf Vergil bei griechischen Autoren entdecken zu können.[20] So glaubte THACKERAY, Reminiszenzen an Vergil bei Josephus zu finden, z.B. indem er die Bemerkungen von Josephus über die herausragende Bedeutung von Gerüchten (Bell III,433f.) mit Vergils Beschreibung der *fama* verglich (Aen. IV,173–190).[21] Solche Reminiszenzen bei Josephus sind nicht über jeden Zweifel erhaben, bleiben aber durchaus möglich.

Ferner waren die Themen des Vergil im griechischen und jüdischen Osten durch Mythologie und Literatur vorbereitet. Dies ist besonders deutlich bei dem Helden Aeneas, dessen Name schon durch Homer weit verbreitet war. So ist er als jüdischer Name bereits im ptolemäischen Ägypten (174 v.Chr.) und in Judäa unter Hyrcanus I., später unter Agrippa I. und während des jüdischen Krieges belegt.[22] Eine weitere Verbindung zwischen Vergils Gedankenwelt und dem jüdischen Kulturkreis war auch durch die weite Verbreitung von antiken Ktisissagen gegeben, deren Motive sowohl in den biblischen Erzählungen von den Patriarchen und vom Einzug ins gelobte Land als auch in der Aeneis erkennbar sind.[23]

Die Bezeichnung *Vergilius graecus* scheint also nicht unberechtigt zu sein. Sie weist sowohl auf den Kulturhorizont und die Themen des Dichters als auch auf seine früh- und weitbezeugte Rezeption bei den Griechen und im griechischen Osten hin. Doch war Vergil natürlich vor allem ein römischer Dichter, wie die Wendung *noster Maro*, „Roman Virgil", zeigt. Aber der *Vergilius graecus* und der *Vergilius romanus* sollten nicht voneinander getrennt werden. Dies wird schon in der späteren Rezeptionsgeschichte im Osten deutlich. So waren Phlegon und Cassius Dio eng mit der Stadt Rom und der Reichsverwaltung verbunden; ferner ist das Vergilzitat bei Dio in den Mund eines militärischen Tribuns gelegt.[24] Außerdem war das griechische Vergilstudium in der spätrömischen Zeit zugleich auch eine Einführung in die lateinische Sprache.

Dementsprechend zeigt sich auch in der vergilianischen Rezeptionsgeschichte der frühen Kaiserzeit eine ähnliche Verbindung zwischen dem *Vergilius graecus* und dem *Vergilius romanus*. So las man Vergil schon damals im griechischen Osten, doch bei den frühen lateinischen Textzeugnissen des Ostens ist manchmal gerade mit römischen Lesern zu rechnen. Bemerkenswert ist, daß Vergil überaus schnell als römischer Klassiker angesehen wurde,

---

[19] GIGANTE, La fortuna, 30–35.37–39.
[20] Für eine Liste solcher Autoren (ohne Josephus) s. D'IPPOLITO, 803.
[21] THACKERAY, Bd. 1, XVIII–XIX.
[22] WILLIAMS, 110, zu Act 9,33–35; vgl. Jos Ant XIV,248, Bell V,326–328.
[23] WEINFELD, 1–21.
[24] Über *Romanitas* bei Phlegon und Dio s. SWAIN, 78 Anm. 33 und S. 403–405.

was seiner eigenen Hoffnung entsprach, *virum volitare per ora*, „den Menschen durch den Mund zu fliegen"(Geo. III,9; mit einem Echo von Ennius), und zwar nicht nur im Westen, sondern gerade auch im Osten. So führt der Weg von den frühesten vergilianischen Textzeugnissen in Pompeji vor allem nach Ägypten und Palästina.[25]

Zunächst sieht man in Campanien an den lateinischen Graffiti von Pompeji, daß Vergil, wie andere Dichter des Altertums auch, ein in breiten Bevölkerungsschichten beliebter Schriftsteller war, und daher vielleicht mit den heutigen Dichtern der arabischen Welt zu vergleichen ist. Diesen Graffiti liegen nicht nur Schreibübungen mit vergilianischen Material zugrunde, sondern es ist auch – wie schon hinsichtlich des Vergilzitats bei Cassius Dio bemerkt – der Einfluß dramaturgischer Vorträge der Gedichte Vergils anzunehmen.[26]

Des weiteren findet sich dieselbe Vergilverehrung in den frühesten nichtepigraphischen Textzeugen bei den Römern, und zwar in der Armee der östlichen und westlichen Provinzen. Denn einige dieser weitgestreuten Zeugnisse haben einen militärischen Kontext. Dies scheint der Fall zu sein bei zwei wichtigen Entdeckungen, den lateinischen Vergilfragmenten aus Masada in Judäa (ca. 73–74 n.Chr.) und aus Vindolanda in Nordbritannien (ca. 100 n.Chr.).[27] Im Masadafragment findet sich das Wort der Dido aus Aen. IV,9: *Anna soror, quae me suspensam insomnia terrent* – „Anna, mich schrecken Traumbilder, lassen mich zweifeln und schwanken."Bei diesem Fragment handelt es sich möglicherweise nicht um eine Schreibübung. Daher stellte man sich die Frage, ob der Abschreiber an eine Frau namens Anna oder an die schrecklichen Ereignisse in Masada gedacht haben könnte.[28] Vielleicht ist auch hier an einen möglichen Einfluß dramaturgischer Vorträge zu denken (eine Pantomime über Dido wurde später bekannt[29]). Einen militärischen Kontext hat wahrscheinlich auch ein ägyptisches Papyrusfragment des 1. Jh. n.Chr. (PGrLat 1307), das auf der Rectoseite legionarische Anordnungen, auf der Versoseite in Latein die Namen Iulus und Aeneas enthält.[30] Daß Literatur oft mit den Legionen reiste, ist weiter durch die Fragmente der Elegien von Cornelius Gallus, dem Freund Vergils, aus Qasr Ibrim in Nubien bezeugt.[31]

Die Rezeption des Vergil gerade bei römischen Lesern ist also durch die frühesten Textzeugen des griechischen Ostens, d.h. Ägyptens und Palästinas, belegt. Doch war der *Vergilius graecus* schon in dieser Frühzeit von

---

[25] So darf man vielleicht den Titel des Kapitels von GIGANTE, „Virgilio da Pompeii all' Egitto", ergänzen (GIGANTE, La fortuna, 7–43).

[26] SOLIN, 333f., denkt vor allem an Schulübungen; für die Wichtigkeit des Theaters s. HORSFALL, Companion, 249–251.

[27] COTTON/GEIGER, 18f.27.31–34; BOWMAN/THOMAS, 130–132.

[28] COTTON/GEIGER, 31–34.

[29] HORSFALL, Companion, 249.

[30] GIGANTE, La fortuna, 41f.

[31] NISBET in: NISBET/PARSONS, 130.

Bedeutung, wie die frühe Entstehung der griechischen Übersetzungen und die Erwähnung Vergils bei Phlegon zeigen. Zusammenfassend läßt sich vermuten, daß für nichtrömische Provinziale Vergil primär als Klassiker und *divinus poeta* des römischen Reiches reizvoll war und daß gerade diese herausgehobene Stellung des Dichters manchem Nicht-Römer durch römische Vergil-Leser auch in den östlichen Provinzen bekannt war.

Nun könnte aber die enge Verbindung des *Vergilius graecus* mit dem *Vergilius romanus*, die in der frühen Rezeptionsgeschichte des Vergil erkennbar ist, auch auf seine Bedeutung für die Geistesgeschichte des herodianischen Judäa hinweisen. Zuerst ist der imperialistische Zug mancher vergilianischer Passagen über Griechenland und den griechischen Osten, einschließlich Ägyptens und Judäas, zu nennen. So fürchten sich die Ägypter und der Fluß Ägyptens beim *adventus Augusti*: „angstvoll | zittern die sieben Mündungen des gewaltigen Nilstroms" – *et septemgemini turbant trepida ostia Nili* (Aen. VI,800).[32] Außerdem erwähnt Vergil auch Griechenland und Judäa im Zusammenhang mit dem Topos der *victoria Romana* im Osten. So spricht Vergil gerade in diesem Kontext von den Palmzweigen des herodianischen Jericho und seiner Umgebung. In einer Triumph-Metapher am Anfang des dritten Buches der Georgica schreibt er in der *persona* eines römischen Siegers:

„Heimführen möchte ich ... als erster | dir idumäische Palmen, mein Mantua, bringen, und möchte | mitten im Grünen dir einen Tempel aus Marmor errichten | ... Drinnen im Tempel möge mir Caesar das Heiligtum hüten."
Primus Idumaeas referam tibi Mantua palmas
et viridi in campo templum de marmore ponam ...
in medio mihi Caesar erit templumque tenebit (Geo. III,12f.16).[33]

Diese herodianischen *palmae Idumaeae* symbolisieren den Sieg im Osten; auch *Graecia* mit seinen Wettläufen wurde als Personifikation der Provinz im Triumphzug mitgeführt:

„Fort vom Alpheus, vom Hain des Molorchus zieht dann ganz Hellas, | wird sich bei mir im Wettlauf, im rohen Faustkampfe messen."
cuncta mihi Alpheum linquens lucosque Molorchi
cursibus et crudo decernet Graecia caestu (Geo. III,19–20).

So werden Hellas und die östlichen Provinzen, einschließlich Judäa, durch die Triumph-Metapher nicht so sehr als griechisch, sondern eher als griechisch-römisch gekennzeichnet. Dem entspricht der römische Hintergrund der Gründung griechischer Städte in Judäa durch Herodes und seine Söhne, wie er in den Namen Caesarea, Sebaste, Tiberias und Caesarea Philippi besonders

---

[32] Zu diesem Topos s. DONADONI.
[33] STERN, Bd. 1, ibid. (s.o. Anm. 6); vgl. MYNORS, Georgics, 180f.: „Idumaea (Edom) stands for Palestine, where Herod's palm-groves were famous (Horatius, Epistulae 2,2,184)".

deutlich hervortritt.[34] Darüber hinaus ist sowohl bei diesen Städtenamen als auch bei der vergilianischen Triumph-Metapher der Lobpreis des Caesar von zentraler Bedeutung, wie es im erdachten Marmortempel bei Vergil heißt: *in medio mihi Caesar erit.*

So kann Vergil durchaus als Spiegel der Geistesgeschichte auch im herodianischen Judäa beschrieben werden. Zusammenfassend ist zunächst noch einmal an den *Vergilius graecus* zu erinnern, um sowohl die Stellung Vergils im römischen Osten als auch die thematischen Berührungen zwischen dem vergilianischen und dem jüdischen Kulturkreis hervorzuheben. Als Beispiel sei hier die schon erwähnte jüdische Vertrautheit mit dem Namen Aeneas und den Motiven der Ktisissagen genannt. Des weiteren läßt sich eine innere Verbindung des *Vergilius graecus* mit dem *Vergilius romanus* beobachten, denn es sind bei Vergil gerade einige Leitideen des augusteischen Reiches, die auf die griechisch-*römischen* Züge des herodianischen Kulturkreises hinweisen.

Auf diesem Hintergrund läßt sich kurz auf drei Verbindungen zwischen der *pax Augusta* und dem herodianischen Judentum verweisen.[35] Zuerst gab es auch in Judäa unter Herodes – wie in Rom und für Vergils glücklichen Tityrus unter dem *princeps* – Frieden nach den *civilia bella.* Ferner konnte ein königstreuer Herodianer behaupten, daß, wie Rom die äußeren Feinde, vor allem die Parther, so auch Herodes Parther und Araber besiegt habe. Die vergilianische Darstellung der *victoria* hätte also ihr Gegenstück in der Geschichte auch in Judäa gefunden. Schließlich ist zu bedenken, daß, ebenso wie Augustus und Aeneas, so auch Herodes in Judäa ein Vertreter der *eusebeia* war, vor allem als Erbauer von Tempeln für Augustus und Roma, aber auch für den Gott Israels. In diesem Zusammenhang ist bedeutsam, daß sich bei Vergil die *palmae Idumaeae* in enger Verbindung mit dem Marmortempel Caesars finden. Deshalb ist es für das Verständnis des herodianischen Judentums wichtig, die Darstellung der *eusebeia* bei Vergil näher zu betrachten. Im Rahmen des Hauptthemas „Gemeinde ohne Tempel" kommt es dabei besonders auf den Tempelgedanken an.

3. Der Tempelgedanke bei Vergil und im herodianischen Judentum

Trotz seiner vielfältigen Ausblicke auf die Kultur seiner Zeit, ist Vergil primär als Dichter zu betrachten, und nicht als Religionswissenschaftler oder Philosoph.[36] Dennoch ist die Religion ein so wichtiges Thema bei Vergil, daß die Frage nach seiner Haltung zu den Tempeln, die sich in seinen Werken wi-

---

[34] Dieser Aspekt der herodianischen Städtegründungen wird von MILLAR, 355, hervorgehoben.
[35] Zum folgenden s. HORBURY, Herod's Temple, 109–111.
[36] HORSFALL, Virgilio, 148–150.

derspiegelt, von zentraler Bedeutung ist. Diese Einstellung scheint durchaus positiv gewesen zu sein. Das Stephanuswort „Aber der Höchste wohnt nicht in Häusern, von Händen gemacht"(Act 7,48) widerspricht allem Anschein nach der allgemeinen Auffassung des Vergil, der zwar die Anwesenheit der Götter nicht auf Tempelbauten beschränkt, aber den Tempeln auch keineswegs ablehnend gegenüber stand.

So ist es zutreffend, daß Vergil das Konzept der *numina* vertrat, die oftmals ohne Tempel im Freien wohnen: „Faune ihr, göttliche Wesen, die ihr den Landleuten beisteht"– *Et vos, agrestum praesentia numina, Fauni ...* (Geo. I,10). Nun ist der Begriff *numen* bei Vergil sowohl mit der göttlichen Kraft und Anwesenheit im allgemeinen als auch mit den einzelnen Gottheiten verbunden und scheint insofern mit dem griechischen πνεῦμα vergleichbar zu sein, doch verwendet Vergil *numen* auch in Bezug auf die Altäre und Tempel der Götter.[37] So erbebt Aeneas vor dem Walten der Gottheit voll Ehrfurcht, *multo suspensus numine*, als er sich dem Apollotempel des Buthroton nähert, um das Orakel durch Helenus zu hören:

„Helenus ... führte zu deinem Tempel mich, Phöbus, | während mich Ehrfurcht durchschauerte vor dem Walten der Gottheit."
    meque ad tua limina, Phoebe,
ipse manu multo suspensum numine ducit (Aen. III,371f.).

Darüber hinaus spricht Vergil auch als philosophischer Dichter im stoischen Sinne von der *anima mundi*, denn „Jupiter lebt auch in allem"– *Iovis omnia plena* (Eclogae III,60):

„Geistige Kraft durchdringt seit Beginn den Himmel, die Erde, | sämtliche Flächen des Wassers sowie die Titanengestirne | Sonne und Mond, sie durchflutet als Weltseele nährend die Teile, | treibt die gesamte Materie, verschmilzt mit dem riesigen Ganzen."
Principio caelum ac terras camposque liquentes
lucentemque globum lunae Titaniaque astra
spiritus intus alit, totamque infusa per artus
mens agitat molem et magno se corpore miscet (Aen. VI,724–727).

Hier ist Vergil nicht weit von der Idee eines kosmischen Tempels entfernt. So hat COURCELLE gezeigt, daß diese berühmten Zeilen Vergils jener Passage der Apologie des Minucius Felix zugrunde liegen, an der dieser die Frage beantwortet, warum die Christen keinen Tempel haben (Octavius XXXII,1–9; vgl. X,2).[38] Weiterhin war es durch die Kosmos und Tempel verbindende Symbolik möglich, einen Tempelbau zu rühmen, wie dies Josephus angesichts der Stiftshütte tat (Ant III,123: μίμησις τῆς τῶν ὅλων φύσεως [„eine

---

[37] Zu *numen* bei Vergil s. BAILEY, Religion in Virgil, 30f.60–69.
[38] COURCELLE, Virgile et l'immanence divine.

Darstellung des ganzen Weltalls"]).[39] Doch findet sich bei Vergil selbst in diesem Kontext nichts über die Tempel der Götter. Vielmehr ist es kennzeichnend für seine Darstellung, daß die Frommen immer und überall nach einem Tempel für ihren Gott verlangen.

Aeneas und die Troianer bilden also eine Art „Gemeinde ohne Tempel". Dennoch bleibt der Tempel immer ersehnt. Aeneas reist, wie bereits gesagt, so lange umher, „bis er in Latium endlich|Wohnstätten schuf für sich selbst und die Götter der Vorfahren" – *dum conderet urbem inferretque deos Latio*. Dort bemüht er sich, „die besiegten Penaten einzuführen" – *victos Penatis|inferre* (Aen. VIII,12), und zwar zusammen mit den Kolonisten aus Troia:

„Gönne den Teukrern und ihren die Fremde durchirrenden Göttern,
die man aus Troia vertrieb, im latinischen Lande ein Wohnrecht!"
da ... Latio considere Teucros
errantisque deos agitataque numina Troiae (Aen. VI,64–66).

Latium bildet daher ein neues Heimatland auch für „die wandernden Götter und die erschütterten Gottheiten Troias".

Während seiner langen Reise besucht Aeneas bei jeder Gelegenheit Tempel. So hat man in der Aeneis insgesamt 23 Tempel gezählt.[40] Die letzte Station seiner Reise bildet sein Tempelbesuch in Cumae:

„Aeneas | aber, der Pflicht sich bewußt, begab sich zum Tempel, dem hohen | Sitze Apollos, nicht allzu entfernt, und zur riesigen Grotte, | wo die Sibylle einsam und schauerlich wohnte."
at pius Aeneas arces quibus altus Apollo
praesidet horrendaeque procul secreta Sibyllae,
antrum immane, petit (Aen. VI,9–11).

In Cumae war Aeneas allerdings nicht nur Tempelbesucher, sondern auch Tempelerbauer. Er ist dabei τύπος τοῦ μέλλοντος, d.h. des kommenden Augustus, und er verspricht:

„Aufbauen werde ich dann für Apoll und Diana aus reinem | Marmor ein Heiligtum, stiften ein Fest auf den Namen des Phoibos."
tum Phoebo et Triviae solidum de marmore templum
instituam, festosque dies de nomine Phoebi (Aen. VI,69–70).

Hier denkt der Leser oder Hörer an den palatinischen Apollotempel, den Augustus im Jahre 28 v.Chr. errichten ließ: „durch seine eigene Gründung, mit wunderbarer Freigebigkeit geschmückt" (Jos Bell II,81). Diana Trivia war Apollos σύνναος, weil die Statue von Apollo zwischen denen der Latona und Diana stand (Propertius, Elegiae 3,29,11). Die *festi dies de nomine Phoebi*

---

[39] Zu dieser Josephusstelle und zur stoischen Spiritualisierung des Tempelbegiffs, insbesondere in Bezug auf die Menschenseele, s. WENSCHKEWITZ, 87f.115f.122–126; zur kosmischen Symbolik s. KNOX, 33f.
[40] SCAGLIARINI CORLÀITA, 81.

sind die *ludi saeculares*; für diese schrieb Horaz sein Carmen Saeculare, eine große Hymne an Apollo und Diana. Im Jahre 28 v.Chr. wurde die enge Verknüpfung der Sibylle mit Apollo dadurch hervorgehoben, daß man die Sibyllinischen Bücher an der Basis der Apollostatue niederlegte.[41]

Später, im achten Buch der Aeneis, erreicht Aeneas Rom. Hier ist er nochmals Typos von Augustus, der auf dem Schild des Aeneas als Tempelerbauer dargestellt wird: „Er weihte in Rom an die dreihundert prächtige Tempel"– *sacrabat maxima ter centum totam delubra per urbem* (Aen. VIII,715f.). Hier erscheint erneut der palatinische Apollotempel. Der Kaiser thront dort als Sieger, um im Tempel die Gaben der Barbarenvölker als ἀναθήματα entgegenzunehmen:

„Er selbst thronte am schneeweißen Tor des leuchtenden Phöbus, | musterte prüfend die Gaben der Völker und ließ an die stolzen | Pfeiler sie heften."
ipse sedens niveo candentis limine Phoebi
dona recognoscit populorum aptatque superbis
postibus (Aen. VIII,720–722).

Vergils Hinweis auf die augusteische Politik der Tempelerneuerung ist überaus deutlich. Die Liebe zu den Tempeln und die Sympathie für die Restaurationspolitik ist freilich auch an anderer Stelle belegt; z.B. wenn im dritten Buch der Aeneis die Troianer voll Freude die Küste Italiens und kurz darauf den Tempel der Minerva auf der Höhe erblicken: „in größerer Nähe | öffnete schon sich der Hafen, man sah des Minervabergs Tempel"–*portusque patescit iam propior, templumque apparet in arce Minervae* (Aen. III,530f.). Ein Blick *ab oris maritimis* zu einem Tempel am Berg war ein Topos der vergilianischen Beschreibung von Tempeln.[42]

Die Troianer suchten stets eine Heimat für die *agitata numina Troiae* und für den Patron Apollo. Aus dem Alten Testament könnte man etwa Ps 132 über David und die Bundeslade vergleichen:

„Ich will meine Augen nicht schlafen lassen …,
bis ich eine Stätte finde für den Herrn,
eine Wohnung für den Gott Jakobs"
εἰ δώσω ὕπνον τοῖς ὀφθαλμοῖς μου …
ἕως οὗ εὕρω τόπον τῷ κυρίῳ
σκήνωμα τῷ θεῷ Ἰακώβ (Ps 132 [131],4–5).

Derselbe Eifer für den Tempel begegnet auch in der späteren jüdischen Literatur der herodianischen Zeit, und zwar in engster Verbindung mit dem heidnischen Tempelgedanken und in dem in gehobenem epischen Stil verfaßten dritten Sibyllinischen Buch.[43] Dieses Buch war Vergil wahrscheinlich

---

[41] NORDEN, Aeneis Buch VI, S. 142f., *ad loc*; zum palatinischen Tempel im allgemeinen vgl. GALINSKY, 213–224.

[42] SCAGLIARINI CORLÀITA, 83.

[43] CHESTER, bes. 38–47.

in irgendeiner Weise vertraut. Die Juden sind hier primär dargestellt als „die gerechten Männer, welche rings um den großen Tempel Salomons wohnen"– οἳ περὶ ναόν | οἰκείουσι μέγαν Σολομώνιον (Sib 3,213f.; vgl. 3,703f.). Das größte Unglück für dieses Volk ist es, fliehen und den „herrlichen Tempel"verlassen zu müssen (λιπὼν περικαλλέα σηκόν [Sib 3,266]).

Hinter diesen und ähnlichen Zeilen der Sibyllinischen Orakel steht die biblische Vorstellung vom Einzug ins gelobte Land unter Führung von Mose und Josua, der als Einzug in Jerusalem, und zwar in das Heiligtum, verstanden wurde, so wie es im Moselied am Schilfmeer ausgedrückt ist: „Bringe sie hinein und pflanze sie auf dem Berge deines Erbteils, den du, Herr, dir zur Wohnung gemacht hast,[44] zu deinem Heiligtum, Herr, das deine Hand bereitet hat"(Ex 15,17; vgl. Ps 78 [77],53f.). Die biblische Vorstellung vom Einzug des Volkes in das Heiligtum war in der hasmonäischen und in der herodianischen Zeit sehr verbreitet, wie man in der Tempelrolle und bei Philon und Josephus sehen kann; für die Septuaginta war das Heiligtum schon durch die Hand Gottes vorbereitet, und nach späteren Quellen folgt dem Einzug ins Land sofort, und nicht etwa erst viel später, die Einsetzung eines Kultus am Heiligtum (11QTᵃ I–II zu Ex 34f.; Philon, Hyp VI,7; VitMos II,72; Jos Ant IV,199–200 zu Dtn 12).[45] Diese Gesamtkonzeption ist mit der vergilianischen Vorstellung der Reise des Aeneas *dum conderet urbem | inferretque deos Latio* vergleichbar.

Im Hinblick auf Judäa ist bemerkenswert, daß wir Parallelerscheinungen zur vergilianischen Tempeldarstellung nicht nur im allgemeinen, sondern auch in Einzelheiten besitzen.[46] Zum einen erbaute Herodes – ebenso wie Augustus – Tempel und brachte – wie Augustus in der Aeneis und in Übereinstimmung mit jüdischen Erwartungen (Hag 2,7–9; vgl. Ps 72,10) – die *spolia* der Barbaren in den Tempel. Zum anderen saßen Herodes und Archelaus – ebenso wie Augustus und Salomo – erhöht vor dem versammelten Volk im Tempel. Eine weitere Parallele ist der Tempel der Minerva auf der Bergspitze, *in arce*, der mit dem Augusteum von Caesarea vergleichbar ist. Dieses wurde von Herodes in erhöhter Lage errichtet, um für alle Seefahrer weithin sichtbar zu sein, so wie das Augusteum von Alexandria.[47] Vergleichbar ist auch der Jerusalemer Tempel, der entsprechend dem Modell des salomonischen Tempels, wie es im Chronikbuch entworfen wird, durch Herodes besonders hoch erbaut worden ist (Jos Ant XV,380.385f.) und weithin sichtbar war (Philon, SpecLeg I,73).

---

[44] LXX: in deiner vorbereiteten Wohnung, die du, Herr, gemacht hast – εἰς ἕτοιμον κατοικητήριόν σου, ὃ κατειργάσω, κύριε.

[45] HORBURY, Land, 209.

[46] Zum folgenden s. HORBURY, Herod's Temple, bes. 108–114.

[47] Diese Lage des Tempels sollte wohl hervorheben, daß Augustus als Seegott verstanden und dargestellt werden konnte; vgl. Jos Bell I,414; Philon, LegGai 151, und auch Vergil, Geo. I,29–30, über Cäsar als Seegott.

Natürlich sind solche Einzelheiten der Tempelausstattung und -architektur in der heidnischen Welt nicht selten. Ferner finden sich bei den Juden in der hebräischen Bibel und in der späteren Literatur Elemente einer moralischen Kritik an Tempel und Kult. Trotzdem verdient die weitgehende Übereinstimmung zwischen Vergils Darstellung und der antiken Literatur über die Tempel des herodianischen Judäa Beachtung. Darf man also auch bei den Juden mit Freude und Stolz auf die Tempel rechnen, wie sie so oft bei Vergil ihren Ausdruck finden? Ein Augusteum selbst war sicher in den Augen Philons lobenswert (LegGai 151). Ebenso galt das Jerusalemer Heiligtum, das von Herodes wiedererbaut worden war (*binyan Hordos*), als besonders schön, nicht nur nach Philon (das Heiligtum ist παντὸς λόγου κρείττων [SpecLeg I,72]) und Josephus (die Stoa Basileios ist ein Werk ἀξι-αφηγητότατον τῶν ὑφ᾽ ἡλίῳ [Ant XV,412], und der Tempel als Ganzer ἔργον … θαυμασιώτατον [Bell VI,267]), sondern auch in den Augen der rabbinischen Lehrer. So lautet ein Sprichwort der talmudischen Literatur: Wer nie *binyan Hordos* gesehen hat, hat nie ein schönes Gebäude gesehen (bBB 4a, bSuk 51b).[48] Mit Blick auf diese Passagen kann man hinter den Zeilen der Sibyllinischen Orakel über den großen und herrlichen Tempel Jerusalems und hinter der Vorstellung vom Einzug des wandernden Gottesvolkes in das Heiligtum eine Art jüdischer Tempelfreude vermuten.

4. Die vierte Sibylle

Wir begegnen bei der jüdischen Sibylle aber nicht nur Tempelfreude, sondern auch einer Art Tempelhaß, wenn auch dieser Ausdruck etwas zu modifizieren ist. Der Glanz des Jerusalemer Tempels ist, wie schon bemerkt, zentral für das dritte Buch der Sibyllinischen Orakel. Diesen Gedanken führt das spätere fünfte Buch fort, denn es liegt dem prophetischen Dichter am Herzen, daß nach der Eroberung Jerusalems durch Titus der Wiederaufbau des Tempels durch den „gesegneten Mann" vom Himmel in noch größerem Glanz erfolgt (Sib 5,414–433).

Doch im vierten Buch, das um das Jahr 80 n.Chr. verfaßt wurde, zeigt sich eher eine negative Einstellung zum Tempelkult im allgemeinen.[49] Nach der Ansicht verschiedener Exegeten, z.B. Simon, Collins und Chester, wendet sich die Sibylle hier grundsätzlich gegen den Kult des jüdischen Tempels. Auf diese Frage kommen wir jedoch später zurück. Auffällig ist zunächst der scheinbar negative Ton dieses vierten Buches, der die Frage nahelegt, ob nicht die Tempelidee selbst abgelehnt wird.

Aber gerade in diesem Buch spiegelt sich ein Tempelgedanke wider, der Vergil ähnlich ist, wenn auch diese ähnlichen Vorstellungen in einem ganz

---

[48] Horbury, Herod's Temple, 116f.
[49] Zur Datierung s. Nikiprowetzky, 29–30.

entgegengesetzten Sinne gebraucht zu sein scheinen. So äußert sich die jüdische Sibylle fast wie eine *Hierosolymitana captiva* (Anm. 14 oben). Voll des bitteren Hohns über die Griechen und Römer erwähnt sie mit Schrecken die Eroberung von Jerusalem im Jahre 70 n.Chr., den Ausbruch des Vesuv im Jahre 79 n.Chr. hingegen mit einer gewissen Schadenfreude.

Am Anfang des vierten Buches tritt der Widerspruch besonders deutlich hervor. *Diese* Sibylle will keine vergilianische Sibylle sein. Was für Heiden als besonders schreckliche Blasphemie im Munde einer Prophetin, die so eng mit Apollo verknüpft ist, gelten mußte, ist deren schroffe Auseinandersetzung mit Apollo. Denn diese Sibylle ist keine Prophetin des falschen Apollo,

> „nicht des lügnerischen Phöbus, den die törichten Menschen einen Gott nennen und ihn fälschlicherweise für einen Wahrsager halten; sondern des großen Gottes, den nicht Menschenhände gebildet haben als einen, der den aus Steinen gehauenen stummen Götzen gleich wäre."
>
> οὐ ψευδοῦς Φοίβου χρησμήγορος, ὄντε μάταιοι
> ἄνθρωποι θεὸν εἶπον, ἐπέψευσαντο δὲ μάντιν·
> ἀλλὰ θεοῦ μεγάλοιο, τὸν οὐ χέρες ἔπλασαν ἀνδρῶν
> εἰδώλοις ἀλάλοισι λιθοξέστοισιν ὅμοιον (4,4–8).

Es ist offensichtlich, daß diese heftige Polemik gegenüber Apollo sich vor allem gegen den griechisch-römischen Gott der Sibyllen und der Cäsaren richtet. So trat der augusteische Apollo schon durch die oben herangezogenen Vergilzitate als der Apollo des Buthroton, Apollo Cumanus und Apollo Palatinus hervor. Für den vergilianischen Apollo ist die von der Sibylle verspottete Weissagung des Gottes von durchaus zentraler Bedeutung: ἐπέψευσαντο δὲ μάντιν.[50]

Dann aber setzt die Sibylle ihre Prophetie mit einer breiteren Polemik gegen die Idolatrie, und zwar insbesondere gegen die des Tempelkultes fort. Der einzige wahre Gott habe einen Tempel, „den man von der Erde nicht schauen kann"– ὃν ἰδεῖν οὐκ ἔστιν ἀπὸ χθονός (4,10). Für den wahren Gott gibt es keinen hochgebauten Tempel wie die „hohen Sitze Apollos"(Aen. VI,9–10), den die Pilger von ferne zu erblicken versuchen. Selig sind also die Menschen, die alle Tempel und Altäre, die sie sehen, ablehnen (οἳ νηοὺς μὲν ἅπαντας ἀπαρνήσονται ἰδόντες | καὶ βωμούς [4,27–28]). Die Verbindung der Tempel mit Apollo und seiner Weissagung ist in diesen Zeilen negativ gedacht, denn diese Passage bildet ein Gegenstück zur Darstellung des Wahrsagers Apollo und seiner Tempel bei Vergil.

Später aber spricht die Sibylle vom Jerusalemer Tempel ohne das begeisterte Lob, das für das dritte und fünfte Buch der Sibyllinischen Orakel kennzeichnend ist. Die Sibylle schildert im vierten Buch über Rom und die Juden (115–139) zweimal kurz die Eroberung der Stadt Jerusalem und des Tempels. Er ist „der große Tempel", νηὸς θεοῦ μέγας, und „der Tempel der

---

50 Zu Apollo und seiner Prophezeiung bei Vergil s. WEBER, 48–50.78–80; BAILEY, 163–172.

Solyma", νηὸς Σολύμων (4,116.125–126).[51] Die Zerstörung des Tempels erscheint als Folge der Mißachtung und Verwerfung der *eusebeia* durch den blutigen Totschlag in der Nähe des Heiligtums:

„wenn sie, der Torheit vertrauend, die Frömmigkeit wegwerfen werden und grausame Mordtaten vor dem Tempel vollbringen"

ἡνίκ᾽ ἂν ἀφροσύνῃσι πεποιθότες εὐσεβίην μὲν
ῥίψωσιν στυγερούς δὲ φόνους τελέωσι πρὸ νηοῦ (4,117f.).

Hier findet sich ein Hinweis auf die inneren Kämpfe der Verteidiger Jerusalems.[52] Darüber hinaus wird der Vesuvausbruch in Italien (χθονίης ἀπὸ ῥωγάδος Ἰταλίδος γῆς | πύρσος, 130f.) als ein Zeichen des göttlichen Zorns gegen die Urheber des „Kriegssturms aus Italien" (κακὴ πολέμοιο θύελλα | Ἰταλόθεν), der „den großen Tempel Gottes vertilgen"(115f.) und „den unschuldigen Stamm der Frommen (εὐσεβέων ... φῦλον ἀναίτιον) verderben"wird (135f.), interpretiert. So könnte man in diesen Zeilen des vierten Buches (115–139) auch tiefe, schmerzliche Verehrung für „den großen Tempel"entdecken.

Im dritten und fünften Buch ist das Heiligtum jedoch von zentraler Bedeutung, was im vierten Buch nicht der Fall zu sein scheint. So wird im vierten Buch die Seligkeit des irdischen Gottesreiches ohne Erwähnung eines Tempels geschildert (4,187–192), wenn auch diese Darstellung freilich nicht ohne Parallele bei den jüdischen Sibyllinen ist (vgl. 3,619–624). Darüber hinaus begegnet am Anfang des vierten Buches die schroffe Auseinandersetzung mit der Tempelidee, wie schon oben gezeigt wurde. Daher entdecken einige Ausleger in diesem Buch eine Kritik, die auch gegen den jüdischen Tempel gerichtet ist.[53] Das vierte Sibyllinische Buch ließe sich dann vielleicht mit der Apostelgeschichte vergleichen, in der sich die Polemik sowohl gegen die heidnischen Tempel (in der Areopagrede) als auch gegen den Tempel Jerusalems (in der Stephanusrede) richtet. SIMON meinte, im vierten Buch der Sibyllinischen Orakel ansatzweise den Hintergrund der Stephanusrede und der negativen Einstellung der Pseudo-Klementinen zu Tempel und Opfer entdecken zu können.[54]

Doch finden wir im vierten Buch wahrscheinlich kein Programm für eine „Gemeinde ohne Tempel", sondern eher bittere Polemik gegen die heidnische Idolatrie vor. Hat also der einzige wahre Gott einen Tempel, „den man von der Erde nicht schauen kann"(4,10), so ergibt sich daraus nicht notwendi-

---

[51] Der Name Solyma war besonders mit dem Tempel verbunden, denn nach Josephus heißt er „Solyma", d.i. „Sicherheit"(ἀσφάλεια, Ant VII,67).

[52] So STEMBERGER, 52, gegen NIKIPROWETZKY, 66, der an die Römer denkt; für göttliche Bestrafung dieser Taten der Verteidiger durch die Tempelzerstörung vgl. z.B. Jos Bell VI,110.122; bYom 9b („Haß ohne Ursache"wird bestraft).

[53] Diese Meinung ist mit Betrachtung der Studien von COLLINS und mit besonderer Beachtung der Deutungsprobleme von CHESTER, 62–68, geäußert.

[54] SIMON, 86f.

gerweise der Schluß, daß für den wahren Gott jeder Tempel ausgeschlossen ist.[55] Vielmehr könnte sich hier ein Hinweis auf den himmlischen Tempel finden. So ist „die vorbereitete Wohnung"(vgl. den oben zitierten Vers Ex 15,17 LXX) zwar von der Erde nicht sichtbar, doch kann sie am Ende der Zeiten von oben herabschweben. Der sibyllinische Dichter oder Kompilator rechnete also nicht entfernt mit der Möglichkeit, daß seine Polemik gegen heidnische Idololatrie oder seine schmerzlichen Zeilen über den Tempel der Solyma als eine Schimpfrede gegen „den großen Tempel Gottes"mißverstanden werden konnten.[56]

Trifft dieser Deutungsversuch zu, weicht das vierte Buch nicht sehr von der Richtung des dritten und fünften Buches ab. Es ist zwar richtig, daß die schroffe Polemik des vierten Buches gegenüber Apollo und den Tempeln sich gegen eine tempelorientierte *heidnische* Frömmigkeit wie die des vergilianischen Aeneas richtet. Doch ist im vierten Buch auch eine bleibende Verehrung für „den großen Tempel Gottes", „den Tempel der Solyma", erkennbar (4,116.126). Es handelt sich also bei diesem vierten Buch um ein doppelseitiges Denkmal der spätherodianischen *eusebeia*. So spiegelt sich im polemischen Teil dieses Buches eine vergilianische Frömmigkeit wider; daneben findet sich als Gegenstück in dem Orakel über Rom und die Juden die ebenfalls tempelorientierte *eusebeia* des „unschuldigen Stammes der Frommen".

Nun ist aber ferner zu bedenken, daß in der herodianischen Zeit die schon oben erwähnten alttestamentlichen Elemente einer gegen Tempel und Opfer gerichteten Kritik noch lebendig waren und mit der griechischen Spiritualisierung der Kultusbegriffe zusammenflossen.[57] So kommt es z.B. in den Qumrantexten und bei Philon zu einer Umdeutung des Kultus; dennoch verlieren Tempel und Altar in diesen Quellen nicht ihre zentrale Bedeutung. Möglicherweise wird auch grundsätzliche Kritik am Tempel geäußert, wie man auf dem Hintergrund der christlichen Verwendung von Jes 66,1 als *Testimonium* postulieren könnte (vgl. Act 7,48–50; Barn 16,2). So betonten nach Josephus die Verteidiger des Tempels im Jahre 70 n.Chr., daß die Welt ein besserer Tempel für Gott sei als das Heiligtum in Jerusalem (Jos Bell V,458f.). Freilich wurde diese Vorstellung eines kosmischen Tempels auch in einem durchaus positiven Sinne auf den Jerusalemer Tempel bezogen (vgl. Philon, SpecLeg I,66; Jos Ant VIII,107.114); doch im Kontext der letzten Phase der Verteidigung Jerusalems klingt sie eher negativ. Darüber hinaus ist im Neuen Testament mindestens einmal scharfe Kritik am salomonischen Tempel belegt, wie aus dem schon oben zitierten Vers der Stephanusrede deutlich wird: „Aber der Höchste wohnt nicht in Häusern, von Händen

---

[55] Zu dieser Auslegung neigt CHESTER, 66.
[56] Für NIKIPROWETZKY, 34f. mit Anm. 18, gibt es im vierten Buch keine Polemik gegen den Jerusalemer Tempel.
[57] Zum folgenden s. HORBURY, Land, 214f.

gemacht"(Act 7,48). Es wird ferner im Hebräerbrief die Vergänglichkeit des Tempeldienstes angedeutet (Hebr 9,10; 10,9).

Doch im Rahmen des herodianischen Judentums bleibt eine solche negative Haltung wahrscheinlich die Ausnahme. So war die Stärke einer tempelorientierten *eusebeia* schon oben durch eine Reihe von Vergleichen zwischen Vergil und den jüdischen Quellen dieser Zeit, einschließlich des vierten Buchs der Sibyllinen, erkennbar. Weiterhin ist noch die Widerspiegelung der herodianischen Tempelfrömmigkeit im Neuen Testament zu erwähnen. So fällt auf, daß sich sowohl in der Apostelgeschichte als auch im Hebräerbrief neben Kritik auch eine tiefe Verehrung für den Jerusalemer Tempel findet. Es stellt sich ferner die Frage, ob nicht sogar in der neutestamentlichen Spiritualisierung des Tempelbegriffs in einigen Fällen ein Hinweis auf den bleibenden Einfluß einer tempelorientierten Frömmigkeit liegt. So dachte MOULE an eine frühe Apologetik gerade im Hinblick auf das Thema Tempel und Opfer.[58] Der neutestamentliche Gebrauch einer Gruppe von Wörtern wie ναός, χειροποίητος, πνευματικός, σῶμα legt es seiner Meinung nach nahe, an ein Element in der frühen Katechese zu denken. Für die Christen ergäbe sich hier eine Antwort auf die Frage, warum sie keinen Tempel haben. So ist uns diese Frage schon oben im Mund des heidnischen Caecilius bei Minucius Felix begegnet. Auch im jüdischen Kontext war dieses neutestamentliche Material vielleicht für die Katechese nützlich, und zwar überall dort, wo die Christen sich aus der jüdischen Gemeinschaft ausgeschlossen fühlten. Darum kann man auch im Lichte der neutestamentlichen Spiritualisierung betonen, daß für Juden wie Heiden in der herodianischen Zeit eine tempelorientierte Frömmigkeit üblich war. Dementsprechend kann schließlich auch das Neue Testament einige Punkte zu den oben skizzierten Berührungen zwischen Vergil und dem herodianischen Kulturkreis hinsichtlich des Tempels beitragen. So ist z.B. mit Blick auf die doppelseitige Stellung des vierten Buches der Sibyllinen eine herodianische *eusebeia* in der Apostelgeschichte zu erkennen, denn der reisende Paulus ist nicht nur ein Polemiker, der sich gegen die Tempel wendet, die „mit Händen gemacht sind"(17,24), sondern auch – ähnlich wie Aeneas – ein durchaus frommer Tempelbesucher (18,18; 20,16; 21,26f.; 22,17).

Summary

Nostrorum primus Maro non longe fuit a veritate (Lactantius *Divinarum institutionum* 1.4) represents the view which came to prevail among Christians, from the time of Lactantius and Constantine onwards. Those aspects of Vergil which gave him the appearance of a Christian *vates* also raise the question of his relation to Judaism. Among his writings, the Fourth Eclogue

---

[58] MOULE. Ihm sei diese Abhandlung mit Dankbarkeit und vielen guten Wünschen gewidmet.

and the Sixth Book of the Aeneid have often been compared with Jewish sources. Scholars of the stature of E. NORDEN have considered this question, but it can perhaps be opened again. The source-material for ancient Judaism constantly increases, and further attention has been given to the Alexandrian culture shared by Vergil, and to the influence of Vergil's writings in the eastern Roman provinces. These questions are now vividly symbolized by the papyrus with a line from the Aeneid (4.9) found at Masada, perhaps the earliest witness to Vergil's text. It can be asked, therefore, not only whether Vergil himself was influenced by Jewish beliefs and writings, but also whether his writings illustrate concerns which were important for the Jews in the Herodian age. In the context of this conference, the Vergilian theme of the search for a city and temple is considered against the background of the Augustan and Herodian renewal of temples, and together with those Jewish Sibylline oracles which appear to recommend worship without temples.

Bibliographie

C. BAILEY, Religion in Virgil, Oxford 1935.

B. BALDWIN, *Vergilius graecus*, AJP 97 (1976), 361–368.

T. D. BARNES, Constantine and Eusebius, Cambridge, Mass./London 1981.

A. K. BOWMAN/J. DAVID THOMAS, New Texts from Vindolanda, Britannia 18 (1987), 125–142.

A. N. CHESTER, The Sibyl and the Temple, in: W. HORBURY (Hg.), Templum Amicitiae. Essays on the Second Temple presented to Ernst Bammel, JSNT.S 48, 1991, 37–69.

W. CLAUSEN, A Commentary on Virgil Eclogues, Oxford 1994.

H. M. COTTON/J. GEIGER, Masada II: The Latin and Greek Documents, with a contribution by J. David Thomas, Jerusalem 1989.

P. COURCELLE, Les exégèses chrétiennes de la quatrième Églogue, REA 61 (1957), 294–319 (=DERS., Opuscula selecta, Paris 1985, 156–181).

— Virgile et l'immanence divine chez Minucius Felix, in: A. STUIBER/A. HERMANN (Hgg.), Mullus, FS Th. Klauser; JAC.E 1, 1964, 34–42 (= DERS., Opuscula selecta, Paris 1985, 228–236).

S. DONADINO, Egitto, Enciclopedia Virgiliana II (1985), 182–183.

D. EBENER, Vergil, Werke. Aus dem Lateinischen übertragen, Berlin/Weimar 1983.

K. GALINSKY, Augustan Culture. An Interpretive Introduction, Princeton 1996.

M. GIGANTE, Virgilio e la Campania, Neapel 1984.

— (Hg.), La fortuna del Virgilio, Neapel 1986.

H. GRESSMANN, Der Messias, FRLANT 43, Göttingen 1929.

W. HORBURY, Herod's Temple and „Herod's Days", in: DERS. (Hg.), Templum Amicitiae. Essays on the Second Temple presented to Ernst Bammel, JSNT.S 48, 1991, 103–149.

— Land, Sanctuary, and Worship, in: J. BARCLAY/J. SWEET (Hgg.), Early Christian Thought in its Jewish Context, Cambridge 1996, 207–224.

N. Horsfall, Virgilio. L'epopea in alambicco, Neapel 1991.

— (Hg.), A Companion to the Study of Virgil, Mn.S 151, 1995.

G. D'Ippolito, Fortuna del Virgilio nella Grecia antica, Enciclopedia Virgiliana II (1985), 801–804.

W. L. Knox, St Paul and the Church of the Gentiles, Cambridge 1939.

P. Levi, Tennyson, London 1993.

H. Lietzmann, Der Weltheiland, Bonn 1909 (=ders., Kleine Schriften I, hg. v. K. Aland, TU 67, 1958, 25–62).

F. Millar, The Roman Near East 31 B. C. – A. D. 337, Cambridge, Mass./London 1993.

C. F. D. Moule, Sanctuary and Sacrifice in the Church of the New Testament, JThS NS 1 (1950), 29–41.

R. A. B. Mynors, Virgil, Georgics, Oxford 1990.

— (Hg.), P. Vergili Maronis Opera, Oxford 1969.

V. Nikiprowetzky, Réflexions sur quelques problèmes du quatrième et du cinquième livres des Oracles sibyllins, HUCA 43 (1972), 29–76.

R. G. M. Nisbet, Virgil's Fourth Eclogue. Easterners and Westerners, BICS 25 (1978), 59–78 (=ders., Collected Papers on Latin Literature, hg. v. S. J. Harrison, Oxford 1995, 47–75).

— /Parsons, Elegiacs by Cornelius Gallus from Qasr Ibrim, JRS 69 (1979), 140–155 (= ders., Collected Papers, 101–131).

E. Norden, Die Geburt des Kindes, SBW 3, 1924.

— Publius Vergilius Maro, Aeneis Buch VI, 2. Aufl., Berlin 1916.

D. Noy, Jewish Inscriptions of Western Europe I: Italy (excluding the City of Rome), Spain and Gaul, Cambridge 1993.

H. W. Parke, Sibyls and Sibylline Prophecy in Classical Antiquity, hg. v. B. C. McGing, London 1988.

D. Scagliarini Corlàita, Tempio, Enciclopedia Virgiliana V*(1990), 80–86.

M. Simon, St Stephen and the Hellenists in the Primitive Church, London 1958.

H. Solin, Epigrafia, Enciclopedia Virgiliana II (1985), 332–340.

G. Stemberger, Die römische Herrschaft im Urteil der Juden, Darmstadt 1983.

M. Stern, Greek and Latin Authors on Jews and Judaism, 3 Bde., Jerusalem 1974–1984.

S. Swain, Hellenism and Empire. Language, Classicism and Power in the Greek World A. D. 50–250, Oxford 1996.

H. St. J. Thackeray, Josephus, The Jewish War, 2 Bde., LCL, 1927.

W. Weber, Der Prophet und sein Gott. Eine Studie zur vierten Ekloge Vergils, Leipzig 1925.

M. Weinfeld, The Promise of the Land. The Inheritance of the Land of Canaan by the Israelites, Berkeley/Los Angeles/Oxford 1993.

H. Wenschkewitz, Die Spiritualisierung der Kultusbegriffe Tempel, Priester und Opfer im Neuen Testament, Angelos 4 (1931–32), 71–230.

B. F. Westcott, Essays in the History of Religious Thought in the West, London 1891.

M. H. Williams, Palestinian Jewish Personal Names in Acts, in: R. Bauckham (Hg.), The Book of Acts in its Palestinian Jewish Setting, Grand Rapids/Carlisle 1995, 79–113.

III   Hellenistisch-römische Zeit

Temple and Rival Temple –

The Cases of Elephantine, Mt. Gerizim, and Leontopolis[1]

JÖRG FREY, Jena

For Heinz-Wolfgang Kuhn on the
occasion of his 65th birthday

According to the Deuteronomic law, the cultic veneration of JHWH, the God of Israel should be confined to the one place which he had chosen: the Temple of Jerusalem.[2] There should be no slaughtered sacrifices elsewhere, neither at any other place in Israel, for instance on the old high places, nor outside of Israel, in an environment which was always suspect of impurity.[3]

During the Second Temple period, however, there were at least three other sanctuaries, which must be regarded in some respect as "Israelite" or "Jewish". One of them was located in Israel and the two others in Egypt. Each of them existed for a century or more concurrent with the Jerusalem Temple and in a certain state of rivalry with it:

1) The colony of Judaean or Israelite mercenaries at Elephantine (Aram.: *yēb*, Eg.: *ʾibw, ʾbw*) near Aswan in Upper Egypt had a temple dedicated to the God *Yāhô* which existed certainly during the 5th century BCE.
2) The Samaritan temple on Mt. Gerizim is said to have existed for about two centuries until it was destroyed by John Hyrcanus in 128 BCE, and its Israelite or even Jewish character cannot be denied, as it basically drew on Israelite traditions.
3) Beyond dispute is the Jewish character of the temple at Leontopolis in Lower Egypt which was built in the 2nd century BCE by a member of the Zadoqite High Priestly family and existed until its closure by the Romans in 73 CE.

There are, of course, notable differences between the three sanctuaries. They are situated in different centuries and located in different areas. Nevertheless,

---

[1] I would like to thank Dr. Hanan Eshel (Jerusalem) and Prof. Dr. Siegfried Mittmann for some most valuable suggestions, and Helen Hofmann M. Div. for correcting the English of the present article.
[2] Deut 12:13f.; cf. 6:4.
[3] Cf. e.g. Hos 9:3ff.; Amos 7:17; Jer 16:13; Ezek 4:13 etc.

these three rival temples in the Second Temple period allow a comparison[4] and invite a study of the phenomenon of temple rivalry in Ancient Judaism.

Moreover, within the range of subjects related to the theme "*Community without Temple*" we have to ask how some more or less Jewish communities could build and maintain their own sanctuary apart from Jerusalem, whereas others did not. The contrast is obvious: The Judaean captives in Babylon did not build a sanctuary there, but the mercenaries in Upper Egypt did.[5] The Essenes did not start a sacrificial cult in the desert while the Zadoqite Onias IV and some priests went to Egypt and built a temple there.

In discussing the three cases of temple rivalry we should try to answer at least some of the following questions: Which circumstances and what sort of motives led to the foundation of the rival temple? Are there decisive religious differences, or are there primarily political interests favouring cultic separation? What can we say about the role the temple played in the identity of the respective community? Did the worshippers regard themselves and their sanctuary as opposed to Jerusalem or even as schismatic? And what do we know about the attitude of the leading circles in Jerusalem towards the rival temple? Asking these questions, we may see the similarities and the differences between the three cases of temple rivalry. Such an investigation may also shed light on the growing centrality and uniqueness of Jerusalem and its Temple within the formation of Ancient Judaism.

Due to limitations of space, we can not discuss the numerous other sites which may have had some cultic activity during the Second Temple period.[6] But the omission seems to be justifiable, because for the majority of these places either the enduring cultic activity in Second Temple times is questionable or the Israelite or Jewish character of the sanctuary is dubious. So, I will concentrate on the three sites mentioned and add only a short comment on a fourth example, the *Qaṣr el-ʿAbd* at *ʾAraq el-Emir* in Transjordan, which provides a contemporary parallel to the Oniad sanctuary at Leontopolis. For the three main examples, I will briefly give the main historical data and then discuss the aforementioned questions.

---

[4] To my knowledge, a systematic comparison between the three cases has not been made up to the present. Cf., however, the short note by STAEHELIN and, more recently, the important article by DELCOR, "Sanctuaires Juifs". See also the brief remarks in PORTEN, *Archives from Elephantine*, 116–8; SCHMIDT, 112–6, and CAMPBELL.

[5] Cf. on this issue BRONNER and, briefly, ALBERTZ, 2.379–82. For Babylon cf. BICKERMAN, "The Babylonian Captivity," for Egypt cf. PORTEN, "The Jews in Egypt". Some exegetes, however, suggest on the basis of Zech 5:5ff. that a sanctuary was built by the Babylonian captives as well, thus e.g. SMITH, 90f. and 240 n. 52. But the argument is not convincing.

[6] See, e.g. SMITH, 90–3; STONE, 77–81; CAMPBELL, and J. SCHWARTZ, 79f.

I. The Jewish Temple at Elephantine in Upper Egypt

1. The Colony at Elephantine

Elephantine is the Greek name of an island in the Nile, opposite Aswan, in Upper Egypt.[7] It has yielded treasures of papyri mostly in Hieratic, Demotic, Aramaic, and Greek.[8] The numerous Aramaic papyri which were acquired or found since the beginning of the 19th century[9] bear witness to the life of an ancient Jewish military colony. Next to Elephantine, at ancient Syene (= Aswan), there was another colony of Aramaean mercenaries in close connection with the Jewish community.[10] Most important for our investigation are the letters from the archive of a communal leader and perhaps chief priest Jedaniah b. Gemariah, the so-called Jedaniah archive,[11] that attest to the existence of a temple of *Yāhô* within the colony.

It is a matter of dispute as to when Israelites or Judaeans first came to Upper Egypt, and by whom the military colony was installed.[12] The documentary evidence covers the whole 5th century BCE: The oldest papyrus attesting to the Jewish colony is dated from the 27th year of Darius I (= 495 BCE).[13] The last one records the end of the Persian rule over Egypt and the seizure of the throne by Nepherites I, the founder of the 29th dynasty in 399 BCE.[14] One of the documents claims that the Jewish sanctuary at Elephantine was even built before the Persian conquest of Egypt by Cambyses in 525 BCE.[15] The biblical sources record that at the end of the Judaean monarchy,

---

[7] On the site, its history, and the excavations see, generally, HABACHI; HENNEQUIN, and PORTEN, *Archives from Elephantine*.

[8] A few other documents from Elephantine are in Coptic, Arabic, and Latin (cf. PORTEN, *The Elephantine Papyri in English*, 569–609).

[9] On the history of discoveries and acquisitions see PORTEN, "Elephantine Papyri," 445–47. Cf. the major editions of the Aramaic papyri by COWLEY; KRAELING, and recently the comprehensive collection by PORTEN/YARDENI, *Textbook of Aramaic Documents* (= *TAD*) and the translation edition by PORTEN, *The Elephantine Papyri in English*, 74–276. Cf. further the important commentary by GRELOT, *Documents*, and PORTEN, *Archives from Elephantine*. The documents are quoted according to the edition by PORTEN/YARDENI (*TAD* A–C = vol. 1–3). Notably, there are also numerous Aramaic ostraca from Elephantine; see the list in SILVERMAN. The Elephantine inscriptions on potsherd, stone, and wood will be collected in the forthcoming vol. 4 of PORTEN/YARDENI, *Textbook of Aramaic Documents*.

[10] On the relations between the two colonies, see PORTEN, *Archives from Elephantine*, 8–27. It is disputed, however, whether the two groups can be distinguished clearly; cf. VAN DER TOORN, 96, on the other hand see STOEBE, 621.

[11] *TAD* A 4.1–10; cf. PORTEN, *The Elephantine Papyri in English*, 125–51.

[12] Cf. the overview in PORTEN, *Archives from Elephantine*, 3ff.; MODRZEJEWSKI, 21ff., and DONNER, 2.382. See also MACLAURIN. There is also evidence for other Jewish groups in Upper Egypt; cf. KORNFELD.

[13] *TAD* B 5.1. = COWLEY, Nr. 1; cf. GRELOT, *Documents*, 76–8.

[14] *TAD* A 3.9 = KRAELING, Nr. 13; cf. GRELOT, *Documents*, 420–3.

[15] *TAD* A 4.7 line 14f. *recto* paralleled by *TAD* A 4.8 line 12f. *recto*. On this letter which is preserved in a first and a second draft, see the discussion below.

especially after the murder of Gedaliah, considerable groups of Judaeans fled to Egypt (2 Kgs 25:25f.; Jer 41:17f.; 42; 43:7; 44:1). Among the places where they settled, Jer 44:1 mentions a place called Patros which might denote Upper Egypt.[16] In later times, the *Epistle of (Ps.-)Aristeas* claims that the Jews had already served as auxiliary troops under the Egyptian king Psammetich against the Ethiopians (*Ep. Arist.* 13). Unfortunately, it is not specified whether Psammetich I (664–610 BCE) or Psammetich II (595–589 BCE) is meant, because both made war against the king of the Ethiopians. The warfare of Psammetich II is also attested by Herodotus (*Hist.* 2.161). Since the area of Elephantine and Syene with the first Nile cataract was strategically important for the Saitic rulers of the 26th dynasty, it is quite plausible that the colonies of foreign mercenaries originated from that time. So, we can assume the presence of Jewish and other auxiliary troops at Elephantine or Syene in the first half of the 6th century BCE.[17] But the precise date of its foundation and of the erection of the temple of *Yāhô* – probably before 525 BCE – cannot be ascertained.

2. The "Syncretism" of the Elephantine Jews

Even more puzzling is the issue of the religious attitudes of the Jewish mercenaries and chiefly the kind and degree of their syncretism.[18] The documents show that the Jews of Elephantine – or at least some of them – seem to have known other deities besides *Yāhô*, mainly a goddess called *'Anāt-Yāhô* or even *'Anāt-Bêt'ēl*, obviously a female counterpart (πάρεδρος) to *Yāhô* or *Bêt'ēl*, and a male god named *'Ašim-Bêt'ēl*. Judicial oaths were taken using the names of deities such as *Herem-Bêt'ēl* and *'Anāt-Yāhô*,[19] and some letters seem to invoke other deities as well.[20] Admittedly, from the contracts and greeting formulae as such we cannot be sure "that the Jewish correspondents actually acknowledged or worshipped deities other than YHW."[21] Even more puzzling is another document, a collection list[22] enumerating the "names of the Jewish garrison who gave silver to YHW the God, each [o]ne [2 shekels of] silver" (line 1). At the end of the list (lines

---

[16] Cf. DONNER, 2.382. Patros is also mentioned in Isa 11:11, but this text belongs to a later stratum in Isaiah, so it cannot serve as an attestation to a Jewish colony in Upper Egypt in the 8th century BCE (contrary to PORTEN, *Archives from Elephantine*, 8; cf. WILDBERGER, 1.469).

[17] Cf. DONNER, 2.382f. An origin as early as in the 7th century is less plausible, but cf. PORTEN, "The Jews of Egypt," 378f. who suggests an emigration of Judaeans already under Psammetich I during the reign of the Judaean king Manasse.

[18] Cf. VINCENT; PORTEN, "The Religion of the Jews of Elephantine"; STOEBE, and VAN DER TOORN.

[19] Thus, e.g., *TAD* B 7.3 = COWLEY, Nr. 44; cf. the restoration in PORTEN, *Archives from Elephantine*, 317–8, and the discussion op. cit., 154–6.

[20] Cf. PORTEN, *Archives from Elephantine*, 151–60.

[21] Thus PORTEN, op. cit., 160.

[22] *TAD* C 3.5 (= COWLEY, Nr. 22); cf. the restoration in PORTEN, op. cit., 319–27.

126–8), the collections are summed up: from the total of 318 shekels, there are 126 for *Yāhô*, 70 for *ʾAšim-Bêtʾēl*, and 120 for *ʿAnāt-Bêtʾēl*. This strange division is not explained adequately by the suggestion that all the people contributing to deities other than *Yāhô* must have been non-Jews.[23] In fact, the deities mentioned besides *Yāhô* are probably of Aramaean origin,[24] but can we infer that they were only invoked by Aramaeans, not by Jews, or that they were mentioned by Jews only in negotiations with non-Jews? This might be a too "orthodox" interpretation of the Elephantine Jews.

Another explanation might be preferred. In an investigation of the theophorous names from Elephantine, SILVERMAN concludes: "The four divine beings compounded with *šm*, *ḥrm*, *ʿnt*, and *bytʾl* are respectively *šmbytʾl*, 'sacrifice of God', *ḥrmbytʾl*, 'sacredness of God', and *ʿntbytʾl* and *ʿntyhw*, 'song of God'. They are conceived as servants of the Jewish God *Yhw* and may receive worship legitimately as his subordinates." If this is true, the "divine" figures could have been conceived as hypostatic substitutes of the one God, even if their theophorous elements recall the proper names of beings attested elsewhere as distinct deities such as *bytʾl*.[25] Drawing on a similar explanation,[26] STOEBE also states that the religion of the Elephantine Jews should not be classified as a true syncretism. Indeed, there is no clear attestation of syncretistic elements in the temple worship of the Elephantine Jews.[27]

But even if these considerations are right, and the so-called syncretism of the Elephantine Jews is in fact a very moderate one,[28] it is obvious that neither their religious terms nor their sacrificial cult could actually fit the prescriptions of the Deuteronomic law. Most probably, they did not yet know Deuteronomy. As far as we can know, their library did not contain any of the biblical or proto-biblical texts. The only literary texts found at Elephantine have been the Aramaic *Words of Aḥiqar*[29] and a copy of the *Bisitun Inscription* recording the victory of the Persian king Darius I.[30]

On the other hand, we must suppose that the Jewish mercenaries of Elephantine understood themselves to be true worshippers of *Yāhô*[31] who

[23] Cf. PORTEN, op. cit., 163 n. 41, who seems to be inclined to purify the religion of the Elephantine Jews to a greater extent than the sources allow.

[24] On this cf. recently VAN DER TOORN, 85ff.

[25] SILVERMAN, 230.

[26] GESE, 190, explains the name *Ešmun* from *šem* as a hypostasis denoting the presence of the deity during the cultic worship. According to STOEBE, 624, this is also valid for the component *šm* in the name *ʾAšim Betʾel*.

[27] STOEBE, 626.

[28] PORTEN, *Archives from Elephantine*, 173–9; IDEM, "The Jews in Egypt," 385; this verdict is accepted by ALBERTZ, 2.381 n. 26.

[29] *TAD* C 1.1.

[30] *TAD* C 2.1; cf. GREENFIELD/PORTEN.

[31] Many names contain the element YH or YHW; cf. PORTEN, *Archives from Elephantine*, 133ff.; SILVERMAN, *passim*.

is also called "Lord of Hosts" and "God of Heaven".[32]   A large number
of them had Yahwistic theophorous names.[33] They knew of the Sabbath,[34]
practised the Passover[35] and perhaps other cultic festivals as well. In their
temple, they offered meal, incense and burnt offerings to *Yāhô*,[36] and they
were proud of the fact that the Persian conqueror Cambyses had overthrown
the temples of the Egyptians but not done any damage to the sanctuary of
the Jewish colonists.[37]

3. The Destruction of the Sanctuary and the Struggle for its Reconstruction

The most important documents referring to the Jewish temple of Elephantine
are only from the late 5th century. They reflect the situation in 410 BCE when
the temple had been destroyed by the Persian general in Elephantine-Syene,
Vidranga, on request of Egyptian Khnum priests.[38] The Jewish community
tells the story of its destruction in a letter dated from 408 BCE. From this
letter which is preserved in two versions – a first and a second draft[39] –
some details of the history of the sanctuary and some aspects of the relations
between the Elephantine Jews and the authorities in Jerusalem and Samaria
can be reconstructed.

The document is a request for a letter of recommendation, written by
"Jedaniah and his colleagues the priests who are in Elephantine" in the name
of the whole community and addressed to Bagohi (here: Bagahvaja), the
governor of Judah. From an addendum we learn that the Elephantine Jews
had sent their petition not only to the governor of Judah, but also similarly
to Delaiah and Shelemiah, the sons of Sanballat, the governor of Samaria.

---

[32]   Cf. PORTEN, *Archives from Elephantine*, 105ff. The term "God of Heaven" or "Lord of
Heaven" is also attested in other Jewish documents addressed to Persian authorities, it appears
in the Bible as well (Ezra 5:11f.; 6:9f.; 7:2,21,23), and may correspond to the Persian notion of
the great God of Heavens, Ahura Mazda (cf. DELCOR, "Sanctuaires Juifs," 1293).

[33]   Cf. PORTEN, *Archives from Elephantine*, 133ff., and the comprehensive investigation by
SILVERMAN.

[34]   The Sabbath is mentioned on four private ostraca and rather rarely in personal names such
as Shabbatay (cf. PORTEN, *Archives from Elephantine*, 126–8; Delcor, "Sanctuaires juifs," 1296).
Of course, "it is hard to deduce ... the degree of observance prevalent among the Elephantine
Jews" (PORTEN, op. cit., 127), especially if they were in military service.

[35]   Cf. the so-called Paschal Papyrus, *TAD* A 4.1 (= COWLEY, Nr. 21); cf. GRELOT, *Documents*,
378–86; idem, "Sur le 'papyrus pascal'" DELCOR, "Sanctuaires juifs," 1296f.

[36]   *TAD* A 4.8 line 24f. *recto.*

[37]   *TAD* A 4.8 line 13 *recto*. This remark shows that they were at least well aware of the
religious distinction between themselves and the Egyptians.

[38]   PORTEN suggests that the Khnum priests disapproved of the Jewish "habit of offering up
lambs in their Temple, whether as a paschal sacrifice or otherwise" (*Archives from Elephantine*,
286).

[39]   *TAD* A 4.7 and 4.8. (= COWLEY, Nr. 30 and 31); cf. GRELOT, *Documents*, 406–15; PORTEN,
The Elephantine Papyri in English, 139ff.

Initially the letter tells how Vidranga sent troops to demolish the temple when Arsanes, the satrap of Egypt, was abroad.[40] It is explicitly stated that Arsanes did not know of the destruction which was in contradiction to the general Persian policy, as Jedaniah shows by mentioning how Cambyses had acted when he had entered Egypt. It is also told that Vidranga was punished for his unauthorized hostile act, but that any attempt to rebuild the sanctuary has been hindered up to now.[41]

Jedaniah describes the mourning of the Jews due to the destruction of their temple. Immediately after the destruction they had written a first letter to the governor of Judah, to the High Priest Johanan from Jerusalem with his priests, to a certain Ostanes, the brother of Anani, and to the nobles of the Jews. But – as is said emphatically – they did not answer at all. Since all attempts to rebuild the sanctuary had been without success, the colonists started a second attempt, now requesting for a letter of recommendation to the Persian authorities in Egypt concerning the projected reconstruction of the temple. Now the request is addressed to the political authorities only, not to the High Priest from Jerusalem, and notably to the authorities of Jerusalem *and* Samaria. At the end of his letter, Jedaniah promises that should the temple be rebuilt the Jews of Elephantine would pray for the governor of Judah and offer meal offerings, incense and burnt offerings in his name on the altar of YHW at Elephantine.

This time the letter of the Elephantine community did not remain unanswered. In the Jedaniah archive there is a short memorandum recording a message dictated jointly by Bagohi, the governor of Judah, and Delaiah, the son of Sanballat, the governor of Samaria.[42] Here it is related that the Elephantine Jews were to confirm before Arsanes, the satrap of Egypt, that according to the view of the authorities in Judah and Samaria "the Altar-house of the God of Heaven" was to be rebuilt "as it was formerly". By repeating the fact that the Jewish temple at Elephantine already existed before Cambyses, the governors "emphasize the Temple's legitimacy in the eyes of the Persians."[43]

However, concerning the sacrifices there is an important difference between the petition of Jedaniah and the memorandum of Bagohi and Delaiah. They only mention meal and incense offerings, whereas the burnt offerings are not cited at all. This deliberate omission may indicate that in their view burnt offerings were limited to Jerusalem, whereas incense and meal offer-

---

[40] From this description we can get some information on the form and equipment of the temple. But many details remain unclear. Against the general assumption that the temple had some similarities with the Temple of Solomon, D. and M. KELLERMANN, 438ff., think that the temple at Elephantine had the shape of a *bāhmāh*.

[41] Here it remains unclear whether the Persians or the Egyptians hindered the reconstruction.

[42] *TAD* A 4.9 (= COWLEY, Nr. 32); cf. GRELOT, *Documents*, 416f.; PORTEN, The Elephantine Papyri in English, 148f.

[43] PORTEN, *The Elephantine Papyri in English*, 149 n. 9.

ings could be tolerated elsewhere (cf. Mal 1:11). On the other hand, the slaughter of sheep could also have offended the Egyptian priests of the ram-headed god Khnum, and one might even ask whether these kind of sacrifices had stimulated the hostility that finally led to the destruction of the Jewish temple.[44] But the decisive motive for Bagohi's and Delaiah's silence on the burnt offerings may have been the conviction ultimately of the Jerusalemites that slaughtered sacrifices should be offered only at the place that God had chosen (cf. Deut 12:13f.), i.e. at the Temple in Jerusalem.

As another document of the Jedaniah archive shows, the leaders of the Jewish community at Elephantine accepted the restriction,[45] and the temple was rebuilt again.[46] The date and circumstances of its final destruction or closure during the time of the 29th or 30th Egyptian dynasty remain unclear.[47]

4. Conclusions

These documents from the Jedaniah archive allow at least a short glimpse at the history of the Jewish temple at Elephantine and on the relations between the Elephantine Jews and the political authorities in Jerusalem and Samaria. A few points deserve special attention.

1) Jedaniah and his colleagues were roughly informed about the political situation in Palestine: They knew the names of the authorities in Jerusalem and Samaria, they even knew that the sons of Sanballat were acting in the name of their father. We should not assume, therefore that they were unaware of the growing tension between Jerusalem and Samaria.[48] But in need of political support they tried to get both sides to recommend the reconstruction of the sanctuary. This does not mean that the satrap of Egypt could not have given the permission by himself,[49] but the Jews thought that his decision could be expedited by a letter of recommendation from the authorities of the two primarily Jewish provinces.

2) The Elephantine Jews had first written to Jerusalem, addressing – among others – the High Priest Johanan. This shows that they did not re-

---

[44] Cf. D. and M. KELLERMANN, 437. ALBERTZ, 2.587, suggests that the rejection of burnt offerings could also meet the Persian contempt of bloody sacrifices. But this argument is not plausible, if we are not to assume that the Persians similarly disapproved of the Jerusalem cult which they had re-established before.

[45] TAD A 4.10 line 10f. recto.

[46] There is a contract in Anani's archive, dating from 402 BCE, which mentions the temple of Yāhô within the fortress (TAD B 3.1 = KRAELING, Nr. 12; cf. GRELOT, Documents, 255–62). See the discussion in PORTEN, Archives from Elephantine, 294–6.

[47] Cf. the archaeological considerations in PORTEN, Archives from Elephantine, 296–8.

[48] A sister of Delaiah and Shelemiah was married to a brother of the High Priest Johanan. But, even if the High Priest was driven out by Nehemiah (Neh 13:28), Delaiah and Bagohi, Nehemiah's successor, could act jointly.

[49] This is assumed by DONNER, 2.434.

gard themselves as schismatic, nor even opposed to the claims of the Temple at Jerusalem. We can assume that they felt it to be right to offer slaughtered sacrifices, at least until they were told otherwise. The connections between Upper Egypt and Judaea seem to have been quite loose, so that the claims of the Deuteronomic teaching had not yet reached the colonists in the remote diaspora. But if PORTEN's archaeological reconstruction is correct that the Jewish temple at Elephantine was oriented to the north-east, i.e. towards Jerusalem,[50] we might conclude that this was also the basic spiritual orientation of the Jewish community from the very beginning of its cult, probably before the Persian conquest of Egypt in 525 BCE.

3) On the other hand, the fact that the first letter addressed to the Jerusalem authorities remained unanswered may indicate that they disapproved of the existence of a Jewish temple at Elephantine. The High Priest could simply have ignored the lamentations of the Egyptian Jews. The governor of Judah might have kept silence taking into consideration the disapproval of the Temple factions. But he had to react at the second letter, because he knew that a similar request had been addressed to his colleagues in Samaria. Now it was a matter of foreign affairs, and he could act jointly together with his Samaritan colleague, but without the participation of the High Priest.

4) One can imagine that the temple was an important factor for the Jewish merceneries in maintaining their Jewish identity in the Egyptian context.[51] It seems, however, that it served the aims of the respective authorities as well. In any case they had to permit the installation or reconstruction of a temple. The Persian authorities in Egypt obviously protected and even regulated[52] the Jewish cult at Elephantine. Possibly they provided even material support,[53] while the Jews were offering their prayers and sacrifices for the welfare of the rulers.[54] If it is true that the temple was built before the Persian conquest of Egypt, the consent of the former Saitic rulers must be presupposed as well. By supporting the cult of the Jewish mercenaries, they

---

[50] Cf. PORTEN, *Archives from Elephantine*, 121. PORTEN comes to his conclusions from the interpretation of boundary descriptions in some of the Elephantine Papyri, cf. op. cit., 308–10, and IDEM, "The Structure and Orientation". Unfortunately, the archaeological search for the temple has not been successful up to now; cf. CAMPBELL, 159, 166, and the extensive report by KRAELING, 64–82.

[51] Cf. STOEBE, 626, who suggests that the sanctuary must have been attractive even for non-Jewish, Aramaean members of the military colony.

[52] Cf. the instructions for Passover in the so-called Paschal Papyrus (see above, n. 43).

[53] Cf. the edict of king Darius in Ezra 6:9ff. regulating the support of the offerings in Jerusalem. On the public support of religious cults in the Persian empire, see KOCH, *Die religiösen Verhältnisse der Dareioszeit*; IDEM, *Es kündet Dareius der König* …, 276–86 (I am thankful to I. WILLI-PLEIN for drawing my attention to these titles.).

[54] This is what Jedaniah offered in his letter to Bagohi. It can be assumed that the Jews of Elephantine similarly prayed for the satrap of Egypt or the king of Persia who had given the permission to maintain their temple.

could strengthen the loyality of the colony at a time when the area where the Jewish mercenaries came from was under the influence of the Babylonians or under Persian rule. So, the foundation and maintenance of the Jewish cult at Elephantine was – at least partly – a result of political, not just religious, motives.

II. The Samaritan Temple on Mt. Gerizim

The discussion on the sanctuary on *Mt. Gerizim*[55] involves the complicated issue of the schism between Samaritans and Jews. But, methodologically, we should not presuppose an immediate connection between the building of the temple and the emerging schism. If the latter is the final result of a longer process of alienation[56] between the groups which were later called Samaritans and Jews,[57] the sanctuary on Mt. Gerizim might be only one step towards the definite separation. Even though it was an important step, it seems to be not the last and definitive one. So, the evidence for the sanctuary on Mt. Gerizim should be considered without the idea that its existence already implied a definite separation between Samaritans and Jews. This question is complicated enough, and the views are changing rapidly due to recent archaeological findings on Mt. Gerizim and their ongoing publication.

1. The Documentary Evidence and the Account of Josephus

The documentary evidence for the temple on Mt. Gerizim is quite late. The Hebrew Bible does not even mention it. The earliest clear attestation is 2 Macc 6:2, where it is said that in 167/6 BCE the inhabitants of the place – or more precisely: the hellenized "Sidonians of Shechem" (Josephus, *Ant.* 12.258)[58] – made the request to rename the temple on Mt. Gerizim dedicating it to Ζεὺς Ξένιος, the Hospitable Zeus,[59] while the Temple in Jerusalem was

---

[55] Cf. on the sanctuary DELCOR, "Sanctuaires juifs," 1310–7; ANTOINE, 543–52.

[56] Cf. the conclusion by FELDMAN, 136: "It would appear that the separation of the Jews and the Samaritans ... was not sudden but took place over a considerable period of time and was accompanied ... by considerable debate." See also DEXINGER, "Ursprung," 140. However, this seems to be the only point where the different views agree. The date of the schism is heavily disputed (cf. the information in ANDERSON, "Samaritans"; ALBERTZ, 2.576f., and MOR). However, the dispute only confirms the view that the definitive schism was the result of a longer process of alienation (cf. KIPPENBERG, 143).

[57] In the earlier period one should rather call the groups Samaritans or Proto-Samaritans and Judaeans. DEXINGER proposes a quite useful distinction between *Samaritans* (denoting the originally pagan upper class in Samaria) and *Proto-Samaritans* (denoting the Yahwistic population which had not been deported by the Assyrians).

[58] The term is already used for the semi-Greek population of Samaria in Josephus, *Ant.* 11.344; cf. HENGEL, *Judentum und Hellenismus*, 535 n. 215.

[59] The petition is quoted by Josephus, *Ant.* 12.258–61 (cf. the reply of the king 11.262–4) where the name is reported as Ζεὺς Ἑλλήνιος (12.261, 263). But this seems to be a secondary version (HENGEL, op. cit., 536 n. 216; KIPPENBERG, 79f.). On the basic authenticity of the docu-

renamed after the Ζεὺς Ὀλύμπιος.[60] Consequently, the sanctuary on Mt. Gerizim must have existed at least during the time of Antiochus IV.[61] In his *Jewish Antiquities*, Flavius Josephus relates the destruction of the sanctuary by the Hasmonaean ruler John Hyrcanus (*Ant.* 13.254ff.; cf. also *J. W.* 1.62), which is to be dated most plausibly in 128 BCE.[62]

But when was it built and under which circumstances? Our only documentary source for this incident is Josephus who relates a colourful story of the foundation of the temple on Mt. Gerizim (*Ant.* 11.302–47):

Under the reign of king Darius III (338–331 BCE), the brother of the High Priest Jaddua (cf. Neh 12:22), a certain Manasse, married Nikaso, the daughter of the Samaritan governor Sanballat (*Ant.* 11.302f.). But the elders of Jerusalem told him either to divorce his wife or not to approach the altar (11.308). So, Manasse went to his father-in-law, who promised to ask king Darius for permission to build a sanctuary on Mt. Gerizim, similar to that in Jerusalem. Manasse stayed with Sanballat, and so did many priests and Israelites who were involved in similar marriages (11.311f.). Meanwhile, king Darius had been beaten near Issos, and Alexander was conquering Palestine. Whereas the High Priest Jaddua remained faithful to Darius (11.317–20), Sanballat took hold of the opportunity, submitted to Alexander and asked for consent to build a temple on Mt. Gerizim, mentioning that a division of the Jewish nation could also be an advantage for the king himself (11.321–3). With the consent of Alexander, Sanballat built the temple and installed Manasse as High Priest, before he died nine months later (11.324f.).

This account of Josephus is our only source for these incidents, and its historical value has been heavily disputed for several reasons.[63] Josephus tells the story with an anti-Samaritan bias "to blacken the origins of Samaritan priesthood."[64] However, this may not equally reflect his sources.[65] But for

---

ment quoted by Josephus, see BICKERMANN, "Un document"; IDEM, *Der Gott der Makkabäer*, 177–9. Cf., however, the dissenting view by RAPPAPORT, 284–6.

[60] On the implications of the cultic reform, see HENGEL, *Judentum und Hellenismus*, 537ff.; on the Hellenization of the cult on Mt. Zion and on Mt. Gerizim, cf. most recently BREYTENBACH.

[61] Additionally, there are two Greek inscriptions from Delos attesting to the custom of Samaritans in sending offerings to Mt. Gerizim. Unfortunately, the date of the two inscriptions is not very precise. The editor dates the first one between 150 and 50 BCE and the second one between 250 and 175 BCE (cf. PUMMER, "Material Remains," 150f., 172–4). But the inscriptions confirm the existence of a sanctuary on Mt. Gerizim at least for the early or mid-second century BCE. They even show that the temple already had supporters in the diaspora at that time.

[62] There is also some discussion on the precise date of the destruction of the sanctuary on Mt. Gerizim during the reign of John Hyrcanus (cf. HALL, 33f.). Most scholars, however, seem to accept a date in the early period of his reign, 129/8 BCE (cf. KIPPENBERG, 87).

[63] Cf. DONNER, 2.435: "ins Reich der Legende". Cf. also the criticism by ANDERSON, *Josephus' Account of the Temple Building*.

[64] MOR, 5. This holds true chiefly for the comment *Ant.* 11.340–4. On Josephus' treatment of the Samaritans, see FELDMAN, and COGGINS. Note, hovever, the dissenting view of EGGER, 310f., who rejects the theory of an anti-Samaritan bias in Josephus.

[65] We can not go into the complicated debate on Josephus' sources here, where certainty is not to be gained. See the earlier treatments of the story and its alleged sources by BÜCHLER;

numerous interpreters, the most puzzling element in the account of Josephus is the parallel between Josephus' account in *Ant.* 11.302–24 with the note in Neh 13:28 where there is also mention of a certain Sanballat, the governor of Samaria, who is the father-in-law of a son of the High Priest. From this parallel, scholars concluded that Josephus had made a chronological mistake concerning the figure of Sanballat,[66] or simply assumed that he had "fabricated his account from the incident in Nehemiah and dated it a century later."[67]

More recently, the documents found at *Wadi-ed-Daliyeh* from the 4th century BCE have shown that there was in fact another governor of Samaria called Sanballat and that the position could be passed on within the family. So Josephus' mention of Sanballat has lost its implausitility.[68] Following the suggestions of CROSS, we have to distinguish between Sanballat I, "the Horonite" from the late 5th century, known from Nehemiah and the Elephantine papyri, Sanballat II from the early 4th century, known from the so-called "Samaria Papyri" from *Wadi-ed-Daliyeh*, and Sanballat III from the late 4th century, who is known from the account of Josephus.[69] Nor should we think it to be implausible that the leading families of Jerusalem and Samaria practised intermarriage for more than one generation.[70] So, even if there remain some problems in the Josephus' account, most scholars basically accepted his dating of the temple.[71] Some aspects of the circumstances mentioned in his account sound quite plausible as well.

1) The power vacuum between the Persians and Alexander seems to be an appropriate context for the construction of the temple. MOR states: "The Samaritans used this interim period to build their temple," and "the hasty construction of the temple was their attempt to realize their goals before this period of uncertainty ended."[72]

MARCUS, more recently KIPPENBERG, 50–7; DEXINGER, "Ursprung," 102–16, and the balanced discussion by ALBERTZ, 2.582–4.

[66] Cf. among others MARCUS, 507f.; TCHERIKOVER, 44.

[67] Thus the description by WILLIAMSON, "Sanballat," 974. The hypothesis was held, e.g., already by MONTGOMERY, 67–9; cf. also ROWLEY, "Sanballat," 249f., 265.

[68] DEXINGER, "Ursprung," 105; ALBERTZ, 2.583; but cf. the critical view by WILLIAMSON, "Sanballat," 974f.

[69] Cf. basically CROSS, "Aspects," 203; IDEM, "Papyri," who reconstructs the line of the Samaritan governors: Sanballat I was installed in 445 BCE, his son Delaiah in 407, then Sanballat II, his son H(ananiah in 354, and after – if we are allowed to deduce from the papponymy – his son Sanballat III, who is mentioned by Josephus. Cf. also SCHMIDT, 112f.

[70] Cf., however, CROWN, 146. See the sequence of governors proposed by CROWN, 146f.

[71] Thus KIPPENBERG, 56f.; MOR, 7; DEXINGER, "Ursprung," 109; SCHUR, 35ff.; ALBERTZ, 2.582–4; BREYTENBACH, 372. Cf. also ANDERSON, "Samaritans," 942.

[72] MOR, 7. Cf. his slight correction ibid., 7f.: "Even if Sanballat had asked for Alexander's permission to build the temple, this request was probably made after the temple was built as a petition for formal approval."

2) It is quite plausible that the Judaean policy of demarcation contributed to the alienation between Judaeans and Samarians in the Persian period.[73] After the constitution of Jehud as an independent province in 445 BCE, worshippers of JHWH from Samaria were foreigners in Jerusalem.[74] If they wanted to go there, they had to go abroad.[75] In this situation, the rulers of Samaria could have been interested in the foundation of a cultic centre within their own territory.

3) As Neh 13:28 shows, intermarriage was a severe problem for the leaders of the Judaean restitution. It was practised by noble families such as the clans of Sanballat (Neh 13:23) and Tobias (Neh 6:18; 13:4, 7), to increase their position in Jerusalem. On the other hand, the Judaean nobles, including some High Priestly families, might have intended to strengthen the unity and welfare of the entire Jewish nation by marriage with Samaritan wives (cf. Josephus, *Ant.* 11.303). The Judaean priests who according to Josephus followed Manasse to Samaria certainly did not see themselves as schismatics or even apostates.[76] Perhaps they were convinced that they helped the brethren in the North to lead their lives according to the law within their mixed religious context.

2. Recent Archaeological Findings

The above considerations, based on the documentary evidence only, are brought into question again by new archaeological evidence. The earlier excavations on Mt. Gerizim and *Tell er-Rās* appeared to have produced only doubtful results.[77] On *Tell er-Rās*, a Roman temple had been uncovered, based on a substructure which the excavator BULL dated to the Hellenistic period and connected with the temple of Sanballat,[78] but his interpretation was questioned by other scholars.[79] In later excavations, on the top of Mt. Gerizim, a Hellenistic city with a large sacred precinct had been found. It

---

[73] Cf. chiefly ALT.

[74] Already Ezra 4:1–5 records the exclusion of Samaritans from the restoration of the Jerusalem Temple. The historical value of the note is, of course, doubtful but the story may be typical for the relations between Samaritans and Judaeans in later times.

[75] On Bethel which seems to have been Judaean in post-exilic times (cf. Ezra 2:28; Neh 7:32; 2 Chr 12:19; 1 Macc 9:50), see ALBERTZ, 2.586 n. 44.

[76] Cf. ALBERTZ, 2.589; contrary to Josephus, *Ant.* 11.334.

[77] Cf. PUMMER, "Samaritan Material Remains," 165ff.; MAGEN.

[78] Cf. BULL, 427. Cf. MAGEN, 489, where he comments the earlier suggestions by BULL, who had directed the excavations from 1964 to 1968.

[79] Cf. MAGEN, 489: "The fill of the walls contained finds Bull attributed to the Hellenistic period. ... Bull proposed that these walls were remnants of the Samaritan temple." But: "The pottery vessels and the coins of the Hellenistic period found in the fill originated in the Hellenistic city, whose northern gate was close to the temple (ca. 150 m from it)." So, MAGEN can resume (ibid.): "A re-examination of Bull's excavations shows, however, in the writer's opinion, that there was no Hellenistic temple at Tell er-Ras, and that both building phases belong to the Roman period."

was built during the time of Antiochus III and destroyed at the end of the 2nd century BCE, probably by John Hyrcanus.[80] If this was the town and the sanctuary which John Hyrcanus destroyed, one could conclude that it had been built not earlier than at the beginning of the 2nd century BCE. In his article on Mt. Gerizim in the *New Encyclopedia of Archaeological Excavations in the Holy Land* which appeared in 1993, MAGEN stated: "The excavations have so far produced no evidence of a temple or settlement from the time of the Ptolemies."[81]

Most recently the excavators NAVEH and MAGEN have published further results of their excavations. Beneath the sacred precinct from the early 2nd century BCE, they discovered an older layer which covered the same area and goes back to the Persian period.[82] Now they think that the place of the Samaritan temple has been found. It was indeed on top of Mt. Gerizim, the outline of the sanctuary was substantially different from that of the Jerusalem Temple, and – most importantly – it is older than most of the scholars thought before. In their summary, NAVEH and MAGEN conclude: "While Josephus dates the construction to the reign of Alexander the Great, we now know that it was built in the time of Nehemiah."[83]

The detailed description and further evaluation of these recent discoveries on Mt. Gerizim is awaited. But, of course, the new archaeological evidence questions again the historical value of the story told by Josephus. If it is possible to ascertain that the first building stage on Mt. Gerizim, even within the sacred precinct, antedates the time of Alexander the Great and goes back to Persian times, the issue of the origin of the Samaritan temple and the circumstances that led to its construction must be considered again. Unfortunately, there is no documentary source for the construction of the Samaritan sanctuary in the late Persian period. Does the cultic tradition on Mt. Gerizim actually go back to pre-exilic times, to the *bāhmôt* of Northern Israel (cf. 2 Kgs 17:29 and 23:19f.)? The Israelites who were not deported could have preserved these traditions.[84] If this is true, the building of a temple on Mt. Gerizim could draw on older Yahwistic traditions connected with that place.[85]

---

[80]   Op. cit., 485–7. This is already noted by ALBERTZ, 2.582f.

[81]   Op. cit., 487. Similarly PUMMER, "Samaritan Material Remains," 172: "No traces of a temple have been found so far. But ... the excavations are still in their beginning stage." Cf. ibid., 169–72.

[82]   NAVEH/MAGEN, 9*.

[83]   Op. cit., 10*.

[84]   2 Kgs 23:15–20 shows that the *bāhmôt* survived the Assyrian conquest and that the sanctuary at Bethel existed at least until the time of king Josiah. This does not preclude, however, that Israelite worshippers of JHWH also made the pilgrimage to Jerusalem, as Jer 41:4f., 11 attests (cf. DEXINGER, "Ursprung," 87f.). Cf. also 2 Chr 35:18.

[85]   Cf. DEXINGER, "Ursprung," 116: "Es ist überdies als sicher anzunehmen, daß der Garizim eine Kultsstätte der Proto-Samaritaner war, auch als dort noch kein Tempel stand."

3. Preliminary Considerations

1) The specific occasion for the Samaritan temple project still remains unclear. Ezra 4:1–5 shows that there were already tensions between Samaria and Jerusalem when the sanctuary at Jerusalem was rebuilt under Zerubbabel. It might have been the Samaritan upper class, the former Assyrian aristocrats settled in Samaria (cf. 2 Kgs 17:24) who first tried to support the Jerusalem Temple project. But the leaders of the Judaean restoration rejected them and, consequently, provoked resistance against the Judaean Temple project.[86] Most probably, the rivalry between Samaria, the capital of the hyparchy, and Jerusalem, the emerging cultic centre, was strengthened in the subsequent decades, especially when Judah became an independent province, with Nehemiah as *peḥāh* (cf. Neh 5:14f.; 12:26), and Sanballat was *peḥāh* in Samaria. One might even suppose, however, that these events gave an appropriate occasion for the Samaritan authorities to establish their own sanctuary on the summit of Mt. Gerizim with its Yahwistic sacred tradition. One could even ask whether the temple project was paid for by the Persian authorities thereby compensating Samaria for the loss of a part of its hyparchy and – probably – the shortage of tax incomes.[87]

2) Generally, we may conclude, that also in the present case of temple rivalry, the political interests on both sides seem to have provided the most important reasons for the establishment of the Samaritan sanctuary.[88] On the Judaean side there was the self-confidence of the leaders of the Judaean restoration which excluded not only the assimilated upper class from Samaria but even the Yahwistic population of the north, the *'am hā'āreṣ*, from the restoration in Jerusalem. On the side of Samaria there was the pride of the former Assyrian aristocrats, loath to acknowledge the supremacy of the southern rival which finally led to the foundation of their own Samaritan temple on Mt. Gerizim.

3) Even if the temple was not modelled after the Temple in Jerusalem, as we now learn from the excavations on Mt. Gerizim,[89] we have no reason to think that doctrinal, halakhic, or liturgical differences were the basic motivation for the Samaritans' cultic separation. The attempts to justify Mt. Gerizim as the elect place of adoration which can be found in the Samaritan Pentateuch and the Samaritan literature are of later origin.[90]

---

[86] Cf. Dexinger, "Ursprung," 98–100; Donner, 2.414f.

[87] Crown who dates the temple on Mt. Gerizim later in the time of Sanballat III has a similar assumption. He thinks that "Sanballat III was being rewarded by the Persians for having refused to take part in the Tennes rebellion" (151).

[88] This was already the position of Alt; cf. also Albertz, 2.589.

[89] Cf. the information in Naveh/Magen, 9*.

[90] These ideological alterations of the Samaritan biblical text are not yet contained in the so-called Proto-Samaritan texts, e.g. 4QPalaeoEx^m, 4QNum^b or 4QDtn^n; cf. on the pre-Samaritan textual tradition Tov, "Proto-Samaritan Texts,"; idem, *Der Text der hebräischen Bibel*, 65–82, see p. 77f. on the peculiar Samaritan alterations; cf. also Dexinger, "Garizimgebot".

4) The legitimacy of the Samaritan sanctuary was subject to discussion for a long time.[91] Josephus relates a dispute between Samaritans and Jews in Alexandria (*Ant.* 12.74–9), and even the Fourth Gospel reflects discussions on the right place of adoration (John 4:21–3). So, the dispute survived the sanctuary, and one might well say that one of the most important factors that firmly established the schism was the destruction of the Samaritan temple by John Hyrcanus and his violent policy of Judaizing.[92]

III. Onias' Temple at Leontopolis in Lower Egypt

The third case of temple rivalry to be considered is the Jewish temple at Leontopolis,[93] a place which is commonly identified with *Tell el-Yehudieh*, circa 30 miles north-west of Memphis in Lower Egypt.[94] According to Josephus, the place belonged to the district (νόμος) of Heliopolis (*J. W.* 7.426; *Ant.* 20.236), and the area was called "the land of Onias" (ἡ Ὀνίου χώρα, *Ant.* 14.131; cf. *J. W.* 1.190).[95] The inscriptions from *Tell el-Yehudieh* show that there was a large, well-established and self-conscious Jewish community at that place.[96] But, contrary to the claim of the famous British archaeologist FLINDERS PETRIE, Onias' temple has not been found there.[97]

---

[91] On the discussions in the *Mishna*, see MONTGOMERY, 224f.

[92] Cf. ALBERTZ, 2.584; SCHMIDT, 116ff.; PUMMER, "Antisamaritanische Polemik," 224.

[93] On Leontopolis and the Jewish temple, see BARUCQ; SCHALIT; DELCOR, "Le Temple d'Onias"; IDEM, "Sanctuaires juifs," 1317–28; MODRZEJEWSKI, 101ff.; HAYWARD; BOHAK, *Joseph and Aseneth*, 19–40; IDEM, "The Egyptian Reaction"; D. R. SCHWARTZ, and GRUEN.

[94] Cf. SCHÜRER, vol. 3/1, p. 47; MODRZEJEWSKI, 106, 205; KASHER, 109. The identification is questioned, however, by BOHAK, *Joseph and Aseneth*, 27–9, who locates the temple at Heliopolis. BOHAK concedes that *Tell el-Yehudieh* was an Oniad settlement. Examining the distance from Memphis given by Josephus (*J. W.* 7.426) he infers that the location of the temple points instead to *Heliopolis*. Secondly, BOHAK draws on the mention of the "city of the sun" in the original reading of Isa 19:18 (as preserved in 1QIsaª) which also points to Heliopolis. But there is no reason why this passage could not be used to argue for a place in the district of Heliopolis. The location of the Jewish temple at Heliopolis provides an important link for BOHAK's attempt to connect the story of Joseph and Aseneth with the Jewish temple mentioned by Josephus. Certainly, his symbolic interpretation of the honeycomb scene in *Jos. As.* 14:1–17:10 deserves serious discussion. But the theory is quite speculative and should not form the basis of the interpretation of the Jewish temple which was, according to Josephus, located in the νόμος of Heliopolis and, we shoud add more precisely, at a place called Leontopolis.

[95] That a district in Egypt was named after Onias is also confirmed by a fragment from Strabo, quoted by Josephus in *Ant.* 13.287 (cf. M. STERN, *Greek and Latin Authors*, 1.268f., no. 99). The designation is further confirmed by a metrical epitaph from the necropole of *Tell el-Yehudieh*: Ὀνίου γᾶ τρυφὸς ἁμετέρα (*CIJ* II, no. 1530); cf. Schürer, vol. 3/1, p. 48. See the inscription in HORBURY/NOY, 90–4 (no. 38); cf. also MODRZEJEWSKI, 109f.

[96] Cf. HORBURY/NOY, and especially NOY, 162–72. On the archaeological evidence for the large size of the Jewish community, see also KASHER, 119–30.

[97] Thus MODRZEJEWSKI, 106: "On n'en a jamais retrouvé le moindre vestige." But he continues: "Le site de Tell el-Yahoudiyeh a été plusieurs fois exploré, mais jamais systématiquement

Our main source concerning the Jewish temple at Leontopolis is again Josephus who mentions the sanctuary in *J.W.* 1.33; 7.426–36 and in *Ant.* 12.388; 13.62–73, 285; 20.236. In his *Jewish War*, he briefly mentions its foundation (1.33) and relates its final closure in 73 or 74 CE (7.426–36). In his later *Antiquities*, he tells the story of its foundation in greater detail (13.62–73). In contrast to the extensive accounts of Josephus, the sanctuary is never mentioned by Philo. This might suggest that its function was quite limited, even for the Egyptian diaspora.[98] There may be some more implicit references in the *Pseudepigrapha*.[99] Later discussions on the halakhic status of Onias' temple are referred to in the *Mishna* and the *Babylonian Talmud*,[100] and a strange papyrus fragment from the late second or third century CE (CPJ III, 520) possibly mirrors the Egyptian reaction to the Jewish settlement

---

fouillé." Cf. also BOHAK, *Joseph and Aseneth*, 28. On the excavations, see NAVILLE; FLINDERS PETRIE, 97–180.

[98] "In the whole of Judaeo-Alexandrian literature there is no trace of Onias' temple" (TCHERIKOVER, 278). Cf. D. R. SCHWARTZ, who points to a "general lack of Alexandrinian Jewish interest in temples and sacrificial religion – consistent with the circumstances of Jews of the Diaspora" and illustrates this from 2 Maccabees.

[99] In the 3rd book of the *Sibylline Oracles*, which is usually located in Egypt, there is no explicit reference to Leontopolis, and the temple referred to is certainly the Jerusalem Temple. However, the emphasis on warfare and the pro-Ptolemaic position seems to point to a follower of Onias rather than to an Alexandrinian Jew. COLLINS therefore conjectures that the book was written "in the circles of Onias," but "before the new temple was built" ("Sibylline Oracles," 356; cf. idem, *The Sibylline Oracles of Egyptian Judaism*, 51; see also the discussion by DELCOR, "Sanctuaires juifs," 1319f.).

Most recently, BOHAK links the story of *Joseph and Aseneth* with the Jews in the district of Heliopolis. He interprets its central scene (14:1–17:10) as "an apocalyptic revelation scene, in which an angel shows Aseneth, in a symbolic vision, how one day a group of Jewish priests would leave the Jerusalem temple and build an identical temple in Heliopolis, how other priests would try, and fail, to harm this project, and how the Jerusalem temple itself would be destroyed" (BOHAK, *Joseph and Aseneth*, 101). So, the story is to be read "as a fictional history which 'foretells,' and justifies, the establishment of the Jewish temple in Heliopolis" (ibid., 102). On the other hand, BURCHARD states that the "complete lack of cultic interest ... would seem to rule out Leontopolis with its 'Temple in Exile' ..., even though it is situated in the county of Heliopolis" (187). BURCHARD then proposes an origin in an urban context in Egypt, not in the countryside (ibid.).

The link with Heliopolis is also present in a fragment of the historian Artapanus, cited by Eusebius in his *Praeparatio evangelica* (9.23.1–4). There, it is told, that Joseph when he had become administrator of Egypt, "married Aseneth, the daughter of a Heliopolitan priest, and begot children by her," and that Jacob and his sons "were settled in Heliopolis and Saïs". This seems to be an attempt to predate and legitimate the Jewish presence in the district of Heliopolis or even the presence of a Jewish sanctuary within the context of ancient Egyptian temples (cf. Josephus, *Ant.* 2.188 who also relates that Jacob was settled in Heliopolis).

[100] The *Mishna* (*m. Menaḥ* 13:10) cites R. Simeon stating that the priests who ministered in the temple of Onias could not serve in the Jerusalem Temple. However, the worshippers of Onias' temple are clearly distinguished from idolators. The *Talmud Babli* also confirms that Onias' temple was no idolatrous one (*b. Menaḥ* 109b; cf. *t. Menaḥ* 13:12–15; see also *y. Yoma* 6:3). See the discussion by HIRSCH; cf. also SCHALIT.

in the "land of Onias".[101] But without the data from Josephus we would not be able to say anything about the history of the temple at Leontopolis.[102] So, I will concentrate on his accounts and their historical problems.

1. The Identity of Onias and the Date of the Foundation of his Temple

One of the most striking problems is the confusion concerning the identity of Onias the founder of the temple. In his *Jewish War*, Josephus ascribes the foundation to Onias III, the son of Simon the Just, the last legitimate High Priest in Jerusalem, who was then murdered at Daphne near Antioch (2 Macc 4:30–8[103]). Notably, the Talmudic sources also ascribe the shrine to Onias the son of Simon. But the attempts of some scholars to discredit the sober tale of Onias' murder at Daphne[104] are not convincing. Nor is it probable that the author of 2 Maccabees using the work of Jason from Cyrene deliberately omitted Onias III's flight to Egypt and the establishment of the temple there.[105] So, GRUEN correctly concludes: "The account in II Maccabees can stand. Onias III perished in Daphne and could not have led a Jewish exile community to Heliopolis."[106] Josephus' (and the Rabbis') ascription of Onias' temple to the High Priest Onias III is erroneous.

In his *Jewish Antiquities*, Josephus himself supplies a different rendition. He tells of the death of Onias III early in the reign of Antiochus IV and the occupation of the High Priesthood by his brother Jason and, later, by Menelaos (*Ant.* 12.237–9[107]). According to this account, the founder of the rival temple was Onias IV, the son of Onias III. He had been left as an infant

---

[101] On this document, which has some parallels to the so-called *Potter's Oracle*, see the interesting article by BOHAK.

[102] This is the problem of the thorough article by GRUEN. He discards the accounts from the *Jewish War* and the *Antiquities* as unreliable (ibid., 57f.), but when he draws on the prophecy of Isa 19:18f. as the main legitimation for the sanctuary, he also draws on Josephus. The other sources can only provide fragmentary additions to the picture.

[103] Cf. also Dan 9:26; 11:22; 1 *En* 90:8.

[104] Cf. the most recent attempt by PARENTE, "Onias III's Death". Notably, the passage in 2 Macc 4 is not a martyr tale but a short and restrained account which basically deserves historical credit. Cf. M. STERN, "The Death of Onias III," and HENGEL, *Judentum und Hellenismus*, 504 with n. 124, and 510 n. 134: "Unhistorisch ist nur 4,36–38, die Rache des Königs an Andronikos als Folge der Tötung des einstigen Hohenpriesters."

[105] This is the argument by SEELIGMAN, 91–4, and, more recently, by PARENTE, "Le témoinage de Théodore," 434f.

[106] GRUEN, 51 (cf. 49–51; see also DELCOR, "Sanctuaires juifs," 1318 and 1324f.).

[107] There are some difficulties in this passage. Josephus links Menelaos with the Oniad family and says that he was the youngest brother of Onias III and Jason. This is certainly incorrect (cf. HENGEL, *Judentum und Hellenismus*, 509 with n. 133). In fact, Menelaos was a Zadoqite, but he was the first High Priest who did not belong to the Oniad family. Probably he was protected by the Tobiads. His successor, Alcimus, was the first non-Zadoqite who became High Priest. So, it has some plausibility that Onias IV lost hope of gaining the High Priesthood when he saw that the office was passed on to a simple priest who did not even belong to the noble Zadoqite families.

when his father was murdered (*Ant.* 12.387),[108] but he could see himself as the true heir of the High Priesthood which had been held by his family until it was usurped by Menelaos. Josephus tells that at the time when the High Priesthood was conferred from Menelaos to the non-Zadoqite Alcimos, Onias settled in Egypt (*Ant.* 12.387). "There he received a place in the nome of Heliopolis where he built a temple similar to that in Jerusalem" (*Ant.* 12.388).

In a later passage (*Ant.* 13.62–72), Josephus explains that Onias had first lived in Alexandria, then he sent to king Ptolemy VI Philometor and queen Cleopatra requesting authority to build a temple and appoint Levites and priests (*Ant.* 13.63). Josephus even cites the two letters of Onias and Ptolemy (*Ant.* 13.65–8 and 69–71). From these letters we learn that Onias built the sanctuary on the ruins of a former Egyptian sanctuary dedicated to Bubastis. Onias mentions his former military services on behalf of Ptolemy in Coele-Syria and Phoenicia.[109] He promises that the sanctuary would unify the Jews of Egypt and also support the Ptolemaic interests, and, finally, he cites the prophecy of Isaiah that "there shall be an altar in Egypt to the Lord God" (Isa 19:19). In their reply Ptolemy and Cleopatra wonder whether it will be pleasing to God that a temple be built at the place of a former Egyptian sanctuary, but then they permit the project – "if this is to be in accordance with the law" (εἰ μέλλει τοῦτο ἔσεσθαι κατὰ νόμον) – because of the prophecy of Isaiah. So, the Egyptian rulers appear as pious protectors of the Jewish faith. They seem to be even more concerned not to sin against God than the priestly offspring Onias. In any case, Josephus says that with the permission of Ptolemy, Onias IV built the sanctuary at the requested

---

[108] The age of Onias IV, however, cannot be ascertained. It is, therefore, not possible to preclude that the young noble gained military experience in the service of the Ptolemees only a few years after the assassination of his father. On the murder of Onias III cf. 2 Macc 4:34; Dan 9:26; 11:22; 1 *En* 90:8. See also M. STERN, "The Death of Onias III," and, with problematic conclusions, PARENTE, "Onias III's Death".

[109] It is not clear, however, in which war Onias served. At the time of the war between Ptolemy VI and Antiochus IV which took place between 170 and 168 BCE, Onias might have been very young. The later struggles between Ptolemy VI and his brother and rival Ptolemy VIII Euergetes did not take place in Coele-Syria or Phoenicia. But despite these difficulties, it is not justifiable to distrust the account completely (as does GRUEN, "The Origins and Objectives," 53), because we can not ascertain how young Onias actually was when his father was murdered (probably in 172 or 171 BCE). If νήπιος (*Ant.* 12.237) and παῖς (*Ant.* 12.387) can mean that he was actually an adolescent (cf. *J. W.* 2.220 for Agrippa at the age of seventeen; cf. also *Ant.* 19.354 and Gal 4:1–2), this does not preclude that the young noble could have gained experiences in military service two or three years after the death of his father (contrary to RAINBOW, 40f., who conjectures that Onias Egypticus could not have been the son of Onias III. RAINBOW then assumes that Onias Egypticus was in fact the nephew of Menelaos, whereas the son of Onias III, whom he calls Simon III, might be the "last Oniad" and the only true son of Zadoq of his time, so that RAINBOW considers identifying him with the Teacher of Righteousness (ibid., 51). This learned, but highly speculative theory cannot be discussed here.

place in Leontopolis, "similar to that at Jerusalem, but smaller and poorer (*Ant.* 12.72).[110]

But, as the picture of the pious Ptolemaic rulers shows, the letters cited by Josephus are forgeries.[111] This does not preclude that they might contain valuable historical information, but it is obvious that the information given in the *Jewish Antiquities* is to be interpreted critically as well. It is certainly true that Onias IV is the founder of the temple at Leontopolis. On this point, Josephus has corrected his earlier account, possibly on the basis of an improved study of his sources. But his further explanations and especially the date of Onias' flight to Egypt deserve discussion.

For the date of the foundation, Josephus' figures are also confusing. In *J. W.* 7.436 Josephus says that the temple stood for 343 years. This would suggest the date 270 BCE, which is certainly erroneous.[112] If Onias went to Egypt when Alcimus was appointed High Priest, this happened at about 162 BCE, or later. But we cannot preclude the possibility that Onias went to Egypt a few years earlier, especially if he stood in the service of the Ptolemees. One puzzling document could suggest such an earlier date for his departure: A papyrus letter (*CPJ* I, 132), dated the 21 September 164 BCE, was sent by the διοικητής Herodes to an official of high status whose name has been reconstructed as Ὀνίᾳ ("to Onias"). But unfortunately, only one letter from the name of the addressee is clearly legible, therefore the document "cannot serve as a sound basis on which to build complex historical hypotheses."[113] So we can only draw on the explanations given by Josephus in his *Jewish Antiquities*.

Following his account, we can say that the sanctuary must have been built between Ptolemy VI Philometor's return from Rome in 163 BCE and his death in 145 BCE. After Onias' departure to Egypt a certain amount of time should be allowed for until the project could have been carried out. Josephus' explanation for the temple project sounds plausible: Onias tried to build a sanctuary when he saw that there was no chance that the High Priestly office would be conferred back to his family, or respectively, to himself. For him, the decisive event was not the defilement of the Temple by Antiochus IV, nor the usurpation of the High Priesthood by Menelaos, but the subsequent appointment of a non-Zadoqite as High Priest. One might

---

[110]   Details about its dimensions and vessels were already described in *J. W.* 7.426ff.

[111]   Cf. the strong verdict by GRUEN, 53: "Only the most determined or committed will find anything of historical value in the exchange of letters between Onias and Ptolemy, supplied by Josephus."

[112]   The number 343 must be of symbolic value, because 343 makes up the whole of 7 x 7 x 7 years, that is 7 jubilees. Such an early date, however, was proposed by HIRSCH, 54f. and 74–7. An early date is also suggested by Jerome, *commentarii in Danielem prophetam* III.9.14 who gives the year 250 BCE.

[113]   Thus BOHAK, *Joseph and Aseneth*, 21.

assume, then, that Onias realized his project not too long after that time.[114] Probably the area of Leontopolis had been a settlement of pro-Ptolemaic Judaean groups or even a military colony before he arrived.[115]

2. The Motives of Onias and his Followers

If these considerations are basically correct, the reason for the temple project was not the concern for a purified cult nor, e.g., the dispute on calendrical or other halakhic issues. Onias was certainly not "orthodox," but a hellenized and enlightened member of the Palestinian aristocracy:[116] His father Onias III had fled to a pagan sanctuary near Antioch, his uncle Jason had been one of the promoters of the Hellenistic reform in Jerusalem, and the young noble who could not succeed his father and his uncle in the High Priestly office seems to have been concerned more with politics than with piety. He built his rival temple at a time when the sanctuary in Jerusalem had been re-sanctified (164 BCE), and, notably, the non-Zadoqite High Priest Alcimus was acknowledged even by the Ḥasidim.[117]

The conservative and pious groups only felt offended when Jonathan in 152 BCE accepted the High Priesthood in addition to his function as political and military leader. Probably this was the reason why the so-called Teacher of Righteousness withdrew from the temple and its cult and formed a community of the pious which is commonly called "Essenes".[118] But the Essenes did not build a schismatic sanctuary or install a new sacrificial cult. They seem to have "spiritualized" important aspects of the Temple cult. But although separate from the Temple, they remained faithful to Jerusalem, in their prayers and in the eschatological expectation of a renewed and purified sanctuary on Mt. Zion. This is the striking difference between two contemporary Zadoqite leaders, the Teacher of Righteousness and Onias IV, and their respective groups.[119]

On the other hand, we might consider the function of the temple at Leontopolis for the Jews in Egypt. Did Onias serve their needs when he

---

[114]   Thus HENGEL, *Judentum und Hellenismus*, 186 n. 330; cf. DELCOR, "Le Temple d'Onias," 196, who puts the date of the foundation later at 152 BCE; TCHERIKOVER, 279f., even considers a date as late as 145 BCE. But even if a date in the late period of Ptolemy VI cannot be ruled out, an earlier date has more plausibility.

[115]   Cf. DELCOR, "Sanctuaires juifs," 1326, who conjectures that the place of the temple was already a fortified place, probably a Jewish colony where Onias already had a leading function. See also TCHERIKOVER, 278–80; MODRZEJEWSKI, 128.

[116]   Cf. HENGEL, *Judentum und Hellenismus*, 504.

[117]   Cf. TCHERIKOVER, 277.

[118]   Cf. generally LANGE/LICHTENBERGER, 66; STEGEMANN, 205ff.; VANDERKAM, 103f. On the Qumranites' withdrawal from the Temple, see also the contribution by SCHIFFMAN in this volume, 267.

[119]   It is, therefore, absolutely improbable that the Zadoqites at Qumran came from Onias' temple, as STECKOLL had conjectured.

requested permission to build a temple at Leontopolis? TCHERIKOVER has shown that the Alexandrinian Jews did not need such a sanctuary. They held Jerusalem in high esteem,[120] and indeed, the temple of Leontopolis is mentioned not even once in Alexandrinian Jewish literature, neither in the *Epistle of Aristeas*, nor in 3 Maccabees, nor in the works of Philo.[121] The disregard for Onias' temple can also be explained by a general lack of interest in the temple cult among the Jews of the diaspora.[122] In Egypt, there were already synagogues at that time.[123] These facts only confirm the view that there was no urgent need for having their own temple among the Jews of the Egyptian diaspora.

So, Josephus may be correct when he says that Onias' motives were primarily personal ambitions, the desire "to acquire for himself eternal fame and glory" (*Ant.* 13.63). "When he came to Egypt, having given up on the chances of assuming the high-priesthood of the Jerusalem temple, he had one major wish: to establish a new temple, in which the Oniads – the legitimate high-priestly line – would serve."[124]

On the other hand, his ambitions must have appeared opportune to Ptolemy VI and Cleopatra II, whose reign had been shaken by numerous external and internal threats during the decade from 170 to 160 BCE.[125] The Ptolemees had to ascertain the loyalty of the Egyptian Jews, especially since Palestine was under Syrian control. Onias' request could provide a chance to secure their support.[126] Moreover, "the opportunity of establishing a strong and loyal military commander" at a strategically important location in the eastern part of the Delta, could serve "two important Ptolemaic goals: on the one hand it would defend Egypt against future invasions from the north-east, and on the other hand Onias would keep an eye on the native population whose loyalty could never be taken for granted."[127] It was certainly not too difficult for Onias to convince Ptolemy that it was in his own interest to grant permission for a Jewish shrine.

---

[120] Josephus reports that at the time of Ptolemy VI Philometor Alexandrinian Jews argued vehemently for the legality of the Jerusalem site against Samaritan claims for Mt. Gerizim (*Ant.* 13.74–9).

[121] TCHERIKOVER, 278. To explain Philo's silence, BOHAK also recalls the situation in Roman Egypt, when the Oniad settlement had lost its strategic location, and Roman legislation caused a rapid decline of the power of the temples in Egypt – a development which must have affected Onias' temple as well (*Joseph and Aseneth*, 36f.).

[122] Thus D. R. SCHWARTZ.

[123] The first synagogues emerged in Egypt in the 3rd century BCE, cf. HENGEL, "Proseuche und Synagoge," 172f.

[124] Thus BOHAK, "The Egyptian Reaction," 36.

[125] Cf. BOHAK, loc. cit.

[126] This is stressed by Josephus in *J. W.* 7.425.

[127] BOHAK, "The Egyptian Reaction," 37f.

Of course there were also religious arguments which could legitimate the construction of a temple in Egypt, especially in the district of Heliopolis.[128] Josephus mentions the prophecy of Isa 19:18–9, the foretelling of an altar in Egypt (*J.W.* 7.432; *Ant.* 13.68). A few generations ago, exegetes liked to see that passage as a *vaticinium ex eventu*, a late gloss from Hasmonaean times, which was inserted into the text as a reaction to Onias' temple.[129] But since the passage is also attested in 1QIsa[a], this suggestion has been put to rest.[130] The prophecy is certainly older than the erection of Onias' temple. So, it might have served as legitimation for the temple project of Onias, supplying strong authority for it. "Isaiah's forecast that an altar to Yahweh would someday rise in the midst of Egypt doubtless bolstered Onias' purpose."[131] Any criticism based on Deuteronomy 12 could be rejected on the basis of the prophetic utterance by which the Lord had chosen not only Jerusalem but also a certain place in Egypt. "To Egyptian Jews eager for a holy shrine of their own, a similar rationalization might well suffice."[132] Moreover, if the passage mentioned "the town of the sun" (*'îr haḥeres*; preserved in 1QIsa[a]), this could provide the decisive reason for choosing a place in the district of Heliopolis.

But how did Onias and his followers view their temple? Did they regard themselves as schismatic, as a challenge to Jerusalem? Notably, there are no hints of halakhic or doctrinal differences, neither in Josephus nor in the later Rabbinic discussions. Even if the temple at Leontopolis was not an exact copy of the Jerusalem Temple,[133] the cult must have been basically the same as in Jerusalem. It was certainly not just an incense offering cult (as Mal 1:11 concedes for every place), but a sacrificial cult like that in Jerusalem. That Onias and his group practised such a cult away from Jerusalem, could be rationalized by use of the Isaian prophecy. But not even Josephus says that the mere existence of such a cult was an offense to the biblical law.

---

[128] Thus GRUEN, 60: "The installation of a temple in the Heliopolite nome had religious and cultural meaning, no simple appendage to a soldiers' settlement."

[129] Cf., e.g., DUHM, 121f.; GRAY, 335.

[130] Cf. BOHAK, *Joseph and Aseneth*, 22. On the textual variants, see ibid., 90–2; on the interpretation of Isa 19:18, see BARUCQ, 366–71.

[131] GRUEN, 61. There he mentions the remarkable fact that even Josephus "nowhere states or implies that the institution violated Jewish law or practice" (ibid.).

[132] Cf. GRUEN, loc. cit.

[133] Josephus stresses repeatedly that Onias built his temple "similar to that in Jerusalem" (*J.W.* 1.33; *Ant.* 12.388; 13.67), but in the passage on its closure he describes the differences (*J.W.* 7.428). The most important difference from Jerusalem is that Onias did not make a Menorah, but a single lamp of gold which symbolized the sun as the only source of light and thus the presence of God (cf. DELCOR, "Sanctuaire juifs," 1322). Probably, Onias could not make an exact copy of the Jerusalem Temple, so he seems to have developed a different kind of cosmic symbolism which fitted better into the context of the Egyptian diaspora (cf. DELCOR, loc. cit.; HAYWARD, 434).

3. Conclusions and Further Considerations

1) From the accounts of Josephus we can see that the temple rivalry between Jerusalem and Leontopolis was mainly due to the rivalry of priestly families and, in a wider sense, to the political rivalry between the Seleucids and Ptolemees.

2) The influence of Onias' temple, however, should not be overestimated. The Jews of Egypt esteemed Jerusalem as a centre of pilgrimage (cf. *Ep. Arist.* 84–104), and we can not see that the presence of a Jewish shrine in Egypt diminished their loyalty in any way. Perhaps the sanctuary had merely a local influence for the colony in the "land of Onias," a settlement of primarily strategic importance. Alexandrinian Jewish literature does not mention Onias' temple, and even in Palestinian Jewish texts there is no explicit or even polemic reference to the temple of Onias.[134]

3) Perhaps we can see at another point how the Jerusalem institutions tried to deal with the phenomenon of temple rivalry. In Hasmonaean times there were several attempts to strengthen the spiritual influence of Jerusalem on the inhabitants of the diaspora. One of these attempts might have been the letters to the "brethren" in Egypt which are preserved in 2 Macc 1:1–9 and 1:10–2:18. The second of these letters, probably a forgery, composed before 63 BCE, mentions the archive of the Temple (2 Macc 2:13f.) and offers frankly the "export" of religious and historical texts to anyone in the diaspora who would need them. Another attempt to link the diaspora with Jerusalem was the steady efforts to correct or revise the text of the Septuagint in order to achieve a better correspondence with the (pre-Masoretic) Hebrew text.[135] Through these efforts we can see how Jerusalem tried more offensively to counter the challenge provided by the phenomenon of the diaspora in general and – in a specific way – by the existence of a rival temple such as Leontopolis.[136]

4. Excursus: A Contemporary Parallel to Leontopolis: ʿAraq el-Emir

An interesting parallel to the temple of Leontopolis is the building at ʾAraq el-Emir in Transjordan, 29 km east of Jericho which is most probably the fortress Tyros built by the Tobiad Hyrcanus in the early 2nd century BCE.[137] Hyrcanus was the son of the famous Tobiad Joseph, but when his father had died, he lost the struggle against his elder brothers and withdrew to Transjordan, where he built up a fortified residence. Josephus says that he ruled there for seven years, until he committed suicide when Antiochus IV had occupied the throne in 175 BCE (*Ant.* 12.234). The identification

---

[134]   Even the Rabbis seem to have acknowledged some degree of sanctity; cf. *m. Menaḥ* 13:10.

[135]   On the Jewish recensions of the Septuagint, see HARL/DORIVAL/MUNICH, 142–58. These recensions go back to the pre-Christian era, some examples have been found at Qumran, e.g. 4QLXXNum (= 4Q121) or papLXXExod (= 7Q1); see op. cit., 157f.

[136]   Cf. HENGEL, *Judentum und Hellenismus*, 186.

[137]   Cf. Josephus, *Ant.* 12.229–36. On the site see P. W. LAPP/N. L. LAPP; CAMPBELL, 162–4, and HENGEL, *Judentum und Hellenismus*, 496–503.

of the site with a Tobiad centre is confirmed by two "Tobiah" inscriptions and the name *Qaṣr el-ʿAbd*, which means "Fortress of the Servant" and refers clearly to "Tobiah the servant, the Ammonite" (Neh. 2:10).[138] Pottery in the fill of the building confirms a date in the early 2nd century. The fact that this is "the only occupation in the vicinity ... between the Early Bronze Age and the Byzantine period, ... provides clear support for Josephus' attribution of the *Qaṣr* to Hyrcanus."[139]

Since the first surveys, scholars have assumed that the building was not just a fortress or a residence, but also a temple.[140] The excavations by LAPP made a compelling case for asserting that the structure is in fact a temple building, "standing comfortably within the developing tradition of Syrian architecture as influenced by Greek canons."[141] But the building was not completed, because "it was abandoned before it was finished,"[142] probably because of the death of Hyrcanus. Even though it might have been used by the followers of Hyrcanus or even other groups of Jews who were "disenchanted with the Jerusalem temple and politically opposed to the Jerusalem alignments."[143] The character of the cult, then, was probably more hellenized or even syncretistic, as the lion frieze and other features of the building suggest.[144]

Equally interesting are the political implications of the case. Hyrcanus "appears to have sustained an anti-Seleucid posture over against his brothers and Simon the Just in Jerusalem by going to *ʾAraq el-Emir* in 182 BCE with many dissidents accompanying him; there he held out until the accession of Antiochus Epiphanes probably played its part in leading him to suicide."[145] This makes up a remarkable parallel to the flight of Onias IV to Egypt about two decades later. Of course, the primary interests of the Tobiad offspring were not cultic, but political and probably economic ones. Unlike Onias, he was not a priest. But, similarly, he withdrew, when he had to abandon his hope for an influential position in Jerusalem. He might have seen the danger that some of his Jewish followers could remain loyal to the Temple which was dominated by his adversaries, his elder brothers and the Oniad High Priests Simon and Onias III.[146] So, with his residence, he also planned a sanctuary in order to secure the loyalty of his followers. This remarkable parallel to the case of Leontopolis confirms the impression that the most important motives in the installation of rival temples were always political ones.

---

[138] Cf. P. W. LAPP/N. L. LAPP, 646.

[139] Op. cit, 648.

[140] See the references in HENGEL, *Judentum und Hellenismus*, 496.

[141] Thus CAMPBELL, 163; cf. also P. W. LAPP/N. L. LAPP, 468. Josephus, however, does not mention that Hyrcanus also built a temple.

[142] CAMPBELL, loc. cit.

[143] Thus CAMPBELL, loc. cit.

[144] Thus HENGEL, *Judentum und Hellenismus*, 500; cf. for the description of the frieze p. 498, and P. W. LAPP/N. L. LAPP, 468.

[145] CAMPBELL, 163f.

[146] Cf. HENGEL, *Judentum und Hellenismus*, 499f.

IV. Some Points for Comparison

1) None of the three rival temples mentioned was intended to install a new religious tradition separating the respective community from Jerusalem or even from Judaism.

a) The Elephantine temple was possibly oriented towards Jerusalem, and the leaders of the community show their loyalty to the political authorities in Jerusalem and Samaria concerning the issue of burnt offerings. Although there were some quasi-syncretistic elements in their religious life and in spite of the poor state of information on the development of the biblical tradition they understood themselves to be Jewish and they were concerned to maintain their identity in the diaspora of Upper Egypt.

b) The followers of Onias were certainly aware that their cult was founded by a legitimate member of the High Priestly family, whereas in Jerusalem the High Priesthood was given to other families. It is hard to say, whether they saw their temple as a mere interim solution.[147] But even if this was not the case[148] they certainly regarded themselves as true members of the Jewish diaspora.

c) Even for the Samaritan sanctuary we have to suppose that its founders intended to practice a true Yahwistic cult comparable to that in Jerusalem. The alterations in the Samaritan textual tradition of the Pentateuch and the refusal to accept the Prophets, the Scriptures and the Oral Torah only mirror the later development which resulted in the final division of the religious traditions of Samaritans and Jews. But these final consequences were not implied in the foundation of the sanctuary on Mt. Gerizim.

2) The most striking point in common is that in each case political motives seem to have been the predominant factor for the building of a temple. Such an institution could not be built and maintained without the permission and support of the political authorities: The temple at Elephantine was obviously supported by the Persian authorities who regulated even specialized matters like the Passover instructions. Its reconstruction was dependent on their permission as well. One might even suppose that the Persians also provided resources for the sacrificial cult, as is attested for the Temple of Jerusalem (Ezra 7:11–26). For the Jewish temple of Leontopolis the support of Ptolemy VI is clearly stated by Josephus, and even if the precise circumstances of the foundation of the Samaritan sanctuary remain unclear, we can certainly assume that it was supported by the governor Sanballat or his successors.

In any case, Jerusalem and the respective rival temple were separated by the borderline between two rival powers. As BICKERMAN has stated, "the fact that Jerusalem, the Spiritual Center of the Diaspora, belonged to one of the rival powers cast suspicion on the loyalty of the Jews under the dominion of

---

[147] Here the Essenes provide a comparison. They expected the end of the defilement of the Temple and the erection of a new, purified sanctuary in Jerusalem.

[148] Notably the temple at Leontopolis survived the Jerusalem Temple by three years until it was closed by the Romans in 73 CE.

the other."[149] This might have caused the Saitic, Persian and Ptolemaic rulers to support the Jews under their dominion and to meet their wishes, especially if they were soldiers in their service such as the mercenaries of Elephantine or Onias IV and his followers. A similar political rivalry can also be assumed for Samaria and Jerusalem after Jehud had become an independent province in the time of Nehemiah.

3) All three rival temples were located outside of Judaea.[150] This might indicate that, especially in later times, no other shrine could compete with the emerging central sanctuary of Judaism. When later Philo (*Spec. Leg.* 1.67) and Josephus (*Ant.* 4.200–1; *Ag. Ap.* 2.193) highlight that the unity of the temple corresponds to the unity and universality of God,[151] this claim did not completely fit the situation in the diaspora, where another Jewish temple which existed till 73 CE actually stood. But on the other hand, Philo's argument indicates especially that in his days the temple of Leontopolis could be easily ignored, even by a member of the Egyptian diaspora. This temple, therefore, was no real threat to the unique position of Jerusalem any more.

The unique function of the Jerusalem Temple for emerging Judaism is also shown by the fact that synagogues first emerged in the diaspora in the 3rd century BCE,[152] whereas the Palestinian evidence for them is only relatively late. Moreover, in Palestine, they are not called προσευχή, as in the diaspora, but συναγωγή, *bêt hakkĕneset*, i.e., they are given a quite profane designation which avoids any danger of rivalry with the Temple of Jerusalem.[153] Only after the destruction of the Second Temple were synagogues able to acquire a more sacred character.[154] These observations confirm that the Temple of Jerusalem had become the unique spiritual centre of Judaism. After its destruction in 70 CE, apart from the short episode under the emperor Julian the Apostate,[155] there were no attempts to build a new temple, neither in Jerusalem nor at any place in the diaspora.

Zusammenfassung

Trotz der deuteronomischen Forderung der Kultzentralisation gab es mindestens drei jüdische Heiligtümer, die in der Epoche des Zweiten Tempels

---

[149] BICKERMANN, *From Ezra to the Last of the Maccabees*, 73.

[150] It is possible that Bethel belonged to Judah in post-exilic times, but it is not certain that the cult at Bethel continued during that time.

[151] Cf. SCHMIDT, 115.

[152] Cf. HENGEL, "Proseuche und Synagoge," 172f.

[153] Cf. HENGEL, op. cit., 191.

[154] On the development of the synagogue from a profane to a more sacred building, see the article by HÜTTENMEISTER in this volume, 357.

[155] On that incident and the Jewish reactions, see the article by SCHREINER in this volume, 371.

in gewisser Konkurrenz zum Jerusalemer Heiligtum existierten: der *Yāhô*-Tempel in der Kolonie jüdischer Söldner auf der Nilinsel Elephantine in Oberägypten, der Tempel der Samaritaner auf dem Berg Garizim und der Tempel des Onias in Leontopolis in Unterägypten. Die vergleichende Analyse dieser Phänomene der Tempelkonkurrenz beleuchtet die wachsende Bedeutung des Jerusalemer Heiligtums für das antike Judentum und zeigt – trotz der unterschiedlichen historischen Situation – eine Reihe bemerkenswerter Parallelen:

1) Keines der drei Heiligtümer verdankt sich dem Ziel, eine neue religiöse Tradition oder gar eine religiöse Trennung von Jerusalem oder gar vom Judentum zu begründen.

2) In jedem Fall scheinen politische Motive die entscheidende Rolle gespielt zu haben, zumal ja der Bau und die Unterhaltung des Heiligtums stets die Zustimmung und häufig auch die Unterstützung der Herrscher erforderte.

3) Alle drei Heiligtümer waren nicht in Judäa bzw. im engeren Umkreis Jerusalems. Hier konnte sich, zumal in der Spätphase des Zweiten Tempels, kein Konkurrent mehr halten. Aber auch der Tempel von Leontopolis war wohl nur von sehr begrenzter Bedeutung und stellte keine Bedrohung mehr für die Zentralposition Jerusalems dar. Dessen einzigartige Bedeutung zeigt sich umgekehrt daran, daß auch das Institut der Synagoge nicht im Mutterland, sondern in der Diaspora entstand und daß Synagogengebäude erst dann einen stärker sakralen Charakter annahmen, als der Jerusalemer Tempel nicht mehr existierte.

Bibliography

R. Albertz, *Religionsgeschichte Israels in alttestamentlicher Zeit* (2 vols.; Grundrisse zum Alten Testament 8/1–2; Göttingen: Vandenhoeck & Ruprecht, 1992).

A. Alt, "Die Rolle Samarias bei der Entstehung des Judentums," *Kleine Schriften zur Geschichte Israels* 2 (München: Beck, 1953) 316–37.

R. T. Anderson, *Josephus' Accounts of Temple Building: History, Literature or Politics* (Proceedings of the Eastern Great Lakes and Midwest Biblical Societies 9; Grand Rapids: Biblical Society, 1989).

— "Samaritans," *Anchor Bible Dictionary* 5.940–7.

P. Antoine, "Garizim," *DBSup* 3.535–61.

M. Baillet, "Samaritains," *DBSup* 11.773–1047.

A. Barucq, "Léontopolis," *DBSup* 6.359–72.

E. J. Bickerman, "The Babylonian Captivity," *The Cambridge History of Judaism* (vol. 1; eds. W. D. Davies/L. Finkelstein; Cambridge: Cambridge University Press, 1984) 342–58.

— "Un document relatif à persécution d'Antiochos IV Épiphane," *RHR* 115 (1937) 188–223.

— *From Ezra to the Last of the Maccabees: Foundations of Post-Biblical Judaism* (New York: Schocken, 1962).

— *Der Gott der Makkabäer: Untersuchungen über Sinn und Ursprung der makkabäischen Erhebung* (Berlin: Schocken, 1937).

G. Bohak, "CPJ III, 520: The Egyptian Reaction to Onias' Temple," *JSJ* 26 (1995) 32–41.

— *Joseph and Aseneth and the Jewish Temple in Heliopolis* (Early Judaism and its Literature 10; Atlanta: Scholars Press, 1996).

G. Braulik, *Deuteronomium 1–16,17* (EB 15; Würzburg: Echter, 1986).

C. Breytenbach, "Zeus und Jupiter auf dem Zion und dem Berg Garizim: Die Hellenisierung und Romanisierung der Kultstätten des Höchsten," *JSJ* 28 (1997) 369–80.

L. Bronner, "Sacrificial Cult Among the Exiles in Egypt but not Babylon – Why?," *Dor le Dor* 9 (1980) 61–71.

A. Büchler, "La relation de Josèphe concernant Alexandre le Grand," *REJ* 36 (1898) 1–26.

R. J. Bull, "Tell er-Ras (Mount Gerizim)," *Die Samaritaner* (eds. F. Dexinger/R. Pummer; Wege der Forschung 604; Darmstadt: Wissenschaftliche Buchgesellschaft, 1992) 419–27.

C. Burchard, "Joseph and Aseneth," *The Old Testament Pseudepigrapha* (2 vols.; ed. J. H. Charlesworth; Garden City/New York: Doubleday, 1983) 2.177–247.

E. F. Campbell Jr., "Jewish Shrines of the Hellenistic and Persian Periods," *Symposia Celebrating the Seventy-Fifth Anniversary of the Founding of the American Schools of Oriental Research* (1900–1975) (ed. F. M. Cross; Zion Research Foundation Occasional Publications, vol. 1–2; Cambridge, Mass.: American Schools of Oriental Research, 1979) 159–68.

R. J. Coggins, "The Samaritans in Josephus," *Josephus, Judaism, and Christianity* (eds. L. H. Feldman/G. Hata; Leiden/New York/Köln: E. J. Brill, 1987) 257–73.

J. J. Collins, *Between Athens and Jerusalem: Jewish Identity in the Hellenistic Diaspora* (New York: Crossroad, 1983).

— "Sibylline Oracles," *The Old Testament Pseudepigrapha* (2 vols.; ed. J. H. Charlesworth; Garden City/New York: Doubleday, 1983) 1.317–472.

— *The Sibylline Oracles of Egyptian Judaism* (SBLDS 13; Missoula: Scholars Press, 1974).

A. Cowley, *Aramaic Papyri of the Fifth Century BC* (Oxford: Clarendon, 1923).

F. M. Cross, "Aspects of Samaritan and Jewish History in Late Persian and Hellenistic Times," *HTR* 59 (1966) 201–11.

— "The Papyri and their Historical Implications," Discoveries in the *Wādī ed-Dâliyeh* (eds. P. W. Lapp/N. L. Lapp; AASOR 41; Cambridge, Mass.: American Schools of Oriental Research, 1974) 17–29.

A. Crown, "Another Look at Samaritan Origins," *New Samaritan Studies of the Société d' Études Samaritaines* (eds. A. D. Crown/L. Davey; Studies in Judaica 5; Sydney: Mandelbaum, 1986) 133–56.

M. Delcor, "Sanctuaires Juifs," *DBSup* 11.1286–1329.

— "Le Temple d'Onias en Égypte: Réexamen d'un vieux problème," *RB* 75 (1968) 188–203.

F. Dexinger, "Das Garizimgebot im Dekalog der Samaritaner," *Studien zum Pentateuch: Walter Kornfeld zum 60. Geburtstag* (ed. G. Braulik; Wien/Freiburg/Basel: Herder, 1977) 111–33.

— "Limits of Tolerance in Judaism: The Samaritan Example," *Jewish and Christian Self-Definition* (vol. 2; eds. E. P. Sanders/A. I. Baumgarten/A. Mendelson; Philadelphia: Fortress, 1982) 88–114.

— "Der Ursprung der Samaritaner im Spiegel der frühen Quellen," *Die Samaritaner* (eds. idem/R. Pummer; Wege der Forschung 604; Darmstadt: Wissenschaftliche Buchgesellschaft, 1992) 67–140.

H. Donner, *Geschichte des Volkes Israel und seiner Nachbarn in Grundzügen* (2 vols.; Grundrisse zum Alten Testament 4/1–2; Göttingen: Vandenhoeck & Ruprecht, 1986).

B. Duhm, *Das Buch Jesaja* (Göttingen: Vandenhoeck & Ruprecht, 1892).

R. Egger, *Josephus Flavius und die Samaritaner* (NTOA 4; Freiburg, Schweiz: Universitätsverlag, and Göttingen: Vandenhoeck & Ruprecht, 1986).

L. H. Feldman, "Josephus' Attitude towards the Samaritans," *Studies in Hellenistic Judaism* (AGJU 30; Leiden/New York/Köln: E. J. Brill, 1996) 114–36.

W. M. Flinders Petrie, *Egypt and Israel* (new ed.; London: Society for Promoting Christian Knowledge, 1911).

H. Gese, "Die Religionen Altsyriens," *Die Religionen Altsyriens, Altarabiens und der Mandäer* (eds. H. Gese/M. Höfner/K. Rudolph; Die Religionen der Menschheit 10/2; Stuttgart: Kohlhammer, 1970) 3–232.

G. B. Gray, *Isaiah* (ICC; Edinburgh: Clark, 1912).

J. C. Greenfield/B. Porten, *The Bisitun Inscription of Darius the Great: Aramaic Version* (Corpus Inscriptionum Iranicarum I/5; London: School of Oriental and African Studies, 1982).

P. Grelot, *Documents araméens d'Égypte: Introduction, traduction, présentation* (Littératures anciennes du Proche-Orient 5; Paris: Cerf, 1972).

— "Sur le 'papyrus pascal' d' Éléphantine," *Mélanges bibliques et orientaux en l'honneur de M. Henri Cazelles* (eds. A. Caquot/M. Delcor; AOAT 212; Kevelaer: Butzon & Bercker, and Neukirchen-Vluyn: Neukirchener Verlag, 1981) 163–72.

E. Gruen, "The Origins and Objectives of Onias' Temple," *Scripta Classica Israelica* 16 (1997) 47–70.

L. Habachi, "Elephantine," *Lexikon der Ägyptologie* 1.1217–25.

B. Hall, "From John Hyrcanus to Baba Rabbah," *The Samaritans* (ed. A. D. Crown; Tübingen: J. C. B. Mohr [Paul Siebeck], 1989) 32–54.

M. Harl/G. Dorival/O. Munnich, *La Bible grecque des Septante: Du judaïsme hellénistique au christianisme ancien* (Paris: Cerf, 1988).

R. Hayward, "The Jewish Temple at Leontopolis: A Reconsideration," *JJS* 33 (1982) 429–43.

M. Hengel, *Judentum und Hellenismus: Studien zu ihrer Begegnung unter besonderer Berücksichtigung Palästinas bis zur Mitte des 2. Jh.s v. Chr.* (2nd ed.; WUNT 10; Tübingen: J. C. B. Mohr [Paul Siebeck], 1973).

— "Proseuche und Synagoge: Jüdische Gemeinde, Gotteshaus und Gottesdienst in der Diaspora und in Palästina," *Judaica et Hellenistica: Kleine Schriften I* (WUNT 90; Tübingen: J. C. B. Mohr [Paul Siebeck], 1996) 161–95.

L. Hennequin, "Éléphantine," *DBSup* 2.962–1032.

S. A. HIRSCH, "The Temple of Onias," *Jews' College Jubilee Volume* (London: Luzac & C., 1906) 39–80.

W. HORBURY/D. NOY, *Jewish Inscriptions of Graeco-Roman Egypt* (Cambridge: Cambridge University Press, 1992).

F. G. HÜTTENMEISTER, "Die Synagoge: Ihre Entwicklung von einer multifunktionalen Einrichtung zum reinen Tempelbau," im vorliegenden Band, 357ff.

A. KASHER, *The Jews in Hellenistic and Roman Egypt: The Struggle for Equal Rights* (TSAJ 7; Tübingen: J. C. B. Mohr [Paul Siebeck], 1985).

D. KELLERMANN/M. KELLERMANN, "YHW-Tempel und Sabbatfeier auf Elephantine," *Festgabe für Hans-Rudolf Singer* (ed. M. FORSTNER; Publikationen des Fachbereichs Angewandte Sprachwissenschaft der Universität Mainz A/13; Frankfurt/Bern/New York/Paris: P. Lang, 1991) 433–52.

H. G. KIPPENBERG, *Garizim und Synagoge: Traditonsgeschichtliche Untersuchungen zur samaritanischen Religion der aramäischen Periode* (Religionsgeschichtliche Versuche und Vorarbeiten 30; Berlin: de Gruyter, 1971).

H. KOCH, *Es kündet Dareius der König ... Vom Leben im persischen Großreich* (Kulturgeschichte der Antiken Welt 55; Mainz: Philipp von Zabern, 1992).

— *Die religiösen Verhältnisse der Dareioszeit: Untersuchungen an Hand der elamitischen Persepolistäfelchen* (Göttinger Orientforschung Reihe 3/4; Wiesbaden: Harrassowitz, 1977).

W. KORNFELD, "Unbekanntes Diasporajudentum in Oberägypten im 5./4. Jh. v. Chr.," *Kairos* 18 (1976) 55–9.

E. G. H. KRAELING, *The Brooklyn Museum Aramaic Papyri* (New Haven: Yale University Press, 1953).

A. LANGE/H. LICHTENBERGER, "Qumran," *TRE* 28.45–80.

P. W. LAPP/N. L. LAPP, "'Iraq el-Emir," *New Encyclopedia of Archaeological Excavations in the Holy Land* 2.646–9.

E. C. B. MACLAURIN, "The Date of the Foundation of the Jewish Colony at Elephantine," *JNES* 27 (1968) 89–96.

I. MAGEN, "Gerizim, Mount," *New Encyclopedia of Archaeological Excavations in the Holy Land* 2.484–92.

R. MARCUS, "Josephus and the Samaritan Schism," *Josephus in Nine Volumes, vol. VI: Jewish Antiquities, Books XI–XI, with an English Translation by R. Marcus* (LCL; Cambridge, Mass: Harvard University Press, and London: William Heinemann, 1937) 498–511.

J. M. MODRZEJEWSKI, *Les Juifs d'Egypte: De Ramsès II à Hadrien* (Paris: Editions Errance, 1991).

J. A. MONTGOMERY, *The Samaritans: The Earliest Jewish Sect: Their History, Theology, and Literature* (New York: KTAV, 1907).

M. MOR, "The Persian, Hellenistic, and Hasmonaean Period," *The Samaritans* (ed. A. D. CROWN; Tübingen: J. C. B. Mohr [Paul Siebeck], 1989) 1–18.

J. NAVEH/Y. MAGEN, "Aramaic and Hebrew Inscriptions of the Second-Century BCE at Mount Gerizim," *'Atiqot* 32 (1997) 9*–17*.

E. NAVILLE, *The Mound of the Jews and the City of Onias* (London: Kegan Paul, Trench, Trueber, 1890).

D. Noy, "The Jewish Communities of Leontopolis and Venosa," *Studies in Early Jewish Epigraphy* (eds. J. W. VAN HENTEN/P. W. VAN DER HORST; AGJU 21; Leiden/New York/Köln: E. J. Brill, 1994) 162–82.

F. PARENTE, "Onias III's Death and the Founding of the Temple of Leontopolis," *Josephus and the History of the Greco-Roman Period: Proceedings of the Josephus Colloquium 1992 in San Miniato (Italy): Essays in Honor of Morton Smith* (eds. F. PARENTE/J. SIEVERS; SPB 41; Leiden/New York/Köln: E. J. Brill, 1994) 69–98.

— "Le témoinage de Théodore de Mopsueste sur le sort d' Onias III et la fondation du temple de Léontopolis," *REJ* 154 (1995) 429–36.

B. PORTEN, *Archives from Elephantine: The Life of an Ancient Jewish Military Colony* (Berkeley/Los Angeles: University of California Press, 1968).

— "Elephantine Papyri," *Anchor Bible Dictionary* 2.445–55.

— (ed.), *The Elephantine Papyri in English: Three Millennia of Cross-Cultural Continuity and Change* (Documenta et Monumenta Orientis Antiqui 22; Leiden/New York/Köln: E. J. Brill, 1996).

— "The Jews in Egypt," *The Cambridge History of Judaism* (vol. 1; eds. W. D. DAVIES/L. FINKELSTEIN; Cambridge: Cambridge University Press, 1984) 372–400.

— "The Religion of the Jews of Elephantine in Light of the Hermopolis Papyri," *JNES* 28 (1969) 116–21.

— "The Structure and Orientation of the Jewish Temple at Elephantine – A Revised Plan of the Jewish District," *JAOS* 81 (1961) 38–42.

— /A. YARDENI, *Textbook of Aramaic Documents from Ancient Egypt: Newly Copied, Edited and Translated into Hebrew and English* (vol. 1–3; Winona Lake: Eisenbrauns, 1986–93).

R. PUMMER, "Antisamaritanische Polemik in jüdischen Schriften aus der intertestamentarischen Zeit," *BZ* 26 (1982) 224–42.

— "Samaritan Material Remains and Archaeology," *The Samaritans* (ed. A. D. CROWN; Tübingen: J. C. B. Mohr [Paul Siebeck], 1989) 135–94.

P. A. RAINBOW, "The Last Oniad and the Teacher of Righteousness," *JJS* 48 (1997) 30–52.

U. RAPPAPORT, "The Samaritans in the Hellenistic Period," *New Samaritan Studies of the Société d' Études Samaritaines* (eds. A. D. CROWN/L. DAVEY; Studies in Judaica 5; Sydney: Mandelbaum, 1986) 281–8.

H. H. ROWLEY, "Sanballat and the Samaritan Temple," *Men of God: Studies in Old Testament History and Prophecy* (London/Edinburgh: Nelson, 1963) 246–76.

A. SCHALIT, "Onias' Temple," *EncJud* 12.1404–5.

L. H. SCHIFFMAN, "Community without Temple: The Qumran Community's Withdrawal from the Jerusalem Temple," im vorliegenden Band, 267ff.

F. SCHMIDT, *La pensée du Temple: De Jérusalem à Qoumrân: identité et lien social dans le judaïsme ancien* (Paris: Seuil, 1994).

S. SCHREINER, "Wo man die Tora lernt, braucht man keinen Tempel – einige Anmerkungen zum Problem der Tempelsubstitution im rabbinischen Judentum," im vorliegenden Band, 371ff.

E. SCHÜRER, *The History of the Jewish People in the Age of Jesus Christ* (vols. 1–3/2; revised and edited by G. VERMES/F. MILLAR/M. GOODMAN; Edinburgh: T. & T. Clark, 1973–86).

N. Schur, *History of the Samaritans* (Beiträge zur Exegese des Alten Testments und des Antiken Judentums 18; Frankfurt a. M./Bern/New York/Paris: P. Lang, 1989).

D. R. Schwartz, "The Jews of Egypt between the Temple of Onias, the Temple of Jerusalem, and Heaven," *Zion* 57 (1997) 5–22 [Hebrew with English summary].

J. Schwartz, "Jubilees, Bethel and the Temple of Jacob," *HUCA* 56 (1985) 63–85.

I. L. Seeligman, *The Septuagint Version of Isaiah* (Leiden: E. J. Brill, 1948).

M. H. Silverman, *Religious Values in the Jewish Proper Names at Elephantine* (AOAT 217; Kevelaer: Butzon & Bercker, and Neukirchen-Vluyn: Neukirchener Verlag, 1985).

M. Smith, *Palestine Parties and Politics that Shaped the Old Testament* (New York/London: Columbia University Press, 1971).

F. Staehelin, "Elephantine und Leontopolis," *ZAW* 28 (1908) 180–2.

S. H. Steckoll, "The Qumran Sect in Relation to the Temple of Leontopolis," *RevQ* 6 (1967–68) 55–69.

H. Stegemann, *Die Essener, Qumran, Johannes der Täufer und Jesus* (Freiburg i. Br.: Herder, 1993).

E. Stern, "The Province of Yehud: The Vision and the Reality," *The Jerusalem Cathedra* 1 (1981) 9–21.

M. Stern, "The Death of Onias III," *Zion* 25 (1960) 1–16 [in Hebrew].

— *Greek and Latin Authors on Jews and Judaism* (vol. 1–2; Jerusalem: Israel Academy of Sciences and Humanities, 1976/80).

H.-J. Stoebe, "Überlegungen zum Synkretismus der jüdischen Tempelgemeinde in Elephantine," *Beiträge zur Kulturgeschichte Vorderasiens: Festschrift für Michael Boehmer* (eds. U. Finkbeiner/R. Dittmann/H. Hauptmann; Mainz: Philipp von Zabern, 1995) 619–26.

M. Stone, *Scriptures, Sects and Visions: A Profile of Judaism from Ezra to the Jewish Revolts* (Philadelphia: Fortress, 1980).

V. Tcherikover, *Hellenistic Civilization and the Jews* (translated by S. Applebaum; Philadelphia: Jewish Publication Society of America, and Jerusalem: Magnes, 1959).

E. Tov, "Proto-Samaritan Texts and the Samaritan Pentateuch," *The Samaritans* (ed. A. D. Crown; Tübingen: J. C. B. Mohr [Paul Siebeck], 1989) 397–407.

— *Der Text der hebräischen Bibel: Handbuch der Textkritik* (transl. by H.-J. Fabry; Stuttgart/Berlin/Köln: Kohlhammer, 1997).

J. VanderKam, *The Dead Sea Scrolls Today* (Grand Rapids: Eerdmans, 1994).

K. van der Toorn, "Anat-Yahu, some Other Deities, and the Jews of Elephantine," *Numen* 39 (1992) 80–101.

A. Vincent, *La religion des Judéo-Araméens d'Éléphantine* (Paris: Ganthner, 1937).

H. Wildberger, *Jesaja: Kapitel 1–12* (BKAT 10/1; 2nd ed.; Neukirchen-Vluyn: Neukirchener Verlag, 1980).

H. G. M. Williamson, "The Historical Value of Josephus' Jewish Antiquities XI, 297–301," *JTS* 28 (1977) 49–66.

— "Sanballat," *Anchor Bible Dictionary* 5.973–5.

Der Strom der Tora

Zur Rezeption eines tempeltheologischen Motivs in frühjüdischer Zeit

BEATE EGO, Osnabrück

Das Buch Jesus Sirach, im hebräischen Orginal zwischen 190 und 180 v.Chr. entstanden,[1] ist bekannt für seine positive Charakterisierung des Priestertums und des Kultes: Eindrücklich in diesem Zusammenhang ist sowohl die hymnische Beschreibung Aarons als auch der Lobpreis des Hohenpriesters Simon II. im Lob der Väter: „Er setzte ihn ein als ewig gültige Satzung und legte auf ihn Pracht, und er diente ihm in seiner Herrlichkeit ...", heißt es über Aaron (45,7 hebr. Text; Übersetzung SAUER), und über Simon hören wir:

Wie herrlich war er, wenn er aus dem Zelt hervorschaute, wenn er hervortrat aus dem Haus des Vorhangs! Wie ein Stern leuchtet er zwischen Wolken, wie der Vollmond an den Tagen des Festes, und wie die Sonne, die da scheint auf das Heiligtum des Königs ... (50, 5–8 hebr. Text; Übersetzung SAUER).[2]

In dieselbe Richtung einer Wertschätzung des Kultes weisen auch die Worte der Weisheit in ihrem Selbstpreis in Sir 24,[3] wenn diese, von Ewigkeit her geschaffen, über alles herrschend und den gesamten Kosmos durchwandernd, schließlich in Jerusalem ihren Ruheplatz findet. So heißt es in Sir 24,10–12:

---

[1] Zur Datierung dieses Werkes vgl. die weiterführenden Hinweise bei REITERER, 37.

[2] Vgl. in diesem Zusammenhang auch den Preis Serubbabels und Josuas in Sir 49,11f. Auf eine positive Zeichnung des Kultes bei Ben Sira verweist u.a. MARBÖCK, Weisheit im Wandel, 65: „Daß Ben Sira selber für den Kult im Tempel eine besondere Vorliebe hatte, zeigen seine Schilderung Aarons 45,6–22, dem er im Lob der Väter sogar mehr Raum widmet als Moses, sowie die Darstellung des Hohenpriesters Simon 50,1–21"; zum Ganzen s.a. STADELMANN, 44–176; HENGEL, Judentum und Hellenismus, 244; LEBRAM, 119; s.a. WRIGHT, Fear the Lord, 190ff., sowie DERS., Putting the Puzzle Together, 142ff., der auf den zeitgenössischen Kontext und die apologetische Funktion dieser Aussagen im Hinblick auf eine Verteidigung des Priestertums verweist. Dies impliziert aber nicht notwendigerweise, daß Ben Sira selbst Priester war; vgl. hierzu WRIGHT, Fear the Lord, 191; WISCHMEYER, 259ff.; REITERER, 35f., mit weiterführenden Hinweisen. Vgl. in diesem Kontext die kritischen Bemerkungen bei SNAITH, Ben Sira's Supposed Love of Liturgy, 167–174, der bei Ben Sira von einer Vorordnung der Ethik vor dem Kultus ausgehen möchte; zum Ganzen s.a. unten Anm. 8.

[3] Zum Einfluß der sog. „Isisaretologien", einem hymnischen Selbstpreis der ägyptisch-griechischen Isis, auf dieses Überlieferungsstück vgl. jetzt kritisch MARBÖCK, Gottes Weisheit unter uns, 76.

10 Im heiligen Zelt vor ihm diente ich,
und so wurde ich auf dem Zion fest eingesetzt.

11 In der Stadt, die er in gleicher Weise liebt, ließ er mich ruhen,
und in Jerusalem liegt mein Machtbereich.

12 Und ich schlug Wurzeln in meinem geliebten Volke,
im Anteil des Herrn, dem seines Erbbesitzes.[4]

Durch die Vorstellung von der Einwohnung der Weisheit auf dem Zion
und den Gedanken, daß die Weisheit im Kult gegenwärtig ist,[5] ja sogar
im Mittelpunkt desselben steht,[6] erfolgt eine Sapientialisierung des Kultes.
Man kann in diesem Zusammenhang geradezu von einer reziproken Legitimierung sprechen: Der Kult wird so auf eine ganz spezifische Art und Weise
akzentuiert und gleichzeitig mit einer neuen Aura der Autorität und Besonderheit umgeben.[7] Gleichzeitig wird auch deutlich, daß die wahre Weisheit
auf dem Zion bzw. – wie das Bild vom Baum in Sir 24,13–14 zeigt –, sich von
dort ausbreitend, in Israel ihren Ort hat.[8]

Wenn eine solche Synthese zwischen Kult und Weisheit zunächst auch
ohne jede Relation zu einer Kultus- oder Tempelsubstitution steht, so ist es
doch gerade dieses Konstrukt, dem bei der Bewältigung der Zerstörung des
Tempels eine ganz entscheidende Funktion zukommen soll. Diese Zusammenhänge sollen hier exemplarisch anhand von Sir 24,23–34, der Passage, die
sich unmittelbar an den Selbstpreis der Weisheit anschließt, entfaltet werden.[9]

23 Dies alles gilt vom Buch des Bundes (βίβλος διαθήκης) des höchsten Gottes,
vom Gesetz (νόμον), das uns Mose auferlegt hat,
als ein Erbteil für die Gemeinden Jakobs.

25 Es ist angefüllt mit Weisheit (σοφίαν) wie der Pischon,
und wie der Tigris in den Tagen der Erstlinge.

26 Es ist erfüllt wie der Euphrat mit Einsicht (σύνεσιν),
und wie der Jordan in den Tagen der Haupternte.

---

[4] Übersetzung SAUER. Zu den einzelnen Begriffen und Traditionen dieses Abschnittes vgl.
ausführlich GILBERT, *passim*; SHEPPARD, 21–71; MARBÖCK, Weisheit im Wandel, 57–80; DILEL
LA/SKEHAN, 327–338; spez. zur geographischen Komponente der Weisheit vgl. LEBRAM, 115.

[5] MARBÖCK, Gottes Weisheit unter uns, 80f.

[6] LEBRAM, 114.

[7] Vgl. hierzu SHEPPARD, 48.

[8] Zur engen Verbindung zwischen Weisheit und Kult vgl. MARBÖCK, Weisheit im Wandel,
73: „Wenn also Ben Sira die Sophia in 24,10 als Liturgin darstellt, so wird damit der Kult Israels
als ein Höhepunkt der Weisheit dargestellt. Diese Verbindung impliziert, daß Kult und Ethik
in der Vorstellungswelt Ben Siras keinen Gegensatz bilden"; hierzu s. WRIGHT, Fear the Lord,
192f.; OLYAN, 261f. Vgl. aber SNAITH, Ben Sira's Supposed Love of Liturgy, 170, der diesen
Abschnitt kultuskritisch verstehen möchte; zum Aspekt einer Kultkritik bei Ben Sira allgemein
vgl. auch die Hinweise auf die ältere Literatur bei OLYAN, ibid.

[9] Gegen die These, daß Sir 24,23ff. eine spätere Interpolation ist, s. HENGEL, Judentum und
Hellenismus, 289 Anm. 339; vgl. hierzu auch SHEPPARD, 62 Anm. 103.

27 Es macht offenbar (ἐκφαίνων) wie der Nil[10] Bildung (παιδείαν),
und wie der Gihon in den Tagen der Weinlese.

28 Nicht kam zu einem Ende der Erste, sie kennenzulernen,
so konnte auch der Letzte sie nicht voll erforschen.

29 Denn mehr als das Meer ist angefüllt ihr Sinn (διανόημα),
und ihr Rat (βουλή) ist größer als die Urflut.

Die Weisheit wird zunächst – so V. 23 – mit dem νόμος, dem Gesetz, in Beziehung gesetzt. Wie die Wendung „das Buch des Bundes des höchsten Gottes" deutlich macht, stellt das Gesetz im vorliegenden Kontext eine literarische Größe dar; und man sollte wohl an den abgeschlossenen Pentateuch denken.[11] Die folgende Aussage „angefüllt mit Weisheit wie der Pischon" zeigt, daß dieses Werk gleichsam als eine Art Behälter für die Weisheit fungiert.[12] Weisheit und Tora sind damit streng genommen nicht identisch, vielmehr fungiert die Tora als Mittler der Weisheit.[13] Dieselbe Aussage implizieren auch die sich anschließenden Vergleiche vom Tigris, Euphrat und vom Jordan. Eine etwas andere Nuancierung artikuliert sich in V. 27 mit dem Verb „ἐκφαίνω – offenbaren, kundtun", in dem gleichzeitig dynamisch der Aspekt der Wirkung dieser Tora anklingt.

In der Forschungsliteratur wurde wiederholt darauf hingewiesen, daß es sich hier zunächst um eine Rezeption von Gen 2,10–14 und dem Motiv der Paradiesesströme handelt.[14] Während dort aber lediglich Pischon, Gihon, Tigris und Euphrat genannt werden, erscheinen an dieser Stelle noch Nil und Jordan. Auffallend ist zudem die andere Reihenfolge: Der Gihon, in der Beschreibung des Paradieses in Gen 2,10–14 an zweiter Stelle, schließt hier die Aufzählung der Ströme ab. Man kann darüber spekulieren, ob für diesen Fluß, der mit Jerusalem verbunden ist,[15] damit eine gewisse Sonderposition artikuliert wird. Unbestritten ist auf jeden Fall, daß Jordan und Nil, die

---

[10] Der griechische Text liest hier: „wie Licht". Dies dürfte – wie der Parallelismus membrorum sowie die syrische Lesart: „wie ein Strom" nahelegen – auf einer Verwechslung von כיאור mit כאור beruhen; vgl. hierzu MARBÖCK, Weisheit im Wandel, 40; RICKENBACHER, 128.

[11] Auf den Aspekt der Literarizität verweist mit Nachdruck SHEPPARD, 68: „Yet the *book* of the Torah found in Dt. 30 has come to have a special meaning in Sir 24:23, like the ‚Torah of the Most High' in Sir 39:1. As in Sir 39, it stands for one of the canonical divisions, the five books of Moses, and a primary source of Wisdom for the sage. So, here the giving of the book of the Torah is synonymous with the settlement and unique presence of divine Wisdom in Israel. It is both a promise and a hermeneutical statement. The Torah can be read as a guide to wisdom and resides as a unique possession of Israel."

[12] Zum Verhältnis von Weisheit und Tora s. MARBÖCK, Gottes Weisheit unter uns, 83: „Gottes vielgestaltige Weisheit gewinnt erstmals für sein Volk letzte Klarheit der Konturen und Gegenwart in der Identifikation mit der schriftlich vorliegenden Tora."

[13] Vgl. hierzu LEBRAM, 108.

[14] Vgl. u.a. RICKENBACHER, 168, mit einer entsprechenden Skizze; MARBÖCK, Weisheit im Wandel, 78; DERS., Gottes Weisheit unter uns, 83; GILBERT, 338f.; SAUER, 565; SHEPPARD, 69 u.ö.

[15] Vgl. allgemein hierzu EISING, 1008ff.

ursprünglich nicht zu den Paradiesesflüssen gehören, durch diese Anordnung in einer Art Inclusio[16] in diese Aufzählung hineingenommen werden.[17]

Entscheidend für das adäquate Verständnis dieser Aussage ist die Form des Vergleichs.[18] Durch den Rückgriff auf die Paradiesesströme soll die Überfülle der Weisheit, wie sie in der Tora enthalten ist, zum Ausdruck gebracht werden. Wenn der Dichter in V. 28 und 29 die feminine Form des Possessivpronomens benützt, so wird deutlich, daß er hier wieder direkt die Weisheit im Blick hat; gleichzeitig verweist dieser Sprachgebrauch aber auch auf die enge Relation zwischen Weisheit und Tora.[19]

Auch im folgenden dient der Strom als Vergleichsspender. Jedoch findet sich nun eine gewisse Aktzentverschiebung, wenn der Dichter ab V. 30 in der 1. Person spricht und sich selbst zunächst mit einem Wassergraben vergleicht, einem Bewässerungskanal, der von dem Fluß abzweigt.

> 30 Und ich war wie ein Wassergraben aus einem Fluß (διῶρυξ ἀπὸ ποταμοῦ),
>   und wie ein Kanal (ὑδραγωγός) kam ich heraus in den Garten.
> 31 Ich sprach: „Tränken will ich meinen Garten,
>   und ich will bewässern mein Beet."
>   Und siehe, da wurde mir der Wassergraben (ἡ διῶρυξ) zu einem Strom (εἰς ποταμόν),
>   und der Strom wurde mir zu einem Meer (εἰς θάλασσαν).
> 32 So will ich weiterhin Bildung (παιδείαν) wie Morgenröte ausstrahlen
>   und will dies offenbaren (ἐκφανῶ) bis in den weiten Raum.
> 33 So will ich weiterhin Lehre (διδασκαλίαν) wie Prophezeiung (ὡς προφητείαν) ausgießen,
>   und werde sie hinterlassen ewigen Geschlechtern.
> 34 Seht, daß ich nicht für mich allein gemüht habe,
>   sondern für alle, die sie suchen.[20]

Ganz untypisch für einen Kanal ist bei dieser Darstellung freilich die Zunahme der Wassermengen, die ihrerseits die Überfülle der Lehre, die dem Weisen entströmt, veranschaulichen soll. Stilistisch fällt in diesem Kontext der Wechsel vom Vergleich in eine im engeren Sinne metaphorische Rede auf, wie er sich in V. 31 zeigt. Der Weise, der Bildung und Lehre[21] weitergibt, erscheint im Gesamtkontext als eine Art Mittlergestalt der Weisheit,

---

[16] Zu dieser Struktur vgl. SHEPPARD, 69.

[17] Die Vorstellung vom Jordan als einem Paradiesfluß rekurriert wahrscheinlich auf Gen 13,10, wo es von der Ebene des Jordans heißt: „Sie war wie der Garten Jahwes, wie das Land Ägypten ..."; vgl. hierzu GILBERT, 338.

[18] Das Verständnis dieser Aussagen von den Paradiesesströmen als „portrayal of an Eden-like Promised Land where the Torah, as the wisdom of God, abounds" bzw. als „glorification of Palestine as Second Eden" (so SHEPPARD, 70f.) wird dieser literarischen Struktur nicht gerecht.

[19] Zur Verbindung zwischen Weisheit und Tora vgl. oben Anm. 12.

[20] Zur Lesart des Textes vgl. die Ausführungen bei MARBÖCK, Weisheit im Wandel, 40f.

[21] Zur Wendung „Lehre wie Prophezeiung" vgl. auch Sir 39,1; zum Element des Prophetischen in der Weisheitslehre des Ben Sira vgl. die Ausführungen bei HENGEL, Judentum und Hellenismus, 248: „Die Erforschung der Tora und der prophetischen Schriften setzt aber den

die ihrerseits der Tora inkorporiert ist.[22] Bemerkenswert ist in diesem Zusammenhang der sprachlich enge Bezug zwischen V. 27 und V. 32: Sowohl die Tora als auch der Weisheitslehrer offenbaren die von Gott stammende Weisheit.

Das gesamte Bildensemble, das der Dichter hier vor den Augen seiner Hörer bzw. Leser entstehen läßt, stellt eine Rezeption des Motivs der Tempelquelle dar. Diese Vorstellung, wonach vom Wohnort der Gottheit lebensspendende Wasser ausgehen, die den Bestand von Natur und Gesellschaft garantieren, ist ein im gesamten Alten Orient zu findendes Motiv,[23] das im Alten Testament zunächst in Ps 36,9 und Ps 46,5 sowie in der Tempelvision des Ezechiel am direktesten zu greifen ist.[24] Wie in der Forschungsliteratur häufig angemerkt, bildet hier in Sir 24,31 die Verbindung zu den Ausführungen über die Tempelquelle in Ez 47,1–12 den engsten schriftimmanenten Bezug.[25] Der Prophet schaut dort, wie unter der Tempelschwelle Wasser hervorströmen, die, immer mächtiger werdend, hinab in die Araba und schließlich ins Tote Meer strömen: Am Ufer dieses Flusses wachsen früchtespendende, niemals welkende Bäume, und sogar das leblose Salzmeer wird schließlich zu einem See, in dem es Fische, so arten- und zahlreich wie im Meer gibt.[26] Wenn auch keine lexikalischen Übereinstimmungen zwischen Ez 47,1–12 und Sir 24,31 vorliegen, so sind die Bezüge zwischen diesen beiden Texten dennoch nicht zu übersehen: Als Berührungspunkte erweisen sich dabei die Elemente des Anwachsens der Wasser sowie die von ihnen ausgehende Fruchtbarkeit. Wenn man dazu noch den weiteren Kontext der Vorstellung von der Einwurzelung der Weisheit auf dem Zion mit hinzuzieht, so klingt in Sir 24,25–31 der Ursprung dieser Wasser im Tempelbereich zumindest implizit mit an. Ein Teil der Ausleger nimmt darüber hinaus auch für die Tradition von den vier Paradiesesströmen einen entsprechenden Vorstellungshintergrund an und geht von einer Identifikation Jerusalems bzw. des Tempels mit dem Garten Eden aus.[27]

In der Übertragung des Motivs der Tempelquelle auf die Weisheit bzw. auf die Lehre artikuliert sich zunächst die hohe Wertschätzung dieser Ele-

---

»Geist der Einsicht« (39,6) voraus. Der Schriftgelehrte tritt damit das Erbe der Propheten ... an"; s.a. DERS., „Schriftauslegung" und „Schriftwerdung", 37f.

[22] Zum Weisen als Mittlergestalt vgl. FAURE, 366: „Les vv. 3–22 présentent l'expansion de la Sagesse du point de vue de la Sagesse elle-même. Les vv. 25–29 présentent cette expansion du point du vue le la Torah contenant la Sagesse. Le v. 31cd présente cette expansion du point de vue du sage «contenant» sa Torah contenant la Sagesse. La succession de ces différentes étapes confirme que la Torah est la médiation par laquelle le sage est médiateur de la Sagesse" (366).

[23] Vgl. die eindrückliche Materialzusammenstellung bei METZGER, 54ff.

[24] Vgl. hierzu z.B. die allgemeinen Hinweise bei SCHMIDT, 294, sowie meinen Beitrag „Des Stromes Arme erfreuen die Gottesstadt".

[25] Vgl. hierzu u.a. RICKENBACHER, 168f.; FAURE, 366; EISING, 1011; NOBILE, 223ff.; GILBERT, 340; MARBÖCK, Gottes Weisheit unter uns, 84.

[26] Zum Text vgl. ZIMMERLI, 1186–1201.

[27] Zur Verbindung zwischen Jerusalem und dem Paradies vgl. ZIMMERLI, 1192f.; GÖRG, 467.

mente. Vor allem das Bild des Weisen, der mit seiner Lehre und Bildung
„seinen Garten bewässert und sein Beet tränkt", kennzeichnet diese – wie
die Tempelquelle – als „Wasser des Lebens"[28]. Diesem Aspekt entsprechen
die Worte über den Weisen in Sir 39,22, wo es heißt: „Sein Segen strömt
über wie der Nil, und wie der Euphrat tränkt er den Erdkreis" (Übersetzung
SAUER). Der Lehre selbst kommt die lebensstiftende Funktion zu, die im Motiv der Tempelquelle ursprünglich nur mit dem Heiligtum verbunden war.
Ein solcher Rückgriff auf die Tempelsymbolik zur Charakterisierung der
Weisheit bzw. der Lehre bot sich allein schon wegen der engen Verbindung
von Weisheit und Kultus an. Dabei kommt es zu einer Art Remythologisie-
rung des „alten" Jerusalemer Kultsymbols und zu einer neuen Ausdeutung
desselben.[29]

Freilich erscheint das Motiv der Tempelquelle, wie es in Sir 24,31 und
im Kontext dieses Verses rezipiert wird, in einer eigentümlichen Brechung,
wenn der Vergleich zwischen den lebensspendenden Wassern des Heiligtums
und den Wassern der Weisheit mit weiteren Bildern und Motiven verbunden
wird. Wie oben bereits gezeigt wurde, ist die Weisheit zwar in räumlicher
Hinsicht auf den Zion bezogen. Sie findet ihre Manifestation aber auch in
dem Buch der Tora, und durch die Gestalt des Weisen erfolgt ihre Offenbarung „hinein in den weiten Raum". Durch diese Verbindung der Weisheit
mit dem Buch der Tora und der Vorstellung vom Weisen als ihrem Mittler tritt neben den lokalen Aspekt, wie er in der Verwurzelung der Tora
auf dem Zion zutage tritt, ein universales, ubiquitäres Element hinzu. Mit
der Tora und der Lehre des Weisen wird die Weisheit „transportabel" und
verliert ihre eindeutig auf den Zion begrenzte räumliche Festlegung.[30] Dem
entspricht, wenn der Weise, dessen Aufgabe – so Sir 39,1–3.6–8 – auch die
Auslegung der Schriften ist, am Ende des Buches in das ‚Haus seiner Lehre'
(בית מדרש; vgl. Sir 50,23) einlädt. Unabhängig davon, ob man sich der hier
vorgegebenen Lesart anschließen oder dem Vorschlag P.W. Skehans folgend
„בית מוסר – Haus der Unterweisung" als ursprüngliche Lesart annehmen[31]
möchte, erscheint an dieser Stelle zum ersten Mal ausdrücklich der Hinweis
auf die Einrichtung einer Schule, der bei der Vermittlung der Lehre eine entscheidende Rolle zukommt. Neben den Tempel tritt nun eine andere, bisher
unbekannte Größe, deren Funktion in der Weitergabe von Weisheit und Tora
besteht.[32]

---

[28] Vgl. hierzu auch Sir 14,20–15,6.

[29] Vgl. auch den Vergleich der Weisheit mit dem Lebensbaum in Sir 24,10–17, der ebenfalls
ein zentrales Motiv der Tempeltheologie darstellt; zum Ganzen s. FOURNIER-BIDOZ, 5ff.

[30] Eine entsprechende Metaphorik impliziert auch das Bild des Baumes in Sir 24,13–17; vgl.
hierzu FOURNIER-BIDOZ, 10.

[31] Vgl. hierzu SKEHAN, 387ff.; s.a. DILELLA/SKEHAN, z. St.

[32] Vgl. zum Ganzen HENGEL, Judentum und Hellenismus, 145: „Außerdem erscheint bei
ihm erstmalig expressis verbis das »jüdische Lehrhaus« (בית המדרש) und der Sitz des Lehrers
(ישיבה), und man wird kaum fehlgehen, wenn man vermutet, daß beide Phänomene auch mit

Für Ben Sira bilden diese beiden Aspekte, die lokale Verwurzelung der Weisheit auf dem Zion und ihre universale Seite, wie sie in der Tora und in der Lehre des Weisen impliziert ist, eine unverbrüchliche Einheit, gleichsam zwei Seiten einer Medaille, die sich komplementär ergänzen.[33] Eine solche Synthese zwischen Weisheit und Kult artikuliert sich auch im Lob der Väter, wenn neben dem Propheten auch der Priester mit der Gabe der Gebote betraut ist und sein Volk Gesetz und Recht lehrt (45,17). Ganz entsprechend wird in Sir 32,1ff. die Torakonformität des Opferkultes betont:

„Wer das Gesetz bewahrt, vermehrt die Opfer. Es bringt Heilsopfer dar, wer sich an die Gebote hält … Erscheine vor dem Angesicht des Herrn nicht mit leeren Händen, denn all dies muß sein aufgrund des Gebotes …" (Übersetzung SAUER)

Aber schon wenige Jahre nach der Abfassung dieser Worte mußte die von Ben Sira so eindrücklich formulierte Synthese zwischen Kult und Tora, die durch die Vorstellung von der in verschiedenen Bereichen einwohnenden Weisheit konzeptionalisiert wurde, zerbrechen. Bald schon nämlich sollte der seit der Rückkehr aus dem Exil dominierende Priesteradel die Gebote der Tora verwerfen und einen anderen Weg, den Weg des Hellenismus, gehen. Signifikant wird dies in unserem Zusammenhang bereits am Beispiel der Söhne des von Sirach so hochgerühmten und gepriesenen Hohenpriesters Simon. Onias III., Simons Sohn und rechtmäßiger Hoherpriester, wird durch Bestechung von seinem Bruder Jason aus seinem Amt gejagt, und Jason arbeitet zudem noch auf die Errichtung eines Gymnasiums hin und führt so bei seinen Volksgenossen griechische Lebensart ein:[34]

„Durch die maßlose Ruchlosigkeit Jasons, der ein gottloser Mensch, aber kein Hoherpriester war, kam es zu einer Blüte des Hellenismus und zur Annahme fremder Sitten.

---

der Entwicklung des Synagogeninstituts in Palästina zusammenhängen." S.a. STADELMANN, 306: „Worum geht es nun bei diesem ‚Lehrhaus' des Siraziden? Um ein Zentrum der Schriftgelehrsamkeit, in dem vornehmlich exegetisch gearbeitet wurde – also um ein בית המדרש im Sinne der späteren rabbinischen Akademien?" Auf dem Hintergrund der Emendation SKEHANS, der anstelle von מדרש den Terminus מוסר lesen möchte, sowie aufgrund des Kontexts (vgl. Sir 51,14–21.25ff.) nimmt STADELMANN an, daß es Ben Sira gerade nicht um die Ausbildung in Schriftgelehrsamkeit geht, sondern vielmehr darum, „alle lernwilligen ‚Ungebildeten' (V. 23a) im Rahmen seines Volkserziehungsprogramms dazu ein(zu)laden, in seinem Lehrhaus weisheitliche Bildung … zu erlangen". Fraglich ist allerdings, inwieweit Bildung und Schriftauslegung so klar voneinander geschieden werden können, wie dies bei dieser Argumentation der Fall ist. Nach Sir 39,1–10 ist die Auslegung der Schrift vielmehr ein Teil eines umfassenderen Bildungsprogrammes. Des weiteren ist zu bedenken, daß es erst seit dem dritten Jahrhundert feste Akademien an einzelnen Orten außerhalb des Patriarchensitzes gab; in tannaitischer Zeit waren die sog. Gelehrtenschulen „eher kleine Jüngerkreise, die sich an dem jeweiligen Wohnsitz eines bekannten Lehrers bildeten und nach dessen Weggang oder Tod auch wieder auflösten" (zum Ganzen s. STEMBERGER, 116). Eine klare Absage an die Bildung des gesamten Volkes impliziert Sir 38,24–34.

[33] Hierzu vgl. WISCHMEYER, 296f.

[34] Vgl. II Makk 4,7–17; hierzu ganz knapp im Zusammenhang mit Ben Sira: SNAITH, Ecclesiasticus, 180.

Die Priester hatten kein Interesse mehr für den Dienst am Altare, sondern schätzten den Tempel gering und vernachlässigten die Opfer. Dafür eilten sie auf den Ringplatz zur Teilnahme an den gesetzwidrigen Kampfesspielen, wenn die Aufforderung zum Scheibenwerfen erging. Die vaterländischen Ehren galten ihnen nichts, aber die griechischen Auszeichnungen schätzten sie über alles." (II Makk 4,13f.; zitiert nach der Übersetzung der Jerusalemer Bibel)

Durch die Vorstellung von der Tora und der Lehre als einem Element des Lebens, die mit Schriftauslegung und der Institution des Lehrhauses einherging, aber war der Grund für ein Leben ohne Tempel gelegt. Das rabbinische Judentum, für das die Identifizierung von Weisheit und Tora ein Grundaxiom darstellt,[35] kann auf diesem Hintergrund das Motiv der Tempelquelle direkt auf die Tora beziehen. So heißt es in bSan 100a:

„R. Tanhum b. Hanilaj sagte: Wer für die Worte der Tora auf dieser Welt hungert, den wird der Heilige, gepriesen sei er, in der zukünftigen Welt sättigen, denn es heißt: ‚Sie laben sich vom Fett deines Hauses, und mit dem Bache deiner Wonnen tränkst du sie'" (Ps 36,9).

Andere Auslegungen bezeichnen die Tora als „Wasser des Lebens" und betonen ganz generell ihre existenzermöglichende Wirkung: „So wie die Welt nicht ohne Wasser sein kann, so kann Israel nicht ohne die Tora sein", weiß – ein Beispiel unter vielen – Tanna debe Elijahu 18 (35b).[36] Auf dieser Linie liegt es schließlich auch, wenn nach BamR 1,3 (3a)[37] die Tempelzerstörung aufgrund der verlorenen Segenskraft des Heiligtums die Völker der Welt viel schlimmer traf als Israel selbst – Israel, Gottes Volk, besaß ja die Tora!

Summary

In Sir 24:25ff. wisdom which is identified with the tora is compared with the rivers of paradise. This is carried on in Sir 35:30ff. by metaphors used to describe the sapiential teaching of Ben Sira: „I was like a canal leading from a river, a water course into a pleasure-garden" (v. 30). Since wisdom is located on Mount Zion (v. 10f.) and v. 31f. alludes to Ezekiel 47 it seems possible that Sir 24:25–34 incorporates the motif of the river in the city of God and the Temple well respectively (cf. Ps 46:5; 36:10; 65:10) as a metaphorical description of the sage's teaching. In this way the esteem of the sapiential teaching is expressed. In addition, the sapiential teaching receives the invigorating power of the sanctuary. Thus, in Sir 24:25–34, a central basis

---

[35] Zum Ganzen vgl. KÜCHLER, 54–57
[36] Zur Versinnbildlichung der Tora durch Wasser vgl. AVEMARIE, 400f., und die dort genannten Texte; zu Ben Sira als Vorläufer rabbinischer Vorstellungen vgl. u.a. SANDELIN, 233.
[37] Für den Hinweis auf diesen Beleg danke ich Herrn Prof. Dr. Willi, Greifswald.

for the substitution of the Temple cult in the rabbinic thought is developed. Here again the tora is identified with wisdom.

Bibliographie

F. Avemarie, Tora und Leben. Untersuchungen zur Heilsbedeutung der Tora in der frühen rabbinischen Literatur, TSAJ 55, 1996.

A. A. DiLella/P. W. Skehan, The Wisdom of Ben Sira. A New Translation with Notes and Commentary, AncB 39, 1987.

B. Ego, „Des Stromes Arme erfreuen die Gottesstadt". Zu einem Aspekt alttestamentlicher Kosmologie, in: B. Ego/B. Janowski (Hgg.), Himmel – Erde – Unterwelt. Neuere Forschungen zur alttestamentlichen Kosmologie [Erscheinen für das Jahr 2000 geplant].

H. Eising, Art. גיחון, ThWAT I (1973), 1008–1011.

P. Faure, La sagesse et le sage. Ben Sira 24,30–34, II: Exégèse, RB 102 (1995), 348–370.

A. Fournier-Bidoz, L'arbre et la demeure: Siracide XXIV 10–17, VT 34 (1984), 1–10.

M. Gilbert, L'éloge de la Sagesse (Siracide 24), RTL 5 (1974), 326–348.

M. Görg, Art. Eden, NBL I (1991), 466f.

M. Hengel, Judentum und Hellenismus. Studien zu ihrer Begegnung unter besonderer Berücksichtigung Palästinas bis zur Mitte des 2. Jh. v. Chr., WUNT 10, 3. Aufl., 1988.

— „Schriftauslegung" und „Schriftwerdung" in der Zeit des Zweiten Tempels, in: M. Hengel/H. Löhr (Hgg.), Schriftauslegung im antiken Judentum und im Urchristentum, WUNT 73, 1994, 1–71.

M. Küchler, Frühjüdische Weisheitstraditionen. Zum Fortgang weisheitlichen Denkens im Bereich des frühjüdischen Jahweglaubens, OBO 26, 1979.

J. C. H. Lebram, Jerusalem, Wohnsitz der Weisheit, in: M. J. Vermaseren (Hg.), Studies in Hellenistic Religions, Leiden 1979, 103–128.

J. Marböck, Gottes Weisheit unter uns. Zur Theologie des Buches Sirach. Herausgegeben von Irmtraud Fischer, Herders Biblische Studien 6, 1995.

— Weisheit im Wandel. Untersuchungen zur Weisheitstheologie bei Ben Sira, BBB 37, 1971.

M. Metzger, Gottheit, Berg und Vegetation in der vorderorientalischen Bildtradition, ZDPV 99 (1989), 54–94.

M. Nobile, Il motivo della crescita delle acque in Ez 47,1–12 e in Sir 24,30–31 e suoi sviluppi successivi, Assoc. biblica Italiana XXIX, 1987, 223–235.

S. M. Olyan, Ben Sira's Relationship to the Priesthood, HTR 30 (1987), 261–286.

V. Reiterer, Review of Recent Research on the Book of Ben Sira (1980–1996), in: P. C. Beentjes (Hg.), The Book of Ben Sira in Modern Research. Proceedings of the First International Ben Sira Conference 28–31 July 1996, Soesterberg, Netherlands, BZAW 255, 1997, 23–60.

O. Rickenbacher, Weisheitsperikopen bei Ben Sira, OBO 1, 1973.

K.-G. Sandelin, Wisdom as Nourisher. A Study of an Old Testament Theme, its Development within Early Judaism and its Impact on Early Christianity, AAAbo.H 64, Nr. 3, 1986.

G. Sauer, Jesus Sirach (Ben Sira), JSHRZ III.5, 1981.

W. H. Schmidt, Alttestamentlicher Glaube in seiner Geschichte, Neukirchen-Vluyn, 8. Aufl., 1996.

G. T. Sheppard, Wisdom as a Hermeneutical Construct. A Study in Sapienializing of the Old Testament, BZAW 151, 1981.

P. W. Skehan, The Acrostic Poem in Sirach 51,13–30, HThR 64 (1971), 387–400.

J. G. Snaith, Ben Sira's Supposed Love of Liturgy, VT 25 (1975), 167–174.

— Ecclesiasticus, a tract for the times, in: J. Day/R. P. Gordon/H. G. M. Williamson (Hgg.), Wisdom in Ancient Israel. Essays in Honour of J. A. Emerton, Cambridge 1995, 170–181.

H. Stadelmann, Ben Sira als Schriftgelehrter. Eine Untersuchung zum Berufsbild des vormakkabäischen Sofer unter Berücksichtigung seines Verhältnissses zu Priester-, Propheten- und Weisheitslehrertum, WUNT 2/6, 1980.

G. Stemberger, Das klassische Judentum. Kultur und Geschichte der rabbinischen Zeit, München 1979.

O. Wischmeyer, Die Kultur des Buches Jesus Sirach, BZNW 77, 1995.

B. G. Wright III, „Fear the Lord and Honor the Priest". Ben Sira as Defender of the Jerusalem Priesthood, in: P. C. Beentjes (Hg.), The Book of Ben Sira in Modern Research. Proceedings of the First International Ben Sira Conference 28–31 July 1996, Soesterberg, Netherlands, BZAW 255, 1997, 189–222.

— Putting the Puzzle Together: Some Suggestions Concerning the Social Location of the Wisdom of Ben Sira, SBL 1996 Seminar Papers, Number 35, 133–149.

W. Zimmerli, Ezechiel, 2. Teilband: Ezechiel 25–48, BK XIII.2, 2. Aufl., 1979.

Visions of the Temple in the *Book of Jubilees*

J. T. A. G. M. van Ruiten, Groningen

The *Book of Jubilees* is presented as a revelation which Moses received at Mount Sinai. It actually consists of a rewriting and interpretation of the biblical narrative from Genesis 1 to Exodus 16. In this paper I confine myself to one aspect of the book, namely the occurrence of holy places. I will begin with a short survey of the *Book of Jubilees*, where in one way or another holy places are mentioned. Then I will concentrate on one aspect of it, namely the conception of Eden as a sanctuary, and finally I will deal with the connection of Eden and the sanctuary in the Old Testament and early Jewish literature as possible background of the concept in the *Book of Jubilees*.[1]

I. Holy Places in the *Book of Jubilees*

With regard to the holy places different terms and expressions are used. There are texts that mention the term "sanctuary". This word is used in different forms: the absolute form "sanctuary" (*maqdas*: 3:10, 13; 4:25; 49:20), with suffix "my sanctuary" (*maqdasja*: 1:10, 17, 27) and some construct forms: "sanctuary of the Lord": (*maqdasa ʾegziʾabeḥer*: 1:29; *maqdasu laʾegziʾabeḥer*: 49:16 [2x], 17, 18); "sanctuary of your God" (*maqdasu laʾamlākkemul/*: 49:17); "sanctuary of the Lord your God" (*maqdasu laʾegziʾabeḥer ʾamlākkemu*: 50:11). Closely related to the sanctuary is the phrase "Holy of Holies," which occurs two times (*qeddesta qeddusān*: 8:19; *qeddesata qedus*: 23:21). One time the expression "eternal sanctuary" (*maqdasa zalaʾālam*: 32:22) is used. Some texts speak about the "house" (*bet*: 49:19), "the house in which His name has resided" (*bet ḥaba ḥadara sema ziʾahu*: 49:21), about the "tabernacle" (*dabtarāja*: 1:10; *dabtarā ʾegziʾabeḥer*: 49:18 [2x], 21), or simply about "place" (*makān*: 4:26). Nearly all the other holy places mentioned are simply called "altar" (*meśwāʿ*: 6:1, 3 [2x]; 7:4 [3x], 5 [2x]; 13:4, 8, 9, 15; 16:20, 31; 21:7 [3x], 8, 13, 16; 49:20 [2x]). The occurrences of "altar" run quite parallel to the biblical text, only a few times the author of *Jubilees* adds "on the mountain".[2] The terms that are related with

---

[1] Quotations from *Jubilees* are from VanderKam, *Jubilees*, vol. 2.
[2] See: 6:1; 13:8. Cf. "the mountain of incense" (4:25).

the term "sanctuary" are used mainly in the beginning (*Jubilees* 1) and at the end of the book (*Jubilees* 49–50). In between the text speaks mostly about "altars".

With regard to these sanctuaries and altars some *activities* are mentioned. Firstly, some texts speak about a defilement of the sanctuary. In *Jub.* 1:10: "They *abandoned* my statues ... and my tabernacle, and my sanctuary which I sanctified for myself in the middle of the land ... They made themselves high places, sacred groves ..." In *Jub.* 23:21: "They will *defile* the Holy of Holies with the impure corruption of their contamination."

Secondly, an activity of the Lord is mentioned. He has sanctified the sanctuary for Himself in the middle of the land, so that He could place His name on it and that it could live there (see 1:10). After the defilement He will build a new sanctuary among them and then He will live with them (1:17). Connected with the building of the sanctuary by the Lord are the passive forms which speak about the building of the new sanctuary in the new creation. In 1:27: "the time when my sanctuary *is built* among them," 1:29: "until the time when the sanctuary of the Lord *will be created* in Jerusalem on Mount Zion," and 4:25: "Mount Zion will be sanctified in the new creation for the sanctification of the earth."

Thirdly, some activities with regard to the sanctuary are concerned with *halakhot*. Women in their impurity or in the blood of purification may not enter the sanctuary (3:13), Passover should be celebrated inside the sanctuary (49:18–21). Finally, on Sabbath it is permitted to bring offers in the sanctuary (50:10–11).

As far as the *altars* are concerned, they are built by human beings, Noach (6:1) and Abraham (13:4, 8; 16:20), on a mountain, and different sorts of sacrifices are offered. Noach (6:2–3; 7:3–5), Abraham (13:4, 9, 16; 16:22–24) and Jacob and Levi (32:4–6) bring burnt offerings, peace offerings and offers of incense. Abraham celebrates the festival of tabernacles (16:20–31). With regard to the *future Temple* no offerings are explicitly mentioned (1:17, 27, 29; 4:26).

The holy places can be differentiated with regard to the aspect of *time*. Sometimes the text mentions holy places *before the building of the Temple*: a sanctuary in Eden, the altars on which Noach, Abraham and Jacob offered sacrifices, and the tabernacle. Other texts (1:10; 23:21) speak about the *Temple*, which is located in Jerusalem, although this name is nowhere explicitly used. This Temple is defiled by impure corruption. It is difficult to determine whether these texts refer to a specific historical reality, or not. The text of 1:10 is part of a deuteronomistic passage[3] and the passage could

---

[3] For the deuteronomistic elements in *Jubilees* 1 and 23, see KNIBB, *Jubilees*. For the deuteronomistic pattern of sin, punishment, repentance, and blessing, see IDEM, "Exile," 264–8.

be related to the time of the First Temple.[4] However, the passage can hardly be intended for any generation other than that of the author of *Jubilees*.[5] In 23:21 the civil war among the Israelites themselves might reflect the experience of schismatic strife in the Hellenistic period.[6] Finally, there is a *future, an eschatological Temple*. After the people will return to the Lord, He will build His sanctuary among them and He will dwell with them (1:17). This sanctuary will be built in the new creation in Jerusalem on Mount Zion (1:27, 29; 4:26).

The different holy spots are *located* in different places. A few times Jerusalem and Zion are mentioned. In 1:28 it is stated that the Lord will be "the King on Mount Zion. Then Zion and Jerusalem will become holy". In 1:29 it is said that the sanctuary of the Lord will be created "in Jerusalem on Mount Zion". Also 4:26 and 8:19 speak about Mount Zion, among other holy places, in 8:19 with the specification "in the middle of the navel of the earth". Sometimes the author speaks less specified about Mount Zion: "my sanctuary in the middle of the land" (1:10), "a sanctuary among them". The other holy places mentioned are located in the Garden of Eden (3:12; 4:26; 8:19), Sinai (4:26; 8:19), Lubar, one of the mountains of the Ararat, on which Noach makes an altar (6:1; cf. 5:28), Bethel (13:15; 32:1–9) and Beerscheba (16:20), the holy places of Abraham and Jacob.

In his rewriting of Gen 9:27, the blessing of Japheth, the author of *Jubilees* makes clear that God lives not only in Jerusalem, but also elsewhere in the dwelling-places of Shem. The biblical text runs as follows: "May God enlarge Japheth, and let him (Japheth) dwell in the tents of Shem." In his rewriting the author of *Jubilees* puts it as follows: "May the Lord enlarge Japheth, and may *the Lord* live in the tents of Shem" (7:12).[7] In 4:26 the author speaks about *four* places that belong to the Lord (the Garden of Eden,[8] the mountain

---

[4] CHARLES, 4, on *Jub* 1:10 states that *Jub*. 1:10–13 depict the two great catastrophes which befell Israel and Judah. In v. 10 the partial destruction and the captivity of Israel are described, in v. 11, the northern kingdom had forsaken the law, the festivals and the Temple in Jerusalem. DAVENPORT, 24, disagrees with CHARLES. According to him *Jubilees* "omitted those verses from biblical sources that would make such a distinction". The fall of Israel is a single historical occurrence.

[5] So DAVENPORT, 27; cf. BERGER, 312.

[6] So also CHARLES, 148 on *Jub*. 23:21; TESTUZ, 167; DAVENPORT, 15, 29 n. 2, 43–5; HENGEL, 411. The reference, however, is not abundantly clear. Cf. the contribution of Avemarie in this volume, 395.

[7] Gen 9:27 does not have an explicit subject for וישכן, although Japheth is most probably implied. *Jubilees* specifies the subject as the Lord. *Targum Onkelos* has "his divine presence" (שכינתיה).

[8] The Syriac tradition reads "the mountain of paradise". In favour of this reading one can point to the fact that the places in the list include only mountains. Mountains are appropriate places for the descents of God. If one changes the reading in 4:26, than one should also change 8:19. Cf. VANDERKAM, *Enoch and the Growth*, 187.

of the East,[9] Sinai,[10] Zion), in 8:19 he speaks about *three* holy places (the Garden of Eden, Sinai, Zion). However, elsewhere in his book the author of *Jubilees* speaks with much more hesitation of the dwelling of God. With regard to the actual Temple the author of *Jubilees* states that God has set His name on it (1:10; cf. 49:21). It is only with regard to the sanctuary of Eden and with regard to a future Temple that *Jubilees* speaks about the dwelling of God himself. There are different places on earth that belong to the Lord, but only with regard to Eden it is said that "it is the *dwelling-place* of the Lord". And with regard to the future Temple it is said: "I will build my sanctuary among them and I will *dwell* with them" (1:17); "my sanctuary is built among them" (1:27), that is "in Jerusalem on Mount Zion" (1:29).

This short survey shows that the author of *Jubilees* speaks in a negative way of the Temple, whether it be the first or the second. The defilement of the present sanctuary makes it unsuitable of being the authentic holy place.[11] He speaks in a positive way of the sanctuaries and holy places *before* the Temple, i. e. Eden, and the mountains on which Noach, Abraham and Jacob offered, and *after* it, in the new creation. Only as far as the author speaks about the eschatological Temple, Jerusalem and Mount Zion are mentioned. Only with regard to Eden and to a future Temple it is said that it is the dwelling-place of the Lord.

II. The Sanctuary of Eden

I will concentrate now, more closely, on the connection between the Temple and the Garden of Eden in the *Book of Jubilees*. The Garden of Eden is a holy place, more holy than any land (3:12), it is a place that belongs to the Lord (4:26), and that is conceived as "the Holy of Holies and the residence of the Lord" (8:19). In comparison with the story of the Garden of Eden in the Old Testament, this is a striking theme. It means that the Garden of Eden is seen as a temple, or more precise a part of the Temple, the room which is in the rear of the Temple, where the ark of the covenant of the Lord is placed, and which is often called "Holy of Holies".[12] The interpretation of Eden as a temple has important consequences for the rewriting of Genesis in the *Book of Jubilees*.

---

[9] The identification of the mountain of the East has aroused much discussion. For an overview of the different opinions, see FREY, 273–6.

[10] In 1:2 it is stated that "the glory of the Lord took up residence on Mt. Sinai". The *Book of Jubilees* is presented as a revelation which Moses received at this mount. It is regarded as a sanctuary possibly on the basis of Exod 3:1; 18:5; 24:13 etc. ("the mountain of God") and 3:5 ("the holy ground"). Cf. FREY, 273.

[11] Cf. DAVENPORT, 29 n. 2.

[12] Cf. ANDERSON, 129; BAUMGARTEN, 3–10; EGO, 211–5; HAYWARD, 6–7; VAN RUITEN, "Garden," 311–2.

Firstly, Adam *burned incense* at the gate of the Garden of Eden (3:27: "On that day, as he was leaving the Garden of Eden, he burned incense as a pleasing fragrance – frankincense, galbanum, stacte, and aromatic spices – in the early morning when the sun rose at the time he covered his shame"). According to Exodus the incense is burned in front of the Holy of Holies.[13]

Secondly, the burning of incense is a privilege given to the priests, the sons of Aaron.[14] That means that according to the author of *Jubilees* Adam is acting as prototype of a priest. Related with this is the covering of the nakedness (3:27, 30–31), which is a condition for offering. The priests are explicitly bidden to cover their nakedness.[15]

Thirdly, because of the conception of Eden as a sanctuary, the author has difficulties with the view that the consummation of the sexual relationship of Adam and Eve took place inside the garden.[16] We know from the Book of Exodus that before the descent and revelation of the Lord on Mount Sinai, the men of Israel should not come near to a woman for three days (Exod 19:15). And in the Book of Leviticus it is stated that after having intercourse, the man is unclean until the evening, and he shall not eat of the holy things unless he has bathed his body in water.[17] Some Qumran texts show a strict application of these laws: after having sex it is not allowed to enter in the city of the Temple for three days.[18] This view has a very important consequence for the rewriting of the biblical story of the Garden of Eden in the *Book of Jubilees*, namely that Adam and Eve are created not inside, but outside the Garden of Eden. This means that the first sexual marital relation between Adam and Eve does not take place in the Garden of Eden, but *before* they enter. Only forty days after their first sexual relation Adam can enter the garden and his wife must wait eighty days. The second sexual relation took place only in the second jubilee, a long time after they have left the Garden of Eden (3:34). This means that laws concerning the Temple are applied to the Garden of Eden.

In the *Book of Jubilees* the entrance of Adam and Eve into the Garden of Eden is explicitly related to the law concerning the woman who is giving

---

[13] See Exod 30:7–8, 34–8; Num 16:39–40; 2 Chr 26:16–20.

[14] See preceding note.

[15] See Exod 20:26; 28:42. According to the author of *Jubilees* the meaning of Gen 3:21 (cf. *Jub*. 3:26) is that God has clothed the man in *priestly* clothing. The use of עור כתנות offers him the opportunity for this interpretation. Among the things in which the priests are dressed are also כתנות. See Ego, 215; Lambden, 82; Levison, 93–5; Van Ruiten, "Garden," 316.

[16] See Anderson, 128–31.

[17] Cf. Lev 15:18; 22:4–7.

[18] 11QTᵃ 45:11–2 ("Anyone who lies with his wife and has an ejaculation, for three days shall not enter anywhere in the city of the Temple in which I shall install my name …"); CD 11:21–12:2 ("… And everyone who enters the house of prostration should not enter with impurity requiring washing … No man should sleep with his wife in the city of the Temple, defiling the city of the Temple with their impurity"); 4Q274 ("If a man has an emission of semen, his touch transmits impurity"); cf. Baumgarten, 7; Milgrom, 59–68.

birth in Leviticus 12. The mother observes seven days of impurity and thirty-three days of purification for a boy, and fourteen days of impurity and sixty-six of purification after the birth of a girl. The holiness of Eden is explicitly related to the holiness of the Temple:

"We (the angels) brought her into the Garden of Eden because it is the holiest in the entire earth, and every tree which is planted in it is holy. For this reason the law of these days has been ordained for the one who gives birth to a male or a female. She is not to touch any sacred thing or to enter the sanctuary until the time when those days for a male or a female are completed" (3:12).

Another indicator in the book that shows that the writer conceived Eden as a temple is the fact that also Enoch who was led from among the children of men, was brought by the angels into the Garden of Eden for his greatness and honour. There he is not only "writing down the judgement and condemnation of the world," but also he is burning incense, probably inside, maybe at the gate of the garden, on the mountain of incense.[19] Whereas Adam burned incense in the morning, Enoch is burning the *incense* of the evening of the sanctuary.[20] The motif of Enoch as a priest is not attested prior than *Jubilees*. It fits in with the tendency of *Jubilees* that makes all the important patriarchs in the line of Seth priests. Also Adam functions as a priest.[21]

III. The Garden of Eden as a Temple in the Old Testament

There is a tradition-historical relationship between the Garden of Eden and the Temple, also prior to the *Book of Jubilees*, but it is difficult to fix certain texts, which could have influenced *Jubilees*. Firstly, there are places in the Old Testament where the term "Eden" or the phrase "Garden of Eden" occurs. The noun "Eden" (singular) occurs 13 times in the Old Testament. Six times in Genesis 2–4 (Gen 2:8, 10, 15; 3:23, 24; 4:16), seven times in prophetic texts (Isa 51:3; Ezek 28:13; 31:9, 16, 18; 36:35; Joel 2:3).[22] Often it goes together in one way or another with the word "garden" (Gen 2:8, 15; 3:23, 24; Ezek 36:35; Joel 2:3) or with the phrase the "garden of God," or "the garden of the Lord" (Gen 13:10; Isa 51:3; Ezek 28:13; 31:8 [2x], 9). A few times the "garden of God" occurs without "Eden".

The plain text of Genesis 2–3 seems to speak about the Garden of Eden as a living-place for men (Gen 2:8: "And the Lord God planted a garden in Eden,

---

[19] The Ethiopic reads *badabra qatr*: the mountain of the noon, or the mountain of the south. The word *qatr*, however, is probably a corrupted transcription of קטרת (= "incense"). So TISSERANT, 77; VANDERKAM, *Enoch and the Growth*, 187.

[20] The Syriac tradition reads "first" in stead of "sanctuary". This is most probably a corruption. See VANDERKAM, *Jubilees*, 2.28 n.

[21] Cf. VANDERKAM, *Enoch and the Growth*, 186.

[22] The noun occurs also in the plural: 2 Sam 1:24; Jer 51:34; Ps 36:9.

in the east; and there he put the man whom he had formed"). Sometimes the Lord is present in the Garden of Eden. He creates the animals and the woman. Moreover, Gen 3:8 speaks about the Lord God "*walking* in the garden in the cool of the day". This could suggest that he is at home in the garden. However, the text does not speak about the Garden of Eden as "the Holy of Holies" or as "the *residence* of the Lord". That God works in the garden does not necessarily mean that he lives there. Moreover, the passage that speaks about God walking in the garden and communicating with the man and his wife (Gen 3:8–13) is omitted altogether by the author of *Jubilees*. Furthermore, in the rewriting of *Jubilees* neither man, nor the animals and the woman are created inside the garden, but outside it.

There are texts that speak about a former prosperity which has now disappeared, about the loss of a former glory. I point to Gen 13:10, where the area around Sodom and Gomorra before the destruction is compared to "the garden of the Lord". In Ezek 28:11–19 Ezekiel speaks about "Eden, the garden of God" (v. 13) as a mountain scenery (v. 14, 16) with precious stones. Man is now cast away from this garden because of his iniquity (v. 16–19). Elsewhere Ezekiel speaks about wonderful trees (31:6–9, 16–18). In Joel 2:3 it is stated that the land before the plague of locusts was like the "Garden of Eden," and after that a "desert". This loss of former glory is not the consequence of a arbitrary accident, but the consequence of the own guilt. The other texts speak about a future restored situation. In Ezek 36:35 the desolate land becomes "as the Garden of Eden," whereas God cleanses his people from all iniquities. The comfort of Zion in Isa 51:3 ("her wilderness" is made like "Eden, her desert like the garden of the Lord") is dominated by forgiveness and reconciliation.

It is noticeable that the phrases "Holy of Holies," and "the residence of the Lord" do not occur in any place in the Old Testament in connection with Eden. However, at least in one place there is a explicit connection between Mount Zion, the place of the Temple, and Eden. In Isa 51:3 a restored Zion is compared to Eden. Perhaps we should add to this Ezek 36:35, where the restored land, which includes Zion, is compared to Eden. Does this mean that in the Old Testament only as far the text speaks about a future Zion, the name "Eden" is explicitly used? However, we should not overemphasise this point since in Joel 2:3 there seems to be a connection between Eden and the land before the destruction, whereas Ezek 28:11–19, which speaks about the loss of former glory, identifies Eden with "the holy mountain of God," although this seems not to be Zion.[23]

---

[23]   In Ugaritic mythology the holy mountain of the gods is Mount Zaphon in North Syria. Possibly in Ezek 28:11–9 there is a polemical transfer to the sanctuary of Zion. Cf. ALLEN, 95. BOGAERT, 139, however, states that an oracle originally relating to Jerusalem has been amplified and reapplied to Tyre. According to ZIMMERLI, 685, Israelite and Canaanite traditions have melt together.

There are other texts in which there might be an *implicit* connection
between Zion and Eden. I point to texts in which the themes of natural
abundance and of a fruitful river do occur, like e.g., Psalm 36 and Ezekiel
47 (a text that speaks about the river that flows out of the Temple, on both
sides of the river were very many trees. Their leaves will not wither nor
their fruit fail, but they will bear fresh fruit every month because the water
for them flows from the sanctuary). However, the connection between the
Temple and Eden remains rather vague, firstly because the name "Eden" is
not mentioned in those texts, and secondly because the theme of natural
abundance occurs quite often in the Old Testament, not only with regard to
Zion or Eden.[24]

Although there seems to be a tradition-historical relation between the
Garden of Eden and the Temple, it is nevertheless difficult to find places in
the Old Testament where Eden is *explicitly* related to the Temple. Nowhere
the word "temple," nor the Holy of Holies, nor the dwelling-place of the
Lord is used in connection with Eden. Only once Eden is related to "Zion"
(Isa 51:3) and once Eden is related with the "holy mountain" (Ezek 28:13–14),
a few times with the "land" (Ezek 36:35; Joel 2:3). It is difficult to say if these
texts have exert influence in the *Book of Jubilees*. As far as Ezek 28:11–19
is concerned, we can point to the conception of Eden as a mountain, which
do occur also in *Jub.* 4:25, and to the role of Adam as a priest in *Jubilees* 3.
Nevertheless there are many differences between Ezekiel 28 and the relevant
passages in the *Book of Jubilees* as to wording and to content, e.g., the sin of
the "son of man" is stressed is Ezek 28:11–19, whereas *Jubilees* would like to
get rid of the sin of Adam. The indication of tension and alienation conveyed
by the biblical version of Eden story is removed by the author of *Jubilees*.[25]

As far as Isa 51:3 is concerned, I would like to point to the very strong
relationship of Isa 51:1–6 with Isa 65:17–25, a passage that speaks about the
new creation of heaven and earth. The importance of these verses does not
originate from interest in a new cosmos, though the creation of a new heaven
and earth is given concrete form in the restoration of Jerusalem.[26] In this
passage elements from Genesis 1, but also from Genesis 2–3 are used. I point
to the serpent of Gen 3:14 in Isa 65:25, to the tree of long life (Isa 65:22;
according to the versions: "the tree of life") and to the blessings in Isa 65:21–
23, which form an alteration of the curse of Gen 3:18–19.[27] It is clear that
Isa 65:17 has exerted influence on *Jub.* 1:29,[28] whereas other elements (e.g.
Isa 65:20) play an important part in *Jubilees* 23. Therefore, it is possible that

---

[24] Cf. Levenson, 25–36.

[25] Halpern-Amaru, 613.

[26] For an analysis of Isa 65:16b–25, see Lau, 134–41; Mell, 56–64; Steck, 349–65; Van
Ruiten, *Begin*, 41–62.

[27] See Steck, 357–63.

[28] Cf. Mell, 152–8.

these chapters have influenced as well the conception of Eden as a sanctuary in the *Book of Jubilees*.

IV. The Garden of Eden as a Temple in Early Jewish Literature

At several places in early Jewish literature, there is a relation between the Garden of Eden and the Temple. *1 Enoch* 24–27 is a section about the tree of life and the middle of the earth. It describes Jerusalem. In 25:3 the "throne of the Lord" is mentioned, in 25:5 "the house of the Lord, the eternal King," and in 26:1 "the middle of the earth". This last expression is borrowed from Ezek 5:5; 38:12, that refer to Jerusalem as the navel of the earth (cf. *Jub.* 8:12, 19). The passage probably describes the new Jerusalem. In the description much Eden imagery from Genesis 2–3 and Ez 28:11–19 is used.[29] In 24:1 the mountain of fire reminds of Ezek 28:14; the precious and beautiful stones in 24:2 refer to Ezek 28:13. The description of the tree in 24:5 ("this beautiful tree! Beautiful to look at and pleasant [are] its leaves, and its fruit very delightful in appearance") is very similar to Gen 2:9; 3:6. In 25:4–5 occurs the tree of life, but with a remarkable difference with Genesis 2–3. In Gen 3:2–3 the woman said to the serpent: "From the fruit of the trees of the garden we may eat; but from the fruit of the tree which is in the midst of the garden God said: You shall not eat from it neither shall you touch it, lest you die." In *1 En* 25:4–5 the angel Michael said: "And this beautiful fragrant tree – and no (creature of) flesh has authority to touch it until the great judgement." At that time "this will be given to the righteous and humble. From its fruit life will be given to the chosen." The place is well watered (26:1–2). This might be influenced by Ezek 47:1–2, which describes the water coming out of the Temple. In this passage we have a clear example of a connection between the Garden of Eden and the Temple. It is curious, however, that neither the word Zion or Jerusalem is mentioned, nor the word (Garden of) Eden.

T. Levi 18:6 speaks about the heavenly Temple where God resides: "The heavens will be opened, and from the Temple the glory there will come on him." The new priesthood of this Temple is related with Eden: "He (the new priest) will open the gates of Paradise and will stop the threatening sword since Adam. And he will give to the saints to eat from the tree of life" (18:10). Also in *T. Dan* 5:12 there is a connection between a future Jerusalem and Eden: "And the saints will rest in Eden and the righteous will rejoice in the new Jerusalem which will be the glory of God for ever."[30] The connection of

---

[29] See VanderKam, *Enoch: A Man*, 55–8.

[30] Cf. also 4 Ezra 8:52 ("because it is for you that Paradise is opened, the tree of life is planted, the age to come is prepared, plenty is provided, a city is built, rest is appointed, goodness is established and wisdom is perfected beforehand"). The new Jerusalem and Paradise connected occur also in 2 Bar 4:3–7; Rev 22:2.

the Paradise with the new Jerusalem points to the identification of both. In
Apoc. Mos. 29:1–6 Adam asked the angels to take fragrances from Paradise,
so that after he had been driven out of Paradise he could continue to bring
offerings to God.[31]

In the literature of Qumran, a few times (4Q174; 4Q265; 4Q421) the
expression מקדש אדם is used. With regard to 4Q174 (= *4QMidrash on Eschatology; olim 4QFlorilegium*) the expression could mean a sanctuary built
by men, or a sanctuary consisting of men.[32] According to some, however,
this should be connected with Eden, that is to say, it is an epithet for the
Garden of Eden.[33] Others suggest that the expression מקדש אדם is deliberately ambiguous, referring both to the sanctuary of men and the sanctuary of
Adam. The community will be restored with the Garden of Eden. An elaborate *Urzeit* und *Endzeit* typology makes it possible to see the eschatological
sanctuary as a restoration of the Garden of Eden.[34]

Conclusions

Jubilees speaks in a negative way of the actual Temple. In a positive way it
speaks about the former sanctuaries and about the *future* Temple in the new
creation. Only with regard to Eden and with regard to a restored Zion the
dwelling of the Lord is mentioned. The Old Testament speaks in two ways
about Eden. First, it is applied to the loss of former glory, and secondly
it is applied to a restoration in the future. Only with regard to the second
application Eden is explicitly related to Zion. When Eden is connected with
Jerusalem in early Jewish literature it is always concerned with the *future*
Temple. My suggestion is that when the *Book of Jubilees* speaks about Eden,
it does not mean the inauguration of all the sanctuaries in the history of Israel,
but it is aimed at a future, eschatological Temple on Mount Zion. The actual
Temple, like the actual creation, is deficient, it does not function as it should
function. Therefore the author of *Jubilees* speaks about a restored Zion in
a new creation. When he rewrites the story of Eden, he actually means to
speak about a new Eden, a new creation, in which Zion will be restored.

Zusammenfassung

Der vorliegende Aufsatz beschäftigt sich mit den einschlägigen Belegen zu
heiligen Orten im Jubiläenbuch und gibt im ersten Abschnitt einen Überblick über die entsprechenden Texte. Es zeigt sich, daß das Jubiläenbuch

[31] Cf. Mach, 228 n. 314.
[32] An analysis of the literature in: Brooke, 80–204; Dimant, 165–89.
[33] Baumgarten, 8–10; Wise, 123–32.
[34] See the contribution of Brooke in this volume, 285.

vom gegenwärtigen Tempel in einer negativen Weise spricht, während frühere Heiligtümer (Eden; Berge, auf denen Noah, Abraham und Jakob opferten) und der zukünftige Tempel der Neuschöpfung positiv bewertet werden. Anschließend werden die Konzeption von Eden als Heiligtum sowie die sich daraus ergebenen Konsequenzen für die Umarbeitung des Schöpfungsberichtes im Jubiläenbuch (bes. in Jub 3) beschrieben. Der letzte Abschnitt analysiert die Verbindung von Eden und dem Heiligtum im Alten Testament und in der frühjüdischen Literatur. Das Alte Testament spricht von Eden im Zusammenhang mit dem Heiligtum auf dem Zion nur dann, wenn vom wiederhergestellten, zukünftigen Tempel die Rede ist; auch in der frühjüdischen Literatur wird Eden immer mit dem zukünftigen Tempel verbunden. Der Aufsatz vertritt die Ansicht, daß das Jubiläenbuch, wenn es von Eden spricht, nicht die Inauguration aller Heiligtümer in der Geschichte Israels meint, sondern auf einen zukünftigen, eschatologischen Tempel auf dem Zion zielt.

Bibliography

L. C. Allen, *Ezekiel* 20–48 (WBC 29; Dallas, Texas: Word Books Publisher, 1990).

G. Anderson, "Celibacy or Consummation in the Garden? Reflections on Early Jewish and Christian Interpretations of the Garden of Eden," *HTR* 82 (1989) 121–48.

F. Avemarie, "Ist die Johannestaufe ein Ausdruck von Tempelkritik? Skizze eines methodischen Problems," cf. in this volume pp. 395ff.

J. M. Baumgarten, "Purification after Childbirth and the Sacred Garden in 4Q265 and Jubilees," *New Qumran Texts and Studies: Proceedings of the First Meeting of the International Organization for Qumran Studies Paris 1992* (eds. G. J. Brooke/F. García Martínez; STDJ 15; Leiden/New York/Köln: E. J. Brill, 1994) 3–10.

K. Berger, *Das Buch der Jubiläen* (JSHRZ II/3, Gütersloh: Gütersloher Verlagshaus Gerd Mohn, 1981).

P.-M. Bogaert, "Montaigne sainte, jardin d'Eden et sanctuaire (hiërosolymitain) dans un oracle d'Ezéchiel contre le prince de Tyre (Ez 28:11–19)," *Homo Religiosus* 9 (1983) 131–53.

G. J. Brooke, *Exegesis at Qumran: 4QFlorilegium in its Jewish Context* (JSOTSup 29; Sheffield: JSOT Press, 1985).

— Miqdash Adam, Eden and the Qumran Community, cf. in this volume 285ff.

R. H. Charles, *The Book of Jubilees or the Little Genesis* (London: Adam and Charles Black, 1902).

G. L. Davenport, *The Eschatology of the Book of Jubilees* (SPB 20; Leiden: E. J. Brill, 1971).

D. Dimant, "4QFlorilegium and the Idea of the Community as Temple," *Hellenica et Judaica: Hommage à Valentin Nikiprowezky ז"ל* (eds. A. Caquot/M. Hadas-Lebel/J. Riaud; Leuven/Paris: Peeters, 1986) 165–89.

B. EGO, "Heilige Zeit – heiliger Raum – heiliger Mensch: Beobachtungen zur Struktur der Gesetzbegründung in der Schöpfungs- und Paradiesgeschichte des Jubiläenbuches," *Studies in the Book of Jubilees* (eds. M. ALBANI/J. FREY/A. LANGE; TSAJ 65; Tübingen: J. C. B. Mohr [Paul Siebeck], 1997) 207–19.

J. FREY, "Zum Weltbild im Jubiläenbuch," *Studies in the Book of Jubilees* (eds. M. ALBANI/J. FREY/A. LANGE; TSAJ 65; Tübingen: J. C. B. Mohr [Paul Siebeck], 1997) 261–92.

B. HALPERN-AMARU, "The First Woman, Wives and Mother in Jubilees," *JBL* 113 (1994) 609–26.

C. T. R. HAYWARD, "The Figure of Adam in Pseudo-Philo's Biblical Antiquities," *JSJ* 23 (1992) 1–20.

M. HENGEL, *Judentum und Hellenismus: Studien zu ihrer Begegnung unter besonderer Berücksichtigung Palästinas bis zur Mitte des 2.Jh.s v.Chr.* (2nd ed.; WUNT 10; Tübingen: J. C. B. Mohr [Paul Siebeck], 1973).

M. A. KNIBB, "The Exile in the Literature of the Intertestamental Period," *Heythrop Journal* 17 (1976) 253–72.

— *Jubilees and the Origins of the Qumran Community* (Inaugural Lecture; London: King's College, 1989).

S. N. LAMBDEN, "From Fig Leaves to Fingernails: Some Notes on the Garments of Adam and Eve in the Hebrew Bible and Select Early Postbiblical Jewish Writings," *A Walk in the Garden: Biblical, Iconographical and Literary Images of Eden* (eds. P. MORRIS/D. SAWYER; JSOTSup 136; Sheffield: JSOT Press, 1992) 74–90.

W. LAU, *Schriftgelehrte Prophetie in Jes 56–66* (BZAW 225; Berlin/New York: de Gruyter, 1994).

J. D. LEVENSON, *Theology of the Program of Restoration of Ezekiel* (Missoula, Montana: Scholars Press, 1976).

J. R. LEVISON, *Portraits of Adam in Early Judaism: From Sirach to 2 Baruch* (JSP Supplement Series 1; Sheffield: JSOT Press, 1988).

M. MACH, *Entwicklungstadien des jüdischen Engelglaubens in vorrabbinischer Zeit* (TSAJ 34; Tübingen: J. C. B. Mohr [Paul Siebeck], 1992).

U. MELL, *Neue Schöpfung: Eine traditionsgeschichtliche und exegetische Studie zu einem soteriologischen Grundsatz paulinischer Theologie* (BZNW 56; Berlin/New York: de Gruyter, 1989).

J. MILGROM, "4QTohoraᵃ: An Unpublished Qumran Text on Purities," *Time to Prepare the Way in the Wilderniss: Papers on the Qumran Scrolls by Fellows of the Institute for Advanced Studies of the Hebrew University, Jerusalem, 1989–1990* (eds. D. DIMANT/L. H. SCHIFFMAN; STDJ 16; Leiden/New York/Köln: E. J. Brill, 1995) 59–68.

J. T. A. G. M. VAN RUITEN, *Een begin zonder einde: De doorwerking van Jesaja 65:17 in de intertestamentaire literatuur en het Nieuwe Testament* (Sliedrecht: Merweboek, 1990).

— "The Garden of Eden and Jubilees 3:1–31," *Bijdragen* 57 (1996) 305–17.

O. H. STECK, "Der neue Himmel und die neue Erde: Beobachtungen zur Rezeption von Gen 1–3 in Jes 65,16b–25," *Studies in the Book of Isaiah: Festschrift Willem A. M. Beuken* (eds. J. T. A. G. M. VAN RUITEN/M. VERVENNE; BETL 132; Leuven: Peeters, 1997) 349–65.

M. Testuz, *Les idées religieuses du Livre des Jubilés* (Genève: E. Droz, and Paris: Minard, 1960).

E. Tisserant, "Fragments syriaques du Livre des Jubilés," *RB* (1921) 55–86, 315–37.

J. C. VanderKam, *The Book of Jubilees* (2 vols.; CSCO 510–511; Scriptores Aethiopici 87–88; Leuven: Peeters, 1989).

— *Enoch and the Growth of an Apocalyptic Tradition* (CBQMS 16; Washington: The Catholic Biblical Association of America, 1984).

— *Enoch: A Man for All Generations* (Studies on Personalities of the Old Testament; Columbia, S.C.: University of South Carolina Press, 1995).

— Genesis 1 in Jubilees 2, *Dead Sea Discoveries* 1 (1994) 311–12.

M. O. Wise, "4QFlorilegium and the Temple of Adam," *RevQ* 15 (1991–92) 103–32.

W. Zimmerli, *Ezechiel: 2. Teilband: Ezechiel 25–48* (BKAT 13/2; Neukirchen-Vluyn: Neukirchener Verlag, 1969).

Josephus' View on Judaism without the Temple in Light of the Discoveries at Masada and Murabbaʿat[1]

Hanan Eshel, Jerusalem

Josephus concluded his book, the *Jewish War* against the Romans with the account of the tragic events at Masada that ended with a mass suicide.[2] In the following lines, I want to explore what we can learn from Josephus' description of the events of 73/74 CE at Masada,[3] and how it reflects Josephus' own world view around 79 CE, when he finished this work.[4]

Scholars have noted that the *Jewish War* should be understood in light of the general development of Greek historiography in the Roman period.[5] In this book one can trace the influence of Thucydides on the way history was written in the first century CE.[6] One of the clearest influences of Thucydides can be found in the speeches incorporated into the *Jewish War*, that were intended to tell the readers the "real" meaning of the historical events.[7]

Three such speeches occur in the *Jewish War*. The first is given by Agrippa II immediately following the summary of the historical events prior to the beginning of the revolt in 66 CE (*J.W.* 1.1–2.249). In his lengthy speech (*J.W.* 2.344–96), Agrippa summarized Josephus' opinion about the power of

---

[1]   Thanks are due to professor D. R. Schwartz for his remarks and to Mark Turnage and Dr. R. Steven Notley for improving the English of this paper. This study was supported by a grant from the Ingeborg Rennert Center for Jerusalem studies, Bar-Ilan University. I would like to dedicate this article to the memory of professor M. Stern.

[2]   After the description of the fall of Masada there is an appendix connected to the story of Masada. (*J.W.* 7.407–53), which deals with the madness of the Sicarii. On the proposal that this appendix was added latter to the *Jewish War*, see S. Schwartz.

[3]   Concerning the debate about the date of the fall of Masada, see Eck; Cohen, 401 n. 52, who proposed 74 CE; Bowersock, 183–4, and Stern, "The Suicide of Eleazar," 370 n. 17 (= *Studies*, 316), who dates the fall of Masada to 73 CE. On the evidence of the Masada papyri, see Cotton, and Cotton/Geiger, 21–3.

[4]   See Stern, "The Date of Composition," 29–34 (= *Studies*, 402–7).

[5]   See Gabba, "True History," and Stern, "The Jewish War and the Roman Empire" (= *Studies*, 393–401).

[6]   See Thackeray, *The Jewish War*, XV–XIX; idem, *Josephus: The Man*, 41–5; Stern, "Josephus the Historian," 42–5 (= Studies, 379–81).

[7]   On the speeches in the Thucydides writing, see Dover, 21–7, and on the speeches in the *Jewish War*, see Lindner.

the Roman Empire. Agrippa stated that the Jews could not overcome this invincible power, and therefore, they should not rebel.[8] Later in the book (*J.W.* 5.357–419), Josephus reports his own speech that he gave in front of the walls of Jerusalem, where he repeated Agrippa's arguments.[9] The book ends with the famous speech of Eleazar ben Yair before the suicide at Masada (*J.W.* 7.305–36, 337–88). In this speech, Eleazar said that the verdict of the Jews had been decided by God, and therefore, it was preferable to die before the destruction of the Temple, but since they were still alive and they knew that tomorrow the Romans would capture Masada, they should commit suicide now before they fell into the hands of the Romans.[10]

YADIN accepted this description as reliable. When he found, in the northern complex of Masada, eleven ostraca that had been written by the same hand, each bearing one personal name and among them the name "ben Yair," he suggested identifying them with the lots mentioned by Josephus.[11]

According to Josephus, after Eleazar finished the second part of his speech, the warriors of Masada killed their family members, and "then having chosen by lot ten of their number to dispatch the rest, they laid themselves down each beside his prostrate wife and children, and flinging their arms around them offered their throats in readiness for the executants of the melancholy office. These having unswervingly slaughtered all, ordained the same rule of the lot for one another, that he on whom it fell should slay first the nine and then himself last of all ... Finally, then, the nine bared their throats, and the last solitary survivor, after surveying the prostrate multitude, to see whether happily amid the shambles there were yet one left who needed his hand, and find that all were slain, set the palace ablaze, and then collected his strength drove his sword clean through his body and fell beside his family" (7.389–400).

YADIN argued that the ostraca he found were the lots described by Josephus because the name "ben Yair" appeared on one of them. The rest of the names, according to YADIN, appear to be names of commanders; therefore, he believed that eleven commanders committed suicide.[12]

YADIN's thesis was criticized by various scholars, foremost being VIDAL-NAQUET and COHEN.[13] They mainly criticized that YADIN accepted Josephus' description as reliable, saying that the people of Masada were killed by ten warriors. On the other hand, based on the ostraca, he had argued that eleven commanders and not regular warriors were the ones who committed the suicide.[14]

---

[8]   On the speech of Agrippa II , see LINDNER, 21–5, and GABBA, "Agrippa II".

[9]   On the speech of Josephus, see LINDNER, 25–33; STERN, "The Suicide of Eleazar," 372–3 (= *Studies*, 318–9).

[10]   On the speech of Eleazar, see BAUERNFEIND/MICHEL; BÜNKER; STERN, "The Suicide of Eleazar," 371–5 (= *Studies*, 317–21), and LUZ.

[11]   YADIN, *Herod's Fortress*, 195–7.

[12]   YADIN/NAVEH, 28–31.

[13]   See VIDAL-NAQUET, and COHEN.

[14]   See VIDAL-NAQUET, 12–3, and COHEN, 398 n. 42.

Without entering into the details of the dispute, I would like to note that recently it has been shown that Josephus' description is inaccurate. The Romans built a second ramp on top of Masada, after they succeeded in breaching the fortress. This ramp was 20 m long and 15 m wide and its height was 2.5 m (it contains 600–750 m³ of soil). All the finds in this ramp including 26 coins are dated prior to the fall of Masada.[15] Therefore, it is obvious that some of the Jewish warriors continued fighting after the Romans had broken into Masada. It seems to me that about two weeks passed until the Romans conquered the northern palace.

According to Josephus, the tragic suicide occurred at Masada on the fifteenth of the month of Xanthicus (*J.W.* 7.401), that is the fifteenth of the month of Nisan. This date falls on the first day of Passover.[16] Indeed, one can find a connection between the events of Masada and Passover. In the fourth book of the *Jewish War*, Josephus noted that the warriors of Masada invaded Ein Gedi at Passover. According to his description, while the people of Ein Gedi were busy praising God for delivering them out of Egypt, the warriors of Masada, without reason, attacked the people at Ein Gedi, who were unprepared and massacred seven hundred Jewish woman and children (*J.W.* 4.401–5). This entire episode seems to be difficult to accept, for Josephus himself noted that all of Masada's warehouses were full with supplies (*J. W.* 7.297), and he gave no reason for this attack. Josephus blamed the Sicarii for the destruction of the Temple. This blame was intended to prove that Josephus himself was part of the moderate stream of the rebels.[17] Thus, the story of the warriors of Masada attacking Ein Gedi sought to cast the Sicarii from Masada in a negative light. One might assume that by dating the suicide at Masada to the fifteenth of Nisan, Josephus hinted that those on Masada were punished for their attack on the innocent people of Ein Gedi.

In light of the second ramp built by the Romans on top of Masada, one should examine what details were known by Josephus when he described the fortress of Masada and the siege of 73 or 74 CE (*J.W.* 7.280–94). We would like to argue that this description was based on sources that were quite different from each other. Archaeologists accept that Josephus never visited Masada.[18] This assumption is based on several inaccurate details that

---

[15] GEVA, and see YADIN's description of the "huge embankment of earth" (*Herod's Fortress*, 63–9). In the ramp a scroll of Leviticus was found. YADIN assumed that "the scroll was blown there by the wind during the destruction of Masada" (*Herod's Fortress*, 179), but it seems that the Romans dumped this scroll when they built the ramp. On MasLevᵇ (480–92) see TALMON, 101–10.

[16] Passover is called in Hebrew "the Freedom festival," and freedom is the central theme of the speech of Eleazar ben Yair. One would expect that a Jewish author hinted to the connection between the speech and the festival.

[17] STERN, "Josephus the Historian," 53 (= *Studies*, 388).

[18] AVI-YONAH/NAVIGAD/AHARONI/DUNAYEVSKY/GUTMAN, 52–4; YADIN, *Herod's Fortress*, 46–59; BROSHI, 379.

appear in Josephus' description of Masada.[19] These inaccuracies can be explained by the assumption that Josephus saw Masada only from outside,
most likely when he was young.[20] Opposed to details that came from Josephus' memory, other details are based on written sources.[21] These examples
led scholars to assume that Josephus used a report written by L. Flavius Silva,
the commander of the tenth legion which conquered Masada.[22] Therefore,
it is important to distinguish between details based on Josephus' memory,
details taken from Roman sources, and details that Josephus made up "sitting
in his study in Rome".[23]

Josephus decided to finish the *Jewish War* with the tragic account of
the mass suicide at Masada, because in 79 CE, when he finished writing this
work, he felt that Judaism without the Temple would not survive. This can be
learned from the introduction to the *Jewish War* where Josephus apologizes
for his lamentation over his country's misfortunes (1.11) The *Jewish War*
is a very pessimistic book. In this composition Josephus does not express
any solution to the Jewish existence without the Temple. Josephus said
in his speech: "God who went the round of the nations, is now in Italy"
(5.367). Therefore, he had the speech of Eleazar ben Yair saying that with

---

[19]   On the ground of this conjecture, we may explain some of Josephus' exaggera-
tions in describing Masada: the slopes on both sides of the "Snake Track" (*J.W.* 7.281–
2). In fact, no section of this path passes between chasms open on either side (AVI-
YONAH/NAVIGAD/AHARONI/DUNAYEVSKY/GUTMAN, 52). He reports that the wall of Masada
was of white stone (*J.W.* 7.286). Actually, they were built from local brownish stones that were
covered with white plaster (YADIN, *Herod's Fortress*, 141). Josephus testifies that the columns
in the northern palace were each formed of a single block (*J.W.* 7.290). Yet they were made
of drums decorated by stucco (YADIN, *Herod's Fortress*, 47 and 69). Josephus also describes
the palace walls built of marble stones (*J.W.* 7.290). They were actually local stones painted
with frescos to look like veins of marble (YADIN, *Herod's Fortress*, 46). Finally, he describes the
sunken path that connected the northern palace and the top of the plateau (*J.W.* 7.291). Instead
there was a stairway hidden in towers (YADIN, *Herod's Fortress*, 59).

[20]   From 6 to 41 CE and from 44 to 66 CE, a Roman garrison was posted on Masada.
Josephus was born in 37/8 CE (*Life* 5). When he was 16 years old, he left his family and
dwelt in the Judaean desert with Bannus for three years between 53–6 CE (*Life* 11). It is quite
impossible that a hermit and his followers would have been allowed to visit the fortress. In 70
CE Josephus was brought to Rome (see *J.W.* 7.116–62), before the Roman conquest of Masada.

[21]   For example, the notion that there were thirty-seven towers in the wall of Masada (*J.W.*
7.286). Actually, there were only twenty-seven hints to an error that occurred in the written
sources; see YADIN, *Preliminary Report*, 70; NETZER, *The Buildings*, 654. Josephus wrote that
Masada's wall was of seven stades (*J.W.* 7.286) which is precisely its size; see BROSHI, 379.
Another example is the wall of wood and earth built by the warriors of Masada as part of their
final attempt to prevent the Romans from breaking into the fortress (*J.W.* 7.311–2). Recently
NETZER has shown that there is evidence that 90% of the ceilings from the store rooms at
Masada were dismantled before the Roman conquest, in order to use the wooden beams, most
likely for constructing the wooden wall. See NETZER, "Masada Destruction," and "Last Days
and Hours".

[22]   See THACKERAY, *Josephus: The Man*, 37–40; FELDMAN, 236; STERN, "The Suicide of
Eleazar," 371 (= *Studies*, 317).

[23]   This phrase was used by COHEN, 404.

the conquest of Masada Judaism would come to its end: "since it is by God's will and of necessity that we are to die. For long since, so it seems, God passed this decree against the whole Jewish race in common, that we all must quit this life" (7.359).[24] Josephus probably did not agree with the suicide, since he himself spoke against it in Jotpatha (3.362–82), but it seems that although Josephus did not agree with the Sicarii, it was important for him that Eleazar, the leader of the Sicarii, would express Josephus' understanding about Judaism.[25] After Josephus finished writing the *Jewish War*, he started writing his *Jewish Antiquities* as a monument to Judaism which according to his understanding at that time, would no longer survive.[26] Josephus spent about 14 years writing this book, and finally published it in the year 93 CE (Ant. 20.267). During this long period he realized that his first assumption was wrong. Judaism survived in Judaea and the diaspora, even without the Temple. Therefore, this book has a much more optimistic view.[27] He came to this conclusion when most of his book *Jewish Antiquities* was already written. Thus he changed his goal and used *Jewish Antiquities* to persuade his readers in Rome to change their view about Judaism and to support the Pharisees and their leaders.[28]

A papyrus found in Wadi Murabbaʿat might shed some light on the self understanding of the people at Masada. This papyrus is a deed of divorce, written "in year six at Masada" (Mur 19).[29] According to this document, Joseph the son of Niqsen, who lived at Masada, divorced by his free will, Miryam the daughter of Jonathan, who also lived at Masada. MILIK was of

---

[24] Josephus could have finished his book without mentioning Masada at all. Finishing the book with the triumph in Rome (*J. W.* 7.116–62) would have been a better solution to the problem of how to close the story. By describing the episode at Masada, every reader of the *Jewish War* finished the book thinking about the suicide.

[25] COHEN, 404.

[26] We might compare this to other compositions written by priests for the same purpose. For example, one of the Deuteronomistic redactors wrote in middle of the 6th century BCE, after the fall of Jerusalem, seeing this event as the end of the Israelite history (see NOTH, 79). Berossus, a Babylonian priest of Bel, wrote in Greek in the beginning of the 3rd century BCE his book on the Babylonian history, assuming that the cuneiform culture would not survive (on the end of this civilization, see GELLER). Manetho, a priest in Heliopolis, wrote his Greek book in the 3rd century BCE on Egyptian history (on the end of the Egyptian pagan culture, see BOWMAN, 167–90).

[27] See for example the introduction to the *Jewish Antiquities* (1.14). This notion might have led Josephus to divorce his second wife and to marry a woman of Jewish extraction (*Life* 426). On the differences between the *Jewish War* and the later books of Josephus that were written in order to defend the Jews, see STERN, "Josephus the Historian," 53 (= *Studies*, 388). It is interesting to note that when SCHALIT worked on the *Jewish War* he had a completely negative attitude toward Josephus. When he wrote his Hebrew translation of the *Jewish Antiquities* however he changed his evaluation of Josephus. See D. R. SCHWARTZ, "On Schalit," and "More on Schalit's".

[28] Thus, in the introduction to the *Jewish Antiquities* (1.1–26) he wrote that different motives made him write his book.

[29] MILIK, 104–9.

the opinion that this document bares a date of Provincia Arabia that was established by Trajan in 106 CE. Thus, the document should be dated to 111 CE.[30] YADIN, on the other hand, was of the opinion that because the formula על מנין הפרכיה דא ("by the era of this Province") does not appear on the document, and since there are no reasons to assume that Jews lived at Masada after 73 CE, this divorce was dated by the era of the Great Revolt. It should be dated to 71 CE.[31] YADIN assumed that Miryam left Masada after the divorce one year after the destruction of Jerusalem and two years before the Roman siege, taking the divorce deed with her to Wadi Murabbaʿat where it was found.

YADIN explained that the Jewish rebels who lived at Masada after the destruction of Jerusalem continued to count years from the beginning of the revolt even after the destruction of the Temple. Nevertheless, because Israel was under Roman rule and Jerusalem was destroyed, they could no longer write: "Year six of the redemption of Israel," or: "Year six of the freedom of Jerusalem"; therefore, they simply wrote "Year six," with no other details. According to this explanation, this document is part of a small group of documents found in the caves of Wadi Murabbaʿat that were brought there at the end of the Great Revolt.[32]

If we accept YADIN's theory, dating the divorce deed to 71 CE, then this divorce would have great significance. It shows the highly messianic expectations of the people at Masada. Even after the destruction of Jerusalem and the Temple, they still hoped that in the future the era of the revolt would be used continuously. Therefore, the date "Year six" would be understood as year six of the revolt. One may learn from this deed that the people of Masada were not afraid of the Roman army. On the contrary, they believed that the situation would eventually change and that the people of Judaea would continue to use the era that started with the outbreak of the Great Revolt.

Another papyrus that according to some scholars sheds some light on what happened on Masada in 73 or 74 CE was discovered at Masada in the locus of the scrolls (locus 1039). This papyrus is written on both sides in

---

[30]   MILIK, 106.

[31]   YADIN, *Preliminarily Report*, 119 n. 112.

[32]   The earliest document of this group was written on an ostracon (Mur 72) and contained two decisions of a court. Based on palaeography, the script of this ostracon dates between 125 and 100 BCE. Masada is mentioned in this document; see MISGAV, 22–4. Another document from the Second Temple period is a loan (Mur 18) dating to the middle of the first century, to "Year two of Neron Caesar," namely 55/6 CE. This document was written in the village of Zoba, near Jerusalem, where Zacharia the son of Yohanan from Qislon admitted a debt of 20 Dinarii that he owed to Avshalom the son of Hanun for things he bought from him. In an article that is now at press, I am arguing that five more documents from Murabbaʿat are from the Great Revolt. Therefore, it seems that some Jews fled to the caves of Wadi Murabbaʿat not only at the end of the Bar-Kokhba Revolt, as commonly is known, but also at the end of the Great Revolt; see ESHEL/BROSHI/JULL.

Latin. Each side contains parts of lines of Vergil's *Aeneid* 4.9. In this section, Dido the queen of Carthage wrote to her sister describing her nightmares. COTTON and GEIGER, who published this papyrus, suggested: "that this line reflects the writer's (probably a Roman commander) feelings of horror at what he had witnessed on Masada."[33]

The two papyri discussed above may, therefore, hint that Josephus' description of the people at Masada was not completely without merit. The people at Masada were a group of extreme Zealots with great messianic expectations who believed that even after the destruction of the Temple they would still win the war. The Latin papyrus might hint that horrible events actually happened at Masada. Nevertheless, it does not prove that all the people of Masada committed suicide or that the speech attributed by Josephus to Eleazar ben Yair was ever said at Masada. On the contrary, we can conclude that the speech seems to reflect Josephus' world view in the year 79 CE, rather than that of Eleazar ben Yair in the year 73 CE.

It is interesting to note that although Josephus wrote in his autobiographical book (*Life* 11), that at the age of 16 he left Jerusalem and spent three years with Bannus in the desert, i.e. without a temple.[34] Nevertheless, as a priest, Josephus, almost ten years after the destruction of the Temple (in 79 CE), could not think of the possibility that Judaism could exist without the Temple. Masada was probably captured by the Roman army in the spring, but since the war on top of Masada lasted for about two weeks, it seems that by dating the mass suicide to the fifteenth of Nisan, the first day of Passover, Josephus tried to hint that the history of Israel started in Egypt on this date and it ended at Masada on exactly the same date. A dozen years later Josephus himself knew that he had been wrong, as we can see from his *Jewish Antiquities*.

Zusammenfassung

Josephus schrieb in seinem autobiographischen Werk Vita, daß er im Alter von 16 Jahren Jerusalem und seine Familie verlassen und drei Jahre zusammen mit einem Mönch namens Bannus in der Wüste verbracht habe. Im Unterschied zu anderen Details in seiner Autobiographie besteht kein Anlaß, diese Aussage zu bezweifeln. Auch wenn Josephus drei Jahre mit einer Gruppe, die Jerusalem verlassen hatte, in der Wüste lebte, scheint er nie die Möglichkeit in Betracht gezogen zu haben, daß das Judentum ohne den Tempel existieren könne.

---

[33]   COTTON/GEIGER, 31–5.
[34]   As opposed to other details written in his autobiography, there is no reason to doubt this fact; see MASON.

Josephus veröffentlichte das erste Buch De Bello Judaico um das Jahr 79 u.Z., etwa neun Jahre nach der Zerstörung des Tempels. In diesem Buch vertrat Josephus die Ansicht, daß das Judentum ohne Tempel nicht existieren könne. Deshalb schloß er sein Buch mit den Ereignissen in Masada und mit der Rede des Elazar, des Sohnes des Yair, ab. Dieser vertrat in seiner Rede die Ansicht, daß das Judentum ohne Freiheit und ohne den Tempel nicht überleben könne, darum seien die Menschen in Masada die letzten Juden auf der Erde. Josephus folgt in seinem Buch De bello Judaico Thukydides, der Reden als Ausdruck seiner eigenen Meinung verwendete. Aus diesem Grund begann Josephus seine Schilderung der Revolte mit einer langen Rede von Agrippa dem Zweiten und beendete sein Buch mit der Rede des Elazar, die Josephus' eigene Weltsicht um das Jahr 79 u.Z. widerspiegelt.

Im Anschluß an De bello Judaico schrieb Josephus die Antiquitates, und zwar als ein Denkmal für das Judentum, das seiner Meinung nach nicht überleben würde. Nach ungefähr 13jähriger Arbeit an diesem Werk wurden die Antiquitates um das Jahr 92 u.Z. veröffentlicht. Im Laufe dieses langen Zeitraumes erkannte Josephus, daß seine frühere Meinung falsch gewesen war und daß das Judentum auch ohne den Tempel fortbestehen könne und werde. Zu diesem Schluß kam er, als bereits ein Großteil des Werkes geschrieben war, und so änderte er seine Absicht und verfaßte die Antiquitates, um seine Leser in Rom zu überzeugen, damit diese die Pharisäer und deren Führer Simon, den Sohn des Gamliel, unterstützten. Dies wird deutlich aus einem Vergleich der Beschreibung der Pharisäer in De bello Judaico und in den Antiquitates.

So stellt sich die Frage, was das Werk des Josephus über die Menschen sagen kann, die in Masada lebten. Der Aufsatz konzentriert sich auf einige Funde aus Masada und Wadi Murabbaʿat, die verdeutlichen, daß Josephus seine eigene Sichtweise in der Rede des Elazar formulierte. Dennoch besteht Anlaß zu der Vermutung, daß die Bewohner von Masada – wie Josephus um 79 u.Z. – meinten, daß das Judentum ohne den Tempel nicht fortbestehen werde.

Bibliography

M. Avi-Yonah/N. Avigad/Y. Aharoni/I. Dunayevsky/S. Gutman, "The Archaeological Survey of Masada, 1955–1956," *IEJ* 7 (1957) 1–60.

O. Bauernfeind/O. Michel, "Die beiden Eleazarreden in Jos. Bell. 7,323–336; 7,341–388," *ZNW* 58 (1967) 267–72.

G. W. Bowersock, "Old and New in the History of Judaea," *JRS* 65 (1975) 180–5.

A. K. Bowman, *Egypt after the Pharaohs* (London: British Museum, 1986).

M. Broshi, "The Credibility of Josephus," *JJS* 33 (1982) 379–84.

M. Bünker, "Die rhetorische Disposition der Eleazarreden," *Kairos* 23 (1981) 100–7.

S. J. D. Cohen, "Masada: Literary Tradition, Archaeological Remains and the Credibility of Josephus," *JJS* 33 (1982) 384–405.

H. M. Cotton, "The Date of the Fall of Masada: The Evidence of the Masada Papyri," *Zeitschrift für Papyrologie und Epigraphik* 78 (1989) 157–62.

— /J. Geiger, *Masada II: The Yigael Yadin Excavations 1963–1965, Final Reports, The Latin and Greek Documents* (Jerusalem: Israel Exploration Society, 1989).

K. J. Dover, *A Historical Commentary on Thucydides* (Oxford: Clarendon, 1973).

W. Eck, "Die Eroberung von Masada und eine neue Inschrift des L. Flavius Silva Nonius Bassus," *ZNW* 60 (1979) 282–9.

H. Eshel, M. Broshi, T.A.J. Jull, "Documents from Wadi Murabaʿat and the Status of Jerusalem During the War", *Refuge Caves of the Bar Kochba Revolt* (eds. H. Eshel, D. Amit: Tel Aviv, 1998) 233–239 (Hebrew).

L. H. Feldman, "Masada: A Critique of Recent Scholarship," *Christianity, Judaism and Other Greco-Roman Cults: Studies for Morton Smith at Sixty, vol. III: Judaism before 70* (ed J. Neuner; SJLA 12; Leiden: E. J. Brill, 1975) 218–48.

E. Gabba, "L'impero romano nel dicorso di Agrippa II," *Rivista storica dell'antichità* VI–VII (1976–77) 189–94.

— "True History and False History in Classical Antiquity," *JRS* 71 (1981) 50–62.

M. J. Geller, "The Last Wedge," *ZA* 87 (1997) 43–95.

H. Geva, "The Siege Ramp Laid by the Romans to Conquer the Northern Palace at Masada," *ErIsr* 25 (1996) 297–306 [Hebrew with English summary].

H. Lindner, *Die Geschichtsauffassung des Flavius Josephus in Bellum Judaicum* (AGJU 12; Leiden: E. J. Brill, 1972).

M. Luz, "Eleazar's Second Speech on Masada and Its Literary Precedents," *Rheinisches Museum für Philologie* NF 126 (1983) 25–43.

S. N. Mason, "Was Josephus a Pharisee? A Re-Examination of Life 10–12," *JJS* 40 (1989) 31–45.

J. T. Milik, "Textes Hébreux et Araméens," *Les Grottes de Murabbaʿat* (DJD 2; Oxford: Clarendon, 1961) 67–205.

H. Misgav, "Jewish Courts of Law as Reflected in Documents from the Dead Sea," *Cathedra* 82 (1996) 17–24 [Hebrew with English summary].

E. Netzer, *The Buildings: Masada III: The Yigael Yadin Excavations 1963–1965, Final Reports* (Jerusalem: Israel Exploration Society, 1991).

— "The Last Days and Hours at Masada," *BAR* 17/6 (1991) 20–32.

— "The Process of Masada Destruction," *ErIsr* 20 (1989) 311–20 [Hebrew with English summary].

M. Noth, *The Deuteronomistic History* (JSOTSup 15; Sheffield: JSOT Press, 1981).

D. R. Schwartz, "More on Schalit's Changing, Josephus, The Lost First Stage," *Jewish History* 9 (1995) 9–20.

— "On Abraham Schalit, Herod, Josephus, The Holocaust, Horst R. Moehring, and the Study of Ancient Jewish History," *Jewish History* 2 (1987) 9–28.

S. Schwartz, "The Composition and Publication of Josephus' *Bellum Iudaicum* Book 7," *HTR* 79 (1986) 373–86.

M. Stern, "The Date of Composition of Bellum Judaicum," *Proceedings of the Sixth World Congress of the Jewish Studies held at the Jewish University at Jerusalem, 13–19 August 1973* (vol. 2; eds. M. Jagendorf/A. Shinan; Jerusalem: Jerusalem Academic Press, 1975) 29–34.

— "Flavius Josephus the Historian of the Jewish War," *Studies in Historiography* (eds. IDEM/J. SALMON/M. ZIMMERMANN; Jerusalem: Shazar center, 1987) 41–57 (= *Studies*, 378–92 [Hebrew]).

— "Josephus' Jewish War and the Roman Empire," *Josephus Flavius Historian of Eretz-Israel in the Hellenistic-Roman Period* (ed. U. RAPPAPORT; Jerusalem: Yad Ben-Zvi, 1982 [Hebrew with English summary]) (= *Studies*, 393–401).

— *Studies in Jewish History* (Jerusalem: Yad Ben-Zvi, 1991 [Hebrew]).

— "The Suicide of Eleazar ben Yair and His Men at Masada and the 'Fourth Philosophy'," *Zion* 47 (1982) 371–5 [Hebrew] (= *Studies*, 313–43).

S. TALMON, "Fragments of Two Scrolls of the Book of Leviticus from Masada," *ErIsr* 24 (1993) 99–110 [Hebrew with English summary].

H. ST. J. THACKERAY, *Josephus: The Jewish War, Books I–III* (LCL; Cambridge, Mass: Harvard University Press, 1927).

— *Josephus: The Man and the Historian* (New York: Jewish Institute of Religion Press, 1929).

P. VIDAL-NAQUET, "Flavius Josephe et Masada," *Revue Historique* 260 (1978) 3–21.

Y. YADIN, *The Excavation of Masada 1963/4: Preliminary Report* (Jerusalem: Israel Exploration Society, 1965).

— *Masada: Herod's Fortress and the Zealots' Last Stand* (London: Weinfeld and Nicolson, 1971).

— /J. NAVEH, "The Aramaic and Hebrew Ostraca and Jar Inscriptions," *Masada I: The Yigael Yadin Excavations 1963–1965, Final Reports* (Jerusalem: Israel Exploration Society, 1989) 1–68.

Zion and the Destruction of the Temple in 4 Ezra 9–10[*]

Hermann Lichtenberger, Tübingen

Heinz-Wolfgang Kuhn zum 65. Geburtstag

Introduction

The so-called *Fourth Book of Ezra*[1] was written in the ruins of Jerusalem and the Second Temple. It is ascribed to Ezra who is said to have received the revelation in the thirteenth year after the destruction of the First Temple in 587 BCE.

The author here commits beside the pseudepigraphic fiction an anachronism because the historical Ezra lived about one hundred years later than he assumes. The author might have attributed to himself a similar function as early Jewish tradition ascribes to Ezra in the course of the re-establishment of Judaea in the beginning of the Second Temple period. In fact, the book was written after the destruction of the Second Temple; the analogy between the two catastrophes is stressed also in Josephus and in Rabbinic literature. The exact date of composition is to be derived from the eagle-vision: the death of Domitian is attended or has already occurred. However that may be the document was composed about 100 CE,[2] which corresponds to the thirty years from 3,1.29. The original language was with certainty Hebrew. A Greek version found its way to Christian circles where later on it was translated into the languages of the regional churches. It is difficult to imagine that a book of this kind may have been taken over by Christians after the Second revolt, which again brings us near to the year 100.

The author of course used sources and traditions, but his work as it is in our hands is – beside some Christian interpolations – a homogenous work of one founding (as Violet stated) "aus einem Guß"[3].

[*] I thank Marietta Hämmerle for typing the manuscript.

[1] For the text see Violet, *Esra-Apokalypse*, and for translation idem, *Apokalypsen des Esra und des Baruch*; English translation in the following according to Metzger, 517–59; see further Berger.

[2] Violet, *Apokalypsen des Esra und des Baruch*, XLIX.

[3] Violet, *Apokalypsen des Esra und des Baruch*, XLIII.

The book was composed in seven paragraphs which are called since VOLKMAR "visions"[4]. Visions in a strict sense are only 4–6; in 1–3 there are no visionary elements but dialogues with the *angelus interpres*. In the different ways revelation is presented there a climax is intended:

1–3: dialogues of Ezra[5] with the angel
4–6: visions of Ezra
   7: God addresses Ezra in analogy to Mose in Exodus 3

1. Vision 3,1–5,19

In 3,1–3 Pseudo-Ezra directly goes *medias in res*:

"In the thirteenth year after the destruction of our city, I, Salathiel, who am also called Ezra, was in Babylon. I was troubled as I lay on my bed, and my thoughts welled up in my heart because I saw the desolation of Zion and the wealth of those who lived in Babylon."

Of course, since Adam there was transgression, the evil heart was in man:

"For the first Adam, burdened with an evil heart, transgressed and was overcome as were also all who were descended from him …. So the times passed and the years were completed, and you raised up for yourself a servant, named David. And you commanded him to build a city for your name, and in it to offer oblations from what is yours. This was done for many years, but the inhabitants of the city transgressed, in everything doing as Adam and all his descendants had done, for they also had the evil heart. So you delivered the city into the hands of our enemies" (3,21–7).

But: Are the deeds of those who inhabit Babylon any better? Are they better than those of Zion? "When have the inhabitants of the earth not sinned in your sight? Or what nation has kept your commandments so well? You may indeed find individual men who have kept your commandments, but nations you will not find" (3,35–6).

Again: "Why Israel has been given over to the gentiles?" (4,23), "and the Law of your fathers has been made of no effect and the written covenants no longer exist?" Ezra only wants to know how God will react to this, and he gets the decisive answer: "This age is hastening swiftly to its end" (4,26).

2. Vision 5,20–6,34

After seven days of fasting and grief Ezra continues to speak "in the presence of the Most High" (5,22). Again the central question is posed: "Why have you given over the one to the many and dishonored the one root beyond the others, and scattered your only one among the many?" (5,28). The angel

---

[4] See GUNKEL, 335.
[5] For the hermeneutics of the (fictional) Ezra see the discussions since HARNISCH, *Verhängnis, passim*; IDEM, "Prophet als Widerpart", *passim*; BRANDENBURGER, *passim*; STONE, passim.

rebukes him: "You cannot discover my judgement" (5,40). God has foreseen and ordained everything before creation and therefore the end of this *Aion* will come according to his will. Creation is aging, the end is near. Not long, and "the humiliation of Zion is complete" (6,19).

3. Vision 6,35–9,25

Ezra: "If the world has indeed been created for us, why do we not possess our world as an inheritance? How long will this be so?" (6,59). It is true, he admits: "For I made the world for their sake, and when Adam transgressed my statutes, what had been made was judged" (7,11).

Ezra then is revealed the course of the final events:

"For behold, the time will come, when the signs which I have foretold you will come to pass: the city which now is not seen shall appear, and the land which now is hidden shall be disclosed (7,26). There will follow a Messianic time of four hundred years, at the end the Messiah and all people will die, the world will return to the primeval silence for seven days. And after seven days the world, which is not yet awake, shall be roused, and that which is corruptible shall perish" (7,31).

A general resurrection will follow and the final judgement. In this judgement "everyone shall bear his own righteousness or unrighteousness" (7,105). Ezra shall ask no longer for the destiny of the many condemned, but shall be happy to belong to the few righteous ones.

At the end of the third vision Ezra again asks for the destiny of the individual (the few) and the people (the many) which marks not only the transition to *visio 4* (9,26–10,59), but also a turning point in the theological position of Ezra. Had he in the earlier dialogues opposed God and the angel Uriel because of the death of the many, he now will console the woman who has lost her only son with the argument of the many perished children of Zion.

We skip now the *visio 5* (the eagle from the sea, representing the Roman empire/dominion, 11,1–12,51) and *visio 6* (the Son-of-Man-Vision, 13,1–58), he will appear on Mount Zion, which is rebuilt, will destroy the enemies and reestablish all Israel.

The last and *seventh part* (7th vision, 14,1–48) relates Ezra's assumption to heaven. Before that he restores in inspiration the Holy Scriptures which had been destroyed in the burning of Jerusalem. Together with 5 scribes in 40 days and nights 94 books are written, the 24 "canonical" and 70 "apocryphal" books, which only are to be given "the wise among your people" (14,46).

The Zion-Vision in 9,26–10,59[6]

It has long been stated that the so-called fourth vision takes a special, central place in the book. Not only that it is as the fourth in the very center of the seven visions, but there are also significant changes in relation to visions 1–3:

(1) from the study-room to the field
(2) instead of fasting Ezra shall eat vegetarian food
(3) the role of Ezra is changed: he, until now the comforted, becomes the comforter
(4) and most important: this is the first real *visio*.

But first vision 4 starts similar as we know from the visions 1–3, in a lament of Ezra:

"O Lord, you showed yourself among us, to our fathers in the wilderness when they came out from Egypt and when they came into the untrodden and unfruitful wilderness; and you said: 'Hear me, o Israel, and give heed to my words, o descendants of Jacob. For behold, I sow my Law in you, and you shall be glorified through it forever.' But though our fathers received the Law, they did not keep it, and did not observe the statutes; yet the fruit of the Law did not perish – for it could not, because it was yours. Yet those who received it perished, because they did not keep what had been sown in them. And behold, it is the rule that, when the ground has received seed, or the sea a ship, or any dish food or drink, and when it happens that what was sown or what was launched or what was pushed in is destroyed, they are destroyed but the things that held them remain; yet with us it has not been so. For we who have received the Law and sinned will perish, as well as our heart which received it: the Law, however, does not perish but remains in its glory" (9,29–37).

Starting point of the lament is law which was given to Israel, but which they did not keep. Therefore they perished – "the Law, however, does not perish but remains in its glory" (9,37). Ezra's lament has the reason that God acted to Israel in destroying them, in a manner, opposite to nature (33–6).

"Das in der Schöpfungswelt geltende Prinzip widerspricht der Ordnung, daß Sünder, die Gottes Gesetz mißachten, zugrunde gehen!"[7] That is really a climax in the argument: the order of God's creation is not reliable for the transgressors of the Law. This seems to be an end. No *angelus interpres* arrives to teach Ezra and lead him out of this *aporia*. Sapiential doctrine becomes speechless. Ezra in earlier dialogues was shown in his incapability to understand the secrets of creation; now he must realize that human understanding is totally failing when God acts against natural order.

This already is a hint to the solution of the problem: the conditions and potentialities of this *Aion* are not sufficient to understand God's righteousness, the *theodizee*. Only if this is accepted by Ezra he will be able to

---

[6] See Brandenburger, *passim*; Stone, *passim*; Döpp, 125–9; Hahn, 69f.; Schmid, 261–77.
[7] Brandenburger, 66.

receive the message of the vision he is revealed. Under the conditions of this *Aion* it occurs as a *lament* that Ezra exclaims: "For we who have received the Law and sinned will perish, as well as our heart which received it; the Law, however, does not perish but remains in its glory" (37). Only at the very end of the apocalypse, in *visio 7*, Ezra will understand the *truth* of the sentence with which he in the moment rebukes God. This change of Ezra and his attitude will occur as a miracle quite as the vision of the woman and her transformation.

The Vision: The Lamenting Woman

Since GUNKEL[8] it is a plausible *opinio communis* that the woman's tale takes over wide-spread folklore motifs: of the barren woman who eventually gives birth to a child, and the bride whose groom dies in the bridal chamber.

To the reader of course there already are in the tale hermeneutical keys: "The image of Zion as desolate and mourning is common."[9] We remember: Ezra is in the field: "He sees a woman weeping, with rent clothing and ashes on her head, all the traditional signs of mourning."[10] It is a vision, but Ezra is not passive but takes an active role. He addresses the woman: "Why are you weeping, and why are you grieved at heart?" (9,40). The woman repells him: "Let me alone, my lord, she said, that I may weep for myself and continue to mourn, for I am greatly embittered in spirit and deeply afflicted." But then, after Ezra's request, she tells her story:

"barren for thirty years, she prayed to God, who eventually granted her a son, ... But on the joyous evening of his nuptials, he entered the bridal chamber and fell down dead. She then mourned two days and when she was left by her comforting neighbours fled to the field to mourn and fast here to her death."[11]

The narrative by itself is clear. Some traits are not taken up in the following interpretation which witness to the above mentioned folktale (e.g. the neighbours; the extinguished lamps; the mourning until the second night).

The attentive reader hears more than a tragical story: he has in mind Zion as a lamenting woman; he also understands the parallels between Ezra and the woman: thirty years of destruction mentioned in 3,1; her mourning and fasting corresponds to Ezra's acting in visions 1–3. This is important for the understanding of the change in Ezra's role and behaviour in comparison to visions 1–3; now Ezra takes over the function of the angel and addresses the woman.

---

[8] GUNKEL, 344.
[9] STONE, 311.
[10] Ibid.
[11] STONE, 312.

The change of roles is immediately evident when we realize how Ezra changes from the comforted one in the earlier visions into the comforter.[12]

But first he reproaches the woman: "You most foolish of women, do you not see our mourning and what has happened to us?" (10,6). Similar reproaches the *angelus interpres* used to direct against Ezra before.[13] "This reversal of roles is possible, since Ezra has now accepted the implications of what the angel has said to him in the previous visions."[14] Ezra now comforts the woman with *theologumena* against which he himself had rebelled in the previous vision, "the teaching of the few saved and the many damned."[15] He repeats the comfort the angel had given him and which he earlier had rejected, to the woman: "God's ways are inscrutable, but they are just. In due time he will reward the righteous and give them their proper recompense."[16]

In this part (10,21–4) we find one of the most moving laments on Zion/Jerusalem:

"For you see that our sanctuary has been laid waste, our altar thrown down, our temple destroyed; our harp has been laid low, our song has been silenced, and our rejoicing has been ended; the light of our lampstand has been put out, the ark of our covenant has been plundered, our holy things have been polluted, and the name by which we are called has been profaned; our free men have suffered abuse, our priests have been burned to death, our Levites have gone into captivity, our virgins have been defiled, and our wives have been ravished; our righteous men have been carried off, our little ones have been cast out, our young men have been enslaved and our strong men made powerless. And, what is more than all, the seal of Zion – for she has now lost the seal of her glory, and has been given over into the hands of those that hate us. Therefore shake off your great sadness and lay aside your many sorrows, so that the Mighty One may be merciful to you again, and the Most High may give you rest, a relief from your troubles."

A similar lament is known from 1 Maccabees 2 in the mouth of Mattathias:

"When Mattathias saw the sacrilegious acts committed in Judaea and Jerusalem, he said: 'Oh! Why was I born to see this, the crushing of my people, the ruin of the holy city? They sat idly by when it was surrendered, when the holy place was given up to the alien.' Her temple is like a man robbed of honour; its glorious vessels are carried off as spoil. Her infants are slain in the street, her young men by the sword of the foe. Is there a nation that has not usurped her sovereignty, a people that has not plundered her? She has been stripped of all her adornment, no longer free, but a slave" (2,7–12).

See also 4Q179, Col. I:

---

[12] Ibid., 318.
[13] Ibid., 319.
[14] Ibid., 319.
[15] Ibid.
[16] Ibid.

"[...] all our iniquities and we served not God for w[e] did not obey [...] Judah that all these things befall us in the evil [...] his covenant. Woe to us [...] has been burned with fire and overturned [...] our glory and there is no soothing savour in [...] our holy courts were [...] Jerusalem, city of [...] to wild beasts and none [...] and her broad places [...] Alas! All her palaces are desolate [...] and those who attend the appointed assembly are not in them; all the cities of [...] our inheritance has become like a desert, a land not [...] rejoicing is no longer heard in her, and the seeker after [...] man for our wounds, [...] all our enemies [...] our [trans]gressions [...] our sins."[17]

Why should the woman be comforted about that ("be consoled because of the sorrow of Jerusalem"; and: "therefore shake off your sadness and lay aside your many sorrows, so that the Mighty One may be merciful to you again, and the Most High may give you rest, a relief from your troubles")?

It is because Ezra has accepted the perishing of the many according to God's provision and now is able to comfort the woman who has left the *one* son by the death of the *many children of Zion*. And: If God's providence is acknowledged, lament may end. This might be the reason – as already WESTERMANN[18] had observed – why this is the last lament in the book.

The transformation Ezra has experienced becomes "visible" in the transfiguration of the woman: A vision of the heavenly Jerusalem:

"While I was talking to her, behold, her face suddenly shone exceedingly, and her countenance flashed like lightning, so that I was too frightened to approach her, and my heart was terrified. While I was wondering what this meant, behold, she suddenly uttered a loud and fearful cry, so that the earth shook at the sound. And I looked, and behold, the woman was no longer visible to me, but there was an established city, and a place of huge foundations showed itself. Then I was afraid, and cried with a loud voice and said: 'Where is the angel Uriel, who came to me at first? For it was he who brought me into this overpowering bewilderment; my end has become corruption, and my prayer a reproach'" (10,25–8).

It is very difficult to determine the form of the pericope: it is a mixture of transfiguration and epiphany/theophany (and of course e.g. in the NT there is a similar conflation in the pericope of the Transfiguration of Jesus).

We come here to the crucial point. As I said before, the reader had seen from the beginning in the lamenting woman a *simile* for Zion/Jerusalem. The author earlier had used the destiny of Zion/Jerusalem to comfort the weeping woman. Now, in an admirable hermeneutical device the horizons overlap and – what the reader from the beginning had accepted – is being revealed: the woman really *is* Zion/Jerusalem, though in a transformed form.

The otherness is stressed on the one hand in the panic reactions of Ezra. In no other vision of the book we find a comparable reaction of the visionary. On the other hand this transition is to be realized in the overwhelming

---

[17] Translation according to ALLEGRO, 76.
[18] WESTERMANN, 304.

presentation of the city. It is the Heavenly Jerusalem, as will be explained in the following angelic interpretation.

In his helplessness Ezra cries for the angel Uriel who in the foregoing visions had acted as his *angelus interpres*.

After an introductory conversation with Uriel there follows an interpretation.

The Interpretation[19]

"He answered me and said: 'Listen to me and I will inform you, and tell you about the things which you fear, for the Most High has revealed many secrets to you. For he has seen your righteous conduct, that you have sorrowed continually for your people, and mourned greatly over Zion. This therefore is the meaning of the vision. The woman who appeared to you a little while ago, whom you saw mourning and began to console – but you do not now see the form of a woman, but an established city has appeared to you – and as for her telling you about the misfortune of her son, this is the interpretation: This woman whom you saw, whom you now behold as an established city, is Zion. And as for her telling you that she was barren for thirty years, it is because there were three thousand years in the world before any offering was offered in it. And after three thousand years Solomon built the city, and offered offerings; then it was that the barren woman bore a son. And as for her telling you that she brought him up with much care, that was the period of residence in Jerusalem. And as for her saying to you, 'When my son entered his wedding chamber he died,' and that misfortune had overtaken her, that was the destruction which befell Jerusalem. And behold, you saw her likeness, how she mourned for her son, and you began to console her for what had happened. For now the Most High, seeing that you are sincerely grieved and profoundly distressed for her, has shown you the brightness of her glory, and the loveliness of her beauty. Therefore I told you to remain in the field where no house had been built, for I knew that the Most High would reveal these things to you. Therefore I told you to go into the field where there was no foundation of any building, for no work of man's building could endure in a place where the city of the Most High was to be revealed" (10,38–52).

After an introduction (10,38–9) there follows a detailed interpretation of the vision (40–9):

– the woman – is Zion
– her thirty years' barrenness – 3000 years before offerings were made in Zion; Solomon built the city and made offerings, which is the birth of the woman's son
– she nurtured him with care – the period of the residence of Israel in Jerusalem
– the death of the son – the destruction of Zion

It is necessary to stress an important difference: the mourning woman, Ezra saw, *symbolized* Zion. The city he now can see, *is* Zion. And the city doesn't

---

[19] See especially BRANDENBURGER, *passim*, and STONE, *passim*.

disappear with the end of the vision! There is already a new Jerusalem, but it is only revealed to the visionary. Ezra is commanded to enter and experience the city. It is a heavenly and an eschatological one. In the moment it can only be seen by Ezra. Later, when the Son of Man/Messiah will come and take possession of Mount Zion, then Zion will appear and be revealed to *everybody*, perfectly built (13,36).

Ezra is ordered to visit Zion:

> "Therefore do not be afraid, and do not let your heart be terrified; but go in and see the splendor and vastness of the building, as far as it is possible for your eyes to see it, and afterward you will hear as much as your ears can hear. For you are more blessed than many, and you have been called before the Most High, as but few have been. But tomorrow night you shall remain here, and the Most High will show you in those dream visions what the Most High will do to those who dwell on earth in the last days. So I slept that night and the following one, as he had commanded me."

The request to enter the building indicates that it is still there. In a circumstantial way it had been told (v. 54) why Ezra should find the New Jerusalem in the field: "For no work of man's building could endure in a place where the city of the Most High was to be revealed." Revelation 21 will be here even more distinct: The Heavenly Jerusalem only will come down to a *new earth*.

We have to return to the starting point in the lament of Ezra: "We who have received the Law and sinned will perish ...; the Law however, does not perish but remains in its glory" (9,36f.). We shall reflect this in relation to Zion/Jerusalem.

The lament does not really express the truth – at least on a *prima facie* level: The Law is burnt, and it must be restored (*visio 7*). But we must also see the other side: because Law is incorruptible it can be restored.

What is the difference to Zion? Law is restored, it never had perished *per se* as Law. But Zion is revealed as a *new* Jerusalem. The new city comes into being out of a transformation. The woman, whom the reader had always seen as an image of mourning Jerusalem, now is transformed into a new and transmundane Jerusalem. This transformation is total, as can be seen in the epiphanic/theophanic character of the New Jerusalem.

Connections with Revelation 21/22

The closest parallel to this transformation of course is the coming down of the New Jerusalem in Revelation 21. There the place for the New Jerusalem is a newly created world, here in 4 Ezra the field is the place of revelation, where never another house or city had been built. These two texts have many parallels: the most important are (1) the two Jerusalems are seen in the image of a woman, (2) they are transmundane, but they are real.

But there are decisive differences: most striking to that in Revelation 21 the destruction of Jerusalem and the Temple is not complained. To be sure there are traces of a discussion on the destruction (e.g. chapter 11, the measuring of the courts; the beloved city in 20,9), but no lament on the destruction of Jerusalem: even less for the Temple. On the opposite it is explicitly said: "a temple I didn't see!" (21,22).

On the other hand the magnificent decorations of Zion/Jerusalem in 4 Ezra and Revelation are comparable; see also the solidity of the fundaments, the walls etc. In these two books stemming from about the same time we encounter quite different solutions of the problem of the destruction of the Temple. In 4 Ezra the (pharisaic) early rabbinic answer is given: the fulfilling of the Tora takes the place of temple service. In Revelations the Jewish-Christian answer is: God, the Lord, the Pantokrator, is Jerusalem's Temple together with the Lamb (21,22). And yet: the visionary in Revelation cannot think of Jerusalem without thinking of the Temple, and so the foundations of Jerusalem follow the ground plan of the ideal Temple: the square. The New Jerusalem for both is already prepared by God. The visionary can see the new city, he is shown its interiors, in 4 Ezra he is ordered to walk in her. What he experiences is real, but the visible realization for everybody will occur in future.

Conclusion

For the present time it is Tora which has to determine life of the people. As the Law was burnt, it must be rewritten. It is not a new Tora, it is quite the old. This happens in the last vision. There will be a New Jerusalem, but not a new Law. So, what Ezra had exclaimed as a lament: "the Law, however, does not perish, but remains in its glory" is true!

In this time without the Temple, Tora becomes – as HEINRICH HEINE said – "das portative Vaterland der Juden"[20] – and will continue to be. The fourth vision (the Zion-vision) is certainly the center of the book, but the climax rather is the seventh vision with the revelation of the Tora. It is not a new one, not a messianic Tora. In a time without the Temple there will only be Tora as it was in the beginning up to David, who had built the Temple.

Zusammenfassung

Die vierte Vision, die Zion-Vision, bildet das Zentrum des 4. Esrabuches. Die Anspielungen auf die Zerstörung Jerusalems und des Tempels in den vorangehenden und folgenden Visionen treffen in diesem Kapitel zusammen. Das 4. Esrabuch, sozusagen auf den Ruinen von Jerusalem geschrieben,

---

[20] Letter to Betty Heine from May 7, 1853, quoted according to H. HEINE, Bekenntnis zum Judentum, ed. by H. Bieber, Berlin 1925.

antizipiert ein himmlisches Jerusalem, das in der messianischen Zeit kommen werde. Dieser Aufsatz arbeitet die verschiedenen Interpretationen der Zion-Vision im 4. Esrabuch heraus und setzt sie in Beziehung zu vergleichbaren theologischen und eschatologischen Konzepten, insbesondere in der Johannes-Apokalypse.

Bibliography

J.M. Allegro, *Qumran Cave 4.1 (4Q158–4Q186)* (DJD 5; Oxford: Clarendon, 1968).

K. Berger, *Synopse des Vierten Buches Esra und der syrischen Baruch-Apokalypse* (Tübingen/Basel: Francke, 1992).

E. Brandenburger, *Die Verborgenheit Gottes im Weltgeschehen: Das literarische und theologische Problem des 4. Esrabuches* (ATANT 68; Zürich: Theologischer Verlag, 1981).

H.-M. Döpp, *Die Deutung der Zerstörung Jerusalems und des Zweiten Tempels im Jahre 70 in den ersten drei Jahrhunderten n. Chr.* (Tübingen/Basel: Francke, 1998).

H. Gunkel, "Das 4. Buch Esra," *Die Apokryphen und Pseudepigraphen des Alten Testaments* (2 vols.; ed. E. Kautzsch; Darmstadt: Wissenschaftliche Buchgesellschaft, 1962) 2.331–401.

F. Hahn, *Frühjüdische und urchristliche Apokalyptik* (Neukirchen-Vluyn: Neukirchener Verlag, 1998).

W. Harnisch, "Der Prophet als Widerpart und Zeuge der Offenbarung: Erwägungen zur Interdependenz von Form und Sache im IV. Buch Esra," *Apocalypticism in the Mediterranean World and the Near East* (2nd ed.; ed. D. Hellholm; Tübingen: J.C.B. Mohr [Paul Siebeck], 1989) 461–93.

— *Verhängnis und Verheißung der Geschichte: Untersuchungen zum Zeit- und Geschichtsverständnis im 4. Buch Esra und in der syr. Baruchapokalypse* (FRLANT 97; Göttingen: Vandenhoeck & Ruprecht, 1969).

B.M. Metzger, "The Fourth Book of Ezra," *The Old Testament Pseudepigrapha* (2 vols.; ed. J.H. Charlesworth; Garden City/New York: Doubleday, 1983) 1.517–59.

K. Schmid, "Esras Begegnung mit Zion: Die Deutung der Zerstörung Jerusalems im 4. Esrabuch und das Problem des 'bösen Herzens'," *JSJ* 29 (1998) 261–77.

M.E. Stone, *Fourth Ezra: A Commentary on the Book of Fourth Ezra* (Hermeneia; Minneapolis: Fortress Press, 1990).

B. Violet, *Die Apokalypsen des Esra und des Baruch in deutscher Gestalt* (Leipzig: Hinrichs, 1924).

— *Die Esra-Apokalypse (IV. Esra): Erster Teil: Die Überlieferung* (Leipzig: Hinrichs, 1910).

C. Westermann, "Struktur und Geschichte der Klage im Alten Testament," *Forschung am Alten Testament* (TBü 24; München: Kaiser, 1964) 266–305.

Tempel und Tempelkult in Pseudo-Philos
Liber Antiquitatum Biblicarum

Manuel Vogel, Münster

Ist der pseudo-philonische Liber Antiquitatum Biblicarum (LibAnt), jene ursprünglich hebräisch abgefaßte frühjüdische Schrift, die die biblische Geschichte von Adam bis Saul nacherzählt[1], für eine „Gemeinde *mit* Tempel" geschrieben worden oder für eine „Gemeinde *ohne* Tempel"? Auch unabhängig von der schwierigen Datierungsfrage[2] differiert die Forschung in dieser Frage bis heute in erheblichem Maße: Eine eigentümliche Ambivalenz des Verfassers gegenüber Tempel, Opferkult und Priestertum hat zur Folge, daß PsPhilo einerseits lebhaftes Interesse an Fragen des Tempelkultes bescheinigt wird,[3] andererseits Distanziertheit oder Desinteresse.[4] Die These dieses Beitrags lautet, daß die gegensätzlichen Urteile der Forschung auf gezielt gegenläufige Signale im Text selbst zurückgehen. Dann aber ist nicht erneut zu diskutieren, ob Tempel, Kult und Priestertum im LibAnt als positiv oder negativ bzw. bedeutend oder unbedeutend gelten. Vielmehr ist zu fragen, warum diese Schrift für beides so zahlreiche Belege bietet.

Zuvor soll den genannten Ambivalenzen jedoch noch etwas nachgegangen werden. Zunächst ist nicht von der Hand zu weisen, daß PsPhilo kaum eine Gelegenheit ausläßt, Notizen über Opferhandlungen in den Gang seiner Erzählung einzubauen.[5] Auch Priester, besonders Pinchas, der Sohn Eleazars, spielen immer wieder eine wichtige Rolle.[6] Andererseits ist die kritische Distanz PsPhilos gegenüber dem Priestertum an manchen Stellen nicht zu

---

[1] Für die Sekundärliteratur bis 1994 sei auf die ausführlichen Literaturverzeichnisse von MURPHY, Rewriting the Bible, und REINMUTH verwiesen. Übersetzung, wenn nicht anders vermerkt, nach DIETZFELBINGER, Pseudo-Philo: Antiquitates Biblicae.

[2] Vgl. REINMUTH, 17–26, und JACOBSON, 199–210.

[3] SPIRO, 332: PsPhilo „speaks at length and minutely about the laws regarding the tabernacle, its furnishings, the priests and their garments, sacrifices and their numbers, tithes and festivals." Vgl. auch FELDMAN, XXXIX, und PERROT/BOGAERT/HARRINGTON, 39–41.

[4] COHN, 325: „no importance is attached to sacrifices and the service of the temple"; JAMES, 32: „There is a singular absence of interest in the Temple services and the ceremonial Law". Vgl. auch DELCOR, 1373.

[5] So PERROT/BOGAERT/HARRINGTON, 42: „le Pseudo-Philon manque rarement l'occasion de rappeler les gestes sacrificiels des anciens". Vgl. 3,8; 4,5; 21,8f.; 22,7–9; 26,7; 32,18; 41,1; 42,9; 49,8; 50,2; 57,4.

[6] 17,1–4; 22,1; 22,8; 24,4; 25,5f.; 28,1; 28,3; 44,2f.; 46,1; 46,4–47,3; 47,10; 48,1f.; 50,3; 51,6; 53,6.

übersehen. Auch teilt er nicht die priesterlicher Opfertheologie eigene Favo-
risierung des Sündopfers bzw. der Sühnefunktion von Opfern.[7]

Als Ausnahme kommt neben der tendenziell kult*kritischen* Aussage 18,2 (s.u.) sowie
22,7 (vgl. jedoch Anm. 13) und 32,3 „für die Bosheiten der Menschen [sind] Tiere
eingesetzt (...) zur Tötung (*pro iniquitatibus hominum pecora constitua sunt in occi-
sionem*)" allenfalls die unsichere Stelle 13,2 in Betracht. Der lateinische Text lautet:
Hec est lex thuribuli in quo immolabitis mihi et exorabitis pro animabus vestris. Folgt
man der Mehrzahl der Übersetzungen,[8] ist hier eine Verbindung von Opferkult und
Fürbitte angedeutet. Dagegen verweist JACOBSON auf die Konvention der Vulgata, hebr. כפר mit *rogare* oder *(ex)orare* wiederzugeben,[9] so daß *et exorabitis pro animabus
vestris* zu übersetzen wäre: „...und ihr werdet Sühne schaffen für eure Seelen". Die
Verbindung von Opfer und Fürbitte, die das Alte Testament noch kaum kennt,[10] ist
jedoch im Frühjudentum geläufig.[11] Zumindest theologiegeschichtlich ist die Übersetzung von *exorare* mit „inständig bitten" daher in Betracht zu ziehen,[12] zumal der
LibAnt selbst eine Sachparallele enthält.[13] Dann benennt LibAnt 13,2 (wie auch 22,7)
mit dem Bittgebet neben dem Opferkult eine Möglichkeit, Vergebung zu erlangen,
die auch unabhängig vom priesterlich verwalteten Tempelopfer praktizierbar war.

Auffällig ist auch, daß PsPhilo in 52,3 ausgerechnet die Elisöhne als amtierende Priester nicht der Sühnewirkung von Opfern anbefiehlt, sondern der
Fürbitte derjenigen, die sie geschädigt haben. In 15,5 (Kontext: Kundschafter-
erzählung Num 13) beschließt Gott die Vernichtung der Wüstengeneration
und verbietet zu diesem Zweck den Engeln, für Israel Fürbitte zu leisten.[14]

---

[7] Vgl. JANOWSKI, 38.

[8] So etwa DIETZFELBINGER, Pseudo-Philo: Antiquitates Biblicae, 137: „Dies ist das Gesetz
des Altars, auf dem ihr mir opfern und inständig bitten sollt für eure Seelen."

[9] JACOBSON, 508. Vgl. auch LibAnt 64,9, wo für *exoratio* wahrscheinlich כפרה im verlorenen
hebr. Original stand (JACOBSON, 1212).

[10] EGO, 369 Anm. 37, verweist für „einzelne Anspielungen auf die Verknüpfung der Fürbitte
mit dem Opfer" auf Ps 4,6; 5,4; 20,2–6. Zu ergänzen ist Hi 42,8 (freundlicher Hinweis von Frau
Prof. I. Willi-Plein).

[11] Vgl. EGO, ebd. Besonders der in Anm. 43 genannte Beleg Weish 18,20–22 ist bedeutsam,
weil hier im Vergleich mit der biblischen Vorlage (Rolle Aarons in Num 16) die Ergänzung des
Opfers um die Fürbitte zu beobachten ist: „Aber der Zorn währte nicht lange, denn ein Mann
ohne Fehl eilte herbei und handelte als Vorkämpfer. Die Waffe des ihm eigenen Dienstes, Gebet
und Sühnung durch Weihrauch (προσευχὴν καὶ θυμιάματος ἐξιλασμόν) brachte er mit (...) Er
überwand die Wut nicht mit körperlicher Kraft (...), sondern er unterwarf den Straf(-Engel) mit
dem Wort, indem er an die an die Väter ergangenen Eide und Bündnisse erinnerte" (Übersetzung
nach GEORGI).

[12] Aber auch philologisch: In Sir 7,10 (V) steht *exorare* für hebr. תפלה (LXX: ἐν τῇ προσευχῇ
σου); auch in IV Esr 7,111 (V) heißt *exorare* „beten".

[13] 22,7: „Josua und ganz Israel" opfern für die transjordanischen Stämme „tausend Widder
in der Absicht der Entsühnung, und sie beteten für sie (*mille arietes pro verbis excusationis, et
oraverunt pro eis*)." Auch hier wird der Kulthandlung die (als Ergänzung notwendige?) Fürbitte
zur Seite gestellt.

[14] In syrBar 2,2 soll sich Jeremia aus Jerusalem entfernen, weil seine „Werke" und „Gebete"
die von Gott beschlossene Zerstörung der Stadt verhindern würden.

Die Fürbitte der Engel[15] schützt Israel also vor den negativen Folgen seines Ungehorsams. Da die angekündigte Vernichtung auf die Bitte Moses hin unterbleibt (15,7), kann der Umkehrschluß gezogen werden, daß die Engel nach der Auffassung PsPhilos ihre Fürbitterrolle nach wie vor und dauerhaft ausüben. Weitere Fürbittergestalten im LibAnt sind Samuel (64,2) und Mose. In 19,3 sagt Mose den Israeliten voraus, daß sie, von Gott für ihren Ungehorsam bestraft und schließlich wieder gnädig angenommen, nach einem „Hirten wie Mose" fragen werden, „der zu aller Zeit bitte für unsere Sünden und erhört werde für unsere Bosheiten (*qui in omni tempore oret*[16] *pro peccatis nostris et exaudiatur pro iniquitatibus nostris*)." Eine Fürbitte Moses folgt in 19,8. Die Wortwahl (*misericordia tua … solidetur*) deutet an, daß Mose nicht nur aktuell für bestimmte Verfehlungen Israels Fürbitte leistet, sondern, auf den künftigen Abfall Israels vorausschauend, gewissermaßen „ein für allemal". Die göttliche Antwort auf das Gebet des Mose fällt denn in 19,11 auch entsprechend umfassend aus: Gott wählt den Stab des Mose in Analogie zum Regenbogen des Noahbundes als Erinnerungszeichen, sich seines Volkes im Falle des Ungehorsams zu erbarmen.

Neben der Fürbitte ist für PsPhilo auch das Fasten eine Alternative zum sühnewirkenden Opferkult: Ein kurzer Passus in der Gottesrede an Mose in 13,6 (Kontext: Bestimmungen für den Neujahrstag) thematisiert das Bußfasten am Versöhnungstag: „Mittels des Fastens der Barmherzigkeit werdet ihr mir nämlich fasten für eure Seelen, damit erfüllt werden die Versprechungen an eure Väter (*Per ieunium misericordie ieunabitis enim mihi pro animabus vestris, ut compleantur sponsiones patrum vestrorum*)".[17] Die Zweckbestimmung dieses Fastens (*ut compleantur …*) ist bedeutsam, weil sie eine Brücke zur Geschichtstheologie des Buches schlägt.[18]

Ein weiteres Mittel nichtkultischer Sühne klingt in 26,1 an: Kenas soll die Sünder aus den Stämmen Israels samt ihrer Habe „mit Feuer verbrennen, und es wird mein Zorn von ihnen ablassen"; die Verbrennung wird in 26,5 kurz notiert (hier ausdrücklich: „jene Menschen"). In signifikantem Unterschied etwa zu der Strafaktion in Num 25, die erfolgt, „damit die Glut des Zornes JHWHs ablasse von *Israel*" (Num 25,4),[19] heißt es in LibAnt 26,1 „damit mein Zorn *von ihnen* ablasse (*ut pauset ira mea ab eis*)", d.h. von den Delinquenten selbst. Zuvor sagt Kenas zu den Übertretern (25,7):

---

[15] Dies ist ein in der frühjüdischen Literatur verbreitetes Motiv. Vgl. dazu die bei UHLIG, 542 Anm. 2d, genannten Texte sowie EGO, 368.

[16] JACOBSON, 616f., zieht auch hier כפר im hebr. Original in Betracht und verweist auf rabbinische Texte, die Mose priesterliche Funktion zuschreiben. Das parallele *exaudiatur* deutet aber eher auf ein worthaftes Geschehen wie in AssMos 11,11.17 (vgl. dazu TROMP, 247.257f., und HAFEMANN, 90–94), wo Mose eindeutig als Fürbitter agiert.

[17] Eigene Übersetzung; *patrum* ist gen. obj. (gegen JAMES).

[18] Vgl. dazu VOGEL, Geschichtstheologie.

[19] Jacobson, 759, zu *ut pauset ira mea ab eis*: „A virtual quotation of Nu 25:4, in the same sort of context: the need to kill the sinners in order to allay God's anger".

„Und nun berichtet uns eure Nichtswürdigkeiten und Einfälle. Und wer weiß, daß,
wenn ihr uns die Wahrheit sagt und wenn ihr auch sogleich sterbt, dennoch Gott sich
eurer erbarmen wird, wenn er die Toten lebendig machen wird (*quoniam si dixeritis
veritatem nobis, etsi modo moriamini, miserebitur tamen vobis Deus cum vivificabit
mortuos*).“

Hier ist der Gedanke der Sühnewirkung des individuellen Todes angedeutet,
den PsPhilo auch an anderer Stelle verwendet: In 64,9 läßt PsPhilo Saul sagen: „Siehe, ich gehe mit meinen Söhnen, um zu sterben; wenn anders (mein)
Untergang die Sühne für meine Sünden sein wird (*ecce ego vado cum filiis
meis mori, si ruina exoratio est iniquitatum mearum*)“.[20] Während in 26,1 das
reinigende Feuer die Sünder bei lebendigem Leib verzehrt, tut es nach 23,6
seine Wirkung nach dem Tode der Übeltäter: In der Bundesschlußszene Gen
15 zeigt Gott Abraham nach der Darstellung des LibAnt „den Ort des Feuers, an dem gesühnt werden sollen die Werke derer, die Bosheiten gegen mich
tun (*locum ignis, in quo expientur opera facientium iniquitatem in me*)“.[21]
Saul scheint für PsPhilo also kein Ausnahmefall zu sein. Die Erlangung von
Sühne durch den eigenen Tod bzw. durch die Feuerqual in der Unterwelt
wird als generelle Möglichkeit angedeutet.[22] Dies ist für PsPhilo deshalb
wichtig, weil er den Gottesvolkbegriff um eine transzendente Dimension
erweitert: Erst in einer jenseitigen paradiesischen Zwischenwelt konstituiert
sich das Gottesvolk aller Zeiten und Generationen;[23] die Sühnewirkung des
individuellen Todes macht es möglich, daß auch diejenigen, die sich bei Lebzeiten versündigt haben und verworfen bzw. mit dem Tode bestraft wurden,
zu dieser Größe hinzugerechnet werden können.

Zur fehlenden kulttheologischen Akzentuierung der zahlreichen Opferhandlungen und dem Aufweis alternativer Sühnemittel[24] kommt an einigen

---

[20] Eigene Übersetzung. Rabbinische Parallelen für die Deutung des Todes Sauls als Sühne
für seine Sünden bei GINZBERG, Bd. 6, 237.

[21] JACOBSON, 716, nimmt für *expiare* hebr. כפר an. Für die von ihm unter Bezugnahme auf
James alternativ erwogene Bedeutung „to be punished“ (ohne den Aspekt der Sühne) finde ich
bei GEORGES s.v. *expio* keinen Beleg.

[22] Zu LibAnt 26,1 und 64,9 vgl. TestAbr (Rez. A) 14,14f. (Gottesrede an Abraham: „und
die, von denen du meinst, daß ich sie vernichtet habe, die rief ich wieder und führte sie zum
Leben durch [meine] große Güte. Denn für eine bestimmte Zeit habe ich sie zum Gericht
dahingegeben. Die ich nämlich beim Leben auf dieser Welt vernichte, denen werde ich im Tode
nicht vergelten“; Übersetzung nach JANSSEN, 239; Zählung nach SANDERS), bYom 86a (Der Tod
sühnt das Vergehen der Entweihung des Gottesnamens) sowie I Kor 5,5. Zu LibAnt 23,6 vgl.
TestIsaak 5,31f. (Vision des Feuerflusses: „I [d.i. Isaak] said to the angel, ‚My sight cannot
embrace them [d.i. die Strafen der Unterwelt] because of their great number; but I desire to
understand how long these people are to be in this torture.‘ He said to me: ‚Until the God
of mercy becomes merciful and has mercy on them‘ “ [Übersetzung nach STINESPRING]. Hier
ist nicht explizit eine Sühnewirkung des Feuers ausgesagt, aber doch ein Zusammenhang von
Feuerqual und darauffolgender „Begnadigung“).

[23] Vgl. 21,9; 23,13; 32,13; dazu VOGEL, Geschichtstheologie, 187f.

[24] Dagegen mißt PsPhilo der Aqedah keine Sühnefunktion zu. 18,5 (*pro sanguine eius elegi
istos*) spricht von der Erwählung (nicht aber von der Entsühnung) Israels „vermöge seines [d.i.

Stellen eine spürbar kritische Einschätzung des Priestertums. In der Nacherzählung von Jos 22 läßt PsPhilo die transjordanischen Stämme nicht nur einen Altar bauen und auf diesem (im Widerspruch zur biblischen Vorlage) tatsächlich Opfer darbringen, sondern auch Priester bestellen (LibAnt 22,1: „machen"). Mit dem umstrittenen Unterfangen des Altarbaus, das später mit Opfern und Fürbitten gesühnt werden muß (22,7), gerät der Berufsstand der Priester erstmals in ein zweifelhaftes Licht. In diesem Zusammenhang (22,5) klingt auch die Höherbewertung des Torastudiums gegenüber dem Opferkult an.[25] In 44,2 entwirft PsPhilo anhand der Gestalt Michas aus Jdc 17 geradezu die Karikatur des geschäftstüchtigen Priesters, der das Ansehen seines Berufes („und ‚Priester' wird dein Name sein") in klingende Münze umzusetzen versteht. Die Verfehlungen der Söhne Elis erscheinen in 52,3; 53,10 durch die Einflechtung des Aaronstabmotivs als Untergang des aaronidischen Priestertums überhaupt. Will PsPhilo sagen, daß die unlautere Amtsführung der Priester das Priestertum als solches gefährdet oder gar bereits ins Verderben gestürzt hat?[26] Nicht zufällig übergeht der LibAnt den „Bund des ewigen Priestertums" für Pinchas (Num 25,13), obwohl Pinchas immer wieder eine wichtige Rolle spielt. Die Kritik PsPhilos beschränkt sich indes nicht auf die Priesterschaft. Auch dem kulttheologischen Konzept des sühnewirkenden Opfers scheint er distanziert gegenüberzustehen.[27] Der Verfasser läßt einen nichtisraelitischen Protagonisten der biblischen Geschichte auftreten, um seine Kritik zu formulieren. In 18,7 richtet Balak Bileam aus:

„Siehe, ich weiß, daß Gott, wenn du Gott Brandopfer darbringst, sich mit den Menschen versöhnen wird. Und nun fahre weiter fort, daß du von deinem Gott (etwas) erbittest, und frage für mich in betreff der Brandopfer, wieviele er will. Wie, wenn er vielleicht für meine Nöte günstig gestimmt werden wird? Du selbst wirst deinen Lohn haben, und Gott wird deine Darbringungen annehmen."

Das Ansinnen Balaks ist sicherlich zunächst mit dem kategorischen Irrtum behaftet, er könne durch Opfer den Gott Israels dazu bewegen, sich gegen Israel zu stellen. Doch ist auch die Anschauung selbst, die Bileam über Wesen und Funktion von Opferhandlungen vorträgt, sicher nicht ohne Absicht

---

Isaaks] Blutes"; Zu 32,3 „Es wird aber meine Seligkeit alle Menschen übertreffen (*Erit autem beatitudo super omnes homines*; eigene Übersetzung)" vgl. JACOBSON, 866, gegen DAVIES/CHILTON, 524f. In 40,2 sind Abraham und Isaak lediglich Vorbilder in der willigen Erfüllung des göttlichen Befehls.

[25] „Denn wenn eure Söhne im Bedenken des Gesetzes des Herrn wären, würden ihre Sinne nicht verführt hinter einem von Hand verfertigten Altar her." JACOBSON, 702, stellt fest, daß es hier nicht um den Gegensatz zwischen legitimem und illegitimem Heiligtum geht, „but rather between the critical worship of God through study and the lesser form through sacrifice". Vgl. dazu bShab 30a; bEr 63b.

[26] Vgl. MURPHY, Rewriting the Bible, 194: Im Mißbrauch des Kultwesens sieht PsPhilo „a threat to the entire cultic establishment".

[27] Anders PERROT/BOGAERT/HARRINGTON, 40: „Toutefois, son attaque n'atteint jamais le Temple et la valeur du rite sacrificiels comme tels."

derart pointiert gezeichnet: Die in 18,7 vorgeführte Handhabung des Opfers als Verhandlungssache und vorteilhaftes Geschäft für alle Beteiligten (für den Opfernden, den Priester und die Gottheit) kann als Paraphrase einer Kultpraxis gelesen werden, die PsPhilo (sei es aus aktueller Anschauung, sei es im Rückblick) generell negativ beurteilt und deshalb ablehnt. Daß PsPhilo eine solche Vulgärtheologie dem Erzfeind Balak in den Mund legt, läßt vermuten, daß er seine eigene Auffassung mit Vorsicht formulieren mußte.

Dies führt zu der Frage zurück, wie die ambivalente Haltung PsPhilos zu Opferkult und Priestertum zu erklären ist. Warum läßt PsPhilo die Israeliten immer wieder Opfer darbringen, ohne daß dabei ein explizites kulttheologisches Interesse des Verfassers erkennbar wird? Warum sind unter den Protagonisten der von ihm nacherzählten biblischen Geschichte stets auch Priester, wenn zugleich an mehreren Stellen ein negatives Urteil über die Priester als Klasse zutage tritt? Will man für die Beantwortung dieser Fragen weder zur literarkritischen Schere greifen noch dem Verfasser des LibAnt eine gewisse theologische Beliebigkeit anlasten, so bleibt die Vermutung, daß die aufgezeigten Ambivalenzen Teil einer literarischen Strategie sind. Tatsächlich deutet eine Stelle darauf hin, daß PsPhilo sein Erzählwerk unter Rücksichtnahme auf eine bestimmte Gruppe aus den Reihen seiner Leserschaft abgefaßt hat: In 28,3 unterbricht Pinchas die Abschiedsrede des Kenas, um Worte seines Vaters Eleazar mitzuteilen, die dieser seinerseits in seiner Todesstunde gesprochen hatte:

„Da sprach Pinchas, der Sohn des Priesters Eleazar: ‚Wenn (es) der Führer Kenas befiehlt und die Propheten und das Volk und die Ältesten, werde ich das Wort sagen, das ich von meinem Vater gehört habe, als er starb, und ich werde nicht schweigen von dem Gebot, das er mir auftrug, während seine Seele aufgenommen wurde.‘ "[28]

Einerseits mißt Pinchas seinem Wort so viel Gewicht bei, daß er ausgerechnet in der exponierten Situation der Abschiedsrede des Kenas um Gehör bittet. Andererseits betont er ausdrücklich, daß er sich dem Urteil des Volkes und seiner Führer unterordnet. Man hat den Eindruck, daß hier priesterliche und nichtpriesterliche Führungsansprüche artikuliert und gegeneinander abgewogen werden. Der förmliche Gestus, der die Wortmeldung des Pinchas prägt, bestimmt auch die Antwort des Kenas und der Ältesten:

„Da sprachen der Führer Kenas und die Ältesten des Volkes: ‚Pinchas soll sprechen. Redet etwa irgend jemand früher als der Priester, der die Aufträge des Herrn unseres Gottes, bewacht, zumal wenn aus seinem Mund Wahrheit hervorgeht und aus seinem Herzen aufstrahlendes Licht?‘ "

Die Pinchas von Kenas zuerkannte Autorität leitet sich nicht vom Inhalt der aktuell vorzutragenden Rede her, sondern von den Vorrechten, die „der Priester", d.h. der Priester*stand* genießt, übrigens nicht aufgrund seiner kul-

---

[28] Imperfekt mit JAMES („when his soul was being recieved").

tischen Aufgaben sondern als Lehrer der Tora und in der altertümlichen Funktion als Verwalter der אורים ותמים.

Das Konkurrenzverhältnis priesterlicher und laikaler Gruppen in der Führungsschicht des palästinischen Judentums war seit dem Erstarken der pharisäischen Richtung in der zweiten Hälfte des ersten vorchristlichen Jahrhunderts ein stets virulentes Thema. Konnte sich der Priesterstand hierbei bis 70 n.Chr. auf seine althergebrachten Rechte und die Würde des priesterlichen Dienstes berufen, so mögen die durch die Tempelzerstörung ihres traditionellen Tätigkeitsfeldes beraubten Priester besonders empfindlich reagiert haben, wenn ihre Autorität zur Disposition gestellt wurde. Es scheint zumindest einen Versuch wert, die Szene aus LibAnt 28 auf diesem Hintergrund zu deuten. Konkret steht hinter dem in LibAnt 28,3 zuerkannten Recht, „als erster zu reden", vermutlich das priesterliche Privileg der ersten Lesung im Synagogengottesdienst. Die einschlägige Stelle der Mischna (mGit 5,8)[29] vermerkt ausdrücklich, daß den Priestern dieses Vorrecht „des Friedens wegen" (מפני דרכי שלום) eingeräumt wurde. Es liegt hier eine der Regelungen vor, für die es keine Grundlage in der Tora gibt, die aber, weil „die Wege der Tora Wege des Friedens" (vgl. Prov 3,17)[30] sind, zur Vermeidung von Konflikten beschlossen wurden:

„Das sind Sätze, die sie ‚um des Friedens willen' sagten: Ein Priester liest als erster und nach ihm ein Levit und nach ihm ein Israelit – um des Friedens willen."[31]

In LibAnt 28,3 geht es ausweislich dieser Stelle um mehr bzw. um etwas anderes als um die bloße Hochschätzung des Priestertums.[32] Vielmehr besteht Grund zu der Annahme, daß der (gänzlich „apokryphe") Wortwechsel zwischen Pinchas und Kenas ein sensibles und instabiles Gefüge priesterlicher und nichtpriesterlicher Machtansprüche widerspiegelt. Insbesondere eine Priesterschaft, die ihre Autorität schwinden sah,[33] muß gegenüber Tendenzen wachsam gewesen sein, die diesen Autoritätsverlust noch beschleu-

---

[29] Vgl. Perrot/Bogaert/Harrington, 161; Jacobson, 804.

[30] Vgl. Jastrow, 323.

[31] Übersetzung nach Correns, 93.

[32] Murphy, Rewriting the Bible, 131: „the highest possible regard for the priesthood".

[33] Vgl. auch Dietzfelbinger, Pseudo-Philo: Liber Antiqitatum Biblicarum, 192. Er deutet 52,3f. und 53,10 als *vaticinia ex eventu* und folgert, daß PsPhilo „es mit einem bereits geschlagenen und depossedierten Priestertum zu tun hat". Zum Schwinden des priesterlichen Einflusses nach 70 vgl. auch Schürer/Vermes, 523f.: Eine Folge der Tempelzerstörung „was the suspension of the sacrifical cult and the gradual withdrawl of the priesthood from public life. It was, however, a long time before the situation was accepted as definitive. It seemed probable, that the priests would soon be able to resume their duties. Needless to say, all the taxes were paid to them as before. Only those directly intended for the support of the Temple and public sacrifice were declared by the rabbis to be suspended. Dues appointed for the personal maintenance of the priests remained a legal duty. But in spite of all this, now that priesthood was unable to carry out its functions, it lost its significance as well. It became a relic of bygone days which, as time passed, fell more and more into dissolution and decay."

nigten. Es ist gut denkbar, daß sich das ambivalente Bild, das der Verfasser von Priestertum und Kult zeichnet, seiner Rücksichtnahme auf priesterliche Kreise verdankt, die er für die Botschaft seines Buches gewinnen wollte. Diese aber ruht auf einer an Bundes- und Erwählungsgedanken orientierten Geschichtstheologie, die ohne kulttheologische Elemente auskommt. Wollte PsPhilo sich die Zustimmung seiner priesterlichen Leserschaft sichern, so mußte er seine Kritik am Priestertum gewissermaßen im Windschatten der biblischen Überlieferung vortragen, d.h. anhand von Priesterfiguren, die schon im Alten Testament negativ bewertet wurden, und er mußte priesterlichem Denken wenigstens oberflächlich entgegenkommen.[34]

Auf diesem Hintergrund sollen nun die Aussagen des LibAnt zum Tempel in den Blick genommen werden: Welche Rolle spielt für PsPhilo das Jerusalemer Heiligtum? Und: Deuten die einschlägigen Passagen auf ein Entstehungsdatum des LibAnt vor oder nach 70?[35] Auch hier ist der Befund nicht eindeutig.

In 12,4 „Ich werde sie verlassen und will mich, wenn ich mich wieder umgewendet habe, mit ihnen versöhnen, damit mir ein Haus bei ihnen erbaut werde, welches auch seinerseits wieder niedergelegt werden wird deswegen, weil sie sündigen werden gegen mich (*Et nunc quoque relinquam eos, et conversus iterum concordabor eis ut edificetur mihi domus in eis, que ipsa iterum deponetur propter quos peccaturi sunt in me*)" ist entscheidend, worauf *relinquam eos* zu beziehen ist. M.E. ist am ehesten an das babylonische Exil zu denken, das nach deuteronomistischer Geschichtstheorie auf die Abfallsgeschichte der Königszeit folgte. Dann wäre aber in 12,4 nicht der salomonische Tempel gemeint, sondern der nach dem Exil wiedererrichtete Zweite Tempel – einschließlich seiner Zerstörung i.J. 70. Wenn es dagegen um die Zerstörung des Tempels i.J. 587 v.Chr. geht und PsPhilo vor 70 geschrieben hat, stellt sich die Frage, warum der Wiederaufbau nicht wenigstens angedeutet wird. Jedenfalls ist es der Ungehorsam Israels, der dem göttlichen Plan zuwiderläuft:

---

[34] Auch PERROT/BOGAERT/HARRINGTON, 42, vermuten taktische Erwägungen PsPhilos bei der Abfassung des LibAnt, nur daß sie diese in umgekehrte Richtung verlaufen sehen: PsPhilo habe seine eigenen kulttheologischen Interessen nur begrenzt zum Tragen kommen lassen, da er auf Gruppen in seiner Umgebung habe Rücksicht nehmen wollen, die von hellenistischer Tempelkritik beeinflußt waren: „Dans ce contexte on comprendrait que le Pseudo-Philon n'ait pas voulu trop insister sur ce sujet [d.i. Opfer und Priestertum]".

[35] Ausgespart werden soll dabei die Notiz in 19,7 „Der Tag aber war der siebzehnte des vierten Monats (*dies autem erat septima decima mensis quarti*)". Die Frage, ob sich diese Datumsangabe auf die Zerstörung des ersten oder zweiten Tempels bezieht, ist, wie REINMUTH, 22f., zutreffend bemerkt, Gegenstand einer „wenig ertragreichen und verwirrenden Diskussion" (vgl. zuletzt JACOBSON, 202–205). Wenig ertragreich ist die Diskussion deshalb, weil auch dann, wenn es in LibAnt 19,7 um den ersten Tempel geht, die Ereignisse des Jahres 70 *qua* typologischer Identifizierung beider Tempelzerstörungen mit im Blick sein können. Auch syrBar und IV Esr erwähnen den zweiten Tempel mit keinem Wort. Vgl. dazu STECK, 128 Anm. 3, und 187f.221; DIETZFELBINGER, Pseudo-Philo: Antiquitates Biblicae, 96f., und SCHWEMER, 343 Anm. 96.

Gott will, daß Israel ihm „ein Haus" baut, doch sein Volk provoziert durch seine Sünde die Zerstörung dieses Hauses. Auch in 15,6 „Und ich lehrte sie, daß sie mir ein Heiligtum machten, damit ich wohnte unter ihnen; sie aber verließen mich und wurden ungläubig gegenüber meinen Worten, und eitel wurde ihr Sinn (*et docui eos ut facerent mihi sanctimonia ut habitarem in eis, ipsi autem derelinquerunt me, et increduli sunt verborum meorum et evanuit sensus eorum)*"ist der Kontrast von gottgewolltem Heiligtum und abtrünnigem Volk maßgeblich. Hier geht es um das Wüstenheiligtum und den Ungehorsam der Wüstengeneration, weshalb von einer Zerstörung des Heiligtums nicht die Rede ist. Ausdrücklich vermerkt dagegen 19,7 den Untergang des Tempels als Folge des Ungehorsams Israels, ohne daß der Wiederaufbau erwähnt würde. Dies gilt auch für die Stelle 26,12f. Kap 26 weiß von der übernatürlichen Herkunft und eschatologischen Zukunft der heiligen Steine, die zu Gottes „Gedächtnis an das Haus Israel" (26,13) die Namen der zwölf Stämme tragen (vgl. Ex 28,17–29). Ihre zeitweise Deponierung im Tempel bis zu der Zeit, „wenn die Sünden meines Volkes erfüllt sein und die Feinde beginnen werden, ihrem Haus Gewalt anzutun" (26,13), nimmt sich in diesem Zusammenhang als bloßes Interim aus.

Die genannten Texte sprechen dafür, daß der Jerusalemer Tempel zur Zeit der Abfassung des LibAnt nicht mehr bestand. Seine Zerstörung ist für PsPhilo gut deuteronomistisch Folge des notorischen Ungehorsams Israels. Diesem Befund stehen jedoch Texte gegenüber, die von der Tempelzerstörung nichts verlauten lassen und eine Hochschätzung des Kultwesens verraten, so etwa die Passagen über die Instruktionen an Mose zur Herstellung des Tempelinventars (11,15) und deren Ausführung (13,1). Auch die Notiz über die göttliche Mitteilung der Opferbestimmungen und Abmessungen des Heiligtums an Mose in 19,10 „Und er zeigte ihm die Maße des Heiligtums und die Zahl der Darbringungen (*Et ostendit ei mensuras sanctuarii et numerum oblationum)*" ist hier zu nennen,[36] ebenso die Fürbitte des Mose in 19,8: *solidetur … longanimitas tua in loco tuo super electionis genus*: Wenn Mose die Langmut Gottes „für seinen Ort" erbittet, so rechnet der Leser des LibAnt mit der Erhörung dieser Bitte, d.h. aber mit der Unversehrtheit von Stadt und Tempel.[37] In 32,15 „Freue dich, Erde, über die, die auf

---

[36] Da PsPhilo das Motiv des himmlischen Heiligtums in keiner seiner Ausprägungen verwendet, scheidet dieser Bezug aus. Folgende Typen können unterschieden werden: Das himmlische Heiligtum als Affirmation des bestehenden irdischen Tempels, als Kritik desselben sowie (affirmativ oder kritisch) als Ersatz des zerstörten Tempels. In syrBar 4,4–6 (PERROT/BOGAERT/HARRINGTON, 132, verweisen auf syrBar 4,5) ist das himmlische Heiligtum in leicht kritischer Akzentuierung (vgl. die rhetorische Frage in 4,3) Ersatz des irdischen. Die Stelle ist deshalb mit LibAnt 19,10 nur bedingt vergleichbar.

[37] Freilich kann auch „in its broadest sense" (JACOBSON, 628) das Land gemeint sein, doch ist diese Bedeutung von hebr. מקום weniger gebräuchlich (vgl. KÖSTER, 195ff.). Für die Vermutung von DIETZFELBINGER, Pseudo-Philo: Antiquitates Biblicae, 152 Anm. 8d, mit *locus* sei „an das Volk gedacht als an den Ort, an dem Gott wohnt", sehe ich keine philologische Basis. Zur v.l.

dir wohnen, weil da ist die Gemeinde des Herrn, die Weihrauch opfert auf dir
(*Gratulare, terra, super habitantes in te, quoniam adest concio Domini que
t[h]ur[r]ificat in te*)" gerät der Opferdienst Israels gar in schöpfungstheologische Zusammenhänge.[38] 22,8f. suggeriert einen kontinuierlichen Kultdienst
vom Heiligtum in Silo bis zum Bau des Jerusalemer Tempels. Gewichtig ist
schließlich auch 21,10 „Es bleibe der Bund des Herrn bei euch bestehen und
werde nicht verdorben, sondern es werde erbaut unter euch die Wohnstatt
Gottes, wie er gesagt hat (*perseveret testamentum Domini vobiscum et non
corrumpatur, sed ut edificetur in vobis habitaculum Dei, sicut locutus est*; eigene Übersetzung)", weil hier – singulär im LibAnt – Bundesgedanke und
Tempelbau in unmittelbare Nähe zueinander rücken: Der Bau des Tempels
wird zum Erweis für das Fortbestehen des Bundes. Nun ist es aber die grundlegende Überzeugung PsPhilos, daß Gott sein Volk zwar gestraft, den Bund
mit Israel aber weder aufgekündigt hat noch aufkündigen wird. Aus 21,10
kann demnach nicht der Umkehrschluß gezogen werden, daß das Ende des
Tempels zugleich auch das Ende des Bundes anzeigt. Der Leser des LibAnt
weiß aus den übrigen Teilen des Buches, daß der Bund unwiderruflich ist,
der Tempel hingegen keineswegs unzerstörbar. In 19,8.11 handelt denn auch
die göttliche Antwort auf die Fürbitte des Mose für Tempel (*locus tuus*) und
Gottesvolk (*genus electionis*) allein vom Erbarmen für Israel; vom Tempel
ist nicht eigens die Rede, nachdem die Tempelzerstörung ja bereits in 19,7
anklingt.

Die Tempelaussagen des LibAnt zeigen insgesamt dieselbe Ambivalenz
wie die zuvor untersuchten Aussagen zu Opferkult und Priestertum. Auch
hier bietet die Annahme, daß PsPhilo mit Rücksicht auf eine priesterliche
Gruppe unter seinen Lesern schreibt, einen Ansatz zur Erklärung. Die Auffassung PsPhilos selbst kommt m.E. in 56,2 zur Geltung, wenn er Samuel

---

in loco tuo „an deinem Ort", d.h. „im Himmel", und der von PERROT/BOGAERT/HARRINGTON,
131, vorgeschlagenen Emendation *e loco tuo* vgl. JACOBSON, 628f.

[38] Es ist allerdings ganz unsicher, ob *t(h)ur(r)fico*, von *t(h)us* (Weihrauch) abgeleitet, „Weihrauch opfern" bedeutet (in diesem Fall läge eine gewisse Distanzierung vom blutigen Tieropfer
vor: Im Tempel werden nicht Tiere geschlachtet, es wird Weihrauch verbrannt) oder nicht
vielmehr, von *turris* (Turm) herkommend, mit „einen Turm bauen" übersetzt werden muß.
CHESTER, 56–59, verweist auf eine frühjüdische Tradition, wonach der Tempel mit dem Turm
zu Babel verglichen wird, und zwar im Blick auf die hochragende Konstruktion der Gebäude
und im Sinne der Gegenüberstellung von Idolatrie (Turm zu Babel, in frühjüdischer Interpretation Ort des Gotzendienstes) und wahrem Gottesdienst (Jerusalemer Tempel). Ausdrücklich
gehört nach äthHen 89,50.54.66f.73 ein „(hoher) Turm" zur Tempelanlage. Nach Sib 5,422–425
baut der die Völker bezwingende Messiaskönig „ein heiliges Haus, ein im Fleisch vorhandenes,
wunderschönes", und bildet „viele Stadien weit einen großen und unendlichen Turm, der die
Wolken selbst berührt und allen sichtbar ist" (Übersetzung nach BLASS). Da der Turm zu Babel
nicht nur in LibAnt 6f. eine zentrale Rolle spielt, sondern auch im näheren Kontext von LibAnt
32,15 erwähnt wird (*turrificatio* in 32,1), ist die Bedeutung „einen Turm bauen" für *t(h)ur(r)fico*
in 32,15 durchaus in Betracht zu ziehen; gegen JACOBSON, 891. Auch die Deutung von PER-
ROT/BOGAERT/HARRINGTON, 175, „Israël est la vraie tour (…) édifieé par Dieu" trifft nicht zu:
Nicht Israel ist das Gegenstück zum Turm zu Babel, sondern der Tempel.

angesichts des negativ beurteilten Wunsches Israels nach einem König sagen läßt: „Siehe, jetzt sehe ich, daß für uns noch nicht die Zeit ist, für immer zu herrschen (*Ecce nunc video, quoniam non est adhuc tempus regnandi nobis in sempiterno et edificare domum Domini Dei nostri*)." Diese Äußerung bezieht sich auf der Erzähllebene von LibAnt 56 auf die davidische Dynastie und den salomonischen Tempel[39] und kann insofern *prima facie* aus dem biblischen Zusammenhang heraus verstanden werden. Dennoch ist auffällig, daß im Wort Samuels der Tempel einerseits und das Königtum als Manifestation der „Herrschaft" Israels andererseits so eng zusammenrücken, zumal die Daviddynastie im geschichtlichen Rückblick des 1. Jh. nicht als „Herrschaft für immer" bezeichnet werden kann. Intendiert PsPhilo mit der Äußerung Samuels über die Zeit ohne Herrscherdynastie und Heiligtum *vor* David eine Aussage über die ebenso qualifizierte Epoche *nach* 70 n.Chr.? Dann wäre nicht nur ein weiteres, m.W. bisher nicht beachtetes Indiz für die Datierung des LibAnt gegeben, sondern auch ein Hinweis auf die Anschauung PsPhilos bezüglich des Jerusalemer Tempels und seiner Zerstörung: Der Tempel als Zentrum der heiligen Stadt und des heiligen Landes ist Realsymbol der „Herrschaft" des Gottesvolkes, d.h. seiner staatlichen Autonomie und territorialen Integrität.[40] Das Schwergewicht der Katastrophe des Jahres 70 liegt für PsPhilo im Verlust dieser Güter.[41] Erst in einer eschatologischen Zukunft wird Israel „herrschen", und dann „für immer".[42] Für die Zwischenzeit, die möglicherweise von langer Dauer sein wird, gilt es, den Glauben an die Unverbrüchlichkeit der Erwählung Israels und der Bundestreue Gottes[43] zu bewahren. Dies ist das eigentliche Anliegen PsPhilos.

Summary

Pseudo-Philo's attitudes towards temple and cult are by no means clear: On the one hand there is a vivid interest of the author in priesthood and sacrifices. He mentions sacrificial acts even where the biblical account itself does not. On the other hand Pseudo-Philo is hardly interested in the atoning effect of the sacrificial cult. LibAnt's soteriology is not cultic at all. Instead, Pseudo-

---

[39] So JACOBSON, 1149f.

[40] Dies entspricht der Bedeutung des Tempels in der „politischen" Apokalyptik etwa der 5. Sibylle (Sib 5,397–433); vgl. dazu CHESTER, 47–62.

[41] Auch syrBar beklagt die Tempelzerstörung wegen der Unterwerfung des einst herrlichen Gottesvolkes unter seine Feinde, nicht wegen der Beendigung des Opferkults (MURPHY, Temple, 671 Anm. 3; 678).

[42] Ob PsPhilo mit der Errichtung eines dritten Temples rechnet, ist schwer zu sagen. Immerhin verdankte sich der (auch bei PsPhilo spürbare) Respekt gegenüber dem Priesterstand in den Jahren und Jahrzehnten nach 70 dem Gedanken, daß im Falle eines baldigen Wiederaufbaus Kultpersonal zur Verfügung stehen mußte. Die eschatologischen Passagen des LibAnt verraten jedoch nichts von einer solchen Erwartung.

[43] Vgl. dazu VOGEL, Bund, 56f.131–152.

Philo offers a number of alternative ways of achieving divine forgiveness and atonement such as intercession, fasting or the atoning effect of death. He also seems to support the concept of Torah-study as a substitute for sacrifice. His attitude towards the priestly class is at least critical; some passages can be read as concealed polemics. These ambiguities are not necessarily the result of a half-baked or eclectic theology, nor are they a basis for *Literarkritik*. Rather, the dialogue scene LibAnt 28,3 allows one to assume that Pseudo-Philo had some priests among his intended readership, who were anxious about their traditional authority as a class. This points to the time after 70 AD when the formerly unchallenged role of priesthood in Judaism had to be redefined. Pseudo-Philo may have had – or wanted – to show consideration to his priestly readers and articulate his criticism and his non-cultic theology in a „diplomatic" manner. For Pseudo-Philo himself, the temple in Jerusalem played a role as the central symbol of political, national and ethnic power, which he understood as a manifestation of Israel's election as the people of God. Since this power was now lost, the author intended to teach his readership a view of history, which also allowed a maintenance of faith in Israel's status as the chosen people. For this he concentrated on the concept of God's eternal covenant of grace, which includes ultimate redemption (instead of ultimate damnation as in the early exilic layers of the deuteronomistic history) in the case of Israel's disobedience and makes the salvation of Israel the focus of history.

Bibliographie

F. BLASS, Die Sibyllinen, in: E. KAUTZSCH (Hg.), Die Apokryphen und Pseudepigraphen des Alten Testaments, Bd. 2, Tübingen 1900, 177–217.

A. CHESTER, The Sibyl and the Temple, in: W. HORBURY (Hg.), Templum Amicitiae. Essays on the Second Temple presented to Ernst Bammel, JSNT.S 48, 1991, 37–69.

L. COHN, An Apocryphal Work Ascribed to Philo of Alexandria, JQR 10 (1897–98), 277–322.

D. CORRENS, Gittin – Scheidebriefe. Text, Übersetzung und Erklärung nebst einem kritischen Anhang, Die Mischna, III. Seder: Naschim. 5. Traktat: Gittin, hg. v. K. H. RENGSTORF/S. HERRMANN, Berlin 1991.

P. R. DAVIES/B. CHILTON, The Aqedah. A Revised Tradition History, CBQ 40 (1978), 514–546.

M. DELCOR, Art. Philon (Pseudo-), DBS VII (1966), 1354–1375.

C. DIETZFELBINGER, Pseudo-Philo: Antiquitates Biblicae, JSHRZ II.2, 2. Aufl., 1979.

— Pseudo-Philo: Liber Antiquitatum Biblicarum, Diss. Göttingen 1964.

B. EGO, Der Diener im Palast des himmlischen Königs. Zur Interpretation einer priesterlichen Tradition im rabbinischen Judentum, in: M. HENGEL/A. M. SCHWEMER (Hgg.), Königsherrschaft Gottes und himmlischer Kult im Judentum, Urchristentum und in der hellenistischen Welt, WUNT 55, 1991, 361–384.

L. H. FELDMAN, Prolegomenon, in: M. R. James, The Biblical Antiquities of Philo, 2. Aufl., New York 1971, VII–CLXIX.

H. GEORGES, Ausführliches Lateinisch-Deutsches Handwörterbuch, 2 Bde., Nachdruck der 8. Auflage, Darmstadt 1995.

D. GEORGI, Weisheit Salomos, JSHRZ III.4, 1980.

L. GINZBERG, The Legends of the Jews, 7 Bde., Philadelphia 1909–1938.

S. J. HAFEMANN, Moses in the Apocrypha and Pseudepigrapha. A Survey, JSPE 7 (1990), 79–104.

H. JACOBSON, A Commentary on Pseudo-Philo's Liber Antiquitatum Biblicarum, 2 Bde., AGJU 31, 1996.

M. R. JAMES, The Biblical Antiquities of Philo, 2. Aufl., New York 1971.

B. JANOWSKI, Art. Opfer (I), NBL 3, Lfrg. 1 (1997), 36–40.

E. JANSSEN, Testament Abrahams, JSHRZ III.2, 1980, 193–256.

M. JASTROW, A Dictionary of the Targumim, the Talmud Babli and Yerushalmi, and the Midrashic Literature, 2 Bde., London 1886–1903, Nachdruck New York 1950.

A. F. J. KLIJN, Die syrische Baruch-Apokalypse, JSHRZ V.2, 1976, 103–191.

H. KÖSTER, Art. τόπος, ThWNT VIII (1969), 187–208.

F. J. MURPHY, Pseudo-Philo. Rewriting the Bible, New York/Oxford 1993.

— The Temple in the Syriac Apocalypse of Baruch, JBL 106 (1987), 671–683.

C. PERROT/P.-M. BOGAERT/D. HARRINGTON, Pseudo-Philon. Les Antiquités Bibliques, Bd. 2, SC 230, 1976.

E. REINMUTH, Pseudo-Philo und Lukas. Studien zum Liber Antiquitatum Biblicarum und seiner Bedeutung für die Interpretation des lukanischen Doppelwerks, WUNT 74, 1994.

E. P. SANDERS, Testament of Abraham, in: J. H. CHARLESWORTH (Hg.), The Old Testament Pseudepigrapha, Bd. 1, London 1983, 871–902.

E. SCHÜRER, The History of the Jewish People in the Age of Jesus Christ, hg. v. G. VERMES/F. MILLAR/M. BLACK, Bd. 1, Edinburgh 1973.

A. M. SCHWEMER, Irdischer und himmlischer König. Beobachtungen zur sogenannten David-Apokalypse in Hekhalot Rabbati §§ 122–126, in: DIES./ M. HENGEL (Hgg.), Königsherrschaft Gottes und himmlischer Kult im Judentum, Urchristentum und in der hellenistischen Welt, WUNT 55, 1991, 309–359.

A. SPIRO, Samaritans, Tobiads and Judahites in Pseudo-Philo, PAAJR 20 (1951), 279–355.

O. H. STECK, Israel und das gewaltsame Geschick der Propheten. Untersuchungen zur Überlieferung des deuteronomistischen Geschichtsbildes im Alten Testament, Spätjudentum und Urchristentum, WMANT 23, 1967.

W. F. STINESPRING, Testament of Isaac, in: J. H. CHARLESWORTH (Hg.), The Old Testament Pseudepigrapha, Bd. 1, London 1983, 903–911.

J. TROMP, The Assumption of Moses. A Critical Edition with Commentary, SVTP 10, 1993.

S. UHLIG, Das äthiopische Henochbuch, JSHRZ V.6, 1984.

M. VOGEL, Geschichtstheologie bei Pseudo-Philo, Liber Antiquitatum Biblicarum, Münsteraner Judaistische Studien 2, 1998, 175–195.

— Das Heil des Bundes. Bundestheologie im Frühjudentum und im frühen Christentum, TANZ 18, 1996.

IV Qumran

Community Without Temple:

The Qumran Community's Withdrawal from the Jerusalem Temple

LAWRENCE H. SCHIFFMAN, New York

Recent years have seen phenomenal progress in the study of the Dead Sea Scrolls. The availability of the entire corpus, the constant stream of new editions in the series Discoveries in the Judaean Desert, and important monographs and conference volumes have stimulated a virtual revolution in the study of the Dead Sea Scrolls.[1] Many areas which had previously been investigated are now being subjected to reinvestigation and reevaluation in light of the tremendous progress in the field. Such is the case with the questions surrounding the attitude of the Qumran community to the Temple and the sacrificial system. In this study, we will discuss the purpose and effects of the withdrawal of the Qumran community from participation in the worship of the Jerusalem Temple. This issue will be studied from a number of points of view. We will survey the role that the Temple plays in the conceptual universe of the sectarians, in their halakhic system, in the organization of the sectarian community, and in their dreams for the eschatological future.

It is best to begin by sketching the historical developments which led up to the separation of the Qumran sectarians from participation in Jerusalem Temple worship. During the Maccabean revolt, the Jerusalem Temple was defiled by pagan worship.[2] It makes little difference whether this was a case of out and out idolatrous practice or whether those who offered pagan offerings considered their God to be identical with the God of Israel. From the point of view of both the Hasmoneans and of those Zadokite priests who would eventually develop into the sect of the Dead Sea Scrolls, this worship was truly illegitimate and represented an affront to the religion of Israel. For the Hebrew Bible made clear, especially in Deuteronomy and the works of the Prophets, that only the exclusive worship of Israel's God was acceptable. It is no wonder, then, that the entry of such illegitimate worship into even the Holy of Holies helped greatly to spark popular support for the incipient Maccabean revolt.

---

[1] For surveys on recent research on the Dead Sea Scrolls, see SCHIFFMAN, "Milḥemet ha-Megillot," *passim*, and Tov, *passim*.

[2] TCHERIKOVER, 195–6, and BICKERMAN, 53–4.

After their short-lived victory in 164 BCE, the Maccabees purified the Temple, restoring monotheistic worship to its precincts. But this effort did not last long since moderate Hellenists among the Jewish people soon regained a foothold and control of Temple worship. It was not until 152 BCE, under Jonathan the Hasmonean, that the lengthy process of the establishment of the Hasmonean Empire came to fruition. It was then, effectively, that after making an agreement with the Seleucid pretender Alexander Balas (150–146 BCE), Jonathan returned to Jerusalem with his army to again take control of the Temple.[3] By this time, Jonathan was apparently fed up with the willingness of many Zadokite, Sadducean priests to participate either in the defilement of the Temple which occurred as a result of the Hellenistic reform or in the compromises which had taken place under the moderate Hellenistic high priest Alcimus. For this reason, it seems most likely that the Hasmoneans chose to control the high priesthood and conduct of the Temple themselves, together with the increasingly powerful party of the Pharisees. In our view, it was due to these circumstances that the Dead Sea sect came into being.[4] Remnants of the pious Sadducean priests – those who had completely eschewed illegitimate worship at all costs – found it necessary finally to withdraw from participation in the Jerusalem Temple because of the changeover from Sadducean practices to those in accord with the Pharisaic point of view. In this environment, the so-called *Halakhic Letter*, 4QMMT, registered the disagreements of these Zadokite priests with the new order of affairs in the Jerusalem Temple. It is our view, therefore, that the initial schism which caused the creation of what we know of as the Qumran sect resulted from specific disagreements about details of Jewish law, themselves based for the most part on details of biblical exegesis.[5]

This disagreement was, of course, only the start of the history of this sectarian group. Throughout the Hasmonean and Herodian periods, the sectarians remained in opposition to the dominant authorities operating the Temple. For the most part, the Temple leadership continued to be drawn from Sadducean priests who were willing to accommodate to Pharisaic legal norms. This pattern must have changed after a rift developed between the Pharisees and the Hasmonean rulers. This rift is well-documented in Josephus, *Pesher Nahum*, and Talmudic literature.[6] The end of Hasmonean rule and return of Sadducean control of the Temple, at least for a short time, must have brought brief changes, but by this time the rift was permanent,

---

[3] TCHERIKOVER, 232–4.

[4] Cf. CROSS, 103–10.

[5] Cf. SCHIFFMAN, "The New *Halakhic Letter*," *passim*; IDEM, *Reclaiming the Dead Sea Scrolls*, 83–95.

[6] Josephus, Ant. 13.238–96; 4QpNah 3–4 i 2–8 (SCHIFFMAN, "Pharisees and Sadducees in Pesher Nahum," 275–80); *b. Qidd.* 66a (transl. SCHIFFMAN, *Texts and Traditions*, 274).

and the Zadokites of Qumran refused to rejoin those who worshipped at the Temple.

It seems most likely that the history of the sectarian reaction to the conduct of the Temple should be able to be documented in the scrolls. Accordingly, we should expect the following sequence or development of ideas: (1) Initially, we should be able to observe a series of disagreements between the sectarians and the Temple authorities regarding particular ritual issues. (2) We should expect these disagreements to have generated the decision on the part of the sectarians to separate from the Temple. (3) Next we should expect to find that the sectarians sought substitutes for Temple worship within the life of the sect and its rituals. At the same time, we should expect, if later Rabbinic parallels are indicative, (4) that the sectarians would continue to study the laws of Temple worship even while unwilling to participate in it. (5) We should then expect to find that the eschatological visions of the sectarians included their taking control of the Temple, (6) modifying its architecture, and (7) bringing its holy offerings into accord with their legal views. (8) Finally, we should not be surprised that in the end of days the sectarians would expect a new, divinely built Temple, to substitute for that of the present era. Indeed, we shall find that each one of these phases of the sectarian ideology is to be found in the scrolls.

1. Disagreements Regarding Particular Rituals

The disagreements of the sectarians with the Temple authorities are best illustrated from the MMT document. This composition lists some 22 examples of such disagreements regarding matters pertaining primarily to ritual impurity and sacrifice. The text was probably composed soon after 152 BCE. While some scholars initially thought that this text should be seen as an epistle,[7] some have argued that it may have been a sectarian document intended for internal consumption.[8] From our vantage point, however, what is important is that MMT yields some sense of what issues the Qumran sect believed lay at the heart of its conflict with the Jerusalem establishment.

One area of controversy deals with grain offerings and sacrifices offered by non-Jews. The sectarians did not accept the validity of such offerings which, if we can judge from later halakhic texts, were accepted by the Pharisees.[9] This controversy had later ramifications for it served as a boiling point which helped to touch off the Great Revolt in 66 CE, according to

---

[7] QIMRON/STRUGNELL, "An Unpublished Halakhic Letter," *passim.*

[8] STRUGNELL himself expresses hesitation about considering this an epistle in an appendix to QIMRON/ STRUGNELL, *Miqṣat,* 205, and IDEM, "MMT: Second Thoughts," 70–3. He suggests, nonetheless, that this was a document which was sent to a leader, so that his argument regarding the term "epistle" pertains to its use in describing a specific literary genre.

[9] QIMRON/STRUGNELL, *Miqṣat,* 149–50.

the account of Josephus.[10] Another controversy concerned the eating of the cereal offerings. Whereas the Pharisees apparently assumed that these offerings could be eaten on the same day as the accompanying sacrifice as well as on the following night, the sectarians, apparently following Sadducean law, ruled that they had to be eaten before sunset.[11]

An exceedingly important controversy revolved around the ashes of the red heifer which were used to purify those who had contracted impurity of the dead.[12] The Sadducees, followed by those who founded the Qumran sect, believed that this offering had to be made only by those who were themselves totally pure. This meant that only those whose purification had ended with sunset on the last day of their purification periods might perform these rituals. However, the practice of the Temple accorded with the Pharisaic view that purification sufficient for the preparation of such offerings was attained even before sunset on the last purificatory day.[13]

These controversies provide some sense of the issues which separated those who formed the early Qumran sect, who in our view followed Sadducean halakhah, from those who ran the Jerusalem Temple in early Hasmonean times. The latter generally followed the Pharisaic approach. The numerous controversies detailed in this text can be augmented by examining the sources of the *Temple Scroll* which must pre-date the founding of the Qumran sect and which are most probably pre-Maccabean.[14] Some of the very same controversies found in MMT are found there, although only the view of the Sadducees is reflected in the text.[15] Because of the sheer length of that document, a long list of such controversies could easily be assembled from it.

One of the copyists of the MMT document placed before it a solar calendar of the type known from other sectarian calendrical fragments as well as from compositions such as *Jubilees* and *Enoch*.[16] This calendar consisted of four quarters, each of three months of 30, 30, and 31 days. In addition, the expanded festival calendar known from the *Temple Scroll*, with the additional first-fruits festivals and other additional special days not found in the Bible, is represented here.[17] Clearly, it was the view of this copyist that the founding of the sect was at least in part based on the controversy surrounding the calendar. If this is correct, then the sectarian separation from the Jerusalem Temple would have been encouraged if not caused by disagreement regarding the dates of the festivals. This same claim

---

[10] *J.W.* 2.409–17.

[11] QIMRON/STRUGNELL, *Miqsat*, 150–2.

[12] QIMRON/STRUGNELL, op. cit., 152–4.

[13] Cf. SCHIFFMAN, "Pharisaic and Sadducean Halakhah," *passim.*

[14] SCHIFFMAN, "The *Temple Scroll*," 46–8.

[15] SCHIFFMAN, "*Miqsat*," 435–57; IDEM, "The Place of 4QMMT," 86–90.

[16] TALMON, 164–7.

[17] YADIN, *The Temple Scroll*, 1.89–142; SCHIFFMAN, "The Sacrificial System," *passim.*

is made, after all, in the *Zadokite Fragments* (*Damascus Document*) and can be supported by *Pesher Habakkuk*.[18]

2. Separation from the Temple

That such ritual debates did indeed cause the sectarians to separate from worship in the Jerusalem Temple is claimed by the *Zadokite Fragments*. This text, originally known only in the two partial copies preserved in the Cairo Genizah,[19] can now be examined in the Qumran copies recently published by BAUMGARTEN.[20] It is most probable that the *Zadokite Fragments* are to be dated to circa 120 BCE, soon after the separation of the sectarians, both spiritually and physically, from the Jerusalem establishment. This document sets off three cardinal areas of transgression in which the opponents of the sect are said to have engaged.[21] These opponents are termed "builders of a wall," clearly a sobriquet for the Pharisees.[22]   In particular, we encounter there the transgression of rendering the Temple impure (4:17–18). This, in turn, is explained as not making the proper distinctions according to the Torah, violating laws pertaining to impurity of women as a result of blood flows, and also marrying one's niece (CD 5:6–8). The latter practice is known to have been accepted among the Pharisees and the Tannaim. Later on, in a list of transgressions of which the opponents of the sect are presumably guilty, we again find reference to failure to make proper distinctions between that which is impure and that which is pure (6:17). There as well, we find reference to improper observance of the Sabbath and festivals (6:18). The latter may be a reference to failure to observe the holidays according to the sectarian calendar. All these transgressions of proper Temple practice are blamed on the sect's opponents: the Hasmonean high priests, those Sadducees who continue to cooperate with them, and the Pharisees whose halakhic views were apparently for the most part being followed in the Temple.

It is in this context that we must accent the specific statement that those who become members of the sect described in the *Zadokite Fragments* are prohibited from entering the Jerusalem Temple and offering sacrifice there (6:11–12). Temple sacrifice according to the prevailing norms was considered explicitly by this text to be null and void. This strong judgment was, no doubt, based on the many halakhic disagreements between the sectarians and the priestly establishment.

---

[18] TALMON, 164–7.
[19] The best edition of the Genizah texts is QIMRON, "The Text of CDC," *passim.*
[20] BAUMGARTEN, *Damascus Document.*
[21] CD 4:12–19; cf. KOSMALA, *passim.*
[22] SCHIFFMAN, "New Light on the Pharisees," 219–20.

There can be no question, therefore, that the sectarians decided in the aftermath of their initial conflicts with the Jerusalem establishment to remove themselves from participation in the Jerusalem Temple. It should be noted that the Essenes, as described by Josephus, had special arrangements in the Temple whereby they were able to send votive offerings without entering the Temple, thus maintaining their own standards of purity.[23] In this respect, their practice contrasts with that described in the *Zadokite Fragments* which expect absolute abstention from Temple sacrifice.

3. The Sect and its Rituals as a Substitute for the Temple

Numerous passages in sectarian literature indicate that once the sectarians had decided to refrain from Temple rituals, two basic strategies were adopted: seeing the sect as a substitute for the Temple, and using prayer as a substitute for sacrifice. It must be emphasized that the sectarians did not offer sacrifices at Qumran, despite claims to the contrary by some scholars.[24] There is absolutely no archaeological evidence that would indicate the presence of a cult site or Temple at Qumran.[25] Further, the animal bones which were buried around some of the buildings at Qumran cannot be taken as indicative of the performance of sacrificial rituals since no requirement to bury bones is known from any system of Jewish sacrificial practice.[26]

A number of passages speak of the sect itself as a "holy house" (בית קודש), clearly a metaphorical designation for the Temple. Whereas Israelite religion assumed that God could best be approached through the sacrificial system in the Temple, it was the view of the sectarians that, in view of the impure state of Temple worship, life in the sect, following its principles and its laws, would best bring humans into close contact with God. This notion is of sufficient importance that an entire section of the *Rule of the Community* is based on this motif.[27] There we find describing the council of the community:

"It shall be an Everlasting Plantation, a House of Holiness for Israel,[28] an Assembly of Supreme Holiness for Aaron (1QS 8:5–6)."[29] The text continues in a similar vein, speaking of "a Most Holy Dwelling[30] for Aaron with everlasting knowledge of the

---

[23] Josephus, *Ant.* 18.19. For a full study of this issue, see BAUMGARTEN, *Studies in Qumran Law*, 57–74.

[24] BAUMGARTEN, op. cit., 43 n. 14. BAUMGARTEN correctly follows the opinion of GINZBERG to the effect that sacrifices were not offered by the sectarians.

[25] DE VAUX, 14; contrast the view of HUMBERT, 199–201.

[26] DE VAUX, 14–6 n. 3; SCHIFFMAN, *Eschatological Community*, 64–7.

[27] 1QS 8:1–16; LICHT, 167–75.

[28] That is, Holy Temple.

[29] VERMES, 109.

[30] Lit. "Holy of Holies".

Covenant of justice, and they shall offer up sweet fragrance. It shall be a House of Perfection and Truth in Israel that they may establish a Covenant according to the everlasting precepts. And they shall be an agreeable offering, atoning for the Land and determining the judgement of wickedness, and there shall be no more iniquity" (8:8–10).

Here we see the sect itself serving as a substitute for the Temple in which the sons of Aaron would normally serve. This Holy House is a place through which to gain atonement. Still further on we find similar motifs in which the sectarian group is described as atoning for guilt and transgression. The text specifically describes gaining acceptance through sacrifice of animals in terms of "the gift of the lips" and "like a sweet-smelling offering for righteousness" which are taken to be equivalent to a perfect way of life which is like "a voluntary meal offering for acceptance" (9:3–5). In these passages and others the sacrifices appear only figuratively. Rather it is the life of the sectarian within the context of the group which provides the opportunity for atonement, just as would have been the function of the various sacrifices had the sectarians participated in Temple rituals in Jerusalem.[31]

In order to create the appropriate atmosphere within the sect to accomplish these goals, Temple purity laws were transferred to the lives of the sectarians. This is especially apparent in the *Rule of the Congregation*. Here, in describing the community of the end of days, the text basically creates a mirror image for the messianic era of present-day, non-messianic practice. For this reason, practices which were part of the everyday life of the sect appear in this document in the form in which they would be observed in the messianic era. Those laws which, according to the Book of Leviticus, disqualified priests from service in the Temple (Lev 21:16–24) and those which disqualified sacrificial animals (Lev 22:17–25) were all brought to bear on participants in the eschatological community (1QSa 2:3–11). Those who were not fit for the roles of priest and/or sacrifice were disqualified from participation in the community.[32] We should assume, therefore, in light of the *Zadokite Fragments* as well,[33] that such laws were observed by the sectarians in their present, pre-messianic environment. Accordingly, the life of the sect was conducted as if the community were a virtual Temple.

Other elements of this same approach may be observed in the purity laws which served as the basis for entry into the sect.[34] Those who went through the novitiate and sought full status in the sectarian group became increasingly eligible to come in contact with pure food as they rose through the ranks. Initially, after passing two examinations, they were permitted

---

[31] For a thorough study of this issue, see GÄRTNER.

[32] SCHIFFMAN, *Eschatological Community*, 37–52.

[33] 4Q266 5 ii 1–14; 4Q267 5 iii, and the comments of BAUMGARTEN, *Damascus Document*, 51.

[34] SCHIFFMAN, *Sectarian Law*, 161–5.

to come in contact only with solid food which had a lesser susceptibility to impurity than drinks. After a third examination, a year later, they were permitted to come in contact with liquid food which was of much greater susceptibility.[35] One who violated sectarian regulations could be temporarily demoted, being permitted to come in contact with solid food but forbidden to come in contact with liquid food. For a more serious transgression, one could be demoted even to the level of losing the privilege of touching the pure solid food of the sect.[36] This system can only be understood if the sect itself was regarded as a Temple and, therefore, it was obligatory to maintain Temple purity laws within the context of the life of the group.

Like the Rabbinic Jews later on, the Qumran sectarians and other similar groups were in the process of shifting from Temple worship to prayer even before the destruction of the Temple in 70 CE. The destruction simply hastened a long, ongoing process taking place in Judean society throughout the Second Temple period. The significance of prayer as a mode of experiencing God was on the increase.[37] It is no surprise, then, that the Qumran sectarians included in their library prayer texts which they or others recited.[38] These texts were no doubt intended to substitute for participation in the Temple which was made impossible either for reasons of distance or, as was the case with the Qumran sect, because of ideology. In many ways, it can be said that the Qumran sect, deprived of participation in Temple worship by its separatism, traveled the same road that the Pharisees would eventually travel, only much earlier. Long before the Pharisaic-Rabbinic Jews were forcibly separated from their Temple, the Qumran sectarians had eschewed sacrifice in Jerusalem.

4. Study of the Laws of Sacrifice

The Dead Sea sectarians, according to the *Rule of the Community*, devoted one-third of each night to studying the Torah. We have little specific information about what this study entailed, except insofar as the results of study sessions of the sect were assembled into collections of laws which became the building blocks of the various communal rules.[39] It does seem, however, that laws pertaining to Temple sacrifices were studied and discussed by members of sect. Evidence for this may be cited from the *Zadokite Fragments* which include various laws pertaining to qualifications of the priesthood and purity and impurity. But it might be argued that because this text does not contain

---

[35] RABIN, 3.

[36] SCHIFFMAN, *Sectarian Law*, 159–68.

[37] SCHIFFMAN, *From Text to Tradition*, 164–6.

[38] SCHIFFMAN, *Reclaiming*, 289–301; CHAZON, 265–84; SCHIFFMAN, "Dead Sea Scrolls," *passim*; NITZAN, 47–116.

[39] SCHIFFMAN, *Sectarian Law*, 9.

specific laws regarding the nature of the Temple or the sacrificial system, these subjects were not part of the regular study program of the Qumran sect.

Several works of substantial size, however, indicate that some sectarians studied texts which discuss the Temple and sacrifices. These texts seem for the most part to be pre-Qumranian, stemming from groups which existed even before the Qumran sect was formed. This is certainly the case regarding the *Book of Jubilees* which contains in it numerous references to sacrifices for various occasions as well as to specific procedures required for sacrificial offerings.[40] The same kind of expertise seems to have been in evidence in the composition of the *Aramaic Levi Document*.[41]

The most extensive collection of sacrificial laws available to the sectarians, in addition to the biblical codes of Leviticus, Deuteronomy, and Ezekiel,[42] are the no longer extant sources used by the author/redactor of the *Temple Scroll* writing early in the Hasmonean Period.[43] While the *Temple Scroll* was no doubt put into its complete form at a period close to that in which the *Zadokite Fragments* were assembled, the sources are certainly pre-Maccabean and may reach back even into the third century. Laws in these no longer preserved sources concerned sacrificial procedure, ritual purity and impurity, and the ritual calendar. In addition, similar texts apparently served as sources for related documents such as 4Q365a, part of an expanded Torah Scroll with additional material parallel to certain passages in the *Temple Scroll*.[44] Documents like this, as well as the final or redacted *Temple Scroll*, must have been studied extensively by the sectarians since teachings found in them are also enshrined in the *Zadokite Fragments*.

We shall call attention here to one particular law that exemplifies the existence of sources of sacrificial law which predate the extant Qumran documents. The Pharisaic Rabbinic tradition ruled that the fourth-year produce, about which the Bible said that it was to be given "to the Lord" (Lev 19:24), was to be brought by the owners to Jerusalem where they would eat it. Already in 4QMMT, the point was made that in the sectarian interpretation of this law, no doubt representing the Sadducean trend, the fourth-year produce, like the so-called second tithe, was to be presented at the Jerusalem Temple and given to the priests.[45] This law was to find its way as well into the *Temple Scroll* and the *Zadokite Fragments*.[46] Certainly, both

---

[40] See ALBECK, and SCHIFFMAN, "The Sacrificial System."

[41] STONE/GREENFIELD.

[42] Seventeen manuscripts of Leviticus, at least 31 of Deuteronomy, and 7 of Ezekiel have been identified in the Qumran corpus.

[43] WILSON/WILLS, *passim*; WISE, *A Critical Study*, 195–8; GARCÍA MARTÍNEZ, "Sources et rédaction," *passim*.

[44] WHITE, 319–33; letter from STRUGNELL in WACHOLDER, 205–6.

[45] QIMRON/STRUGNELL, *Miqsat*, 164–5.

[46] See SCHIFFMAN, "Miqṣat," 452–6.

of these texts derive this law and its scriptural basis from sources such as those that served the redactor of the *Temple Scroll*. Such interpretations and the laws which emerge from them must have been part of traditions of Torah study which took place among members of the sect and related groups, even before the founding of the Qumran sect. Thus, as expected, we find that even while remaining separated from the Temple ritual, members of the Qumran sect continued to study and cherish laws and interpretations of the Torah which pertained to what they understood to be the correct procedures for Temple worship and related regulations of purity and impurity.

5. Control of the Temple

The sectarians expected that at some point in the future they would come to control the Jerusalem Temple and to be able to operate it according to their legal rulings and sacrificial procedures. Most likely, they believed that this would take place as part of the unfolding of the divine plan which would lead to the eschaton. The *War Scroll* describes a series of battles in which the sectarians would emerge victorious after destroying all the forces of evil within the Jewish people and in the nations surrounding the land of Israel.[47] While the end of this text is not preserved, it is probable that the final sheet would have dealt with prayers and songs recited by the sectarians upon their return from the battlefield to Jerusalem, most probably prayers of thanksgiving, and sacrifices would have been offered according to this text in the Jerusalem Temple.[48]

The notion that the sectarians would at some point come to control the Temple is implicit in a number of Qumran texts, among them *4QMidrash on Eschatology (olim 4QFlorilegium)*, which makes clear that the future Temple will be conducted only for those of appropriate Israelite lineage.[49] Clearly the assumption of these passages is that the illegitimate priesthood currently in control of the Temple will be replaced in the end of days by the Zadokite priests of the sect who will maintain the proper standards.

6. The Architecture of the Temple

During the Babylonian exile, the author of the last chapters of Ezekiel dreamt of an expanded Temple precinct which would take its place as part of a utopian plan for the city of Jerusalem and the land of Israel. Apparently, such utopian plans were not unique to this author alone. Writing most probably sometime

---

[47] See YADIN, *Scroll of the War*, 18–37, for the plan of the eschatological war.
[48] Op. cit., 223–8.
[49] Cf. BROOKE, 178–84.

in the third century BCE, the author of an Aramaic text entitled "*The New Jerusalem*" wrote of a city of gargantuan proportions which would include an enlarged Temple complex.[50] Unfortunately, the details of this Temple plan are not extant in the preserved portions of the text. These examples demonstrate the tendency in this period of a variety of Jewish groups to plan for larger and improved Temple complexes. These very same tendencies would eventually lead Herod the Great to execute the building of his Temple structure from 18 BCE on.

It is apparent from the existence of several copies of the "*New Jerusalem*" text in various caves at Qumran that this composition was widely read by members of the sectarian group.[51] To be sure, they would have derived from it, among other things, the dream of an enlarged and refurbished Temple which would accord with their specific ritual requirements. But much more information on the very same subject was contained in the prose Temple plan which was included in the *Temple Scroll* by its author/redactor.[52] This Temple plan has been found to share certain architectural details with that of the "*New Jerusalem*" text, no doubt because both of these visionary Temples were designed in the Hellenistic period.[53]

This plan set forth the architect's greatly enlarged Temple that would be built according to architectural principles which would embody very different religious ideas from those attributed to King Solomon or evident in the Temple of Herod the Great. Specifically, this Temple was to include an additional courtyard, approximately 1500 cubits square, which would serve to distance the Temple from ritual impurity. The middle court occupied essentially the same function as that of the outer court – the women's court – of the other Temple plans. In the middle, of course, was the Temple surrounded by the inner court.[54]

This Temple plan was based on the assumption that the courtyards would be arranged concentrically, with the Temple building itself in the middle.[55] By contrast, in Solomon's Temple as well as that of Herod, the courtyards were arranged sequentially such that the worshiper entered further and further into the Temple precincts. Each area was of ascending holiness, each essentially behind the other.[56]

These two architectural approaches bespeak different theological approaches. The Solomonic and Herodian approaches indicate that the Temple

---

[50] See García Martínez, *Qumran and Apocalyptic*, 180–213; Chyutin, 33–69.

[51] For a list of manuscripts found in the various caves, see García Martínez, *Qumran and Apocalyptic*, 180–1 n. 1.

[52] See the detailed discussion of the architecture of this Temple in Yadin, *Temple Scroll*, 1.177–276; Maier, *Temple Scroll*, 90–115; idem, "Architectural History," *passim*.

[53] Broshi, *passim*, and Wise, *Critical Study*, 64–86.

[54] Cf. Schiffman, "Architecture and Law," *passim*.

[55] Cf. Schiffman, "Construction of the Temple," *passim*.

[56] Levine, 2.213.

was regarded as a sanctum into which people might penetrate to differing extents depending on their state of ritual purity or impurity and their status as priests, Levites or Israelites. The concentric approach of the *Temple Scroll*, however, is based on the similar plan of the Israelite camp in the wilderness according to Numbers 10. Here the concept was rather of an inner sanctum from which holiness radiated to all areas of the Temple, the city of Jerusalem, and the surrounding land of Israel.[57] It was a Temple of this kind which those who read the *Temple Scroll*, and certainly its author/redactor, would have prayed for and expected. The ultimate purpose of this new Temple structure, which of course was never actually built, was to insure the greater sanctity of the Temple and its sacrificial worship.

What interests us here is that apparently this alternative, utopian Temple plan was studied by members of the Qumran sect both before its redaction into the *Temple Scroll* and after. But it is important to emphasize that according to this document itself the plan put forward was expected to be built in the present age, before the messianic era; it was not a messianic Temple.[58] It would allow the fulfillment of the specific halakhic views of the group even before the coming of the messianic era. Even if in the present they had withdrawn from Temple worship, they continued to study its laws in preparation for the day when they would return to worship once again at the mountain of the Lord.

7. Sectarian Law and the Sacrificial System

The Sectarians clearly expected that the Temple which they would control at the end of days would function according to the law as they understood it. In order to facilitate this development, it was expected that an eschatological high priest would be designated. According to one particular scheme, rather widely distributed in the sectarian scrolls, one of two messiahs would be of Aaronide descent. This messiah would be superior to the temporal messiah who would be known as the messiah of Israel. An alternative view expected only one messiah who would be Davidic. In this case, a separate high priestly figure would be appointed.[59] The role of the messianic high priest in the end of days was one of great prominence, as it was expected that sacrificial worship would play a major role in the life of the nation. It is possible that this eschatological priest is to be identified with the interpreter of the law who is expected to reappear in the end of days according to sectarian ideology (CD 6:7–8). This interpreter of the law was expected to provide

---

[57] SCHIFFMAN, "Sacred Space," *passim*.
[58] 11QT 29:8–10; contra WACHOLDER, 21–4; WISE, "Eschatological Vision," *passim*.
[59] SCHIFFMAN, "Messianic Figures," 116–29; cf. IDEM, *Reclaiming*, 317–50, and COLLINS.

accurate legal rulings on all subjects, no doubt including matters of sacrifice and Temple.

Clearly, the halakhic basis for the conduct of Temple worship, in the view of the sectarians, was that of Sadducean law.[60] Rulings such as those contained in 4QMMT, the *Temple Scroll*, the *Zadokite Fragments*, and the various minor halakhic tracts found among the scrolls were expected to be put into effect in the future Temple. The sectarian calendar with its expanded list of festivals would be adhered to. The omer count (Lev 23:9–22) would commence on the first Sunday after the last day of Passover such that the festival of Shavuot would always be celebrated on Sunday.[61] Other important principles would include the observance of the Sadducean view that sunset was required at the end of purification periods,[62] and that in cases in which the Torah required seven-day purification periods, ablutions would also be required on the first day.[63] Many other examples of such principles of sectarian law could be cited as laws expected by the sectarians to be observed in the Temple of the future.

8. The Final Temple

Several texts from Qumran, paralleled also by some Rabbinic texts, testify to the notion that in the messianic era a new Temple, actually constructed by God, would descend from the heavens to replace the Temple which had previously been built by humans.[64] In the Temple Scroll it is stated that its laws and Temple plan would be in effect until such time as there would come a day of blessing[65] – or the day of creation according to another reading of the text.[66] At that time God would cause his Temple to dwell among his people. Such ideas are also found in some apocryphal works of the Second Temple period.

This concept is much more prominent, however, in *4QMidrash on Eschatology (olim 4QFlorilegium)* in which there is a direct allusion to a Temple which God will build in the end of days in accord with Exod 15:17. In the interim, God had allowed a Temple to be built by humans.[67] This Temple probably refers not to the Temple of the present day which the sectarians

---

[60] Sussmann, *passim*.

[61] For a summary of the calendar controversy, see Schiffman, *Reclaiming*, 301–5 (and bibliography on p. 443). See also Yadin, *Temple Scroll*, 1.103–5, 116–9.

[62] See above, n. 13.

[63] Milgrom, 512–8.

[64] Yadin, *Temple Scroll*, 1.181–7; 2.129.

[65] 11QTª 29:9, reading הברכה with Yadin, 2.129.

[66] Qimron, *Temple Scroll*, 44. Qimron's reading of הבריה is already alluded to by Yadin based on Qimron, "Le-Nushah," 141–2.

[67] Brooke, 178–93; Schwartz, 83–92; Wise, "4QFlorilegium," *passim*.

regarded as impure but rather to the sect which could be said to be a virtual Temple in which sanctity and holiness were attained by living a life according to sectarian principles. But the text makes clear that in the end of days a true Temple will be built by God for his people. So the sectarians expected that the present-day Temple from which they abstained because of ritual disagreements would eventually be replaced by a perfect structure of divine creation.

Conclusion

The Qumran sect played out in advance an important aspect of Second Temple period Jewish history. Whereas it was the destruction of the Temple in 70 CE which forced most of the Jewish community to adapt itself and emphasize alternative modes of piety to sacrifice, namely prayer and study of Torah, the Qumran sectarians, like the Jews of the Diaspora, had to face the absence of a Temple much earlier. Diaspora Jews were separated from the Temple by physical distance, but the Jews of the Qumran sect were separated because of their disapproval of the manner in which the Jerusalem priesthood conducted Temple worship. Further, if the sectarian calendar was indeed practiced, it would have served as an additional factor distancing the Dead Sea sectarians from the Jerusalem Temple.

At the same time, numerous works indicate that the sectarians did not practice sacrificial rites at Qumran. They believed, on the one hand, that sacrifice was permitted only in Jerusalem, the place that God had chosen, and on the other hand, that the rituals and priesthood of the Jerusalem Temple of their own day were illegitimate. The sectarians saw their group as a virtual Temple in which, through purity regulations, prayer and, the study of God's law, it was possible to achieve the spiritual connection with the divine which had been vouchsafed to Israel in God's central sanctuary according to the Bible.

At the same time, numerous works indicate that the sectarians continued to treasure and study pre-Hasmonean texts which featured sacrificial laws and regulations, like *Jubilees*, the *Aramaic Levi Document*, and the sources of the *Temple Scroll*. Sectarian documents, like 4QMMT, the *Zadokite Fragments*, the redacted *Temple Scroll*, and the *War Scroll* testify to the continued devotion of the Qumran sectarians to the ideal of sacrificial worship and to their belief that in the end of days they would once again be restored to leadership of Israel's sacrificial worship in the Jerusalem Temple.

Zusammenfassung

In gewisser Weise hat die Gemeinschaft von Qumran einen wichtigen Aspekt aus der Geschichte des Judentums zur Zeit des Zweiten Tempels vorweggenommen. Während erst die Zerstörung des Tempels im Jahre 70 u.Z. einen Großteil der jüdischen Gemeinschaft zwang, zum Opferkult alternative Formen der Frömmigkeit zu entwickeln, nämlich Gebet und Torastudium, mußte sich die Qumrangemeinschaft – ebenso wie die Juden in der Diaspora – schon früher mit einem aus verschiedenen Gründen nicht zur Verfügung stehenden Tempel auseinandersetzen. Diaspora-Juden waren vom Tempel durch räumliche Distanz getrennt, die Juden der Qumrangemeinschaft hingegen trennten sich vom Tempel, da sie die Art und Weise ablehnten, wie die Jerusalemer Priesterschaft den Tempelkult ausübte. Wenn sich die Qumrangemeinschaft tatsächlich nach dem 364-Tage-Kalender gerichtet hat, so könnte dies ein weiterer Bereich sein, der sie vom Jerusalemer Tempel trennte. Trotz gegenteiliger Behauptungen wurden in Qumran keine Opferriten praktiziert. Die Mitglieder der Qumrangemeinschaft waren einerseits der Überzeugung, daß Opferriten nur in Jerusalem am von Gott erwählten Ort möglich seien, aber andererseits hielten sie den dortigen Kult und das dortige Priestertum für illegitim. Sie selbst sahen ihre Gruppierung als spirituellen Tempel, in dem es durch Reinheitsregeln, Gebet und offensichtlich durch das Studium der Tora möglich sei, eine Verbindung mit dem Göttlichen zu erreichen, welche durch die Bibel Israel in Gottes zentralem Heiligtum zugesichert wurde. Gleichzeitig deuten zahlreiche Texte darauf hin, daß die Qumrangemeinschaft vorhasmonäische Texte schätzte, sammelte und studierte, die Opfergesetze und -regeln enthielten, wie das Jubiläenbuch, das Aramaic Levi Document und die Quellen der Tempelrolle. Qumrantexte wie 4QMMT, die Zadokite Fragments, die Tempelrolle und die Kriegsrolle bezeugen die anhaltende Treue der Qumrangemeinschaft gegenüber dem Ideal eines Opferkultes und ihre Überzeugung, daß sie am Ende der Zeiten wieder die bestimmende Rolle in Israels Opferkult und Gottesdienst am Jerusalemer Tempel einnehmen würden.

Bibliography

C. Albeck, *Das Buch der Jubiläen und die Halacha* (Siebenundvierzigster Bericht der Hochschule für die Wissenschaft des Judentums; Berlin, 1930).

J. M. Baumgarten, *Qumran Cave 4.XIII: The Damascus Document (4Q266–23)* (DJD 18; Oxford: Clarendon, 1996).

— *Studies in Qumran Law* (SJLA 24; Leiden: E. J. Brill, 1977).

E. J. Bickerman, *The God of the Maccabees* (Leiden: E. J. Brill, 1979).

G. J. Brooke, *Exegesis at Qumran: 4QFlorilegium in its Jewish Context* (JSOTSup 29; Sheffield: JSOT Press, 1985).

M. Broshi, "Visionary Architecture and Town Planning in the Dead Sea Scrolls," *Time to Prepare the Way in the Wilderness: Papers on the Qumran Scrolls by Fellows of the Institute for Advanced Studies of the Hebrew University, Jerusalem,*

1989–1990 (eds. D. Dimant/L. H. Schiffman; STDJ 16; Leiden/New York/Köln: E. J. Brill, 1995) 9–22.

E. G. Chazon, "Prayers from Qumran and their Historical Implications," *Dead Sea Discoveries* 1 (1994) 265–84.

M. Chyutin, *The New Jerusalem Scroll from Qumran: A Comprehensive Reconstruction* (JSPSup 25; Sheffield: Sheffield Academic Press, 1997).

J. J. Collins, *The Scepter and the Star: The Messiahs of the Dead Sea Scrolls and Other Ancient Literature* (New York: Doubleday, 1995).

F. M. Cross, *The Ancient Library of Qumran* (Sheffield: Sheffield Academic Press, 1995).

B. Gärtner, *The Temple and the Community in Qumran and the New Testament* (Cambridge: Cambridge University Press, 1965).

F. García Martínez, *Qumran and Apocalyptic: Studies on the Aramaic Texts from Qumran* (Leiden/New York/Köln: E. J. Brill, 1992).

— "Sources et rédaction du Rouleau du Temple," *Henoch* 13 (1991) 219–32.

J.-B. Humbert, "L'espace sacré à Qumrân," *RB* 101–102 (1994) 161–214.

H. Kosmala, "The Three Nets of Belial (A Study in the Terminology of Qumran and the New Testament)," *ASTI* 4 (1965) 91–113.

B. A. Levine, "Biblical Temple," *Encyclopedia of Religion* 2.202–17.

J. Licht, *Megillat Ha-Serakhim* (Jerusalem: Bialik Institute, 1965).

J. Maier, "The Architectural History of the Temple in Jerusalem in the Light of the Temple Scroll," *Temple Scroll Studies* (ed. G. J. Brooke; JSPSup 7; Sheffield: Sheffield Academic Press, 1989) 23–62.

— *The Temple Scroll* (JSOTSup 34; Sheffield: JSOT Press, 1985).

J. Milgrom, "Studies in the Temple Scroll," *JBL* 97 (1978) 501–23.

B. Nitzan, *Qumran Prayer and Religious Poetry* (STDJ 12; Leiden/New York/Köln: E. J. Brill, 1994).

E. Qimron, "Le-Nushah shel Megillat Ha-Miqdash," *Leš* 42 (1978) 136–45.

— *The Temple Scroll: A Critical Edition with Extensive Reconstructions* (JDS; Beer Sheva: Ben-Gurion University of the Negev, and Jerusalem: Israel Exploration Society, 1996).

— "The Text of CDC," *The Damascus Document Reconsidered* (ed. M. Broshi; Jerusalem: Israel Exploration Society, 1992) 9–49.

— /J. Strugnell, *Qumran Cave 4.V: Miqsat Ma'asé Ha-Torah* (DJD 10; Oxford: Clarendon, 1994).

— /J. Strugnell, "An Unpublished Halakhic Letter from Qumran," *Biblical Archaeology Today: Proceedings of the International Congress on Biblical Archaeology, Jerusalem, April 1984* (ed. J. Amitai; Jerusalem: Israel Exploration Society, 1985) 400–7.

C. Rabin, *Qumran Studies* (Scripta Judaica 2; Oxford: Clarendon, 1957).

L. H. Schiffman, "Architecture and Law: The Temple and its Courtyards in the Temple Scroll," *From Ancient Israel to Modern Judaism: Intellect in Quest of Understanding: Essays in Honor of Marvin Fox* (eds. J. Neusner/E. S. Frerichs/N. M. Sarna; BJS 159; Atlanta: Scholars Press, 1989) 1.267–84.

— "The Construction of the Temple According to the *Temple Scroll*," *RevQ* 17 (1996) 555–71.

— "The Dead Sea Scrolls and the Early History of Jewish Liturgy," *The Synagogue in Late Antiquity* (ed. L. I. Levine; Philadelphia: American Schools of Oriental Research, 1987) 33–48.

— *The Eschatological Community of the Dead Sea Scrolls: A Study of the Role of the Community* (SBLMS 38; Atlanta: Scholars Press, 1989).

— *From Text to Tradition: A History of Second Temple and Rabbinic Judaism* (Hoboken, NJ: Ktav, 1991).

— "Messianic Figures and Ideas in the Qumran Scrolls," *The Messiah: Developments in Earliest Judaism and Christianity* (ed. J. H. Charlesworth; Minneapolis: Fortress Press, 1992) 116–29.

— "Milḥemet ha-Megillot: Hitpatḥuyot be-Ḥeqer ha-Megillot ha-Genuzot," *Cathedra* 61 (1991) 3–23.

— "*Miqṣat Maʿaśé Ha-Torah* and the *Temple Scroll*," *RevQ* 14 (1989–90) 435–57.

— "The New Halakhic Letter and the Origins of the Dead Sea Sect," *BA* 53 (1990) 64–73.

— "New Light on the Pharisees," *Understanding the Dead Sea Scrolls* (ed. H. Shanks; New York: Random House, 1992) 217–24.

— "Pharisaic and Sadducean Halakhah in Light of the Dead Sea Scrolls: The Case of Ṭevul Yom," *Dead Sea Discoveries* 1 (1994) 285–99.

— "Pharisees and Sadducees in Pesher Nahum," *Minḥah le-Naḥum: Biblical and Other Studies presented to Nahum M. Sarna in Honour of his 70th Birthday* (eds. M. Brettler/M. Fishbane; JSOTSup 154; Sheffield: JSOT Press, 1993) 272–90.

— "The Place of 4QMMT in the Corpus of Qumran Manuscripts," *Reading 4QMMT: New Perspectives on Qumran Law and History* (eds. J. Kampen/M. J. Bernstein; SBL Symposium Series 2; Atlanta: Scholars Press, 1996) 81–98.

— *Reclaiming the Dead Sea Scrolls* (Philadelphia: Jewish Publication Society, 1994).

— "Sacred Space: The Land of Israel in the Temple Scroll," *Biblical Archaeology Today: Proceedings of the Second International Congress on Biblical Archaeology, 1990* (eds. A. Biran/J. Aviram; Jerusalem: Israel Exploration Society, 1993) 398–410.

— "The Sacrificial System of the Temple Scroll and the Book of Jubilees," *Society of Biblical Literature 1985 Seminar Papers* (ed. K. H. Richards; Atlanta: Scholars Press, 1985) 217–33.

— *Sectarian Law in the Dead Sea Scrolls: Courts, Testimony, and the Penal Code* (BJS 33; Chico, Calif.: Scholars Press, 1983).

— "The *Temple Scroll* and the Nature of its Law: The Status of the Question," *Community of the Renewed Covenant* (eds. E. Ulrich/J. VanderKam; Notre Dame, Indiana: University of Notre Dame Press, 1994) 37–55.

— *Texts and Traditions: A Sourcebook for the Study of Second Temple and Rabbinic Judaism* (Hoboken, NJ: Ktav, 1998).

D. R. Schwartz, "The Three Temples of 4QFlorilegium," *RevQ* 10 (1979–81) 83–92.

M. E. Stone/J. C. Greenfield, "Aramaic Levi Document," *Qumran Cave 4.XVII: Parabiblical Texts, Part 3* (DJD 22; Oxford: Clarendon, 1996) 1–72.

J. Strugnell, "MMT: Second Thoughts on a Forthcoming Edition," *The Community of the Renewed Covenant: The Notre Dame Symposium on the Dead Sea*

Scrolls (eds. E. ULRICH/J. VANDERKAM; Notre Dame, Indiana: University of Notre Dame Press, 1994) 57–73.

Y. SUSSMANN, "The History of the Halakha and the Dead Sea Scrolls," *Qumran Cave 4. V: Miqṣat Ma'asé Ha-Torah* (DJD 10; Oxford: Clarendon, 1994) 179–200.

S. TALMON, "The Calendar Reckoning of the Sect from the Judean Desert," *Aspects of the Dead Sea Scrolls* (eds. C. RABIN/Y. YADIN; ScrHier 4; Jerusalem: Magnes Press, 1958) 162–99.

V. TCHERIKOVER, *Hellenistic Civilization and the Jews* (Philadelphia: Jewish Publication Society, 1966).

E. TOV, "'Al Maṣav ha-Meḥqar bi-Megillot Qumran le-'Or ha-Meḥqar he-Ḥadash," *Mada'e ha-Yahadut* 34 (1994) 37–67.

R. DE VAUX, *Archaeology and the Dead Sea Scrolls* (The Schweich Lectures of the British Academy 1959; London: Published for the British Academy by Oxford University Press, 1973).

G. VERMES, *The Complete Dead Sea Scrolls in English* (New York: Allen Lane, Penguin Press, 1997).

B. Z. WACHOLDER, *The Dawn of Qumran, The Sectarian Torah and the Teacher of Righteousness* (Cincinnati: Hebrew Union College Press, 1983).

S. WHITE, "4QTemple?," *Qumran Cave 4. VIII: Parabiblical Texts, Part 1* (DJD 13; Oxford: Clarendon, 1994) 319–33.

A. M. WILSON/L. WILLS, "Literary Sources in the Temple Scroll," *HTR* 75 (1982) 275–88.

M. O. WISE, *A Critical Study of the Temple Scroll from Qumran Cave 11* (Studies in Ancient Oriental Civilization 49; Chicago: Oriental Institute, 1990).

— "The Eschatological Vision of the *Temple Scroll*," *JNES* 49 (1990) 155–72.

— "4QFlorilegium and the Temple of Adam," *RevQ* 15 (1991–92) 103–32.

Y. YADIN, *The Scroll of the War of the Sons of Light against the Sons of Darkness* (transl. B. and C. Rabin; Oxford: Oxford University Press, 1962).

— *The Temple Scroll* (3 vols.; Jerusalem: Israel Exploration Society, 1983).

Miqdash Adam, Eden and the Qumran Community

GEORGE J. BROOKE, Manchester

I. Introduction

This study is a partial reconsideration of how the Qumran community or the wider movement of which it was a part could function for the most part as a worshipping community without a temple. Several factors have led to the need for this reconsideration. To begin with, the debate about the character and function of the Qumran site has intensified in recent years as some of DE VAUX's original notes and photographs are made public for the first time.[1] Furthermore, the general release of the photographs of the unpublished Dead Sea scrolls in 1991 and subsequent editions, notably of the *Rule of the Community* and of the *Damascus Document*, have thrown into sharp relief the need for the manuscripts to be set in some kind of historical framework. These two rule books are extant in multiple copies, and for the *Rule of the Community* at least, the copies show that the composition has had a complicated recensional history. Such history hints at changes and developments in the make-up and organisation of the community whose rule the manuscripts contain.[2] More particularly, in 4Q265 there is a clear allusion to the understanding that the garden of Eden had a cultic status akin to that of the temple;[3] thus, it is appropriate to reconsider some of the allusions to Eden in the scrolls and to include such reconsideration within the general description of how the Qumran community or the wider movement of which it was a part may have functioned as a "Gemeinde ohne Tempel".

---

[1] See HUMBERT/CHAMBON. The possible implications of a detailed reconsideration of all the archaeological information can be seen in HUMBERT's further study "L'espace sacré à Qumrân. Propositions pour l'archéologie," *passim*. In light of the widespread acknowledgement that the community thought of itself in cultic terms, there is an urgent need for the archaeological remains at Qumran to be reconsidered in relation to the community's thoughts about the temple and its structure. HUMBERT has proposed that over time there was a considerable reorientation of the site so that it became more of a counterpart of the temple in Jerusalem. Though his view that sacrifices were performed at Qumran, at least at some stage in its occupation, has not yet found any support, his concern to describe the site in relation to the temple is laudatory.

[2] In addition to the principal editions of the manuscripts see the following studies: ALEXANDER, *passim*; METSO, *passim*; VERMES, *passim*.

[3] See BAUMGARTEN, "Purification," *passim*.

II. Miqdash Adam

A suitable place to begin is with 4Q174, the so-called *Florilegium* or *Eschatological Midrash*. 4Q174 is a fragmentary manuscript containing a series of
interpretations of various scriptural passages from the Torah, the Prophets
and the Psalms.[4] The principal fragment[5] has been referred to many times
in the secondary literature on the Qumran scrolls, especially in works on
Qumran messianism. In addition to its messianism, this principal fragment
is especially important for the information which it conveys concerning the
community's view of the temple, or, more properly, the temples.

One might suppose that the early Jewish interpreter of scripture responsible for the composition represented in 4Q174 could have neatly combined
his interests in messianic ideas with those of temple building through appeal
to a text such as Zech 6:12–13. The ideology of such a passage coincides
with the dominant dual messianism of the sectarian texts found at Qumran,
and so it might have played a suitable role in the interpretation of Nathan's
oracle (2 Samuel 7) in 4Q174. The Zechariah text declares:

"Thus says the Lord of hosts: Here is a man whose name is Branch (צמח): for he shall
branch out in his place, and he shall build the temple of the Lord. It is he that shall
build the temple of the Lord; he shall bear royal honour, and shall sit and rule on his
throne. There shall be a priest by his throne, with peaceful understanding between
the two of them" (Zech 6:12–13; NRSV).

By focusing on the absence from 4Q174 of such a secondary scriptural
interpretation, the dominant concerns of the composition become all the
more apparent.[6] Two matters seem more important than the role of any
messiah in eschatological temple building and so explain the interpreter's
reluctance to use a text like Zechariah 6.

The first matter concerns the first part of the first extant column of the
principal fragment of 4Q174. Mention is made there of several different
but complementary sanctuaries by way of interpreting the oracle of Nathan
to David concerning his house (2 Samuel 7). Although the term "house"
includes the royal house, that is, the eschatological descendant of David,
it is the sanctuary which dominates in the discussion. As is well known,
the principal extant citation of 2 Samuel 7 (namely, 2 Sam 7:11b–14a) is an
abbreviation of the text.[7] Notable amongst the omissions is the phrase "who

---

[4] The most comprehensive textual edition of 4Q174 has been provided by STEUDEL. The
idea that the texts and commentary reflect the emerging order of the canon is to be found in
PUECH, 573 n. 20.

[5] Which STEUDEL assigns to and designates as column 3.

[6] Though it should be noted that the messiah's temple building role is not frequently referred
to in contemporary literature: *Sib. Or.* 5:424–25; *Pss. Sol.* 17:32–33; *Tg. Zech.* 6:12–13. See the
brief comments by ROWLAND, 183–4.

[7] The exegetical means of the abbreviation of this passage and its significance are discussed
in BROOKE, *Exegesis at Qumran, passim.*

shall come forth from your body" of 2 Sam 7:12: it is not Solomon or any immediate son of David with which the interpreter is concerned but some future eschatological descendant. Also omitted is the prediction that a son of David will build a house "for my name" (2 Sam 7:13a). The descendant of David is not to be responsible for building the temple as Zech 6:12–13 might imply. Rather the house, that is the temple, will be built by God himself. 2 Sam 7:10 describes how God will appoint a place for his people "and will plant them, so that they may live in their own place." The commentator remarks that "this is the house which he will establish for him in the last days, as it is written in the Book of Moses: 'The temple of the Lord your hands will establish. The Lord shall reign for ever and ever' (Exod 15:17–18)." Thus the commentary asserts the tradition of the temple which is not made with human hands,[8] a tradition which is also known in the Temple Scroll: "I will cause my glory to rest on it [the interim sanctuary] until the day of creation on which I shall create my sanctuary, establishing it for myself for all time according to the covenant which I have made with Jacob in Bethel" (11QT^a 29:9–10).[9]

The second factor which inhibits the commentator from making too much of the role of the Davidic messiah in relation to the eschatological temple is his focus on the community itself. With regard to the messianic possibilities of the commentary it is remarkable that in the interpretation of the psalms which follows on after the interpretations of 2 Samuel 7, the singular "his messiah" of Ps 2:2, which almost certainly occurred at the damaged opening of 4Q174 3:19, is interpreted as referring to the elect of Israel (בחירי ישראל) in the plural. This seems to be a deliberate reading of the psalm's singular משיחו as having a defective plural third person singular suffix. Thus the messianic king, the clear subject of the psalm is democratised and made to refer to the whole community of the elect.[10] This group is made up of those who, despite the afflictions of Belial, will endeavour obediently to put the law into practice; they will be tried and tested and will be the heirs of the promises made to Daniel in Dan 12:9–13.

This concern with the community is also visible in the earlier pericope of 4Q174. In the interpretation of 2 Sam 7:10, there is mention of what may be construed as an interim, temporary sanctuary which will stand until the Lord constructs the eschatological sanctuary for himself. "He has commanded that a sanctuary of men (מקדש אדם) be built for himself, that there they may send up, like the smoke of incense, the works of thanksgiving (מעשי תודה)." The phrase מקדש אדם has been variously translated. YADIN, for example, rendered it as "sanctuary amongst men," that is a sanctuary made by God

---

[8]   On this tradition in relation to Jesus, see for example SWEET, *passim*.

[9]   Trans. VERMES, *The Complete Dead Sea Scrolls in English*, 200. This follows the reading for the lines as originally proposed by QIMRON and presented by him in *The Temple Scroll*, 44.

[10]   On this, see BROOKE, "Kingship and Messianism".

standing amongst men.[11] But this is to stretch the force of the construct somewhat, even if אדם is viewed as a substitute for אדני of Exod 15:17 on the basis of 2 Sam 7:19, where the difficult phrase וזאת תורת האדם אדני יהוה ("And this is the law for man, O Lord God!") occurs. Nor does the phrase mean that the sanctuary will be "man-made" and stand amongst men, as Allegro proposed,[12] since that flies in the face of the thrust of the interpretation which is based in large measure on the juxtaposition of Exod 15:17–18 with 2 Sam 7:10. It is God who will build the eschatological sanctuary. Rather, this highly descriptive phrase means literally "sanctuary of Adam" or "sanctuary of man" which can also be taken collectively as "sanctuary of men". The purpose of the sanctuary is to make smoking sacrifices which are appositionally described as "deeds of thanksgiving," thank-offerings.

The point of this discussion is not to worry about whether the community as sanctuary actually offered sacrifices or not, but to encourage the discernment of the significant puns which are taking place in 4Q174. Because the scribe wrote תורה,[13] he did not thereby entirely exclude the possibility of the audience appreciating that he was punning the phrase מעשי תורה. Indeed in the next column he goes on to describe the way in which the elect in the community will perform the whole law (ועשו את כול התורה). In light of this phrase it might be argued that even if the *daleth* in תודה is granted, the phrase מעשי תודה must be read as a scribal error, but I think it is preferable to read the text as it stands since scribal errors are generally corrected in the manuscripts from Qumran.

Something similar is surely intended also in the striking phrase מקדש אדם. Commentators have been too quick to argue for a single meaning over against any other. I suspect that the appeal of the phrase to the commentator rested to some extent in its polyvalence.[14] The two principal meanings would seem to be that of "sanctuary of man/men," namely a reference to the community to whom the commentary is addressed as if they are formed to be a sanctuary proleptically,[15] and "sanctuary of Adam," that is a reference

---

[11] YADIN, *passim*.

[12] ALLEGRO/ANDERSON, 54; ALLEGRO has been followed by a large number of scholars.

[13] All those who have recently studied the actual manuscript together with the photographs are agreed that *daleth* should be read as STRUGNELL originially tentatively suggested (see p. 221). See especially, BROOKE, *Exegesis at Qumran*, 108; STEUDEL, 44; KUHN, 205; PUECH, 578 n. 34.

[14] COLLINS has recently written on this phrase and allowed for its ambiguity to remain unresolved: "The use of the verb 'to build' and the focus on the proper sacrifices can be understood most directly if the reference is to an actual temple, but it is also possible that this language should be taken metaphorically." However, COLLINS inappropriately understands מקדש אדם to mean "a human temple" and so for him the two possible referents in the phrase are the interim eschatological temple to be made by humans and the community as temple. See COLLINS, 21–3.

[15] For this particular meaning, see BROOKE, *Exegesis at Qumran*, 178–93, esp. 187, and DIMANT, "4QFlorilegium," 187–9.

to how both the proleptic last days community-sanctuary and the divinely constructed eschatological sanctuary would be places where the intention of God in creating Eden would be restored.[16] In these eschatological sanctuaries (one proleptic, one final) Adam is obedient, the elect perform the whole law, and what was originally intended is finally, ultimately established.[17]

It is important to confirm that Adam in מקדש אדם is to be viewed in this ambiguous way so that both the *Urzeit und Endzeit* eschatology and the place of the community in that scheme of things can be allowed to stand in the same phrase. WISE, in a detailed and intriguing study of מקדש אדם,[18] has rightly proposed that מקדש אדם should be seen as a clarification of מקדש אדני of Exod 15:17–18, a text which he supposes without argument can only refer to a building. In this way he is forced to insist that מקדש אדם also can only refer to a building, namely the temple that should be built until God himself constructs the ultimate temple. For WISE the *Temple Scroll* controls the discussion: its column 29 refers to two temples, that which should be built in the interim as satisfactory to God (which is the major item of content of the *Temple Scroll*) and that which God himself will build on the day of creation. But though the author of 4Q174 may share much of this twofold perspective, he does not mirror it precisely. For him, in my opinion, the interim sanctuary is one which both may be made up of men, the community, and one which also anticipates the final sanctuary. מקדש אדם does not refer to an interim building as may be prescribed in the detailed building instructions of the *Temple Scroll*; it refers to the community (which is interim) and that not as something entirely different from the ultimate sanctuary made by God himself but as an anticipation of it.

WISE rightly points to two particular passages in the sectarian scrolls where Adam occurs. In CD 3:12–4:4 we read:

"But God in his wondrous mysteries atoned for their evil and forgave their sin. He built for them 'a sure house in Israel' (2 Sam 7:16) whose like has never existed from ancient times until now. Those who hold to it will possess long life and all the glory of Adam."

This text, if correctly translated, implies that God has already built a sure house in Israel, for all those whose sin he has forgiven, namely the members of the movement which the *Damascus Document* describes. This section of the *Damascus Document* does not refer exclusively to the future nor does the following use of Ezek 44:15 stress actual temple practice, though such

---

[16] Cf. 2 Baruch 4 in which the New Jerusalem and the building in its midst, the temple, are described as prepared from the moment that God decided to create Paradise and that God showed them to Adam (as well as Abraham and Moses).

[17] On the way in which the sectarian scrolls describe the community as Eden replanted, see the important study by JUCCI, *passim*. Sadly, JUCCI makes no mention of 4Q174 in his discussion.

[18] WISE, *"4QFlorilegium," passim*; reprinted as "That Which Has Been," *passim*.

practice is mentioned. Thus it is possible to read the passage in the *Damascus Document* as concurring with a polyvalent reading of מקדש אדם in 4Q174. There is a community which has a priestly basis, but which is not exclusively made up of priests, and there is a hoped-for temple cult before the end finally comes. The CD passage can be construed quite appropriately as suggesting that the community can serve proleptically as a sanctuary and attain long life and the glory of Adam.

The second passage referred to by WISE which mentions Adam is the Psalms Commentary (4Q171). In the interpretation of Ps 37:18–19a which begins at the bottom of a broken column and continues at the top of another we read of the שבי המדבר, "the penitents of" or "returnees to the wilderness" who will live for a thousand generations, saved, and to whom all the glory of Adam shall belong, as also to their seed for ever. WISE naturally understands this as affirming that "when the inheritance [of Adam] is realized, the beneficiaries will enjoy extended life spans, as will their children."[19] For him all that the interpretation implies is oriented in the future. He skips over the clear mention of "the penitents of" or "returnees to the wilderness" who are the heirs or shortly to be so. When the interpretation in the Psalms Commentary is taken as a whole, then the inheritance can be seen to be already part of the community's character.

The same is true of a later passage in the same commentary. The interpretation of Ps 37:22 is that:

"Interpreted, this concerns the congregation of the Poor, who [shall possess] the whole world as an inheritance. They shall possess the High Mountain of Israel [for ever], and shall enjoy [everlasting] delights in His Sanctuary. [But those who] shall be cut off, they are the violent [of the nations and] the wicked of Israel; they shall be cut off and blotted out for ever."[20]

Clearly things are to come to fruition fully in the future, but it is the present congregation of the Poor who will be the inheritors. It is still a matter of one aspect *now*, to be taken together with a *future* completion.

WISE correctly points out that the distinctive phrase הר מרום ישראל, "the high mountain of Israel," only occurs three times in the Hebrew Bible, in Ezek 17:23, 20:40 and 34:14.[21] Ezek 17:22–24 is the allegory of the cedar, looking to the future restoration of Jerusalem. Ezek 20:40 is similarly part of an oracle which depicts the gathering of the dispersed into the land at the time of true service. Ezek 34:14 likewise is part of an oracle which describes the dispersed being gathered together on the mountain; the whole pericope seems to be an argument for a return to theocracy. The author of the Psalms Commentary may well have been pulling various exegetical threads

---

[19] "That Which Has Been," 180.
[20] Trans. VERMES, *The Complete Dead Sea Scrolls in English*, 489.
[21] "That Which Has Been," 181.

together as he juxtaposed the inheritance of Adam with the high mountain of Jerusalem. His use of the figure of Adam might lead one to think that he understood the mountain of Ezek 17, 20 and 34 as the same as that referred to in Ezek 28:14, the holy mountain of God, which is identified as Eden.[22]

In sum, WISE has insisted that there are but two temples in 4Q174, the sanctuary of Israel which is laid waste because of its sin, and the sanctuary of the Lord of Exod 15:17–18 which is also called the sanctuary of Adam. For him this second sanctuary corresponds with the temple envisaged in the regulations of the *Temple Scroll*, not that which will ultimately be built by God himself but which people will construct in the end of days which are yet to come. WISE has thus construed the polel in Exod 15:17–18 as an imperative: "A Temple of the Lord you are to prepare with your hands; Yahweh will reign forever and ever."[23]   However, it seems to me that it is better to read Exod 15:17–18 as it stands and to suppose that it refers to the temple not made with human hands which corresponds with the temple that will be built by God himself on the day of creation according to 11QT[a] 29:10. Concerning the temple which should be built in the present to replace that built and occupied by sinners 4Q174 says nothing, but in anticipation of the day of creation the commentator speaks of a sanctuary of men, of Adam, which is the community of the elect who perform deeds of thanksgiving as a substitute for actual temple service. In the end of days they will come into their inheritance and take part in the worship of God on his holy mountain.   CD 3:19 says that God has already built for the movement a sure house in Israel; this is not a future act. Likewise the Psalms Commentary speaks of those who are in the wilderness, again a depiction of present circumstances. Clearly much has yet to be fulfilled, but in the community God has inaugurated the reestablishment of Eden, the sanctuary of Adam. Some of the widespread language of planting suggests as much.

III. Planting

The verb נטע, "to plant," plays an interesting role in the opening lines of 4Q174 column 3.[24]   It is the root through which the ancient exegete links 2 Sam 7:10, the base text, with the supplementary quotation of Exod 15:17–18. 2 Sam 7:10 reads:

---

[22]   As WISE does: "That Which Has Been," 181; though the mountain of Ezekiel 28 may equally well be understood as Saphon.

[23]   "That Which Has Been," 155, 174 n. 63.

[24]   WISE suggests that, because of their common use of the theme of planting, the author of 4Q174 may have had Ezek 17:23 in mind when he used Exod 15:17: "That Which Has Been," 181. Usually the practice of *gezerah šawah* depends on the use of the same term being used in two passages, rather than merely there being a thematic link.

"And I will appoint a place (מקום) for my people Israel and will plant them (ונטעתיו), so that they may live in their own place, and be disturbed no more; and evildoers shall afflict them no more, as formerly."

Exod 15:17–18 reads:

"You brought them in and planted them (ותטעמו) on the mountain of your own possession, the place (מקום), O Lord, that you made your abode, the sanctuary, O Lord, that your hands have established. The Lord will reign forever and ever."

The *gezerah šawah* for these two verses depends principally on their common use of the root נטע, even though the first part of Exod 15:17 is not explicitly quoted in 4Q174 at the appropriate place.

It is unlikely that the use of נטע in this way in 4Q174 is entirely coincidental. The root and various related terms are expressive of a particular aspect of the community's ideology. In the phrase "eternal planting" (מטעת עולם) the root occurs in two places in 1QS and in two places in 1QHᵃ. 1QHᵃ 16 contains a hymn in which the author gives thanks for being placed beside a fountain of streams in an arid land, close to a spring of waters in a dry land. The poem continues with an elaborate description of the tree plantation (מטע) out of which comes a "shoot of the everlasting plant" (1QHᵃ 16:6). The hymn's author seems to refer to his own experiences as he describes "the bud of the shoot of holiness for the plant of truth was hidden and was not esteemed; and being unperceived, its mystery was sealed" (1QHᵃ 16:10). The imagery of the plant allows the poet to combine a reference to an ideal world[25] with a depiction of the community to which he belongs. Compared with all the trees destroyed by flood, the community is a "fruitful Plant [by the] everlasting [spring]" and is "an Eden of glory [bearing] fruits [of life]" (1QHᵃ 16:20).[26]

The whole poem in 1QHᵃ 16:4–37 reverberates with the constant theme of the plant. In two places it is clear that there is reference to the garden of Eden.[27] In lines 11–12 the fruit is protected by the mighty heroes, the spirits of holiness, and the whirling flame of fire. As Mansoor, for one, has observed: "It is doubtless that here we have an allusion to the cherub and the sword of fire, which have to guard the access to the tree of life."[28] "Nevertheless," Mansoor continues, "everything seems to be somehow interpreted in relation to the existence and life of the community which is also elsewhere designated as a plantation with an eschatological future." In 1QHᵃ 16:20 the term Eden is explicitly used, though many translators, most

---

[25] Licht, 135, restores מ]טע שחקים, "[the Plant] of heaven," in 1QHᵃ 16:13.

[26] Trans. Vermes, *The Complete Dead Sea Scrolls in English*, 280.

[27] Ringgren, 7–8, has drawn attention to the passages referring to Eden as especially interesting because of the way they imply that through the new covenant "man has again access to paradise". With these passages in 1QHᵃ he compares *Test. Levi* 18:10–11.

[28] Mansoor, 154 n. 4.

recently García Martínez,[29] try to hide the allusion by rendering the term simply as "garden".

In a recent article Tiller has tried to categorize the wide range of uses of the plant metaphor in late second temple literature.[30] He has proposed that there are two principal uses of the metaphor: some texts use the plant metaphor to describe the future restored people of God established in a restored earth, others use the metaphor to describe non-eschatological Israel. He has appropriately noted that in both 1QS and 1QH^a both uses are combined and the referent is significantly narrowed to apply only to the community itself or its immediate predecessors. Tiller asserts that there appears to be no significant connection between the motif and the idea of the tree of life, with the possible exception of the poem in 1QH^a 16:6–37, cited above. However, he has suitably acknowledged that the sectarian texts regularly juxtapose eternal planting with indications of the heavenly status of the community and thus the community of these texts are the righteous remnant which already enjoys certain eschatological blessings. Herein, for the purposes of this study, lies the connection with the sanctuary of Adam.

Not much Eden language is explicit in the use and reuse of the metaphor of planting in the sectarian texts from Qumran, as Tiller has pointed out. It could well be the case, however, that much of the significance of the Eden connection is assumed each time the metaphor of planting is used, since Gen 2:8 recalls how God planted (ויטע) a garden in Eden. If the interpretation of מקדש אדם argued above is correct, that it describes both the eschatological ideal and the way in which that is anticipated by the members of the community, then the principal elements of the Edenic or Adamic worldview of the community or the wider movement of which it was a part were obedience to the Torah which was viewed principally in terms of right worship. In this right worship the community considered itself as participating in the worship of the angels, as joining in the heavenly service, all of which was a foretaste of what was ultimately to be present in Jerusalem. All this is the making explicit of what was there in earlier traditions and which is discernible in a number of guises through the period of the occupation of the Qumran site. The *Rule of the Community* presents a picture of the community as "an eternal planting, a house of holiness for Israel, a most holy assembly for Aaron, true witnesses for judgment, and the favorable elect to atone for the Land and to pay the wicked their reward."[31] The cultic connection is part of the very woop and warf of the tapestry of images which are held together around the metaphor of planting.

---

[29] García Martínez, 346: "glorious garden".

[30] Tiller, *passim*. Tiller's study is a considerable advance on the work of Fujita, *passim*; Fujita says nothing about the allusions to Eden.

[31] See the discussion of this by Tiller, 326–9.

IV. Tracing the Threads

The threads of this tapestry can be discerned in some other places in compositions which have been found at Qumran. The most obvious and notable starting point is the *Book of Jubilees*:

"I will transform them into a righteous plant with all my mind and all my soul. They will become a blessing, not a curse; they will become the head, not the tail. I will build my temple among them and will live with them; I will become their God and they will become my true and righteous people."[32]

It is in the *Book of Jubilees* that the clearest statements on the identification of Eden with the sanctuary are to be found. For example, the laws of purification after childbirth in Lev 12:2–8, which are connected explicitly with participation in the cult, are explained in *Jub*. 3:8–14 in association with entry into the garden of Eden. The different periods of impurity after giving birth to a male and a female are justified on the basis of when particular events happened to Adam and Eve: in the first week Adam was created, in the second Eve was shown to him and so there are seven days of impurity for childbirth involving a male and fourteen for a female. Here it seems that Eden and the sanctuary are closely equated: what applies in the sanctuary is based on what took place in Eden.

The connection between Eden and the sanctuary is visible elsewhere in *Jubilees* too. When Adam offers incense in or just outside the garden (*Jub*. 3:27), he seems to anticipate the actions prescribed for the High Priest according to Exod 30:34–36. Later in the work the equation of Eden and the sanctuary is made even clearer: "And Noah knew that the garden of Eden was the holy of holies and the dwelling of the Lord" (*Jub*. 8:19). The law that should apply in one applies in the other.

The identification of Eden and the sanctuary may also be discerned in the small fragment 1 of 4Q500 in which there are a few lines, apparently from a non-sectarian composition, that echo the allegory of the vineyard of Isaiah 5.[33] In line 4 the phrase "to the gate of the holy height" is preserved and in line 5 "your planting and the streams of your glory." While "the holy height" might recall the same passages of Ezekiel as does the phrase "high mountain of Israel" in the Psalms Commentary (4Q171), the streams of glory might recall the streams of Ps 65:10, 46:5, or Isa 32:2 which speaks of the streams of water in Zion. Though not using precisely the same terminology, Ezek 47:1–12 depicts much water flowing from below the threshold of the temple. It is as if all this water mirrors the rivers which flow out of Eden and it is that

---

[32] Trans. VANDERKAM. TILLER, 323–4, discusses the metaphor of the righteous plant in *Jubilees*, but does not draw out its cultic connections.

[33] See especially, BAUMGARTEN, "4Q500," *passim*; BROOKE, "4Q500 1," *passim*.

water image which lies behind the poetic picture of 1QH^a 16:1–8 described above.

V. In the Sectarian Compositions

The *Book of Jubilees* in particular links the sanctuary and the garden of Eden, either explicitly or indirectly; other compositions may do the same. There are a few places in the sectarian compositions where the same identification seems to take place.[34] We shall consider just two in detail, 4Q265 and 4Q421.

Amongst recently available texts 4Q265 mirrors one aspect of what this study has already pointed out for the *Book of Jubilees*. The understanding of Eden as the sanctuary is confirmed by 4Q265 11–17 as edited by BAUMGARTEN:[35]

"[… for] the Garden of Eden is sacred and all its young shoots are sacred. [Therefore it is written, a woman who bears a male] shall be impure seven days, as in the days of her menstruation shall she be impure, and th[irty-three days shall she remain in the blood] of her purity. But if she bears a female, she shall be impure [two weeks as in her menstruation, and sixty-six days] [shall she rem]ain in the blood of her purity."

ESHEL has recently pointed out in greater detail how the explanation of Lev 12:1–5 in this passage is an example of halakhic aetiological exegesis in which the rulings of Leviticus are justified by reference to the narrative of Genesis concerning Eden.[36] But the important matter to note is that the justification depends on an already assumed equation of Eden and the sanctuary.

Fragments 11 and 12 of 4Q421 (*4QWays of Righteousness*^{b}) seem to reflect the same idea of juxtaposing details about Eden with details of the sanctuary.[37] Frags. 11 and 12 are very similar in shape and size and almost certainly were in a wad together. Frag. 11 contains some phrases which describe eating and drinking. ELGVIN comments suitably: "The precise theme of frag. 11 is not easy to comprehend. It seems to deal with human sustenance. Line 2 deals with a positive source for food and drink and could allude to the condition of man in the Garden of Eden."[38] For the purposes of this study it is intriguing to note that the extant phrases in 4Q421 11 2, which ELGVIN considers to be an admonition of some kind, can be compared with the similar ideas of 1QH^a 16:12–13 which imply that ordinary people have no access to the spring of life.

---

[34] For a more comprehensive list of sectarian texts which can be understood as describing Eden, see JUCCI.

[35] BAUMGARTEN, "Purification," *passim*.

[36] ESHEL, 9–11.

[37] The principal edition of these fragments is available in ELGVIN, *passim*.

[38] ELGVIN, 196.

4Q421 frag. 11 is somewhat difficult to locate in the overall sequence of the composition. Previous fragments seem to contain a collection of wisdom sayings addressed so it seems to members of the community. But if ELGVIN is correct that there is an echo of Eden in the material of the fragment, then it could be part of the temple section which almost certainly follows in frag. 12. Frag. 12 is not much better preserved than frag. 11, but it offers a little more for study: line 2 speaks against servants eating (from sacrificial offerings) in the sanctuary, and lines 3–4 prohibit certain groups from access to the temple.[39] Overall, frag. 12 seems to contain a set of prohibitions related to the temple.

The possibilities for reconstructing 4Q421 are numerous, but at the least it seems that after some wisdom instructions relating to the members of the community, there are some rules (frags. 11 and 12) which may in part be based on life in Eden, rules which are then followed by others concerning the temple and the community together, as if to speak of one is to speak of the other. Here then is another text in which Eden and the temple may be juxtaposed, though not with as much clarity as can be found in the *Book of Jubilees* or even in 4Q174.

Increasingly there emerges an overall picture in which Eden and the sanctuary are variously interrelated in a range of different genres and at different periods in the life of the Qumran community or the wider movement of which it was a part. The interrelationship can be seen in different ways in different segments of the community. The association between being planted, Adam and the cult may be most explicit in the form that it is found in 4Q174 but that seems to depend on a long line of intermittently represented tradition which goes back through 4Q265 to the *Book of Jubilees* and earlier. The association of Eden and the temple may also be reflected in the redactional column 29 of the *Temple Scroll*, in which the temple made by God himself appears on the day of creation.

Some aspects of this outlook are discernible in other texts too: the delimitation of the community in terms of those permitted to enter the sanctuary is a feature of both MMT and 1QSa. In 1QS and 1QHᵃ there is identification of the community with the sanctuary, but the connection of that sanctuary with the eschatological temple through the use of phrases connected with

---

[39] Exclusion from the temple or temple community is a feature of several sectarian texts: 4Q174 3:4 (Ammonite, Moabite, bastard, stranger, proselyte); 4QMMT B 39–49 (Ammonites, Moabites, those born in forbidden marriages, and castrated persons); 1QSa 2:3–8 excludes from the congregation those who are lame, blind, deaf, dumb, or smitten with a visible blemish; 4Q267 17 i 6–9 fills out CD 15 ("fools, madmen, simpletons and imbeciles, the blind, the maimed, the lame, the deaf, minors, none of these may enter the midst of the community"); 11QTᵃ 45:12–14 forbids the blind from entering the temple; 1QM 7:4–6 forbids the lame, blind, crippled or those afflicted with a lasting physical blemish from marching out to war.

Adam or Eden is rather limited.[40] The language of Eden is indeed present, especially in 1QH[a], but it is largely subsumed under the motif of planting which may have its primary referent not in the planting of the garden of Eden by God but in texts such as Isa 60:21 or 61:1–3 which are concerned with justice for the oppressed and reversal of fortunes which is imminent.

VI. Conclusion

This study has tried to suggest that it is important to combine various threads in the non-sectarian and sectarian scrolls found at Qumran to help explain how a predominantly priestly group could survive as a community without a temple, as "Gemeinde ohne Tempel". The community's view of the temple was not simply a matter of following those prophets and psalmists who had insisted that a pure heart was better than any sacrifice. Nor was it simply a matter of the spiritualisation of the cult, so that the language of sacrifice or offering became entirely metaphorical. Nor was it simply a matter of substituting for the impure worship of the temple participation in the worship of the angels as the *Songs of the Sabbath Sacrifice* might imply.[41] It was all those things, but also most importantly the community functioned without a temple because of its eschatological self-understanding. It viewed its worship as an anticipation of what would take place in Jerusalem at the end of days and beyond, at the time of the recreation of all things. At such a time there would be the realisation of no mere ideal, but the whole of God's purposes as set out in Eden would be reestablished.

Over time the formal expression of this eschatology may have changed somewhat.[42] In the earlier period, picking up the line of thought expressed in the *Book of Jubilees*, the eschatology could be expressed in Adamic terms as in the *Damascus Document*. For others such as are reflected in the *Rule of the Community* and the *Hodayot*, the eschatology could be expressed in dominant priestly terms: the house of holiness for Israel, a most holy assembly for Aaron, the favourable elect to atone for the land, with the only acknowledgement of the egalitarianism of Eden being in the language of planting (1QS 8:4–7). In a later period, represented by a composition such as 4Q174, with the increased laicisation of the community and perhaps under the continuing or rediscovered influence of some aspects of the *Damascus Document*, the terminology was shifted somewhat away from the overtly priestly towards

---

[40] There are no direct references to Adam or Eden in the analysis of this whole subject by GÄRTNER, nor in the study by MCKELVEY.

[41] On the significance of the *Songs of the Sabbath Sacrifice* for the community's self-understanding in relation to 4Q174, see DIMANT, "Men as Angels," *passim.* DIMANT also stresses the eschatological significance of the community as a sanctuary.

[42] Something of the variety of understandings of the figure of Adam in the scrolls has been described by CHAZON, *passim.*

an increased stress on the language of obedience. And whereas the earlier phase had seen a dual messianism with hierarchy everywhere, the later concern was to stress the sovereignty of God himself, and to put messianism in its place. Perhaps something of that stress came about through wanting to pose a model of the community against external political forces, but it could also have come about as a way of keeping check on messiahs within. The language of Eden and Adam was present in the tradition at every stage and could be used conveniently to satisfy all members of the movement that there was a place for them in the purposes of God whose desire for right worship would see Eden restored, and in Jerusalem at that. Whereas at the outset with *Jubilees* Adam had been ordained and the community designed as priestly, in the end the whole community would become fully human, as God had originally intended for Adam.

Zusammenfassung

Der Aufsatz gliedert sich in zwei Teile. Der erste Teil (Abschnitte II–III) besteht aus einer Übersicht und Klassifizierung der Belege zur Adam- und Eden-Begrifflichkeit in den nichtbiblischen Qumrantexten. Besondere Aufmerksamkeit richtet sich auf die expliziten Adam-Belege. Es wird der Versuch einer diachronen Bewertung des Belegmaterials unternommen. Darüberhinaus wird der polyvalente Charakter der Motivik der Eden-Erzählungen untersucht; hier kann insbesondere Adam verschiedene Valenzen tragen.

Im zweiten Teil (Abschnitte IV–VI) wird gezeigt, daß sich die Haltung der Qumrangemeinschaft dem Tempel und der Priesterschaft gegenüber im Laufe ihrer Existenz verändert hat. Zu Beginn war der Bruch mit dem Tempel nicht absolut, und er war primär politisch motiviert. Im Laufe des 1. Jh. v.Chr. veränderte sich die eschatologische Perspektive der Gemeinschaft und ihr früheres Idealbild Edens erhielt eine Schlüsselfunktion für die Rechtfertigung des fortdauernden Bruchs mit dem Tempel. Eine ausgearbeitete Urzeit-Endzeit-Typologie verschmolz so mit einem periodisierten Geschichtsbild und Königreich-Gottes-Vorstellungen, die beide als Gegenentwurf zu jeglicher politischen Kontrolle über den Tempel verwendet wurden. Aus dieser Verschmelzung resultierte, daß die Rückkehr zu einem „edenischen" Urzustand als Realisierung von Gottes Zielen erhofft wurde. Ohne Tempel zu leben, war Ausdruck sowohl politischer als auch eschatologischer Anschauungen; ein Risiko, das sich aus Vorhersagen der Propheten, und eine Sicherheit, die sich aus der Befolgung der Reinheitsgesetze ergab.

Bibliography

P. S. ALEXANDER, "The Redaction History of *Serekh Ha-Yaḥad*: A Proposal," *RevQ* 17 (1996) 437–56.

J. M. ALLEGRO/A. A. ANDERSON, *Qumrân Cave 4.I* (4Q158–186) (DJD 5; Oxford: Clarendon, 1968).

J. M. BAUMGARTEN, "4Q500 and the Ancient Conception of the Lord's Vineyard," *JJS* 40 (1989) 1–6.

— "Purification after Childbirth and the Sacred Garden in 4Q265 and Jubilees," *New Qumran Texts and Studies: Proceedings of the First Meeting of the International Organization for Qumran Studies, Paris 1992* (eds. G. J. BROOKE/F. GARCÍA MARTÍNEZ; STDJ 15; Leiden/New York/Köln: E. J. Brill, 1994) 3–10.

G. J. BROOKE, *Exegesis at Qumran: 4QFlorilegium in its Jewish Context* (JSOTSup 29; Sheffield: JSOT Press, 1985).

— "Kingship and Messianism in the Dead Sea Scrolls," *King and Messiah in Israel and the Ancient Near East: Proceedings of the Oxford Old Testament Seminar* (ed. J. DAY; JSOTSup 270; Sheffield: Sheffield Academic Press, 1998) 434–56.

— "4Q500 1 and the Use of Scripture in the Parable of the Vineyard," *Dead Sea Discoveries* 2 (1995) 268–94.

E. CHAZON, "The Creation and Fall of Adam in the Dead Sea Scrolls," *The Book of Genesis in Jewish and Oriental Christian Interpretation: A Collection of Essays* (eds. J. FRISHMAN/L. VAN ROMPAY; Traditio Exegetica Graeca 5; Louvain: Peeters, 1997) 13–24.

J. J. COLLINS, *Jerusalem and the Temple in Jewish Apocalyptic Literature of the Second Temple Period* (International Rennert Guest Lecture Series 1; Bar-Ilan: Bar-Ilan University Faculty of Jewish Studies, 1998).

D. DIMANT, "*4QFlorilegium* and the Idea of the Community as Temple," *Hellenica et Judaica: Hommage à Valentin Nikiprowetzky ל״ז* (eds. A. CAQUOT/M. HADAS-LEBEL/J. RIAUD; Leuven/Paris: Peeters, 1986) 165–89.

— "Men as Angels: The Self-Image of the Qumran Community," *Religion and Politics in the Ancient Near East* (ed. A. BERLIN; Studies and Texts in Jewish History and Culture; Bethesda, MD: University Press of Maryland, 1996) 93–103.

T. ELGVIN, "Ways of Righteousness," *Qumran Cave 4.XV: Sapiential Texts, Part 1* (DJD 20; Oxford: Clarendon, 1997) 183–202.

E. ESHEL, "Hermeneutical Approaches to Genesis in the Dead Sea Scrolls," *The Book of Genesis in Jewish and Oriental Christian Interpretation: A Collection of Essays* (eds. J. FRISHMAN/L. VAN ROMPAY; Traditio Exegetica Graeca 5; Louvain: Peeters, 1997) 1–12.

S. FUJITA, "The Metaphor of Plant in Jewish Literature of the Intertestamental Period," *JSJ* 7 (1976) 30–45.

B. GÄRTNER, *The Temple and the Community in Qumran and the New Testament: A Comparative Study in the Temple Symbolism of the Qumran Texts and the New Testament* (SNTSMS 1; Cambridge: Cambridge University Press, 1965).

F. GARCÍA MARTÍNEZ, *The Dead Sea Scrolls Translated* (2nd ed.; Leiden/New York/Köln: E. J. Brill, 1996).

J.-B. Humbert, "L'espace sacré à Qumrân: Propositions pour l'archéologie," *RB* 101 (1994) 161–211.

— /A. Chambon (eds.), *Fouilles de Khirbet Qumrân et de Aïn Feshka I* (NTOA Series Archaeologica 1; Freiburg, Schweiz: Editions universitaires, and Göttingen: Vandenhoeck & Ruprecht, 1994).

E. Jucci, "Un Eden glorioso nel deserto," *Ricerche Storico Bibliche* 6 (1994) 153–65.

H.-W. Kuhn, "Die Bedeutung der Qumrantexte für das Verständnis des Galaterbriefes," *New Qumran Texts and Studies: Proceedings of the First Meeting of the International Organization for Qumran Studies, Paris 1992* (eds. G. J. Brooke/F. García Martínez; STDJ 15; Leiden/New York/Köln: E. J. Brill, 1994) 169–221.

J. Licht, מגילת ההודיות (Jerusalem: Mossad Bialik, 1957).

M. Mansoor, *The Thanksgiving Hymns Translated and Annotated with an Introduction* (STDJ 3; Leiden: E. J. Brill, 1961).

R. J. McKelvey, *The New Temple: The Church in the New Testament* (Oxford Theological Monographs 3; London: Oxford University Press, 1969).

S. Metso, *The Textual Development of the Qumran Community Rule* (STDJ 21; Leiden/New York/Köln: E. J. Brill, 1997).

E. Puech, *La croyance des Esséniens en la vie future: immortalité, résurrection, vie éternelle. Histoire d'une croyance dans le Judaïsme ancien* (EB 22; Paris: J. Gabalda, 1993).

E. Qimron, *The Temple Scroll: A Critical Edition with Extensive Reconstructions* (JDS; Beer-Sheva: Ben-Gurion University of the Negev Press, and Jerusalem: Israel Exploration Society, 1996).

H. Ringgren, "The Branch and the Plantation in the *Hodayot*," *BR* 6 (1961) 2–8.

C. C. Rowland, "The Second Temple: Focus of Ideological Struggle?" *Templum Amicitiae: Essays on the Second Temple presented to Ernst Bammel* (ed. W. Horbury; JSNTSup 48; Sheffield: JSOT Press, 1991) 175–98.

A. Steudel, *Der Midrasch zur Eschatologie aus der Qumrangemeinde (4QMidr Eschat^{a.b}): Materielle Rekonstruktion, Textbestand, Gattung und traditionsgeschichtliche Einordnung des durch 4Q174 ("Florilegium") und 4Q177 ("Catena A") repräsentierten Werkes aus den Qumranfunden* (STDJ 13; Leiden/New York/Köln: E. J. Brill, 1994).

J. Strugnell, "Notes en marge du Volume V des 'Discoveries in the Judaean Desert of Jordan'," *RevQ* 7 (1969–71) 163–276.

J. P. M. Sweet, "A House Not Made with Hands," *Templum Amicitiae: Essays on the Second Temple presented to Ernst Bammel* (ed. W. Horbury; JSNTSup 48; Sheffield: JSOT Press, 1991) 368–90.

P. Tiller, "The Eternal Planting in the Dead Sea Scrolls," *Dead Sea Discoveries* 4 (1997) 312 35.

J. C. VanderKam, *The Book of Jubilees* (CSCO 511; Scriptores Aethiopici 88; Louvain: Peeters, 1989).

G. Vermes, *The Complete Dead Sea Scrolls in English* (5th ed.; London: Allen Lane, Penguin Press, 1997).

— "Preliminary Remarks on Unpublished Fragments of the Community Rule from Qumran Cave 4," *JJS* 42 (1991) 250–5.

M. O. Wise, "*4QFlorilegium* and the Temple of Adam," *RevQ* 15 (1991–92) 103–32.

— "That Which Has Been is That Which Shall Be: 4QFlorilegium and the מקדש אדם," *Thunder in Gemini and Other Essays on the History, Language and Literature of Second Temple Palestine* (JSPSup 15; Sheffield: JSOT Press, 1994) 152–85.

Y. YADIN, "A Midrash on 2 Sam. vii and Ps. i–ii (4QFlorilegium)," *IEJ* 9 (1959) 95–8.

Priestly Functions in a Community without Temple

Florentino García Martínez, Groningen

In the best introductions to the Qumran scrolls, the leading role of priests in the community is rightly emphasized. Schiffman, for example, states: "At the very founding of the sect, the Zadokite priests played a leading role ... These priests were clearly at the heart of the sect's early ideology."[1] It is indeed evident, even during the most cursory reading of the scrolls, that priests play a very prominent role in the writings of Qumran. Kuhn's *Konkordanz* lists already 92 occurrences of the word כוהן/כוהנים[2] and the *Preliminary Concordance* adds another 91 instances of the use of the word in the Hebrew texts alone.[3] This frequent use of the word and the fact that most of its occurrences appear in writings generally considered to be products of the Qumran group, leaves no doubt as to the importance of priests within the Qumran community.

The reading of all these texts makes completely clear that "priest" is understood in a very concrete way. Although there is no definition of who is a priest, it is absolutely clear that priest and non-priest are different categories to which one belongs by birth, a fact emphasized by the use of the expression זרע אהרון ("offspring of Aaron"). The largest fragment of 4Q419 (one of the Wisdom compositions[4]) mentions priests on line 3 and uses this expression on line 5 (4Q419 1 5). And the same expression appears in such a typically sectarian composition as 4Q265 (*Serek Damascus*[5]), which prescribes within the Sabbath law that "No one from the seed of Aaron may sprinkle the cleansing water on the Sabbath day" (4Q265 7 ii 3).

Priesthood at Qumran thus is not understood metaphorically, but in the very concrete sense of belonging to the "seed of Aaron." At Qumran there is nothing similar to the "universal priesthood" that appears in the New Testament interpretation of Exod 19:6: "You shall be unto me a kingdom of priests and a holy people."[6] We do not find at Qumran the claim that the whole people and not just the Aaronites are priests; on the contrary,

---

[1] Schiffman, 113–4.

[2] Kuhn, 98–9.

[3] 2.901–4.

[4] PAM 43.534 (Photographs [PAM] of the text in Tov and in Lim); for a transcription, see Wacholder/Abegg, fasc. 2, 155.

[5] PAM 43.305. For a transcription, see García Martínez/Tigchelaar, 548–9.

[6] See 1 Pet 2:9 and Rev 1:6; 5:10; 20:6.

the distinction between priests, Levites and Israelites is asserted repeatedly. Priesthood is a matter of descent and at Qumran priests are and remain priests; as such they are clearly distinct from the other members of the community which do not share priestly descent.

On the other hand, the same introductions accentuate also the fact that the Qumran community has broken with the Temple of Jerusalem, as it is attested, for example, by 1QS 9:3–4 and CD 6:11–15. This separation from the Temple has many consequences for the life of the priests who are members of the community (as well as for non-priestly members): they do not participate in the Temple cult, they do not perceive their dues of the sacrifices or the offerings, they do not make sacrifices at Qumran, they substitute prayer for the sacrifices.

The same introductions emphasize rightly that this separation from the Temple and the sacrificial cult was perceived as a temporary matter until the imminent restoration of the Temple cult at the end of days, as it is attested, for example, by 1QM and 11QT. In the end time participation in the Temple cult is taken for granted, as is participation in the sacrifices, and the fulfillment of all other priestly duties. But the community's members (including the priests) did not develop their own sacrificial cult in an alternative location either (as it was done by the Zadokite priests followers of Oniad III at Leontopolis).

The question of this paper follows directly from these undisputed conclusions of modern research: accepting that at Qumran there were priests (by descent) and that these priests were not taking part in the sacrificial cult of the temple, what were their functions within the community?

To the best of my knowledge, most of the research on this topic has focused on the different way in which some of the priestly functions directly dependent on the sacrificial cult were given new content at Qumran: the new way to make atonement,[7] the substitution of prayer for sacrifice,[8] the participation in the angelic liturgy,[9] the interpretation of the Scripture,[10] the holding of supreme authority within the community,[11] etc. But very little attention has been paid to the fact that priests at Qumran continue to fulfill many traditional priestly functions.[12]

It is my intention to offer here an inventory of some of these functions, as they are attributed to priests in the Dead Sea Scrolls. I can only give a sampling of what the texts say about priests, ordering these quotations in

---

[7] See GARNET, 57–111.

[8] See KLINZING.

[9] See MAIER, and NEWSOM, 59–72.

[10] See GARCÍA MARTÍNEZ, "La interpretación de la Escritura".

[11] At least according to the version of the *Rule of the Community* from Cave 1, see recently A. I. BAUMGARTEN, 137–56.

[12] This trend was already settled with the basic study of BETZ, 163–87.

what could be termed "a taxonomy of priestly functions in a community without temple."

This taxonomy clearly will reveal that these priests, in addition to the new functions attributed to them, continue to practice within their community the traditional priestly functions which were not directly dependent upon the sacrificial cult in the Temple, such as the use of lots, teaching, judging and blessing.

Priestly Functions Exercised at Qumran

The preserved texts do not give us a definition of priesthood from which we may extract a list of the priestly functions exercised at Qumran. In KUHN's Konkordanz the abstract substantive כהונה appears three times, in BAILLET's edition of materials from Cave 4[13] we find five more occurrences, and four more in NEWSOM's edition of the *Songs of the Sabbath Sacrifice*.[14] Of these occurrences in *Songs of the Sabbath Sacrifice* apparently only one refers to the human priesthood (4Q400 2:6): וכוהנתנו מה במעוניהם ("And how shall our priesthood [be considered] in their habitations?"); all the others refer to the angelic priesthood, especially to the seven angelical priesthoods (4Q403 1 ii 22). But neither from this isolated mention of human priesthood, nor from the other phrases in which the abstract substantive is used (most of them extremely fragmentary), can we conclude what the concrete functions of priests at Qumran were. To ascertain what these functions were we need to follow another path. The one I have taken is to look at priestly functions as described in different layers of the Old Testament in order to summarize the understanding of the priesthood which would have been common to all Jews at the time.

The first element which comes to the fore in all surveys of the biblical priesthood is that priestly functions were never restricted to the service of the altar, the maintenance of the Temple, or the performance of the sacrifices, even if the cultic and sacrificial ministry was the most characteristic element of the priesthood in the historical period we are concerned with. A perusal of a history of the Old Testament priesthood brings to the fore many other functions exercised by priests.[15]

1) In the old Israelite priesthood,[16] for example, one of the basic components of priestly functions was *oracular* activity (by means of the Urim and Thummim, or by the casting of lots), and equally basic was *teaching*, expressed in

---

[13] BAILLET, 324.

[14] NEWSOM, 418.

[15] For a good survey of the scholarship on the priesthood, see AUNEAU, *passim*.

[16] DE VAUX, 2.195–221.

Deuteronomy as the giving of instruction in the *mishpatim* and the *Torah*.
As it is put in the blessings of Levi (Deut 33:8–10):

8 וללוי אמר תמיך ואוריך לאיש חסידך ...
10 יורו משפטיך ליעקב ותורתך לישראל

"And of Levi he said: Let your Thummim and your Urim be for the man of your
favor ... they shall teach your judgments to Jacob and your law to Israel."

Or, if we read Deut 33:10 according to *4QTestimonia*, with the hiphil of
אור and the plural תורות instead of the singular: (4Q175 17–18): ויאירו
משפטיך ליעקוב תורתך לישראל "and they shall illuminate your ordinances
to Jacob, your laws to Israel."[17] In any case the *teaching* function of priests,
the descendants of Levi, is clearly attested already in this old hymn (as it
is the connection of the priesthood with the Torah) as well as the *oracular*
function represented by the use of the Urim and Thummim.
2) The "deuteronomistic" reform of the cult brought to the fore the difficult
relationship between priests and Levites, and the role of the Levites in the
central sanctuary. Although the terminology fluctuates, the Deuteronomist
recognizes the priestly character of the Levites.[18] In the texts reflecting this
reform we can find another priestly function underlined: the *blessing* of the
people in the name of the Lord. In the introduction to the priestly blessing,
in Num 6:22–27, it is said: "And the Lord spoke to Moses saying: Speak to
the sons of Aaron and to his sons, saying: In this way you shall bless the
children of Israel." It is true that this priestly blessing was uttered at the
Temple as a cultic function, but it appears as something clearly distinct from
sacrifice and the service of the altar.

The reform of Josiah and the centralization of the cult in the Jerusalem
Temple inevitably put new emphasis on the sacrificial function of the priests
as one of the main characteristics of the priesthood, brought to the fore
the importance of the Zadokite priesthood in Jerusalem, and settled the
problematic relationship between priests and Levites. In the verse inserted
at Deut 10:8 these elements are formulated in this way: "At that time the
Lord separated the tribe of Levi, to bear the ark of the covenant of the Lord,
to stand before the Lord to minister to Him, and to bless in His name, to
this day." The claim to the priesthood through the connection with the ark
and the basic priestly rights of the Levites are thus recognized, but also the
function of blessing is strongly underlined.
3) And when Ezekiel mentions the functions of the "priests Levites sons
of Zadok" (הכהנים הלוים בני צדוק), together with the offering of the fat
and the blood, and with the ministry of the table of the Lord, the prophet

---

[17] The singular reading of 4Q35 (יור, for יורה?) instead of the usual plural (יורו) is apparently
an invocation of God's blessing: "May he (Levi) teach to Jacob ..." which is consequently
followed in next verse "May he place ...". See DUNCAN, 281, and ULRICH et al., 68–9.

[18] CODY, 120–3.

specifies as characteristic of the priests *teaching* and participation in the *judicial process*.[19]   Of the priests it is said in Ezek 44:23: ואת עמי יורו בין קדש לחל ובין טמא לטהור יודעם ("and they shall teach my people to distinguish between the sacred and the profane and to differentiate between the clean and the unclean"), and of them it is asserted in the following verse ועל ריב המה יעמדו לשפט במשפטי ושפטהו :(Ez 44:24). Although this sentence is not without difficulties, it is usually understood (following the Ketiv in the first case and the Qere in the second) as "and in a dispute they shall stand to judge, they shall judge according to my judgments." In any case here the judicial function of priests is as strongly asserted as their teaching function was in the previous verse.

Together with the service of the altar, the maintenance of the Temple, and the performance of the sacrifices, this rapid survey has shown that the biblical text also recognizes as priestly functions the following: oracular activity, teaching, blessing, judging, and the separation of the sacred from the profane and the pure from the impure.[20]

Because the exercise of these priestly functions (except the cultic ones) was not directly dependent upon the service of the Temple, we may expect that in the Qumran community these functions were still performed by their priests.   And indeed, the texts available show that the priests of the community continued to exercise all of them.

The Oracular Function

We have a tantalizing text, published some time ago by STRUGNELL[21] and included now in the second volume of *Parabiblical-Texts* (DJD 19),[22] in which the oracular use of the Urim and Thummim is explicitly linked to the "anointed priest."   In the first column of 4Q376 (which runs parallel with 1Q29) the Urim is mentioned together with the "anointed priest."   The begin of the second column of 4Q376 reads:

1   יאירוכה ויצא עמו בלשנות אש האבן השמאלית אשר על צדו
2   השמאלי תגלה לעיני כול הקהל עד כלות הכוהן לדבר

---

[19]   LEVENSON, 40–8.

[20]   More or less at the same conclusion arrives HARAN in his survey article on "Priest and Priesthood," 1076: "The functions of the priest although mainly concerned with the cult, were not solely limited to it. In general four types can be distinguished among them: specifically cultic function; mantic functions, i.e. functions concerned with the solution of mysteries of the future or the past and the making of decisions in uncertain cases through the revelation of divine will, treatment of impurities and diseases with the special ceremonies involved; and judging and teaching people."

[21]   STRUGNELL, 221–56.

[22]   BROSHI et al., 121–36, pl. XV.

"They shall give light and he shall go forth together with it with flashes of fire. The left-hand stone which is in his left hand side shall shine forth to the eyes of the assembly until the priest finishes speaking."

Unfortunately, because of the literary genre of the composition (as far as it can be ascertained, a Moses pseudepigraphon), the fragmentary nature of the remains, and the lack of links to the Qumran community, I do not think we can use this text for our purpose.

Neither do I think we can use the reference in 11QT[a] 48:18–21 to the obligation imposed upon the king to obey the results of the consulting the Urim and Thummim by the High Priest before going out to battle.

I mention these references only as an indication that the oracular function of the priesthood need not have been forgotten at Qumran, and because it provides a suitable background to the following text in which the oracular function of priests appears in greater relief.

4Q164[23] (4QpIsa[d]) interprets Isa 54:11–12 in the following way:

1 ויסדתיך בספי[רים פשרו]
2 [אש]ר יסדו את עצת היחד [ה]כוהנים והע[ם...]
3 עדת בחירו כאבן הספיר בתוך האבנים [ושמתי כדכוד]
4 כול שמשותיך פשרו על שנים עשר [ראשי הכוהנים אשר]
5 מאירים במשפט האורים והתומים [...] ולוא
6 הנעדרות מהמה כשמש

"'And I will found you in sapphi[res.' Its interpretation:] they will found the council of the community, the priests and the people ...] the assembly of their elect, like a sapphire stone in the midst of stones. ['I will make] all your battlements [of rubies.'] Its interpretation concerns the twelve [chiefs of the priests who] make shine in judgment the Urim and the Thummim [...] without any from among them missing, like the sun in all its light."[24]

Although there are some uncertainties due to the lacunae in the text, it is clear that Isa 54:11 is interpreted as referring to the council of the community, composed by priests and laity, and Isa 54:12 to the use by the priests of the Urim and Thummim in judgment. I am not sure that we can conclude from this text the actual use of the Urim and Thummim at Qumran. But the last broken line of the passage[25] contains the term (גורל) which in my view most clearly suggests the nature of the oracular practice in the community: the casting of lots.

The texts which indicate the use of lots to decide the entrance to the community (1QS 6:16, 18–19 and 21) are well known and need not be re-

---

[23] ALLEGRO, 27–8, pl. IX. Transcription according to GARCÍA MARTÍNEZ/TIGCHELAAR, 326.

[24] All translations of Qumran texts are taken from GARCÍA MARTÍNEZ, *The Dead Sea Scrolls Translated.*

[25] 4Q164 frg. 1:8

hearsed again.[26] The phrases used are יצא הגורל ("the lot come out") and יצא לו הגורל ("the lot come out for him") which should be understood quite literally. The first and the third of these occurrences do not specify who casts the lots, simply saying "and depending on the outcome of the lot," but the second one says specifically that the casting is done על פי הכוהנים ורוב אנשי בריתם "on the authority of the priest and the majority of the men of their covenant." The same sort of precision is found in 1QS 5:3: על פיהם ("by their authority"), the pronoun referring back to the "sons of Zadok the priests and the multitude of the men of the community" previously mentioned. This text, by the way, is also very interesting because it proves that the casting of lots was not restricted to the admission process but could be used in very different contexts:

על פיהם יצא תכון הגורל לכול דבר לתורה ולהון ולמשפט

"By their authority, decision by lot shall be made in every affair involving the law, property and judgment."

But the most explicit assertion that the casting of lots was indeed one of the priestly functions exercised within the community is found in 1QS 9:7, a text that is crystal clear and does not require further comment:

7 רק בני אהרון ימשלו במשפט ובהון ועל פיהם יצא והגורל לכול תכון אנשי היחד
8 והון אנשי הקודש ההולכים בתמים

"Only the sons of Aaron will have authority in the matter of judgment and of goods, and by their authority will come out the lot for all decisions regarding the men of the community and the goods of the men of holiness who walk in perfection."

Priests as Teachers

Teaching was not an exclusively priestly function at Qumran just as it was not in Israel in general. A good many references to the teaching function of the Mebaqqer and of the Maskil can be easily gathered; these two functionaries of the community may have been priests, but as far as we can ascertain they were not necessarily so. But at Qumran, as in the Old Testament, we do find a certain number of references which attest that יורה תורה "teaching the law" was indeed one of the functions of the priests in the community.

We could start, of course, with the founding figure of the community, the Teacher of Righteousness. That he was a priest is asserted in 4Q171 iii 14, a *Pesher on Psalms*.[27] That the *Moreh* plays an essential role in teaching and interpreting the Torah is asserted unequivocally in the *Pesher on Habakkuk*, where the "traitors" are those who do not listen to the words of the Teacher (1QpHab 2:2–3), "the Priest whom God has placed within the Community

---

26 For the most recent treatment, see LANGE, 408–22.
27 ALLEGRO, 44, pl. XVI. See PARDEE, 163–94.

to foretell the fulfillment of all the words of his servants the Prophets" (1QpHab 2:8–9), or (as it is put in 1QpHab 7:5–6) "to whom God has made known all the mysteries of the words of his servants, the Prophets."[28]

This and other references to the teaching activities of the Teacher of Righteousness could perhaps be dismissed as an accidental circumstance, due to the fact that the historical Teacher happened to be a priest; and not to the necessity of listening "to the voice of the Teacher" (as it is put by CD 20:32) as a permanent characteristic of the members of the community.[29]

But it is clear that teaching duties were also attributed to another functionary of the community who was also priest, the Inspector (*Paqid*), the functionary who in 4Q266 11:8 is called הכוהן המופקד] ע[ל הרבים ("the priest who governs over the many") and in 1QS 6:14 האיש הפקיד ברואש הרבים "the man appointed at the head of the many," and who tested new candidates. CD 14:6–8 says of him:[30]

6   והכהן אשר יפקד
7   א(י)ש (בראש) הרבים מבן שלושים שנה ועד בן ששים מבונן בספר
8   ה]ה[גי ובכל משפטי התורה לדברם כמשפטם

"And the priest who shall govern at the head of the many shall be between thirty and sixty years old, learned in the book of Hagy and in all the regulations of the Torah to expound them according to their regulations."

Finally, the same teaching and interpretative function is assigned to priests in general, or at least to the "priests the sons of Zadok" in 1QS 5:8–9:[31]

8   ויקם על נפשו בשבועת אסר לשוב אל תורת מושה ככול אשר צוה בכול
9   לב ובכול נפש לכול הנגלה ממנה לבני צדוק הכוהנים שומרי הברית
     ודורשי רצונו

"He shall swear with a binding oath to revert to the law of Moses, according to all that he commanded, with all (his) heart and all (his) soul, in compliance with all that has been revealed of it to the sons of Zadok, the priests who keep the covenant and interpret his will."

One of the recently published copies of the *Damascus Document*,[32] 4QD[a] (4Q266) 5 ii which legislates about priests, provides us with a glimpse into the way priests could have exercised this teaching function within the community by describing someone who is excluded from teaching because of physical impediments:[33]

---

[28] See García Martínez, "El Pesher: interpretación profética de la Escritura," 128–9.

[29] See, for example, Davies, 276–7.

[30] García Martínez/Tigchelaar, 572.

[31] Op. cit., 86.

[32] J. M. Baumgarten, *Qumran Cave 4.XIII*, 23–93, pls. I–XVII.

[33] See J. M. Baumgarten, "Disqualification of Priests," 503–13. Transcription from García Martínez/Tigchelaar, 588.

1 [וכול אשר אינו ממהר להב]ין וכול א[שר נקל בלשונו או בקול טרוד]

2 [דבר לו ו]לא פצל דברו להשמיע [קולו איש מאלה לא יקרא בספר]

3 [התורה]למה ישוג בדבר מות [...]

4 [...]o אחו הכהנים בעבודה

"[And anyone who is not quick to under]stand and anyone who speaks weakly [or with] staccato [voice] without separating his words to make [his voice] heard, [such a man] should not read in the book of the [Torah], so that he will not lead to error in capital matter [...] his brothers, the priests, in service."

The text continues with other norms concerning priests, with the further stipulations that a high priest who has been in foreign captivity could not minister in the sanctuary and that priests who migrated into pagan lands and apostates were regarded as no longer belonging to the "council of the people". But the lines quoted forbid any priest who is mentally or physically impaired to read and to expound the Torah, at least in a judicial context.

That the subject of the injunction is a priest, is clear from the mention "his brothers the priests" on line 4. Less clear is whether the priestly category is the "priests sons of Zadok", which appears in the previous column of the manuscript (4Q266 5 i 5) or the "priests sons of Aaron" which is the subject of the following rules. In any case, that the text is dealing with priests is certain, as it is certain that what it is forbidden to the one who has a speech impediment is the reading "from the book of the Torah" in a judicial context in which capital punishment is involved (בדבר מות). This connection between teaching and judging leads us directly to the next topic.

Priests as Judges

Judging was not an exclusively priestly right at Qumran, just as it was not in the rest of Israel. But priests were from the outset involved in the judicial process. It is significant, that the *Temple Scroll* imposes upon the king the obligation to create a large judicial council whose advice he is bound to obey (11QT[a] 57:11–15):[34]

11 ושנים עשר

12 נשיי עמו עמו ומן הכוהנים שנים עשר ומן הלויים

13 שנים עשר אשר יהיו יושבים עמו יחד למשפט

14 ולתורה ולוא ירום לבבו מהמה ולוא יעשה כול דבר

15 לכול עצה חוץ מהמה

"He will have twelve princes of his people with him and twelve priests and twelve Levites who shall sit next to him for judgment and for the law. He shall not divert his heart from them or do anything in all his councils without relying upon them."

---

34 Text from QIMRON, 82.

Of course, what interests us here is not the participation of priests in the judicial process in general, but their involvement in the judicial process which took place within the community. 1QS is not very explicit concerning the judicial powers of the community council formed by twelve lay members and three priests (1QS 8:1). The *Damascus Document*, however, contains a whole section dedicate to the judges of the congregation contained in CD 10:4–10:[35]

4 וזה סרך לשפטי העדה עד עשרה אנשים ברורים

5 מן העדה לפי העת ארבעה למטה לוי ואהרן ומישראל

6 ששה מבוננים בספר ההגי וביסודי הברית מבני חמשה

7 ועשרים שנה עד בני ששים שנה

"And this is the rule of the judges of the congregation. Ten men in number, chosen from the congregation, for a period: four from the tribe of Levi and of Aaron and six from Israel, learned in the book of Hagy and in the principles of the covenant, between twenty-five and sixty years."

Although the text is open to several interpretations (it is not clear if the four mentioned are one priest and three Levites as interpreted by SCHIFFMAN,[36] or one Levite and three priests as interpreted by MILIK,[37] or if the total priestly quota could be filled occasionally either by priests or by Levites or by any mix of both categories), the importance of the presence of four priests among the ten members of this judicial body is undeniable, and it shows that the judicial function of the priesthood was kept well alive within the community.

Several other texts speak of priests in judicial roles, although the composition of the judicial body varies. According to 4Q159 2–4 the number of judges is not ten but twelve: "[And …] ten men and two priests, and they shall be judged before these twelve." In any case, both the existence of this judicial body within the community and the presence of priests as members is assured.

In the *Rule of the Congregation* (1QSa) it is specified that every member of the community upon reaching the age of thirty may join the judicial council (1QSa i 13–16: "And at thirty years he shall approach to arbitrate in disputes and judgments,") unless he is a simpleton, of course (1QSa i 19–20: "No man who is a simpleton shall enter the lot to hold office in the congregation of Israel for dispute or judgment"). But the text specifies that all this should happen "under the authority of the sons of Zadok, the priests" (1QSa i 24) suggesting that in this judicial body which deals with matters concerning the community the priests were not only members but members with preeminent status.

---

[35] GARCÍA MARTÍNEZ/TIGCHELAAR, 566.

[36] SCHIFFMAN, 283.

[37] MILIK, 100.

Priestly Blessings

It is true that many of the liturgical texts from Qumran present blessing as a normal activity of the whole community of prayer and that in the *Berakhot* texts and in other liturgical texts references to priests are rather sparse.[38] Nevertheless, it seems abundantly clear that at Qumran there was a clear distinction between those Berakhot pronounced by the whole assembly, in which all the members blessed God or recounted the blessings of God in a liturgical setting, and the specifically priestly function of invoking the blessings of God upon the faithful. This is asserted clearly in the conclusion of the blessing of the priest in 1QSb 3:28: "And by your hand may He (God) bless the council of all flesh."

In the description of the ceremony of the entry into the covenant at the beginning of 1QS the priests and the Levites begin by recounting respectively the mighty works of God and the iniquities of the children of Israel, and after the communal confession we read (1QS 2:1f. and 4f.):[39]

והכוהנים מברכים את כול אנשי גורל אל ... והלויים מקללים את כול אנשי גורל
בליעל

"And the priests will bless all the men of God's lot ... And the Levites shall curse all the men of the lot of Belial."

It is true that in a similar ceremony, the one for the expulsion of unfaithful members, as preserved in two copies of the *Damascus Document* from Cave 4 (4Q266 11:16–18 and 4Q270 7 ii 11–12), neither the priests nor the Levites pronounce the curses, but the whole assembly:[40]

16   וכול
17 [יושבי]המחנות יקהלו בחודש השלישי ואררו את הנוטה ימין
18 [ושמאול מן ה]תורה

"And all [those who dwell in] the camps will assemble in the third month and will curse whoever tends to the right [or to the left of the] law."

But the sentence, coming as it does directly after the conclusion of the long blessing and cursing which is explicitly put into the mouth of "the priest who governs [ov]er the many," appears to me as the answer of the community to the blessing and curses pronounced by the priest, completely parallel to the "Amen, Amen" answer which closes the blessing and curses of 1QS.

A noteworthly priestly blessing at Qumran is the blessing upon the meals. I refer, of course, to the well known communal meal of 1QS and the equally well known messianic banquet of 1QSa. In both cases, the texts explicitly

---

[38] For a excellent survey of most of the liturgical texts from Qumran, see FALK.

[39] García Martínez/Tigchelaar, 70–3.

[40] Op. cit., 596 and 616.

state not only that priests are presiding over the meal, but that they are the
ones who utter the benediction. 1QS 6:4–5 reads:[41]

4 כיא יערוכו השולחן לאכול או התירוש

5 לשתות הכוהן ישלח ידו לרשונה להברך בראשית הלחם

"And when they prepare the table to dine or the new wine for drinking, the priest
shall stretch out his hand as the first to bless the first fruits of the bread and the new
wine."

And when 1QSa describes the gathering of the community in the presence
of the Messiah, the text specifies (1QSa ii 17–20):[42]

17 ו[אם לשול]חן יחד יועד[ו או לשתות הת]ירוש וערוך השולחן

18 היחד [ומסוך ה]תירוש לשתות [אל ישלח] איש את ידו ברשת

19 הלחם ו[התירוש] לפני הכוהן כיא [הוא מ]ברך את רשית הלחם

20 והתירו[ש ושלח] ידו בלחם לפנים

"And when they gather at the table of the community or to drink the new wine, and
the table of the community is prepared and the new wine is mixed for drinking, no
one should stretch out his hand to the first-fruit of the bread and of the new wine
before the priest, for he is the one who blesses the first-fruit of bread and of the new
wine and stretches out his hand towards the bread before them."

Priests as Separating the Sacred from the Profane and the Pure from the Impure

We have several examples of these functions as specifically priestly functions within the community, as distinct from the general use of להבדיל "to
separate" in the manuscripts.

4Q266 6 i (completed with the parallels from 4Q272, 4Q273 and 4Q269)
refers to the law of the צרעת ("leprosy") as established in Leviticus 13, which
is explicitly quoted in the text. In this text the functions of the priest are
specified for each one of the steps of the process: the priest shall confine the
sick, the priest shall examine him, the priest shall even count: "the dead and
the living hairs, and see whether living (hairs) have been added to the dead
ones during the seven days," in order to ascertain if the sick person is pure
or impure and if the disease has been healed. And the text ends by asserting
(4Q266 6 i 13):[43]

13 זה משפט [תור]ת הצרעת לבני אהרון להבדיל

"This is the regulation of the law of leprosy for the sons of Aaron, so that they can
separate ..."

---

[41] Op. cit., 82. For other possible blessings after the meals, see WEINFELD, 427–40.

[42] GARCÍA MARTÍNEZ/TIGCHELAAR, 102.

[43] Op. cit., 588.

Even clearer in this aspect is CD 13:4–7, in this case referring to the law of
נגע (usually translated also as leprosy):[44]

5 ואם משפט לתורת נגע יהיה באיש ובא הכהן ועמד במחנה והבינו
6 המבקר בפרוש התורה   ואם פתי הוא הוא יסגירנו כי להם
7 המשפט

"But if there is a judgment against anyone about the law of leprosy, the priest shall take
his place in the camp and the Inspector shall instruct him in the exact interpretation
of the law. *Blank* Even if he (the priest) is a simpleton, he is the one who shall intern
him, for theirs (of the priests) is the judgment."

This text is crystal clear. Within the community priestly functions which
were not dependent upon service in the Temple continue to be the exclusive
domain of the priests, their prerogative, even if they were not especially
qualified to fulfill these functions and need to be instructed in how to carry
them out.

To the same category (it appears to me) belong the purification rituals
with the ashes of the red heifer. This is a priestly ritual which according to the
Bible should be performed outside the camp (Num 19:1–10) and was indeed
performed outside the Temple, and it is well known that the Samaritans
performed it because they thought it did not require the existence of the
sanctuary.[45] We will never know for sure if the Qumran community burned
their own red heifer or not, but the following text seems to imply that they
did. 4Q277 1 3–10:[46]

3 [   ] הכוהן הכופר בדם הפרה וכול[ ]
4 [א]ת כל[י] החלמה [אש]ר כפרו בם את משפט ה[טמאה ורחץ]
5 במים [וט]מה עד ה[ער]ב והנוש[א ק]לחת מי הנדה יט[מא ואל יז]
6 איש א[ת] מי הנדה על טמאי נ[פש]כי[א איש כוהן טהור]רק הוא יזה[
7 על[יהן כי]א י[כפר הוא על הטמ[א] ועלול אל יז על הטמא ו[המקבלים]
8 [א]ת מי [הנ[דה יאביאו במים ויט[ה]רו מטמאת הנפש ב[ ] ומכל[
9 [טמאה]אחרת [ויז]רוק עליהם [הכו]הן את מי הנדה לטהר[ם כיא לוא[
10 [יתקדשו] כיא אם [י]טהרו וט[הור] בשרהם

"[...] the priest who atones with the heifer's blood. And all [...] the clay [vessels]
with [which] they atoned the judgment of [impurity. He shall bathe] in water and be
impure until the ev[eni]ng. Whoever carr[ies the v]essel of the water of purification
will be im[pure. No one should sprinkle] the water of purification upon the one
defiled by a co[rpse] except a pure priest [Only he shall sprinkle] upon them, since
he atones for the impure. And a child shall not sprinkle upon the impure. And
[those who receive] the water of purification shall immerse themselves in water and
be cleansed of the impurity of the corpse with[... and of every] other impurity. And

---

44 Op. cit., 570.
45 See BOWMAN, 78–80.
46 The text is known as *4QTohorot*[c] and it is partially parallel to 4Q276 (4QTohorot[b]). Both
fragments are found in PAM 43.316. For a transcription, see WACHOLDER/ABEGG, fasc. 3, 86,
and J. M. BAUMGARTEN, "The Red Cow Purification," 112–9.

the priest shall sprinkle the water of purification upon them to purify [them, for they cannot be sanctified] unless they are purified and their flesh is puri[fied]."

In closing, I simply note that it may be possible to find other traditional priestly functions exercised within the community. For example the blowing of trumpets, consistently assigned to the priest in the *War Scroll*. But it is better to leave them out of consideration, because I know of no other texts which deal with the blowing of trumpets in the everyday life in the community, and because I think my point is now abundantly clear. In a community without the Temple, the priests not only found a new way to exercise the functions (such as atonement) which were dependent upon the sacrificial cult, but they continued to perform priestly duties which were not directly dependent upon the service of the Temple and the sacrificial system.

Nothing represents better the blend of old and new functions than the blessing of the priests contained in the better preserved lines of column three of 1QSb 3:22–28. After making explicit that the blessing is to be recited over the priests (in plural), the blessing itself, in the singular, contains a kind of summary of the functions of the priest we have reviewed. We find here a mix of the traditional priestly functions (judging, teaching) and the new functions attributed to the priests within the community (supreme authority), including communion with priestly angels, a basic element of the priesthood in the community:[47]

"Words of blessing. For the Ins[tructor. To bless] the sons of Zadok, the priest whom God has chosen to strengthen his covenant, for [ever, to dis]tribute all his judgments in the midst of his people, to teach them in accordance with his commandment. They have established [his covenant] in truth and have examined all his precepts in justice, and they have walked in accordance with tha[t] he chooses. May the Lord bless you from his [ho]ly [residence]. May he set you as a glorious ornament in the midst of the holy ones. [May he re]new the covenant of [eternal] priesthood for you. May he grant you your place [in the] holy [residence]. May he j[udge al]l the nobles by your works and by what issues from your lips all the [princes of] the nations. May he give you to inherit the first fruits of [all de]lights. And by your hand may he bless the counsel of all flesh."

Zusammenfassung

Dieser Aufsatz bietet einen Überblick über die Aufgaben von Priestern in den Qumrantexten und geht dabei von zwei Voraussetzungen aus: der Trennung der Qumrangemeinschaft vom Tempel und dem vorübergehenden Charakter dieser Trennung.

---

[47] García Martínez/Tigchelaar, 106.

1) Daß die Qumrangemeinschaft mit dem Jerusalemer Tempel gebrochen hat, bezeugen u.a. 1QS IX$_{3-4}$ und CD VI$_{11-15}$. Diese Trennung vom Tempel zieht für die priesterlichen (und nicht-priesterlichen) Mitglieder der Gemeinschaft mehrere Konsequenzen nach sich: Sie nehmen nicht mehr am Tempelkult teil, sie nehmen ihren Anteil an Opfer und Gaben nicht mehr wahr, sie üben keinen Opferkult in Qumran aus, sie ersetzen Opfer durch Gebete usw.

2) Daß die Trennung von Tempel und Opferkult als vorübergehende angesehen wurde, und zwar bis zur kurz bevorstehenden Restauration des halachisch korrekten Tempelkultes am Ende der Tage, bezeugen u.a. 1QM und 11QT. In dieser eschatologischen Zeit wird die Teilnahme am Tempelkult und am Opferkult ebenso als selbstverständlich betrachtet wie die Ausübung aller priesterlicher Pflichten.

Dieser Aufsatz untersucht verschiedene Texte, die zeigen, daß die Priester in dieser Situation der Trennung auch weiterhin einige priesterliche Aufgaben, die nicht vom Tempelkult abhängig waren, wahrnahmen (z.B. festzustellen, ob bei jemandem eine Krankheit beendet ist). Vom Tempelkult abhängige priesterliche Pflichten hingegen übten sie innerhalb der Gemeinschaft in ganz anderer Weise aus als das Jerusalemer Tempelpersonal (z.B. Entsühnung oder die Trennung von rein und unrein).

Bibliography

J. M. Allegro, *Qumran Cave 4.I (4Q158–4Q186)* (DJD 5; Oxford: Clarendon, 1968).

J. Auneau, "Sacerdoce: II. Ancien Testament," *DBSup* 10.1203–54.

M. Baillet, *Qumrân Grotte 4.III (4Q482–4Q520)* (DJD 7; Oxford: Clarendon, 1982).

A. I. Baumgarten, "The Zadokite Priests at Qumran: A Reconsideration," *Dead Sea Discoveries* 4 (1997) 137–56.

J. M. Baumgarten, "Disqualification of Priests in 4Q Fragments of the Damascus Document," *The Madrid Qumran Congress II: Proccedings of the International Congress on the Dead Dea Scrolls Madrid, 18–21 March, 1991* (eds. J. Barrera Trebolle/L. Vegas Montaner; STDJ 11; Leiden/New York/Köln: E. J. Brill, 1992) 503–13.

— *Qumran Cave 4.XIII: The Damascus Document* (4Q266–4Q273) (DJD 18; Oxford: Clarendon, 1996).

— "The Red Cow Purification Rites in Qumran Texts," *JJS* 46 (1995) 112–9.

O. Betz , "Le ministère cultuel dans la Secte de Qumrân et dans le Christianisme primitif," *La Secte de Qumrân et les origines du Christianisme* (RechBib 4; Leuven: Desclée de Brouwer, 1959) 162–202.

J. Bowman, "Did the Qumran Sect Burn the Red Heifer?" *RevQ* 1 (1958–59) 73–84.

M. Broshi et al., *Qumran Cave 4.XIV: Parabiblical Texts, Part 2* (DJD 19; Oxford: Clarendon, 1995).

R. E. BROWN/J. A. FITZMYER/W. G. OXTOBY/J. TEIXIDOR, *A Preliminary Concordance to the Hebrew and Aramaic Fragments from Qumrân Caves II–X* (prepared and arranged by H. P. RICHTER; Göttingen: Printed Privately, 1988).

A. CODY, *A History of the Old Testament Priesthood* (AnBib 35; Rom: Biblical Institute Press, 1969).

P. R. DAVIES, "Communities at Qumran and the Case of the Missing Teacher," *RevQ* 15 (1991–92) 275–86.

J. DUNCAN, "New Readings for the Blessing of Moses from Qumran," *JBL* 114 (1995) 275–92.

D. K. FALK, *Daily, Sabbath, and Festival Prayers in the Dead Sea Scrolls* (STDJ 27; Leiden/Boston/Köln: E. J. Brill, 1998).

F. GARCÍA MARTÍNEZ, *The Dead Sea Scrolls Translated: The Qumran Texts in English* (Leiden/New York/Köln: E. J. Brill, and Grand Rapids: Eerdmans, 1996).

— "La interpretación de la Escritura en los manuscritos de Qumrân," *Revista de la Universidad de la Laguna* [forthcoming].

— "El Pesher: interpretación profética de la Escritura," *Salmanticensis* 26 (1979) 125–39.

— /E. J. C. TIGCHELAAR, *The Dead Sea Scrolls Study Edition: Volume One 1Q1 – 4Q273* (Leiden/New York/Köln: E. J. Brill, 1997).

P. GARNET, *Salvation and Atonement in the Qumran Scrolls* (WUNT 3; Tübingen: J. C. B. Mohr [Paul Siebeck], 1977).

M. HARAN, "Priests and Priesthood," *EncJud* 13.1069–86.

G. KLINZING, *Die Umdeutung des Kultus in der Qumrangemeinde und im Neuen Testament* (SUNT 7; Göttingen: Vandenhoeck & Ruprecht, 1971).

K. G. KUHN, *Konkordanz zu den Qumrantexten* (Göttingen: Vandenhoeck & Ruprecht, 1960).

A. LANGE, "The Essene Position on Magic and Divination," *Legal Texts and Legal Issues: Proceedings of the Second Meeting of the International Organization for Qumran Studies Cambridge 1995: Published in Honour of J. M. Baumgarten* (eds. M. BERNSTEIN/F. GARCÍA MARTÍNEZ/J. KAMPEN; STDJ 23; Leiden/New York/Köln: E. J. Brill, 1997) 377–435.

J. D. LEVENSON, *Theology of the Program of Restoration of Ezechiel 40–48* (HSS 10; Atlanta: Scholars Press, 1976).

T. H. LIM (ed.), *The Dead Sea Scrolls Electronic Reference Library* (in consultation with P. S. ALEXANDER; Oxford: Oxford University Press, and Leiden/New York/Köln: E. J. Brill, 1997).

J. MAIER, *Vom Kultus zu Gnosis* (Religionswissenschaftliche Studien 1; Salzburg: Otto Müller, 1964).

J. T. MILIK, *Ten Years of Discovery in the Wilderness of Judaea* (SBT 26; London: SCM Press, 1959).

C. NEWSOM, *Songs of the Sabbath Sacrifice: A Critical Edition* (HSS 27; Atlanta: Scholars Press, 1985).

D. PARDEE, "A Restudy of the Commentary on Psalm 37 from Qumran Cave 4," *RevQ* 8 (1972–75) 163–94.

E. QIMRON, *The Temple Scroll: A Critical Edition with Extensive Reconstruction* (JDS; Jerusalem: Israel Exploration Society, and Beer Sheva: Ben Gurion University, 1996).

L. H. SCHIFFMAN, *Reclaiming the Dead Sea Scrolls: The History of Judaism, the Background of Christianity, the Lost Library of Qumran* (Philadelphia/Jerusalem: The Jewish Publication Society, 1994).

J. STRUGNELL, "Moses-Pseudepigrapha at Qumran: 4Q375, 4Q376, and Similar Works," *Archaeology and History in the Dead Sea Scrolls* (ed. L. H. SCHIFFMAN; JSP Supplement Series 8; Sheffield: JSOT Press, 1990) 221–56.

E. TOV (ed.), *The Dead Sea Scrolls on Microfiche: A Comprehensive Facsimile Edition of the Texts from the Judaean Desert* (with the collaboration of S. J. PHANN; Leiden/New York/Köln: E. J. Brill and IDC, 1993).

E. ULRICH et al., *Qumran Cave 4.IX: Deuteronomy, Joshua, Judges, Kings* (DJD 14; Oxford: Clarendon, 1995).

R. DE VAUX, *Les institutions de l'Ancien Testament* (Paris: Cerf, 1960).

B. Z. WACHOLDER/M. G. ABEGG, *A Preliminary Edition of the Unpublished Dead Sea Scrolls: The Hebrew and Aramaic Texts from Cave Four* (fasc. 1–3; Washington, D. C.: Biblical Archaeological Society, 1991/1992/1995).

M. WEINFELD, "Grace after Meals in Qumran," *JBL* 111 (1992) 427–40.

V Die Synagoge und die rabbinische Literatur

Prayer in Qumran and the Synagogue

ESTHER ESHEL, Jerusalem

One of the most important contributions that the Qumran scrolls have provided to our understanding of the development of Judaism is the light they shed on the concept of statutory prayers. Fixed prayers include established formulae to be recited at specific times during the day or on special occasions.

From the Bible we learn of occasional prayers that were recited by the individual or the community, mainly in times of suffering and difficulty or in times of salvation and joy.[1] It was customary for sacrifices to be accompanied by praise and thanksgiving to God, and the invocation of blessings upon Israel.[2] However, these were the occasional expressions of the individual and the community, and may also have fulfilled the natural need to pour out one's heart in supplication, thanksgiving, or praise. Regular prayers were not an established practice during the First Temple period.

Furthermore, FLEISCHER has argued that (fixed prayer) was not an established practice in Jerusalem during the Second Temple period.[3] However, there is evidence from the apocryphal literature that the custom of fixed prayers began to take shape outside of the Temple precincts alongside the sacrificial service.

Rabbinic texts that describe the situation during the Second Temple period, though written later, also support this conclusion. The *Mishnah* mentions various daily prayers that accompanied the sacrificial service in the Temple, such as the early morning prayers of the priest in the Temple in *m. Tamid* 5:1.

Talmudic literature contains statements regarding the antiquity of fixed prayers. For example, according to *b. Ber.* 33a "The men of the Great Assembly (אנשי הכנסת הגדולה) established formulae of blessings for Israel: prayers of *Qiddush* (the blessing said over wine on Sabbath) and *Havdalah* (a blessing which marks the division between the Sabbath and the weekdays)". Nevertheless, such statements reflect the tendency to grant ancient authority to fixed prayers. As the late HEINEMANN noted, during the Second Temple period, most of the prayers were only of secondary importance in

---

[1] See GREENBERG.
[2] See FALK, 3–7.
[3] FLEISCHER, "Obligatory Jewish Prayer".

the sacrificial cult, and, as such, were not considered of equal value and rank to the offerings.[4]

After the destruction of the Temple the process of crystallization of prayers culminated in the Halakha of the Tannaim and Amoraim in the second to the fourth centuries. They arranged and redacted, on the basis of fixed patterns, the blessings and prayers for the individual and the community according to the time and the circumstance.

From the prayers found in the Cairo Genizah, we learn that the final formulation of the Jewish prayer book did not take place prior to the Geonic period in the ninth century, and that Jews of the particular synagogue in Egypt in which the Genizah was found followed the Palestinian order of prayers. Further on, as noted by FLEISCHER, there was a difference in principle between the approaches of the Palestinian and Babylonian communities in need of a unified prayer text.[5]

According to FLEISCHER, "the Sages carefully avoided any act which could undermine the unique prestige and position of the Sanctuary as the sole legitimate place in which Israel's worship of God could be performed. Only sectarians," he continues, "who regarded the Temple as a place of shame and disgrace, felt the need of establishing another way of serving God. It was in their community that the obligatory prayer was invented and established."[6] FLEISCHER further argues that "the official Jewish prayer is a product of the period of Yabneh," that is between 70 and 135 CE, and "the establishment, by the court of Yabneh, of the obligation of every Jew to pray three times a day was not, as thought by most scholars, a confirmation of a long prevailing custom, but on the contrary, the establishment of a new institution in Jewish life."[7]

Nevertheless, a comparison between the scrolls found at Qumran and the Jewish prayer book reveals that the Sages, after 70 CE, borrowed ideas, as well as formulae, from prayers that were composed by different groups who left Jerusalem during the Second Temple period. These prayers enabled the Sages to give new meaning to Judaism that was then without a temple.

Groups who left Jerusalem composed statutory prayers because in Jerusalem religious activity centered around the Temple where the sacrifices played a major role. The groups who left Jerusalem had to find substitutes for the sacrifices that they could no longer perform. These groups substituted daily prayers, that were recited twice a day, for the daily sacrifices.

I would like to argue that fixed prayers for special times can be found prior to the destruction of the Temple, and that they were composed by various groups and not solely by the Qumran sect. I will discuss a few

---

[4] HEINEMANN/PETUCHOWSKI, 1–7.
[5] FLEISCHER, "Obligatory Jewish Prayer," 414–5.
[6] Op. cit., 415–6.
[7] Op. cit., 426–33.

examples that enable us to trace old formulae of prayers. These prayers were developed by groups who left Jerusalem during the Second Temple period and were subsequently used by the Sages after 70 CE. These older prayer formulae found their way into the Jewish prayer book. The first two examples will focus on specific linguistic formulae found at Qumran, as well as in the Amidah prayer and the Grace after Meals. The third example will discuss a more general concept regarding Jewish prayer: the *Qedushah*, the prayer of the Israelites recited together with the angels.

As noted already in 1964 by LEHMAN,[8] and elaborated by WEINFELD,[9] the long prayers found in a scroll named דברי המאורות – *The Words of the Luminaries* from Cave 4 (4Q504) – have parallels in the Prayer of Supplication (תחנון), recited nowadays on Mondays and Thursdays. Both *The Words of the Luminaries* and the Prayer of Supplication, typologically belong to the category of national confessions. They share the dominant motif of remembering the covenant with the patriarchs, as well as some common phrases, such as: ישוב נא אפך וחמתכה מעמכה ישראל – "So let Your anger and wrath turn away from Your people Israel" in the *Words of the Luminaries*, which is to be compared with ישוב נא אפך ותמתך מעירך ירושלים – "Let Your anger and wrath turn away from Your city Jerusalem" in the Prayer of Supplication; or the verse from Dan 9:19 שמך נקרא על עירך ועמך – "For your name is attached to Your city and Your people" quoted in the Prayer of Supplication, which can be compared with כי נקרא שמך עלינו – "For we were called by your name" found in the *Words of the Luminaries* (1–2 ii 12), as well as in 4Q448: על שמך שנקרא – "On your name, which is called" (C 5).

The lower two columns, B and C, of this scroll include a prayer for the welfare of king Jonathan and Israel, which reads:

"Guard, Holy One, over king Jonathan and all the congregation of Your people Israel who are in the four winds of heaven. Peace be on all and upon Your kingdom, Your name be blessed" (see appendix, no. 1).

This prayer is followed by further requests, of which only parts were preserved in column C. The end of this column also includes parts of a prayer of thanksgiving.[10]

The objects of the request in 4Q448 are introduced by the word על ("over"): "Over king Jonathan (על יונתן המלך) ... and *upon* Your kingdom (ועל ממלכתך)," as well as the object of thanksgiving: [...] על שמך שנקרא – "on Your name, which is called [...] and [...]על יום מלחמה for a day of war [...]." Similar formulations are found in a number of Jewish prayers

---

[8] LEHMAN.
[9] WEINFELD, 248–50.
[10] H. ESHEL/E. ESHEL.

recited today: In petitions for mercy, such as the thirteenth benediction of the Amidah:

"… May Your compassion, Lord our God, be aroused *over* the righteous and *over* the godly; *over* the leaders of Your people, the house of Israel and *over* the remnant of their sages; *over* the true proselytes and over us."

As well as the eighteenth benediction:

"We ever thank You, who are the Lord our God … we will thank You and recount Your praise – *for* our lives which are in Your charge, *for* our souls which are in Your care, *for* Your miracles which are daily with us."[11]

In the Grace after Meals such formulations appear both in the expressions of thanksgiving and in the petitions for mercy that follow. Some of these thanksgiving prayers conclude with the formula ועל הכול "for everything" (for example: "*for everything* [ועל הכול], Lord our God, we thank You and bless You"), or with the formula ועל כולם "for everyone": ועל כולם יתברך ויתרומם שמך מלכנו תמיד לעולם ועד – "*For all these acts*, may Your name, our king, be blessed and exalted forever and ever" (see appendix, no. 2).

The same formulae can be found in 4Q448, which asks "*For* king Jonathan and *for* the congregation of Your people Israel" – על יונתן המלך וכל קהל עמך ישראל, followed by a request: "May there be peace *for all*" – יהו שלום כולם.

Other such parallels between the Qumran scrolls and the Jewish prayer book can be found in the "Prayer Before Setting Forth on a Journey," and the biblical paraphrase 4Q158 (see appendix, no. 4). In 4Q158 frgs. 1–2, the biblical description of Jacob wrestling with the angel and prevailing over him, based on Gen 32:25–33, is followed by the encounter of Moses and Aaron after the angel sought to kill him at a night encampment. In 4Q158 there is an addition to the biblical story of Jacob, that is, a request for deliverance from violence: "and that He may deliver you from all violence … unto this day and for everlasting generations." This blessing resembles the "Prayer Before Setting Forth on a Journey" mentioned in the Babylonian Talmud, *b. Ber.* 29b. In this prayer verses are interwoven from the story of Jacob setting out on his journey within the context of his encountering the angel of God, asking: "Deliver us from every enemy and ambush and hurt by the way … Send a blessing upon the work of our hands," followed with the words: "And Jacob went on his way" (see appendix, no. 5). This can be compared with 4Q158, where the meeting between the angel and Jacob ends with the words: "and he (namely Jacob) went on his way when he had blessed him there."

---

[11] See, further, in the blessing after reading the Haftarah, the prophet's section reads on Sabbath: על התורה ועל העבודה ועל הנביאים ועל יום השבת – "We thank You *for* the Torah, *for* the worship, *for* the prophets and *for* this Sabbath day."

In 4Q158 the prohibition of eating "the thigh muscle that is on both sockets of the hip" to commemorate the meeting of Jacob and the angel is followed by Moses' and Aaron's encounter, as told in Exod 4:27: "The Lord said to Aaron: 'Go meet Moses in the wilderness,' ... and Moses told Aaron what the Lord had committed to him."

As WEINFELD notes, the incident of Jacob and the angel, together with Moses' and Aaron's encounter, are both related to encountering dangers while on journey and deliverance from them, and as such, are most suitable for prayers and requests in which one asks for deliverance from the dangers of a journey.[12]

According to the biblical sources, the angels recite two verses, one from the Book of Isaiah and the other from Ezekiel. According to Isa 6:3 the angels say: "Holy, holy, holy is the Lord of hosts; the whole earth is full of His glory," while in Ezek 3:12 they bless: "Blessed be the glory of the Lord from His place." These recitations, read literally or midrashically, were the center of the angelic songs in post-biblical literature. These verses are the major part of the *Qedushah*. The *Qedushah* was recited on weekdays according to the ritual practice of the Jews in Babylon, while in the land of Israel, it was customary to recite the *Qedushah* only once a week in the course of the Sabbath prayers.[13]

The roots of the Palestinian custom to recite the *Qedushah* only once a week can be found in the *Shirot 'Olat Ha Shabbath (Songs of the Sabbath Sacrifice)*. This text was found in ten copies from Caves 4 and 11 at Qumran (see appendix, no. 6). Another copy was found at Masada.[14] The manuscripts of these copies date between 75 BCE and 68 CE. Although the main evidence comes from Qumran, the existence of a copy at Masada leads to the conclusion that this prayer was accepted by wider circles of Jewish groups who used the solar calendar and left Jerusalem, and not solely by the Qumranites.

The heading of these songs helps to determine for what purpose they were composed. One heading has been preserved in full, reading: "By the Instructor, Song of the sacrifice of the seventh Sabbath on the sixteenth of the month" (4Q403 1 30). According to its heading, this composition included thirteen *Songs of the Sabbath Sacrifice* for thirteen consecutive Sabbaths. These Sabbaths are consecutively dated for the three months that constitute every quarter (תקופה) of the year, according to the solar calendar used by the sect. However, there is no indication in this text of its Qumran origin.

The subject of the *Songs of the Sabbath Sacrifice* is the priesthood of the "priests of the inner sanctum who serve before the king of holiest holiness" (l. 8), in "the lofty heavens" (l. 20), i.e. the angelic priests who serve in the

---

12 WEINFELD, 250.
13 See especially FLEISCHER, "Diffusion".
14 NEWSOM, *Songs of the Sabbath Sacrifice*; IDEM, "Shirot 'Olat Ha Shabbat".

heavenly Temple. According to its conception, the angelic priesthood fulfills a function equivalent to that of the earthly priesthood in the Temple. It is important to note that according to the *Songs of the Sabbath Sacrifice*, as in the Palestinian tradition, the *Qedushah* was recited once a week, on Sabbath.

Yet a different tradition comes from Babylonia stating when *Qedushah* is to be recited. According to the Babylonian tradition the *Qedushah* was recited four times a day.[15] The roots of this tradition can be found in 4Q503 in the "order" of *Daily Prayers* (see appendix, no. 7).[16] This text is attested by more than two hundred fragments, written in Hasmonean hand dated between 100 and 75 BCE. It includes blessings to be recited at the evening of each day, and with the rising of the sun. The standard formula for the beginning of each blessing is ברוך אל ישראל "Blessed be the God of Israel". The blessings are arranged sequentially according to the days of the first month (Nisan). The evening blessings include, in addition, the date of the blessing, for example, "on the fifteenth of the month in the evening they shall bless." The *Daily Prayers* lack specific Qumran terminology, and therefore, one may conclude that the Qumranites did not compose them, and they were part of a wider sectarian lore.

In *Songs of the Sabbath Sacrifice*, as in the *Daily Prayers*, the angels also participate in reciting the *Qedushah*. Thus, for example, it says:

ברוך אל יש[ראל אל כול צבאות אל]ים אשר] ע[ם בני צדק יצדק]ו [אל על כול]

"Blessed be the God of Israel, the God of all the armies of the angels, who with the son of justice justifies ... God over all ..."

In the Babylonian tradition the first *Qedushah* is combined in the *Blessing of the Lights* (ברכת המאורות), just as in the *Daily Prayers*. However, the difference between the *Songs of the Sabbath Sacrifice* and the *Words of the Luminaries* concerns the time of reciting the *Qedushah*. According to the *Daily Prayers*, it should be recited on weekdays; while, according to *Songs of the Sabbath Sacrifice*, it should be said only in the course of the Sabbath prayers.

From the above example we learn that both traditions were practiced before 70 by groups who had left Jerusalem and had composed substitutes for the sacrifices that they could no longer perform. After 70 CE the Jews in the land of Israel recited the *Qedushah* only in the course of the Sabbath prayers, while it was customary in Babylonia to recite the *Qedushah* four times a day.[17]

We may conclude, that the Sages of the Jabneh, who flourished immediately after the destruction of the Temple, took two institutions that were developed outside Jerusalem, and made them the center of post 70 CE Ju-

---

[15] FLEISCHER, "Diffusion".

[16] Read and reconstructed (with italics) with FALK, 33–4.

[17] See CHAZON.

daism. One is the synagogue, which developed in the diaspora.[18] They changed the synagogue from a place of study to a place where prayers were recited. The other was the institution of fixed prayers that were composed by various Jewish groups who left Jerusalem. By combining the two, the Sages made the synagogue and the prayers the center of the post 70 CE Judaism.

Zusammenfassung

Der wichtigste Beitrag der Qumrantexte zur Entwicklung des Judentums war das Konzept geprägter Gebete, die aus festen Formeln bestanden und zu bestimmten Zeiten (am Tag oder im Jahr) rezitiert wurden. Diese Gebete entstanden in den verschiedenen Gruppen, die Jerusalem während der Zeit des Zweiten Tempels verlassen hatten. Der Grund für die Entstehung dieser Gebete liegt in der Trennung dieser Kreise vom offiziellen Opferkult am Jerusalemer Tempel. Fern vom Tempelkult mußten sie einen Ersatz finden, und diese Rolle übernahmen die täglichen Gebete, die zweimal am Tag rezitiert wurden. In Jerusalem selbst hingegen gab es zur Zeit des Zweiten Tempels keine geprägten Gebete (FLEISCHER). Erst nach der Zerstörung des Tempels 70 u.Z. griffen die Rabbinen diese Gebete auf.

Der Aufsatz zeigt in einem Vergleich zwischen Qumrantexten und jüdischen Gebeten, wie die Rabbinen nach 70 u.Z. Ideen und Formeln aus den geprägten Gebeten der Gruppen außerhalb Jerusalems übernahmen. So lassen sich z.B. Formeln des ʿAmida-Gebets mit den Qumrantexten vergleichen. Die Wurzeln der Qᵉdušša, die nach der palästinischen Tradition nur einmal in der Woche von den Israeliten rezitiert wurde, liegen in den Sabbatliedern. Die Sabbatlieder sind nicht nur in Qumran belegt, sondern auch in Masada ist eine Kopie gefunden worden. Dies spricht dafür, daß diese Gebete in breiteren jüdischen Kreisen bekannt waren, die sich von Jerusalem getrennt hatten und den 364-Tage-Kalender verwendeten. Nach der babylonischen Tradition wurde die Qᵉdušša viermal am Tag rezitiert. Die Wurzeln dieser Tradition liegen in 4Q503. Her zeigt sich, daß beide, im Judentum nach 70 u.Z. verbreiteten Traditionen bereits vorher bekannt waren.

Die Rabbinen der Generation von Jabne übernahmen zwei Institutionen, die außerhalb Jerusalems entwickelt worden waren: die Synagoge, die in der Diaspora entstanden ist und im Judentum nach 70 u.Z. von einem Ort des Studiums zu einem Ort des Gebets wurde, und das Konzept der geprägten Gebete, die von den verschiedenen Kreisen, die Jerusalem verlassen hatten, verfaßt worden waren. Die Rabbinen machten die Synagoge und die geprägten Gebete zum Zentrum des Judentums nach 70 u.Z. und konnten so dem Judentum ohne Tempel eine neue Bedeutung geben.

---

[18] LEVINE.

Appendix

1. 4Q448: Apocryphal Psalm and Prayer, cols. B–C

Col. B

1 Guard, Holy One,	עור קדש 1
2 *over* king Jonathan	על יונתן המלך 2
3 and all the congregation of Your people	וכל קהל עמך 3
4 Israel	ישראל 4
5 who are in the four	אשר בארבע 5
6 winds of heaven.	רוחות שמים 6
7 Peace be on all	יהו שלום כלם 7
8 and upon Your kingdom	ועל ממלכתך 8
9 May Your name be blessed	יתברך שמך 9

Col. C

1 in Your love 'tys[	באהבתך אתיס] 1
2 in the day and until evening m...[	ביום ועד ערב מ[oooo 2
3 to approach to be b[	לקרוב להיות ב] 3
4 Remember them for blessing l..[	פקדם לברכה ל [oo 4
5 on Your name, which is called[	על שמך שנקרא] 5
6 kingdom to be blessed[	ממלכה להברך] 6
7 for the day of war and [	על יום מלחמה ו[o 7
8 to kin[g] Jonathan[	ליונתן המל]ך 8
9 mt[ ]..[	מת[ ]oo] 9

2. The thirteenth benediction of the Amidah

על הצדיקים ועל החסידים, ועל זקני עמך בית ישראל, ועל פליטת בית
סופריהם, ועל גרי הצדק ועלינו, יהמו נא רחמיך יהוה אלהינו ... ועל כולם
יתברך ויתרומם שמך מלכנו תמיד לעולם יעד

... May Your compassion, Lord our God, be aroused *over* the righteous and
over the godly; *over* the leaders of Your people, the house of Israel and *over*
the remnant of their sages; *over* the true proselytes and *over* us ... *For all
these acts*, may Your name, our king, be blessed and exalted forever and ever.

3. The eighteenth benediction of the Amidah

...נודה לך ונספר תהלתך על חיינו המסורים בידיך ועל נשמותינו הפקודות
לך ועל נסיך ושבכל יום עמנו ועל נפלאותיך וטובותיך שבכל עת ...

... we will thank You and recount Your praise – *for* our lives which are in Your charge, *for* our souls which are in Your care, *for* Your miracles which are daily with us ...

4. *4Q158 Frgs. 1–2*

5   [אלי ויאמר לו מה שמכה [ויגד] לו] ... כי שרית עם אלוהים]

6   ועם] אנשים ותוכל ויש>א<ל י>ע[קוב [ו]יאמ]ר הגי]ד >נא< לי מ]ה שמך ...

7   ויבר]ך אותו שם ויאמר לו יפרכה יה]וה וירב]כה]

8   ד]עת ובינה ויצילכה מכול חמס ו]ס[

9   עד היום הזה ועד דורות עולם]

10   וילך לדרכו בברכו אותו שם וי] ... ויזרח]

11   לו השמש כאשר עבר את פנוא]ל

12   ביום ההואה ויאמר אל תוא]כל את גיד הנשה ...

13   על שתי כפות הירך עד ה]יום הזה ...

14   אל אהרון לאמור לך לקרא]ת משה המדברה וילך ... ויגד מה לאהרון את כול]

15   דברי יהוה אשר ש]לח]ו ואת כול [האותות אשר צוהו ...

5 (*Genesis 32*) ...] to me and he said to him: "What is your name?" [and he told] him [... for you have striven with being divine

6 and] human and have prevailed. Jacob asked: "Tell me [your name." ...

7 so he bless]ed him there, and he said unto him: "May the Lord make you fruitful [and multiply you ...

8 kn]owledge and understanding, and that He may deliver you from all violence and [...]

9 unto this day and for everlasting generations [...]

10 *And he went on his way* when He had blessed him there, and [...] The sun [rose]

11 upon him as he passed Penu[el ...

12 ...] in that day, and he said: "You shall not ea[t ... that is why the children of Israel]

13 to this day [do not eat the thigh muscle that is] on both sockets of the hip [...

14 (*Exodus 4*) The Lord said] to Aaron: "Go to meet [Moses in the wilderness." He went ... and Moses told] Aaron

15 what the Lord had committed] to him and the [signs about which He had instructed him...

5. *"The Prayer Before Setting Forth on a Journey"* (תפילת הדרך)

יהי רצון מלפניך הי אלהינו ואלהי אבותינו שתוליכנו לשלום ... ותצילנו
מכף כל אויב ואורב ואסון בדרך ... ותשלח ברכה במעשה ידינו ... ברוך
אתה יהוה שומע תפלה ויעקב הלך לדרכו ויפגעו בו מלאכי אלהים ...

May it be Your will, O Lord my God and God of my fathers. To conduct me in peace ... Deliver us from every enemy and ambush and hurt by the way ... Send a blessing upon the work of our hands ... Blessed are You, O Lord, who hearkenest unto prayer. *And Jacob went on his way*, and the angel of God met him.

6. *Songs of the Sabbath Sacrifice (ShirShabb = 4Q400) frg. 1 i*

1 [למשביל שיר עולת השב]ת הראישונה בארבעה לחודש הראישון
הללו

2 [לאלוהי]   [ה אלוהי כול קדושי קדושים ובאלוהותו

3]   [בקדושיעד קדושי קדושים ויהיו לו לכוהני

4]   [משרתי פנים בדביר כבודו בעדה לכול אלי

5]   [אלוהים חרת חוקיו לכול מעשי רוח ומשפטי

6]   [דעת עם בינות כבודי אלוהים *vacat* לקרובי דעת

7]   [עולמים וממקור הקודש למקדשי קודש

8 [קודשים   ]   [כוה]ני[קורב משרתי פני מלך קודש

9 [קודשים   ]   [כבודו וחוק בחוק יגברו לשבעה

10]   [י]סדם [ל]ו לקד[ושי קדושים בק]ודש קודשים

Translation

1 [For the Instructor, song of the whole-offering of the] first [Sabba]th on the fourth of the first month. Praise

2 [the God of ...]*h* O god-like of all the holiest of the holy ones, and His divinity

3 among the eternally holy, holiest of the holy ones, and they have become for Him priests of

4 [...], ministers of the presence in His glorious shrine. In the assembly of all the gods of

5 [...] god-like ones. He inscribes His statutes concerning all spiritual matters and precepts of

6 [...] knowledge, people of discernment, honored by God. *vacat* For those who draw near to knowledge

7 [...] of eternity and from the source of holiness of the sanctuaries of holiest

8 [holiness ...] pries[ts of] the inner sanctum who serve before the king of holies

9 [holiness ...] His glory. And every statute they confirm for seven

10 [... He est]ablished them [for] Himself as the ho[liest of the holy ones in the ho]ly of holiest.

7. 4Q503 col. 7 (frgs. 1–3)

top margin

1	ובצאת[השמש] [רקיע השמ]י[ם יברכו וענ]ו ואמרו[
2	ברוך א[ל ישראל] [ל] [ו והי]ו[ם הזה חדש]
3	בארבע[ה עשר שערי אור] [לנו ממשל]ₒ[
4	עשר דג[לי] [ₒוא חום ה]שמש
5	בפוסחו[בכו]ח יד גבורת[ו שלום עליכה]
6	בחמשה[עשר לחודש בע]רב יברכו וענו [וא]מרו ברוך א[ל
	ישראל>
7	הסותם[[ח לפניו בכול מפלג כבודו והלילה]
8	ע[ולם ולהודות לו] [פדותנו בראשי]ת
9	[תסובות כלי אור] ו[היום ארבעה ע]שר
10	[גורלות אור אור היומם ש[לום עלי]כה ישראל
11	[vacat [
12	[וב]צא[ת השמש]להאיר על הארץ יברכו ועו[ד ואמרו]
13	[ברוך אל ישראל א[שר לחגי שמחה ומועדי כ[בוד]
14	ח[משה עשר שער]י אור
15	[בגורלות לילה]

Translation

1 And when [the sun] rises [...] the firmament of the heave[n]s, they shall bless.
They shall recit[e, saying:]

2 Blessed be the Go[d of Israel...] This day *He* renewed [...]

3 in the four[teenth gate of light...] for us dominion [...]

4 ten tro[ops...] heat of the [sun...]

5 when He passed over [...by streng]th of [His] powerful hand [...Peace be on you,]
O Israel. [...]

6 On the fif[teenth of the month in the ev]ening they shall bless. They shall recite,
[s]aying: Blessed be the Go[d of Israel]

7 who hides [...] before Him in every division of His glory. This night [*is for* ...]

8 ...for]ever and for praising Him [*for*] our redemption at the beginn[ing]

9 [...] revolutions of the vessels of light. [ ] His day (is the fourte[enth]

10 [part of light...] daylight. Pe[ace be on] you, Israel.

11 [...] *vacat* [...]

12 [And when the sun] rises to shine on the earth, they shall bless. They shall re[cite,
saying:]

13 [Blessed be the God of Israel *who appointed days* wh]ich are for the pilgrim
festivals of joy and the appointed times of gl[ory]

14 [...fi]fteenth gate [of light...]

15 [...] in the parts of the night [...]

Bibliography

J. Allegro, *Qumran Cave 4.1 (4Q158–4Q186)* (DJD 5, Oxford: Clarendon, 1968).

J. M. Baumgarten, "4Q503 (Daily Prayers) and the Lunar Calender," *RevQ* 12 (1986) 399–407.

E. G. Chazon, "The *Qedushah* Liturgy and its History in Light of the Dead Sea Scrolls," *The Beginnings of Jewish Prayer* (eds. I. Tashma/Y. Tabori) [in print].

H. Eshel/E. Eshel, "4Q448, Psalm 154 and 4QpIsaᵃ," *Tarbiz* 66 (1997) 121–30 [in Hebrew].

E. Eshel, H. Eshel and A. Yardeni, "448.4Q Apocryphal Psalm and Prayer," (DJD 9; Oxford: Clarendon, 1998) 403–425.

D. K. Falk, *Daily, Sabbath, and Festival Prayers in the Dead Sea Scrolls* (STDJ 27; Leiden/Boston/Koln: E. J. Brill, 1998).

E. Fleischer, "On the Beginnings of Obligatory Jewish Prayer," *Tarbiz* 59 (1990) 397–441 [in Hebrew].

— "The Diffusion of the Qedushot of the Amidah and the Yozer in the Palestinian Jewish Ritual," *Tarbiz* 38 (1969) 255–84 [in Hebrew].

M. Greenberg, "On the Refinement of the Conception of Prayer in Hebrew Scriptures," *Association for Jewish Studies Review* 1 (1976) 57–92.

J. Heinemann/J. Petuchowski, *Literature of the Synagogue* (New York: Behrman House, 1975).

M. R. Lehman, "A Reinterpretation of 4Q Dibrê Ham-me'oroth," *RevQ* 5 (1964–66) 106–10.

L. I. Levine, "The Second Temple Synagogue: The Formative Years," *The Synagogue in Late Antiquity* (ed. idem; Philadelphia: The American Schools of Oriental Research, 1987) 7–31.

C. Newsom, *Songs of the Sabbath Sacrifice: A Critical Edition* (HSS 27; Atlanta: Scholars Press, 1985).

— "Shirot 'Olat Ha Shabbat," *Qumran Cave 4.VI: Poetical and Liturgical Texts, Part 1* (DJD 11; Oxford: Clarendon, 1998) 173–401.

M. Weinfeld, "Prayer and Liturgical Practice in the Qumran Sect," *The Dead Sea Scrolls: Forty Years of Research* (eds. D. Dimant/U. Rappaport; STDJ 10; Leiden/New York/Koln: E. J. Brill, and Jerusalem: The Magnes Press, 1992) 241–58.

Die Synagoge und das Postulat eines unblutigen Opfers

Folker Siegert, Münster

In einer Zeit, wo die meisten Religionen noch Opferkulte waren und so etwas wie eine Theologie erst noch entstand (als Bemühung von Philosophen, nicht von Priestern), widerfuhr dem Judentum zweimal die gewaltsame Unterbrechung seines Tempelgottesdienstes, 586 v.Chr. und 70 n.Chr. Obwohl es stets Opferstätten gab außerhalb des Jerusalemer Tempels, zog die Mehrheit dessen, was vom Zwölfstämmevolk jeweils übrig war, es vor, eine neue Art von Gottesdienst zu pflegen, die der Exklusivität des Zion keine Konkurrenz machte: den Synagogengottesdienst, von seinen (uns wenig bekannten) Vorläufern bis zu seiner entfalteten Liturgie.

Unbeabsichtigt pflegte das Judentum damit den modernsten Gottesdienst, den es in der Antike gab. Denn zeitgleich mit den erwähnten Anpassungen entwickelten die Pythagoreer das Ideal eines unblutigen Gottesdienstes, der nur aus Gebeten und ernstlicher Gewissensprüfung bestehen sollte. Im Judentum kam noch eine Form von öffentlichem Unterricht, ja Volksunterricht hinzu: Lesung und Auslegung der Tora. Kein Reformer des Hellenismus ist je so weit gekommen.

1. Zur Einführung: Juden und Pythagoreer

Als Plutarch – es war in den 90er Jahren des 1. Jh. – sich wieder einmal in Rom aufhielt, traf er auf einer Einladung einen Pythagoreer aus Etrurien. Der wurde gefragt, warum Pythagoreer es nie zuließen, daß Schwalben an ihrem Haus ein Nest bauen, und warum sie stets beim Aufstehen ihre Betten aufschüttelten. Er antwortete mit dem Hinweis, in Etrurien beobachteten die Pythagoreer die spezifischen Bräuche (σύμβολα) ihrer Sekte äußerst genau. Er überließ es anderen Gesprächsteilnehmern, Gründe für diese zu ersinnen, und zeigte seine Mißbilligung ihrer Spekulationen über eine verborgene ethische Bedeutung (ἠθικαὶ λύσεις) durch „pythagoreisches" Schweigen.[1]

---

[1] Plutarch, Quaestiones convivales 8,7–8 (Moralia 727 A–730 F; bes. 727 C–D). Ich erlaube mir die Wiederverwendung eines schon einmal gebrauchten Beispiels; vgl. Siegert, Jewish Interpretation, 141f.

Diese Episode wirft ein Schlaglicht auf die Probleme jedes gesetzestreuen Juden jener Zeit. Die Detailliertheit des Mosegesetzes paßte nicht zu allgemeinen und philosophischen Begriffen von einem idealen Gesetz[2] – nicht zu erwähnen die zahllosen theoretischen und praktischen Schwierigkeiten, die in diesen Details lagen.

Die Reaktion dieses Pythagoreers verrät den Verdacht, die Angabe von Begründungen (λύειν) für σύμβολα könne zum Aufgeben des Wortsinnes und zu seinem künftigen Nichtbefolgen führen. Gleiches hat man – grundlos freilich – von Philon vermutet. Später haben die Rabbinen zwar viel getan, um zur Tora-Erfüllung zu motivieren; aber Gründe für konkrete Gebote anzugeben, sahen sie sich nicht berechtigt. Je mehr man aber diese Gebote als die Stimme des Mose zitierte, eines der frühen Weisen, den die Antike kannte, um so näher kam man an das αὐτὸς ἔφα der Pythagoreer: „Er hat's gesagt", Pythagoras. Man teilte eine durch und durch autoritäre Philosophie.

Die Ähnlichkeiten gehen weiter. Wir besitzen noch Fragmente von Corpora pythagoreischer *Gesetze* mit einleitenden Summarien, die jährliches Vorlesen vor der Bürgerversammlung zur Pflicht machen wollen. Unter den Namen der Pythagoras-Schüler Zaleukos und Charondas sind solche Texte überliefert.[3] Wir wissen nicht, welche Gemeinwesen der *Magna Graecia* jemals so eine Vorschrift befolgten[4] und ob diese Art von Texten verschieden ist von den utopischen Νόμοι Platons; soweit aber Juden betroffen sind, wissen wir es. In den Synagogen hörten sie jeden Sabbat die Worte des Meisters.

Das war als gemeinschaftliche Übung höchst vorbildlich, erschien jedoch, was den Inhalt der Gesetzestexte betraf, eher verwerflich. In der mit dem Hellenismus begonnenen großen mediterranen Völkerfamilie wurde den Juden vorgeworfen, sich auszuschließen. Wie die Pythagoreer[5] vermieden sie es, sich mit anderen zu vermischen. Sie hatten ihre eigenen Bräuche und Feiertage und hielten sich „rein"[6] im Essen wie in Sexualbeziehungen. Ihre Tabus waren andere als die der Umwelt –, Tacitus hat es beobachtet –, und sie waren zahlreicher und betrafen sehr stark den sozialen Umgang. So wurde denn ihr Gesetzgeber Mose des Menschenhasses bezichtigt.[7]

---

[2] Vgl. AMIR.

[3] Bei Diodor von Sizilien, Bibliotheca historica 12,20f. und 12,11–19 (THESLEFF, 226–228.61–63). Vgl. Stobaeus, Anthologium 42,19 und 24 für die mit diesen Personen verbundenen Legenden.

[4] Eher haben sie sich dagegen gewehrt: RIEDWEG, Pythagoras 72, erwähnt einen antipythagoreischen Aufstand in Unteritalien.

[5] Siehe Plutarchs Bericht in den Quaestiones convivales, Moralia 730 B.

[6] Was einst ein kultischer Begriff war („Reinheit") und unter Esra auch politische Praxis bestimmte (Esr 10), ist unter völlig geänderten Voraussetzungen, nämlich nach den Exzessen des europäischen, speziell deutschen Rassismus, nur noch schwer zu verstehen.

[7] So Hekataeos von Abdera, Apollonios Molon, Tacitus u.a.; s. STERN, Bd. I und II, Nr. 11; 49; 63; 281. Über heidnische Polemik und jüdische Apologetik: SCHÜRER/VERMES, Bd. III.1, 594–616.

Nichtsdestoweniger bezog die jüdische Identität ihre Stärke nicht zuletzt aus eben diesen Gesetzen des Mose, zu denen der Brauch hinzukam, sie immer und immer wieder in den Versammlungen zu lesen und auszulegen. Wir sahen, wie sehr das pythagoreischen Idealvorstellungen entsprach. Was jene Philosophen vermutlich nur erträumten, war bei ihnen Praxis: ihr Gemeinwesen in den überlieferten Gesetzen zu unterweisen.

Das führt zu einer dritten Ähnlichkeit mit den Pythagoreern, der für unser Thema interessantesten. Pythagoras nämlich lehrte seine Schüler, bei jedem Heimkommen sich zu fragen:

> Πῇ παρέβην; τί δ’ ἔρεξα; τί μοι δέον οὐκ ἐτελέσθη;
> „Worin habe ich gefehlt? Was habe ich getan? Welche Pflicht habe ich nicht erfüllt?“

So Diogenes Laërtios 8,22. Er fährt fort, Pythagoras habe Schlachtopfer für die Götter verboten und nur vor dem unblutigen Altar (ἀναίμακτος βωμός) niederzuknien erlaubt. Das meint das Gebet. Philostratos, Vita Apollonii 1,1 weiß zu berichten, daß Pythagoras *nur* das Opfern von Honig, Weihrauch und Lobpreis billigte. Ausführlicher noch, wenn auch als Quelle später, sagt dies Jamblich, De vita Pythagorica 7 § 35 (der Altar des Apollon Genetor als μόνος ἀναίμακτος) und 11 § 54 (mit genaueren Opferregeln, die auch die Anständigkeit und Unbescholtenheit des Opfernden fordern).

Damit sind wir bei unserem Thema. Der Synagogendienst entsprach nämlich in vieler Hinsicht recht genau pythagoreischen und stoischen Vorstellungen von einem „reinen“ und „unblutigen“ Gottesdienst, die aus philosophischer Religions- und Opferkritik erwachsen waren, und konnte deshalb von einem Tora-Lehrer und Apologeten wie Philon ohne weiteres als (praktische) Philosophie präsentiert werden (VitMos II,216; SpecLeg II,61f. usw.).[8] Insbesondere von Philon wurde der Synagogengottesdienst nach außen hin als Tugendlehre dargestellt, nach stoischem Geschmack der Zeit.

Da überall, wo es Juden gab, auch Synagogen waren, liegt hierin ein starkes Element jüdischer Selbstdefinition und jüdischen Nationalstolzes: Wir sind ein Volk von Philosophen! Dieser Anspruch, schon einmal erhoben und sogar akzeptiert in frühhellenistischer Zeit,[9] fand allsabbatlich seine Erfüllung, wo in wohlgesetzter Rede das Synagogenpublikum eingeweiht wurde in die durchaus öffentlichen „Geheimnisse des Mose“.

In den Synagogen, nicht im Umkreis des Tempels und auch nicht in dem von Qumran, machte jüdische Religiosität den weiten Weg *von den Tabus zur Ethik.* Dies war ein langer Weg, und er ging über die zahlreichen Begründungen und Deutungen des mosaischen Rituals, die ἠθικαὶ (bzw. φυσικαί) λύσεις,

---

[8] Klassifizierte Stellensammlung aus Philon in: SCHÜRER/VERMES, Bd. II, 448 Anm. 102.

[9] Zuerst bei Klearch v. Soli in: STERN, Bd. I, Nr. 15. Vgl. das Kapitel „Die Entdeckung des Judentums durch die Griechen“ in: MOMIGLIANO, 93–117.

die solche Denker wie der Verfasser des Aristeasbriefs, Aristobul und Philon zu geben sich bemühten.

2. Die antike Religionskritik und die traditionellen Kulte

2.1. Antike Religionskritik als Opferkritik

Heute, nach langem Abstand, schreiben gewisse Religionspsychologen, der Gott der Bibel sei grausam. Ich will hier nicht untersuchen, wie weit sie recht haben; ich will nur darauf hinweisen, daß solche Gedanken nicht neu sind. Blutige Opfer haben schon in der Antike herbe Kritik hervorgerufen. Es waren die griechischen Philosophen seit Pythagoras (6. Jh. v.Chr.), die sagten: Wie kann das Töten von Tieren uns Gott näher bringen? Hat das Blutvergießen an den Altären irgendeinen Wert, entspricht es überhaupt der Vollkommenheit, der Güte und der Schönheit Gottes?

Schon Heraklit hat geäußert, Reinheit sei auch mit Riten nicht zu erreichen, wo Blut an den Händen klebe: Blut reinige nicht von Blut.[10] Zenon von Kition, der Gründer der stoischen Philosophie – wir schreiten vor in die hellenistische Zeit – befand, den Göttern bräuchten keine Tempel gebaut und keine Statuen errichtet zu werden: niemals könne das Werk von Bauarbeitern und Steinmetzen heilig sein; drum solle man wenigstens nicht viel Geld für Heiligtümer ausgeben.[11] Ein Stoiker erging sich lieber in freier Natur, als an Kultzeremonien teilzunehmen: in der Natur fühlte er sich der Gottheit näher. Ich wüßte nicht, mit welchem Begriff man diese Haltung besser beschreiben könnte als mit dem der *Substitution*. Es ist eine „Abstimmung mit den Füßen", ein beobachtbares Verhalten.

Man sieht leicht, wie viele Stimuli für die Ausbildung einer *Theologie* im heutigen Sinne des Wortes[12] daraus resultieren. Die Kritiken der Kulte und der Mythen beruhen auf gereinigten, aufgeklärten Anschauungen über das, was einer „Gottheit ziemt" (θεοπρεπές). So etwas wie das Begehren oder die Eifersucht des homerischen Zeus und überhaupt der Zorn der Götter (ein altes Opfermotiv) war davon ausgeschlossen.

Hier ergibt sich eine Verbindung zwischen griechischen Philosophen und biblischen Propheten. „Nächstenliebe ist besser als Opfer", spricht Hosea (6,6) und bringt die ethische Stoßrichtung antiker Opferkritik auf den Punkt. Jesus von Nazareth hat es wiederholt (Mk 2,17 par.). Der Gottesdienst im

---

[10]   Frgm. 5; griech. und dt. bei KIRK/RAVEN/SCHOFIELD, 229, Nr. 241.

[11]   Frgm. 246 (v. ARNIM, Bd. I, 61) nach Clemens v. Alexandrien, Stromata V 12,76.

[12]   Im Griechischen meinte es oft nur Mythologie über die Götter. Doch schon der älteste Beleg – Platon, Respublica 379 A – geht in eine andere Richtung. Aristoteles hat dann in seiner Metaphysik definiert, es gebe drei Arten von Philosophie, eine mathematische, eine naturwissenschaftliche (φυσική) und eine theologische (1026 a 18f.; 1064 b 2f.).

damaligen Tempel war ihm anscheinend nicht ehrlich genug;[13] in den Synagogen hingegen ist Jesus, nach Angabe der Evangelien,[14] gern gewesen.

Ich will hier nicht die vielen Bibelstellen aus Propheten und Psalmen wiederholen, denen eher der Synagogen- als der Tempelgottesdienst entsprach. Um nur an Psalm 50 zu erinnern:

> „Ich will von deinem Hause Stiere nicht nehmen
>   noch Böcke aus deinen Ställen.
> Denn alles Wild im Walde ist mein
>   und die Tiere auf den Bergen zu Tausenden. (…)
> Opfere Gott Dank
>   und erfülle dem Höchsten deine Gelübde
> und rufe mich an in der Not,
>   so will ich dich erretten, und du sollst mich preisen" (V. 14f.).

Opfer sind demnach (und auch sonst in den Asaph-Psalmen) geradezu verkehrt, wenn man daraus eine Sicherheit ableiten möchte, man habe genug für Gott getan. Daß ein ehrliches Gebet über jedes Opfer geht, lehrt ebenso der 51. Psalm:

> „Herr, tu meine Lippen auf,
>   daß mein Mund deinen Ruhm verkündige.
> Denn Schlachtopfer willst du nicht – ich wollte sie dir sonst geben –,
>   und Brandopfer gefallen dir nicht.
> Die Opfer, die Gott gefallen, sind ein geängsteter Geist;
>   ein geängstetes, zerschlagenes Herz wirst du, Gott, nicht verachten"
>   (V. 17ff.).

Schuldbewußtsein, so meint der Psalmist, ist wichtiger als die fettesten Gaben. Ein Pythagoreer hätte sich von Herzen gefreut, so etwas zu hören! Im selben Sinne pflegt Sir 35 eine ganz und gar metaphorische Opfersprache: Gott heiligt sich selbst in seinem Handeln in der Geschichte.

Die Kritik des rituellen Denkens – und zwar nicht nur die ethische, sondern die grundsätzliche – drang bis nach Galiläa. Jesus relativiert Speisegebote mit den Worten: „Es gibt nichts außerhalb des Menschen, was in ihn eingehen und ihn unrein machen könnte; sondern was aus dem Menschen herausgeht, das profaniert ihn" (Mk 7,15 // Mt 15,11). Paulus verläßt sich im Namen Jesu darauf, daß „nichts unrein ist an sich, außer dem, der glaubt, es sei unrein: dem ist es unrein" (Röm 14,14). Etwas vorsichtiger drückt Jochanan ben Zakkai es aus: „Nicht der Tote verunreinigt und nicht das Wasser

---

[13] Die Wechslertische, die Jesus in Mk 11,15 par. umwirft, dürften jeden zum Zorn gereizt haben, der merkte, daß der „Schekel des Heiligtums" tyrische Münzen waren (mBekh 8,7). Das Bild des Melkart, Baal von Tyrus, störte den frommen Betrieb weit weniger, als der hohe Feingehalt an Silber ihn förderte.

[14] So Mk 1,21ff. usw. Die Quelle Q enthält noch keinen Verweis auf die Wirksamkeit Jesu in Synagogen, ist aber ohnehin arm an biographischen Angaben. Lukas hingegen hat in missionspragmatischer Absicht die Synagoge den Ort der feierlichen Selbstidentifikation Jesu sein lassen (4,16ff.).

macht rein; aber es ist eine Verordnung des Königs aller Könige. Der Heilige, gepriesen sei er, hat gesagt: Eine Satzung habe ich festgesetzt, eine Verord- nung habe ich angeordnet; kein Mensch ist berechtigt, meine Verordnung zu übertreten".[15]

So sind sich alle einig: der Ritus „funktioniert" nicht von sich aus; sondern was er wirkt, wirkt er im Geiste der daran Teilnehmenden. Auch wird die Gottheit nicht beeinflußt; eher umgekehrt.

2.2. Kontrast: Der Tempel von Jerusalem

Als Zeitgenossen eines synagogal geprägten Judentums und Teilnehmer eines synagogal geprägten Gottesdienstes haben wir Schwierigkeiten, uns diejenige Situation vorzustellen, für die die Tora überhaupt geschrieben worden ist. Ihr zufolge findet nur an *einem* Ort auf der Welt Gottesdienst statt, und zwar als Opfergottesdienst.

Jedem gemeinschaftlichen Gebet ging voraus das Verbrennen von Gewürzen und Mehl, das Verschütten von Öl und Wein, und insbeson- dere das Schlachten und ganze oder teilweise Verbrennen von Tieren. Man kam nicht mit leeren Händen vor Gott. Heute hat man Mühe, sich vorzu- stellen, daß auch im Judentum Opferhandlungen einmal Höhepunkt aller Festlichkeit waren: da wo Blut floß und wo Rauch aufstieg, war Gott am nächsten.

Grundsätzlich – oder sagen wir besser: tendenziell – werden zwei Ar- ten von Opfern unterschieden: Lev 1–3 handelt von solchen Opfern, die zunächst nur die Gemeinschaft mit Gott verstärken sollen – so das *Tamid*, so das Passa, so das Dankopfer (תודה) und andere Arten, etwa beim Abschluß der Periode eines Gelübdes (an einem solchen beteiligt sich Paulus in Act 21,26). Lev 4–5 und 7,1–27 gibt sodann Vorschriften für spezialisierte Opfer, mit denen eine Sünde bereinigt wird (חטאת oder אשם). Daß beide Aspekte – der des Gemeinschaftsopfers und der des Sühnopfers – sich durchdringen können, wird schon in Lev 1,4 deutlich, ferner im ganzen Kap. 6. Weitere Aspekte spielen unterschiedlich stark mit herein: der einer Legitimierung des Verzehrs von Lebendem und der einer Versorgung der Priesterschaft mit Na- turalien – letzteres naturgemäß nicht in den Ganzopfern oder Holokausten im eigentlichen Sinn.

Gerade von letzteren mag zunehmend als Problem empfunden worden sein, daß der Geruch verbrannten Fleisches für menschliche Nasen nicht gerade ein „Geruch des Wohlgefallens" ist. Jedenfalls stellt schon im 2. Jh. v.Chr. der Aristeasbrief ausführlich dar, wie umfangreich und perfekt die Kanalisierungsanlage unter dem Tempel war, in die all das Blut und die sonstigen Reste hineingeschwemmt wurden (§ 88–91; vgl. mYom 5,6). Das

---

[15] PesK 4,7 (40b) (im Abschnitt פרה; folgt dem Zitat von Num 19,2). Vgl. STRACK/BILLERBECK, Bd. I, 719; dort auch Parallelbelege.

aber ist der Kult, den Esra nach der Rückkehr aus dem Babylonischen Exil wieder neu in Schwung brachte! Noch im Traktat Yoma liest man es im Detail: Kaum hat der Hohepriester sein Tauchbad genommen und sein goldbesetztes Gewand angezogen und sich erneut Hände und Füße gewaschen, schneidet er dem ersten *Tamid*opfer die Halsschlagader auf (3,4). Die heiligste aller Zeremonien Israels war ein Sprengen und Streichen von Blut (5,4–6). Wie alle antiken Kulte, durfte auch dieser nicht verändert werden – gerade daß Herodes I. es sich erlauben konnte, das Tempelareal neu zu überbauen, und zwar so, daß der Gottesdienst dabei nicht unterbrochen wurde.

3. Der Synagogengottesdienst als Neuerung

3.1. Vom Notbehelf zur Attraktion

Irgendwann in der Babylonischen Gefangenschaft, so muß man annehmen, haben sich unbemerkt Formen ausgebildet für einen Gottesdienst ohne Tempel und Opfer. Er bestand aus dem, was in einem fremden Land möglich war: aus Gebeten sowie aus der Lesung und Auslegung der Tora. Die alten Opferzeiten wurden beibehalten als Zeiten des Gebets: Dan 9,21 (vgl. Act 2,15; 3,1; 10,9). Die Situation der Entfremdung vom Zentrum, die der Psalm 137 so sehr beklagt („An den Wassern von Babylon saßen wir und weinten…"), wurde zum produktiven Stimulus.

Eine neue Art von Gottesdienst entstand; und auch von dieser gibt es bereits Spuren in den Psalmen – in solchen Psalmen, die offenbar im oder nach dem Exil entstanden sind. Sie sind nicht im Tempel gesungen worden, denn noch in der Synagogenliturgie fehlen sie bis heute.[16]

Solcher Gottesdienst des Lobpreises und des Bittgebets, verbunden mit eingehender Selbstprüfung, fand in der auf die Elephantine-Zeit folgenden Epoche des Judentums überall in der Diaspora statt – jedenfalls überall da, wo man die Treffpunkte προσευχαί, Gebets(stätten) nannte.[17] So heißen sie inschriftlich im ptolemäischen Ägypten,[18] so heißen sie in Philippi (Act 16,13.16) und in Rom (Philon, LegGai 156; Juvenal 3,296). Als Jochanan ben Zakkai von Vespasian einen Studienort in Jabne erbittet, bittet er auch um eine תפלה:[19] Natürlich hat er ihm das auf Griechisch gesagt.

Von Gebetsstätten oder Bethäusern sprechen viele Zeugnisse seit dem 3. Jh. v.Chr., darunter auch Josephus (Bell V,388; Vita 277–293 – schon ge-

---

[16] Um genau zu sein: Der 51. Psalm wurde von Rab 'Amram als Bußpsalm verwendet; vgl. Elbogen, 152.

[17] Hengel, *passim*.

[18] Schürer/Vermes, Bd. III, 47ff. (Belege ab dem 3. Jh. v.Chr.).

[19] Hengel, 178, nach ARN A 4 (Schechter, 23): ואקבע בה תפלה.

nannt –; Ap II,10[20]). In der Erinnerung der Rabbinen hat selbst Jerusalem Hunderte von Synagogen besessen, bis an den Tempelberg. Rabbi Jehoschua ben Chananja († um 130), der noch als Kind dem levitischen Tempelchor angehört hatte, berichtet davon, zwischen den Gottesdiensten auch an den Gebeten – in der Synagoge – und an Zusammenkünften im Lehrhaus (was vielleicht dasselbe Gebäude war) teilgenommen zu haben (bSuk 53a).

Der Gegensatz zwischen beiden Arten von Gottesdienst ist religionsgeschichtlich von hoher Bedeutung. Wir besitzen zwei Jerusalemer Inschriften etwa aus derselben Zeit (gegen Ende des Zweiten Tempels), deren eine von einem der äußersten Hoftore der Tempelanlage stammt und jedem Nichtjuden bei Todesstrafe den Eintritt verbietet. Die andere berichtet von der Stiftung einer Synagoge durch einen gewissen Theodotos, der sie erbaute „zum Verlesen des Gesetzes und zum Lehren der Gebote" (εἰς ἀνάγνωσιν Νόμου καὶ διδαχὴν ἐντολῶν), ferner zur Unterbringung von Pilgern (womit wieder ein Dienst gegenüber dem Tempel ausgedrückt ist).

Der Gottesdienst dieser Synagogen läuft also parallel zu den Opfern und Liedern des Zweiten Tempels, zum Dienst der Priester und Leviten. Das wird auch klar aus dem Bilderschmuck und den Symbolen der Synagogen: Menora, Schofar, Lulab usw., meist Hinweise auf das Laubhüttenfest. Die Menora durfte nicht dreidimensional sein, sondern nur abgebildet auf der Wand: so war die Einzigkeit des Tempelkultes *pro forma* gewahrt.

Es ist also keine Substitution beabsichtigt; dennoch geschieht sie sanft und allmählich. Zum Begriff der „Substitution" sei an dieser Stelle angemerkt, daß schon Opfer eine solche sind (vgl. Gen 22,11–14), was ihrer Substituierung durch Weiteres durchaus günstig ist. Die aber geschah nun bei allem Respekt. Das sehen wir an den Neuerungen, die in der Synagoge üblich wurden. In den Synagogen nämlich stand anstelle des Allerheiligsten der Toraschrein oder die Tora-Nische. Denn der feierlichste Moment des Synagogengottesdienstes war und ist das Aufrollen und Vorlesen der Tora. Das gab es nicht im Tempel! Dort waren Tora-Lesungen nur sehr selten vorgesehen, nämlich nur am Versöhnungstag im Erlaßjahr (Dtn 31,9–13).[21] Hauptsächlich wurde geopfert und dazu gebetet und gesungen.

Die Entfaltung architekturalen Prunks war nicht auf den Tempel beschränkt. Zum Ruhm der alexandrinischen Judenschaft gehörte ihre Hauptsynagoge, eine Versammlungshalle in Form einer fünfschiffigen Basilika (διπλόστοον, hebräisch zu lesen דפלוסטין), erwähnt in der Tosephta, tSuk 4,6:

„Wer das *diplostoon* von Alexandrien in Ägypten nicht gesehen hat, der hat die Herrlichkeit Israels nicht gesehen. In der Mitte war eine Tribüne aus Holz, und der

---

[20] Dort werden Gebetsstätten unter freiem Himmel von dem Ägypter Apion als Einrichtungen des Mose bezeichnet.

[21] Besondere Perikopen fielen hierbei, wie aus mYom 7,1f. und mSot 7,7 ersichtlich, dem Hohenpriester zu; andere wurden noch in Zeiten des Zweiten Tempels in erweiterter Anwendung von Dtn 17,14–20 („Königsgesetz") Verpflichtung des Königs.

Synagogendiener stand auf der Ecke mit Tüchern in seiner Hand; und wenn der Augenblick kam, wo man mit Amen zu antworten hatte, schwenkte er mit einem Tuch, und alles Volk antwortete Amen."

Eine Kopie dieses Gebäudes – jedenfalls ein Gegenstück zu ihm – war wohl die Synagoge in Tiberias, einer stark hellenisierten und nur teilweise jüdischen Stadt. Auch sie wird als „Doppelstoa" bezeichnet.[22] Dies war die Öffentlichkeit, die das Judentum erreichte! Da die großen Plätze und die Theater, sozusagen das „Fernsehprogramm" der Zeit, ihnen nicht zur Proklamation einer eigenen Botschaft offenstanden, schufen sie sich ihre Öffentlichkeit in den Synagogen.

Im Rückblick auf all die Verhältnisse insbesondere in den antiken Diasporasynagogen können wir von einer Attraktion und von der Ausstrahlung des Judentums sprechen. Zahlreiche Konversionen zum Judentum und die noch zahlreicheren Gottesfürchtigen (deren Vorhandensein nach den Inschriftenfunden in Aphrodisias[23] man nicht mehr bezweifeln sollte) beweisen es zur Genüge.

3.2. Die Modernität des Synagogengottesdienstes

Mit der Einführung der Synagogen, die zunächst wohl aus purer Not kam (aus der Gefangenschaft in Babylonien oder einfach aus räumlichem Abstand von Jerusalem), geriet das Judentum unversehens an die vorderste Spitze der Entwicklung der antiken Religionen. Denken Sie sich einen Philosophen, der eine Synagoge betritt: Würde er nicht überrascht sein, wie modern der Gottesdienst ist, den er dort antrifft? Kein Schlachten von Tieren, sondern ein Gebet mit bloßen Worten würde er dort beobachten – und würde durch Lesung und zeitgemäße Auslegung der Tora belehrt. Das gab es in keiner anderen Religion der damaligen Zeit.

Erwähnungen des Synagogengottesdienstes sind durchaus häufig, insbesondere bei Diasporaautoren, und meist im Tone selbstbewußten Stolzes gehalten: Philon, Hypothetica bei Eusebius, Praeparatio Evangelica VII,7.12f.; Jos Ant XVI,43–46 usw.[24] Dieser Gottesdienst verlief in den zahllosen Synagogen des Römischen Reiches (und außerhalb) ohne jede Gewalt gegen die Natur und war frei von Blutvergießen. Man würde ihn heute ein „Sprachereignis" nennen; denn er bestand hauptsächlich aus Gebeten, Schriftlesungen und mündlichem Unterricht. Die Pythagoreer, die aus Grundsatz kein Tier töteten, und die Stoiker, die des göttlichen Logos in sich bewußt waren, hätten eine so vollkommene Art, wie eine Gemeinschaft mit dem Göttlichen kommuniziert, wunderbar gefunden – doch die bestehenden Kulte waren höchstens offen für Interpretationen, nicht für Innovationen.

---

[22] HÜTTENMEISTER, 442, nach MTeh 93,8 (BUBER, 416): die דיפלאסטיא von Tiberias.
[23] Jetzt bequem nachzulesen (griech. u. dt.) bei WANDER, 235–239.
[24] Stellensammlung in: SCHÜRER/VERMES, Bd. II, 447–454.

Im griechischen Heidentum mußten philosophische Geister zu privateren Formen des Gebets und der Kontemplation Zuflucht nehmen. Anderswo – denken wir an Persien – hat Zarathustra, Pythagoras ähnlich, den traditionellen Feuerkult verbieten wollen, um ihn durch eine ethisch orientierte Neuerung zu ersetzen, was ihm nur teilweise gelang. Vielleicht sollte man noch die Isis-Religion vergleichen, die auf weniger ruckhafte Art, jedoch auch ohne programmatischen Opferverzicht, sich überall in der Antike einzunisten wußte.

Das Paradox des synagogalen Judentums erweist sich als um so größer, wenn wir bedenken, daß es sich um eine Notlösung handelt. Gegen seinen Willen – oder jedenfalls gegen den seines Gesetzgebers – wurde es innovatorisch. Denn hier konnte man ausnahmsweise nicht sagen: er – Mose – habe es angeordnet. Nur das Sabbatgebot als solches taugte als gesetzliche Grundlage.

Die damit verbundene Absetzung von der übrigen Welt mag zusätzlich motivierend gewirkt haben; denn immer haben Religionen und Konfessionen auch zur Behauptung partikularer Besonderheiten gedient. Im Fall des Judentums mag die schon erwähnte Detailliertheit des Mosegesetzes und dessen teilweise Unerfüllbarkeit in Diasporabedingungen paradoxerweise gerade dazu beigetragen haben, daß man es wenigstens las. Was im Tempel und seiner Umgebung Praxis war, das waren hier wenigstens Worte und Gedanken. So brachte eine Mangelsituation (III Makk 6,10 beklagt sie offen als Verführung zu ἀσέβειαι) das kompensatorische In-den-Vordergrund-Rücken des Textes zustande, und lange vor den Rabbinen beginnt schon *study as worship*.[25]

Aus heutiger Sicht ist revolutionär, daß dieser geistige Gottesdienst in keiner sakralen Sphäre geschah, sondern in der Profanität.[26] Statt die Sphären abzugrenzen – wofür der Jerusalemer Tempel ja das Vorbild gewesen wäre –, schuf man sich eine neue Öffentlichkeit. Denn dieser Gottesdienst und dieser Unterricht, im Gegensatz zum Tempel mit seinen vielen Barrieren, erfolgte öffentlich: auch Heiden durften daran teilnehmen und durften von der Weisheit Israels lernen. So schuf das Judentum die Bedingungen dafür, daß mosaische Weisheit und Mahnung ein großes Publikum erreichen konnte. Die Gegenwart heidnischer „Gottesfürchtiger", ja auch ihr Auftreten in Ehrenämtern (man akzeptierte gern Geschenke von ihnen) bezeugen vielfältig den Erfolg.[27]

---

[25] VIVIANO, dessen Buchtitel wir hier zitieren, sucht den Ursprung dieses Phänomens in der israelitischen Weisheit (111–157). Seine Überlegungen werden hier ergänzt.

[26] So hat auch der Aufbruch in die Profanität, der im Christentum Programm wurde (z.B. Hebr 13,13), seinen synagogalen Vorläufer.

[27] Siehe Act 10,1.22; 13,16.26; 16,14; 18,7 usw.; SCHÜRER/VERMES, Bd. III.1, 150–176. Auf die Synagogeninschriften von Aphrodisias (a.a.O., 25f.166) wurde schon hingewiesen: Anm. 23.

Das Judentum der Diasporajuden hat, in Alexandrien zumindest, das kulturelle Niveau erreicht, das von öffentlichen Veranstaltungen überhaupt nur erwartet werden konnte. Die Synagogenpredigten „Über Jona" und „Über Simson", von denen wir noch die Mitschriften besitzen – sie wurden auf Griechisch gehalten – sind rhetorische Glanzstücke, denen die christliche Kirche erst ab der 2. Hälfte des 2. Jh. Vergleichbares entgegensetzen kann.[28]

Die Bedeutung der Synagoge für das Judentum und später für die Kirche ist weit größer, als ihre spärlichen Erwähnungen bei den Rabbinen erkennen lassen; sie kann gar nicht überschätzt werden. Hier entwickelte sich das Judentum in Ritus und Lehre weiter und bereitete sich (unbewußt) auf sein Überleben der folgenden Katastrophen vor. Eben jener Gottesdienst, von dem in der Tora gar keine Rede ist, ließ das Judentum zur Weltreligion werden – worunter ich verstehe: eine Religion, die in der ganzen Welt ausgeübt werden kann und die im Einklang steht mit dem Wissen und der Verantwortung eines Weltbürgers.

Die Tora enthält den Segen Abrahams, der auf „alle Familien der Erde" weitergehen soll (Gen 12,3); und mehrere Propheten haben eine große Völkerwallfahrt zum Zion angekündigt (z.B. Sach 8,14–17.20–23) – was man in dem enormen Zustrom, den der Jerusalemer Tempel zu Zeiten der großen Feste erhielt, als erfüllt ansehen konnte. Doch wurde im Tempel nur teilweise wahr, was sich in der Synagoge ganz erfüllte: „Vom Zion wird Weisung ausgehen und des Herrn Wort von Jerusalem" (Jes 2,3). Es ist nur konsequent, wenn in der neuen Synagoge von Münster dieser Spruch (auf hebräisch) als Inschrift des Tora-Schreins dient. Über der Außentür derselben Synagoge steht gleichfalls ein Jesaja-Wort: „Denn mein Haus soll ein Bethaus heißen für alle Völker" (Jes 56,7), ein Wort, das wiederum auch von Jesus zitiert wird (Mk 11,17 par.).

3.3. Zum Ablauf des Synagogengottesdienstes in der Zeit des Zweiten Tempels

Was wissen wir über den Ablauf des Synagogengottesdienstes in der Antike? Schon aus der ältesten Benennung der Synagogen als προσευχαί geht der ursprüngliche liturgische Zweck hervor, der des gemeinsamen Gebets. Weiteres erfahren wir aus den Erwähnungen der Tora- und „Propheten"-Lesung und der Predigt. Hier ist die schon zitierte Theodotos-Inschrift aus Jerusalem einschlägig sowie eine Reihe von literarischen Zeugnissen.[29] Nimmt man sie alle zusammen, so ergibt sich für die späte Epoche des Zweiten Tempels etwa folgende Struktur des Synagogengottesdienstes:

- Gebete (vermutlich an mehr als nur einer Stelle)
- Tora-Lesung

---

[28] Hierüber s. SIEGERT, Homily, und weiter unten (3.3).
[29] SIEGERT, Predigten, Bd. II, 20–25 und 30f.

- „Propheten"-Lesung (aus historischen Büchern wie Propheten i.e.S.)[30]
- Predigt entweder nach der Tora- oder der „Propheten"-Lesung.

Die beiden Reihen der Tora-Lesungen (*pārāšijjot*) und der „Propheten"-Lesungen (*haftārot*) sind für Philons Zeit (frühes 1. Jh. n.Chr.) bereits anzunehmen, und beide konnten die Texte für anschließende Predigten liefern. Philons exegetische Schriften sind insgesamt eine Art Materialsammlung (Quaestiones), Homilienreihe (Großer Genesiskommentar) oder Reihe von freien Vorträgen (Exposition des Gesetzes) zu den *pārāšijjot*, deren Abgrenzungen in den Quaestiones ja noch durchscheinen.[31] Predigten zu „Propheten"-Lesungen – vermutlich in der Situation mitstenographiert – sind die Synagogenreden „Über Simson" und „Über Jona", die in einer armenischen Übersetzung die Zeiten überdauert haben. Allerdings sind sie seit ihrer Veröffentlichung im Jahre 1826 bis heute noch kaum ins Bewußtsein der Forschung eingedrungen,[32] vielleicht weil sie nicht in den allgemein zugänglichen Sammlungen von Pseudepigrapha stehen.

Das Faktum ist noch wenig gewürdigt worden: *Die Kunst der Predigt ist eine jüdische Schöpfung*, und zwar, soweit wir erkennen können, eine Schöpfung des Diasporajudentums. Griechische Auslegungskunst und Beredsamkeit, angewendet auf den (ins Griechische übersetzten) Bibeltext – das war es, was die Botschaft des Einen Gottes in die griechisch-römische Welt hinaustrug. Es handelt sich um eine Inkulturationsleistung ersten Ranges – und das von seiten einer Religion, die mehr als alle anderen auf ihre Identität bedacht war.

Dies sei gesagt zu Ehren des sog. hellenistischen Judentums, das nach der Zerschlagung seines Hauptsitzes, der alexandrinischen Synagogen, jede Chance verlor, klassisch zu werden. Es blieb vorbildgebend für die Christen, die sich im Stillen seiner Anregungen bedienten. Sie übernahmen den Brauch eines *Wortgottesdienstes in der Landessprache*. Was die Rabbinen später geschaffen haben, ist der Gottesdienst in einer gelehrten Sprache, die auf dem *Tenach* in seinem Urtext und auf der Sprache der Rechtspflege aufbaut.[33]

Die lateinische Kirche des Mittelalters ist in manchem ähnlich verfahren wie die Rabbinen: Sie hat die Liturgie eingefroren in einer nicht mehr gesprochenen, für Theologie und Jurisprudenz genormten Sprache und in dieser auch ihre Literatur verfaßt. In den Kirchen des Ostens hingegen wurden, ganz

---

[30] Von den beiden erhaltenen Synagogenpredigten, die vorherige Lesung voraussetzen, hat De Sampsone einen der Vorderen Propheten als Text, De Jona einen der Hinteren.

[31] Siehe Royse. Schon Marcus hatte in seinem Vorwort zur engl. Ausgabe (Loeb) darauf hingewiesen.

[32] Noch bei Perrot wird man vergeblich nach genaueren Auskünften über die Verwendung der „Propheten" in der Liturgie der Diasporasynagogen suchen; Perrot (und Selbstverweise ebd. 109 Anm. 2).

[33] Die sog. „homiletischen Midraschim" sind nicht nur später als die erhaltenen Zeugnisse hellenistisch-jüdischer Synagogengottesdienste, sondern auch weniger homiletisch. Sie sind Materialsammlungen zu den dann jeweils in der Landessprache zu haltenden Vorträgen.

umgekehrt, Nationalkulturen geschaffen durch Bibelübersetzungen und Liturgien in den Landessprachen.

Wohin das Judentum gegangen wäre, hätte sein alexandrinischer Flügel nicht die physische Vernichtung von 115–117 n.Chr. erlitten, ist im nachhinein nicht mehr zu sagen. Im rabbinischen Judentum, das sich wenigstens mit dem Aramäischen arrangieren mußte, später mit weiteren Landessprachen, nahmen Predigt und Liturgie getrennte Entwicklungen.

4. Die theologischen Konsequenzen der Neuerung

4.1. Ansätze zu einer Theologie des Wortes

Der Umstand, daß jüdische Gottesdienste an profanen Orten neben oder auch weitab vom privilegierten Zentrum des Kultes stattfanden, zog gedankliche Konsequenzen nach sich, die nicht zuletzt als Grundlage einer christlichen Theologie nachhaltig wirksam wurden. Der Ort der Gegenwart Gottes und der Versöhnung war jetzt überall; oder genauer: er war da, wo die Tora verlesen, bedacht und befolgt wurde – was überall geschehen konnte und ganz besonders sichtbar in den Synagogen geschah. Eine *Theologie des Wortes* bereitete sich vor.[34]

Das sieht man schon an Philons Behandlung des Tempelkultes. Natürlich weiß er, daß in Jerusalem dieser Tempel steht, und er war sogar einmal dort (Prov II,107: εὐξόμενος τε καὶ θύσων). Doch wenn man liest, was er über den Hohenpriester schreibt, so fragt man sich, ob er jene Person von Fleisch und Blut noch meint, die, vom römischen Präfekten eingesetzt und von einem in Galiläa sitzenden Titularkönig investiert, aber von niemandem mehr gesalbt, demnächst ihre Absetzung aus politischen Gründen erwartete – oder ob sein „Hohepriester" nicht vielmehr eine himmlische Entität ist. Er selbst sagt, der Hohepriester der Mosegesetze sei ein Mittelwesen zwischen Gott und Menschen (SpecLeg I,116).

Mag das noch (buchstäblich) in der Schwebe sein, so wird vollends eindeutig, was Philon über die Cherubim schreibt. Eine seiner Lieblingsstellen, Motto seiner Offenbarungstheologie, ist Ex 25,22(21): „Ich werde zu dir sprechen von mitten zwischen den Cherubim." Daß diese Cherubim schon seit fünfhundert Jahren nicht mehr vorhanden sind, stört ihn überhaupt nicht. Denn sein Orakel – χρησμός – ist der mosaische Text selbst.[35] Da haben wir *study as worship* in seiner reinsten Form! Philon ist einer der ersten – und

---

[34] Daß dann christliche Versammlungsorte resakralisiert und das „Altarsakrament" als Opfer aufgefaßt wurde (vgl. den Beitrag von Thümmel in diesem Band, 489ff.), ist demgegenüber eine Rückentwicklung, ja Paganisierung, die mit der Massenkirche einigermaßen zwangsläufig kam und schließlich den Widerspruch der Reformatoren hervorrief.

[35] Dies habe ich zu seinem Fragment De Deo gezeigt; vgl. Siegert, Philon, 78f.91–94.

zugleich der steifste – Vertreter des Schriftprinzips; kein Protestant späterer
Zeiten hat ihn darin übertroffen.

Das mag uns als Beispiel dienen für das, was H.-P. Müller eine „nachkri-
tische Naivität" nennt.[36] Die Tora, die schon einmal den *Verlust des Mythos*
kompensiert hatte (so sahen wir die Rückkehr von der Negativität des Qohelet zur Positivität des Siraciden), kompensierte nun als gehörtes Wort in den
Synagogen auch den *Verlust des Kultes*. Ob wir das nun „naiv" nennen wollen, ja ob wir jede Annahme einer göttlichen Offenbarung so nennen wollen,
gleichviel: Die Gegenwart Gottes wurde im Wort der Tora empfunden und
vernommen, und zwar im laut gelesenen (damals in der Landessprache) und
im ausgelegten Wort. Urim und Tummim, deren Bezeichnungen schon in
der Septuaginta mit „Darlegung" und „Wahrheit" übersetzt werden (was
Philon, Quaest in Ex II,116 im Sinne der stoischen Logoslehre weiterverar-
beitet), sind fortan nicht mehr Bestandteil des Priestergewandes, sondern die
Tora selber.

Statt eines Priesters haben wir Ausleger in der synagogalen Hauptrolle.
Daher rührt wohl auch das hieratische Pathos eines Philon und vieler Lehrer
und Prediger seither. Der protestantische Pastor hat hier schon sein Vorbild.

4.2. Der „vernünftige Gottesdienst" von Röm 12,1f.

Wie sehr das hellenistische und synagogale Judentum der christlichen Theologie vorgearbeitet hat, zeigt sich nun auch an der Nähe des Paulus zu den
jüdischen Diasporatheologen. Zu Beginn des letzten, ethischen Hauptteils
seines Römerbriefs schreibt Paulus (12,1f.):

> „Ich ermahne euch nun, Brüder, durch das Erbarmen Gottes, eure Leiber zur
> Verfügung zu stellen zum lebendigen Opfer (θυσίαν ζῶσαν), das Gott heilig und
> (ihm) angenehm ist, euren vernünftigen Gottesdienst (τὴν λογικὴν λατρείαν ὑμῶν);
> und macht euch nicht diesem Aeon gleich, sondern laßt euch verwandeln in der Er-
> neuerung eures Verstandes (νοός), daß ihr einschätzt, was Gottes Wille ist, das Gute
> und Wohlgefällige und Vollkommene."

Es soll hier keine Gesamtanalyse dieses Passus geboten werden, der – zumindest im Hinblick auf Heidenchristen, wenn nicht auf alle Christen –
auf eine ethische Neuinterpretation, ja auch eine Neufassung der Tora hin-
ausläuft. Aufgrund eines geklärten, heilvollen Gottesverhältnisses (Anliegen
des gesamten Hauptteils des Römerbriefs) kann jetzt der „erneuerte Verstand" sich sogar selbst Gebote geben und zu einem ethisch verstandenen
„Gottesdienst" anleiten. Was hier vor allem unser Interesse weckt, ist der im
Neuen Testament sonst nicht begegnende Ausdruck λογικὴ λατρεία.

Die Syntax des Satzes ist zunächst etwas schwierig. Wir brauchen jedoch
nicht zu klären, ob nach diesem Text das „lebendige Opfer" der römischen
Christen in ihrem „vernünftigen Gottesdienst" bestehen soll oder umge-

---

[36] In der Diskussion seines in diesem Band veröffentlichten Beitrags, 99ff.

kehrt;[37] die textinterne Tragweite der Apposition τὴν λογικὴν λατρείαν ὑμῶν mag offen bleiben. Es reicht anzunehmen, daß die beiden Syntagmata sich gegenseitig interpretieren, und vor allem, daß beides schon bekannte Formeln sind oder zumindest Anspielungen an bekannte Formeln.

Denn um paulinisch oder auch christlich geprägte Sprache handelt es sich nicht: Das Wort λογικός kommt im ganzen Neuen Testament überhaupt nur hier vor und noch einmal in dem – vom *Corpus Paulinum* abhängigen – 1. Petrusbrief (2,2: τὸ λογικὸν ἄδολον γάλα ἐπιποθήσατε [„begehrt nach der sprachlichen, unverfälschten Milch!"] – eine sehr gewagte und ohne Paulus unverständliche Metapher). Ebenso ist von einem „lebendigen Opfer" sonst im Neuen Testament nicht die Rede. Suchen wir nach θυσία mit einem Zusatz, der aus diesem Wort eine Metapher machen würde, so stoßen wir auf θυσία καὶ λειτουργία τῆς πίστεως ὑμῶν in Phil 2,17 (etwa „Opfer und Gottesdienst um eures Glaubens willen"), was nicht sehr ähnlich ist, denn Paulus ist das Subjekt, und dann erst wieder auf θυσία αἰνέσεως, das „Lobopfer" des Gebets, in Hebr 13,15, was in metaphorischer Abänderung auf einen der Opfertermini der Tora zurückgeht (Lev 7,2 usw.; Ps 27[26],6; 50[49],14; 107[106],22; 116,17 [115,8]; I Makk 4,56). Der metaphorische Gebrauch des Ausdrucks in Hebr 13,15 wird durch das (aus Hos 14,3 zitierte) gleichfalls metaphorische Syntagma „Frucht der Lippen" unterstrichen. Bis heute spricht das synagogale *Musaf*-Gebet vom „Opfer der Lippen".

Aufschlußreich in diesem Zusammenhang ist der oben schon zitierte 50.(49.) Psalm, wo wir in der Septuaginta-Fassung lesen (V. 14):

θῦσον τῷ θεῷ θυσίαν αἰνέσεως / καὶ ἀπόδος τῷ Ὑψίστῳ τὰς εὐχάς σου
„Opfere Gott Opfer des Lobes und richte an den Höchsten deine Gebete".

Offenbar wurde in θυσία αἰνέσεως (Übersetzung des hebr. תודה) der zweite Bestandteil des Ausdrucks als Interpretation des ersten (explikativer Genitiv) aufgefaßt: Das Opfer besteht im Lob. Daß dies schon eine Interpretation aus der Synagoge ist, bestätigt etwa Philon, Quaest in Ex II,50.

Auch die Gemeinderegel von Qumran nennt Opfer in metaphorischem Sinne für die Zeit direkt vor dem Eschaton, in der man zu sein glaubte. Eine Ähnlichkeit zur Diaspora-Situation bestand dort im absichtlich, ja polemisch eingehaltenen Abstand zum Tempelkult, so wie er stattfand. Die Qumran-Gemeinschaft sah ihre Berufung darin,

„zu sühnen für Untreueschuld und Veruntreuungssünde und zum Wohlgefallen für das Land, (und zwar) mehr als Brandopferfleisch und mehr als Fettstücke von Schlachtopfern, und ein Hebopfer von Lippen (תרומת שפתים) nach Vorschrift als

---

Über den Stand der Überlegungen in der neutestamentlich-exegetischen Literatur zu Röm 12,1–2 informiert der Artikel von REICHERT. Zum hier genannten Problem speziell S. 88. Im übrigen bin ich weniger skeptisch als Frau REICHERT, was das Identifizieren einer gemeinantiken philosophisch-religiösen Formel hinter Röm 12,1 betrifft.

rechte Beschwichtigung und vollkommener Wandel (ותמים דרך) als wohlgefällige
freiwillige Gabe (כנדבת מנחת רצון).“[38]

Zu diesen Belegen für θυσία als Metapher kommen im Neuen Testament all
die Aussagen über den Tod Christi als „Opfer" hinzu. Auch dies ist eine fried-
liche Substitution, der schon das – unhistorische, nur symbolisch gewollte
– Todesdatum Jesu im Markusevangelium und in den von ihm abhängigen
Synoptikern geschuldet ist. Im Johannesevangelium ist demgegenüber Jesus
selbst das „Lamm" des 14. Nisan, wobei uns nicht zu stören braucht, daß dieses Lamm ursprünglich kein Schuldopfer war (wie in Joh 1,29 vorausgesetzt).
In dem Moment, wo eine Fachterminologie metaphorisch wird, verwischen
sich auch die ehedem so wichtigen Unterschiede. Das um so leichter, als
die Opferarten, wie gesagt, ohnehin ineinander übergehen. In II Chr 30,17f.
feiert König Hiskia das wiedereingerichtete Passa als Schuldopfer.

Verbal begegnet Christus als Objekt einer Opferhandlung schon bei Paulus, und zwar in einer Kerygma-Formel: „Unser Passa wurde geschlachtet,
Christus" (I Kor 5,7). Das Substantiv θυσία für den Tod Christi begegnet
dann in der Paulusschule Eph 5,2 („Christus liebte uns und gab sich für uns
preis als προσφορὰ καὶ θυσία τῷ θεῷ"), wobei noch die eher unpassende, weil
auf Feuer bezogene Formel hinzugefügt wird: εἰς ὀσμὴν εὐωδίας. Für solche
Freiheit mit der Opfersprache hatte Paulus freilich selbst Anhalt gegeben. Ich
nenne nochmals Phil 2,17: „Wenn ich schon ausgeschüttet werde als Opfer
und Gottesdienst um eures Glaubens willen"; vgl. II Tim 4,6. Aber das ist
alles nicht mehr unsere Formel.

Suchen wir zu „lebendiges Opfer" eine ältere Formulierungshilfe, so liegt
m.E. am nächsten das schon erwähnte pythagoreische Opferverbot und die
Rede vom „unblutigen Altar" der Gewissensprüfung und des Gebets. Dieses
Opfer wird nicht geschlachtet, sondern bleibt am Leben, denn es sind die
Anbetenden selbst. *So ist die Vorstellung beschaffen, der Paulus hier eigene
Worte leiht.*

Daß er daneben auch die traditionellen Werte der um den Tempel zen-
trierten Religion kennt und teilt, erhellt aus Röm 9,4, wo unter den wichtigsten Vorzügen Israels auch die λατρεία erwähnt ist. Dieses Wort, seit der
Septuaginta Übersetzung von עבודה, meint hier doch wohl ganz unmeta-
phorisch den Tempelkult. Bemerkenswert ist freilich, daß all die genannten „Heilsgüter" (um einen modernen Terminus hierfür zu nehmen) in
Vorgängen bestehen, nicht in materiellen Dingen.[39] Der Israel-Name, mit
dem gegeben sind „die Sohnschaft und die Herrlichkeit und die Bundes-
schlüsse und die Gesetzgebung und der Gottesdienst und die Verheißungen":

---

[38] 1QS IX₄f. in der wörtlichen Übersetzung von MAIER, Bd. I, 190. Die Formel „Hebopfer
der Lippen" kehrt wieder in 1QS X₅f. (S. 194).

[39] Der von WENSCHKEWITZ mit vielen Beispielen beschriebene Prozeß einer „Spiritualisierung der Heilsgüter" war ja schon im Judentum selbst, besonders in der Diaspora, in vollem
Gang – wenn auch wohl mehr unter Intellektuellen als in der Volksfrömmigkeit.

das sind alles Dinge von mehr oder weniger sprachlicher Natur – mit Ausnahme der λατρεία. Zu dieser aber hatte das Judentum selbst eine Alternative entwickelt, die freilich (noch) nicht zu dessen Bundesprivilegien zählt. Um so leichter konnte die Kirche, ja später auch der Islam, sich dieses Vorbilds bemächtigen.

Damit sind wir nun endlich vorbereitet, die im Neueinsatz von Röm 12,1 genannten Werte genauer zu bestimmen. Was heißt λογικὴ λατρεία? Provisorisch übersetzten wir: *vernünftiger Gottesdienst*; ebenso ginge: *Gottesdienst im Wort* o.ä. Die pagane Antike liefert einige aufschlußreiche Parallelen:

- Die Aufforderung an die Gottheit, θυσίας λογικάς entgegenzunehmen, findet sich im hymnischen Schlußgebet des Poemandres (Corpus Hermeticum I 31) sowie im Traktat XIII desselben Corpus, § 18, 19 und 21 (zweimal im Singular, einmal im Plural). Die beste Übersetzung ist hier: „Wortopfer".
- Dieselbe Formel im Nag-Hammadi-Codex VI 57,18f.: „Nimm von uns die vernünftigen Opfer" (*nnlogeikē thysia*). Das Syntagma wurde griechisch belassen, und nicht etwa ein koptisches *nnthysia nlogikos* neu zusammengesetzt – was die geprägte Formel erweist.
- Porphyrios, De abstinentia 2,45 schließlich gebraucht im selben Sinne die Formel νοερὰ θυσία – was nur den Umstand widerspiegelt, daß der stoische Logos-Begriff unmodern geworden war. Schon im Corpus Hermeticum findet sich häufiger νοῦς, jedoch nicht in der eben zitierten, offenbar älteren Formel.

Das ist nicht überwältigend viel, aber doch genug, um einen geprägten Ausdruck zu erweisen. Die Belege sind hinreichend breit gestreut. Natürlich kann man sagen, das sei alles schon Nachwirkung von Röm 12,1. Mag sein; dann ist aber das Verständnis des Ausdrucks immer noch genuin antik und ergibt sich eher aus der philosophischen Religionskritik als aus dem Kontext des Römerbriefs.

Um den Kreis zu schließen, fragen wir im Diasporajudentum nach, ob und in welchem Sinne es diese beiden Ausdrücke verwendet. Da begegnet uns nun der entscheidende Fund:

- Das Testament Levi gibt in seiner griechischen Fassung dem himmlischen Gottesdienst und Versöhnungsdienst der Erzengel den Charakter eines „vernünftigen und unblutigen Opfers" (λογικὴ καὶ ἀναίμακτος θυσία; 3,6). Zu einer Zeit, wo die levitische Priesterschaft – deren Stammvater man hier sprechen läßt – noch durchaus aktiv ist, erhält sie ihre himmlische Entsprechung in einem „Allerheiligsten, das über aller Heiligkeit ist".

Demgegenüber ist anderes bereits neuer, liegt aber immer noch vor oder neben Paulus:

- Philon, Quaest in Ex II,98 und SpecLeg I,290 gibt als Etymologie von θυσιαστήριον „Bewahrung des Geopferten" (von θυσία und τηρεῖν).[40] „Denn nicht nennt er [Mose] die heiligen Dinge (τὰ ἱερεῖα) ‚Opfer', sondern die Gesinnung und Be-

---

[40] Hierzu ausführlich sein Fragment De Deo, Kap. 6–7.

reitwilligkeit des Opfernden." In Ebr 152 spricht Philon denn auch von einem σπένδεσθαι θεῷ – in ethischem Kontext; das ist dasselbe, ausgedrückt in der Metaphorik des Trankopfers.

- LibAnt 32,15 spricht (wenn auch nicht in allen Textvarianten) von dem Gewissen (*conscientia*), welches in der Prophetin Debora Weihrauchopfer darbringt (*thurificat*).[41]
- Schließlich Josephus, Ap II,192: man müsse Gott „verehren durch Übung der Tugend: das sei die heiligste Art des Gottesdienstes" (θεραπεύειν αὐτὸν ἀσκοῦντας ἀρετήν· τρόπος γὰρ θεοῦ θεραπείας οὗτος ὁσιώτατος). Das ist aus einer – vermutlich alexandrinischen – Quelle abgeschrieben; sicher hat Josephus bei seiner Jerusalemer Priesterausbildung die Sache erst einmal anders zu sehen gelernt.

Wieder einmal erweist sich die Antike als eine große Einheit, oder besser: als ein Kontinuum, was den Austausch der Ideen betrifft; und auch dies ist typisch geblieben: Juden, die eingegangen sind in die Kultur ihrer Gastländer, liegen an der vordersten Spitze der Entwicklung.[42] Der systematisch-theologische Denkschritt, der jeweils wegführte vom traditionellen, blutigen Kult zu einem metaphorisch verstandenen Opfer, ist jedesmal der gleiche. Man hat voneinander gewußt und sich gegenseitig bestärkt – bestärkt in einer Neuerung, die in die Praxis umzusetzen dem Heidentum aller Schattierungen verwehrt war und dem Judentum von der Tora her eigentlich auch. Die Praxis hatte die Tora überholt; und die Christen sind, modern gesagt, auf diesen fahrenden Zug aufgesprungen. Belege findet man reichlich in LAMPES „Patristic Greek Lexicon" unter ἀναίμακτος.

Das Zwischenergebnis, was Paulus anbelangt, ist folgendes:

- Die geprägte Formel lautet λογικὴ θυσία; sie wird im Singular wie im Plural gebraucht;
- sie ist im Heidentum, im Judentum, in Philosophie und Gnosis gleichermaßen verständlich als metaphorische Bezeichnung des Gebets einschließlich der Gewissensprüfung und der entsprechenden Lebensführung.

Es fragt sich nur noch, wieso Paulus die Formel abwandelt; warum er also nicht λογικὴ θυσία sagt, sondern λογικὴ λατρεία. Nun, die Antwort scheint mir ganz einfach darin zu liegen, daß der Wortstamm θυ- bereits für Christus vergeben war: τὸ γὰρ Πάσχα ἡμῶν ἐτύθη, Χριστός (s.o.). Dieses Opfer war nicht mehr zu wiederholen; es war nur noch ein ihm gemäßes Leben zu führen, privat wie in Gemeinschaft.

---

[41] Ich verdanke diesen Hinweis Herrn M. VOGEL; siehe seinen Beitrag in diesem Band, 251ff.

[42] Ein frühes Beispiel eines Diasporajuden, der in Kultur- und Literaturkritik brilliert, ist m.E. der anonyme Autor von De sublimi. Vgl. seine Empfehlung der Septuaginta-Genesis (9,9) und seine Distanz zum Polytheismus (16,2) und seine Kritik der Bilder (36,3).

5. Die Haltung der Rabbinen

Die Rabbinen waren von Haus aus weit konservativer als das hellenistische Judentum oder die Christen. Notgedrungen haben auch sie eine Antwort gefunden auf eine Situation ohne Opferkult: Sie haben dem Versöhnungstag, dem Gebet, der Nächstenliebe und schließlich dem individuellen Tod sühnende Kraft zugetraut.[43] Außerdem ist es rabbinische Grundlehre, daß die Buße stets und jederzeit möglich ist, auch ohne kultische oder sakramentale Hilfsmittel – sie muß sich nur betätigen.

Welche Rolle bleibt im rabbinischen Denken für den Tempel? Nun, trotz ihrer im großen und ganzen pharisäischen Ausrichtung hielten es die Rabbinen für ihre Pflicht, das Wissen der Priesterklasse (manche Rabbinen sind auch noch amtierende Priester gewesen) im Detail festzuhalten. So sind zahlreiche Mischnatraktate, vor allem im ersten, fünften und sechsten *Seder*, der Konservierung des *know-how* des Tempelkultes gewidmet. Ihr Studium wird dem Erfüllen der diesbezüglichen Toragebote gleich geachtet (bTaan 27b) – was auf der Voraussetzung beruht, daß Juden des Landes Israel zum Halten *aller* Gebote verpflichtet sind. Der Babylonische Talmud, im Gegensatz zum *Talmud Ereṣ Jiśrāel*, verzichtet dann wieder auf eine Kommentierung des ersten und sechsten Seders mit Ausnahme jeweils eines Traktats.

Der Wille zu konservieren bewahrt auch den Anachronismus (in praktischer Hinsicht) der Perikopen für die „ausgezeichneten Sabbate"[44]: Sie bleiben trotz der Einrichtung von Lesezyklen, die die ganze Tora umfassen, beibehalten. Es sind diese:

1) שקלים (Ex 30,11–16) – das Gebot der Tempelsteuer,
2) זכור (Dtn 25,17–19) – das Gebot, die Amalekiter auszutilgen,
3) פרה (Num 19,1–22) – die Zubereitung von Reinigungswasser mittels Einäscherung einer roten (= braunen) Kuh,
4) החדש (Ex 12,1–20) – das Gebot des Passafestes.

Drei dieser vier Texte haben einen Bezug auf den Tempelkult, einer – der dritte – sogar ausschließlich. Gerade von dieser Perikope fragt man sich, was ihre Bedeutung nach der Zeit des Zweiten Tempels gewesen sein mag. Selbst die Rabbinen behandeln sie als eine Art Rätsel, belassen sie aber.

Im selben Sinne wurde aus dem Mischnatraktat *Zᵉbāḥîm* „Schlachtopfer" das fünfte Kapitel (איזיהו מקום) in die Synagogenliturgie übernommen,[45] wohl als *pars pro toto*, wofür sich dieses Kapitel insofern besonders eignet, als es ausnahmsweise keine divergierenden Meinungen enthält.

Weiterhin ist die 17. der (heute) 19 Bitten des Achtzehnbittengebets, kurz עבודה genannt (vgl. mRHSh 4,5 und mTam 5,1), zu erwähnen: Alter

---

[43] NEUSNER, 106–108.
[44] Nach ELBOGEN, 158.163.
[45] Vgl. BIRNBAUM, 30.551.

Kern dieser Bitte ist der Wunsch, den Herrn auf dem Zion zu verehren
(עבד): „Führe den Gottesdienst zurück ins Heiligtum deines Hauses" (השב
(העבודה לדביר ביתך)!⁴⁶ Das *Musaf*-Gebet zu den drei Wallfahrtsfesten
enthält gleichfalls die Bitte um die Wiedererrichtung des Tempels und seines
Kultes, wobei u.a. Lev 21,27 zitiert wird; gleiches ist bei den *Musaf*-Gebeten
aller Sabbate üblich, unter Verweis auf die Opfervorschrift Num 28,9f.⁴⁷
Nach rabbinischer Ur- und Endgeschichte wurde die ganze Schöpfung erst
mit der Errichtung des Jerusalemer Heiligtums fertig, weswegen man ein
solches auch nochmals erwartet.⁴⁸

Wenn also Elbogens Standardwerk „Der jüdische Gottesdienst" gleich
auf der ersten Seite feststellt: „Der jüdische Gottesdienst hat in der Religionsgeschichte eine ganz hervorragende Bedeutung. Er war der erste, der, völlig
losgelöst vom Opfer, als Gottesdienst mit dem Herzen עבודה שבלב bezeichnet werden durfte",⁴⁹ so ist mit berechtigtem Stolz gesagt, was die Rabbinen
noch bedauert hatten. Fortschrittsdenken war den Rabbinen fremd.⁵⁰

Jene Praxis, die VIVIANO auf die griffige Formel *study as worship* gebracht
hat, wurde wohl auch nicht überall im gleichen Maße geteilt: Religionsgeschichtlich stellt sie ein Extremverhalten der Intellektuellen dar gegenüber
einer – hier nicht thematisierten – Volksfrömmigkeit.

Übrigens hätte ein reiner Wortgottesdienst keineswegs alle Anliegen eines traditionellen Gottesdienstes aufnehmen können, nämlich nicht die sozialen. Die antiken Opferkulte waren Gastmähler, bei denen reiche Spender
ihren Abstand zu den Armen überbrückten. Auch an deren Stelle mußte
die Synagoge – und mußte die Kirche – tätig werden und ein soziales Netz
entwickeln, wie auch geschehen ist. Der Fortschritt liegt also nicht nur in der
Vergeistigung, sondern bedarf auch einer Verleiblichung.

Die Bestrebungen im heutigen Israel, einen dritten Tempel wenigstens
schon mit Geräten zu versehen, haben den eventuellen Vorteil eines unblutigen Gottesdienstes und seiner diversen Ersatzmöglichkeiten nicht eingeholt;
sie zielen auch keineswegs darauf. Zweitausend Jahre vorher aber haben der
Verfasser des Testaments Levis, Philon und andere die Zeichen ihrer Zeit
gelesen. Sie haben den Schritt gewagt von einer vorgeschriebenen Praxis zu
einer im eigenen Geiste – hoffen wir auch: im Heiligen Geiste – gemachten
Erkenntnis.

---

⁴⁶ Übrigens ist der Ausruf העבודה („beim Gottesdienst!") eine der wenigen Schwurformeln,
die sich im Talmud finden. Belege bei JASTROW; s. bYev 32 b usw.

⁴⁷ ELBOGEN, 116f.

⁴⁸ Belege bei SCHÄFER.

⁴⁹ Als talmudische Belege vgl. bTaan 2a (zit. Dtn 11,13); bAr 11a (zit. Dtn 28,47).

⁵⁰ Philon hatte noch προκοπή im ursprünglichen, religiösen Sinn des Wortes verwendet, der
auch ins Christentum einging und sich sogar in einem Personennamen niederschlug (Proko-
pios). In der Neuzeit hat sich der Begriff säkularisiert und ist so in die Religionsgeschichte
zurückgekehrt.

Summary

When Paul (Rom 11:1) recommends a "living sacrifice" through the Christians' daily life and conduct, he does nothing innovatory nor specifically Christian, as he is using stock arguments of Hellenistic Jewish theology. I propose to see the origin of such a "spiritualization" of worship in the institution of the synagogue. Geographically separated from the central cult in Jerusalem, Jews of the diaspora felt a need to create something innovatory, viz. worship without sacrifices, and by words alone – words of prayer, and words of reading and teaching. This innovation was felt so useful that it penetrated even the main land and Jerusalem herself. Thus, be it by chance or be it intentional, Jewish religion took up a major point of ancient critique of religions, i.e. critique of violent sacrifices and of ritualism. Diaspora Judaism was more "Pythagorean" and more "Stoic" than the public behaviour of Pythagoran or Stoic philosophers ever was allowed to be. Hellenistic Jewish theologians were more proud of this than the Rabbis, who felt an obligation to be prepared for a new Temple cult.

Bibliographie

Y. Amir, Der jüdische Eingottglaube als Stein des Anstoßes in der hellenistisch-römischen Welt, JBTh 2 (1987), 58–75.

I. ab (= H. von) Arnim (Hg.), Stoicorum veterum fragmenta, 3 Bde., Lipsiae 1903–05 (Bd. 4: Indices, hg. v. M. Adler, 1924).

Ph. Birnbaum, A Book of Jewish Concepts, 2. Aufl., New York 1975.

Š. Buber (Hg.), Midraš Tehillim, Wilna 1891.

I. Elbogen, Der jüdische Gottesdienst in seiner geschichtlichen Entwicklung, 2. Nachdruck der 3. Aufl. Frankfurt a. M. 1931, Darmstadt 1995.

M. Hengel, Proseuche und Synagoge. Jüdische Gemeinde, Gotteshaus und Gottesdienst in der Diaspora und in Palästina, in: G. Jeremias/H.-W. Kuhn/H. Stegemann (Hgg.), Tradion und Glaube, FS K. G. Kuhn, Göttingen 1971, 157–184.

F. Hüttenmeister, Die antiken Synagogen in Israel, Teil 1: Die jüdischen Synagogen, Lehrhäuser und Gerichtshöfe, BTAVO.B 12.1, 1977.

M. Jastrow (Hg.), A Dictionary of the Targumin, the Talmud Babli and Yerushalmi, and the Midrashic Literature, 2 Bde., New York 1950.

G. Kirk/J. Raven/M. Schofield, Die vorsokratischen Philosophen. Einführung, Texte und Kommentare, ins Dt. übers. von K. Hülser, Stuttgart/Weimar 1994.

G. W. H. Lampe (Hg.), A Patristic Greek Lexicon, Oxford 1961, Nachdruck 1972.

J. Maier (Hg.), Die Qumran-Essener. Die Texte vom Toten Meer, Bd. 1, UTB 1862, 1995.

R. Marcus (Hg.), Philo in Ten Volumes and two supplementary volumes, Supplement: Questions and Answers on Genesis and on Exodus, 2 Bde., Cambridge, Mass./London 1953.

A. Momigliano, Hochkulturen im Hellenismus. Die Begegnung der Griechen mit Kelten, Römern, Juden und Persern, München 1979.

H.-P. Müller, Plausibilitätsverlust herkömmlicher Religion bei Kohelet und den Vorsokratikern, im vorliegenden Band, 99ff.

J. Neusner, Judentum in frühchristlicher Zeit, Stuttgart 1988.

Ch. Perrot, La lecture de la Bible dans la diaspora hellénistique, in: R. Kuntz-mann/J. Schlosser (Hgg.), Etudes sur le judaïsme hellénistique, LeDiv 119, 1984.

A. Reichert, Gottes universaler Heilswille und der kommunikative Gottesdienst. Exegetische Anmerkungen zu Röm 12,1–2, in: M. Trowitzsch (Hg.), Paulus, Apostel Jesu Christi, FS G. Klein, Tübingen 1998, 79–95.

Ch. Riedweg, „Pythagoras hinterließ keine einzige Schrift" – ein Irrtum?, MH 54 (1997), 65–92.

J. Royse, The Original Structure of Philo's Quaestiones, StPhilo 4 (1976–77), 41–78.

P. Schäfer, Tempel und Schöpfung. Zur Interpretation einiger Heiligtumstraditionen in der rabbinischen Literatur, in: ders., Studien zur Geschichte und Theologie des rabbinischen Judentums, AGJU 15, 1978, 122–133.

E. Schürer, The History of the Jewish People in the Age of Jesus Christ, hg. v. G. Vermes/F. Millar, 3 Bde. in 4, Edinburgh 1973/1979/1986/1987.

F. Siegert, Drei hellenistisch-jüdische Predigten. Ps.-Philon, „Über Jona", „Über Jona" (Fragment) und „Über Simson", 2 Bde., WUNT 20/61, 1980/1992.

— Art. Early Jewish Interpretation of a Hellenistic Character, in: M. Sæbø (Hg.), Hebrew Bible/Old Testament. The History of its Interpretation, Bd. I.1: From the Beginnings to the Middle Ages, Part I: Antiquity, Göttingen 1996, 130–198.

— Art. Homily and Panegyrical Sermon, in: S. Porter (Hg.), Handbook of Classical Rhetoric in the Hellenistic Period 330 B. C. – A. D. 400, Leiden 1997, 421–443.

— Philon von Alexandrien, Über die Gottesbezeichnung „wohltätig verzehrendes Feuer" (De Deo). Rückübersetzung des Fragments aus dem Armenischen, deutsche Übersetzung und Kommentar, WUNT 46, 1988.

M. Stern (Hg.), Greek and Roman Authors on Jews and Judaism, 3 Bde., Jerusalem 1976–84.

H. L. Strack/P. Billerbeck, Das Evangelium nach Matthäus, 8. Aufl., 1982.

H. Thesleff (Hg.), The Pythagorean Texts of the Hellenistic Period, AAAbo.H 30.1, 1965.

H. G. Thümmel, Versammlungsraum, Kirche, Tempel, im vorliegenden Band, 489ff.

B. Viviano, Study as Worship. Aboth and the New Testament, SJLA 26, 1978.

M. Vogel, Tempel und Tempelkult in Pseudo-Philos Liber Antiquitatum Biblicarum, im vorliegenden Band, 251ff.

B. Wander, Gottesfürchtige und Sympathisanten. Studien zum heidnischen Umfeld von Diasporasynagogen, WUNT 104, 1998.

H. Wenschkewitz, Die Spiritualisierung der Kultusbegriffe Tempel, Priester und Opfer im Neuen Testament, Angelos 34 (1931–32), 70–230.

Die Synagoge

Ihre Entwicklung von einer multifunktionalen Einrichtung zum reinen Kultbau

Frowald G. Hüttenmeister, Tübingen

Was ist die Synagoge? Ist sie „das für den öffentlichen Gottesdienst der jüdischen Gemeinde bestimmte Haus", wie es ein modernes Lexikon beschreibt,[1] oder eher „der Versammlungsort der (jüdischen) Gemeinde", wie es im Philo-Lexikon steht?[2] Ist sie eine Schule, eine *sc(u)ola Iudaeorum* oder eine „Schul", wie sie seit dem Mittelalter in Europa genannt wurde? Ist die Synagoge eine Stätte des Gebets und des Gottesdienstes, oder eine Stätte des Streites, an der man sich mit abgenagten Knochen bewirft und Torarollen zerreißt?[3] Ist sie „das jüdische Klublokal, eine Stätte, an die man nicht kommt, um den lieben Gott zu besuchen, sondern vor allem, um alle öffentlichen Angelegenheiten und seine eigenen Sorgen zu erörtern" oder der „Tempel, … (in dem) die würdevollen und von dem Gefühl der Wichtigkeit ihrer Person und ihrer Stellung bis zum Platzen gefüllten Herren Synagogenvorsteher zum Ausheben der Gesetzesrollen antreten, wie zu einer Quadrilla, … während das Volk im Hintergrund respektvoll ‚Rhabarber'murmelt?"[4] Ist sie eine Herberge für Fremde oder ein Gerichtshaus? Ist sie „das heilige Rathaus"[5] oder, um nur eine der antisemitischen Widerwärtigkeiten zu zitieren, „die Zentrale eines über die ganze Welt gespannten Netzes eines wirtschaftlichen Nachrichtendienstes, also gewissermaßen der Vorläufer der heutigen Börse"?[6]

---

[1] Art. Synagoge, in: Der große Herder VIII (1956), 1367.

[2] Bin Gorion/Loewenberg/Neuburger/Oppenheimer, 730.

[3] BerR 65,16 (ed. Theodor/Albeck, 728f.): Rabbi Abba bar Kahana sagte: Es geschah, daß eine Gruppe von Dienern (v.l.: Bösewichtern) in Kefar Chittaya jeden Freitagabend in der Synagoge zu essen pflegte. Nach dem Essen nahmen sie die Knochen und bewarfen damit den Sofer. Als einer von ihnen im Sterben lag, fragte man ihn: „Wem vertraust du deine Söhne an?" Er antwortete: „Dem Sofer." Sie sagten: „Wieviele Freunde hatte er, und doch sagte er: Dem Sofer!" (Der Grund lag) aber (darin), daß er ihre Taten kannte. ySheq 2,7 (47a,21–24): Rabbi Ammi und Rabbi Assi kamen zu (Rabbi Jochanan) und sagten zu ihm: Rabbi, es ereignete sich in der Synagoge der Tarsier, daß (dort) ein Riegel war, an dessen Ende sich ein Knauf befand. Rabbi Elʿazar und Rabbi Josse stritten so sehr darüber, (ob man ihn am Schabbat benutzen dürfe,) daß sie in ihrem Zorn eine Torarolle zerrissen. Haben sie (sie) denn (wirklich) zerrissen? Bist du von Sinnen? Vielmehr zerriß die Torarolle von selber.

[4] Gronemann, 63f.

[5] Blue, 53.

[6] Fritsch, 316.

Was stellen wir uns heute in Mitteleuropa unter einer Synagoge vor? Für uns ist sie eine sakrale Einrichtung zum Gebet und zum Gottesdienst. Unsere Vorstellung ist vor allem geprägt durch die Kirche, deren Bild wir auf die Synagoge übertragen. Nicht zu Unrecht, denn protestantischer Kirchenbau und protestantischer Gottesdienst haben einen nicht zu übersehenden Einfluß auf die Synagoge und auch auf den Synagogengottesdienst gehabt. Die Synagoge ist in Deutschland heute nichts anderes als ein reiner Kultbau, der ausschließlich zum Gebet, zum Gottesdienst und zu rituellen Handlungen wie Bar Mizwa o.ä. benutzt wird.

Ist das immer so gewesen? Der von liberalen Juden geprägte Ausdruck „Tempel", auch hier wieder eine Anlehnung an den Sprachgebrauch der protestantischen Kirche, ist eine bewußte Abkehr von der *sc(u)ola Iudaeorum* des Mittelalters, von der „Schul" des Städtels, hin zum erhabenen Kultbau, dem Tempel, der ausschließlich dem Gebet und dem Opferdienst vorbehalten war, ja, dessen Allerheiligstes nur vom Hohenpriester am Versöhnungstag betreten werden durfte. Dieser Ausdruck steht aber in noch größerem Gegensatz zu dem ursprünglichen Begriff, dem *bêt kᵉnæsæt* beziehungsweise der συναγωγή der Antike.

Versuchen wir, uns ein Bild zu machen von dem, was die Synagoge ursprünglich gewesen ist. Wann und wo ist die Synagoge entstanden? Wir wissen es nicht. Trotz der zahllosen archäologischen Funde und trotz der zahlreichen literarischen Belege tappen wir immer noch mehr oder weniger im Dunkeln. Die These, die Synagoge sei in biblischer, alttestamentlicher Zeit entstanden, kann heute getrost *ad acta* gelegt werden. Sie wurde von christlicher Seite favorisiert in dem Bestreben, den Ursprung der neutestamentlichen Synagoge bereits in der Bibel nachzuweisen. Wir finden sie bei GROTIUS, der ihre Gründung Moses zuschreibt,[7] bei IKENIUS[8] und BODENSCHATZ,[9] die sie in die Zeit der Landnahme legen, und bei vielen anderen.

Auch die rabbinische Literatur verlegt den Ursprung der Synagoge in die biblische Zeit. Sie interpretiert den bei der Zerstörung Jerusalems 587 a. unter Nebukadnezar in II Reg 25,9 und Jer 52,13 zitierten Satz „Alle Häuser Jerusalems … verbrannte er im Feuer" mit der Zerstörung der Synagogen Jerusalems.[10] Insbesondere aber wird der Ausdruck *miqdaš mᵉˁaṭ* in Ez 11,16

---

[7] Nach Dtn 31,12; bei KRAUSS, 44.

[8] IKENIUS, 101.

[9] BODENSCHATZ, 15.

[10] yMeg 3,1 (73d,27–34): Darf man eine Synagoge verkaufen und (für den Erlös) ein Lehrhaus kaufen? Ein Ausspruch des Rabbi Jehoschuaʿ ben Lewi besagt: Es ist erlaubt. Rabbi Jehoschuaʿ ben Lewi sagte nämlich: (Es steht geschrieben:) Und er verbrannte das Haus Gottes (II Reg 25,9; Jer 52,13) – das ist der Tempel; und das Haus des Königs – das ist der Palast des Zidkijahu; und alle Häuser Jerusalems – das sind die 84 Synagogen, die in Jerusalem waren, und jede einzelne hatte ein Schulhaus und ein Lehrhaus, ein Schulhaus für (das Studium) der Bibel und ein Lehrhaus für (das Studium) der Mischna. Und wider alle zog Vespasian herauf. Vgl. HÜTTENMEISTER/REEG, 205–207.

als „Synagoge und Lehrhaus" erklärt.[11] Dieser rabbinischen Interpretation kann man jedoch keinerlei historische Grundlage zugestehen. Und es soll auch gar kein historischer Beweis geführt werden. „Im Geiste einer späteren Zeit war eine synagogenlose Epoche Israels einfach undenkbar", wie KRAUSS es ausdrückt.[12] Diese Interpretation von Ez 11,16, die die Entstehung der Synagoge in das babylonische Exil verlegt, wo sie gewissermaßen ein Ersatz für den Tempel sein soll, wurde von Juden und Christen gleichermaßen als historisch gesichert akzeptiert.

In den letzten Jahren sind wir jedoch ein erhebliches Stück weiter gekommen. Wenn wir die antiken Namen für die Synagoge untersuchen, so fällt auf, daß die verbreitetsten keinerlei Bezug zu Religion und Kult haben. Im Hebräischen heißt die Synagoge *bêt kenæsæt*, im Aramäischen analog *bê keništâ*, was nichts anderes bedeutet als „Versammlungshaus", ohne daß der Versammlungszweck, sei er nun religiöser oder weltlicher Art, zu erkennen wäre. Das gleiche gilt für die griechische Übersetzung συναγωγή, was einfach „Versammlung" bedeutet, nichts weiter. Noch in der Septuaginta, in der συναγωγή mehr als 200mal vorkommt, steht es fast ohne Ausnahme für das hebräische *'edâ* oder *qāhāl*, bezeichnet also die Gemeinschaft. Übrigens bedeutet auch die Bezeichnung für die Kirche, ἐκκλησία, nichts anderes als „Gemeinschaft".

Bereits im Neuen Testament hat sich ein Bedeutungswandel vollzogen. Hier kommt συναγωγή 49mal in der Bedeutung „Synagoge" vor,[13] 3mal in der Bedeutung „Versammlung"[14] und 4mal in einem Kontext, der beide Bedeutungen möglich macht.[15] Dieser doch fast ausschließliche Gebrauch von συναγωγή für das Gebäude überrascht. Das Wort hat einen Bedeutungswandel durchgemacht, und zwar von der Versammlung zum Versammlungsgebäude, wobei interessant ist, daß συναγωγή ohne den Zusatz οἶκος für das Gebäude steht.

Ähnlich war es schon bei Philo und Josephus. Josephus benutzt συναγωγή 2mal in der Bedeutung „Gemeinde", 5mal in der Bedeutung „Synagoge". Philo verwendet συναγωγή in der Bedeutung „Gemeinde" ausschließlich in Bibelzitaten. Für die Synagogen Ägyptens benutzt er den Ausdruck προσευ-

---

[11] Targum Jonathan Ez 11,16: Darum sprich: Gott sagt: Wenn ich sie unter die Völker weit fort führe, und wenn ich sie zerstreue in andere Länder, werde ich ihnen Synagogen geben neben meinem Heiligtum, und sie werden nur kurze Zeit sein in den Ländern, in die sie zerstreut werden. Vgl. bMeg 29a: Ich will ihnen ein wenig zum (oder: ein kleines) Heiligtum sein (Ez 11,16) – Rabbi Jizchaq erklärte: Das sind die Synagogen und Lehrhäuser in Babylonien.

[12] KRAUSS, 34.

[13] Mt 4,23; 6,2.5; 9,35; 10,17; 12,9; 13,54; 23,6.34; Mk 1,21.23.29.39; 3,1; 6,2; 12,39; 13,9; Lk 4,15.16.20.28.33.38.44; 6,6; 7,5; 11,43; 13,10; 20,46; Joh 6,59; 18,20; Act 9,20; 13,5.14; 14,1; 15,21; 17,1.10.17; 18,4.7.19.26; 19,8; 22,19; 24,12; 26,11. „Synagogengericht": Lk 12,11; 21,12. Vgl. SCHRAGE, 826–828.

[14] Act 13,43; Apk 2,9; 3,9.

[15] Lk 8,41; Act 6,9; 9,2; Jak 2,2. Vgl. HÜTTENMEISTER, 167.

χή, ursprünglich „Gebet", ein Ausdruck, der auch in den ältesten erhaltenen Synagogeninschriften, Stiftungsinschriften aus dem ptolemäischen Ägypten, vorkommt. Nur die Synagogen im Land Israel bezeichnet Philo mit συναγωγή. Verfolgt man den Gebrauch von συναγωγή und προσευχή, so wird klar, daß letzteres bevorzugt und fast ausschließlich im hellenistischen Ägypten gebraucht wird, während συναγωγή in der übrigen antiken Welt benutzt wird. Vielleicht hat man den Ausdruck συναγωγή deswegen in Ägypten bewußt vermieden, weil er *terminus technicus* für „Verein" schlechthin war, wodurch das Besondere der Synagoge als Zentrum einer Minderheit, welche als fremdes Volk mit fremder Religion in Ägypten lebte, verwischt worden wäre.[16]

Warum nun wird die Synagoge mit dem neutralen Wort „Versammlungshaus" bezeichnet? Nach unserem heutigen Verständnis würden wir einen Ausdruck wie „Heiligtum" oder „Tempel" erwarten, wie er ja auch heute existiert. In der Antike suchen wir diese Ausdrücke fast vergeblich. Die Antwort ist einfach: Man bezeichnete die Synagoge als das, was sie war: ein Versammlungshaus, und zwar ein Versammlungshaus für die vielfältigsten Zwecke: zum Richten, aber auch zum Gottesdienst; zum Besprechen von alltäglichen Dingen, aber auch zur Auslegung der Bibel; zu profanen Verwaltungsaufgaben, aber auch zum religiösen Unterricht; zum Einholen von medizinischen Ratschlägen, aber auch zum Predigen. Dabei überwogen die profanen Aufgaben ursprünglich; erst nach der Zerstörung des Zweiten Tempels traten die religiösen Aufgaben langsam in den Vordergrund, ohne daß sie überall die profanen Aufgaben verdrängen konnten. Allerdings, den Ausdruck *bêt t*e*fillâ*, „Gebetshaus", der in Jes 56,7 für den Tempel gebraucht wird, gibt es durchaus in der rabbinischen Literatur; aber wir finden ihn nur 2mal im Gegensatz zu Hunderten von Belegen für *bêt k*e*næsæt*. Einmal bezeichnet er eine Synagoge in Babylonien[17] und das zweite Mal das „Gebetshaus des Mose".[18] *T*e*fillâ* – ohne *bêt* – bei dem Gespräch zwischen Rabban Jochanan ben Sakkai und Vespasian während der Belagerung Jerusalems, in dessen Verlauf Rabban Jochanan um die Errichtung eines neuen geistigen Zentrums in Javne, einer *t*e*fillâ* bittet, ist, wie HENGEL mit Recht annimmt, nichts anderes als die Übersetzung des griechischen προσευχή: „Der Erzähler setzte wohl voraus, daß Jochanan dem Kaiser griechisch antwortete und den dem Kaiser vertrauten griechischen Begriff verwendete."[19] Aber – und die folgende Angabe aus bShab 32a ist nicht zu unterschätzen – das Volk

---

[16] Op. cit., 163–181.

[17] bGit 39b.

[18] LeqT zu Ex 9,29 (21b).

[19] ARN A 4 (12a): (Vespasian) sprach zu (Rabban Jochanan ben Sakkai): „Du bist Rabban Jochanan ben Sakkai. Fordere, was ich dir geben soll!" Er antwortete ihm: „Ich bitte dich um nichts anderes als um Javne, denn dort will ich hingehen und meine Schüler lehren, und dort will ich eine Synagoge errichten und dort alle Gebote erfüllen." Jener erwiderte ihm: „Geh und tu alles, wie du willst!" Vgl. HENGEL, 178.

auf der Straße nannte die Synagoge nicht Versammlungshaus und schon gar nicht Gebetshaus oder Tempel, sondern *bêt ha ʿam*, „Haus des Volkes", und das ist wohl die zutreffendste Bezeichnung, die gefunden werden konnte.

Kehren wir zurück zum Ursprung der Synagoge und zu dem, was die literarischen Quellen darüber aussagen. Die Tätigkeiten, die in der Bibel und in der frühen rabbinischen Literatur mit dem Stadttor, dem „Markt" oder dem Stadtplatz in Verbindung gebracht werden, haben später ihren Platz in der Synagoge.[20]

Um nur einige Beispiele zu nennen: In Dtn 16,18 heißt es: „Richter und Beamte sollst du dir einsetzen in allen deinen Toren, die der Herr, dein Gott, dir gibt, nach deinen Stämmen, sie sollen das Volk gerecht richten." Wenn hier der Ausdruck „in deinen Toren" noch als *pars pro toto* für die Stadt interpretiert werden kann, so zeigen andere Texte eindeutig, daß die Gerichtsverhandlungen wirklich im Tor stattgefunden haben, so die Verhandlung gegen des Götzendienstes Verdächtige (Dtn 17,5), die Verhandlung gegen den aufsässigen und widerspenstigen Sohn (Dtn 21,19) oder auch die Durchführung der Chaliza (Dtn 25,7) usw. Später übernimmt dann die Synagoge diese Aufgaben; vgl. z.B.: „Rabbi Abbahu saß in der Aufruhrsynagoge in Caesarea zu Gericht",[21] um nur ein Beispiel zu nennen. Oder: Beim Transport der Erstlinge nach Jerusalem heißt es in der tannaitischen Literatur, daß sich die begleitenden Männer auf dem Stadtplatz versammeln und dort nächtigen,[22] was die spätere amoräische Literatur im Jeruschalmi mit „Synagoge" erklärt.[23] Oder: Jeremia prophezeite auf den Straßen (*ba-šᵉwaqîm*), Zephanja prophezeite in der Synagoge.[24] Oder: „Ihr beugt das Recht der Armen im Tore" (Am 5,12) wird vom Targum mit „in den Synagogen", den Zentren der Armenfürsorge, übersetzt. Hier haben wir also die Entstehung der Synagoge zu suchen: im Stadttor, auf dem Stadtplatz. Hoenig schreibt dazu:[25] „Here justice was rendered, business transacted, and proclamations made; here assemblies met and social life was carried on."

Versuchen wir, uns einen Überblick über die Aufgaben der Synagoge zu verschaffen. Die älteste erhaltene (griechische) Synagogeninschrift aus Israel ist die sogenannte Theodotos-Inschrift aus Jerusalem, die, allerdings nicht unwidersprochen, in die Mitte des 1. Jh. datiert wird. Sie lautet:

„Theodotos, Sohn des Vettenos, Priester und Synagogenvorsteher, Sohn eines Synagogenvorstehers, Enkel eines Synagogenvorstehers, erbaute die Synagoge für das Vorlesen des Gesetzes und für die Lehre der Gebote und die Herberge und die Nebenräume und die Wasseranlagen zum Quartier für diejenigen aus der Fremde, die

---

[20] Hoenig, 448–476.
[21] ySan 1,1 (18a,72) (um 300).
[22] mBik 3,2.
[23] yBik 3,2 (65c,14f.).
[24] PesR 26,1–2 (129b).
[25] Hoenig, 448f.

dieser Einrichtungen bedürfen. Die Synagoge haben begründet seine Väter und die Ältesten und Simonides."

Drei Punkte sind es, die hier hervorgehoben werden, und zwar erstens das Vorlesen des Gesetzes, d.h. der Tora, also der öffentliche Gottesdienst, zweitens die Lehre der Gebote, also Forschung und Lehre, eigentlich Aufgaben des Lehrhauses, von dem gleich noch zu sprechen sein wird, sowie drittens die Beherbergung von Fremden. Diese Reihenfolge würde übrigens eher für eine spätere Datierung sprechen.

Auf die Einzelheiten des Gottesdienstes braucht hier nicht weiter eingegangen zu werden. Es sollen nur die wichtigsten Punkte genannt werden, die zu den frühen religiösen Aufgaben der Synagoge gehören: das Gebet in denjenigen Städten, aus denen, zweimal im Jahr, eine Abordnung zum Tempel nach Jerusalem entsandt wurde, um dort stellvertretend für die Gemeinde am öffentlichen Opfer teilzunehmen,[26] das öffentliche Fasten bei ausbleibendem Regen, das früher auf dem Stadtplatz stattfand, sowie der Gottesdienst in der Woche, an den Feiertagen und vor allem am Schabbat. Dieser letzte Punkt wird auch im Neuen Testament mehrfach erwähnt. Zu diesem Gottesdienst gehört als Höhepunkt das Vorlesen des Toraabschnittes mit der anschließenden Übersetzung und Auslegung. Dazu wurde bis zur Wende des 3. zum 4. Jh. der tragbare Toraschrein mit den Torarollen aus einem Nebengebäude in die Synagoge hereingebracht. So erfahren wir, daß man die Synagoge erst verlassen darf, wenn man die Torarolle hinausgetragen und an ihren Platz gebracht hat, was mit dem Bibelzitat Dtn 13,5 begründet wird: „Nach dem Herrn, eurem Gott, sollt ihr gehen",[27] oder daß man einmal vergessen hatte, rechtzeitig vor Beginn des Schabbat die Torarolle in die Synagoge zu holen.[28] Diese Nachricht ist sehr wichtig für die Entwicklung der Synagoge, und sie wird durch den archäologischen Befund bestätigt. Hier wird ein wichtiger Entwicklungsschritt greifbar: Noch ist die Synagoge ein vorwiegend profanes Zentrum, das erst durch das Hereinbringen des Toraschreins mit den Torarollen, dem späteren religiösen Mittelpunkt der Synagoge, zu einem Gebetshaus umfunktioniert werden muß. Nichts könnte besser das Verhältnis zwischen Profan und Heilig zeigen als diese Nachricht.

Nehmen wir den nächsten Punkt, die Lehre. Wir sollten annehmen, daß die Lehre Aufgabe des Lehrhauses, des *bêt midraš*, ist. Untersuchen wir jedoch die Texte genauer, so stellen wir fest, daß zwar in halakhischen, religionsgesetzlichen Texten zwischen Synagoge und Lehrhaus unterschieden

---

[26] Dies wird nicht *expressis verbis* mitgeteilt, geht aber aus den Texten ziemlich eindeutig hervor.

[27] bSot 39b.

[28] bEr 86b; bSuk 16b: Einmal vergaß man, die Torarolle noch am Tage (vor Beginn des Schabbat) in die Synagoge zu bringen. Da breiteten sie am folgenden Tag ein Tuch über den Säulen aus, (wodurch das öffentliche Gebiet der Straße unterbrochen wurde,) holten die Torarolle und lasen aus ihr.

wird – so hat das Lehrhaus einen höheren Heiligkeitsgrad als die Synagoge, auch hier wieder ein Zeichen für den vorwiegend säkularen Charakter der Synagoge[29] –, in anderen Texten aber das Gebet in gleichem Maße mit dem Lehrhaus in Verbindung gebracht wird wie die Lehre mit der Synagoge. In späten amoräischen Texten wird beides zum Hendiadyoin. Das Gebäude wird in der Regel Synagoge genannt, wenn der Kontext von Gebet und Gottesdienst spricht, und Lehrhaus, wenn im Kontext von der Lehre die Rede ist. Dieser Wechsel kann sogar in ein und demselben Bericht stattfinden.[30] Und eine Synagoge, in der ein bekannter Gelehrter predigte und lehrte, wird immer „Lehrhaus des Rabbi Sowieso" genannt,[31] nie „Synagoge des Rabbi Sowieso". Wir müssen also davon ausgehen, daß Lehrhaus und Synagoge in aller Regel keine getrennten Institutionen waren. Sicher war es so in kleinen Dörfern, die sich schon aus finanziellen Gründen keine zwei Institutionen leisten konnten. Möglicherweise aber hat es in großen Gemeinden oder Städten zwei getrennte Gebäude gegeben, vielleicht aus organisatorischen Gründen, wir wissen es nicht.

Übrigens ist es auch in der Neuzeit in Europa nicht anders gewesen, und es ist bis heute noch so bei orientalischen Gemeinden: Auf den Dörfern diente die Synagoge gleichzeitig als Gebetshaus, als „Schul" und als Zentrum des täglichen Lebens, und nur die reichen Gemeinden in den Städten konnten es sich leisten, die Synagogen nur zum Gottesdienst zu benutzen.

Die dritte Aufgabe ist die Beherbergung von Fremden. Wir erfahren aus der rabbinischen Literatur wiederholt von Essen, Trinken und Übernachtungen in der Synagoge.[32] Leider wissen wir aus Israel noch zu wenig über die Beziehungen zwischen dem Synagogengebäude und den Nachbargebäuden. Die Archäologie versucht erst seit kurzem, auch diese Beziehung zu untersuchen, abschließende Ergebnisse stehen noch aus. Aber wenn wir uns die Synagogen des Altertums in der Diaspora ansehen, so fällt auf, daß sie aus größeren Gebäudekomplexen bestehen. In der Diaspora des Altertums war die Synagoge, nicht anders als heute auch, viel mehr Vereinshaus, Clubhaus usw., und es hat sicherlich auch die Möglichkeit zum Übernachten dort bestanden.

Wie kam es, daß das Volk auf der Straße die Synagoge „Haus des Volkes" nannte? Sicherlich nicht, weil es ein Gebetshaus und ein Haus der Forschung und Lehre gewesen ist. Da wäre die Bezeichnung „Haus Gottes", wie sie für den Tempel existierte, angebrachter gewesen. Wenn das Volk dieses Haus als

---

[29] bMeg 27a.

[30] bSot 22a: Eine Witwe hatte eine Synagoge in ihrer Nähe, und doch pflegte sie jeden Tag in das Lehrhaus des Rabbi Jochanan zu kommen und dort zu beten. Da fragte sie Rabbi Jochanan: Meine Tochter, hast du keine Synagoge in deiner Nähe?

[31] So auch in einer Inschrift auf einem Sturz in Dabbura auf dem Golan: „Dies ist das Lehrhaus des Rabbi Elieser ha-Qappar"; vgl. HÜTTENMEISTER/REEG, 91–95.

[32] Z.B. bPes 101a; bBB 3b; MHG Ber 743f.

sein eigenes ansah, so muß es als Zentrum eines beachtlichen Teils des öffentlichen Lebens gedient haben. Und in der Tat finden wir die Synagoge als Ort für die unterschiedlichsten Dinge: Wer Geld oder anderes verloren hatte, ging in die Synagoge und ließ den Gegenstand mit einer genauen Beschreibung ausrufen. Dasselbe galt für gefundene Gegenstände, die in der Synagoge bekannt gemacht wurden.[33] Wer Zeugen in einer Angelegenheit suchte, ging in die Synagoge, wo die Aussicht für ihn am größten war, jemanden zu finden.[34] Wer einen Scheidebrief ordnungsgemäß aufgesetzt haben wollte, fand in der Synagoge natürlich jemanden, der dazu in der Lage war,[35] ja, die Scheidung selbst konnte in der Synagoge ausgesprochen werden.[36] Hatte man Ohrenschmerzen, so suchte man in der Synagoge bzw. im Lehrhaus fachmännischen Rat.[37] Auch im Neuen Testament wird von Heilungen in der Synagoge berichtet.[38] Wurden Kinder ausgesetzt, so natürlich vor der Synagoge.[39] Gab es etwas bekannt zu machen, was jedermann anging, so wurde es in der Synagoge verkündet.[40] Wer arm war und Unterstützung benötigte, fand sie in der Synagoge, dem Zentrum für die Armenfürsorge[41] usw. Und während des großen Aufstandes gegen die Römer 66–70 p. war die Synagoge sicherlich nicht nur einmal Ausgangspunkt für Zusammenstöße mit dem römischen Militär, wie es beispielsweise von Josephus für Caesarea im Mai 66 berichtet wird.[42]

All dies war nicht unbedingt im Sinne orthodoxer Rabbiner. Sie wollten die religiösen Aufgaben in den Vordergrund stellen und die profanen Aufgaben zurückdrängen. So wundert es nicht, daß sie die Bezeichnung „Haus des Volkes" nicht gerne sahen und sagten, daß die Leute aus dem unwissenden Volk sterben, weil sie die heilige Lade respektlos „Schrank" und die Synagoge „Haus des Volkes" nennen.[43] Ausdrücklich aber verbieten sie, sich in den Synagogen ehrfurchtslos zu benehmen, dort zu essen und zu trinken, sich zu putzen oder dort spazieren zu gehen, bei Sonnenschein dort vor der Sonne und bei Regen dort vor dem Regen Zuflucht zu suchen.[44]

Es gibt übrigens in der rabbinischen Literatur keinen Traktat über die Synagoge. Das ist schade, denn so ist sicherlich einiges an historischem Material verloren gegangen. Auf der anderen Seite aber sind die Angaben, die

---

[33] yBM 2,8 (8c,71); bBM 28b.
[34] mShevu 4,10; WaR 6,2 (ed. Margulies 130); Yalqut ha-Makhiri Prov 29,24 (86b).
[35] bSan 11a.
[36] bGit 19b.
[37] bAZ 28b.
[38] Z.B. Mk 1,23–27; Lk 4,33–36; Mt 12,9–13; Mk 3,1–6; Lk 6,6–10.
[39] bQid 73b.
[40] bShab 150a; bKet 63b.
[41] yDem 3,1 (23b,33–37).
[42] Bell II,285–292.
[43] bShab 32a (Rabbi Jischmaʿʾel bar Elʿasar, um 130).
[44] bMeg 28a/b.

nebenbei, in ganz anderem Kontext, überliefert sind, für uns um so wichtiger, weil sie die Dinge unvoreingenommen berichten und sie nicht irgendwelchen Vorschriften angepaßt werden mußten, wie das bei einer Materialsammlung zu einem bestimmten Thema leicht der Fall sein kann.

Gesetze sind immer eine Reaktion auf Zustände, die in den Augen der zuständigen Gesetzgeber Mißstände sind und abgeschafft werden müssen. Die oben aufgeführten Verbote sind bereits in der tannaitischen Zeit ausgesprochen worden und sind wohl eine Reaktion auf die wachsenden kultischen Aufgaben der Synagoge. Können wir es den Leuten verübeln, wenn sie an einem heißen Tag die kühle Synagoge betraten, um sich etwas auszuruhen, etwas zu schwatzen und dabei vielleicht etwas zu trinken oder Mühle zu spielen, wie wir sie z.B. im Fußboden eines Vorraums der Synagoge von Kefar Nachum aber auch auf der Schwelle des Haupteingangs einer christlichen Basilika in Rechovot im Negev gefunden haben?

Dieser Kampf der Rabbinen um den sakralen Charakter der Synagoge hat, wenn auch erst gegen Ende des 3. und Anfang des 4. Jh., bauliche Konsequenzen nach sich gezogen. Ein weltliches Gebäude kann nach praktischen Gesichtspunkten errichtet werden, aber bei einem Sakralbau müssen andere, zusätzliche Richtlinien beachtet werden. Die ältesten Synagogen in Israel hatten keine Vorhöfe wie der Tempel, keinen dem Allerheiligsten vergleichbaren Raum. Sie hatten vielmehr einen quadratischen oder rechteckigen Grundriß mit Bänken an allen vier Seiten. Die Ausrichtung richtete sich nach den topographischen oder städtebaulichen Bedingungen. Mit den wachsenden religiösen Aufgaben der Synagoge fällt den Rabbinen also auf, daß es keinerlei Bauvorschriften für die Synagoge gibt. Da es in der Bibel keine Synagoge gibt, wird der Tempel als Vorbild genommen. So bestimmt man nun, daß die Synagogen ihren Eingang im Osten haben müssen wie der Tempel bzw. die Stiftshütte, denn nur bei dieser kann dies aus Num 3,38 erschlossen werden.[45] Es gibt nur wenige Synagogen, die den Eingang im Osten haben, da sich dies nur schwer mit der Gebetsrichtung, also der Ausrichtung nach Jerusalem, vereinbaren ließ.

Die Synagogen des Breithaustyps sind vielleicht eine Folge dieser Vorschrift. Sehr bald setzte sich dann aber der Basilikatyp durch mit dem Eingang in der Jerusalem abgewandten Seite und einer Nische oder Apsis mit festem Platz für den Toraschrein. In den Gebäuden, die den Eingang noch auf der Jerusalem zugewandten Seite haben, wird nachträglich ein Platz für den Toraschrein eingerichtet, und zwar in Richtung auf Jerusalem, ein Notbehelf, da, wie in Ostia, ein Eingang zugemauert werden mußte oder aber nur wenig

---

[45] tMeg 3(4),22–23 (ed. LIEBERMAN II, 360): Eingänge der Synagogen darf man nur nach Osten bauen, denn so finden wir es beim Heiligtum, das den Eingang im Osten hatte, denn es heißt: Die vor der Wohnung lagerten gegen Morgen, vor dem Stiftszelt gegen Osten (Num 3,38). Man darf die (Synagogen) nur an der höchsten Stelle der Stadt bauen, denn es heißt: Von den Mauern ruft die (Weisheit), im Inneren der Tore, in der Stadt (Prov 1,21).

Platz blieb in dem engen Raum zwischen der Säulenreihe und der Südmauer wie in Gusch Chalav, was die Durchführung des Gottesdienstes stören mußte.

Ein weiterer Punkt, den die Rabbinen fordern, ist, daß die Synagoge an der höchsten Stelle des Ortes gebaut werden muß. Auch hier ist wieder der Tempel Vorbild: „„Wie der Turm Davids ist dein Hals'(Cant 4,4) – wie der Hals des Menschen höher ist als alle anderen Glieder, so liegt der Tempel höher als die ganze Welt."[46] In der Praxis ließ sich diese Vorschrift noch weniger durchführen als der Eingang im Osten. Beim Bau einer Synagoge war in aller Regel der höchste Punkt des Ortes längst bebaut. So hat sich auch diese Vorschrift nicht durchsetzen können, und wir finden die Nachricht, daß man *früher* die Synagogen an der höchsten Stelle des Ortes baute.[47] Und an anderer Stelle heißt es schon realistischer: Jede Stadt, deren Dächer höher sind als die Synagoge, wird zerstört werden.[48] Das hat dazu geführt, daß man im Mittelalter Stangen auf dem Dach der Synagoge anbrachte, um die umliegenden Häuser zu überragen, wie uns BODENSCHATZ noch 1748 mitteilt:

„Sie pflegen noch heutigen Tages dieselben an die höchsten Orte ihrer Stadt und Wohnplätze aufzubauen … Sie bauen dieselben gerne so hoch, daß sie über alle Häuser hervorragen, und wo sie solches nicht möglich machen können, so pflegen sie an die eine Dachspitze eine hohe Stange anzumachen, welche über andere Häuser hervorgehet, oder nöthigen die andern Juden, daß sie ihre Häuser abtragen und niedriger bauen."[49]

In dieser Zeit wandeln sich auch die Mosaiken von einfachen geometrischen Formen zu farbenfrohen und darstellungsreichen Bildern mit Toraschrein und jüdischen Symbolen, die das Gebäude gleich als Gebetshaus erkennen lassen, aber auch mit Darstellungen aus der Tier- und Pflanzenwelt des Landes bis hin zu Abbildungen aus der griechischen Mythologie wie Helios mit dem Sonnenwagen. Auch hier finden wir wieder die Reaktion der orthodoxen Rabbiner. Sie können den weit verbreiteten Brauch nicht mehr verbieten; so gestatten sie es, machen aber die Einschränkung, daß man die Figuren nicht anbeten darf.[50]

---

[46] AgBer 80(79)(154).

[47] Tan behuqqotay 3 (45a); TanB behuqqotay 4 (55b).

[48] bShab 11a.

[49] BODENSCHATZ, 35. Vgl. Schulchan Arukh, Hilkhot Bet ha-Kenesset 150,1–3.

[50] yAZ 3,3 (42d,34f.): In den Tagen des Rabbi Jochanan (ben Nappacha, 2. Hälfte 3. Jh.) fing man an, auf die Wände zu malen, und er verwies es ihnen nicht. [Zusatz in Ms Leningrad:] In den Tagen des Rabbi Abbun (Mitte 4. Jh.) fing man an, Figuren in Mosaiken abzubilden, und er verwies es ihnen nicht.

Lev 26,1: Macht euch keine Götzen und Figuren, und Standbilder errichtet auch nicht! Setzt euch keinen Bildstein in euer Land, euch auf ihm niederzuwerfen, denn ich bin der Herr, euer Gott! Zusatz in Targum Jonathan: Aber Mosaike(?) (*SṬYW*) mit Bildern und Figuren dürft ihr

Am Ende der Antike haben wir also folgendes Bild: Die aus einer im wesentlichen profanen Einrichtung hervorgegangene Synagoge hat weiterhin zahlreiche profane Aufgaben im kulturellen, pädagogischen, sozialen und verwaltungstechnischen Bereich, aber die gottesdienstlichen Funktionen drängen diese in zunehmendem Maße in den Hintergrund. Das Gebäude hat sich von einem reinen Zweckbau unter Anleitung der Rabbinen zu einem nach Jerusalem ausgerichteten Gebäude mit festem Platz für den Toraschrein entwickelt, dessen sakraler Charakter sich auch in der Dekoration und den Inschriften – ich verweise nur auf das häufige ἅγιος/ἁγιώτατος τόπος bzw. ʾatra qᵉdiša, während bêt kᵉnæsæt gänzlich fehlt – ausdrückt. Mit anderen Worten: Aus einer profanen Einrichtung, die auch religiöse Aufgaben hatte, wird eine religiöse Einrichtung, die auch profane Aufgaben hat. Ein Tempelersatz ist die Synagoge nicht.

Werfen wir einen kurzen Ausblick auf die weitere Entwicklung. In der Neuzeit ging man in Osteuropa in die Synagoge, um bei „seinem" Rabbi einen Rat für die alltäglichen Sorgen zu erfragen, um mit Freunden und Verwandten den Gottesdienst teilnehmend, nicht teilhabend, zu begehen, aber auch, um Geschäfte abzuschließen und um neue Kochrezepte zu erfahren. So schreibt Charlotte POPPER aus einem Dorf bei Danzig aus ihrer Jugend um 1910, daß „die Damen vom Festgottesdienst jedesmal angeregt und mit neuen Kochrezepten" nach Hause kamen.[51] Die Synagoge bleibt also weiterhin Zentrum des Gemeindelebens. In Westeuropa dagegen wird sie immer mehr zum ausschließlich religiösen Mittelpunkt, in dem Zucht und Ordnung mit Ohrfeigen aufrecht erhalten werden.[52] Von der mittelalterlichen sc(u)ola Iudaeorum, der „Schul", wird sie zum „Tempel". Es kam so weit, daß die Synagoge nur noch am Schabbat und mancherorts sogar nur noch zu den großen Feiertagen geöffnet wurde und den Rest des Jahres geschlossen blieb. Folgerichtig wird in einer „Baukunde für Architekten" aus dem Jahr 1899 die „Vorsynagoge" als fester Bestandteil jedes Synagogenbaus beschrieben. Sie dient dazu, „an Werktagen und bei Gelegenheiten, wo eine geringe Personenzahl am Gottesdienst theilnimmt, diesen abhalten zu können, ohne den Hauptraum benutzen zu müssen."[53] Da dürfen wir schon dankbar sein, wenn das Gebäude wie ein Schloß oder eine Burg zu einer Führung wie durch ein Museum geöffnet wird. Mit συναγωγή der Antike hat das nichts mehr zu tun.

---

auf dem Boden eurer Heiligtümer anbringen, jedoch nicht, um sie anzubeten, denn ich bin der Herr, euer Gott!

[51] In: RICHARZ, Bd. 2, 427.

[52] RICHARZ, Bd. 1, 232; Bd. 2, 148.

[53] A. HAUPTL in: Baukunde der Architekten II.2. Unter Mitwirkung von Fachmännern der verschiedenen Einzelgebiete bearbeitet von den Herausgebern der Deutschen Bauzeitung und des Deutschen Baukalenders, 2. Aufl., Berlin 1899, 361.

Summary

The synagogue has been and still is one of the most important Jewish institutions, the spiritual, cultural, and religious centre of every Jewish congregation. During antiquity it served for a great number of functions of which
the most important, besides those of prayer and worship, was the teaching
of the Law. Besides these religious functions, the synagogue fulfilled a great
variety of secular functions in the field of civil administration, social life,
accommodation for visitors, and so on. The Hebrew *bêt hakkĕneset* and
the Greek συναγωγή both mean: "house of assembly", and thus have no
connotation of a building used for cultic purposes. This indicates that the
synagogue served also, but by no means exclusively, as a house of prayer. An
existing establishment with no cultic role was used, at first gradually, and in
the course of time – particularly after the destruction of the Second Temple
– increasingly, as a centre of worship, until this use supplanted the former.
Dedicatory inscriptions, specifications for building synagogues and changes
in their arrangement show this sufficiently clearly.

Teaching the Law was one of the most important functions of the synagogue in Eretz Jisrael during the first 600 years of the Christian era. Both,
bêt kĕneset ("synagogue") and *bêt midrāš* ("house of study") were used as
a hendiadys. The same building was called "synagogue" when prayer or
divine service were mentioned in the context, and it was called "house of
study", when teaching and learning were spoken of. The fact that during
the medieval times the synagogue was called *scuola Iudaeorum* – "the Jewish school", or shortly "Schul" proves that this function was still dominant.
The same was true for Christian churches, that were also used for judicial
hearings, exhibition-halls, and the like. In eastern Europe, the synagogues
continued to be a centre of teaching and learning until their destruction by
the German invaders. In Germany and other countries of central Europe the
synagogue ceased to be a social and cultural centre for the Jewish community.
Instead, the synagogue became a "temple", that was used for divine service
and, in larger communities, during the great feasts only. Little "synagogues"
had to be established for everyday-service, mostly consisting of a smaller
room in the synagogue compound.

Today, synagogues are open only for divine service and last not least for
visiting groups interested in Judaism. This function as a kind of museum has
never existed before.

Quellen

Mezada: H. SHANKS, JUDAISM IN STONE. THE ARCHAEOLOGY OF ANCIENT SYNAGO-GUES, NEW York/Washington, D. C. 1979, S. 23, rechter Grundriß.

Korazin: E. SUKENIK, Ancient Synagogues in Palestine and Greece, SchL 1930, 1934, S. 23.

Eschtemoa: L. LEVINE (Hg.), Ancient Synagogues Revealed, Jerusalem 1981, S. 120.

Ostia: A. TH. KRAABEL, The Diaspora Synagogue, in: W. Haase (Hg.): Religion (Judentum: Allgemeines. Palästinisches Judentum), ANRW II.19/1, 1979, Tafel nach S. 504.

Bet Alfa: E. SUKENIK, Ancient Synagogues in Palestine and Greece, SchL 1930), 1934, S. 32.

Gusch Chalav: L. LEVINE (Hg.), Ancient Synagogues Revealed, Jerusalem 1981, S. 76.

Bibliographie

E. BIN GORION/A. LOEWENBERG/O. NEUBURGER/H. OPPENHEIMER (Hgg.), Philo-Lexikon. Handbuch des jüdischen Wissens, 4. Aufl., Berlin/Amsterdam 1937.

L. BLUE, Wie kommt ein Jude in den Himmel? Der jüdische Weg zu Gott, München 1976.

J. C. BODENSCHATZ, Kirchliche Verfassung der heutigen Juden sonderlich derer in Deutschland, Bd. 2, Frankfurt 1748.

TH. FRITSCH, Handbuch der Judenfrage. Die wichtigsten Tatsachen zur Beurteilung des jüdischen Volkes, 49. Aufl., Leipzig 1944.

S. GRONEMANN, Hawdoloh und Zapfenstreich, Berlin 1925, Nachdruck Königstein/Ts. 1984.

M. HENGEL, Proseuche und Synagoge, in: G. JEREMIAS/H.-W. KUHN/H. STEGEMANN (Hgg.), Tradition und Glaube. Das frühe Christentum in seiner Umwelt, FS K. G. Kuhn, Göttingen 1971, 157–184.

S. B. HOENIG, The Ancient City-Square. The Forerunner of the Synagogue, in: W. HAASE (Hg.): Religion (Judentum: Allgemeines. Palästinisches Judentum), ANRW II.19/1, 1979, 448–476.

F. G. HÜTTENMEISTER, „Synagoge" und „Proseuche" bei Josephus und in anderen antiken Quellen, in: D.-A. KOCH/H. LICHTENBERGER (Hgg.), Begegnungen zwischen Christentum und Judentum in Antike und Mittelalter, FS H. Schreckenberg, Göttingen 1993, 163–181.

— /G. REEG, Die antiken Synagogen in Israel, Teil 1: Die jüdischen Synagogen, Lehrhäuser und Gerichtshöfe, Teil 2: Die samaritanischen Synagogen, BTAVO.B 12.1–2, 1977.

C. IKENIUS (IKEN), Antiquitates Hebraicae. Secundum Triplicem Iudaeorum Statum Ecclesiasticum Politicum et Oeconomicum, editio quarta, Bremen 1764.

S. KRAUSS, Synagogale Altertümer, Berlin 1922, Nachdruck Hildesheim 1966.

M. RICHARZ (Hg.), Jüdisches Leben in Deutschland. Selbstzeugnisse zur Sozialgeschichte, Bd. 1: 1780–1871, Bd. 2: Kaiserreich, Stuttgart 1976/1979.

W. SCHRAGE, Art. συναγωγή, ThWNT 7 (1964), 798–839.

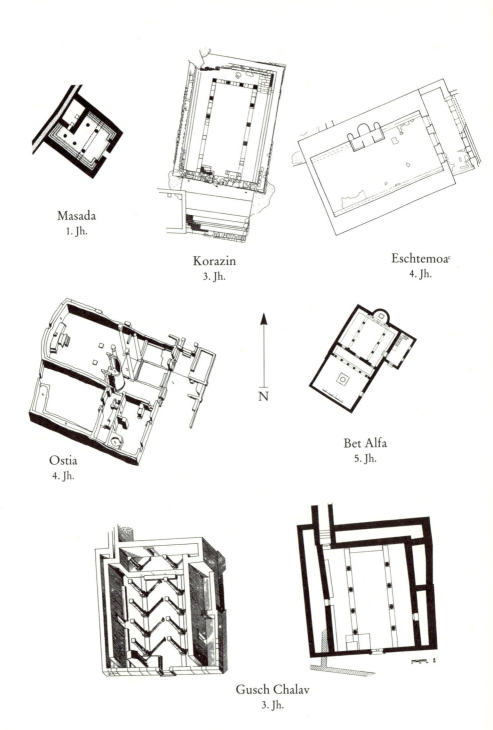

Masada
1. Jh.

Korazin
3. Jh.

Eschtemoaᶜ
4. Jh.

Ostia
4. Jh.

N

Bet Alfa
5. Jh.

Gusch Chalav
3. Jh.

Quellen: *Hershel Shanks*, Judaism in Stone. New York, Hagerstown, San Francisco, London, Washington D.C. 1979.
Zvi Ilan, Ancient Synagogues in Israel, Tel Aviv. 1991.

Die Maßstäbe der Grundrisse sind uneinheitlich (vgl. S. 365 f.).

Wo man Tora lernt, braucht man keinen Tempel

Einige Anmerkungen zum Problem der Tempelsubstitution im rabbinischen Judentum

STEFAN SCHREINER, Tübingen

Irgendwann zwischen Juli 362 und März 363 soll der römische Kaiser Julian Apostata (361–363) den Versuch gemacht haben, den Tempel in Jerusalem wieder aufzubauen, ein Versuch, der bekanntlich am Ende kläglich gescheitert ist.[1] Nach Auskunft des vor allem als lateinischer Übersetzer von Eusebius' Kirchengeschichte bekannten Historikers Tyrannius Rufinus von Aquileja (um 345–410)[2] soll ein Erdbeben den eben begonnenen Bau zerstört und einige Bauleute unter den Trümmern begraben haben,[3] bevor ein Brand das Aufbauwerk vollends zunichte machte, wie der römische Historiker Ammianus Marcellinus ergänzend berichtet hat.[4] Sooft schon dieser Tempelbauversuch Julians, sein möglicher Anlaß, Verlauf und Ende, Gegenstand historischer Forschung gewesen sind, stets hat dabei auch die Frage nach den Reaktionen seitens der Juden auf dieses Unternehmen eine beträchtliche Rolle gespielt, ohne daß bislang jedoch eine allseits befriedigende Antwort auf diese Frage gelungen ist. Zwar ist dieser gescheiterte Tempelbauversuch Julians hier nicht das Thema, ein kurzer Blick auf sein Echo in der jüdischen Überlieferung vermag gleichwohl in die Thematik einzuführen, um die es im folgenden geht.

Vor genau 100 Jahren bereits hatte BACHER in einem Aufsatz[5] die Vermutung geäußert, der aus Lod (Lydda) stammende R. Acha, ein Amoräer der vierten Generation und Zeitgenosse Julians, habe den Tempelbau gebilligt.[6] Diese Zustimmung R. Achas zum Tempelbau meinte BACHER aus zwei

---

[1] Vgl. ADLER, 63–88 mit 99–111; SCHÄFER, 197–200; STEMBERGER, Juden und Christen, 163–174. Weitere Literaturhinweise bei SCHRECKENBERG, 616f.764.

[2] ALTANER/STUIBER, 392–394, dort S. 393; SCHRECKENBERG, 329f.

[3] H.e. 10,39–40 (GCS 9.2, S. 998).

[4] Res gestae XXIII,1,2–3 (Bd. III, 66f.). Vgl. dazu ADLER, 79–81 mit 108f. Anm. 167–173.

[5] BACHER, Statements, 168–172; wieder aufgenommen in: DERS., Agada, Bd. III, 111–113.

[6] STEMBERGER, Juden und Christen, 167, spricht von „Befürwortung", SCHRECKENBERG, 277, sogar davon – ohne jedoch einen Beleg dafür zu bringen –, daß der Plan zum Tempelbau „im zeitgenössischen Judentum vielerorts große Begeisterung auslöste", und LIETZMANN, 285, meinte zudem, Julian habe vor Baubeginn „die Häupter der Judenschaft vor sich kommen lassen [...] und ihnen seine Absicht" angekündigt, was freilich eher nach der (antijüdischen)

unter dessen Namen in yMSh 5,2 (56a) und yTaan 2,1 (65a) überlieferten
Aussprüchen herauslesen zu können.

Nach yMSh 5,2 (56a) hat R. Acha die Mischna des R. Jose b. Chalafta
„Wenn der Tempel wieder erbaut sein wird, wird man zur alten Ordnung
zurückkehren" mit den Worten erklärt: „Das besagt, daß der Tempel vor
der Herrschaft des Hauses David erbaut werden wird." M.a.W. hat R. Acha
danach die Ansicht vertreten, die Wiedererrichtung des Tempels geht dem
Wiedererstehen des davidischen Reiches voraus. Und BACHER fügt hinzu:
„Da Acha jenes Unternehmen Kaiser Julian's erlebt hat, so erscheint diese Aeußerung wie eine Widerlegung des Einwandes, wie denn der Tempel
erbaut werden könne, bevor das Reich Davids, die Selbständigkeit Israels
hergestellt sei."[7]

In dieselbe Richtung weist nach BACHER auch der zweite, gleich mehrfach
überlieferte Ausspruch[8] R. Achas, dem zufolge dem zweiten Tempel fünf
Dinge gefehlt haben, die im ersten Tempel vorhanden waren. Nach dem
Midrasch Tanchuma sind diese fünf Dinge die Bundeslade, der Leuchter,
das Altarfeuer, der heilige Geist und die Cherubim gewesen.[9] Daraus zieht
BACHER den Schluß: „Acha wollte mit dem Hinweise auf diese fünf, dem
zweiten Tempel fehlenden Dinge gewissermaßen sagen, daß der dritte, nun
zu erbauende Tempel, wenn ihm auch die genannten Attribute des ersten
Tempels abgehen, wenigstens dieselbe Heiligkeit und Würde haben werde
wie der zweite Tempel."[10] Dem entgegen steht freilich ein anderes Dictum
desselben R. Acha in QohR 9,8 Anf. (114f.), dem zufolge R. Acha das Ende
„der Schande Julians und Pappus'" (ḥerpātān šæl Lulyānūs ū-Pappūs) begrüßt
habe, was nach LIEBERMAN auf das Scheitern des Tempelbaus zu beziehen
ist,[11] worin ihm SONNE allerdings entschieden widersprochen hat.[12]

Ohne auf das Für und Wider der Ansichten BACHERS und LIEBERMANS
hier weiter einzugehen: Auch wenn beider Argumente in der Folgezeit ver-
schiedentlich aufgegriffen und neu diskutiert worden sind – vor allem BA-
CHERS These hat Zuspruch erfahren, u.a. von AVI-YONAH[13] –, überzeugender
sind sie deswegen nicht geworden. Tatsächlich ist bei unvoreingenommenem
Lesen in der gesamten zeitgenössischen, d.h. antiken rabbinischen Literatur
bis heute kein einziger Text gefunden worden, in dem zweifelsfrei und un-

---

Legende vom Besuch der vierhundert Tiberiensischen Rabbiner (sic!) bei Kaiser Julian klingt, die
Anastasios Sinaites in seinem Dialogus parvus ad Judaeos (MPG 89, Sp. 1271–1274) überliefert
hat; s. dazu SCHRECKENBERG, 466f.; zur Sache s. ADLER, 66f. mit 100 Anm. 108–110, und BARON,
Bd. V, 350 Anm. 62.

[7] BACHER, Agada, Bd. III, 112.
[8] Belege in: BACHER, Agada, Bd. III, 112 Anm. 1.
[9] Tan be-haʿalotekha 6 (158f.); TanB be-haʿalotekha 11 (25b).
[10] BACHER, Agada, Bd. III, 112f.
[11] Zit. bei BARON, Bd. II, 392 Anm. 41.
[12] SONNE, Use of Rabbinic Literature, 163ff., und DERS., Word and Meaning, 318ff.
[13] AVI-YONAH, 201.

mißverständlich von Julians Tempelbau geredet wird,[14] ganz zu schweigen von einem solchen, der dieses Bauvorhaben billigte oder gar befürwortete.[15] Ist der diesbezügliche Befund in der rabbinischen Literatur also negativ, so finden sich Hinweise nicht nur auf eine (angebliche oder tatsächliche) jüdische Zustimmung zum Tempelbau, sondern sogar Veranlassung und entsprechende Unterstützung von Julians Bauvorhaben interessanterweise jedoch in einiger Zahl bereits bei zeitgenössischen christlichen Autoren.

So berichtet beispielsweise Gregor von Nazianz (um 330–390) in seinen Kampf- und Schmähreden gegen Kaiser Julian (Oratio V,3–4 [S. 298–301]),[16] die Juden hätten sich, sobald ihnen Julian seine Pläne eingeredet hatte, „mit viel Tatkraft und Begeisterung ans Werk gemacht. Ihre Bewunderer sagen sogar, ihre Frauen hätten nicht nur allesamt ihren persönlichen Schmuck abgenommen, um dem Werk und denen, die sich darum mühten, zu helfen; vielmehr hätten sie sogar in ihren geschürzten Kleidern die Erde (aus dem Tempelgebäude) herausgetragen, ohne ihre schönen Kleider oder ihre zarten Glieder zu schonen; denn sie glaubten ein religiöses Werk zu tun und daß alles im Vergleich mit diesem Unternehmen geringzuschätzen sei" (ibid. V,4 Anf.).

In ähnlicher Weise äußerte sich auch Ephraem der Syrer (um 306–373) in seinen Hymni contra Julianum.[17] Er spricht von einer jüdischen Euphorie, einer Welle der Begeisterung unter den Juden, die sogar das Schofar geblasen und gejubelt haben.[18] Und der bereits erwähnte Tyrannius Rufinus von Aquileja wußte zu berichten, daß die Juden „*accepta ab eo (sc.: imperatore) reparandi templi licentia in tantum insolentiae pervenerunt, ut aliquis eis prophetarum redditus videretur. igitur ex omnibus locis atque provinciis convenire Iudaei, locum templi olim igne consumpti adgredi coepere comite properandi operis ab imperatore concesso*"[19] (h.e. 10,38 [GCS 9.2, S. 997]) und in ihrem Überschwang die Christen nachgerade belästigt hätten.[20]

---

[14] Wenn man von den frühneuzeitlichen jüdischen Historikern Abraham Zacuto (um 1450–1515), Gedalja ibn Jachja (1515–1587) und Dawid Gans (1541–1613) absieht, die sich in ihren jeweiligen Geschichtswerken allerdings zum einen auf den römischen Historiker Ammianus Marcellinus und zum anderen auf christliche Autoren (s.u.) stützen, wie bereits ADLER, 81–84 mit 109f. Anm. 175–185, hinlänglich nachgewiesen hat.

[15] So mit Recht BARON, Bd. II, 160f. mit 392 Anm. 41.

[16] ALTANER/STUIBER, 298–303, dort 300; SCHRECKENBERG, 297f.

[17] ALTANER/STUIBER, 343–346, dort 345.

[18] Hymni I,16.19 (Bd. LXXVIII, 74f. [= Text], Bd. LXXIX, 68f. [= Übers.]); II,2 (Bd. LXXVIII, 76 [= Text], Bd. LXXIX, 70 [= Übers.]); vgl. dazu STEMBERGER, Juden und Christen, 169.

[19] … daß die Juden, „nachdem sie von ihm (dem Kaiser) die Erlaubnis zum Wiederaufbau des Tempels erhalten hatten, in so große Erregung geraten wären, als wäre einer der Propheten zu ihnen zurückgekehrt. Die Juden hätten daher angefangen, aus allen Orten und Provinzen zusammenzulaufen und den Ort des einst vom Feuer verzehrten Tempels zu besteigen und sich ans Werk der ihnen vom Kaiser erlaubten Wiederaufbaus zu machen" …

[20] Ambrosius (gest. 397) behauptet in diesem Zusammenhang in seiner Epistula LXXIII (40),15 (Bd. X.3, S. 63), die Juden hätten damals die christlichen Kirchen in Damaskus, Gaza,

Es mag hier dahingestellt bleiben, ob diese und ähnliche Berichte einen
Kern historischer Wahrheit enthalten. Eine archäologische Bestätigung für
eine jüdische Beteiligung am Tempelbauprojekt meinte MAZAR in einer vor
knapp drei Jahrzehnten von ihm bei der Westmauer des Tempels entdeckten
Inschrift gefunden zu haben, die er ins vierte Jahrhundert datierte.[21] Diese
Inschrift enthält das Zitat aus Jes 66,13f.: „Wenn ihr es seht, wird euer Herz
sich freuen und eure Gebeine werden aufsprossen wie frisches Gras." Nach
MAZAR kann diese Inschrift nur von Juden angebracht worden sein. Wann
aber konnten sich, so fragte MAZAR, Juden in Jerusalem aufhalten, um eine
solche Inschrift anzubringen, wenn nicht unter Julian? Folgerichtig bringt
MAZAR diese Inschrift mit dem versuchten Tempelbau unter Julian in Zusammenhang; doch zwingend ist diese Schlußfolgerung indessen ebensowenig wie ihre Datierung. Neuere Untersuchungen dazu haben MAZARS These
jedoch nicht nur nicht bestätigt, sondern widerlegt; denn danach gehört die
von MAZAR entdeckte Inschrift zu einer Friedhofsanlage.[22]

So bleibt es bei der Aporie: In der antiken rabbinischen Literatur haben
wir keinen einzigen eindeutigen und unmißverständlichen Beleg dafür, daß
Julians Tempelbau jüdischerseits auf Zustimmung oder Befürwortung oder
gar Begeisterung gestoßen ist. Selbst wenn man den zitierten christlichen
Autoren zuzugestehen geneigt ist, historisch richtige, d.h. zutreffende Angaben gemacht zu haben, es also tatsächlich eine jüdische Zustimmung und
Unterstützung des Tempelbaus gegeben hat, dann wäre immer erst noch zu
klären, von welchen jüdischen Kreisen solche Zustimmung gegeben und Unterstützung geleistet worden sein könnte. Die üblicherweise darauf gegebene
Antwort, die diese jüdischen Kreise in „der gewöhnlichen jüdischen Bevölkerung" sucht,[23] hilft da nicht viel weiter; denn wer soll(te) diese „gewöhnliche
jüdische Bevölkerung" gewesen sein?

Überraschen kann die genannte Aporie m.E. freilich nicht. Denn zu dem
Zeitpunkt, als Julian sein Bauunternehmen begonnen hatte, war der Tempel
längst nicht nur obsolet, sondern geradezu überflüssig geworden, zumindest
für jene jüdischen Kreise, denen wir das Korpus der rabbinischen Literatur verdanken. Sie hatten für den Tempel längst einen Ersatz (gefunden),
einen Ersatz, der nicht nur nach außen hin sichtbar war, sondern auch auf
intellektueller ebenso wie geistig-religiöser Ebene als ein adäquater Ersatz
empfunden worden ist. Dabei mag man natürlich fragen, ob der hier gewählte Begriff des Ersatzes, der *Substitution des Tempels* ein für das Phänomen,
das damit beschrieben ist, angemessener Begriff ist. Versteht man darunter
jedoch nicht allein eine Ablösung des Tempels in zeitlicher Folge, sondern
eine akzeptierte Alternative zum Tempel, die bereits zeitgleich mit ihm exi-

---

Askalon, Beirut und Alexandria zerstört. Zu diesem Brief s. auch SCHRECKENBERG, 304f.309f.

[21] MAZAR, 38; DERS./CORNFELD, 88.

[22] Wovon kürzlich auch J. BREMER in der FAZ (2. 4. 1998, S. 38) berichtet hat.

[23] Vgl. dazu STEMBERGER, Juden und Christen, 169.

stiert hat und als solche akzeptierte Alternative daher nach der Zerstörung
des Tempels weiterbestehen konnte, dann hat er sicher seine Berechtigung.
Den nach außen hin sichtbaren Beleg für einen solchen Tempelersatz
bieten nicht zuletzt die Synagogen und Lehrhäuser, zumal all jene, deren
Innenräume – wenn auch nachweislich erst seit dem 2./3. Jh. – offenbar
ganz bewußt mit Bildern, Mosaiken und anderen architektonischen oder
dekorativen Elementen ausgestattet worden sind, die an den ersten Tempel
erinnern, jedenfalls so wie er in I Reg 6,14–36; 7,15–51 beschrieben ist. Daß
diese Dekorationen tatsächlich nicht nur die Erinnerung an den einstigen
Tempel wachhalten, sondern die so dekorierten Synagogen und Lehrhäuser
dadurch zugleich auch eine Form von Tempelersatz darstellen sollten, belegen anschaulich die Diskussionen, die unter den Talmudweisen um diese Art
der Ausgestaltung von Synagogen und Lehrhäusern geführt worden sind,
und zwar nicht nur in der Antike, sondern sogar noch im Mittelalter, bis ins
13. Jh. hinein, wie dies u.a. noch Josef b. Nathan Offizial (2. Hälfte 13. Jh.) in
seinem Sefer Josef ha-Meqanneh[24] und R. Me'ir von Rothenburg (gest. 1294)
in seinen Tossafot zu bYom 54ab bestätigen.[25] Ging es bei diesen Diskussionen doch nicht allein um die Frage der Legitimität bildlicher Darstellungen
in Synagogen und Lehrhäusern an sich, sondern zugleich auch und vor allem
um das Problem der Nachahmung von Elementen, die der Tradition nach
Teil des Tempels gewesen sind, beispielsweise um die Frage der Zulässig-
keit gemalter Cheruben, um die Abbildung der beiden Säulen Jachin und
Boas o.ä. Doch ist auch dies hier nicht unser Thema, so interessant es wohl
wäre, ihm genauer nachzugehen. Hier geht es vielmehr um die andere Form
der Tempelsubstitution, um das, was oben die Substitution des Tempels auf
intellektueller und geistig-religiöser Ebene genannt worden ist.

Als *loci classici* dieser Weise der Tempelsubstitution dürfen dabei zwei
allseits bekannte Dicta aus den Pirqe Avot (= mAv) angesehen werden; jedenfalls erweisen sie sich als solche *loci classici*, wenn man sich ihre Auslegungs-
und Wirkungsgeschichte anschaut, wie sie schon in ARN A 4 (9b–13a) und,
ihnen folgend, in den klassischen Kommentaren zu den Pirqe Avot entfaltet
ist; und auf einige Aspekte dieser Auslegungs- und Wirkungsgeschichte soll
im folgenden eingegangen werden.

Gemeint sind mit diesen *loci classici* der Tempelsubstitution die unter den
Namen des Schim'on des Gerechten[26] und des Rabban Schim'on b. Gamli'el

---

[24] Hg. v. ROSENTHAL, §§ 29 und 29a.
[25] Vgl. K. und U. SCHUBERT, Bd. I, 72f.
[26] Unklar ist, ob hier Schim'on I. (nach Jos Ant XII,43: um 300 v.) oder Schim'on II. (nach Jos
Ant XII,224: um 200 v.) gemeint ist; vgl. dazu SCHÜRER, Bd. II, 359f. Nach Sir 50,1–21 würde der
Beiname „der Gerechte" eher zu Schim'on II. passen, den die spätere „rabb[inische] Tradition
[…] als Typus des guten Hohenpriesters" betrachtete, wie STEMBERGER, Einleitung in Talmud
und Midrasch, 73, meint. Ebenso RABINOWITZ in: Mosche b. Maimon, Perush le-Massekhet
Avot, 4f. Anm. 1; SCHÄFER, 48f.; NEUSNER, The Rabbinic Traditions, Bd. I, 27–59.

(II., gest. 163/4 n.)[27] überlieferten Dicta in mAv 1,2 und 1,18, die sowohl die formale als auch gleichermaßen die inhaltliche *Inclusio* des ersten Kapitels der Pirqe Avot bilden, wie aus deren Auslegung in ARN hervorgeht und GOLDIN vor 40 Jahren schon in seinem nach wie vor lesenswerten Aufsatz „Three Pillars of Simeon the Righteous" gezeigt hat.[28]

Das Dictum in mAv 1,2[29] lautet: „Schimʿon der Gerechte war einer von den letzten Männern der Großen Versammlung. Er pflegte zu sagen: ‚Auf drei Dingen (be)steht die Welt: auf der Tora (ʿal hatôrâ), auf dem Gottesdienst (ʿal haʿᵃbôdâ) und auf dem Tun von Liebeswerken (ʿal gᵉmîlût hᵃsādîm).' " In seiner Dreiteiligkeit geht dieses Dictum zweifellos auf II Chr 31,21 zurück, wenngleich die Reihenfolge der „drei Säulen" in II Chr 31,21 eine andere ist; denn hier steht an erster Stelle ʿᵃbôdat bêt haʾᵆlohîm, dann folgt tôrâ und an dritter Stelle miṣwâ, die der gᵉmîlût hᵃsādîm gleichzusetzen ist. Daß dieser Wechsel in der Reihenfolge der „drei Säulen" zugleich auf einen Wechsel in deren Rangfolge und Wertigkeit hinweist oder ihn zumindest vorsichtig andeutet, darf dabei wohl vermutet werden.[30]

Die grundsätzliche Frage, ob der Satz „auf drei Dingen (be)steht die Welt" mit der hier zitierten Übersetzung richtig wiedergegeben ist, braucht sicher nicht weiter erörtert und vertieft zu werden; für den vorliegenden Zusammenhang ist sie unerheblich. Nur zur Erinnerung: Das Problem, um das es dabei geht, ist ein doppeltes: zum einen die Bedeutung der Präposition ʿal, zum anderen die unterschiedliche Textüberlieferung dieser Mischna; denn in einer Reihe von Belegen steht qayyam anstelle von ʿomed.[31] Die hier zitierte Übersetzung repäsentiert zugegebenermaßen denn auch nur eine der beiden nachgerade klassisch gewordenen alternativen Deutungen, die beide im Laufe der Auslegungsgeschichte dieser Mischna gleichermaßen ihre Verfechter gefunden haben. Die beiden Kommentatoren des 13. bzw. 14. Jh., R. Jona b. Abraham von Gerona (um 1200–1263)[32] und der Arzt und Exeget R. Schelomo (Abu r-Rabiʿ) b. Yaʿisch aus Sevilla (gest. 1345)[33], haben diese beiden alternativen Deutungen mit folgenden Worten auf den Punkt gebracht:

---

[27] RABINOWITZ in: Mosche b. Maimon, Perush le-Massekhet Avot, 33f. Anm. 5; STEMBERGER, Einleitung in Talmud und Midrasch, 86.

[28] GOLDLIN, Three Pillars, 43–57.

[29] Dasselbe in yTaan 4,2 (68a); yMeg 3,6 (74b); anonym in DevR 5,1 (MIRKIN, Bd. XI, 85); PesR 5 (15b); Tan naso 19 (Bd. II, 49f.); PRE 16 (ed. Eschkol 48).

[30] Urbach, Bd. I, 286f.

[31] Zum Bedeutungsunterschied s. bereits Bezalel Aschkenazi, Shinnuye nushaʾot (z.St.), in: Shisha Sidre Mishna, ed. Wilna, Bd. VIII, Bl. 83b (am Rande); Jomtov Lipman Heller (1579–1654), Tossafot Jom Tov, in: ebd., Bl. 84a; TAYLOR, Sayings of the Jewish Fathers, Bd. I, 12 und Bd. II, 139.

[32] Zur Person s. SÁENZ-BADILLOS/TARGARONA BORRÁS, 177f.

[33] Zur Person s. op. cit., 99.

Jona b. Abraham von Gerona erklärte zu dem Satz,[34] daß „auf drei Dingen die Welt (be)steht (ʿomed)":

„Das besagt, daß um dieser Dinge willen die Welt geschaffen worden ist; denn weiter unten (in 1,18) heißt es, ‚auf drei Dingen (be)ruht (qayyam) die Welt‘, und es sind nicht dieselben [drei Dinge], die dort erwähnt werden; deshalb müssen wir unterscheiden. Das ʿomed jedenfalls will besagen, daß die Welt um dieser [drei Dinge] willen geschaffen worden ist."[35]

Demgegenüber meinte Schelomo (Abu r-Rabiʿ) b. Yaʿisch, dessen auf bHag 12b zurückgehende Auslegung von seinem aus Toledo gebürtigen Zeitgenossen R. Josef b. Josef b. Nachmias (1. Hälfte 14. Jh.)[36] zitiert wird: „Diese drei Dinge bilden das Fundament und die Basis der Welt",[37] wobei sowohl für Schelomo (Abu r-Rabiʿ) b. Yaʿisch als auch für Josef b. Josef b. Nachmias natürlich die Tora – bzw. genauer: das Studium der Tora – das unbestreitbar wichtigste Fundament der Welt ist. Dieselbe Ansicht vertrat übrigens dann auch R. Schimʿon b. Zemach Duran (1361–1444)[38] in seinem Mischnakommentar: „Die Welt schwebt im Raum und wird durch nichts anderes gehalten als den Atem des Torastudiums aus dem Munde der Schüler der Tora, wie ein Mensch etwas in der Luft halten kann einfach dadurch, daß er es mit seinem Atem anbläst."[39]

Auf eine weitere, ins einzelne gehende Interpretation von Schimʿons „drei Säulen" kann hier verzichtet werden.[40] Hier interessiert allein die Frage: Was ist mit (ʿal) haʿᵃbôdâ gemeint? Gewiß, im Munde Schimʿons des Gerechten – gleichviel, ob dabei an Schimʿon I. oder Schimʿon II. gedacht wird, der Überlieferung nach waren beide Hohepriester[41] – wird dies zweifellos der Tempelgottesdienst, d.h. die Darbringung der Opfer im Tempel gewesen sein. So steht es auch in den ARN B 5 (9b–10a) und ähnlich in ARN A 4 (10ab):[42]

---

[34] Ebenso auch Obadja b. Abraham di Bertinoro (um 1470–1520) z.St., in: Shisha Sidre Mishna, ed. Wilna, Bd. VIII, Bl. 78b.

[35] Perush Avot, in: Talmud Bavli, ed. Wilna, Bd. XVI, Bl. 4b Sp. 1. Teilweise zitiert bei Schelomo ʿAdani, Melekhet Shelomo (zu Pirqe Avot), in: Shisha Sidre Mishna, ed. Wilna, Bd. VIII Anhang 1, Bl. 26a, und RABINOWITZ in: Mosche b. Maimon, Perush le-Massekhet Avot, S. 34 Anm. 1; der erste Satz des Zitates engl. bei GOLDIN, Living Talmud, 46. Zur Sache: BerR 1,10 Ende (MIRKIN, Bd. I, 11); WaR 23,3 (MIRKIN, Bd. VIII, 45). Vgl. dazu Mosche b. Chajim Alscheikh, Sefer Torat Moshe, Bd. II, 314b (zu Ex 28,13f.).

[36] Zur Person s. SÁENZ-BADILLOS/TARGARONA BORRÁS, 193.

[37] Perush Avot (z.St.); engl. bei GOLDIN, Living Talmud, 46.

[38] Zur Person s. SÁENZ-BADILLOS/TARGARONA BORRÁS, 113f.

[39] Magen Avot (z.St.); engl. bei GOLDIN, Living Talmud, 47.

[40] S. dazu die Kommentare in der Wilnaer Ausgabe: Shisha Sidre Mishna, Bd. VIII, 78b–79a, und AVEMARIE, 57f.

[41] Vgl. Jos Ant XII,43; XII,224, und Jona b. Abraham aus Gerona, Perush Avot zu 1,2 (in: Talmud Bavli, ed. Wilna, Bd. XVI, Bl. 4b, Sp. 2), Obadja b. Abraham di Bertinoro z.St., in: Shisha Sidre Mishna, ed. Wilna, Bd. VIII, Bl. 78b.

[42] Ebenso bMeg 31b und bTaan 27b. Obadja b. Abraham di Bertinoro (z.St.) spricht daher ausdrücklich an dieser Stelle von ʿᵃbôdat haqᵃrbānôt (in: Shisha Sidre Mishna, ed. Wilna, Bd. VIII, Bl. 79a). Dass. bei Ibn Aknin, Sefer Musar, 6f.

„(ʿal) haʿᵃbôdâ – das meint den Gottesdienst im Tempel. Solange der Tempelgottesdienst praktiziert wurde, ruhte Segen auf der Welt [...]. Die Menschen aßen und wurden satt, und das Vieh fraß und wurde satt, wie es heißt (Dtn 11,15): ‚Dann gebe ich deinem Vieh Gras auf deinem Feld.' Seit aber der Tempel zerstört ist, ist der Segen von der Welt genommen worden, wie es heißt (Dtn 11,16f.): ‚Doch hütet euch, daß euer Herz euch verführt und ihr abweicht etc. und der Zorn Gottes gegen euch entbrennt etc.' " Dementsprechend lautet auch das Fazit in ARN A 4 (10ab): „Daraus lernst du, daß es keinen Gottesdienst gibt, der vor dem Heiligen, gepriesen sei Er, mehr geliebt ist als der Gottesdienst im Tempel (šæᵉēn ᵃbôdâ šæḥîᵉ ḥabîbâ lipnê HQB"H yôter meᵃbôdat bêt hamiqdāš).“

Zu bezweifeln ist allerdings, ob diese Interpretation, diese alles überragende Wertschätzung des Tempelgottesdienstes zur Zeit des Schimʿon des Gerechten tatsächlich noch als *opinio communis* in der jüdischen Welt zu betrachten ist. Eine Relativierung der Bedeutung des Tempelgottesdienstes scheint das Dictum selbst schon anzudeuten, indem es eine seinem – beinahe zeitgleichen – Vorbild in II Chr 31,21 gegenüber geänderte Reihen- und damit auch Rangfolge der „drei Säulen" aufweist und auf diese Weise zumindest andeutet, daß lange vor dem Jahre 70 n. bereits, also schon lange vor der Zerstörung des Zweiten Tempels, bei weitem nicht (mehr) alle Juden im Jerusalemer Tempel und Tempelgottesdienst die tragende Säule der Welt gesehen haben; ganz sicher nicht jene, die in der Diaspora lebten und entweder aus geographischen Gründen vom Tempelgottesdienst in Jerusalem ausgeschlossen waren oder sich – wie die jüdische Gemeinde in Elephantine – einen eigenen Tempel geschaffen hatten. Ebenso gab es auch in Eretz Israel selbst Gruppierungen innerhalb der jüdischen Gemeinschaft, die die Idee der Zentralität des Jerusalemer Tempels und Tempelgottesdienstes nicht zuletzt aus politisch-ideologischen Gründen zurückgewiesen haben. Spätestens seit der Hasmonäerzeit war der Tempel ohnehin manchen mindestens problematisch, wenn nicht gar suspekt geworden. Eine offene Frage scheint mir schließlich auch zu sein, ob diejenigen, denen wir die Überlieferung und Redaktion der Pirqe Avot verdanken, bei dem Begriff ᵃbôdâ in mAv 1,2 überhaupt noch an den Jerusalemer Tempel und Tempelgottesdienst gedacht haben; wie denn selbst für den Hohenpriester Schimʿon nicht der Tempelgottesdienst, sondern die Tora, d.i. das Studium der Tora, an erster Stelle steht.

Daß vollends nach dem Jahre 70 n. dann an die Stelle der zunächst als Tempelgottesdienst verstandenen ᵃbôdâ nicht nur ein anderer Begriff, sondern damit auch eine andere Sache getreten ist, bezeugt nun das zweite bereits erwähnte Dictum aus mAv 1,18. Dort heißt es nämlich:

„Rabban Schimʿon b. Gamliʾel sagte: Auf drei Dingen (be)ruht (qayyam) die Welt: auf dem Recht (ʿal hadîn), auf der Wahrheit (ʿal haˣmæt) und auf dem Frieden (ʿal hašālôm), wie es heißt (Sach 8,17): ‚Wahrheit und Recht des Friedens richtet in euren Toren'.“

Die Parallelität der beiden mit dem Namen Schimʿon verbundenen Dicta fällt
auf den ersten Blick schon auf. Das Dictum Rabban Schimʿon b. Gamliʾels
scheint geradezu eine Variante des Dictums von Schimʿon dem Gerechten zu
sein. In formaler Hinsicht sind beide jedenfalls gleich. Sollte es sich in Rabban
Schimʿon b. Gamliʾels Dictum tatsächlich um eine Variante des Dictums vom
Schimʿon dem Gerechten handeln, wie in den Kommentaren zumeist angenommen wird, dann wären „die drei Säulen" Schimʿons des Gerechten durch
„die drei Säulen" Schimʿon b. Gamliʾels gleichsam ersetzt, und es stellt sich
sofort die Frage, welche „Säule" hier durch welche ersetzt werden soll; denn
hinsichtlich der Reihenfolge der „drei Säulen" in mAv 1,18 ist die Textüberlieferung nicht einheitlich, und dementsprechend unterscheiden sich denn
auch die daran angeknüpften Erklärungen und Auslegungen voneinander.

Die hier zitierte Reihenfolge *dîn* – *ʾæmæt* – *šālôm* bezeugen u.a. die
Mischnahandschrift Ms. Kaufmann (Budapest, MS. A 50),[43] die Wilnaer
Mischna-Ausgabe,[44] der Siddur Rinnat Yiśraʾel,[45] die Textausgaben von Taylor[46] und Albeck/Yalon[47] sowie die von Katsh veröffentlichten Geniza-
Fragmente,[48] und in eben dieser Wortfolge wird mAv 1,18 auch in yTaan 4,2
(68a Ende) und yMeg 3,6 (74b) zitiert.[49] Hingegen lautet die Reihenfolge der
„drei Säulen" nach den Texten im Wilnaer Siddur Seder Rinnah u-Tefillah
(Bl. 75a), im Seder ʿAvodat Yiśraʾel (S. 274) und im Siddur Sefat Emet (S.
152) sowie in den Ausgaben von Bamberger,[50] Strack,[51] Hoffmann[52] u.a.:
ʾæmæt – *dîn* – *šālôm*.

Im letzteren Fall wären demnach *ʾæmæt* an die Stelle von *tôrâ*, *dîn* an die
Stelle von *ʿabôdâ* und *šālôm* an die Stelle von *gᵉmîlût ḥᵃsādîm* getreten. So
sah es übrigens auch Neusner, der dazu unter Berufung auf seinen Lehrer
Smith erklärte:

„[No. 18] clearly presents a post-135 revision of no. 2: the Torah now is truth, a
philosophizing tendency; the Temple service is now replaced by justice; and the deeds
of lovingkindness are replaced by peace." Und er fügte hinzu: „M. Smith observes

---

[43] Faksimile-Ausgabe, hg. v. Beer, S. 338; den gleichen Text hat die Cambridger Handschrift,
hg. v. Lowe, The Mishna on which the Palestinian Talmud rests, Cambridge 1863 (zit. bei
Taylor, Bd. II, 70). Zum Wert dieser Handschriften s. Krupp, 252–259, bes. S. 253f.
[44] Ed. Wilna, Bd. VIII, Bl. 83b–84a; ebenso Ibn Aqnin, Sefer Musar, 26.
[45] Hg. v. Tal, S. 329.
[46] Taylor, Sayings of the Jewish Fathers, Hebrew Text S. 60 (engl. Übers. Bd. I, 25). Taylor
zitiert diese Mischna als mAv 1,19.
[47] Shisha Sidre Mishna, Bd. IV, 356.
[48] Katsh, 4.
[49] Für *qayyam* steht dort allerdings – wie in mAv 1,2 – ʿomed. Zur Sache s. Taylor, Sayings
of the Jewish Fathers, Bd. II, 139.
[50] Bamberger, 15.
[51] Strack, 16.
[52] In: Mischnajot, Bd. IV, 331.

that the basis of ‚the world‘ is no longer the coherent ‚brotherhood of Israel‘, but the *pax Romana*.“[53]

So einleuchtend diese Interpretation der Ersetzung der „drei Säulen“ von mAv 1,2 durch die „drei Säulen“ von mAv 1,18 auf den ersten Blick auch erscheinen mag, im Kontext der Verhältnisse nach dem Jahre 135, also nach dem gescheiterten Bar-Kochba-Aufstand, auf die NEUSNER ausdrücklich verweist, ist sie indessen nur sehr schwer vorstellbar und dürfte daher wenig wahrscheinlich sein. Selbst wenn Neusner hinsichtlich der Ersetzung von ʿᵃbôdâ durch dîn und gᵉmîlût ḥᵃsādîm durch šālôm in der Sache zumindest auf prophetische Vorbilder verweisen und diese für sich in Anspruch nehmen kann, macht sie unter Berücksichtigung der zeitgeschichtlichen Verhältnisse jedoch keinen rechten Sinn, wie bereits VIVIANO bemerkt und daher zu Recht gegen NEUSNER eingewandt hat: „It is [...] to be doubted whether the rabbis of the period immediately following the Bar Kokhba debacle (ca. A. D. 140–165) were yet ready to perceive the *pax Romana* as *shalom*.“[54]

Darf diese wenig überzeugende Interpretation also beiseite bleiben, ist die These von der Ersetzung der in mAv 1,2 erwähnten „drei Säulen“ durch die in mAv 1,18 genannten drei damit freilich nicht hinfällig und vom Tisch. Im Gegenteil, sie hat dann sogar einiges für sich, wenn sie in mAv 1,18 von derjenigen Reihenfolge ausgeht, die nicht zuletzt die durch die Handschrift Ms. Kaufmann A 50 bezeugte Textüberlieferung für mAv 1,18 belegt. Danach ist dîn das Äquivalent bzw. Substitut für tôrâ, ʾᵆmæt das Äquivalent bzw. Substitut für ʿᵃbôdâ und šālôm das Äquivalent bzw. Substitut für gᵉmîlût ḥᵃsādîm. Diese Ansicht hätte zugleich den doppelten Vorteil, daß sie sich zum einen auf die anerkanntermaßen bessere, also verläßlichere Textüberlieferung der Mischna bezieht und zum anderen auch die großen – mittelalterlichen und (früh)neuzeitlichen – Kommentare zur Mischna auf ihrer Seite hat.

Trifft es folglich zu, daß in mAv 1,18 ʾᵆmæt an die Stelle von ʿᵃbôdâ in mAv 1,2 getreten ist, stellt sich als nächstes die Frage, in welchem Sinne diese Substitution zu verstehen ist. Der Begriff ʾᵆmæt als Substitut für ʿᵃbôdâ hat dabei, wie die Kommentare z.St. belegen, von Anfang an eine doppelte Bedeutung und Füllung erhalten. Auf einen Aspekt der Neufassung des Begriffs der ʿᵃbôdâ weisen einerseits der aus dem Kreis der Schüler Raschis stammende Machsor Vitry mit Bezug auf bBer 32b und andererseits die Pirqe de-Rabbi Eliʿezer (PRE) 16 Anf. (S. 48) hin. Im Machsor Vitry (S. 465) heißt es in Auslegung von mAv 1,2: „Jetzt, da es den Tempel (und Tempelgottesdienst) nicht mehr gibt, wird die Welt erhalten durch die Tora, durch das Tun von Liebeswerken und durch das Gebet (tᵉfillâ), denn das

---

[53] NEUSNER, Rabbinic Traditions, Bd. I, 18.
[54] VIVIANO, 31.

Gebet ist an die Stelle der ͨa*bôdâ* getreten",[55] denn „größer ist das Gebet als die Opfer, wie es heißt (Jes 1,11): ‚Was soll mir die Fülle eurer Opfer etc.' ' (bBer 32b). Daß das Gebet „der Gottesdienst" ist, wird in PRE 16 Anf. (S. 48)[56] ausdrücklich mit der Diasporaerfahrung in Verbindung gebracht:

„Woher [wissen wir, daß die Welt] auf der ͨa*bôdâ* [(be)steht]? Es steht geschrieben (Prov 15,8b): ‚Das Gebet der Aufrichtigen ist Sein Wohlgefallen'. Und wieso [bedeutet] Gottesdienst Gebet? Wir finden bei Daniel, daß gesagt ist (Dan 6,17): ‚Dareios sagte zu ihm: Möge dein Gott, dem du unablässig dienst etc.' Welchen anderen Gottesdienst sollte es in Babylon geben als das Gebet?!"

Das synagogale Gebet also ersetzt den Tempelgottesdienst. Daß und in welchem Maße das synagogale Gebet tatsächlich als Substitut, als adäquater Ersatz des Tempelgottesdienstes verstanden werden konnte, belegt nicht zuletzt die dafür verwendete Terminologie. Nicht ohne tieferen Grund werden das Morgen-, Nachmittag- und Abendgebet bis heute bekanntlich mit denselben Begriffen bezeichnet wie die einst im Tempel dargebrachten täglichen Opfer.

Den zweiten Aspekt der Neufassung des Begriffes der ͨa*bôdâ* beleuchtet der vorhin schon einmal zitierte Schimͨon b. Zemach Duran. Er kommentierte das Dictum in mAv 1,2 mit den Worten:

„Folgendes ist zu bedenken: Die ganze Welt ist allein um des Menschen willen geschaffen worden, und der Mensch ist allein dazu geschaffen worden, Gott, erhoben sei Er, zu dienen. Jerusalem ist aus allen Städten und Israel aus allen Völkern der Welt allein dazu erwählt worden, daß der Tempelgottesdienst gehalten werden kann. Und unsere Weisen, ihr Andenken zum Segen, haben uns gelehrt, daß in der Zeit, in der es keinen Tempel gibt, derjenige, der die Brandopfer- und Speiseopfergesetze studiert, angesehen wird, als ob er sie in Wirklichkeit dargebracht hätte … Denn Opfer für Gott sind ein gebrochenes Herz. Das meint, daß mit gebrochenem Herzen zu beten in weit stärkerem Maße Sühne wirkt, als ein Tieropfer darzubringen, weil der, der mit gebrochenem Herzen betet, gleichsam sich selbst, sein eigenes Fett und Blut als Opfer darbringt. Und dasselbe gilt von dem, der fastet."[57]

Bemerkenswert ist hier der explizite Hinweis darauf, daß sowohl das Fasten als auch das Studium der Opfergesetze der Tora die gleiche Bedeutung und Wirkung haben wie die Darbringung der Opfer selbst, beide also als adäquates Substitut für ͨa*bôdâ* gelten. Daß dies natürlich nicht erst Schimͨon b. Zemach Durans Deutung und schon gar nicht seine eigene ist, sagt er im übrigen selber, indem er sich hier ausdrücklich auf die Worte der Weisen bezieht. Daß das Fasten ein sühnewirkendes Opfer ist, hatte bereits R.

---

[55] Dass. auch im Schulchan Arukh, Orach Chajim § 123,1. Vgl. dazu PesR 25 (165b), bRH 17b; zur Sache s. AVEMARIE, 57 Anm. 39.

[56] Vgl. dazu die Warschauer Ausgabe z.St. (36b–37a), und FRIEDLANDER, Pirke de Rabbi Eliezer, 106 Anm. 4.

[57] Magen Avot (z.St.); engl. bei GOLDIN, Living Talmud, 47.

Scheschet nach bBer 17a (1) damit erklärt, daß es – wie das Opfer – einem Hingeben von „Fett und Blut" gleicht (*nitmâʿeṭ ḥælbô wᵉdāmô*) und *ʿinnâ ʾæt napšô* bzw. *hišpîl ʾæt daʿtô* (bSan 43b) bedeutet; und von dem, der sich demütigt (*mî šædaʿtô šᵉpalâ*), hatte schon R. Jehoschua b. Lewi mit Bezug auf Ps 50,23 gesagt, „ihm rechnet es die Schrift an, als ob er alle Opfer dargebracht hätte" (bSanh 43b Anf.). Hinsichtlich des Studiums der Tora als Opfer hatten die Weisen nach bMen 110a gelehrt: „Wer die Brandopfer- und Speiseopfergesetze studiert, wird angesehen, als ob er die Opfer selbst im Tempel dargebracht hätte." Ähnlich verallgemeinernd heißt es in ARN A 4 (9b) schließlich: „Einem Weisen, der sitzt und (die Tora) auslegt in der Gemeinde, dem rechnet es die Schrift an, als ob er Fett und Blut auf dem Altar geopfert hätte." Das Studium der Opfergesetze also ist danach ein gleichwertiger Ersatz für deren Darbringung.

Die Idee, derzufolge das Studium der Tora ein gleichwertiger Ersatz für das Tun dessen ist – oder zumindest sein kann –, was sie lehrt und gebietet, ist in der antiken rabbinischen Literatur hinlänglich diskutiert und entsprechend breit entfaltet worden, und zwar in geradezu auffälliger Weise in Verbindung mit Namen von Talmudweisen, die in das 3. und 4. Jh. n. datiert werden.[58] Eine komplette Synopse aller diesbezüglichen Belege kann hier nicht geboten werden. Die folgenden Positionen dürfen jedoch als repräsentativ angesehen werden. Im Namen R. Jochanans sind die beiden folgenden Dicta überliefert:

Zum einen: „Wenn sich die Weisen mit den Gesetzen für den Tempelgottesdienst befassen, rechnet es ihnen die Schrift an, als ob der Tempel in ihren Tagen erbaut worden wäre" (bMen 110a),[59] und zum anderen: „ ,Ein Wallfahrtslied. Siehe, preist den Ewigen alle Diener des Ewigen, die ihr steht im Haus des Ewigen des Nachts.' Was bedeutet ,des Nachts'? Es sagte R. Jochanan: Das sind die Weisen, die sich des Nachts mit der Tora befassen; ich rechne es ihnen an, als ob sie sich mit dem Tempelgottesdienst befassen […]" (MTeh zu Ps 134,1 [259b]).

Resch Laqisch legte den Vers „Dies ist die Weisung für das Brandopfer, für das Speiseopfer, für das Sündopfer, für das Schuldopfer etc." (Lev 7,37) nach bMen 110a mit den Worten aus: „Wer immer sich mit dem Studium der Tora befaßt, wird angesehen, als hätte er ein Brandopfer, ein Speiseopfer, ein Sündopfer und ein Schuldopfer dargebracht"; und gleich ihm lehrte auch R. Isaak: „Wer immer sich mit der Weisung für das Sündopfer befaßt, wird angesehen, als ob er ein Sündopfer dargebracht hätte, und wer immer sich mit der Weisung für das Schuldopfer befaßt, wird angesehen, als ob er ein Schuldopfer dargebracht hätte" (ibid.).[60] Der Ansicht, daß es sich beim Studium der Tora tatsächlich um einen solchen adäquaten Ersatz handelt,

---

⁵⁸ Vgl. dazu auch Urbach, Bd. I, 610f.

⁵⁹ Siehe auch MTeh zu Ps 134,1 (259b).

⁶⁰ S. dazu die Erläuterung in Tan zaw 17 (32ff.), und die – zugegebenermaßen gezwungen wirkende – Auslegung zu Dtn 11,13 in SifDev § 41 (84) (vgl. dazu die Kommentierung von Bietenhard, Der tannaitische Midrasch Sifre Deuteronomium, 134) deren Bezugnahme auf

ist schließlich auch Mosche b. Chajim Alscheikh (1520–1606), indem er in seinem Kommentar zu Lev 7,37f. unter ausdrücklichem Hinweis auf bMen 110a feststellt, „das *l^e*- in ‚Dies die Weisung (*zôt hatôrâ*) für das Brandopfer (*l^eôlâ*), für das Speiseopfer (*l^eminḥâ*) etc.‘ bedeutet: das Tora[studium] an Stelle des Brandopfers ([hatôrâ(] *b^ead ôlâ*), an Stelle des Speiseopfers (*b^ead minḥâ*) etc."[61]

Geradezu auffällig bei den hier zitierten Dicta ist das stets wiederkehrende *k^eïllû* („als ob"), das allenthalben zum Ausdruck der Vergleichbarkeit verwendet worden ist. Eine mögliche Erklärung dafür liefert vielleicht die folgende anonyme Homilie aus dem Midrasch Tanchuma zu Lev 17,2, die zugleich auf den eigentlichen Ursprung der Diskussionen um die Tempelsubstitution verweist. In dieser Homilie ist davon die Rede, daß „der Heilige, gepriesen sei Er, voraussah, daß der Tempel zerstört werden wird. Da sagte der Heilige, gepriesen sei Er: Solange der Tempel steht, sollt ihr in ihm Opfer darbringen zur Sühnung für euch. Wenn der Tempel aber nicht mehr steht, wodurch wird euch dann Sühnung zuteil? Befaßt euch mit den Worten der Tora (*hit'ass^equ b^edibrê tôrâ*), denn sie sind den Opfern vergleichbar (*m^ešûlîn*) und werden euch Sühnung sein" (Aḥare mot 10).[62]

Hier ist nicht mehr von *k^eïllû* die Rede, hier wird die Vergleichbarkeit des Studiums der Tora mit dem Darbringen der Opfer durch *m^ešûlîn* ausgedrückt: Die Worte der Tora sind mit Opfern vergleichbar (*m^ešûlîn*). Oder anders gesagt: Das Studium der Tora ist gleichsam ein *māšāl* ihres Tuns, eine Vorstellung, bei der man sich geradezu an Torquato Tassos Idee der *Imitazione* erinnert fühlt. Die Vergleichbarkeit des Tuns – das Studium der Tora ist Darbringung der in ihr vorgeschriebenen Opfer – ermöglicht daher im weiteren auch eine Vergleichbarkeit der Bedeutung und des zu erreichenden Zieles: Wie der Vollzug des Opfers Sühnung wirkt, so wirkt sie auch das Studium der Tora.

Damit haben wir zugleich einen Hinweis auf den eigentlichen Ursprung und Grund der rabbinischen Diskussionen um die Tempelsubstitution. Ihren Ursprung und Grund haben sie demnach in der – im letzten auf R. Jochanan b. Zakkai zurückgeführten – Erörterung der Frage, welches Sühnemittel Israel nun zur Verfügung steht, da die Sühne wirkenden Opfer nicht mehr dargebracht werden können, weil der Tempel zerstört ist. War doch Ort der Darbringung der täglich neu notwendigen Sühneopfer zu sein, wenn auch nicht die einzige, so doch die zweifellos die wichtigste Funktion des Tempels,

---

Gen 2,15 allerdings im Gegensatz zu der Auslegung steht, die dazu in BerR 16,5 (Mirkin, Bd. I, 119f.) vorgetragen wird.

[61] Sefer Torat Moshe, Bd. III, 37a.

[62] Siehe auch TanB *ibid.* 16 (Bl. 35a); vgl. dazu Midrash Tanḥuma, transl. Townsend, Bd. II, 294.

seine eigentliche *Raison d'être*;[63] wie umgekehrt, mit der Möglichkeit, diese Opfer darzubringen, zugleich auch die Möglichkeit zur Sühne genommen zu sein schien (vgl. IV Esra 9,36; tSot 15,11). Wie daher in der tempellosen Zeit Sühne erwirkt werden könne, war folglich eine der zentralen Fragen, mit der die rabbinische Tradition zu ringen hatte.

Die Antworten, die auf diese Frage gegeben worden sind, sind im Laufe der Diskussion verschieden ausgefallen. Jochanan b. Zakkai selbst sah den Ersatz im Tun von Werken der Nächstenliebe (*ḥæsæd*):

„Einmal ging R. Jochanan b. Zakkai weg von Jerusalem und R. Jehoschua hinter ihm her. Als R. Jehoschua den Tempel in Trümmern sah, sprach er: ‚Weh uns, daß in Trümmern liegt der Ort, an dem man Sühne wirkt für Israels Sünden.‘ Da erwiderte ihm R. Jochanan [b. Zakkai]: Mein Sohn, sei nicht traurig, wir haben ein anderes [Mittel zur] Sühne, das ihm gleich ist. Welches ist das? Das sind die Taten der Nächstenliebe, wie es heißt (Hos 6,6): ‚Denn an Liebeswerken *ḥæsæd* habe ich Gefallen, und nicht am Schlachtopfer‘“ (ARN B 5 [9b]; Yalq Hos § 522 (425c) zu Hos 6,6).[64]

Andere wiederum betrachteten, wie oben bereits erwähnt, das Fasten als einen Opferersatz, woran noch Schimʿon b. Zemach Duran erinnerte. Die überwiegende Mehrheit der Weisen jedoch insistierte unbestreitbar auf *talmûd tôrâ*, dem Studium der Lehre. Dem oben zitierten Satz aus ARN A 4 (10a), dem zufolge vor Gott nichts mehr geliebt ist als die ʿᵃbôdat bêt hamiqdāš, steht daher an gleicher Stelle in ARN A 4 (9b) der andere Satz gegenüber, in dem mit Bezug auf Hos 6,6 und Prov 2,5 festgestellt wird:

„Das Studium der Tora ist vor Gott mehr geliebt als Brandopfer, denn wenn ein Mensch Tora lernt, weiß er um die Erkenntnis Gottes (*talmûd tôrâ ḥabîbâ lipnê hamāqôm meʿôlôt leʾpî šæʾîm ʾādām lāmad tôrâ yôdeᵃ daʿtô šæl māqôm*), wie es heißt (Prov 2,5): ‚Dann wirst du die Furcht Gottes verstehen, und das Wissen um Gott wirst du finden‘.“

Mit diesen beiden Sätzen sind nach ARN A 4 zugleich auch die beiden Eckpunkte markiert, zwischen denen sich letztlich alle in der rabbinischen Literatur um das Problem der Tempelsubstitution geführte Diskussion bewegt. Daß die Talmudweisen dabei dem Studium der Tora am Ende den absoluten Vorzug gaben, wie hier zum Ausdruck kommt, ist nur allzu verständlich. Artikuliert sich doch darin ein nicht unwesentlicher Teil ihres eigenen rabbinischen Selbstverständnisses, das uns etwas später dann in dem Amoräer Rava, mit dem die talmudische Dialektik ihren Höhepunkt erreicht hat,

---

[63] PRK 6 (61b), PesR 16 (84b) und 81 (195b) und TanB *pineḥas* 12 (78a), ebenso auch Ibn Aknin, Sefer Musar, 6..

[64] Dazu: DevR 29,3 (Mirkin, Bd. XI, 86f.). Demgegenüber heißt es in bBB 10b Ende ebenfalls im Namen Jochanan b. Zakkais: „Wie das Sündopfer Sühne wirkt für Israel, so wirkt die Wohltätigkeit (*ṣedāqâ*) Sühne für die Völker der Welt.“ Vgl. bSan 35a; bBer 6b; bShab 32a und yTaan 2,4 (65b).

gleichsam personifiziert entgegentritt. Zufällig ist es gewiß nicht, daß diejenigen Dicta, die das Studium der Lehre allem anderen schlechterdings vor- und überordnen, gerade mit seinem Namen verbunden sind.[65] Die in diesem Zusammenhang oft verhandelte Frage, ob es nur einen Rava gegeben hat, nämlich den 352 gestorbenen Rava bar Josef bar Chama (babylonischer Amoräer der vierten Generation aus Mahoza), oder zwei voneinander zu unterscheidende Amoräer gleichen Namens, wie einst ALBECK und nach ihm WEISS vermutet haben, kann in unserem Zusammenhang unberücksichtigt bleiben.[66] Für uns wichtig ist allein, daß Rava noch einen Schritt weiter gegangen ist als die bisher zitierten Gelehrten. Deren Positionen verallgemeinernd und zugleich deutlich überbietend, hatte er, seinem Lehrer Rav Josef folgend, nämlich gelehrt:

„Wer immer sich mit dem Studium der Tora befaßt, der braucht gar kein Brandopfer, kein Sündopfer, kein Speiseopfer und kein Schuldopfer (ʾenô ṣarîk lô ʿôlâ wᵉlô ḥaṭṭat lô minḥâ wᵉlô ʾāšām)" (bMen 110a).

Hier hat die Idee der Substitution des Tempels zweifellos ihre Vollendung erfahren, begründet in der Überzeugung, daß die sühnende Wirkung des Torastudiums die sühnende Wirkung der Opfer (bei weitem) übersteigt. Ganz auf derselben Linie liegt auch das folgende Dictum des babylonischen Amoräers Rava (bMeg 16b Ende), in dem es heißt: „Das Studium der Tora ist größer als der Bau des Tempels; denn solange Baruch b. Nerija am Leben war, verließ ihn Esra nicht, um [nach Jerusalem] hinaufzuziehen."[67]

Selbst wenn dieses Dictum, wie es gelegentlich geschieht,[68] als Apologie der babylonischen Amoräer gedeutet wird, die sich auf diese Weise dafür zu rechtfertigen versuchten, daß sie in Babylon geblieben und nicht nach Jerusalem oder Eretz Israel zurückgekehrt sind, behält es dennoch seinen Aussagewert. Denn so kann nur jemand argumentieren, für den der Tempel und der Tempelgottesdienst tatsächlich nicht nur zweitrangig, sondern nachgerade obsolet geworden waren und in Studium und Auslegung der Tora längst ihren adäquaten Ersatz gefunden hatten. Und dies gilt ganz gewiß nicht nur für die babylonischen Amoräer.

Ohne allzu grobe Vereinfachung einerseits und Übertreibung andererseits wird man sogar behaupten können, daß mindestens das halachische Korpus der rabbinischen Literatur insgesamt in dem hier erörterten Sinn, wonach der, der die Opfergesetze der Tora studiert, angesehen wird, als habe er die Opfer dargebracht, als ein Tempelersatz konzipiert ist. Hinreichend bezeugt dies bereits die Mischna, erst recht, wenn man sie – wie GOLDBERG

---

[65] Vgl. dazu HESCHEL, Bd. I, 47f.52f.; URBACH, Bd. I, 612–614.
[66] Dazu STEMBERGER, Einleitung in Talmud und Midrasch, 101.
[67] Vgl. dazu HESCHEL, Bd. III, 81.
[68] Vgl. dazu URBACH, Bd. I, 612.

– als ein „study book of halakhah" begreift.[69] Denn welchen Sinn sollten
die ausführlichen Diskussionen um die (in dieser Form nie dargebrachten)
Opfer, deren (in dieser Form nie erfolgte) Darbringung oder die „Toharot",
die Erfordernisse einer für das Leben im Bannkreis des Tempels relevanten
rituellen Reinheit etc., nach der Zerstörung des Tempels sonst haben, wenn
nicht den des Versuchs, auf diese Weise einen „imaginären Tempelbezirk",
einen Tempelbezirk außerhalb und unabhängig vom historischen Tempel,
also einen Tempelersatz zu schaffen? „Wer die Opfergesetze studiert, wird
angesehen als jemand, der die Opfer selbst darbringt." In dieser Hinsicht
darf man gewiß Smith zustimmen, wenn er sagt:

> „The sacred persists insofar as there are communities which are persistent in applying
> their limited deposit of tradition concerning it. *Sacred persistence is primarily exegesis*
> (Hervorhebung – S. Sch.). If there is anything distinctive about religion as a human
> activity, it is a matter of degree, not of kind; [it is] what might be described as the
> extremity of its enterprise of exegetical totalization."[70]

Mag man über Neusners Interpretationen rabbinischer, insbesondere tannaitischer Texte durchaus unterschiedlicher Meinung sein; damit, daß er hierin – dies gilt in erster Linie wiederum für die Mischna – jene Ersatzfunktion,
von der gerade die Rede war, erkannt und aufgezeigt hat,[71] hat er m.E. ebenso
recht wie die Anthropologin Douglas, auf deren diesbezügliche Untersuchungen sich Neusner immer wieder beruft, mit ihrer Feststellung: „Each
tribe (und das meint hier eben zugleich auch: jede Religionsgemeinschaft –
S. Sch.) actively construes its particular universe in the course of an internal
dialogue about law and order."[72]

Die sich aus dieser Vorstellung ergebende praktische Konsequenz findet
sich u.a. in bBer 55a Anf. in einem Dictum, in dem eine auf den ersten Blick
sehr kühne Gleichsetzung gewagt wird. Mit Bezug auf Ez 41,21bf. wird
dort der Altar im Tempel nicht allein mit dem Tisch im Eßzimmer eines –
jüdischen – Hauses gleichgesetzt, sondern in seiner Bedeutung und Wirkung
durch diesen Eßtisch geradezu ersetzt, wobei der Altar ebenso wie der Tisch
gleichsam *pars pro toto* anzusehen sind. Zu dem Schriftvers Ez 41,21bf.: „Und
vor dem Allerheiligsten war etwas, das das Aussehen des Altars (*hamizbe*ᵃ*ḥ*)
hatte, [aus] Holz, drei Ellen hoch, seine Länge zwei Ellen [und seine Breite
zwei Ellen], und seine Ecken, seine Längsseite und seine Seitenwände [aus]
Holz. Und Er sagte zu mir: ‚Dies ist der Tisch (*hašulḥān*), der vor dem Ewigen
steht'", wird in bBer 55a Anf.[73] erklärt: „[Der Schriftvers] beginnt mit [dem
Wort] *mizbe*ᵃ*ḥ* und endet mit [dem Wort] *šulḥān*. Rabbi Jochanan und Rabbi

---

[69] Goldberg, 211–244.
[70] Zit. nach Neusner, History, Bd. XXII, S. XIII.
[71] *In extenso* in seiner umfangreichen History of the Mishnaic Law of Purities.
[72] Douglas, 5.
[73] Vgl. bMen 97a, wo es heißt: „Solange der Tempel stand, wirkte der Altar Sühne für den
Menschen. Jetzt aber, da der Tempel nicht mehr steht, wirkt der Eßtisch des Menschen Sühne

El'azar zogen daraus den Schluß: ‚Solange der Tempel stand, wirkte der Altar Sühne für Israel (*mizbeᵃḥ mᵉkapper 'al yiśrā'el*). Jetzt aber ist es der Eßtisch eines [jeden] Menschen, der für ihn Sühne wirkt (*wᵉakšāw šulḥānô šæl 'ādām mᵉkapper 'ālāw*)‘.“

M.a.W., wer in seinem Hause an seinem Tisch sein Brot ißt und seinen Wein trinkt, tut etwas, das dem Handeln des Priesters am Altar im Tempel gleichkommt. Damit aber derjenige, der sein Brot und seinen Wein am häuslichen Eßtisch zu sich nimmt, dies auch in der richtigen, d.h. in der einem Priester im Tempel ebenso würdigen wie adäquaten Weise tun kann, muß er um die Voraussetzungen und die Bedingungen wissen, die der Priester, der am Altar des Tempels seinen Dienst versieht, zu erfüllen hatte. Denn nur dann können der Altar im Tempel und der heimische Eßtisch gleichgesetzt werden, kann der Altar des Tempels in seiner Funktion, Bedeutung und Wirkung durch den Eßtisch zu Hause ersetzt werden. Um indessen zu dieser genauen Kenntnis zu kommen, ist das Studium der Tora mit ihren für den Dienst am Altar des Tempels gegebenen Bestimmungen schlechterdings unerläßlich. In diesem Sinne gilt: Wo man die Tora studiert, braucht man keinen Tempel.[74]

Bleibt am Schluß nur noch die Frage, was eine solche Konzeption von Tempelsubstitution, den Ersatz des Tempels durch das Torastudium, ermöglicht hat. Da die Geschichte, besser die Vorgeschichte der Idee, das Studium der Tora nicht allein über alles zu setzen, sondern in ihm einen besonderen Ausdruck und Ersatz des Gottesdienstes im Tempel zu sehen, bereits VIVIANO ausführlich nachgezeichnet hat,[75] braucht sie hier nicht eigens nachgezeichnet zu werden. Danach geht für die rabbinischen Gelehrten die Idee, im Studium der Lehre einen dem Tempelopfer vergleichbaren besonderen religiösen Wert zu sehen, letztlich auf jene prophetischen Gedanken zurück, in denen – wie in Hos 4,1 (vgl. Mal 2,6) – *da'at* mit '*æmæt* und *ḥæsæd* verknüpft worden ist, das Ergebnis des Studiums, das Wissen selbst also zu einem religiösen Wert werden konnte.

Ebenso schien auch in praktischer Hinsicht die prophetische Kritik am Kult im allgemeinen und an den Opfern im besonderen die prinzipielle Verzicht- und Ersetzbarkeit des Tempelgottesdienstes vorzubereiten. Jedenfalls konnte sie am Ende zur Rechtfertigung dieser prinzipiellen Verzicht- und Ersetzbarkeit des Tempelgottesdienstes dienen, wie den in den diesbezüglichen Diskussionen herangezogenen Schriftzitaten zu entnehmen ist.

---

für ihn“; ebenso bHag 27a (hier Resch Laqisch für R. El'azar); Yalq Ez § 381 (423a) zu Ez 41,21 (hier R. Eli'ezer für R. El'azar).

[74] In krassem Gegensatz dazu – darauf sei hier zumindest hingewiesen – stehen allerdings die (v.a. liturgischen) Texte, in denen der Wiederaufbau des Tempels herbeigesehnt und die ᵃbôdâ im Tempel als der Gott wohlgefällige Gottesdienst schlechthin dargestellt und im Gebet gepriesen wird; s. dazu HESCHEL, Bd. I, 48.

[75] VIVIANO, 111–157.

Ohne jeden Zweifel haben die rabbinischen Gelehrten, denen es um die Suche nach einer adäquaten Tempelsubstitution ging, in den Propheten und deren mitunter harschen Kritik an Kult und Opfern ihre Vorbilder gesehen, wie nicht zuletzt der für unser Thema zentrale Text ARN A 4 (9b) belegt, dessen Auslegung von mAv 1,2 gewiß nicht ohne Grund mit dem Zitat aus Hos 6,6 beginnt[76]: „ʿal hatôrâ: Wie [ist] das [gemeint]? Die Schrift sagt: ‚Denn an Liebeswerken habe ich Gefallen, und nicht an Schlachtopfern, und am Wissen um Gott mehr als an Brandopfern (daʿat ʾælohîm meʿôlôt)ʿ.“

Unter dieser Voraussetzung, daß Gott „am Wissen um Gott (daʿat ʾælohîm) mehr Gefallen hat als an Brandopfern (ʿôlôt)“, konnte der Begriff des Gottesdienstes (ʿabôdâ) schließlich auch problemlos durch den Begriff der „Wahrheit“ (ʾæmæt) ersetzt werden, wie dies in Schimʿon b. Gamliʾels Dictum (mAv 1,18) gegenüber dem Dictum Schimʿon des Gerechten (mAv 1,2) geschehen ist. Recht hatte daher Schimʿon b. Zemach Duran, als er dazu erklärte: „Wie die Welt auf ʿabôdâ, auf dem Gottesdienst (be)ruht, so wird sie durch ʾæmæt, durch Wahrheit erhalten.“

Dabei ist der Begriff der „Wahrheit“ als Substitut für Gottesdienst hier ebenso in philosophischer wie in ethischer Hinsicht aufgefaßt. Als ethischer Begriff muß er im Sinne von getaner Wahrheit, d.i. Bewährung im Buberschen Sinne, verstanden werden. Als philosophischer Begriff hingegen meint er das Ziel des Studiums der Lehre, die Erkenntnis und den Erkenntnisgewinn, als Ergebnis also das gefundene Wissen um Gott. Den ersten, ethischen Aspekt beleuchtet Jona b. Abraham aus Gerona, indem er erklärte:

„Der Mensch soll auf dem Weg der Umkehr wandeln; denn er ist Wahrheit. Und Seine Tora ist Wahrheit, und derjenige, der auf den Wegen des Heiligen, gepriesen sei Er, wandelt, wandelt ebenso in Wahrheit, wie es heißt (Dtn 28,9): ‚und du sollst wandeln in Seinen Wegen‘.“[77]

Auf den zweiten Aspekt schließlich geht der aus Barcelona stammende Josef b. Jehuda b. Aknin (um 1150–1220)[78] ein, der mAv 1,18 mit Worten kommentierte, die an die o.e. Eingangsdiskussion in ARN A 4 anknüpfen und diese weiterführen. Damit schließt sich der Kreis unserer Anmerkungen: „Mit ʾæmæt, Wahrheit, ist das Wissen um die Erste Ursache gemeint (also daʿat ʾælohîm – S. Sch.), d.h. das Wissen, daß es Gott ist, gepriesen und erhoben sei Er, der alle Geschöpfe ins Sein gerufen hat, jene im Himmel und jene auf der Erde …, um zu wissen, daß sie alle nur dank seines Willens und seiner Gnade existieren.“[79] Diesem Gedanken weiter nachzugehen, wäre indessen bereits ein neues Thema.

---

[76] Ebenso Ibn Aknin, Sefer Musar, 4.

[77] Perush Avot zu 1,18, in: Talmud Bavli, ed. Wilna, Bd. XVI, Bl. 6b, Sp. 1; der erste Teil des Zitates engl. bei GOLDIN, Living Talmud, 75f.

[78] Zur Person s. SÁENZ-BADILLOS/TARGARONA BORRÁS, 182.

[79] Sefer Musar, 26; engl. bei GOLDIN, Living Talmud, 75.

Summary

The Jewish lack of interest in Julian's attempt to rebuild the Temple of Jerusalem showed at least this: the crisis caused by the loss of the Temple was finally overcome. New forms of Temple substitution had been found and considered appropriate. From a long term perspective the most promising forms of this substitution were:

The synagogue service, beginning with construction and decoration of the (ancient) synagogue up to the conception and and the times of prayer.

The Mishna with its idea of the relevance of the learning process in doctrine, as shown particular in the discussion about the problem of "purity" presented in *Seder Toharot*.

Bibliographie

(a) Quellen

Aboth de Rabbi Nathan (Version A und B), hg. v. S. Schechter, London/Wien/ Frankfurt a. M. 1887, Nachdruck Israel o.J.

Sancti Ambrosii Opera, pars X: epistularum liber decimus etc., hg. v. M. Zelzer, CSEL 82, X.3, 1983.

Ammianus Marcellinus, Römische Geschichte *(res gestae)*, hg. lat u. dt. v. W. Seyfarth, 4 Bde., Berlin 1968–1971.

Facsimile-Ausgabe des Mischnacodex Kaufmann A 50, hg. v. G. Beer, Den Haag 1929, Nachdruck Jerusalem 1967/68.

Ephraem des Syrers Hymnen contra Julianum, hg. syr. u. dt. v. E. Beck, CSCO CLXXIV/CLXXV, Scriptores Syri LXXVIII, 71–90 (= Text), LXXIX, 64–86 (= Übers.), 1957.

Gregoire de Nazianze, Discours 4–5 *(kata Ioulianou)*, hg. griech. u. franz. v. J. Bernardi, SC 39, 1983.

Jomtov Lipman Heller, Tossafot Jom Tov [zu Avot], in: Shisha Sidre Mishna ʿim perushe ha-ri'shonim weha-aharonim, ed. Wilna, Bd. VIII, Bl. 78a–114b.

Jona b. Abraham aus Gerona, Perush Avot, in: Talmud Bavli ʿim kol ha-mefarshim, 20 Bde., Wilna 1880–1886, Nachdruck Jerusalem 1959–63, Bd. XVI, Bl. 4b–15a.

Josef b. Jehuda b. Aknin, Sefer Musar, hg. v. W. Bacher, Berlin 1910.

Josef b. Josef b. Nachmias, Perush Avot, hg. v. M. L. Bamberger, Berlin 1907.

Josef b. Nathan Offizial, Sefer Josef ha-Meqanneh, hg. v. J. M. Rosenthal, Jerusalem 1970.

Josephus Flavius, hg. v. H. St. J. Thackeray/R. Marcus/L. Feldman, 9 Bde., London/Cambridge, Mass. 1926–1965, Nachdruck 1966–1968, Bd. IV–IX: Antiquitates Judaicae [dt. Übers.: H. Clementz, Des Flavius Josephus Jüdische Altertümer, 2 Bde., 10. Aufl., Wiesbaden 1990].

Machsor Vitry, hg. v. S. Hurwitz, Berlin 1893.

Midrasch Rabba, hg. v. M. A. Mirkin, 11 Bde., 3. Aufl., Tel Aviv 1977.

Midrasch Rabba le-Chamesch Megillot, hg. v. CHOREV, Berlin 1924.

Midrasch Tanchuma mefoʾar, 2 Bde., Jerusalem 1994.

Midrasch Tanchuma, Ein agadischer Commentar zum Pentateuch etc., hg. v. S. BU-
BER, Wilna 1885 [engl. Übers.: J. TOWNSEND, Midrash Tanḥuma (S. Buber Recen-
sion), Bd. I: Genesis, Bd. II: Exodus and Leviticus, Hoboken, NJ 1989–97].

Midrasch Tehillim (Schocher Tob). Sammlung agadischer Auslegungen über die 150
Psalmen, hg. v. S. BUBER, Wilna 1891.

Mischnajot – Die sechs Ordnungen der Mischna, hg. v. A. SAMTER/E. BANETH/D.
HOFFMANN u.a., 6 Bde., Berlin 1887ff., 2. Aufl., Wiesbaden 1933, Nachdruck
Basel 1968.

Mosche b. Chajim Alscheikh, Sefer Torat Moshe le-Chamisha Chumshe Tora, 5 Bde.,
2. Aufl., Jerusalem 1990.

Mosche b. Maimon, Perush le-Massekhet Avot, hg. v. M. D. RABINOWITZ, 7. Aufl.,
Jerusalem 1985 (= DERS., Mishneh Tora, Bd. XIX).

Obadja b. Abraham di Bertinoro, Perush [Avot], in: Shisha Sidre Mishna ʿim perushe
ha-riʾshonim weha-aḥaronim, ed. Wilna, Bd. VIII, Bl. 78a–114b.

Pesiqta, die älteste Hagada, redigiert in Palästina von Rav Kahana, hg. v. S. BUBER,
Lyck 1868.

Pesiqta Rabbati. Midrasch für den Fest-Cyclus und die ausgezeichneten Sabbathe,
hg. v. M. FRIEDMANN, Wien 1880, Nachdruck Tel Aviv 1963.

Pirqe de-Rabbi Eliʿezer, ed. ESCHKOL, Jerusalem o.J. [engl. Übers.: G. FRIEDLANDER,
Pirke de Rabbi Eliezer. The Chapters of Rabbi Eliezer the Great, transl. and
annotated, 4. Aufl., New York 1981].

Pirqe de-Rabbi Eliʿezer ʿim perush HRD"L, hg. v. D. LURJA, Warshe (Warschau)
1852, Nachdruck Jerusalem o.J.

Sayings of the Jewish Fathers. Sefer Dibre Aboth Ha-Olam. Comprising Pirqe
Aboth and Pereq R. Meir in Hebrew and English with critical notes and excurses,
hg. v. CH. TAYLOR, Cambridge 1897–1900, Nachdruck Amsterdam 1970.

Schelomo ʿAdani, Melekhet Shelomo (zu Pirqe Avot) in: Shisha Sidre Mishna, Wilna
o.J., Nachdruck 1957, Bd. VIII, Bl. 25a–28b.

Schimʿon b. Zemach Duran, Sefer Magen Avot, Livorno 1763 (Kommentar zu Avot
I–V: Bl. 199b–269a), Leipzig 1855.

Shisha Sidre Mishna, hg. v. CH. ALBECK/CH. YALON, 6 Bde., 2. Aufl., Jerusalem 1959.

Shisha Sidre Mishna ʿim perushe ha-riʾshonim weha-aḥaronim, 13 Bde., Wilna o.J.,
Nachdruck Jerusalem 1957.

Seder ʿAvodat Yiśraʾel, hg. v. S. BAER, Rödelheim 1868, 271–294.

Siddur Sefat Emet, hg. v. S. BAMBERGER, Nachdruck Basel 1982, 150–173.

Siddur Rinnat Yiśraʾel, Nusaḥ Ashkenaz, hg. v. SCH. TAL, 3. Aufl., Jerusalem 1976,
328–347.

Sifre ad Deuteronomium, hg. v. H. S. HOROVITZ/L. FINKELSTEIN, Corpus Tannai-
ticum III,3.2, 1939, Nachdruck New York/Jerusalem 1993 (dt. Übers.: H. BIE-
TENHARD, Der tannaitische Midrasch Sifre Deuteronomium übers. und erklärt,
JudChr 8, 1984).

Talmud Bavli ʿim kol ha-mefarshim, 20 Bde., Wilna 1880–1886, Nachdruck Jerusalem 1959–1963.

Talmud Bavli, hg. v. A. STEINSALTZ, Jerusalem 1974ff. (bisher 30 Bde.).

Talmud Yerushalmi, Krotoshin 1866, Nachdruck Jerusalem 1969.

Tyrannius Rufinus von Aquileja, Eusebii Ecclesiasticae Historiae, hg. v. E. Schwartz/Th. Mommsen, 3 Bde., GCS 9.1–3, 1903–1909.

Yalqut Shimʿoni. Midrash ʿal Tora Neviʾim u-Ketuvim, 2 Bde., Jerusalem o.J.

(b) Abhandlungen

M. Adler, Kaiser Julian und die Juden, in: R. Klein (Hg.), Julian Apostata, WdF 509, 1978, 48–111.

B. Altaner/A. Stuiber, Patrologie – Leben, Schriften und Lehre der Kirchenväter, Freiburg/Basel/Wien 1993.

F. Avemarie, Tora und Leben, TSAJ 55, 1996.

M. Avi-Yonah, Geschichte der Juden im Zeitalter des Talmud, Berlin 1962.

W. Bacher, Die Agada der Palästinensischen Amoräer, 3 Bde., Straßburg 1892–99, Nachdruck Hildesheim 1965.

— Statements of a Contemporary of the Emperor Julian on the Rebuilding of the Temple, JQR 5 (1898), 168–172.

S. Bamberger, Die Sprüche der Väter, übers. u. erklärt, Nachdruck Basel 1981.

S. W. Baron, A Social and Religious History of the Jews, Bd. II und V, 4. Aufl., Philadelphia 1971.

M. Douglas, Implicit Meanings. Essays in Anthropology, London/Boston 1975.

A. Goldberg, The Mishna – A Study Book of Halakha, in: S. Safrai (Hg.), The Literature of the Sages, Vol. 1: Oral Tora, Halakha, Mishna, Tosefta, Talmud, External Tractates, CRI II/3.1, 1987, 211–244.

J. Goldin, The Living Talmud. The Wisdom of the Fathers and its Classical Commentaries, select. and transl., 6. Aufl., New York 1964.

— Three Pillars of Simeon the Righteous, PAAJR 27 (1957), 43–57.

A. J. Heschel, Torah min ha-Shamayim be-aspeqlaryah shel ha-dorot, 3 Bde., London/New York 1962–1995.

A. I. Katsh, Unpublished Geniza Fragments of Pirqe Aboth in the Antonin Geniza Collection in Leningrad, JQR 61 (1970/71), 1–14.

M. Krupp, Manuscripts of the Mishna, in: S. Safrai (Hg.), The Literature of the Sages, Vol. 1: Oral Tora, Halakha, Mishna, Tosefta, Talmud, External Tractates, CRI II/3.1, 1987, 252–259.

M. B. Lerner/S. Sharvit, The Tractate Avot, in: S. Safrai (Hg.), The Literature of the Sages, Vol. 1: Oral Tora, Halakha, Mishna, Tosefta, Talmud, External Tractates, CRI II/3.1, 1987, 263–281.

H. Lietzmann, Geschichte der Alten Kirche, 4 Bde., 3. Aufl., Berlin 1961.

B. Mazar, The Archaeological Excavations near the Temple Mount, in: Y. Yadin/E. Stern (Hgg.), Jerusalem Revealed. Archaeology in the Holy City 1968–1974, Jerusalem 1975.

— /G. Cornfeld, Der Berg des Herrn. Neue Ausgrabungen in Jerusalem, Bergisch Gladbach 1979.

J. Neusner, A History of the Mishnaic Law of Purities, 22 Bde., SJLA 6.1–22, 1974–77.

— The Rabbinic Traditions about the Pharisees before 70, 3 Bde., Leiden 1971.

A. Sáenz-Badillos/J. Targarona Borrás, Diccionario de autores judíos (Sefarad, siglos X–XV), Córdoba 1990.

P. Schäfer, Geschichte der Juden in der Antike. Die Juden Palästinas von Alexander dem Großen bis zur arabischen Eroberung, Stuttgart/Neukirchen-Vluyn 1983.

H. Schreckenberg, Die christlichen Adversus-Judaeos-Texte und ihr literarisches und historisches Umfeld (1.–11. Jh.), Bd. 1, EHS.T XXIII.172, 3. erw. Aufl., 1995.

K. Schubert/U. Schubert, Jüdische Buchkunst, 2 Bde., Graz 1983–1992.

E. Schürer, The History of the Jewish People in the Age of Jesus Christ, hg. v. G. Vermes/F. Millar /M. Black, 3 Bde., Edinburgh 1973–1987.

I. Sonne, Use of Rabbinic Literature as Historical Sources, JQR 36 (1945–46), 147–169.

— Word and Meaning – Text and Context, JQR 37 (1946–47), 307–328.

G. Stemberger, Einleitung in Talmud und Midrasch, 8. Aufl., München 1992.

— Juden und Christen im Heiligen Land. Palästina unter Konstantin und Theodosius, München 1987.

H. L. Strack, Die Sprüche der Väter. Ein ethischer Mischna-Traktat, Karlsruhe/Leipzig/Paris/London 1882.

E. E. Urbach, The Sages, their Concepts and Beliefs, 2 Bde., Jerusalem 1975.

B. Th. Viviano, Study as Worship. Aboth and the New Testament, SJLA 26, 1978.

VI   Neues Testament und Alte Kirche

Ist die Johannestaufe ein Ausdruck von Tempelkritik?

Skizze eines methodischen Problems

FRIEDRICH AVEMARIE, Tübingen*

Herrn Prof. Dr. H. Lichtenberger zum 25. Mai 1998

1. Die Lücke in der Überlieferung

Lukas berichtet, die Geburt Johannes' des Täufers sei im Tempel angekündigt worden, als sein Vater Zacharias am inneren Altar das Räucherwerk opferte. Aber Zeit schafft Distanz: In der Wüste und am Jordan trat Johannes als entschiedener Gegner des Tempels auf. So jedenfalls ist es weithin Konsens in den Forschungsbeiträgen der letzten Jahre. Zur Begründung verweist man auf die Radikalität seiner Gerichtspredigt,[1] sein Anknüpfen an biblische Prophetentraditionen,[2] die Opposition gegen die etablierte Priesteraristokratie, wie sie sein Rückzug in die Wüste demonstriert,[3] und die Desavouierung der kultischen Sühne durch die Bußtaufe zur Vergebung der Sünden.[4] Gelegentlich wird unter Vorbehalt formuliert,[5] aber zurückhaltendere Urteile, wie das von J. ERNST, der das Thema angesichts des Schweigens über Tempel und Kult „in der originären Predigt des Johannes" beiseite legt,[6] sind selten.[7]

Methodisch muß dieses Schweigen freilich der Ausgangspunkt aller Überlegung sein. Da die Quellen, das Neue Testament und Josephus, von einer Tempelkritik des Johannes nichts berichten, bleibt allein die Möglichkeit, die knappen Nachrichten nach ihren Implikationen zu befragen. Was

---

* Für hilfreiche Gespräche danke ich den Herren Prof. Dr. K. Backhaus, Prof. Dr. F. García Martínez, Prof. Dr. M. Hengel und Dr. A. Lange.

[1] Vgl. BECKER, 45–52, bes. 51.

[2] Vgl. TILLY, 209–224, bes. 223.

[3] Vgl. HOLLENBACH, 854–856.875; WEBB, 203–205.

[4] Vgl. LUPIERI, 105; TILLY, 209f.; BACKHAUS, Jüngerkreise, 324.

[5] Vgl. BECKER, 51 („zumindest indirekt"); TILLY, 224 („lehnt Tempel und Kult … nicht ab, doch relativiert sie").

[6] ERNST, 271; vgl. auch CHILTON, 214f.

[7] COLLINS, 218–229, und ÖHLER, 31–110, gehen auf das Thema nicht ein.

aber Werk und Botschaft des Täufers implizieren, kann nur ein Vergleich mit ähnlichen Phänomenen im religiösen Umfeld zutage fördern, die ihrerseits in einem klarer faßbaren Bezug zu Kult und Tempel stehen. Wir haben also nach triftigen zeitgenössischen Analogien zu suchen, und in der Tat machen die ausführlichen unter den neueren Arbeiten von diesem Verfahren ausgiebig Gebrauch.[8] Doch zum einen sind potentielle Analoga mit eindeutigem tempelkritischem Impetus rar, und zum anderen erhebt sich beim Analogieverfahren natürlich immer die Frage, ob angesichts der verschiedenen Kontextbezüge der verglichenen Größen eine Ähnlichkeit in den Kernpunkten überhaupt aussagekräftig sein kann.

2. Der Prophet in der Wüste und seine Gerichtspredigt

Für die Qumrangemeinde war der Gang in die „Wüste" erklärtes Programm (Jes 40,3 in 1QS VIII$_{14}$), und mit ihrer geistigen Distanzierung vom Jerusalemer Tempel[9] stand diese räumliche wahrscheinlich in engem Zusammenhang. Doch nicht nur die Qumran-Essener und der Täufer praktizierten den Auszug aus der Zivilisation: Josephus berichtet von diversen Charismatikern, die ähnlich in der Wüste oder am Jordan Anhänger um sich sammelten;[10] meist erwähnt er explizit deren prophetischen Anspruch.[11] Den Tempelkult scheint keiner dieser Propheten angegriffen zu haben, sie hofften auf nationale Befreiung oder auf göttliche Heilswunder; ein gewisser „Ägypter" wollte Jerusalem erobern, aber was er mit dem Tempel im Sinn hatte, ist unbekannt. Wenige Jahre vor der Zerstörung weissagte ein Jesus, Sohn des Ananias, gegen den Tempel, trat aber in Jerusalem, nicht irgendwo in der Abgeschiedenheit auf.[12] Zieht man mögliche biblische Vorbilder in Betracht, so weckt Johannes' Wirken in der Wüste und am Jordan ebenfalls andere Assoziationen als die einer Tempelkritik; eher denkt man an den Exodus

---

[8] Vgl. bes. WEBB und (mit traditionsgeschichtlicher Akzentuierung) TILLY.

[9] Vgl. hierzu ausführlich den Beitrag von SCHIFFMAN in diesem Band, 267.

[10] Ant XX,97f. (Theudas, zur Zeit des Fadus; vgl. Act 5,36); Bell II,258–260 und Ant XX,167f. (summarisch: Betrüger zur Zeit des Felix); Bell II,261–263 und Ant XX,169–172 (der „Ägypter", zur Zeit des Felix); Ant XX,188 (ein Anonymus zur Zeit des Festus); ferner Bell VII,438–441 (ein Weber namens Jonathan in der Kyrenaika). Vgl. auch HENGEL, 255–261. Eine Auswertung dieser Nachrichten im Blick auf den Täufer unternimmt bes. WEBB, 219–260.

[11] Bell II,259 (πρόσχημα θειασμοῦ); II,261 (ψευδοπροφήτης); Ant XX,97 (προφήτης); Ant XX,169 (προφήτης); vgl. Mt 24,24–26; zum Hintergrund: HENGEL, 235–251; HORSLEY, 454–461.

[12] Bell VI,300–303. Auch ein falscher Heilsprophet tritt gegen Ende in Jerusalem auf: Bell VI,285.

und die Jordandurchquerung Josuas[13] oder an Elisa, der dem aussätzigen Naeman reinigendes Untertauchen im Jordan befahl.[14]

Die Gerichtsrede des Täufers zeichnet, neben den drängenden Bildern von der Axt an der Wurzel und der Worfschaufel in der Hand,[15] besonders die Bestreitung des Heilswertes der Abrahamskindschaft aus, eines tragenden Elementes zeitgenössischer Bußfrömmigkeit und Heilsgewißheit.[16] Wieder liegt der Vergleich mit der Qumrangemeinde nahe: Auch sie erwartet eine baldige Vernichtung der Frevler,[17] vor der Israels alter Bund nicht zu schützen vermag.[18] Ein anderer Bund, die Gemeinde selbst, ist an seine Stelle getreten,[19] und die Beschneidung, das Siegel des Abrahambundes im Fleisch, hat für sie nur in spiritueller Form noch Bedeutung.[20] Die Gerichtserwartung läßt sich freilich von den Normvorstellungen, die die Identifikation von gerecht und sündig ermöglichen, nicht ablösen, und hierin gehen die Wege auseinander: Die Qumrangemeinde lebt in Absonderung nach einem auf Reinheit und Heiligkeit gegründeten Regelsystem, das die künftige Ordnung antizipiert. Bei Johannes ist derlei nicht einmal im Ansatz zu beobachten. Asketische Lebensweise hat er wohl nur sich selbst auferlegt (Mk 1,6; Lk 7,33). Seine Jünger fasten, was sie aber von den Pharisäern nicht nennenswert unterscheidet (Mk 2,18).[21] Die Mahnung, „Frucht" zu bringen, die „der Umkehr würdig" ist (Mt 3,8; plur. Lk 3,8), klingt unspezifisch, gibt aber auch so einigen Aufschluß: Braucht die Logienquelle mehr nicht zu sagen, so setzt sie voraus, daß jeder weiß, was Frucht der Umkehr ist. Sollte die Forderung des Täufers damit treffend zusammengefaßt sein, kann sie über ein allgemein

---

[13] Diese Assoziation liegt auch insofern nahe, als sich Johannes' Zweifel am Wert der Abrahamskindschaft seiner Zuhörer (Lk 3,8) als ethisierende Umdeutung der Unbeschnittenheit der Israeliten am Jordan nach Jos 5,4–7 verstehen läßt. Explizit wird eine solche Umdeutung in einem späteren Targum zu Jos 5 durchgeführt, das das Motiv der Beschneidung konsequent durch das einer Zurechtweisung ersetzt; vgl. FAHR/GLESSMER, *passim*. Ein zweites Jordanwunder erwartete Theudas: Jos Ant XX,97f.

[14] II Reg 5,14 LXX bietet einen der wenigen Belege für βαπτίζειν in der LXX. Immerhin könnte es als ein Ausdruck von Kultfeindlichkeit empfunden worden sein, daß Elisa Naemans Hoffnung, er werde sich an den מקום wenden (II Kön 5,11), enttäuscht.

[15] Siehe dazu BECKER, 40–45.

[16] Beispiele für die Begründung der Hoffnung auf Erbarmen mit dem Hinweis auf die Väter: Dan 3,35 LXX/θ (Gebet Asarjas); I Makk 4,10; Weish 18,22; TestLev 15,4; AssMos 3,9; ParJer 6,21. *Gewarnt* wird vor dem Vertrauen auf die Fürbitte des Erzvaters in II Hen 53,1.

[17] Vgl. bes. 1QpHab; 1QM; vgl. dazu BRAUN, Bd. 2, 269f.

[18] Vgl. JEREMIAS, 331f.

[19] CD spricht immerhin noch vom „neuen Bund" (VI$_{19}$; VIII$_{21}$; XIX$_{33f.}$; XX$_{12}$), andere Texte dagegen nur vom „Gottesbund" oder „Bund" schlechthin; vgl. LICHTENBERGER, Alter Bund, 401–406.

[20] Vgl. 1QpHab XI$_{13}$; 1QS V$_5$; 1QH^a II$_{7.18}$; XVIII$_{20}$. Der biblische Bericht von der Beschneidung Abrahams wird homiletisch auf die „Umkehr zur Tora des Mose" bezogen: CD XVI$_{1–6}$ (Zählung nach SUKENIK).

[21] Vgl. auch Lk 11,1 zur Unterweisung der Jünger im Beten.

anerkanntes Maß gerechten Wandels nicht weit hinausgegangen sein.[22] So besehen, lägen die lukanische „Standespredigt" (Lk 3,10–14) und Josephus, der in Johannes einen Moralprediger sieht (Ant XVIII,117), tendenziell nicht einmal so falsch. Von den zahlreichen Zuhörern, die Johannes anzuziehen verstand,[23] schlossen sich nur wenige seinem Jüngerkreis an. Es stellt sich die Frage, ob er denen, die nach der Taufe in ihren Alltag zurückkehrten, die gewohnte Teilnahme am Tempelkult untersagt oder wenigstens als nutzlos ausgeredet hat. Ausschließen kann man es kaum, aber nahe legt es seine Bußpredigt nicht.

Johannes trat als Prophet auf, wurde als Prophet wahrgenommen[24] und stieß bei Vertretern etablierter Religiosität auf Ablehnung.[25] Daß in seiner Botschaft ein Angriff auf bestehende Verhältnisse lag, steht von daher außer Frage. Offen bleibt, ob und inwieweit dies auch den Tempel betraf, ob dieser, mit Johannes gesagt, zur Spreu oder zum Weizen gehörte. Da der Täufer traditionelle Werte jüdischer Frömmigkeit sowohl in Anspruch nehmen wie rundheraus bestreiten konnte – hier der Bußruf, dort die Polemik gegen die Abrahamskindschaft –, ist der Rahmen der Möglichkeiten weit; er reicht von der prinzipiellen Verwerfung aller Kultfrömmigkeit über die Kritik an einer verkehrten Praxis und die Erwartung der endzeitlichen Restitution eines korrekten Opferdienstes (vgl. Mal 3,3) bis zu dem vergleichsweise bescheidenen Vorwurf der Unbußfertigkeit der amtierenden Priesterschaft. Dabei ist letzteres nicht unwahrscheinlich;[26] der Gegensatz zwischen dem Volk, das Johannes anerkennt, und dem Establishment, das ihn verwirft, deutet eher auf Kritik an politischen Besitzständen als auf Kritik an der religiösen Institution als solcher hin.[27] Was Josephus von den Befürchtungen des Antipas berichtet (Ant XVIII,118), weist in eine ähnliche Richtung.

3. Vergebung ohne Opfer

Die Sühne und damit verbunden der Erlaß der Sündenschuld ist nach mosaischer Norm eine elementare Aufgabe des Tempelkultes, und wie eng der Zusammenhang empfunden wurde, zeigt der Verzweiflungsruf des Rabbi Jehoschua angesichts des zerstörten Heiligtums: „Weh uns, daß das Haus

---

[22] Anders BECKER, 48, der die Frucht der Umkehr in der Annahme der Taufe sieht. Sollte dies tatsächlich die einzige Forderung des Täufers gewesen sein, so könnte von Verhaltensnormen, die er seinen Täuflingen auferlegte, erst recht keine Rede sein.

[23] Nach einhelliger Meinung der Quellen: Mk 1,5; Lk 7,29 par. Mt 21,31; Jos Ant XVIII,118.

[24] Dies ist durch Mk (11,32) wie durch Q (Lk 7,26) bezeugt.

[25] Vgl. Lk 7,30: Pharisäer und Gesetzeslehrer; in Mt 21,32 sind Priester und Älteste angesprochen.

[26] Auch die Auswertung der biblischen Prophetentradition bei TILLY, 221–223, läuft letztlich auf Kritik nicht am Kult an sich, sondern an einer Diskrepanz von Kultfrömmigkeit und Ethos hinaus.

[27] Vgl. bes. Mk 11,27–33; ferner Lk 7,24f. par. Mt 11,7f.; Lk 7,29f. par. Mt 21,32.

unseres Lebens zugrunde gerichtet ist, die Stätte, die für unsere Sünden Sühne wirkte."[28] Johannes stellt den Büßern eine Vergebung in Aussicht, die von sühnenden Opfern unabhängig ist. Der Eindruck, er habe sich damit eine Funktion angemaßt, die traditionell allein dem Tempel gebührt,[29] täuscht jedoch. Zeitgenössische und ältere jüdische Texte sprechen von Vergebung oft genug ganz ohne Rücksicht auf den Opferkult; jenseits des Kultes erscheint dort der erbarmende, gnädige Gott selbst, der Vergebung gewährt.

Ansätze zeigt schon das *pentateuchische Gesetz*: Wenn der Vater gegen ein Gelübde seiner ledigen Tochter rechtzeitig Einspruch erhebt, ist nach Num 30,6 das Gelübde ungültig, „und der Herr wird ihr verzeihen (יסלח לה), denn ihr Vater hat es ihr verwehrt" (analog 30,9.13 vom Gelübde der Ehefrau). Während in priesterschriftlichen Rechtstexten סלח exklusiv im Kontext von חטאת- und אשם-Ritualen und in Verbindung mit dem kultischen כפר pi. gebraucht wird,[30] die Vergebung also an ein Opfer gebunden ist, setzt Num 30, ein jüngerer Text,[31] zur Vergebung lediglich die rechtswirksame Entscheidung des Familienoberhauptes voraus; kultisches Handeln ist nicht erforderlich.[32] In Frage gestellt wird der Kult damit nicht.

Das *Gebet Asarjas* problematisiert, von einem umfassenden Schuldbekenntnis ausgehend, das Fehlen kultischer Sühnemittel im Exil: „Gibt es doch in dieser Zeit ... weder Brandopfer noch Schlachtopfer, weder Opfergabe noch Räucherwerk, auch keinen Ort, um Erstlingsfrüchte dir darzubringen und Gnade zu finden. Doch laß uns Annahme finden mit büßendem Herzen und mit gedemütigtem Geist wie mit Opfern von Widdern und Stieren und von zahllosen Fettschafen. So möge unser Opfer heute vor dir gelten und dich versöhnen ..." (Dan 3,38–40 LXX/θ).[33] Die Geschichte endet damit, daß Zerknirschung, Gebet und der Einsatz des eigenen Lebens[34] Gott tatsächlich dazu bewegen, von der Strafe abzulassen. Der Opferkult ist als der reguläre Weg zur Gnade vorausgesetzt, doch ohne seine Dignität zu schmälern, führt die Erzählung vor, daß Vergebung auch anders möglich ist.

Ben Sira warnt vor moralischer Unwürdigkeit bei der Teilnahme am Opferkult:[35] „Wer von unrechtmäßigem Gut schlachtopfert, bringt ein fehlerhaftes Opfer dar, und die Gaben der Frevler sind nicht zum Wohlgefallen. Der Höchste hat kein Wohlgefallen an den Opfern der Gottlosen, noch wird durch eine Masse von Schlachtopfern Sünde gesühnt" (31[34],21f.). Man fragt sich vielleicht, wie der Frevler überhaupt Vergebung finden kann, wenn

---

28 ARN B 8 (Schechter, 22); vgl. ARN A 4 (Schechter, 21).
29 Vgl. etwa LOHMEYER, 145–148.
30 So in Lev 4,20.26.31.35; 5,10.13.16.18.26; 19,22; Num 15,25.26.28.
31 Vgl. CRÜSEMANN, 419f.
32 Auch die Paraphrase von Num 30 in 11QTᵃ LIII₁₄–LIV₅ hält an dieser unkultischen Vergebung fest (אסלח לה in LIII₂₁; LIV₃).
33 Übersetzung PLÖGER, 72.
34 Vgl. VAN HENTEN, 162.
35 Textgrundlage im folgenden: ZIEGLER; hiernach auch die Zählung.

sein Opfer nichts nützt; doch träfe der Einwand ins Leere, denn hier spricht
kein Kulttheologe, sondern ein Moralist.[36] Selbstverständlich hält Ben Sira Vergebung für möglich, nur sind die Mittel, die er nennt, nicht die des
Kultes: „Lodernden Brand löscht Wasser, und Almosen sühnt Sünde" (3,30).
„Vergib deinem Nächsten das Unrecht, so werden, wenn du bittest, auch
deine Sünden gelöst" (28,2). „Ein Wohlgefallen des Herrn ist's, von Bosheit
abzulassen, und eine Sühne, von Frevel abzulassen" (32[35],5). Einmal, in
einer Reihe guter Ratschläge an einen Kranken, heißt es auch: „Bring einen
Wohlgeruch und ein Gedächtnisopfer von Feinmehl dar, und mach fett die
Opfergabe, als wärst du schon nicht mehr da" (38,11) – aber erst nach dem
viel wichtigeren Rat: „Mein Kind, bei deiner Krankheit sei nicht nachlässig,
sondern bete zum Herrn, und er wird dich heilen. Beseitige das Vergehen
und richte die Hände gerade[37] und reinige das Herz von aller Sünde" (38,9f.).
Daß er zur Kultkritik neige, kann man dem Siraciden nicht vorwerfen. Er
findet Opfer sinnvoll, weil Gott sie angeordnet hat, weil man Gott Dank
schuldet und weil Gott wohlgefällig annimmt und vergilt, was der Gerechte darbringt (32[35],6–13). Doch ἐξιλάσκειν und ἐξιλασμός sind, anders als
in der priesterlichen Tora, nicht auf den Opferdienst,[38] sondern auf Gottes
Barmherzigkeit[39] und menschliches Wohlverhalten[40] bezogen. Ben Sira hat
einen moralischen Begriff von Vergebung, der vom Tempelkult unabhängig
ist.

Weitere Beispiele ließen sich anfügen; sie verteilen sich über das gesamte
Spektrum der pseudepigraphischen Literatur aus der Zeit des Zweiten Tempels. Jenseits des Opferkultes ist es vor allem die Reue, durch die der Sünder
Gott zur Vergebung bewegt.[41] Ausführlichere Texte sprechen von Bekenntnis und Gebet,[42] gerechten Werken,[43] Fasten und Kasteiung,[44] Züchtigung[45]
oder auch der Fürbitte eines Frommen, der Gott nahesteht.[46]

---

[36] Denn als Kommentar zu Num 15,22–31, wonach das Sühnopfer lediglich zur Tilgung
versehentlicher Sünde vorgesehen ist, sind seine Ausführungen wohl nicht gedacht.

[37] V. 10a hebr.: „Fliehe vor Unrecht und vor Ansehung der Person."

[38] Die Ausnahmen sind 31(34),23, wo die Sühnewirkung der Opfer des Frevlers freilich
bestritten wird (s. oben), und 45,16, wo das Priesteramt Aarons skizziert ist. Das ἐξιλάσκειν des
Pinhas, 45,23, besteht dagegen in seiner Num 25 berichteten Eifertat. In 32(35),5 (s. oben) läßt
ἐξιλασμός als Metapher den kultischen Sinn bewußt durchscheinen.

[39] Sir 3,3.30; 5,5f.; 16,7.11; 17,29; 18,12.

[40] Sir 5,5f.; 16,7; 17,29; 18,20; 20,28; 28,5; 32(35),5.

[41] Vgl. TestRub 1,10; TestGad 7,5; Jub 41,23–25; 1QH[a] IX,13 (Zählung nach SUKENIK). Zahlreiche Belege gibt BEHM, 987. Die hier und im folgenden gebotenen Beispiele erheben keinen
Anspruch auf Vollständigkeit. Vgl. auch VON DOBBELER, 186.

[42] Vgl. Jub 41,23–25; TestSim 2,13; PsSal 9,6; OrMan 13 (= Oden 12,13); 4Q242 (4QPrNab);
VitProph 4,15; 11QPs[a] XIX,13f.; JosAs 12,3–6; 13,11–13; LibAnt 39,7; auch Lk 18,13.

[43] Dan 4,24.

[44] Vgl. TestRub 1,10; TestJud 19,2; PsSal 3,7–8; VitProph 4,16; LibAnt 30,4.

[45] Vgl. PsSal 10,1; JosAs 11,18.

[46] TestJud 19,2; 4Q504 (4QDibHam[a]) 1 II,7–10 (vgl. Num 14 usw.); LibAnt 52,3; erfolglose
Fürbitte: I Hen 12,4–14,7; Fürbitte neben Opfer: Hi 42,8–10 (LXX betont zusätzlich die erlangte

Daß in den zwei Jahrhunderten vor Johannes neben dem kultischen Sühnebegriff auch ein vom Opfer völlig absehender Vergebungsgedanke zum jüdischen Gemeingut gehört, ist im Grunde eine triviale Feststellung. Bedeutsam ist aber, daß dieser Gedanke auch da begegnet, wo Opfer und Tempel sonst grundsätzlich akzeptiert sind.[47] Denn daraus folgt, daß es nicht *eo ipso* eine Kritik am Jerusalemer Tempel bedeuten kann, wenn Johannes am Jordan zur Buße ruft und Vergebung in Aussicht stellt.

4. Waschung, Entsündigung und Tempelkritik in Qumran

Ungewöhnlich ist die Verbindung der auf Sündenvergebung zielenden Umkehr mit einem Wasserritus. Sehen wir ab von der urchristlichen Missionstaufe, die sehr wahrscheinlich von der Johannestaufe beeinflußt ist,[48] und dem 4. Buch der Sibyllinischen Orakel, das erst nach der Zerstörung des Tempels verfaßt wurde und darum schon unter einem anderen geistigen Horizont steht,[49] so bleibt als mögliche Analogie nur die Ablutionspraxis der Qumrangemeinde.[50]

Daß die qumranischen Wasserriten mit der Beseitigung von Sünde zu tun haben, geht am deutlichsten aus einer Passage der Gemeinderegel hervor:

Vergebung); 11QtgJob XXXVIII$_{2f}$.Ungewöhnlich ist, daß TestHiob 42,6–8 (vgl. 43,4.17) die Fürbitte übergeht und die Vergebung unmittelbar dem Opfer folgen läßt.

[47] Vgl. in diesem Band auch die Beiträge zu Jub von VAN RUITEN, 215 (in Jub spiegelt sich die Erfahrung einer sündigen Verunreinigung des Zionstempels, der an sich aber ebenso wie die heiligen Stätten Eden und Sinai als Teil der gottgeschaffenen Ordnung gilt: 1,10.17; 8,19; 23,21) und zu LibAnt von VOGEL, 251.

[48] Vgl. HARTMAN, 34 Anm. 12 (ältere Literatur); LÉGASSE, 107; COLLINS, 231–234.

[49] Daß das in Sib 4,162–170 im Kontext des Bußrufs geforderte Bad „in immerfließenden Flüssen" mit der Johannestaufe genetisch zusammenhängen könnte, ist immerhin erwägenswert; vgl. LICHTENBERGER, Täufergemeinden, 40f. Anders BACKHAUS, Jüngerkreise, 305f., aber der Hinweis auf ein „jüdisches Täufermilieu" und das „religionsgeschichtliche" Naheliegen einer soteriologischen Funktion der Taufe im 1. Jh. widerlegt die Möglichkeit einer Verbindung zu Johannes keineswegs. Die Kultkritik der 4. Sibylle zielt jedoch nur auf pagane Frömmigkeit (4–30); das Jerusalemer Heiligtum nennt sie den „großen Tempel Gottes" und stellt seine Zerstörung als Unheil dar (115–118); vgl. im Beitrag von HORBURY in diesem Band, 162ff. Zudem ist nicht erkennbar, inwieweit jene Kultkritik mit Bußruf und Tauchbad in Zusammenhang steht. Als Gegenentwurf zu dem geschilderten heidnischen Aberglauben wäre die Bußtaufe zweifellos ein Ausdruck der Kultkritik; als Ersatz für den untergegangenen Jerusalemer Sühnekult wäre sie wohl eher das Ergebnis einer Sublimation. Die Frage läßt sich nicht entscheiden, da der Begriff der kultischen Sühne, der hier Klarheit schaffen könnte, nirgends thematisch wird. So oder so, Indizien, die den Schluß auf eine innerjüdische Tempelkritik des Täufers stützen könnten, liefert die 4. Sibylle nicht.

[50] Die Möglichkeit einer Verbindung zwischen Johannes und Qumran hat seit der Entdeckung der Schriften vom Toten Meer nicht aufgehört, die Forschung zu beschäftigen. Angesichts einer Fülle einschlägiger Untersuchungen (Angaben bei WEBB, 231 Anm. 137) können wir uns hier auf diejenigen Aspekte des Themas beschränken, die für die Frage nach einer Kultkritik des Johannes von Bedeutung sind.

„Denn durch den Geist des Rates der Wahrheit Gottes werden die Wege eines Mannes gesühnt (יכופרו), alle seine Sünden, daß er das Licht des Lebens schaue. Und durch den heiligen Geist der Gemeinschaft in ihrer Wahrheit wird er gereinigt (יטהר) von allen seinen Sünden. Und durch den Geist der Rechtschaffenheit und Demut wird seine Sünde gesühnt. Und durch die Demut seiner Seele vor allen Satzungen Gottes wird sein Fleisch gereinigt, um (ihn) zu besprengen mit Unreinheitswasser (במי נדה) und um geheiligt zu werden mit Wasser der Reinigung (במי דוכי)."[51] – Wer aber halsstarrig bleibt, so heißt es kurz zuvor, „wird nicht zum Quell der Vollkommen gezählt, wird nicht durch Sühnung geläutert (יזכה) und nicht mit Unreinheitswasser gereinigt und nicht in Seen und Flüssen geheiligt und durch keinerlei Bad (מי רחץ) gereinigt."[52]

Wie sind die Tilgung der Sünde und die Reinigung mit Wasser aufeinander bezogen? Auffälligerweise handelt von Sünde und Sühne jeweils der vordere Teil der beiden Sequenzen, während die Waschung am Ende steht. Ist das wirkende Mittel hier das Wasser, so sind es dort Geist und Demut. Anscheinend setzen diese Formulierungen eine kategoriale Unterscheidung zwischen Sühne und Wasserritus voraus. Die Folgerung, es sei überhaupt an zwei verschiedene Vorgänge gedacht – erst sühnende Buße, dann Reinigung durch Wasser[53] –, würde freilich zu weit gehen. Eher handelt es sich um zwei Aspekte ein und desselben Geschehens, die durch den Begriff der Reinigung, der auf beiden Seiten erscheint, miteinander verzahnt sind. Terminologische Diffusion zeigt sich wohl auch darin, daß der Ausdruck „Fleisch" (בשר), mit dem die Priesterschrift gewöhnlich den Menschen als Objekt einer Waschung bezeichnet,[54] hier auf die Reinigung durch Demut bezogen ist. Den Eindruck, daß Sündentilgung und Waschung nach qumranischem Empfinden nicht voneinander zu trennen sind, bestätigen andere ritualgesetzliche Texte der Gemeinde, die ebenfalls eine schlüssige Differenzierung unter den relevanten Grundbegriffen – Sünde und Unreinheit; Sühne, Vergebung, Reinigung, Heiligung und Waschung – vermissen lassen.[55] Ein prägnantes Beispiel ist die Wendung ע[ו]ן נדה עלו, „eine Sünde der Unreinheit ist auf ihm",

---

[51] 1QS III₆₋₉; geringfügige Abweichungen in 4QSᵃ 2¹⁻⁴; 4QSᶜ 1 II₉₋₁₃.

[52] 1QS III₃₋₅; geringfügige Abweichungen in 4QSᶜ 1 II₅₋₇.

[53] Vgl. bes. THIERING.

[54] Vgl. Lev 14,9; 15,13.16; 16,4.24.26.28; 17,16; 22,6; Num 19,7.8. Von einer „Sühnung" des Fleisches ist nicht die Rede.

[55] Besonders ausgeprägt ist diese Vermischung in dem leider stark beschädigten Text 4Q512; vgl. etwa VII₉: „von (?) al]l meinem Frevel (פשעי) und reinigst mich von der Scham der Unreinheit (נדה מערות) und schaffst Sühne, daß (ich?) komme […]" (DJD 7, 265). In Frgm. 15 I ist in den ersten drei Zeilen erhalten: עון, אשמה und במימי und ורחץ (DJD 7, 269). In XII₁₃f. ist erhalten: „… und du heiligst ihn [durch alle] Sühnung(en) deines Wohlgefallen[s" (DJD 7, 272). Zu Reinigung und Vergebung in 4Q512 vgl. auch ESHEL, 5f. Ein weiteres Beispiel bietet 5Q13 42₋₃. Allerdings scheinen andere Texte von dieser terminologischen Diffusion frei zu sein, so 4Q514 oder das Fragment aus 4Q274 bei J. M. BAUMGARTEN, Laws, 1.

die in einem Fragment der Damaskusschrift die Folgen des Kontakts mit einer Menstruierenden beschreibt.[56]

Eine „Gemeinde *ohne* Tempel" ist der Jachad eigentlich nicht. Im Gegenteil, er hat es mit nicht weniger als drei Heiligtümern zu tun:[57] einem gegenwärtigen, das er, weil es befleckt ist, boykottiert,[58] einem künftigen, in dem die rechtmäßige Ordnung herrschen wird,[59] und einem spirituellen, das er selbst darstellt. Die Gemeinde ist ein „Allerheiligstes" für Aaron und ein „Haus" für Israel, und zwar ein wahres und vollkommenes;[60] „Hebopfer der Lippen" sind der Rechtsentscheid und das regelmäßige Gotteslob.[61] Gerade diese Metaphorik läßt erkennen, wie sehr die Idee des Tempels bis in das Selbstverständnis der Gemeinde hinein prägend wirkt. Sie ist pointierter Ausdruck eines Phänomens, daß sich wohl am treffendsten als *internalisierende Substitution* des Jerusalemer Tempels beschreiben läßt.

Als ein weiterer Ausfluß dieser Internalisierung dürfte sich nun auch jene eigentümliche Verschmelzung von Wasserritus und Sühne erklären lassen: Anders als das Opfer ist die Waschung nach mosaischer Vorschrift nicht lokal gebunden,[62] am Tempel ist sie besonders mit dem Ritual des Versöhnungstages verknüpft (Lev 16), und der Terminus, der ihre wesentliche, ja einzige Funktion angibt, die „Reinigung", bezeichnet schon biblisch auch die Eliminierung von Schuld.[63] Wo ein Opferritus wegen der örtlichen Gegebenheiten nicht durchführbar ist, die Idee des Tempels aber nach Konkretion verlangt, ist es darum das Nächstliegende, an die Stelle des Opfers zur rituellen Dar-

---

[56] 4Q266 6 II$_2$ (DJD 18, 55). Der Herausgeber, J. M. Baumgarten, kommentiert: „The association of impurity with sin … is characteristic of the Qumran outlook" (ebd., 56).

[57] Vgl. zum Folgenden auch den Beitrag von Schiffman in diesem Band, 267; Braun, Bd. 1, 73f.

[58] Die Unreinheit ist Folge von Normverstößen; vgl. CD IV$_{18}$; V$_6$; XX$_{23}$; 1QpHab XII$_{8f}$; 4Q183 1 II$_1$. Der Besuch dieses Tempels ist verpönt: CD VI$_{12}$ (es heißt zwar: „um vergeblich das Altarfeuer anzuzünden", doch betrifft die Regel nicht nur Priesterdienste, sondern gilt „allen, die in den Bund gebracht wurden"); Jos Ant XVIII,19. Weihegaben scheinen zulässig zu sein, vgl. Ant XVIII,19, möglicherweise auch CD XI$_{19-21}$; XVI$_{13ff}$.; doch mag sich die Praxis der Gemeinde im Laufe der Zeit gewandelt haben; vgl. Lichtenberger, Atonement, 161.

[59] Daß man von einem korrekten Tempelbetrieb klare Vorstellungen hatte, läßt sich diversen Sektenschriften ritualgesetzlichen Inhalts entnehmen, bes. 4QMMT B *passim*, ferner 4Q265 2 II$_6$; 4Q266 6 II$_{1-4}$; 4Q276 1; 4Q512 56; 4Q513 10; 15; 19. – Zur Hoffnung auf endzeitliche Restitution vgl. 4Q171 III$_{11}$; 4Q174 III$_{2-7}$; Lichtenberger, Atonement, 160; Brooke in diesem Band, 285.

[60] Vgl. 1QS V$_6$; VIII$_{5-9}$; IX$_6$; 4QS^b 5$_6$; 4QS^d 1 I$_5$; 2$_2$; 3 I$_6$; 4QS^e 1 II$_{12-16}$; CD III$_{18f}$.; vgl. Klinzing, 50–93; Harrington, 117f.

[61] Vgl. 1QS IX$_{4f}$ bzw. X$_6$; vgl. dazu Lange, 16 (mit weiterer Literatur). Nach CD XI$_{21}$–XII$_1$ (4Q271 5 I$_{15-17}$) scheinen gemeindeeigene „Gebetsstätten" als „Heiligtum" gegolten zu haben; so Steudel, *passim*.

[62] Der einzige nicht lokal gebundene opferartige Ritus ist die Verbrennung der roten Kuh. In der Tat scheint es denkbar, daß er von den Essenern durchgeführt wurde; vgl. A. I. Baumgarten, 177–181 (vgl. auch ebd. 170 Anm. 3 zum Textproblem von Jos Ant XVIII,19).

[63] Vgl. טהר in Jer 33,8; Ez 36,33; 37,23; Ps 51,4.9; Prov 20,9 u.ö.; neben כפר pi. in Lev 16,30; Num 8,21.

stellung des Sühnegeschehens die Waschung – Tauchbad oder Besprengung[64] – treten zu lassen. Wenn sich der Jachad nicht damit begnügt, die Sündentilgung an die Bedingung der Umkehr und an Gottes Gnade zu binden, wie es sonst im zeitgenössischen Judentum üblich ist, sondern von Sühne spricht und das Ganze mit reinigenden Wasserriten amalgamiert, so heißt das nichts anderes, als daß er aus dem traditionellen kultischen Symbolsystem die transportablen Elemente herausbricht, um aus ihnen seinen eigenen, immateriellen Tempel zu errichten. Die qumranische Sühnewaschung ist damit zugleich Ausdruck der Kritik und Produkt einer Transformation[65] des Jerusalemer Opferkultes.

5. Die Sühnewaschung in Qumran und die Taufe des Johannes

Inwieweit ist die Johannestaufe mit den qumranischen Waschungen vergleichbar? Daß es im weiteren ideologischen Rahmen und auch äußerlich gravierende Unterschiede gibt, läßt sich kaum bestreiten;[66] es mag aber zunächst außer Betracht bleiben. Was der Täuferritus mit Sündentilgung zu tun hat, bringt klassisch die Formel „Taufe der Umkehr auf Vergebung der Sünden hin" zum Ausdruck (Mk 1,4). Leider ist das recht unscharf; es ließe sich selbst mit Josephus' Deutung der Johannestaufe vereinbaren, wonach eine Seelenreinigung durch δικαιοσύνη vorausgehen muß, damit die βάπτισις – die nicht der „Abbitte für geschehene Verfehlungen", sondern der „Heiligung des Leibes" dient – wohlgefällige Annahme findet (Ant XVIII,117). In der Forschung freilich wird diese Zerlegung des Taufgeschehens in einen ersten, moralischen und einen zweiten, physischen Akt üblicherweise nicht ernsthaft in Erwägung gezogen.[67] Gewöhnlich nimmt man einen unmittelbaren Zusammenhang zwischen Tauchbad und Vergebung an, sei es, daß Johannes den Ritus als Zusage oder Zeichen,[68] sei es, daß er ihn als wirksames Mittel begriffen habe.[69] Zweifellos sind Deutungen dieser Art mit dem qumranischen

---

[64] מי רחץ in 1QS III₅ deutet auf das eine, להזות in 1QS III₉ auf das andere hin.

[65] Zur „Kulttransformation" (im Unterschied zu anderen Rezeptionsformen) vgl. BACKHAUS, Kult, 518–521.

[66] Vgl. auch die Bemerkungen zu Qumran im zweiten Abschnitt dieses Beitrags.

[67] Andererseits ist es immerhin auffällig, wie eng sich gerade bei Josephus die Interpretation der Johannestaufe begrifflich mit der Darstellung des Essenismus berührt; vgl. LICHTENBERGER, Scrolls, 344–346.

[68] Vgl. ERNST, 335: „Zusage" (unter eschatologischem Vorbehalt); HARTMAN, 19: „Zeichen"; LÉGASSE, 34: „garantit".

[69] Vgl. WEBB, 194: „the channel through which God forgave"; LUPIERI, 105: „atto espiatorio"; TILLY, 35: „sühnende Kraft". Die Rede vom „eschatologischen Sakrament" scheint aus der Mode gekommen zu sein (Literatur bei LÉGASSE, 34 Anm. 25).

Verständnis von ritueller Reinigung kompatibel, sofern auch nach diesem der Wasserritus mit der Sündenbeseitigung untrennbar zusammengehört.

Neben dieser grundlegenden Übereinstimmung werden zumeist zwei auffällige Unterschiede diagnostiziert: Den Täuflingen des Johannes wurde die Taufe gespendet, und jeder empfing sie nur einmal;[70] bei den Essenern dagegen war, dem Bericht des Josephus zufolge, die Selbstuntertauchung üblich, die regelmäßig wiederholt wurde.[71] Welches Gewicht diesen Unterschieden zukommt, ist freilich nicht ohne weiteres evident. Unter bestimmten Gesichtspunkten scheinen sie sich zu nivellieren:

Neben dem Tauchbad kennen der Jachad[72] und bereits die mosaische Tora als weiteren Wasserritus die Besprengung, die nicht der Unreine selbst, sondern ein anderer an ihm vollzieht. So könnte es etwa sein, daß Johannes mit seiner aktiven Rolle als Täufer lediglich Merkmale beider Riten – hier Ganzkörperbad, dort Spende – miteinander verband.[73] Daß Johannes eine einmalige Taufe für ausreichend hielt, ist in der Tat wahrscheinlich,[74] auch wenn unsere Quellen es nicht explizit festhalten. Die strenge, auf den Gegensatz von Frevel und Reinheit gegründete Weltabgeschiedenheit der Qumrangemeinde legt allerdings die Vermutung nahe, daß neue Mitglieder sich dort grundsätzlich schon bei ihrer Aufnahme einer Ablution unterzogen, die als initiatorischer Akt natürlich einmalig war.[75] In ihrer Reinigungs- und Sühnefunktion hätte sich diese Waschung von den sonstigen Wasserriten der Gemeinde nicht unterscheiden müssen; nur ihr Anlaß wäre ein besonderer gewesen, der Übertritt

---

[70] Vgl. z.B. ERNST, 326; HARTMAN, 19; LÉGASSE, 54f.; TILLY, 133; COLLINS, 223f.

[71] Bell II,129. Auf eine intensive Ablutionspraxis lassen auch die ausgedehnten Wasseranlagen in den Ruinen von Qumran schließen. Regelmäßige Waschungen vor den Mahlzeiten könnten näherhin in dem Kontaktverbot für Außenstehende in 1QS V₁₃ impliziert sein, sofern hier טהרת אנשי הקודש im engen Sinne die reine Speise der Gemeinde meint. Denn im folgenden wird das Verbot auf weitere Bereiche möglichen Kontakts ausgedehnt, ohne daß nochmals von Reinigungsriten die Rede ist. Das würde darauf hindeuten, daß im Gemeindealltag speziell die Nahrungsaufnahme mit Waschung verbunden war. Anders wäre es, wenn טהרת אנשי הקודש generell reine Gegenstände oder ganz allgemein den Reinheitszustand der Gemeinde bezeichnete. Dann bräuchte die Stelle sinngemäß nicht mehr zu besagen, als daß selbst eine Waschung es einem Außenstehenden nicht ermöglichen würde, mit einem Gemeindeglied in Kontakt zu treten; alles Folgende wäre dann Explikation (zum Problem vgl. AVEMARIE, 226f.). In der Parallele in 4QSᵈ 1 I₇₋₈ heißt es nach dem Verbot des Berührens der טהרת אנשי הקו[דש] weiter: ואל יוכל אתו ב]יחד. Wenn hier nicht zweimal dasselbe gesagt ist, könnte es ein Indiz dafür sein, daß טהרה nicht einfach gleichbedeutend mit „Mahlzeit" ist.

[72] Vgl. nochmals 1QS III₃₋₉.

[73] Eine weitere, wenn auch theologisch nicht eben reizvolle Möglichkeit ist, daß die aktive Mitwirkung des Täufers durch das schwierige Gelände und die Ungeübtheit der Täuflinge gefordert war.

[74] Besonders wenn man die christliche Taufe als Weiterentwicklung der Johannestaufe versteht und von daher zurückschließt. Auf die Einmaligkeit der Johannestaufe deutet ferner hin, daß sowohl das NT als auch Jos Ant XVIII,117, von dieser „Taufe" nur im Singular sprechen (dort βάπτισμα, hier βαπτισμός und βάπτισις). Anders NEPPER-CHRISTENSEN, 190, der dem Bericht des Josephus die Vorstellung „wiederholter Übergießungen" zugrunde liegen sieht. Vgl. auch CHILTON, 218.

[75] Vgl. etwa BETZ, 216–220; in neuerer Zeit WEBB, 140–144.160–162; kritisch COLLINS, 222f. (dort weitere Literatur in Anm. 14).

des Konvertiten aus der Sphäre der sündhaften Befleckung in die der Reinheit und Vollkommenheit. Die Entsprechung zur Johannestaufe, die die Bewahrung vor dem Gericht und den Eingang zum endzeitlichen Heil in Aussicht stellte, wäre damit gewahrt, die Einmaligkeit kein Unterscheidungsmerkmal. Das Problem ist, daß sich eine solche initiatorische Reinigung zwar sinnvoll vermuten, aber aus den Quellen nicht sicher erheben läßt.[76]

Wir brauchen diese Fragen hier nicht zu entscheiden. So oder so kann kein Zweifel bestehen, daß hinsichtlich der Verbindung von Wasser und Sühne die qumranischen Reinigungsriten die weitestreichende zeitgenössische Analogie zur Johannestaufe bieten, die wir kennen. Angesichts der Berührungen in der Botschaft, besonders in der Gerichtserwartung und dem programmatischen Auszug aus Israel, wohl auch angesichts der geographischen Nähe,[77] die mit diesem Auszug zusammenhängen dürfte, läßt es sich überdies kaum ausschließen, daß Johannes in irgendeiner Weise vom essenischen Denken beeinflußt war.[78]

Damit freilich steht dem nun endlich greifbar scheinenden Analogieschluß, es müsse wie die qumranischen Sühnewaschungen so auch die Johannestaufe Folge und Ausdruck eines Bruches mit dem Tempel sein, ein neues Hindernis im Wege: Ist die Johannestaufe tatsächlich als Reflex einer Diastase zu begreifen, dann doch eher im Verhältnis zur qumranischen Reinheitspraxis selbst als im Verhältnis zum Tempelkult. Unter diesem Aspekt gewinnen auch die Gegensätze zwischen Johannes und Qumran – dort etwa die öffentliche Predigt, hier das introvertierte Reglement – ihr Gewicht, zeugen sie doch von einer Zwiespältigkeit, die sich mit der Haltung der Qumrangemeinde zum Jerusalemer Kult durchaus vergleichen läßt: Mit dem auf Vergebung zielenden Wasserritus übernimmt der Täufer zwar ein sehr charakteristisches Element qumranischer Praxis (wohlgemerkt: nicht des Tempelkultes!), macht es aber, indem er auf ein halachisches System und den entsprechenden Verhaltenskodex verzichtet, einem breiten Publikum zugänglich und erteilt so dem Separatismus des Jachad eine Absage. Seine Taufe perpetuiert essenische Frömmigkeit und stellt sie zugleich in Frage. Methodisch gesehen, führt hier die Suche nach einer Analogie zu dem paradoxen Resultat, daß an

---

[76] Als Anhaltspunkt für ein qumranisches Initiationsbad käme noch am ehesten 1QS III$_{4-9}$ in Frage, da das Thema von 1QS I$_1$–III$_{12}$ der Beitritt zur Gemeinde ist (vgl. Webb, 140–144). Doch die weitschweifigen Wiederholungen in III$_{4-9}$ und besonders das zweigliedrige לטהות במי דוכי נדה ולהתקדש במי in III$_9$ lassen weniger an einen einmaligen Akt als vielmehr an eine Auswahl verschiedener Reinigungsriten denken, deren Inanspruchnahme dem Eintretenden künftig offensteht.

[77] Wo Johannes taufte, ist umstritten; die Nachricht von seiner Festsetzung in Machärus (Jos Ant XVIII,119) deutet aber auf ein Wirken im Süden des Jordantals hin.

[78] Daß lediglich alttestamentliche Verheißungen wie Jes 4,4 oder Ez 36,25.33 den Täufer inspiriert haben, ist unwahrscheinlich, denn diese Prophetentexte sprechen davon, daß Gott selbst die Reinigung vollziehen wird. Johannes wie die Qumrangemeinde erwarten zwar eine solche endzeitliche Reinigung (Lk 3,16 par.; 1QS IV$_{20f.}$), praktizieren aber die sühnende Waschung schon konkret in der Gegenwart.

die Stelle der gesuchten Bezugsgröße, des Tempels, das gefundene Analogon als Ganzes tritt. Von einer Tempelkritik kann unter diesen Umständen kaum die Rede sein; Johannes repräsentiert, so verstanden, vielmehr ein Judentum, das vielleicht nicht die Idee, aber doch die Realität eines funktionierenden Sühnekultes schlicht hinter sich gelassen hat.[79]

6. Zugänge und Abwege

Es scheint, daß wir damit, wenn auch zu einem negativen, so doch immerhin zu einem Ergebnis gelangt sind: *Die uns überkommenen Nachrichten lassen nicht erkennen, daß Johannes mit seiner Predigt und seiner Taufe in programmatische Opposition zum Tempel und der traditionellen Kultfrömmigkeit getreten wäre.* Wir müssen uns aber darüber im klaren sein, daß möglicherweise selbst dieses vorsichtig negative Resultat noch einzuschränken ist. Denn schon früh hat man sich auch andere Bilder von Johannes gemacht. Da ist zum einen die Perikope von der Vollmachtsfrage, Mk 11,27–33. Die Gegenfrage, mit der Jesus den Angriff pariert, setzt nicht nur voraus, daß „die Priester und Schriftgelehrten und Ältesten", anders als das Volk, dem Täufer die Anerkennung verweigern, sondern auch, daß sie Jesu Unterstellung akzeptieren, wonach sein eigenes Wirken dem des Täufers – das bezeichnenderweise *sub voce* βάπτισμα zusammengefaßt wird – vergleichbar ist.[80] Nach markinischer Chronologie stehen die Jerusalemer Notabeln unter dem frischen Eindruck der Tempelreinigung. Die Johannestaufe muß ihnen, wenigstens stellt Markus es sich so vor,[81] ein Skandalon von derselben Art gewesen sein. – Die lukanische Kindheitserzählung präsentiert das Gegenbild. Wer immer die Tradenten dieses Legendenstoffs waren, sie müssen am Tempel mit einer ähnlichen Hingabe gehangen haben wie an dem Täufer selbst. Tempelkritik seitens ihres Meisters dürfte für sie unvorstellbar gewesen sein.

Vielleicht darf man das Faktum, daß sich über Johannes' Verhältnis zum Tempel so widersprüchliche Vorstellungen bilden konnten, als ein Indiz dafür nehmen, daß er dem Tempelkult tatsächlich indifferent gegenüberstand. Es zeigt aber auch, wie sehr bei unseren verstreuten Nachrichten mit überlieferungsgeschichtlichen Brechungen zu rechnen ist und wie unsicher darum jeder Versuch einer Rekonstruktion letztlich bleiben muß.

---

[79] Nach BACKHAUS, Kult, 516 und 514 Anm. 9, könnte man hier von „peripherem Kult" sprechen.

[80] Sonst wäre der anvisierte Analogieschluß von vornherein undenkbar.

[81] Die Erzählung von der Vollmachtsfrage könnte auf historisch zuverlässiger Erinnerung beruhen; als Gemeindebildung ist eine solche Inanspruchnahme der Autorität des Johannes jedenfalls schwer vorstellbar. Die Lokalisierung des Geschehens in Jerusalem und sein Zusammenhang mit der Tempelreinigung lassen sich jedoch kaum als ursprünglich erweisen.

Summary

It is often presumed that John the Baptist was critical of the Jerusalem Temple. The sources, however, do not relate of John any pertinent utterance. In order to find out what the sources may imply contemporary analogies must be examined. The result is largely negative. Neither John's expectation of an imminent judgment and his withdrawal to the "desert" nor the call for repentance and the prospect of divine forgiveness allow to sure inference that he held such a critical stance. Only the connection of repentance and forgiveness with a water ritual might do, as it resembles the ablutions of the Qumran community, which probably were a critical response to the cultic sacrifices. However, if indeed John's baptism was in some way a critical response, it must have been directed rather against the Essene practice itself than against the Jerusalem temple. Thus it seems best to understand John as an exponent of a type of piety which had become essentially indifferent to the reality of a functioning sacrificial cult.

Bibliographie

F. AVEMARIE, „Tohorat ha-Rabbim" and „Mashqeh ha-Rabbim". Jacob Licht Reconsidered, in: M. BERNSTEIN/F. GARCÍA MARTÍNEZ/J. KAMPEN (Hgg.), Legal Texts and Legal Issues. Proceedings of the Second Meeting of the International Organization for Qumran Studies Cambridge 1995. Published in Honour of J. M. Baumgarten, StTDJ 23, 1997, 215–229.

K. BACKHAUS, Die „Jüngerkreise" des Täufers Johannes. Eine Studie zu den religionsgeschichtlichen Ursprüngen des Christentums, PaThSt 19, 1991.

— Kult und Kreuz. Zur frühchristlichen Dynamik ihrer theologischen Beziehung, ThGl 86 (1996), 512–533.

A. I. BAUMGARTEN, Josephus on Essene Sacrifice, JJS 45 (1994), 169–183.

J. M. BAUMGARTEN, The Laws about Fluxes in 4QTohora^a (4Q274), in: D. DIMANT/L. SCHIFFMAN (Hgg.), Time to Prepare the Way in the Wilderness. Papers on the Qumran Scrolls by Fellows of the Institute for Advanced Studies of the Hebrew University Jerusalem 1989–1990, StTDJ 16, 1995, 1–8.

— Qumran Cave 4.XIII: The Damascus Dokument (4Q266–273), DJD 18, 1996.

J. BECKER, Jesus von Nazaret, Berlin/New York 1996.

J. BEHM/E. WÜRTHWEIN, Art. νοέω κτλ., ThWNT IV (1942), 947–1016.

O. BETZ, Die Proselytentaufe der Qumransekte und die Taufe im NT, RdQ 1 (1958–1959), 213–234.

H. BRAUN, Qumran und das Neue Testament, Bd. 1–2, Tübingen 1966.

G. J. BROOKE, Miqdash Adam, Eden and the Qumran Community, im vorliegenden Band, 285ff.

B. CHILTON, John the Purifier, in: B. CHILTON/C.A. EVANS (Hgg.), Jesus in Context. Temple, Purity and Restoration, AGJU 39, 1997, 203–220.

A. Y. Collins, Cosmology and Eschatology in Jewish and Christian Apocalypticism, JSJ.S 50, 1996.

F. Crüsemann, Die Tora. Theologie und Sozialgeschichte des alttestamentlichen Gesetzes, München 1992.

S. von Dobbeler, Das Gericht und das Erbarmen Gottes. Die Botschaft Johannes des Täufers und ihre Rezeption bei den Johannesjüngern im Rahmen der Theologiegeschichte des Frühjudentums, BBB 70, 1988.

J. Ernst, Johannes der Täufer. Interpretation, Geschichte, Wirkungsgeschichte, BZNW 53, 1989.

E. Eshel, 4Q414 Fragment 2: Purification of a Corpse-Contaminated Person, in: M. Bernstein/F. García Martínez/J. Kampen (Hgg.), Legal Texts and Legal Issues. Proceedings of the Second Meeting of the International Organization for Qumran Studies Cambridge 1995. Published in Honour of J. M. Baumgarten, StTDJ 23, 1997, 5–10.

H. Fahr/U. Glessmer, Jordandurchzug und Beschneidung als Zurechtweisung in einem Targum zu Josua 5 (Edition des MS T.-S. B 13,12), Orientalia Biblica et Christiana 3, 1991.

H. K. Harrington, Holiness in the Laws of 4QMMT, in: M. Bernstein/F. García Martínez/J. Kampen (Hgg.), Legal Texts and Legal Issues. Proceedings of the Second Meeting of the International Organization for Qumran Studies Cambridge 1995. Published in Honour of J. M. Baumgarten, StTDJ 23, 1997, 109–128.

L. Hartman, „Auf den Namen des Herrn Jesus". Die Taufe in den neutestamentlichen Schriften, SBS 148, 1992.

M. Hengel, Die Zeloten. Untersuchungen zur jüdischen Freiheitsbewegung in der Zeit von Herodes I. bis 70 n. Chr., AGJU 1, 2. verb. u. erw. Aufl., 1976.

J. W. van Henten, The Maccabean Martyrs as Saviours of the Jewish People. A Study of 2 and 4 Maccabees, JSJ.S 57, 1997.

P. Hollenbach, Social Aspects of John the Baptizer's Preaching Mission in the Context of Palestinian Judaism, ANRW 19.1 (1979), 850–875.

W. Horbury, Der Tempel bei Vergil und im herodianischen Judentum, im vorliegenden Band, 149ff.

R. A. Horsley, „Like One of the Prophets of Old". Two Types of Popular Prophets at the Time of Jesus, CBQ 47 (1985), 435–463.

G. Jeremias, Der Lehrer der Gerechtigkeit, StUNT 2, 1963.

G. Klinzing, Die Umdeutung des Kultus in der Qumrangemeinde und im Neuen Testament, StUNT 7, 1971.

A. Lange, Weisheit und Prädestination. Weisheitliche Urordnung und Prädestination in den Textfunden von Qumran, StTDJ 18, 1995.

S. Légasse, Naissance du baptême, LeDiv 153, 1993.

H. Lichtenberger, Alter Bund und neuer Bund, NTS 41 (1995), 400–414.

— Atonement and Sacrifice in the Qumran Community, in: W. S. Green (Hg.), Approaches to Ancient Judaism, Bd. 2, BJSt 9, 1980, 159–171.

— The Dead Sea Scrolls and John the Baptist. Reflections on Josephus' Account of John the Baptist, in: D. Dimant/U. Rappaport (Hgg.), The Dead Sea Scrolls. Forty Years of Research, StTDJ 10, 1992, 340–346.

— Täufergemeinden und frühchristliche Täuferpolemik im letzten Drittel des 1. Jahrhunderts, ZThK 84 (1987), 36–57.

E. LOHMEYER, Das Urchristentum, 1. Buch: Johannes der Täufer, Göttingen 1932.

E. LUPIERI, Giovanni Battista fra i testi e la storia, in: P. R. TRAGAN, Alle origini del battesimo cristiano. Radici del battesimo e suo significato nelle comunità apostoliche, StAns 106, 1991, 75–107.

P. NEPPER-CHRISTENSEN, Die Taufe im Matthäusevangelium. Im Lichte der Traditionen über Johannes den Täufer, NTS 31 (1985), 189–207.

M. ÖHLER, Elia im Neuen Testament. Untersuchungen zur Bedeutung des alttestamentlichen Propheten im frühen Christentum, BZNW 88, 1997.

O. PLÖGER, Zusätze zu Daniel, JSHRZ I.1, 1973.

J. T. A. G. M. VAN RUITEN, Visions of Temple in the Book of Jubilees, im vorliegenden Band, 215ff.

L. H. SCHIFFMAN, Community without Temple: The Qumran Community's Withdrawal from the Jerusalem Temple, im vorliegenden Band, 267ff.

E. W. STEGEMANN/W. STEGEMANN, Urchristliche Sozialgeschichte. Die Anfänge im Judentum und die Christusgemeinden in der mediterranen Welt, Stuttgart/Berlin/Köln 1995.

A. STEUDEL, The Houses of Prostration CD XI,21–XII,1 – Duplicates of the Temple, RdQ 16 (1993–1995), 49–68.

B. THIERING, Inner and Outer Cleansing at Qumran as a Background for New Testament Baptism, NTS 26 (1979–80), 266–277.

M. TILLY, Johannes der Täufer und die Biographie der Propheten. Die synoptische Täuferüberlieferung und das jüdische Prophetenbild zur Zeit des Täufers, BWANT 137, 1994.

M. VOGEL, Tempel und Tempelkult in Pseudo-Philos Liber Antiquitatum Biblicarum, im vorliegenden Band, 251ff.

R. L. WEBB, John the Baptizer and Prophet. A Socio-Historical Study, JSNT.S 62, 1991.

J. ZIEGLER (HG.), Sapientia Iesu Filii Sirach. Septuaginta. Vetus Testamentum Graecum. Auctoritate Societatis Litterarum Gottingensis, Vol. XII.2, Göttingen 1965.

„Ihr seid der Tempel Gottes".

Tempelmetaphorik und Gemeinde bei Paulus

CHRISTFRIED BÖTTRICH, Leipzig

I Kor 3,16–17: οὐκ οἴδατε ὅτι ναὸς θεοῦ ἐστε καὶ τὸ πνεῦμα τοῦ θεοῦ οἰκεῖ ἐν ὑμῖν;/εἴ τις τὸν ναὸν τοῦ θεοῦ φθείρει, φθερεῖ τοῦτον ὁ θεός· ὁ γὰρ ναὸς τοῦ θεοῦ ἅγιός ἐστιν, οἵτινές ἐστε ὑμεῖς.

Wißt ihr nicht, daß ihr Gottes Tempel seid und der Geist Gottes in euch wohnt? / Wenn jemand den Tempel Gottes verdirbt, den wird Gott verderben, denn der Tempel Gottes ist heilig; der seid ihr.

II Kor 6,16: τίς δὲ συγκατάθεσις ναῷ θεοῦ μετὰ εἰδώλων; ἡμεῖς γὰρ ναὸς θεοῦ ἐσμεν ζῶντος, καθὼς εἶπεν ὁ θεὸς ὅτι ἐνοικήσω ἐν αὐτοῖς καὶ ἐμπεριπατήσω καὶ ἔσομαι αὐτῶν θεὸς καὶ αὐτοὶ ἔσονταί μου λαός.

Wie verträgt sich der Tempel Gottes mit den Götzen? Wir aber sind der Tempel des lebendigen Gottes; wie denn Gott spricht: „Ich will unter ihnen wohnen und wandeln und will ihr Gott sein, und sie sollen mein Volk sein."

I Kor 6,19: ἢ οὐκ οἴδατε ὅτι τὸ σῶμα ὑμῶν ναὸς τοῦ ἐν ὑμῖν ἁγίου πνεύματός ἐστιν οὗ ἔχετε ἀπὸ θεοῦ, καὶ οὐκ ἐστὲ ἑαυτῶν;

Oder wißt ihr nicht, daß euer Leib ein Tempel des heiligen Geistes ist, der in euch ist, den ihr von Gott habt, und daß ihr nicht euch selbst gehört?

1. Beobachtungen

Die paulinische Rede vom Tempel klingt heute fremd. Die Wirklichkeit, die sich einmal damit verband, liegt nicht mehr vor Augen.[1] Anders als bei den ekklesiologischen Metaphern vom „Leib" oder von der „Pflanzung", die sich auch ganz unmittelbar nachvollziehen lassen, muß bei „Tempel" das intendierte Assoziationsgefüge erst mühsam durch die historische Rückfrage erschlossen werden.[2] Zur Zeit des Paulus hingegen bestimmte gerade

---

[1] In der Aufnahme biblischen Sprachgebrauchs führt sie dennoch ein Eigenleben – so etwa in der Konstitution Lumen Gentium des 2. Vatikanischen Konzils, die die Kirche als „Volk Gottes, Leib Christi und Tempel des Heiligen Geistes" beschreibt sowie in weiteren lehramtlichen Texten (vgl. COPPENS, 53–54); im protestantischen Liedgut sind z.B. Evangelisches Gesangbuch 1,4; 166,2; 255,7; 389,2; 478,6 zu nennen. Ganz neue Bezüge entstehen durch Metaphern wie „Konsumtempel" oder „Früchte-Tempel" (für den Gemüseladen um die Ecke).

[2] Im Blick auf die paulinische Terminologie spricht GÄRTNER von „temple symbolism", HORN vom „Tempelmotiv". KÄSEMANN, 179 und 181, weist es zurück, hier von „einem schönen

die Existenz von Tempeln einen wichtigen Teil der religiösen Alltagserfahrung. Einerseits gehörten pagane Heiligtümer/ναοί zu den auffälligsten und prächtigsten Bauwerken der hellenistischen Welt. Andererseits war auch im antiken Judentum der Begriff ναός fest etabliert und wurde vorzugsweise für das zentrale Heiligtum in Jerusalem gebraucht,[3] dessen Bedeutung für Juden und Christen bis weit über seine Zerstörung im Jahre 70 hinaus kaum überschätzt werden kann.[4] Die Metapher von der Gemeinde als „Tempel Gottes" fügt sich zudem insgesamt in eine bemerkenswert vielfältige kultische Terminologie bei Paulus ein.[5] Was mußte es vor diesem Hintergrund bedeuten, wenn Paulus eine Gemeinde im fernen Griechenland als „Tempel Gottes" bezeichnete?

Eine verbreitete These, die Jahrzehnte lang die Exegese beherrscht hat, lautet: Nach urchristlichem Verständnis erfolge durch die Offenbarung Gottes in Jesus Christus eine Substituierung des Jerusalemer Tempelkultes. Der Kult sei dadurch prinzipiell überwunden, daß an seine Stelle nun das Ethos Jesu trete. Alle kultische Terminologie im Sprachgebrauch der christlichen Gemeinde sei deshalb Ausdruck einer Spiritualisierung kultischer Vollzüge.[6] Die paulinische Tempelmetaphorik wird deshalb als das Ergebnis einer Abkehr von dem bestehenden Heiligtum verstanden. Das damit beschriebene Gemeindekonzept erhält seine Konturen vor allem aufgrund eines Kontrastes und betont von vornherein das Moment der Abgrenzung.[7]

Diese These ist in den letzten Jahren zunehmend in Frage gestellt worden. Denn wo vom Tempel die Rede ist, geht es nie allein um das Bauwerk in Jerusalem. Von jeher steht der Begriff zugleich auch für eine transzendente Größe, die mit dem Tempelgebäude über den Motivkomplex von der „Wohnstatt Gottes" verbunden ist.[8] Ob z.B. die Pläne für das Heiligtum Gott selbst zugeschrieben werden, ob wie bei Tritojesaja der ganze Kosmos

---

Bild" zu reden, denn es gehe nicht um „metaphorische Redeweise", sondern um „bestehende Realität". Ähnlich argumentiert ROLOFF, 113: „Dies ist nicht bildlich-metaphorische, sondern eigentliche Rede." HAGENOW verzichtet bewußt auf die Begriffe Bild/Metapher und spricht statt dessen von der Anwendung eines Konzeptes. Im folgenden ist dennoch von „Metapher" oder „Metaphorik" die Rede, weil es m.E. zum Wesen der Metapher gehört, einander fremde Sinnbezirke aufeinander zu beziehen und gerade dadurch Wirklichkeit zu beschreiben. Auch dafür gilt, was STRACK, 392, sagt: „Es geht um die nur auf diese Weise aussagbare Gottesgemeinschaft."

[3] Die gelegentliche Unterscheidung zwischen ἱερόν für das Heiligtum im allgemeinen und ναός für das Tempelgebäude im besonderen weist bereits auf die herausgehobene Bedeutung des Begriffes hin; vgl. dazu MICHEL.

[4] Vgl. THEISSEN; ROWLAND; MEYERS; LAUER.

[5] Vgl. ausführlich SCHÜSSLER-FIORENZA; KLAUCK; STRACK.

[6] Grundlegend WENSCHKEWITZ; LOHMEYER; im Blick auf den Tempel auch FRAEYMAN und PFAMATTER.

[7] So sieht neuerdings auch HORN, 72, vor dem Hintergrund der Analogien in Qumran vor allem kritische Distanz: „Tempelbesuch und Spiritualisierung des Tempels schließen sich aus"; oder S. 73: „Da Tempelgemeinschaft und Tempelspiritualisierung in Spannung zueinander stehen, wird man ... vielmehr von einem Abstand von Jerusalem ausgehen müssen."

[8] Vgl. EGO.

als Tempel Gottes gilt, ob bei Ez oder später in Qumran ideale Entwürfe für den Tempel der Heilszeit entstehen oder ob über ein himmlisches Heiligtum spekuliert wird: Der Kult in Jerusalem wurde stets von einer umfassenderen Theorie getragen, die sich auch als „Tempelidee" oder „Tempelkonzept" bezeichnen läßt.[9] Darin sind zugleich Legitimation und Kritik des realen Kultes gegeben. Das Tempelkonzept beschreibt Funktion und Aufgabe und steht damit immer in Spannung zur erfahrbaren Wirklichkeit, ohne sich indessen in dieser Spannung zu erschöpfen. Daß Paulus mit der Tempelmetapher auf dieses Konzept statt allein auf den realen Tempel Bezug nimmt, liegt nahe.

Zuletzt hat HAGENOW in einer Heidelberger Dissertation von 1995[10] dieses sog. Tempelkonzept in Auswertung der bisherigen Forschung herauszuarbeiten versucht und dessen Anwendung vor allem in den nachpaulinischen und nachapostolischen Schriften verfolgt.[11] Dabei zeigt sich, daß die Katastrophe des Jahres 70 wohl nur ein Moment gewesen sein dürfte, um die wachsende Verbreitung der Tempelmetaphorik gerade in der frühchristlichen Ekklesiologie zu erklären. Stärker noch scheint die Vitalität jenes frühjüdischen Tempelkonzeptes nachzuwirken, das eine positive Anknüpfung ermöglichte. Die paulinischen Aussagen, die bei HAGENOW bewußt ausgeblendet sind, verdienen deshalb besondere Beachtung. In diesem Beitrag kann es indessen nur darum gehen, einige Aspekte zu benennen.

2. Hintergründe

Alle expliziten Belege der Tempelmetapher bei Paulus begegnen im Rahmen der Korintherkorrespondenz. Deshalb stellt sich zunächst die Frage: Was konnte „Tempel" für Paulus, und was konnte „Tempel" für die Gemeinde in Korinth bedeuten?

Seiner religiösen Herkunft nach gehörte Paulus zu den Pharisäern, die in der Forschung vor allem mit der Institution der Synagoge in Verbindung gebracht und durch ihren Gegensatz zur sadduzäischen Tempelaristokratie dargestellt werden. Damit ist allerdings noch nichts über eine Opposition zum Tempel selbst ausgesagt. Vielmehr schließt das Bemühen um ein Leben nach der Tora für die Pharisäer die Wertschätzung des Tempels mit ein. Denn gerade in der Tora waren kultische Vollzüge als eine Setzung Gottes ja schon vorgegeben.[12] Wenn manche der ursprünglich priesterlichen Reinheitsvor-

---

[9]   Pointiert findet sich der Ausdruck bei MEYERS, 365–368.

[10]   HAGENOW.

[11]   Gegenstand der Untersuchung sind vor allem Act 7, Kol/Eph, Hebr, Barn, II Clem, Herm sowie die Ignatianen.

[12]   Sie erstrecken sich etwa auch auf die genaue Einhaltung des Zehnten oder der vorgeschriebenen Priesterabgaben. Als polemischen Reflex kann man in dieser Hinsicht Mk 7,6–13 (Korban), Mt 23,23 (Zehnter) oder Lk 18,12 (Zehnter) betrachten.

schriften nun auch auf das ganze Volk ausgedehnt werden, dann kann man geradezu vom Tempel als einem „Modell gottgefälliger Heiligkeit" sprechen.[13] Ein solches grundsätzlich positives, jedoch an der Tora bemessenes Verhältnis des Paulus gegenüber dem Tempel hat aufgrund seiner pharisäischen Bildung, die er vermutlich in Jerusalem erwarb, hohe Wahrscheinlichkeit.[14]

Anders scheint sich die Situation bei seinen Lesern in Korinth darzustellen. Sofern es sich um Judenchristen handelte, wird man die Erfahrungen der Wallfahrt und die Kenntnis der Schriften voraussetzen können. Doch seine heidenchristlichen Adressaten mußten viel eher die Gestalt und Funktion der zahlreichen Tempel in ihrer unmittelbaren Umgebung assoziieren.[15] Allein für Korinth läßt sich aufgrund des archäologischen Befundes sowie durch den Bericht des Pausanias eine stattliche Anzahl von Tempeln im Stadtgebiet nachweisen.[16] Was sie unter der Funktion und dem Charakter eines Tempels verstanden, wird sich nur teilweise mit den Assoziationen ihrer judenchristlichen Schwestern und Brüder berührt haben.[17] Die Frage nach dem religionsgeschichtlichen Hintergrund der Tempelmetapher muß also ein breites Spektrum berücksichtigen.[18] Für Autor und Adressaten scheint der reale Tempel in Jerusalem dabei doch eher in den Hintergrund zu rücken.

---

[13] So DEINES, 545; ähnlich auch DE LACY, 399f.: „... for the Pharisee the Temple and its ritual become the models for that holiness which now pervades all of life."

[14] Auch wenn man der Nachricht in Act 22,3 mit Vorsicht begegnen mag – das Zentrum pharisäischer Bildung lag in Judäa/Jerusalem. Ohne die Voraussetzung eines längeren Aufenthaltes in der Stadt wird man die Äußerung in Gal 1,14 („Fortschritte im Judaismus über viele Altersgenossen hinaus") kaum verstehen können. Lk ist dann deutlich bemüht, eine positive Haltung des Paulus gegenüber dem Tempel herauszustellen (Act 21,24; 22,17) und so den bei seiner Verhaftung im Tempelbezirk erhobenen Vorwurf polemischer Agitation (Act 21,28) als unbegründete Unterstellung erscheinen zu lassen.

[15] So liest z.B. SHANOR den Abschnitt I Kor 3,5–17 vor dem Hintergrund antiker Inschriften, die Verträge über den Bau von Tempeln zum Inhalt haben: „To those who lived constantly in the shadow of both ancient and recently completed (or yet uncompleted) temples, the reference to a recognized class of temple-builders would have been absolutely clear" (466). Vgl. dazu auch LANCI, 57–59.

[16] Vgl. z.B. ELLIGER, 200–251; LANCI, 25–43.

[17] Vgl. dazu ausführlich LANCI, 89–113. Tempel, die auf Staatskosten errichtet wurden, charakterisiert LANCI als „vehicles for promoting central systems of values which served to hold ancient societies together" (104) bzw. allgemein als „centering images for all".

[18] WENSCHKEWITZ favorisierte noch den hellenistischen Kontext: „Der Gedanke ist also erst nachweisbar, als das Christentum griechischen Boden betreten hat und z.T. in einer Form, die an hellenistische Spiritualisierungsversuche nahe herankommt. Es wird sich daher empfehlen, hier den Ausgangspunkt anzunehmen und in den jüdischen Elementen erst eine hinzutretende Hilfslinie zu sehen" (113 Anm. 3); ähnlich VIELHAUER, 115. Inzwischen ist die Bedeutung der Belege aus Qumran in den Vordergrund gerückt (vor allem 4Q174MidrEschat^a III$_{1-7}$ [olim 4QFlor I$_{1-7}$]; ferner 1QS V$_{4-7}$; VIII$_{4-10}$; IX$_{3-6}$; XI$_8$; CD III$_{18}$–IV$_{10}$; 1QpHab XII$_{3f.}$); vgl. dazu GÄRTNER und KLINZING. Allein in Qumran ist die Bezeichnung einer Gruppe als „Tempel" nachweisbar.

3. Belege

Konsens besteht darüber, daß Paulus die ekklesiologische Metapher vom „Tempel Gottes" als bekannt voraussetzt. Die einleitende Frage in I Kor 3,16 und 6,19 (οὐκ οἴδατε) läßt die Anspielung auf einen Topos der gemeindegründenden Predigt vermuten,[19] und auch II Kor 6,16 bereitet die Aussage durch eine rhetorische Frage vor. Doch die jeweiligen Zusammenhänge behandeln grundverschiedene Probleme.[20]

3.1. *I Kor 3,16–17*

In dem ersten großen Briefabschnitt von 1,10–4,21 geht es um gemeindeinterne Differenzen verschiedener Gruppen bzw. Autoritäten, in denen die grundsätzliche Frage nach der Rolle des Verkündigers im Prozeß der Verkündigung aufbricht. Sie spitzt sich in 3,5–4,21 zu auf das Verhältnis zwischen Paulus, Apollos und der Gemeinde in Korinth. Dabei erfolgt dann in 3,5–17 eine Gegenüberstellung dessen, was die Verkündiger tun und was Gott tut.

Diese Gegenüberstellung bedient sich der Aneinanderreihung verschiedener Bilder, die alle auf die Gemeinde als die Adressatin der Verkündigung bezogen sind: Sie erscheint als Pflanzung, als Bauwerk und als Tempel, wobei namentlich die Rede von der οἰκοδομή schon die Tempelmetapher als den beabsichtigten Zielpunkt vorbereitet.[21]

Während Pflanzung und Bauwerk durch die Umschreibung mit den entsprechenden Verben vor allem die Dynamik eines anhaltenden Wachstumsprozesses ausdrücken, hat die Rede vom Tempel hier eher statischen Charakter und läßt an etwas bereits Abgeschlossenes denken.[22]

---

[19] Vgl. zu dieser Frageeinleitung noch I Kor 6,2.3.9.15.16.19; 5,6; 9,13.24; Röm 6,16. Alle Stellen betreffen Fragen der Paränese, die auf das apostolische Kerygma zurückbezogen werden. Ob darin jedoch (wie gelegentlich vermutet) eine Umsetzung des Tempellogions Jesu vorliegt, bleibt sehr fraglich.

[20] Die drei Stellen werden eingehend behandelt: im Zusammenhang kultischer Terminologie bei WENSCHKEWITZ, 110–131; KLAUCK, 108f.; STRACK, 221–274; im Zusammenhang der Baumetaphorik bei VIELHAUER, 71–115; PFAMATTER, 35–48; KITZBERGER, 249–253; im Zusammenhang der Qumrantexte bei GÄRTNER, 47–60; KLINZING, 167–184; im Zusammenhang paulinischer Ekklesiologie bei McKELVEY, 92–107; KLAIBER, 35–41; ROLOFF, 110–117; dazu in verschiedenen Aufsätzen (vgl. die Bibliographie am Schluß).

[21] An sich ist der Begriff des Baus viel weiter gefaßt; vgl. VIELHAUER; die Eigenständigkeit des Bildfeldes zeigt sich z.B. auch an Mt 7,24–27//Lk 6,47–49. Hier stehen Ackerfeld und Bau zunächst zusammen unter dem Aspekt des Wachstums, während für die Rede vom Tempel der Aspekt des Wohnens bestimmt ist. Eine Verbindung von Bau und Tempel findet sich dann z.B. in Eph 2,21 oder II Petr 2,5; insgesamt liegt ein solcher Bezug nahe; vgl. etwa Mk 13,1f.//Mt 24,1.

[22] Vgl. dazu SCHNIDER/STENGER, die betonen, daß dabei jedoch „die Gemeinde nicht unter dem Gesichtspunkt ihrer schon bestehenden Vollendung in den Blick gerät, sondern daß sie dazu ermahnt wird, das zu werden, was sie grundlegend durch ihr Fundament Jesus Christus schon ist: der heilige Tempel Gottes" (717).

Das Bild vom Tempel in den Versen 16–17 ist durch verschiedene markante Züge gekennzeichnet. Zunächst ist der Tempel Eigentum Gottes (3,16.17: „Tempel Gottes"). Er bezeichnet kein neutrales Terrain, sondern den Einfluß- und Machtbereich der Gottheit, die daran ein besonderes Eigentumsrecht besitzt. Den Ton trägt indessen die Aussage, daß Gottes Geist in diesem Tempel wohnt (3,16: „und der Geist Gottes wohnt in/unter euch"). Durch dieses Einwohnungsmotiv wird deutlich, daß es dabei nicht um die naive Annahme einer begrenzten Behausung, sondern um das Bewußtsein besonderer Gottesgegenwart geht.[23] Schließlich eignet dem Tempel die Qualität eines tabuisierten Bereiches (3,17: „denn der Tempel Gottes ist heilig"), dessen Schändung[24] durch entsprechende Strafen bedroht wird. Ein besonderer Zug ergibt sich erst aus dem Kontext der Verse 3,10–17 und unter der Voraussetzung, daß bereits das Bild vom „Bau" auf den Tempel zielt: Es gibt ein Fundament (3,11: „ein anderes Fundament kann niemand legen …"), das für Errichtung und Bestand des Tempels entscheidende Bedeutung besitzt. FORD hat die Vermutung geäußert, daß die in 3,12 genannten Materialien eher auf die Sukka anspielen und daß Paulus den Kontext des Laubhüttenfestes vor Augen hatte.[25] Doch der Sprachgebrauch (ναός) sowie die Gerichtsdrohung gegen jene, die dieses Bauwerk schänden, lassen einen solchen Bezug m.E. nicht zu.[26]

Die Aussagen über den Tempel sind damit sehr allgemeiner Art. Sie beinhalten auf dem kleinsten gemeinsamen Nenner das, was sowohl für das atl.-jüd. Tempelkonzept als auch für jeden altorientalischen oder hellenistischen Tempel galt. Als Spezifikum erscheint allein die Betonung des Fundamentes, die auf die hohe Bedeutung gerade des auserwählten Ortes in der jüdischen Tradition verweisen könnte.[27]

Für die christliche Gemeinde wird so in Anspruch genommen, daß sie Gottes Eigentum ist und zu seinem Machtbereich gehört. In ihrer Mitte ist Gott durch seinen Geist gegenwärtig. Deshalb eignet der Gemeinde in ihrer Gesamtheit die Qualität einer tabuisierten Größe. Wer sie zu vernichten

---

[23] MAIER beschreibt als die kultischen Brennpunkte des Tempels das Allerheiligste und den Brandopferaltar, die eine Verbindung von „Wohntempelkonzept" und „Altarheiligtumskonzept" erkennen lassen. Im „Wohntempelkonzept" sind vor allem die Vorstellungen einer kultischen Gegenwart Gottes sowie eines heiligen bzw. tabuisierten Bereiches enthalten. Zum Wohnen Gottes vgl. noch EGO.

[24] Diese Bedeutung des Verbs φθείρω legt der Kontext nahe, der die Heiligkeit des Ortes betont; die Wiederholung des Verbs in der Gerichtsdrohung ist eher Wortspiel als Schlüssel für das gesamte Verständnis.

[25] FORD, 142: „Thus it seems possible to see the whole of I Cor. iii to arise from sukkah not temple imagery."

[26] Zu den Baumaterialien vgl. etwa I Chr 22,14–16 und 29,2–3, auch wenn dort Heu und Stroh nicht erwähnt werden; Gold, Silber und Edelsteine lassen sich (trotz der Belege bei FORD) in der Laubhütte schwieriger unterbringen.

[27] Es bleibt zu erwägen, ob darin eine Anspielung auf den heiligen Felsen mitschwingt; vgl. dazu JEREMIAS, 51–68.

versucht, zieht die Vernichtung durch Gott auf sich. Nicht graduelle Unterschiede des Erfolges von Mitarbeitern sind dabei im Blick, sondern der grundsätzliche Versuch, die Einheit der Gemeinde, die durch das gemeinsame Fundament begründet ist, auseinanderzureißen. Als Gottes Eigentum ist sie heilig, wie denn auch Paulus bereits im Briefeingang die Korinther als die „berufenen Heiligen" (I Kor 1,2) anspricht. Das Spezifikum dieser Heiligung besteht jedoch darin, daß sie „in Christus Jesus" geschieht.

Die Tempelmetapher dient im vorliegenden Kontext einer internen Klärung: Parteienstreit in der Gemeinde bedeutet Schändung des Eigentums oder Machtbereichs Gottes und zieht Strafe auf sich. Wo Gott als Eigentümer gilt und durch seinen Geist gegenwärtig ist, entsteht ein Bereich, in dem alle Autoritäten gleichermaßen zurücktreten und auf ihre Dienstfunktion verwiesen werden.

3.2. II Kor 6,16

Insgesamt wird der 2. Korintherbrief sehr viel stärker durch Probleme geprägt, die von außen an die Gemeinde herantreten. Als Teil der Apologie (II Kor 2,14–7,4) gehört die Aussage von 6,16 noch in die Anfangsphase der erneuten Korrespondenz mit Korinth, in der die externe Bedrohung der Gemeinde als ein neues Thema auftaucht und den Apostel zunächst zu einer grundsätzlichen Stellungnahme nötigt. Wieder geht es um die Rolle des Verkündigers, wobei sich das Interesse diesmal ganz auf Paulus konzentriert. Doch nicht mehr die Frage eines Vorranges oder bestimmter Gruppenzugehörigkeiten steht im Mittelpunkt, sondern die der Legitimation des Gemeindegründers überhaupt. Damit wird aber auch seine Botschaft selbst in Frage gestellt, so daß Paulus die Korinther zu einer Entscheidung auffordern muß. Diese Entscheidungssituation prägt den näheren Kontext von II Kor 6,11–7,4.

Dabei stellt sich als besonderes Problem die Beurteilung der auffällig eigenständigen Passage von 6,14–7,1 dar. Immer wieder sind die zahlreichen Berührungen mit Texten aus Qumran beobachtet und untersucht worden, ohne daß jedoch das Rätsel dieser Verse befriedigend gelöst werden konnte.[28] Größte Wahrscheinlichkeit kommt m.E. jener Annahme zu, die 6,14–7,1 als ein von Paulus selbst aufgegriffenes Traditionsstück beurteilt. Denn während der Abschnitt als isolierte Einheit mit den Begriffen „Gläubige" und „Ungläubige" den Gegensatz zwischen Christen und Heiden bezeichnet, werden im Kontext des Briefes mit den „Ungläubigen" nun die christlichen Gegner des Paulus bedacht. Dies läßt sich zwar durchaus im Gesamtzusammenhang dieses Konfliktes verstehen, weist aber zugleich noch deutlich

---

[28] Vgl. vor allem GÄRTNER, 49–56; COPPENS, 59–62; FITZMYER; KLINZING, 175–182; eine Übersicht über die verschiedenen Theorien zuletzt bei WOLFF, Der zweite Brief des Paulus an die Korinther, 146–149.

genug die Spuren eines anderen Zusammenhanges auf. Was die ursprüngliche und die neue Intention des Abschnittes miteinander verbindet, ist die
Forderung nach Reinheit sowie die Verheißung besonderer Gottesnähe, die
eine strikte Abgrenzung voraussetzt.

Wie ein Rahmen ist die Abgrenzungsforderung um den Abschnitt 6,14–
7,1 gelegt. Die bildhafte Einleitung von der „fremden Jochgemeinschaft"
wird in fünf Gegensatzpaaren entfaltet, die in Gestalt rhetorischer Fragen
formuliert sind und die auf den Gegensatz „Tempel Gottes" und „Götzen"
zulaufen. Darauf folgt das entscheidende Argument: „Denn wir sind der
Tempel Gottes". Gegen die Gefahr von außen schließt sich der Autor mit
den Adressaten in dem „Wir" zusammen und begründet seine Spitzenfor-
mulierung nun durch eine Aneinanderreihung von Schriftzitaten, die von der
Anwesenheit Gottes bei seinem Volk, der Enthaltung von Unreinheit und
der Zusage der Vaterschaft Gottes handeln.

Damit tritt ein besonderer Zug des Tempelkonzeptes in dominanter Weise hervor: Zentrales Anliegen ist es, die Exklusivität des Tempels zu unterstreichen. Er steht im Gegensatz zu den Götzen (plur.) und heißt deshalb
nachdrücklich „Tempel des lebendigen Gottes". Als Wohnort dient er einem Gott, der unter seinem Volk „wandelt" und im Bild vom Vater und
seinen Kindern eine ausschließliche Beziehung zusagt. Diese Ausschließ-
lichkeit bedingt Absonderung und Heiligung. Denn die Reinheit des Ortes
von fremden Kulten ist die Voraussetzung dafür, daß die Gegenwart Gottes
im Tempelkult erfahren werden kann.

Solche Aussagen lassen sich allein vor dem Hintergrund atl.-jüd. Tradition verstehen. In der hellenistischen Welt ist die Loyalität gegenüber verschiedenen Göttern und Kulten nie ein ernsthaftes Problem gewesen, so daß
gerade die jüdische Haltung immer wieder auf Unverständnis stieß. Besonders radikal wurde sie in Qumran formuliert. Der Abschnitt, der solcher
Radikalität nahe steht, mußte gerade mit seinen sich steigernden Antithesen
den Heidenchristen in Korinth als fremd erscheinen. Wie weit die Abgrenzung gegenüber andersgläubigen Nachbarn gehen sollte, das blieb auch in
anderen Zusammenhängen für die Korinther eine offensichtlich virulente
Frage.[29]

Indem Paulus dieses Traditionsstück aufgreift, verweist er die Gemeinde
auf ihre Grenzen. Die Tempelmetapher hat dabei die Funktion, die Exklusivität der Gemeinde herauszustellen. Die Gemeinde untersteht nicht nur
dem besonderen Schutz Gottes, sondern auch seiner besonderen Forderung.

---

[29] Vgl. z.B. I Kor 5,9–13 sowie die gesamte Diskussion um die Problematik des „Götzen-
opferfleisches" (I Kor 8; 10 und Röm 14), die auf eine differenzierte Lösung abzielt. Anhand
der Exegese von I Kor 3 kommt LANCI zu dem Schluß, daß gerade „cultic purity codes" von
Paulus nicht benutzt würden, um die Beziehung zwischen Gemeinde und Umwelt zu artiku-
lieren (133) – vielmehr lade Paulus die Gemeinde dazu ein, symbolisch als einer der Tempel in
Korinth, nämlich Gottes Tempel, zu fungieren (131). Diese Sicht wird durch II Kor 6 zumindest
deutlich relativiert.

Als „Tempel des lebendigen Gottes" lebt sie aus einer Bindung, die andere Bindungen nicht duldet. Ihre alleinige Zugehörigkeit zu Gott schließt, wie die Gegensatzpaare in 6,14–16 zeigen, auch die Zugehörigkeit zu Christus ein, ohne daß dies jedoch weiter ausgeführt würde. Wenn die Agitatoren in Korinth die Legitimität des Paulus und damit die seiner Verkündigung in Frage stellen, dann rücken sie an die Seite der Ungläubigen, der Ungerechtigkeit, der Finsternis, Beliars und der Götzen.[30] In diesem Fall bedarf es einer klaren Entscheidung.

3.3. I Kor 6,19

Von den beiden bisher genannten Belegen unterscheidet sich I Kor 6,19 dadurch, daß die Tempelmetapher nicht kollektiv auf die Gemeinde, sondern individuell auf einzelne Gemeindeglieder angewandt wird. Sie steht im Kontext des einheitlichen Abschnittes 6,12–20, der die christlichen Männer in der Gemeinde zur Enthaltung von Unzucht/πορνεία auffordert und sie dabei auf ihre Zugehörigkeit zum Kyrios verweist.

Eingeleitet wird das Thema durch die korinthische Parole „Alles ist mir erlaubt!" und deren relativierende Kommentierung durch Paulus. Am Beispiel von Speise und Bauch kommt daraufhin das Verhältnis zwischen den Adressaten und dem Kyrios als „wechselseitig funktionale Beziehung" zur Darstellung.[31] Darauf folgen zwei rhetorische Fragen, die zum einen den Leib der Angesprochenen als Glied Christi, zum anderen als Tempel des in ihm befindlichen heiligen Geistes bestimmen und erläutern. Die Tempelmetapher wird dabei mit der Absicht eingesetzt, die vorausgegangene Argumentation zusammenzufassen und die Schlußmahnung vorzubereiten: „Verherrlicht also auch Gott mit eurem Leib".

Wiederum wird ein besonderer Zug des Tempelkonzeptes erkennbar. Es geht um den „Tempel des heiligen Geistes, der in euch ist". Gott selbst wohnt also im Tempel in Gestalt des Geistes, der die Frommen erfüllt. Insofern gilt der Tempel auch hier ausdrücklich als Eigentum und Wohnstatt Gottes. Aber in dem folgenden Vers findet sich dann die Aufforderung, ihn zu einem Ort der Verherrlichung Gottes zu machen. Im Tempel soll die Größe Gottes vernehmbar und spürbar werden. Deshalb muß alles vermieden werden, was diese Verherrlichung beeinträchtigen könnte.

Überall in der altorientalischen und hellenistischen Welt sind Tempel Orte, an denen der jeweiligen Gottheit Verehrung zuteil wird. Die Forderung besonderer Reinheit dürfte indessen vor allem mit dem jüdischen Tempelkonzept verbunden sein. Sie beruht zugleich auf der Vorstellung von der Einheit des Kultortes, an dem die Verherrlichung des einzigen Gottes

---

[30] Vgl. II Kor 11,13–14 „Lügenapostel" und „Diener Satans".
[31] So die Interpretation von KIRCHHOFF, 127 und 194.

auch auf einzigartige Weise geschieht.[32] Was die Integrität des einen Tempels beschädigt, beeinträchtigt zwangsläufig die Verehrung der Gottheit. Damit verbindet sich die andere, in der Stoa oder bei Philo geläufige Vorstellung, daß überhaupt göttlicher Geist im Menschen wohnt.[33] Doch er wird stets in der „Seele" oder im „Denken" lokalisiert, während Paulus bewußt den Leib als Ort des Gottesgeistes bezeichnet.

Christen, deren Leib „Tempel" und Ort des Gottesgeistes sein soll, werden in I Kor 6,12–20 auf einen besonderen Status hin angesprochen. Ihr Leib/σῶμα[34] unterliegt nicht mehr ihrer alleinigen Verfügung, sondern gehört Gott. Durch die Gabe des Gottesgeistes erst sind sie, was sie sind. Deshalb soll ihr Leben sichtbarer Ausdruck der Verherrlichung Gottes sein. In dem konkret diskutierten Zusammenhang bedeutet das negativ die Enthaltung von Unzucht als einer Handlung, die eben den Leib in besonderer Weise betrifft. Zugleich aber wird durch die Parallelität der beiden Fragesätze (6,15.19: „Wißt ihr denn nicht …?") ein bedeutsamer Zusammenhang hergestellt. Der Leib der Angesprochenen ist sowohl Glied Christi als auch Tempel des in ihm wohnenden Gottesgeistes. Trotz der individuellen Anwendung der Metapher bleibt damit der kollektive Bezug gewahrt:[35] Indem der Einzelne als Glied zum Leib Christi gehört, hat er Anteil am Geist Gottes, der die Gottesgegenwart in der Gemeinde für jeden Einzelnen erfahrbar macht.[36] Allein die behandelte Thematik macht es erforderlich, den Sachverhalt aus der individuellen Perspektive zu betrachten.

Das Tempelkonzept kommt in I Kor 6,12–20 dadurch zur Entfaltung, daß mit Nachdruck festgestellt wird: Zugehörigkeit zu Gott schließt den gesamten Menschen sowohl in seiner Leiblichkeit als auch in allen seinen Beziehungen ein.[37]

---

[32] Dieses Faktum wird auch durch die Existenz von JHWH-Tempeln in Leontopolis oder Elephantine bzw. dem samaritanischen Kultort auf dem Garizim (vgl. Joh 4,20–21) nicht grundsätzlich in Frage gestellt.

[33] Vgl. die Belege bei WENSCHKEWITZ, 58–67, und MICHEL.

[34] Zur Diskussion um die Bedeutung des Begriffes σῶμα vgl. ausführlich KIRCHHOFF, 130–145, die hier die klassische Alternative zwischen „Körper" und „Person" in einer Bestimmung als Verpflichtungsverhältnis oder Statusangabe aufhebt: „Σῶμα wird ein Mensch hingegen durch die Veränderung, die er in der Taufe erfährt und die ihn zu einer besonderen Art von Geschaffenem macht."

[35] Nachdrücklich hat DRAPER auf die Gefahren eines rein individualistischen Verständnisses hingewiesen und mit Blick auf alle drei Stellen betont: „… the image of the Temple of the Holy Spirit is essentially a community image" (64). Es entspricht der Logik des Abschnittes, wenn einige Hss. 6,19 in Angleichung an 6,15 zu τὰ σώματα (plur.) verbessern und damit die Zusammengehörigkeit unterstreichen.

[36] PFAMATTER, 47: „So durchdringen sich die Bilder vom Einzelnen und von der Gemeinde als Tempel."

[37] HORN, der in I Kor 3,16 und 6,19 eine Verbindung von „Tempel- und Einwohnungsmotiv" sieht, bezeichnet christliche Existenz deshalb in diesem Kontext als „Tempelexistenz" (75; insgesamt S. 61–76).

4. Zusammenhänge

Wenn Paulus die Gemeinde in ihrer Gesamtheit oder in ihren einzelnen Gliedern als „Tempel" bezeichnet, dann steht diese Redeweise im Blick auf andere ekklesiologische Reflexionen eher am Rande.[38] Als deren „Brennpunkte" sind vielmehr die Konzeptionen vom Leib Christi und vom Volk Gottes zu betrachten.[39] Deshalb stellt sich die Frage, inwiefern die Tempelmetaphorik diesem Spannungsverhältnis zuzuordnen ist.

Zunächst gilt es zu beachten, daß in der paulinischen Argumentation die Bildkreise immer wieder ineinanderfließen. Zum einen mag das an dem konkreten Situationsbezug der Ausführungen liegen, dem man eine Systematik eben nicht abverlangen darf. Zum anderen aber zeigt sich gerade in I Kor 3, daß auch im traditionellen Sprachgebrauch etwa die Bilder vom Pflanzen und Bauen schon miteinander verbunden waren.[40] Darüber hinaus findet sich jedoch noch eine weitere, vor allem sachlich entscheidende Verbindung: Die Tempelmetapher kommt nur in Bezug auf Christus zur Sprache.[41]

Am deutlichsten läßt sich dieser Zusammenhang an I Kor 6 ablesen. In unübersehbarer Parallelität werden die Angesprochenen (bzw. ihre Leiber/σώματα) als Glieder Christi und als Tempel des heiligen Geistes bezeichnet (6,15.19). Daß die Gemeinde als Ganze Leib Christi sei, wird hier durch das Stichwort Glieder/μέλη bereits vorausgesetzt, auch wenn Paulus diesen Gedanken dann erst in 10,16–17 und 12,12–27 entfaltet. Damit aber tritt eine sachliche Identität zutage: Christus selbst, wie er die Gemeinschaft der Getauften begründet und durch seine Gegenwart im Geist erhält, ist Tempel Gottes.[42] Weniger betont, doch nicht minder deutlich, läßt sich dieser Bezug an den anderen Stellen erkennen: In I Kor 3,11 wird Christus als das Fundament des Tempels der Gemeinde eingeführt, und in II Kor 6 steht der Tempel der Gemeinde unter den fünf Gegensatzpaaren mit Christus auf einer Seite.

Die Korintherbriefe sind für diesen Zusammenhang der früheste Beleg. In Eph 2,18–22 und I Petr 2,4–8 wird er dann sehr viel breiter entfaltet.[43] Und vollends Johannes beschreibt Jesus selbst als den eschatologischen Tempel, so daß MUSSNER direkt von einer „Tempelchristologie" im vierten Evangelium spricht.[44] Sowohl die späteren Briefe als auch Johannes führen damit

---

[38] Vgl. eine Zusammenstellung und Diskussion etwa bei KLAIBER, 11–48.

[39] Vgl. ROLOFF, 87–90.

[40] Belege bei SCHNIDER/STENGER und XAVIER.

[41] An diesem Sachverhalt geht es vorbei, wenn MCKELVEY, 106, von einer „omission of all references to Christ in these texts" spricht. Grundsätzlich gilt: Mitte und Bezugspunkt aller ekklesiologischen Aussagen ist bei Paulus stets die Christologie; vgl. auch KLAIBER, 48.

[42] Vgl. dazu PFAMATTER, 43: „… dann wohnt Christus nicht nur im ‚Tempel', den die Kirche darstellt, sondern er ist in gewisser Weise sogar identisch mit diesem Tempel."

[43] Ohne einen unmittelbaren Bezug auf Christus wird die Tempelmetaphorik noch in I Tim 3,14–15 und Apk 3,12 für die Gemeinde gebraucht.

[44] MUSSNER, Kultische Aspekte; DERS., Jesus und das Haus des Vaters. Als Belege sind zu nennen: Joh 2,21 (Tempellogion – „er sprach aber vom Tempel seines Leibes"); Joh 4,20–24

das paulinische Anliegen aus: In der christlichen Gemeinde realisieren sich grundlegende Züge des atl.-jüd. Tempelkonzeptes insofern, als sie sich in Christus selbst realisieren.[45]

5. Schlußfolgerungen

Als besonders wichtiges Ergebnis ist m.E. festzuhalten, daß die Tempelmetaphorik in der paulinischen Korintherkorrespondenz nicht primär aus einem Gegensatz zum Jerusalemer Tempel verstanden werden muß.[46] Nicht auf den realen Kult am zentralen Heiligtum bezieht sich die paulinische Metaphorik, sondern auf die Idee, die ihm zugrunde liegt. Diese Idee bzw. dieses Konzept wird positiv aufgenommen. Deshalb läßt sich die Tempelmetaphorik auch nicht durch Begriffe wie Spiritualisierung oder Substituierung erfassen, die vor allem auf einen Kontrast zum Jerusalemer Heiligtum abzielen.

Für Paulus geht es nicht vordringlich um Abgrenzung, sondern vielmehr um Anknüpfung. Eine gezielte Opposition gegen den Jerusalemer Tempelkult liegt kaum in seiner Absicht. Er greift auf dieses Konzept zurück, weil er mit der Tempelmetapher nicht allein Judenchristen anzusprechen, sondern auch Heidenchristen zu erreichen vermag.[47] Daß freilich die Tempelekklesiologie, die dabei in Umrissen sichtbar wird, letztlich auch die Bedeutung des Jerusalemer Tempels relativierte und den Ablösungsprozeß der christlichen Gemeinde von der jüdischen Gemeinschaft vorbereiten half, das haben die folgenden Generationen dann deutlicher erkannt und mit zunehmender Einseitigkeit betont. Das Verständnis der paulinischen Aussagen aber bedarf eines solchen Gegensatzes nicht.

(Ort der Anbetung im Geist und in der Wahrheit); 7,37 (Tempelquellstrom und Leib Jesu als Quelle des Lebenswassers); auch Joh 1,14 („und hat sein Zelt unter uns aufgeschlagen") fügt sich diesen Aussagen an. Angesichts weiterer Indizien (2,6–7; 6; 19,23–24; 19,33.36) urteilt MUSSNER, Kultische Aspekte, 144: „... er [Jesus] zieht gewissermaßen die ganze Sinnfülle dessen an sich, was in der Zeit des Alten Bundes im Bereich des Kultischen geworden war." Apk 21,22 nennt Gott und das Lamm als den Tempel im himmlischen Jerusalem. Interesse verdienen in diesem Zusammenhang auch die Beobachtungen von SMITH, die dem Phänomen einer Verlagerung kultischer Funktionen von lokalen Heiligtümern auf heilige Männer im paganen Bereich gelten.

[45] Bemerkenswert bleibt, daß Paulus indessen ausschließlich die „Wohntempelvorstellung" aufnimmt, die bereits im Begriff ναός betont gegeben ist. Soteriologische Intentionen, die auf das Konzept vom Altarheiligtum Bezug nehmen könnten (wie etwa im Hebräerbrief), werden nicht mit der Tempelmetapher verbunden; vgl. MAIER, 175–178.

[46] Bereits COPPENS stellte als „a last and important remark" fest: „... nowhere, not even probably in Eph. II,14, do we find any clear allusion to the temple of Jerusalem, so that nowhere does the spiritual temple appear as a replacement of the Jewish sanctuary. ... Nowhere indeed is the new temple introduced as a spiritual development and restatement of the old one."

[47] Nach LANCI, 130–132, fungierten Tempel in der jüdischen, griechischen und römischen Religion gleichermaßen als „institutions that gave physical expression to the religious and political identity of their groups of adherents."

Summary

Usually the temple metaphor in Paul is understood in light of a substitution of the cult in Jerusalem. But everytime the cult was only part of a much more comprehensive "temple concept". An investigation of the three crucial reverences in 1 and 2 Corinthians shows that Paul picks up such patterns of the temple concept only which would be also familiar to his pagan-Christian addressees. For him the temple concept becomes realized in the Christian community. Not separation but a positive relation is shaping Paul's use of the temple metaphor.

Bibliographie

J. C. Coppens, The Spiritual Temple in the Pauline Letters and its Background, StEv 6 (1973), 53–66.

R. Deines, Die Pharisäer. Ihr Verständnis im Spiegel der christlichen und jüdischen Forschung seit Wellhausen und Graetz, WUNT 101, 1997.

J. A. Draper, The Tip of an Ice-Berg. The Temple of the Holy Spirit, JTSA 59 (1987), 57–65.

B. Ego, Von der Jerusalemer Tempeltheologie zur rabbinischen Kosmologie. Zur Konzeption der himmlischen Wohnstatt Gottes, Mitteilungen und Beiträge der Forschungsstelle Judentum an der Theologischen Fakultät Leipzig 12–13 (1997), 36–52.

W. Elliger, Paulus in Griechenland. Philippi, Thessaloniki, Athen, Korinth, Stuttgart 1987.

J. A. Fitzmyer, Qumran und der eingefügte Abschnitt 2 Kor 6,14–7,1, in: K. E. Grözinger/N. Ilg/H. Lichtenberger/G.-W. Nebe/H. Pabst (Hgg.), Qumran, WdF 160, 1981, 385–398.

J. M. Ford, You are God's ,Sukkah' (1 Cor. III. 10–17), NTS 21 (1975), 139–144.

M. Fraeyman, La spiritualisation de l'idée du temple dans les épitres pauliniennes, EThL 23 (1947), 378–412.

B. Gärtner, The Temple and the Community in Qumran and the New Testament. A Comparative Study in the Temple Symbolism of the Qumran Texts and the New Testament, MSSNTS 1, 1965.

G. Hagenow, Der Tempel der Christen. Traditionsgeschichtliche Untersuchungen zur Aufnahme des Tempelkonzepts im frühen Christentum, Diss. Heidelberg 1996 [Mikrofilm].

F. W. Horn, Das Angeld des Geistes. Studien zur paulinischen Pneumatologie, FRLANT 154, 1996.

J. Jeremias, Golgotha, Angelos.B 1, 1926.

E. Käsemann, Das theologische Problem des Motivs vom Leib Christi, in: ders., Paulinische Perspektiven, Tübingen 1969, 178–210.

R. Kirchhoff, Die Sünde gegen den eigenen Leib. Studien zu πόρνη und πορνεία in 1 Kor 6,12–20 und dem sozio-kulturellen Kontext der paulinischen Adressaten, StUNT 18, 1994.

I. Kitzberger, Bau der Gemeinde. Das paulinische Wortfeld οἰκοδομή/(ἐπ)οικο-δομεῖν, fzb 53, 1986.

W. Klaiber, Rechtfertigung und Gemeinde. Eine Untersuchung zum paulinischen Kirchenverständnis, FRLANT 127, 1982.

H.-J. Klauck, Kultische Symbolsprache bei Paulus, in: J. Schreiner (Hg.), Freude am Gottesdienst. Aspekte ursprünglicher Liturgie, FS J. G. Plöger, Stuttgart 1983, 107–118.

G. Klinzing, Die Umdeutung des Kultus in der Qumrangemeinde und im Neuen Testament, StUNT 7, 1971.

D. R. de Lacey, οἵτινές ἐστε ὑμεῖς: The Function of a Metaphor in St Paul, in: W. Horbury (Hg.), Templum Amicitiae. Essays on the Second Temple presented to Ernst Bammel, JSNT.S 48, 1991, 391–409.

J. R. Lanci, A New Temple for Corinth. Rhetorical and Archaeological Approaches to Pauline Imagery, Studies in Biblical Literature 1, 1997.

S. Lauer (Hg.), Tempelkult und Tempelzerstörung (70 n.Chr.). Interpretationen, JudChr 15, 1994.

E. Lohmeyer, Kultus und Evangelium, Göttingen 1942.

J. Maier, Beobachtungen zum Konfliktpotential in neutestamentlichen Aussagen über den Tempel, in: I. Broer (Hg.), Jesus und das jüdische Gesetz, Stuttgart/Berlin/Köln 1992, 173–213.

R. J. McKelvey, The New Temple. The Church in the New Testament, OTM 3, 1969.

C. Meyers, Art. Temple: Jerusalem, Anchor Bible Dictionary 6 (1992), 350–369.

O. Michel, Art. ναός, ThWNT IV (1942), 884–895.

F. Mussner, Jesus und „das Haus des Vaters" – Jesus als „Tempel", in: J. Schreiner (Hg.), Freude am Gottesdienst. Aspekte ursprünglicher Liturgie, FS J. G. Plöger, Stuttgart 1983, 267–275.

— „Kultische" Aspekte im johanneischen Christusbild, in: ders., Praesentia Salutis. Gesammelte Studien zu Fragen und Themen des Neuen Testamentes, KBANT, 1967, 133–145.

J. Pfammatter, Die Kirche als Bau. Eine exegetisch-theologische Studie zur Ekklesiologie der Paulusbriefe, AnGr 110, 1960.

J. Roloff, Die Kirche im Neuen Testament, GNT 10, 1993.

C. C. Rowland, The Second Temple: Focus of Ideological Struggle?, in: W. Horbury (Hg.), Templum Amicitiae. Essays on the Second Temple presented to Ernst Bammel, JSNT.S 48, 1991, 175–198.

F. Schnider/W. Stenger, Die Kirche als Bau und die Erbauung der Kirche. Statik und Dynamik eines ekklesiologischen Bildkreises, Conc(D) 8 (1972), 714–720.

W. Schrage, Der erste Brief an die Korinther, EKK VII.1–2, 1991/1995.

E. Schüssler-Fiorenza, Cultic language in Qumran and in the NT, CBQ 23 (1976), 159–177.

J. Shanor, Paul as Master Builder. Construction Terms in First Corinthians, NTS 34 (1988), 461–471.

J. Z. Smith, The Temple and the Magician, in: ders., Map is not Territory. Studies in the History of Religions, Leiden 1978, 172–189.

W. Strack, Kultische Terminologie in ekklesiologischen Kontexten in den Briefen des Paulus, BBB 92, 1994.

G. THEISSEN, Die Tempelweissagung Jesu. Prophetie im Spannungsfeld von Stadt und Land, in: DERS., Studien zur Soziologie des Urchristentums, WUNT 19, 3. Aufl., 1989, 142–159.

PH. VIELHAUER, Oikodome. Das Bild vom Bau in der christlichen Literatur vom Neuen Testament bis Clemens Alexandrinus, in: DERS., Oikodome. Aufsätze zum Neuen Testament II, hg. v. G. Klein, ThB 65, 1979, 1–168.

H. WENSCHKEWITZ, Die Spiritualisierung der Kultusbegriffe Tempel, Priester und Opfer im Neuen Testament, Angelos.B 4, 1932.

CHR. WOLFF, Der erste Brief des Paulus an die Korinther, ThHK 7, 1996.

— Der zweite Brief des Paulus an die Korinther, ThHK 8, 1989.

A. XAVIER, Ministerial Images in 1 Cor 3:5–4:1, ITS 24 (1987), 29–40.

Tora ohne Tempel

Paulus und der Jakobusbrief im Zusammenhang frühjüdischer Torarezeption für die Diaspora

KARL-WILHELM NIEBUHR, Leipzig

Paulus und der Jakobusbrief stimmen in ihrem Toraverständnis bei aller Distanz und Differenz zumindest darin überein, daß die Tora bei ihnen als Einheit und Ganzheit erscheint, der gegenüber ungeteilter Gehorsam gefordert ist (Röm 2,12f.25–29; 13,8–10; Gal 5,3.14; Jak 2,8–11). Fragt man nach den Entfaltungen dieser grundsätzlichen Gehorsamsforderung in konkretem Tun („Torapraxis"),[1] so zeigen sich weitere Gemeinsamkeiten: Beide zählen eine Reihe von Verhaltensweisen im zwischenmenschlichen Zusammenleben auf; beide berufen sich dabei exemplarisch auf Dekaloggebote und das Liebesgebot aus Lev 19,18; bei beiden fehlen konkrete Weisungen der Tora, die mit dem Tempel, seinem Kult und den spezifischen Gegebenheiten des Lebens im Land Israel zu tun haben (Reinheitsvorschriften, Zehntbestimmungen, Opfervorschriften). Die Spannung zwischen der Forderung zu umfassendem Toragehorsam einerseits und einer charakteristischen Auswahl aus der Tora bei der Entfaltung dieser Forderung andererseits wird bei keinem von beiden ausdrücklich thematisiert.

In der Exegese wird dieser Befund häufig beschrieben mit der Gegenüberstellung von „religiösen" und „moralischen" Geboten, der „rituellen" und der „ethischen" Tora, oder mit dem Gegensatz von „Soteriologie" und „Paränese". Für solche Begriffe und Kategorien gibt es freilich in zeitgenössischen frühjüdischen oder frühchristlichen Quellen zur Torapraxis keine Entsprechungen. Deshalb soll im folgenden versucht werden, das Toraverständnis, das sich bei Paulus und im Jakobusbrief je spezifisch niederschlägt, im Zusammenhang von Texten frühjüdischer Torarezeption zu betrachten. Dabei wird eine weitere Gemeinsamkeit der Paulusbriefe und des Jakobusbriefes erkennbar: Die Situation ihrer Textrezipienten entspricht in wesentlichen Zügen der frühjüdischer Diasporagemeinschaften, die in ihrem Lebensalltag der Forderung zum Gehorsam gegenüber der Tora gerecht zu werden suchten.

---

[1] Einen genau entgegengesetzten Ansatz, das Ethos paulinischer Gemeinden als identitätsstiftendes Merkmal auf dem Hintergrund frühjüdischer Diasporagemeinschaften zu erfassen, verfolgt WOLTER, vgl. 431f. mit Anm. 11.

1. Die Fragestellung:
Torapraxis bei Paulus und im Jakobusbrief

Tragen wir zunächst im Überblick und unabhängig von den jeweiligen Argumentationszusammenhängen und Begründungen zusammen, welche torarelevanten Lebensbereiche bei Paulus und im Jakobusbrief berührt werden. Bei Paulus ist das Verhalten, das er von den Adressaten seiner Briefe erwartet, negativ charakterisiert durch Enthaltung von Unzucht, Habgier und Götzendienst. Diese Trias steht in verschiedenen Aussagezusammenhängen im Hintergrund und kann mit unterschiedlichen rhetorischen Mitteln zur Sprache gebracht werden: als argumentativer Aufweis der Sündhaftigkeit der Heiden (Röm 1,24–32), als polemische Kritik am Verhalten eines exemplarischen Juden (Röm 2,21f.), als eschatologisch begründete Mahnung an die Glaubenden (Röm 13,13; I Kor 6,9f.), zur Abgrenzung der im Christusgeschehen begründeten neuen Identität der Gemeinde von „typisch heidnischem" Verhalten (I Kor 5,10f.; vgl. 6,11; Gal 5,19–23) oder als umfassender Ausdruck des Wandels nach dem Willen Gottes (Röm 13,9; I Thess 4,1–8). Auch der Ausschließlichkeitsanspruch der Verehrung des einen Gottes Israels als zentrale Forderung der Tora kommt bei Paulus mehrfach zur Sprache (I Kor 8,4–6; 10,7.14; 12,2; I Thess 1,9).

Die Aufforderung zum Wandel nach dem Willen Gottes kann Paulus aber auch positiv entfalten. In Röm 12,9–21[2] bringt er in einer weisheitlich geprägten Weisungsreihe[3] Verhaltensweisen zur Sprache, die sich den Lebensbereichen des zwischenmenschlichen Umgangs, der sozialen Fürsorge und der Wahrhaftigkeit zuordnen lassen. Auch in I Kor 13 entfaltet er die hymnisch geformte Ermahnung zur Liebe u.a. durch zwischenmenschliche Verhaltensweisen (V. 4–7). In Gal 5,14 zitiert er das Liebesgebot aus Lev 19,18 als Forderung der Tora für das Verhalten der Briefadressaten zueinander, und im Tugendkatalog von Gal 5,22f. führt die ἀγάπη eine Reihe von Haltungen bzw. Verhaltensweisen an, von denen sich einige ebenfalls torarelevanten Lebensbereichen zuordnen lassen.[4]

Fragen wir nach spezifisch jüdischen Bereichen der Tora wie Sabbat-, Speise- und Reinheitsvorschriften und der Beschneidung (sog. „identity marker"), dann stellt sich der Befund bei Paulus komplizierter dar. Jedenfalls finden wir keine expliziten Ausführungen, nach denen solche Bereiche aus dem auch für seine Gemeinden gültigen Gotteswillen, wie er umfassend in der Tora niedergelegt ist, auszuschließen wären. Während Paulus die Beschneidung

---

[2] Der mit 12,1 einsetzende Gedankengang führt hin zur eschatologisch ausgerichteten Mahnung in 13,11–14, umfaßt also die Weisungen zur ἀγάπη (12,9), die in 13,8–10 auf die Tora bezogen sind.

[3] Typisch dafür ist der Gegensatz τὸ πονηρόν bzw. τὸ κακόν – τὸ ἀγαθόν. Zum Ganzen vgl. WILSON, Love.

[4] Vgl. den expliziten Verweis auf den νόμος in V. 23.

für nichtjüdische Glieder seiner Gemeinden konsequent und prinzipiell ablehnt, setzt er sie bei geborenen Juden voraus, ohne sie zu problematisieren.[5] Zu Fragen der Speisepraxis nimmt er eine sehr differenzierte, jeweils auf die konkrete Gemeindesituation bezogene Haltung ein (vgl. Gal 2,11–14; I Kor 8–10; Röm 14f.). Über die Sabbatpraxis, die er von sich selbst oder von seinen Gemeinden erwartet, lassen sich in seinen Briefen keine eindeutigen Aussagen ermitteln. Deutlich ist immerhin, daß in den paulinischen Gemeinden offenbar der jüdische Kalender in Geltung steht.[6] Der Tempel und sein Opferkult, Festriten und -gebräuche, Abgaben- sowie Reinheitsbestimmungen klingen bei Paulus nur in metaphorischen Aussagen bzw. als Mittel der Argumentation an, dies allerdings in großer Vielfalt.[7]

Im Jakobusbrief begegnen als Zitate aus der Tora Teile des Dekalogs sowie das Liebesgebot (2,8–11; vgl. auch 4,2.4). An zwei Stellen klingt das Bekenntnis zu dem einen Gott Israels an (2,19; 4,12). Ihm korrespondiert die Aufforderung zu Gebet und Lobpreis (vgl. 1,5–8; 3,9f.). Im Zentrum der materialen Weisungen und Mahnungen des Briefes stehen aber Taten der sozialen Barmherzigkeit (1,27; 2,15f.; vgl. 5,1–6), sodann sogenannte „Zungensünden" (3,1–12.14; 4,11f.) sowie die Warnung vor Streit und Zwietracht in der Gemeinde (3,13–18; 4,1–4). Ausdrückliche Warnungen vor dem Götzendienst finden sich dagegen ebensowenig wie etwa die Warnung vor sexuellen Vergehen. Auch Gebote aus dem Bereich des Tempelkultes, der Feste, der Reinheits- und Speisebestimmungen sowie die Beschneidung kommen im Jakobusbrief nicht vor. Lediglich an drei Stellen klingen in metaphorischer Verwendung Erstlingsabgaben und der Reinheitsgedanke an (1,18.27; 4,8). Aber eine explizite Ausgrenzung und Außerkraftsetzung bestimmter Teile der Tora für die Adressaten finden wir im Jakobusbrief ebensowenig wie bei Paulus.

Hinsichtlich der Auswahl von Teilen der Tora, die sie je auf ihre Weise zur Sprache bringen, stimmen somit Paulus und der Jakobusbrief wenigstens in gewissen Grundzügen überein. Wir fragen nun, ob sich für eine solche spezifische Auswahl Anhaltspunkte in der Tora selbst bzw. in Formen und Inhalten ihrer Rezeption im Frühjudentum finden lassen.

---

[5] Vgl. Röm 2,25–29; I Kor 7,18f.; Gal 3,28; 5,6; 6,15. Zur Beschneidung von Kindern getaufter Juden finden sich bei Paulus keine Aussagen (vgl. aber Act 16,1–3!).

[6] Vgl. I Kor 16,2 (Sabbat); I Kor 16,8 (Wochenfest).

[7] Vgl. zum Sühnopfer Röm 3,25; 4,25; 5,8f.; 8,3f.32; I Kor 5,21; Gal 3,13, zu Priesterdienst und Opfer Röm 12,1; 15,16; I Kor 9,13; 10,18; Phil 2,17;4,18, zum Tempel I Kor 3,16f.; 6,19; II Kor 6,16 (vgl. dazu BÖTTRICH, Tempel), zum Passaritus I Kor 5,6–8, zum Erstlingsopfer Röm 8,23; 11,16; 16,5; I Kor 15,20.23; 16,15, zur Reinheit bzw. Heiligkeit Röm 6,19; 11,16; 12,1; 15,16; I Kor 3,17; 5,7; 6,19; 7,14; II Kor 6,17; 7,1; Phil 1,10. Das letztgenannte Wortfeld deckt bei Paulus natürlich noch viel weiter reichende Bezugsfelder ab. Vgl. zur Tempelmetaphorik bei Paulus, die nicht Gegenstand unserer Untersuchung ist, noch DUNN, Partings, 75–86; NEWTON, 52–114.

2. Differenzierungen in der Tora und ihrer frühjüdischen Rezeption

Differenzierungen hinsichtlich des Geltungsbereiches und der Anwendbarkeit von Teilen der Tora sind offensichtlich schon im Pentateuch signalisiert. Innerhalb der Bundesbeziehung zwischen Gott und seinem Volk gilt die Tora prinzipiell nur für Israel.[8] Allerdings werden bei einer Reihe von Geboten ausdrücklich die „im Lande wohnenden Fremden" einbezogen, z.B. im Rechtswesen, bei der Sabbatruhe und bei manchen Festen (vgl. Ex 20,10; 23,12; Lev 16,29–31; Dtn 1,16; 5,14; 16,11.14; 26,11). In Lev 17–20; 24 und Num 15; 19 werden auch eine Reihe von Einzelgeboten für die „Fremden im Lande" verbindlich gemacht.[9] Auswahlkriterium für solche auch von Nichtisraeliten zu beachtenden Einzelgebote ist offenkundig nicht eine Unterscheidung zwischen „ethischen" und „kultischen" Weisungen. Vielmehr liegt der Sinn der Ausweitung der Geltung von Torageboten auf die „Fremden" darin, die Heiligkeit des Landes Israel zu wahren. Im Blick sind ja nur die innerhalb seiner Grenzen lebenden Fremden, nicht die Völker der Welt.[10] Erst später wurde die rabbinische Konzeption einer „Tora für die Völker", die sogenannten „noachidischen Gebote", entwickelt.[11] Zusammenstellungen von Grundgeboten, die schon in frühjüdischen Quellen begegnen (z.B. das Verbot von Götzendienst, Unzucht und Blutvergießen), wurden hier schrittweise erweitert und ausdrücklich für Israel *und* die Völker verbindlich gemacht. Jetzt ging es nicht mehr um die Wahrung der Heiligkeit des Landes Israel, sondern um Grundprinzipien des Verhaltens und der Religion, die Juden und Heiden bei aller Wahrung der Eigenart Israels gemeinsam haben.

Ein erheblicher Teil der Tora steht unmittelbar in Verbindung mit dem Opferkult im Tempel von Jerusalem.[12] Das betrifft nicht nur Opfervorschriften und Gebote für die Priester, sondern auch bestimmte Reinheitsgebote

---

[8] So schon die Adressierung zahlreicher Einzelgebote und Gebotsreihen, z.B. Ex 12,3.47: „die ganze Gemeinde Israels"; Ex 20,22 (Bundesbuch): „Söhne Israels"; Ex 25,2; Lev 1,2; 11,2 (Priesterschrift): „Söhne Israels"; Lev 17,3 (Heiligkeitsgesetz): „jedermann vom Haus Israel". Vgl. auch Sir 24,6–8.23.

[9] Z.B. das Verbot, Blut und Aas zu genießen (Lev 17,10–16), verbotene Ehen und sexuelle Entartungen (18,6–30), Götzendienstpraktiken (20,2–6), Blasphemie (24,16), aber auch die Ersatzleistung (24,17–22), Opfer- und Sühnebestimmungen (Num 15,13–16.22–26) sowie Reinigungsriten bei Leichenberührung (19,10b–22). Vgl. die Zusammenstellungen bei KLINGHARDT, 185, und HEIL, 29–31.

[10] Folgerichtig wurde diese Kategorie von Geboten im Frühjudentum auch nicht aufgegriffen, um den universalen Maßstab und Anspruch der Tora gegenüber Nichtjuden zu vertreten. Dazu dienten vielmehr katechismusartige Torazusammenfassungen mit Schwerpunkt auf ethischen und sozialen Weisungen. Diese waren freilich weder in der Tora noch in ihrer frühjüdischen Rezeption ausdrücklich auf Nichtjuden ausgerichtet.

[11] Vgl. dazu NOVAK; BOCKMUEHL, Commandments; SEGAL, Universalism, 7–12; MÜLLER, 25–64; MAIER, 36–39; THOMAS, 228–235.

[12] Umfassend zusammengestellt bei E. P. SANDERS, Judaism, 45–314.

und -riten, Abgabenbestimmungen und, mit letzteren zusammenhängend, manche Speisevorschriften. Zwingend vorgeschrieben waren in der Tora die meisten dieser Gebote nur für den Heiligkeitsbereich des Tempels, dessen Grenzen allerdings nicht eindeutig und für alle Zeit fixiert waren. Zehnt- und Erstlingsabgaben durften jedenfalls prinzipiell nur vom Ertrag des Landes erhoben werden.[13] Außerhalb des Tempelbereiches bzw. des Landes *konnten* solche Gebote natürlich beachtet werden, wenn dies durch Interpretation ermöglicht wurde. Aber hier taten sich durchaus verschiedene Interpretationsmöglichkeiten auf.

Für die Gegebenheiten jüdischer Torapraxis in der Diaspora[14] sind somit unter den verschiedenen Kategorien von Speisevorschriften der Tora allein diejenigen relevant, die unabhängig vom Tempelkult und vom Land Israel praktikabel sind, also natürlich die expliziten Verbote von Blut und Aas (Lev 7,26f.; 17,10–16; 19,26; Dtn 14,21), der Vermengung von Milch- und Fleischspeisen (Ex 23,19; 34,26; Dtn 14,21) sowie bestimmter Tierarten (Lev 11,1–23; Dtn 14,3–20), im Unterschied zu denjenigen Speisegeboten, die aus Opfer- und Abgabenbestimmungen resultieren (Lev 3,17; 7,16–25; Dtn 12,13–27; 14,22–29; Num 18,8–32). Das bedeutet: In der Diaspora ging es prinzipiell nicht um rituelle Reinheit der Speisen im Sinne der Kultfähigkeit, sondern um ihre Auswahl unter Berücksichtigung der expliziten Verbote der Tora.[15] Ein in der Diaspora lebender Jude konnte wohl versuchen, der Intention auch der übrigen Speisegebote nachzukommen, etwa durch Vermeidung unnötiger Verunreinigungen, durch religiöse Waschungen oder freiwillige Gaben für den Tempel. Aber dies war Ausdruck seiner individuellen Frömmigkeit, nicht des Gehorsams gegenüber speziellen Torageboten.[16]

Hinzu kamen freilich in frühjüdischer Zeit Gesichtspunkte, die sich nicht unmittelbar aus dem Wortlaut der Tora ergaben, sondern aus der alltäglichen Begegnung mit heidnischer Religion.[17] So können die Verbote von heidnischem Wein (Dan 1,8; Jdt 10,5; 12,13; Est 4,17x = C[3,]28), Olivenöl (Jos

---

[13] Vgl. Lev 27,30; Num 18,8–32; Dtn 14,28f.; 26,1–15; Neh 10,36; Tob 1,6–8 (dazu E. P. SANDERS, Jewish Law, 43–48). Davon zu unterscheiden ist die Tempelsteuer nach Neh 10,33f., die von allen Juden unabhängig von ihrem Wohnsitz zu zahlen war und der materiellen Aufrechterhaltung des Tempelkultes diente. Sie hat aber mit ritueller Reinheit nichts zu tun.

[14] Vgl. dazu insgesamt E. P. SANDERS, Jewish Law, 255–308; BARCLAY, Jews, 399–444.

[15] Diese Differenzierung bleibt bei HEIL, 39–123, der die Speisegebote zusammenstellt, die im Frühjudentum zur Zeit des Paulus standen, weitgehend außerhalb des Blickfeldes, obwohl sie sich gerade auch aus den von ihm zusammengetragenen Belegen implizit ergibt.

[16] Verunreinigungen nach Lev 11–15 und Num 19 (Totenunreinheit) waren z.T. unvermeidlich und konnten durch relativ einfache Riten (Waschen, Warten bis zum Abend) beseitigt werden. Entscheidend war, daß sie nicht mit dem Heiligkeitsbereich des Tempels in Berührung kamen. Für einen Juden aus der Diaspora bedeutete dies, daß er, wenn er als Pilger zu einem der Wallfahrtsfeste im Tempel opfern wollte, sich dem Reinigungsritus von Num 19 zu unterziehen hatte. Ansonsten waren die Reinheitsbestimmungen für seine Existenz als Jude in der Diaspora weitgehend irrelevant. Vgl. zum Ganzen E. P. SANDERS, Jewish Law, 258–271.

[17] Vgl. die differenzierte Darstellung bei BORGEN.

Ant XII,119f.; Bell II,591f.; Vita 74–76) oder gar Brot (Tob 1,10f.; Jdt 10,5)
aus keinem der Speisegebote der Tora abgeleitet werden. Sie dienten vielmehr
offenkundig der Vermeidung von Speisen, die möglicherweise mit „Götzendienst" in Berührung gekommen sind.[18] Im Extremfall konnte die Sorge vor
dem Kontakt mit Götzendienst in der Diaspora zum Vegetarismus oder zu
konsequenter Selbstversorgung führen (Dan 1,8–16; Jos Vita 13f.). Daß die
Tischgemeinschaft mit Nichtjuden Einschränkungen unterlag, wird vielfach
sichtbar. Allerdings zeigen die dafür angeführten Belege, daß auch hier nicht
der rituelle Status der Speisen (oder gar der Heiden) problematisch war, sondern die Gefahr der Berührung mit dem Götzendienst.[19] Selbst das Verbot
des Götzendienstes gilt freilich nach dem Wortlaut der Tora nur für Israeliten. Nichtjuden kommen dabei nur insoweit in den Blick, als sie Israeliten
zum Götzendienst verführen könnten, wodurch das Land entheiligt würde
(Ex 34,10–17; Lev 20,2–7; Dtn 13,2–19). Heidnische Religion außerhalb des
Landes ist kein Gegenstand der Tora.[20] Freilich war in frühjüdischer Zeit
heidnische Religion für Juden im Verkehr mit Nichtjuden zu einer ständigen
Herausforderung geworden. Besonders in der Diaspora, aber keineswegs
allein dort, hatten sie durch Meiden des Götzendienstes ihre Identität zu
wahren und ihre Treue zur Tora zu bewähren. Zum Verkehr zwischen Juden und Nichtjuden außerhalb des Landes Israel sagt aber die Tora streng
genommen gar nichts. Für die konkreten Entscheidungen im Umgang mit
Nichtjuden bot ihr Wortlaut allenfalls Anknüpfungspunkte.[21]

---

[18] Vgl. IV Makk 5,2. Zu Öl und Wein vgl. E. P. SANDERS, Jewish Law, 272–276; DERS.,
Judaism, 215f. mit 520 Anm. 12; GOODMAN, Olive Oil.

[19] Dies kann hier nicht entfaltet werden. Vgl. die Diskussion der entsprechenden Belege bei
BARCLAY, Jews, 434–437; E. P. SANDERS, Association, 176–180; SEGAL, Paul, 224–236; TOMSON,
Paul, 230–236; BORGEN, 42–44; ESLER, 93–116. Durchaus unterschiedliche Regelungen scheinen
sich in Arist 180–186 einerseits, in JosAs 7,1; 8,5 andererseits niederzuschlagen: Während beim
Symposion des Königs die aus Jerusalem angereisten Juden, unter ihnen der Hohepriester
Eleazar, an *einer* Tafel mit dem König speisen (Arist 183), freilich von einem zuverlässigen Koch
ihren Gebräuchen entsprechend zubereitete und unter Beachtung ihrer Gebräuche servierte
Getränke und Speisen, wird für Josef im Hause des ägyptischen Oberpriesters ein eigener Tisch
aufgestellt (vgl. aber JosAs 21,8!), wobei über die Art der Speisen nichts verlautet.

[20] Götzendienst von Nichtjuden außerhalb Israels konnte gelegentlich sogar unter Verweis
auf Dtn 4,19 und Ex 22,27 (LXX) unter den Schutz der Tora gestellt werden (vgl. GOOD-
MAN, Mission, 52; VAN DER HORST, Thou shalt not …). Dem entspricht es, wenn der jüdisch-
hellenistische Historiker Artapanos zusammen mit anderen Kulturleistungen selbst den Tierkult
der Ägypter auf Mose zurückführen kann (Frgm. 3,4.12, vgl. WALTER, Fragmente, 129.131f.)
oder wenn nach Ps-Eupolemos (samaritanischer Anonymus) Abraham als Erfinder und Lehrer
der Astrologie gilt (Frgm. 1,3f., vgl. WALTER, Fragmente, 141).

[21] So konnte man die Gebote zur Absonderung von den kanaanäischen Völkern auf die
Situation der Diaspora übertragen (vgl. DELLING, 9–18). Dabei blieb freilich ihre Begründung,
die Wahrung der Heiligkeit des Landes, auf der Strecke. Ebenso konnte das Verbot der Mischehe,
das in der Tora nur im Blick auf die kanaanäischen Nationen ausgesprochen worden war (Ex
34,15f.; Dtn 7,3f.; vgl. auch Neh 10,31), auf alle nichtjüdischen Völker ausgedehnt werden.
Aber dies waren mögliche, keineswegs zwingende und exklusiv gültige Interpretationen. Eine
andere, ebenfalls von der Tora her zu begründende Entscheidung konnte etwa dahin gehen,

Anhand der frühjüdischen Rezeption eines zentralen Teils der Tora, der Gebotsreihe in Lev 19, lassen sich exemplarisch Tendenzen einer solchen Übertragung auf die Rahmenbedingungen jüdischen Lebens in der Diaspora aufzeigen. In seinem biblischen Kontext bringt Lev 19 umfassend die exklusive Heiligkeitsforderung Gottes für sein Volk Israel zur Sprache.[22] Zwar sind in Lev 19 vorwiegend Weisungen aus dem Bereich des Alltagslebens zusammengestellt. Sie sind aber eng und ohne erkennbare Unterscheidung verbunden mit dem Sabbatgebot (V. 3.30), dem Verbot des Götzendienstes (V. 4), der Heiligung des Gottesnamens (V. 12) und des Tempels (V. 30) sowie dem Verbot des Blutgenusses (V. 26). Auch spezielle Opferbestimmungen (V. 5–8.20–22), das Verbot der Artenmischung (V. 19), das Verbot verschiedener magischer Praktiken (V. 26–28) oder die Weihung der ersten Fruchternte (V. 23–25) begegnen in diesem Zusammenhang. Das Verbot, die Tochter zur Unzucht zu treiben, wird ausdrücklich mit der Reinheit des Landes begründet (V. 29), das von Wahrsagerei und Totenbeschwörung mit der des Volkes (V. 31).

In frühjüdischen Texten, die offenkundig Gebote aus Lev 19 rezipieren, sind nun solche auf die Heiligkeit des Volkes und des Landes ausgerichteten Weisungen entweder ausgelassen oder in charakteristischer Weise interpretiert worden. So bringt die Gesetzesepitome bei Josephus in Ap II,190–219[23] fast alle Gebote aus Lev 19 zur Sprache, die das Alltagsleben in Familie, Gemeinschaft und Rechtspflege und den sozialen Schutz der Schwachen betreffen.[24] Ausgelassen sind aber alle Opferbestimmungen, das Verbot der Nachlese, das Verbot der Artenmischung, das Verbot des Blutgenusses und

Mischehen durch Eintritt des nichtjüdischen Partners in das Volk Israel zu ermöglichen. Daß es in der Praxis auch andere Möglichkeiten gab, die nicht von vornherein im Gegensatz zur Tora stehen mußten, ist anzunehmen. Zum Mischehenproblem vgl. BARCLAY, Jews, 410–412; HENGEL/SCHWEMER, 69f. mit Anm. 365–370; FELDMAN, 77–79, sowie NIEBUHR, Identität, 348 mit Anm. 41 (dort weitere Lit.).

[22] Vgl. die Rahmung in V. 1f.36f. (V. 37 LXX: φυλάξεσθε πάντα τὸν νόμου μου καὶ πάντα τὰ προστάγματά μου καὶ ποιήσετε αὐτά [„beachtet mein ganzes Gesetz und alle meine Anordnungen und tut sie"]); ähnlich die Rahmungen der unmittelbar benachbarten Kap. 18 und 20 (vergleichbare Mahnungen zu umfassendem Toragehorsam finden sich bes. oft im Deuteronomium, vgl. 4,8; 27,3.8.26 u.ö.).

[23] Vgl. dazu NIEBUHR, Gesetz, 32–72. Zu Contra Apionem insgesamt FELDMAN/LEVISON; GERBER; SCHRÖDER, 137–151. Die Frage nach den intendierten und den tatsächlichen Lesern dieser Schrift wird sich kaum alternativ beantworten lassen (vgl. zur anhaltenden Diskussion GERBER, 89–93; SCHRÖDER, 138–141; KASHER, 150–157; MASON, 208–216.222–224; FELDMAN, 142–149). Hier geht es lediglich um die spezifische Weise der Torarezeption unter den Lebensbedingungen der hellenistisch-römischen Welt außerhalb Israels, welche in jedem Fall sowohl für den Autor als auch für seine Adressaten, ob jüdische oder nichtjüdische, vorauszusetzen sind.

[24] Eine Neuübersetzung von Ap II,145–296, die wir im folgenden in der Regel zitieren, bietet auf der Basis der textkritischen Untersuchungen von SCHRECKENBERG GERBER, 395–419 (als Textgrundlage muß bis auf weiteres NIESE ausreichen). Auch zur folgenden skizzenhaften Interpretation der Gesetzesepitome sei hier summarisch auf ihre Analyse der Passage verwiesen (a.a.O., 183–203).

die verschiedenen Verbote magischer Bräuche. Vom Sabbat ist nur im Kontext die Rede, und zwar insbesondere von seiner Funktion, in den Synagogenversammlungen Belehrung im Gesetz zu ermöglichen (175).

Vom Tempel, seinem Opferkult und den Reinigungsriten spricht Josephus allerdings ausführlich gleich zu Beginn in der Entfaltung des „ersten Gebotes" (190). Er setzt ein mit der bemerkenswerten Losung: „Ein (einziger) Tempel für einen (einzigen) Gott, denn immer gehört Gleiches zu Gleichem, Gemeingut aller (ist der Tempel) wie auch Gott Gemeingut aller ist."[25] Es schließt sich ein Abschnitt über den Opfergottesdienst der Priester an. Sie haben nicht nur Opfer zu vollziehen, sondern auch „über die Gesetze zu wachen", Streitende zu richten und die Überführten zu strafen (194). Die Opfervollzüge sollen dem Ideal der „Besonnenheit/Nüchternheit" (σωφροσύνη) folgen, im Gegensatz zum „Rausch" (μέθη, 195) heidnischer Opfer.[26] Sie sind begleitet von Gebeten, zuerst für das Gemeinwohl, sodann für den rechten Empfang des von Gott gnädig Zugeteilten (196f.).[27] Nachdem Josephus in diesem Zusammenhang schon kurz Reinigungsriten erwähnt hat (198),[28] kommt er auf sie noch einmal zurück bei der Darstellung des toratreuen Familienlebens. Waschungen sind erforderlich nach sexuellem Verkehr (202f.; vgl. Lev 15,18) und nach Kontakt mit einer Leiche (205; vgl. Num 19,11–20). Charakteristisch sind nun die Begründungen, die Josephus dafür anführt. Beim sexuellen Verkehr erleide nämlich die Seele Schaden, weshalb der Gesetzgeber nach diesem Reinigungen angeordnet habe (203).[29] Die Reinigung des Hauses und seiner Bewohner bei einem Trauerfall diene dazu, einen potentiellen Mörder daran zu erinnern, daß er nicht meinen dürfe, rein zu sein (205).[30] Der Schutz der Proselyten, der in Lev 19,34 mit der Erinnerung an die „Fremdlingschaft" der Israeliten in Ägypten begründet ist, wird bei Josephus darauf zurückgeführt, „daß nicht allein durch die Abstammung, sondern durch die Wahl der Lebensform die Verwandtschaft entsteht" (209f.). Der Schutz der Sklavin vor Vergewaltigung, der in Lev 19,20ff. im Zusammenhang einer Schuldopferbestimmung steht, wird

---

[25] 193: Εἰς ναὸς ἑνὸς θεοῦ, φίλον γὰρ ἀεὶ παντὶ τὸ ὅμοιον, κοινὸς ἁπάντων κοινοῦ θεοῦ ἁπάντων (eigene Übersetzung). Zur Darstellung von Tempel und Priesterschaft in Contra Apionem vgl. BAUCKHAM. Zur „Theokratie" (Ap II,165) als verfassungsrechtlichem Begriff auf dem Hintergrund griechischer politischer Terminologie vgl. CANCIK, 65f.72f.

[26] Zum Text vgl. GERBER, 403 Anm. 24.

[27] 197: δέδωκεν γὰρ αὐτὸς ἑκὼν καὶ πᾶσιν εἰς μέσον κατατέθεικεν („denn er hat es selbst von sich aus gegeben und für alle erreichbar niedergelegt"); vgl. Jak 1,5!

[28] Reinigungen bei den (bzw. auf Grund der) Opferhandlungen (ἀγνείας ἐπὶ ταῖς θυσίαις) sind vorgeschrieben ἀπὸ κήδους ἀπὸ λεχοῦς ἀπὸ κοινωνίας τῆς πρὸς γυναῖκα καὶ πολλῶν ἄλλων („von Bestattung, von Wochenbett, von Verkehr mit einer Frau und vielem anderen"). Vgl. zur Übersetzung GERBER, 403 Anm. 26, zum Textproblem 403f. Anm. 27.

[29] Zu den Textproblemen s. GERBER, 405 Anm. 31.

[30] Entscheidend ist freilich nach Josephus eine bescheidene, im engsten Familienkreis zu vollziehende Trauerfeier, wenngleich auch die Vorübergehenden herzukommen und mitklagen sollen.

bei Josephus eingereiht in verschiedene *todes*würdige Sexualvergehen, also aus dem Bereich des Opferkultes gelöst (215).[31]

Ähnliche Tendenzen lassen sich auch in einer Gesetzeszusammenfassung bei Philon beobachten. In Hypothetica 7,1–9 bringt er von den Geboten aus Lev 19 die Ehrung Gottes und der Eltern, das Verbot von Diebstahl und Betrug, besonders vor Gericht und im Wirtschaftsleben, sowie die Vergewaltigung von Sklaven zur Sprache.[32] Wie bei Josephus fehlen alle auf kultische Reinheit bezogenen Gebote und Begründungen aus Lev 19, ebenso Hinweise auf die in seiner Geschichte begründete exklusive Identität Israels. Auf den Sabbat geht auch Philon nur im Kontext ein, um herauszustellen, daß er dazu da ist, in der Synagoge die väterlichen Gesetze und Gebräuche zu erlernen (7,10–14). Der ganze Bereich des Tempelkultes und der Reinheitsbestimmungen fehlt bei Philon völlig. Gewissermaßen an seine Stelle tritt ein ausführlicher Passus über Gelübde (7,3–5).[33] Wie Josephus bringt auch Philon einen Abschnitt über die Bestattung Verstorbener (7,7). Von Reinigungsriten ist in diesem Zusammenhang bei ihm aber gar nicht mehr die Rede, sondern allein von der Sicherung eines angemessenen Begräbnisses[34] und der Wahrung der Totenruhe.

Auch die weisheitliche Spruchsammlung des Pseudo-Phokylides basiert zu erheblichen Teilen auf Gebotsreihen der Tora, im besonderen aus Lev 18–20.[35] Dabei können wir ähnliche Interpretationstendenzen wie in den Gesetzeszusammenfassungen bei Josephus und Philon beobachten. So fehlen auch hier alle rituellen Vollzüge und Begründungen aus Lev 19, ebenso das Sabbatgebot. Von Reinigungen ist erst ganz am Schluß die Rede, in der charakteristischen Sentenz: „(Rituelle) Reinigungen bedeuten die Heiligung der Seele, nicht des Körpers."[36] Dagegen bringt Pseudo-Phokylides so gut

---

[31] Das steht im expliziten Gegensatz zu Lev 19,20!

[32] Text bei Euseb, Praeparatio Evangelica VIII,7 (MRAS, 429–433). Zu den Beziehungen zwischen Philo, Hypothetica 7, Jos Ap II,145–296 und Pseudo-Phokylides vgl. NIEBUHR, Gesetz, 42–44; CARRAS sowie zuletzt umfassend GERBER, 100–118.

[33] Vgl. Lev 27; Num 30,2–17; Dtn 23,22–24 (s.a. unten zu slHen). Von der in diesem Zusammenhang von Philon genannten Möglichkeit, daß die Priester Gelübde lösen können, weiß die biblische Tora nichts.

[34] Vgl. Jos Ap II,211.

[35] Vgl. dazu NIEBUHR, Gesetz, 5–31. Neuere Lit. zu Pseudo-Phokylides: VAN DER HORST, Pseudo-Phocylides Revisited; THOMAS; WILSON, Mysteries. Text nach YOUNG, 95–112; Übersetzungen in der Regel nach WALTER, Dichtung, 182–216.

[36] 228: ἁγνείη ψυχῆς, οὐ σώματός εἰσι καθαρμοί. Vgl. zum Text und zur Interpretation VAN DER HORST, Pseudo-Phocylides and the New Testament, 200–202; DERS., Pseudo-Phocylides Revisited, 27–29; DERS., Sentences, 258–260; THOMAS, 195–199. Hier handelt es sich ebensowenig um prinzipielle Ablehnung ritueller Teile der Tora wie in den vergleichbaren Aussagen des Tobitbuches (s.u. bei Anm. 46), der Sibyllinen (s.u. bei Anm. 58), des slHen (s.u. bei Anm. 71), des Aristeasbriefes (Arist 234: „Was ist der höchste Ruhm? … Gott zu ehren! Dies geschieht aber nicht durch Gaben und Opfer, sondern durch die Reinheit der Seele und der frommen Auffassung, wie von Gott alles nach seinem Willen bereitet und verwaltet wird." [MEISNER, 75]; vgl. demgegenüber das „Lob des Priesterdienstes", Arist 92–99!) oder im Dramatiker-Gnomologion

wie alle das Privatleben und die Gemeinschaft betreffenden Gebote des Kapitels auf seine Weise zur Sprache. Das Verbot des Meineides wird nicht wie in Lev 19,12 mit der Entweihung des Gottesnamens begründet, sondern damit, daß „der unsterbliche Gott jeden haßt, der einen Meineid schwört" (17). Wie Josephus unterstreicht auch Phokylides den Schutz der Proselyten, ersetzt aber den Verweis auf Israels Erfahrung der Fremdheit in Ägypten durch den Hinweis auf eine allgemein-menschliche Erfahrung: „Wir alle haben doch Erfahrung mit der Not, die unstet macht, und nirgends gibt es einen sicheren Platz auf Erden für die Menschen" (40f.). Während Lev 19,29 verbietet, die Tochter zur Unzucht zu treiben, weil dadurch das Land entweiht würde, mahnt Phokylides: „Verkuppele nicht deine Ehefrau – damit befleckst du die Kinder; denn aus einem außerehelichen Beilager gehen nicht ebenbürtige Kinder hervor" (177f.).[37] Das Verbot, die Ackergrenze zu verletzen, das in der Tora auf den zugeteilten Erbanteil am JHWH gehörenden Land Israel bezogen ist (Dtn 19,14; 27,17), steht bei ihm im Zusammenhang von Besitzvergehen und wird mit der Sentenz begründet: „Maß(halten) ist das Beste von allem, Überschreitungen bringen nur Ärger!" (35f.).[38]

Trotz solcher klar erkennbaren Auslassungen und Modifizierungen wird die umfassende Forderung zum Gehorsam gegenüber der ganzen Tora auch in diesen frühjüdischen Texten keineswegs in Frage gestellt. Sie kommt vielmehr in vielfältiger Weise zur Sprache. Josephus etwa identifiziert Klugheit und Tugend mit den Forderungen der Tora: „Wir sind aber gerade im Gegenteil der Meinung, daß das Denken ein einziges und die Tugend eine einzige sei: gar nichts Gegenteiliges zu dem von Anfang an im Gesetz Festgelegten zu tun noch auch zu erdenken" (Ap II,183).[39] Philon stellt im Vergleich mit heidnischen Gesetzessammlungen die Überlegenheit des jüdischen Gesetzes heraus[40] und betont gerade hinsichtlich solch unbedeutend scheinender Gebote wie dem Vogelschutz (Dtn 22,6), daß „Gott selbst über sie wacht und ihre Einhaltung allenthalben verlangt" (Hypothetica 7,9). Selbst bei Pseudo-Phokylides, der jeden expliziten Bezug auf das jüdische Gesetz wegen der Wahrung der literarischen Fiktion vermeiden muß, scheint die umfassende Ermahnung zum Toragehorsam am Anfang und am Schluß des Gedichtes

---

(Pseudo-Menander [Philemon] 1.6–8: „Wenn einer Opfer darbringt ... und glaubt, er könne Gott [auf diese Weise] wohlgesonnen machen, dann irrt sich der und zeigt nur oberflächliche Gedanken. Rechtschaffen muß der Mann sich [stets] erweisen ..." [WALTER, Dichtung, 268]).

[37] Im Zusammenhang mit verschiedenen Weisungen zum Sexualleben weitgehend auf der Basis von Lev 18 und 20, vgl. dazu NIEBUHR, Gesetz, 26–31.

[38] Zur Textüberlieferung und Interpretation auf dem Hintergrund reicher Parallelen aus der pagan-hellenistischen Literatur vgl. VAN DER HORST, Sentences, 137f. Vgl. auch Philon, SpecLeg 4,149f., der das Gebot auf die „ungeschriebenen Gesetze" bezieht (dazu NIEBUHR, Gesetz, 53f.; COHEN, 250–261), sowie TestIss 7,5; Sib 3,240; slHen 52,9f.; äthHen 99,14.

[39] Vgl. auch Ap II 181.184.192.217f.

[40] Hypothetica 7,8: „Wozu, um Gottes Willen, braucht ihr überhaupt jene Buzygien?" Dazu NIEBUHR, Gesetz, 53–56. Vgl. zur frühjüdischen Rezeption des Gedankens eines universalen „Naturrechts" BOCKMUEHL, Natural Law, 28–44.

deutlich durch, wenn er seine Sprüche als „Ratschlüsse Gottes in frommen Satzungen" und „glückbringende Gaben" (1f.) bzw. als „Geheimnisse rechter Lebensweise" (229) bezeichnet.

Angesichts der Differenzierungen innerhalb der Tora und der Tendenzen bei ihrer frühjüdischen Rezeption erscheinen moderne Kategorien und Unterscheidungen wie die zwischen „ethischen" und „kultischen", „religiösen" und „moralischen" oder „sittlichen" und „rituellen" Geboten fragwürdig. Das Sabbatgebot z.B. ist ja keineswegs „rituell", sondern nach Ex 23,12; Dtn 5,12–15 primär sozial ausgerichtet bzw. nach Ex 20,10f. Ausdruck des Danks an den Schöpfer. Übertretungen mancher „ethischer" Gebote, z.B. sexuelle Vergehen oder Mord, können dagegen nach der Tora durchaus rituelle Verunreinigung zur Folge haben (vgl. Lev 18,19–23; Num 35,30–34). Solche Verunreinigung wiederum kann im Frühjudentum von Kategorien und Leitvorstellungen her interpretiert werden, die in der hellenistisch-römischen Popularphilosophie auf die sittliche Ordnung des Alltagslebens bezogen werden.[41] Bei der Beurteilung frühjüdischer Torapraxis in ihrem Verhältnis zur geschriebenen Tora ist daher jeweils genau zu prüfen: Für wen gilt ein bestimmtes Gebot der Tora und für wen nicht? An welchem Ort ist die Erfüllung spezieller Gebote zwingend vorgeschrieben, wo ist sie optional und wo kann lediglich versucht werden, ihren Intentionen gerecht zu werden? In welche Lebenszusammenhänge gehören die betreffenden Gebote und wo sind sie nicht relevant? Solche Differenzierungen werden auch im Blick auf Paulus und den Jakobusbrief noch zu selten beachtet.

3. Formen und Inhalte der Torarezeption in der Diasporaliteratur

Als wesentliche Beobachtungen haben sich bisher ergeben: In frühjüdischen Texten, die die Tora als Ausdruck des Gotteswillens für das Gottesvolk der Gegenwart zusammenfassend zur Sprache bringen, verbindet sich die Aufforderung zu umfassendem, ganzheitlichem Toragehorsam mit einer spezifischen Auswahl von einzelnen Torageboten, die rezipiert und aktualisiert werden. In solcher Auswahl können einerseits Differenzierungen hinsichtlich des Geltungsbereiches und der Relevanz von Torageboten aufgegriffen werden, die schon im Wortlaut der Tora selbst Anknüpfungspunkte haben. Die Neuformulierung von Einzelgeboten läßt andererseits darüber hinaus aber auch die Tendenz erkennen, in der Tora vorgegebene Zusammenhänge zum Tempelkult, zu Opfer- und Reinigungsvorgängen oder zur Heiligkeit des Landes Israel zu übergehen, aufzulösen oder mit den sprachlichen und

---

[41] Zu analogen Interpretationstendenzen bei der Darstellung von Beschneidung, Sabbat und Speisevorschriften durch Josephus in den Antiquitates und in Contra Apionem vgl. SPILSBURY, 359–362; KLAWANS, Impurity, 1–16; DERS., Idolatry, 391–415.

geistigen Mitteln und entsprechend den Lebensbedingungen des Frühjudentums in hellenistisch-römischer Zeit umzuinterpretieren. Diese Beobachtungen sollen im folgenden vertieft werden durch einen Blick auf weitere
frühjüdische Texte, die speziell die Situation der frühjüdischen Diaspora widerspiegeln. Daß Toragehorsam in der Diaspora nicht identisch ist, nicht
identisch sein kann mit Toragehorsam im Land Israel, hat sich schon beim
Blick auf die Differenzierungen innerhalb der Tora selbst ergeben. Es wird
schön illustriert durch den Beginn des Tobitbuches.

Tobit

Tobit, das Idealbild des frommen und gerechten Juden, beschreibt einleitend
in einer Art Idealbiographie seinen Lebenswandel (1,3–3,6).[42] Der Standort,
von dem aus er zurückblickt auf alle Tage seines Lebens, die er auf den Wegen
der Wahrheit und Gerechtigkeit gewandelt ist (1,3), ist die „assyrische" Verbannung, also jedenfalls ein Ort außerhalb des Landes Israel. Im Rückblick
spricht Tobit aber zunächst von seiner Jugend vor der Deportation (1,4–9).
In dieser Zeit bestand seine vorbildliche Toratreue darin, nur im Jerusalemer
Tempel zu opfern (1,4f.),[43] häufig nach Jerusalem zu den Festen zu pilgern,
um dort genau die in der Tora vorgeschriebenen Erstlings- und Zehntabga-
ben zu leisten (1,6–8), und schließlich eine Frau aus väterlichem Geschlecht
zu nehmen und mit ihr einen Sohn zu zeugen (1,9). Dann folgt die Beschreibung des Lebenswandels in der Verbannung (1,10–3,6). Hier ist nicht mehr
vom Tempel oder von Abgaben die Rede, sondern davon, das „Brot der Heiden" zu meiden (1,10f.), den Brüdern reichlich Almosen zu spenden (1,16;
vgl. 1,3), sein Brot den Hungernden und den Nackten seine Kleider zu geben (1,17) sowie tote Stammesgenossen zu begraben, selbst bei Gefahr um
Leib und Leben (1,17–20; 2,3–7). Zu solcher Toratreue in der Fremde gehört
weiterhin das Feiern der Jahresfeste, wozu Arme von der Straße einzuladen
sind (2,1–3), das Waschen nach einer Totenbestattung bzw. vor dem Essen
(2,5.9)[44] und das Verbot, Gestohlenes zu essen (2,13). Natürlich ist eine solche
ideale Erzählung nicht auf Vollständigkeit bei der Aufzählung von Geboten
angelegt. Dennoch sind die unterschiedlichen Entfaltungen der Toratreue
im Land Israel einerseits und in der Diaspora andererseits ganz deutlich zu
erkennen.

---

[42] Literarkritische Differenzierungen (vgl. DESELAERS; RABENAU) können hier außer Betracht bleiben, da in jedem Fall die Endgestalt des Buches spätestens seit dem letzten Drittel des
2. Jh. v.Chr. vorlag (vgl. RABENAU, 175–190) und mit ihr die Akzentuierung der Toratreue (die
RABENAU, 148.167f.170–174, im wesentlichen den Bearbeitungsschichten zuordnet).
[43] Im Unterschied zu seinen Stammesgenossen aus dem Stamm Naftali, die abgefallen waren
zum „Baal-Kalb" (BA) bzw. zum „Kalb, das Jerobeam in Dan errichtet hatte" (S).
[44] Inwieweit hier rituelle Reinheit im Blick ist, wird – nicht zuletzt wegen der problemati-
schen Textüberlieferung in 2,9 – nicht ganz klar.

Für die folgende Erzählung bleibt freilich allein die Diasporasituation bestimmend.[45] Entsprechend werden im ganzen Buch vorwiegend solche Grundelemente der Toratreue entfaltet, und zwar teils als Ermahnungen, teils in narrativer Form, die schon am Anfang als für die Diasporasituation maßgeblich erschienen sind, so vor allem die Barmherzigkeit mit den Bedürftigen (4,7–11.16f.; 7,6; 9,6; 12,8f.; 14,2.9.11)[46] und die Bestattung der Toten (4,3f.; 12,12f.; 14,12f.), darüber hinaus aber auch die Heirat einer Frau aus dem eigenen Volk (1,9; 3,17; 4,12f.; 6,12.16; 7,13), die Ermahnung zur Bruderliebe (4,13) und die Ehrung der Eltern (3,10; 5,1; 6,15; 11,17). Die drei Grundforderungen zu Wahrheit, Gerechtigkeit und Barmherzigkeit rahmen die ganze Erzählung und sind Ausdruck ihrer Ermahnung zu umfassender Treue zur Tora unter den Bedingungen der Diaspora (vgl. 1,3; 14,9). Hinzu kommen Weisungen zum zwischenmenschlichen Umgang, zum Sozial- und zum Sexualleben, die in traditionell geprägter Form in weiten Teilen der frühjüdischen Literatur für die Toraparänese zur Verfügung standen. Sie sind im Tobitbuch als testamentarische Mahnrede des Vaters an seinen Sohn gestaltet und in 4,3–19 in einer katechismusartigen Reihe zusammengestellt.[47] Auch diese Weisungsreihe ist nochmals eingerahmt durch Aufforderungen zu umfassendem Gehorsam gegenüber Gott und seinen Geboten (vgl. 4,5f.19).

Testamente der Zwölf Patriarchen

In den Zwölfertestamenten begegnet die katechismusartige Toraparänese in besonders vielfältiger Gestalt.[48] Hier soll uns nur die Frage beschäftigen, in welcher Weise im Rahmen der Aufforderung zu umfassendem Toragehorsam der Bereich des Tempelkultes, der Reinheitsgebote und der Abgabenbestimmungen zur Sprache kommt. Die Mahnung, „das ganze Gesetz" bzw. „alle Gebote" zu halten, durchzieht in vielfältiger Formulierung die ganze Schrift.[49] Spezifisch kultische Weisungen sind, der literarischen Fiktion entsprechend, weitgehend auf das Testament des Levi begrenzt. Bei näherem Hinsehen zeigt sich aber, daß die in TestLev auf das Verhalten der Priester

---

[45] Bis zum Schluß (vgl. RABENAU, 94–174, bes. 116–126: „Die Grunderzählung als Beispiel jüdischen Lebens in der Diaspora")! Nach Kap. 14 darf zwar Tobits Sohn noch die Zerstörung Ninives erleben, nicht aber die in 14,5–7 angekündigte Rückkehr in das Land Abrahams und zum („zweiten") Tempel nach Jerusalem.

[46] In 4,10f. wird die Barmherzigkeit als „gute Opfergabe" (δῶρον ἀγαθόν) bezeichnet, die „vom Tode errettet" (ἐκ θανάτου ῥύεται).

[47] Vgl. dazu NIEBUHR, Gesetz, 203–206.

[48] Vgl. NIEBUHR, Gesetz, 73–166 (dort war mir HOLLANDER/DE JONGE noch nicht zugänglich). Text nach DE JONGE.

[49] Vgl. TestLev 13,1; TestJud 23,5; 26,1; TestGad 3,1. Wendungen mit πᾶς oder ὅλος auch in TestLev 14,1; TestDan 5,5; TestAss 2,1–10; 4,2–5. Weitere Belege bei NIEBUHR, Gesetz, 164f. mit Anm. 405–411; s.a. den Exkurs, a.a.O., 104–106. Vgl. auch TestLev 13,2f. zur Unterweisung der Kinder im Lesen der Tora.

bezogenen Gebote und Verhaltensweisen (vgl. bes. 14,4–8; 16,1f.; 17,11) der
Sache nach weitgehend mit denen übereinstimmen, die in den übrigen Testamenten ganz unabhängig von Priesterschaft und Tempel begegnen.[50] Wie in
den TestXII insgesamt ist auch in TestLev die Toraparänese zentriert um die
„Kardinalsünden" der Unzucht und der Habgier, also sexuelle Verfehlungen
und Besitzvergehen, ergänzt durch Weisungen zum zwischenmenschlichen
Umgang und zur sozialen Fürsorge für die Schwachen.[51] Die Zuordnung
solcher Verhaltensweisen zum Tempel und seiner Priesterschaft verdankt
sich in TestLev also offenbar weitgehend der literarisch-narrativen Fiktion
der Schrift.

Außerhalb von TestLev kommen auf den Tempel bezogene Weisungen
nur noch an wenigen Stellen vor. In TestJud 18,5 werden im Zusammenhang
einer beschreibenden Aufzählung der Folgen von Unzucht und Habgier
u.a. Opferhandlungen erwähnt. Schon ihre Zusammenstellung mit „Lob-
preisungen" und „Prophetenrede" deutet aber darauf hin, daß hier weniger
spezifische Vorgänge des Tempelkultes im Blick sind als vielmehr Formen
eines „Wortgottesdienstes" in der Synagoge.[52] Im „Unschuldsbekenntnis"
des Issachar (TestIss 3,3–8) berichtet der Patriarch u.a.: „Alle Erstlingsfrucht
von jeder Ernte habe ich zuerst durch den Priester dem Herrn dargebracht,
danach meinem Vater und dann ich" (3,6). Auch hier weist der Blick auf
den Kontext den Weg für die Interpretation. Die Schilderung der Abgaben gehört zur literarischen Fiktion, nach welcher Issachar als vorbildlich
frommer Ackerbauer im Land Israel gezeichnet wird.[53] Ihre Fortsetzung
mit der Erwähnung des Vaters zeigt, daß in solcher fiktiven Gestaltung nicht
spezielle Abgabenbestimmungen der Tora zur Sprache gebracht werden sollen, sondern vielmehr im Blick auf die Textadressaten das Elterngebot im
Zusammenhang mit dem der Gottesverehrung aktualisiert wird![54]

---

[50]   Spezifisch priesterliche Weisungen finden sich im wesentlichen nur in 9,7–14. Vgl. andererseits die ganz umfassend-allgemeine Ermahnung der Levi-Söhne zur Toratreue in 13,1–9;
19,1f.

[51]   Der Götzendienst kommt in den paränetischen Reihen der TestXII nicht vor, wohl aber im
Lasterkatalog TestLev 17,11, in traditioneller Verbindung mit Unzucht in TestRub 4,6; TestBenj
10,10, sowie in TestJud 19,1; 23,1f.; TestNaph 3,3.

[52]   Beachte den doppelten Parallelismus: Opfer – Lobpreis, Prophetenrede – frommes Wort
(zu προσοχθίζειν im Blick auf die Tora vgl. Lev 26,14f.43)! Vgl. auch TestBenj 4,4 von dem „guten
Mann": τὸν θεὸν ἀνυμνεῖ („Gott lobsingt er"). Auf den hellenistisch-popularphilosophischen
Gedanken, daß die Leidenschaften den Menschen daran hindern, Gutes zu tun, verweisen
Hollander/de Jonge, 217.

[53]   Zum Ideal der ἁπλότης vgl. Niebuhr, Gesetz, 113, sowie u. Anm. 96. Der narrative
Kontext ist auch für die Erwähnung des Tempels, seiner Priesterschaft und der Erstlingsabgaben
in TestIss 2,5 und 5,3–6 verantwortlich. Das paränetische Ziel solcher Bezugnahme kommt in
5,3f. in der Zeichnung des Ideals des Ackerbauern zum Ausdruck. Vgl. dazu auch Jak 5,7, dort
freilich ohne Bezug auf die Erstlingsabgaben, vielmehr der Diasporasituation entsprechend als
Vorbild der μακροθυμία.

[54]   Vgl. die Reihenfolge πρῶτον – ἔπειτα. Zum Elterngebot als Teil paränetischer Reihen s.
Niebuhr, Gesetz, 18f. und 182 Anm. 75.

Obgleich also in den TestXII die Forderung zum Gehorsam gegenüber der ganzen Tora mit besonderem Nachdruck erhoben wird, werden bei ihrer paränetischen Entfaltung doch nur bestimmte Teile aus ihr rezipiert und in charakteristischer Weise interpretiert. Daß dabei Weisungen aus dem Bereich des Tempelkultes und der auf das Land Israel bezogenen Gebote für die paränetische Intention der Schrift so gut wie keine Rolle spielen, ist freilich nicht Ausdruck prinzipieller Kult- oder partieller Torakritik, sondern vielmehr Hinweis auf die Lebenssituation der Adressaten solcher Toraparänese. Die für sie besonders relevanten Weisungen aus dem Bereich des Alltagslebens, aber auch der persönlichen Frömmigkeit und möglicherweise des Gottesdienstes in den Synagogen, werden akzentuiert und entfaltet, ohne daß dadurch die Einheit der Tora einschließlich ihrer auf den Tempel und das Land bezogenen Teile in Frage gestellt wäre.

Sibyllinen

Auch die jüdischen Bestandteile der sibyllinischen Orakel lassen eine deutlich paränetische Intention erkennen. Die Schilderungen gerechten und ungerechten Verhaltens, sei es bei Juden oder bei Heiden, dienen letztlich dazu, eine von Gott geforderte bzw. seinem eschatologischen Gericht unterworfene Lebensweise vor Augen zu führen. Diese Intention kommt zum einen in der Aufzählung konkreter Vergehen, gelegentlich auch rechten Verhaltens, zum Ausdruck, die in der Tradition katechismusartiger Toraparänese stehen.[55] Zentrale Themen sind dabei wiederum das Sexualverhalten, der Umgang mit fremdem und eigenem Besitz, soziale Gerechtigkeit und Barmherzigkeit, Wahrhaftigkeit im Umgang miteinander, Ablehnung von Haß, Gewalt und Mord. Zum anderen werden diese Reihen immer wieder von Aussagen gerahmt oder durchsetzt, die das geschilderte Verhalten in Beziehung stellen zum umfassenden, in der Tora niedergelegten Gotteswillen.[56] Im Kontext solcher Reihen ist gelegentlich auch von den Spezifika Israels die Rede, etwa vom „großen Salomonischen Tempel" (3,214), von den Erzvätern (215f.), vom Ursprung des Gottesvolkes in Ur in Chaldäa (218f.), dem Exodusgeschehen (248–260), dem „assyrischen" Exil (268–270), der Tempelzerstörung (273–275) sowie der Hoffnung auf Wiedererrichtung des davidischen Königtums und Wiederherstellung des Tempels (286–294). Häufiger noch werden die Ablehnung aller Arten von Götzendienst und Magie sowie die Einzig-

---

[55] Wir beschränken uns hier auf das dritte Buch (Text nach GEFFCKEN). Vergleichbare Belege aus Buch 4 und 5 in dieser Hinsicht (trotz aller Unterschiede bezüglich Herkunft und Datierung) bei NIEBUHR, Gesetz, 169–185. Vgl. zum Ganzen GAUGER; MERKEL.

[56] Vgl. z.B. 3,33: τηρεῖτε (Konj. GEFFCKEN: οὐ τρέμετε) τὸν ἐόντα θεὸν ὃς πάντα φυλάσσει („beachtet [nicht fürchtet ihr] den seienden Gott, der alles bewahrt"); 580: ἐν δὲ δικαιοσύνῃ νόμου Ὑψίστοιο λαχόντες („an der Gerechtigkeit des Gesetzes des Höchsten Anteil gewinnen"); 763: φεύγετε λατρείας ἀνόμους τῷ ζῶντι λάτρευε („flieht gesetzlose Götzendienste, dem Lebendigen diene").

keit des wahren Gottes betont.[57] Spezifische Toragebote zum Tempelkult, den Reinheitsvorschriften oder Speisegeboten kommen aber in den Reihen selbst nicht vor.

Auffällig ist allerdings im Zusammenhang der paränetischen Reihe 3,234–247, welche die gerechten Taten des (idealen) Gottesvolkes beschreibt, die letzte der Aussagen zur Fürsorge für die Bedürftigen:

> „Immer sendet der Begüterte im Volk denen, die nichts haben
> und bedürftig sind, einen Ernteanteil (als Opfergabe),
> erfüllend den Spruch des großen Gottes, den gesetzesgemäßen Lobgesang,
> denn allen gemeinsam hat der Himmlische die Erde erschaffen" (244–247).

Hier klingt ganz offensichtlich der Drittjahreszehnt für die Leviten, die Fremden im Lande und die Waisen und Witwen an. In der Tora ist der Zehnte der Leviten Ausgleich dafür, daß sie selbst keinen Erbanteil am Land besitzen dürfen (Num 18,20–24; Dtn 14,28f.). Hier nun wird diese Begründung ersetzt durch den gut stoischen Gedanken der Gleichheit aller Menschen auf Erden vor Gott! Eine ähnliche Interpretationsrichtung wird erkennbar, wenn im Rahmen einer eschatologischen Heilsansage (3,741–795), die auch eine kleine paränetische Reihe enthält (762–766), verheißen wird, daß „ein allgemeines Gesetz für die ganze Erde den Menschen einsetzen wird der Unsterbliche" (757–759; vgl. ähnlich 768f.).

Charakteristisch für die in den Sibyllinen vorausgesetzte religiöse Praxis ist der Abschnitt 3,570–600, eine Heilsverheißung über das ideale Gottesvolk der Endzeit. Am Beginn steht ein scharfes Verbot, Gott Opfer darzubringen, bevor er seine Verheißung wahrgemacht hat (570f.).[58] Erst dann werde ein „heiliges Volk frommer Männer" den rechten Tempelkult vollziehen (573–579). Sie werden Städte bevölkern und fruchtbare Ländereien und in prophetischer Vollmacht allen Menschen frohe Kunde bringen (581–583). Schließlich werden ihr alltäglicher Gottesdienst und ihre geheiligte Lebensweise beschrieben:

> „Denn vielmehr erheben sie zum Himmel reine Arme,
> im Morgengrauen aus dem Bett steigend, reinigen immer die Hände
> mit Wasser[59] und verehren (zunächst) allein den immer sorgenden
> Unsterblichen, sodann ihre Eltern ..." (591–594).[60]

---

[57] Vgl. z.B. 3,11–16.29–38.220–230.584–590.760–763.

[58] Daß hier keine prinzipielle Kultkritik geäußert wird, zeigt schon die zeitliche Begrenzung „bis alles geschieht, was Gott allein will". Vgl. die Zusammenstellung der Aussagen zum Tempel in Sib 3 bei CHESTER, 38. Sib 4,27–30 (vgl. 4,8–11) wendet sich gegen *heidnische* Tempel, nicht prinzipiell gegen jeden (und damit auch den Jerusalemer) Tempelkult; vgl. dazu den Aufsatz von HORBURY in diesem Band, 149ff., sowie CHESTER, 62–64.

[59] Zu religiösen Waschungen in der Diaspora vgl. E. P. SANDERS, Jewish Law, 260–263.

[60] Es folgt mit Hilfe einer kleinen paränetischen Reihe die Beschreibung ihres vorbildlichen Ehe- und Sexuallebens (594–596). Vgl. dazu NIEBUHR, Gesetz, 182f.

Daß hier ein Idealbild toratreuen Lebens und Glaubens in der Diaspora vor Augen gemalt wird, läßt sich durch Verweise auf die Diasporasituation im Kontext untermauern. So heißt es in dem großen Geschichtsrückblick 3,218–294 (der entsprechend der Orakelform als Vorblick auf die assyrische Verbannung formuliert ist): „Die ganze Erde und jedes Meer wird erfüllt werden von dir, jeder aber wird dir zürnen wegen deiner Gebräuche" (271f.). Und wenig später folgt die Mahnung: „Aber du erinnere dich vertrauensvoll der heiligen Gesetze des großen Gottes" (283f.). Der Tempelkult ist Hoffnungsgut für die Zukunft, in der literarischen Fiktion des Orakels zeitlich entrückt, in der historischen Erfahrung geographisch entfernt. Aber tägliches Gebet, religiöse Gesten und Gebräuche sowie eine Lebensweise, die den Intentionen der Tora entspricht, sind auch in der Diaspora möglich und nötig, um dem Willen Gottes zu entsprechen.

Slavischer Henoch

Das slavische Henochbuch bringt die frühjüdische Henochtradition im geistigen Horizont und mit den sprachlichen Mitteln des hellenistischen Diasporajudentums neu zur Sprache.[61] Wir konzentrieren uns hier darauf, herauszuarbeiten, in welcher Weise Gegenstände der „Torapraxis" im slHen begegnen und in welchem Verhältnis dazu die Ermahnung zu umfassendem Toragehorsam steht. Obgleich der literarisch fiktive Standort des Offenbarungsempfängers Henoch chronologisch der Sinaitora vorangeht, kommt in der Schrift in vielfältiger Weise die paränetische Intention zur Geltung, die Adressaten zum Leben nach dem Willen Gottes zu ermahnen. Mit zahlreichen Wendungen wird auf die Einheit und Ganzheit der Forderung Gottes verwiesen, die für die frühjüdischen Leser der Schrift nirgendwo anders als in der Tora zugänglich ist.[62] So wird in der Gerichtsankündigung Kap. 33–35 zwar das Gesetz nicht explizit genannt, seine Forderungen sind aber offenbar im Blick, wenn es heißt, „daß sie meine Gebote verwerfen und das Joch nicht tragen, das ich ihnen auferlegt habe" (34,1).[63] Anschließend erhält Henoch den Auftrag, seinen Söhnen das im Himmel Erfahrene zu verkünden, „damit sie alle deine (sic!) Gebote halten, und die Bücher deiner Handschrift

---

[61] Das hat Böttrich, Weltweisheit, 145–215, überzeugend nachgewiesen; als Textgrundlage dient im folgenden Böttrich, Henochbuch.

[62] Schon bevor er in den Himmel entrückt wird, mahnt Henoch seine Kinder: „Fallt nicht ab von Gott. Wandelt vor dem Angesicht des Herrn und befolgt seine Urteilssprüche" (2,2). Im dritten Himmel bekommt er den Ort der Gerechten zu sehen, „die untadlig vor dem Angesicht des Herrn wandeln und ihm allein dienen" (9,1). Ein „überaus furchtbar(er)" Ort in demselben Himmel ist dagegen den Ungerechten bereitet, „die Gott verunehren; die Böses tun auf Erden" (10,4). Zur auf die Tora bezogenen Terminologie unter Wahrung der „vorsinaitischen" Fiktion des Werkes vgl. Böttrich, Weltweisheit, 178–180; Niebuhr, Gesetz, 192–194.

[63] Der literarischen Fiktion nach blickt der Sprecher voraus auf die Sünde der Menschen als Ursache für die Sintflut. Deshalb kann das Sinaigesetz nicht explizit genannt werden.

anfangen zu ehren und auf sie zu achten" (36,1).[64] In der testamentartigen Mahnrede 48,6–9 übergibt Henoch seinen Kindern die aus dem Himmel herabgebrachten Bücher und ermahnt sie, diese an ihre Nachkommen weiterzugeben, damit sie „Gott fürchten und sie annehmen, ... sie lesen und sich ihnen anschließen".[65] Auch in den stärker auf die Zukunft ausgerichteten Redeteilen bleibt diese paränetische Intention bestimmend, wenn auf das künftige „große Gericht des Herrn" und „alle seine Gebote" verwiesen wird (65,5f.; vgl. 61,1; 66,1).

Manche dieser umfassenden Aufforderungen zum Tun des Gotteswillens werden entfaltet durch konkrete Weisungen in der Tradition katechismusartiger Toraparänese.[66] Dabei kommen neben den typischen Themen frühjüdischer Weisungsreihen (Sexualverhalten, Barmherzigkeitstaten, Besitzvergehen, „Zungensünden", Mord und Totschlag) und der Warnung vor dem Götzendienst (vgl. 2,2; 10,6; 34,1f.; 66,2.5) auch einige im engeren Sinne religiöse Handlungen zur Sprache. So mahnt Henoch seine Kinder:

„Befleckt nicht die Gebete zu eurem Heil, damit der Herr nicht das Werk eurer Hände verkürze. Und laßt es dem Herrn nicht an Gaben fehlen, so wird es auch der Herr seinen Erwählten und die Gaben Liebenden an nichts fehlen lassen in euren Vorratskammern. Segnet den Herrn sowohl mit den Erstlingen der Herden als auch mit den Erstlingen eurer Jünglinge, und es wird Segen auf euch sein in Ewigkeit" (2,2).

Von Gaben ist auch im Zusammenhang einer Makarismenreihe die Rede:

„Selig ist, wer den Namen des Herrn fürchtet, und immer vor seinem Angesicht dient, und die Gaben aufrichtig ordnet mit Furcht in diesem Leben, und in diesem Leben gerecht lebt und stirbt" (42,6).

Mit Blick auf das göttliche Gericht heißt es:

„Wenn einer eilt und Opfer vor dem Angesicht des Herrn darbringt, so wird auch der Herr die Entlohnung seiner Werke beschleunigen und wird ihm ein gerechtes Gericht halten" (45,1).

Ähnlich klingt die konditional formulierte Mahnung:

„Denn ein Mensch führt von den reinen Tieren herbei und vollbringt ein Opfer der Sünde wegen, damit er Heilung für seine Seele erlange. Und wenn er zum Opfer darbringt von den reinen Vögeln, dann hat er auch Nachkommen, er heilt seine Seele" (59,2).[67]

---

[64] Henoch erfüllt nach 39,1 diesen Auftrag, indem er seine Kinder mahnt: „Hört die Ermahnung eures Vaters, soviel nach dem Willen des Herrn ist."

[65] Ähnliche Bezüge auf Bücher in 33,8f.; 35,3; 47,2.

[66] Vgl. bes. 10,4–6; 42,6–14 (dazu NIEBUHR, Gesetz, 187–192), aber etwa auch 2,2; 9,1; 18,4–6; 44,1–5; 50,6–51,2; 52,1–15.

[67] Vgl. noch 61,4: „Wenn ein Mensch in seinem Herzen sein Wort gibt, Gaben von seiner Arbeit vor dem Angesicht des Herrn darzubringen ..."; 62,1: „Selig ist der Mensch, der in

Es ist deutlich, daß solche Formulierungen von Kenntnis des Sühnopfer-kultes im Jerusalemer Tempel zeugen. Die Frage ist nur, in welcher Bezie-hung diese Kenntnis zu der von den Adressaten geforderten oder in ihrem Lebensalltag geübten Tora*praxis* steht. Die genauere Betrachtung des Kon-textes der zitierten Opferaussagen deutet die Richtung einer Antwort an. So dienen etwa die relativ detaillierten Aussagen über Tieropfer in 59,2f. bezeichnenderweise nicht der Darstellung und Interpretation des Opferkul-tes im Jerusalemer Tempel, sondern der Entfaltung von Mahnungen zum Tierschutz![68] Auch die Ermahnungen, vor dem Angesicht des Herrn Gaben darzubringen, stehen meist in Zusammenhängen, die eher auf Gottesdienst-formen und die religiöse Praxis der Diasporasynagogen verweisen als auf die Teilnahme am Jerusalemer Tempelkult.[69] Besonders deutlich ist das in 45,1–3, wo neben dem Darbringen von Opfern auch vom Vermehren der Lampen vor dem Angesicht des Herrn die Rede ist.[70] Die ganze Aussage führt hin zu der Mahnung: „Begehrt der Herr etwa das Brot oder die Lampen oder die Schafe oder die Rinder oder irgendwelche anderen Opfer? Das ist nicht so, sondern der Herr begehrt ein reines Herz" (45,3).[71] In ähnlicher Weise

---

seiner Geduld seine Gaben mit Glauben vor dem Angesicht des Herrn darbringt, um sie dort zuzubereiten – dieser wird Vergebung der Sünden finden"; 66,2: „Und bringt jede gerechte Gabe dar vor dem Angesicht des Herrn, aber eine ungerechte haßt der Herr."

[68] Vgl. im Kontext 58,1–59,5 (in der Tora Ex 23,4f.; Dtn 22,1–4; zum Thema in den Geset-zeszusammenfassungen bei Philon und Josephus vgl. NIEBUHR, Gesetz, Sachregister s.v. Tier-schutz). Es folgen in slHen 60 eine Reihe von „Schädigungen" von Mitmenschen, die freilich nicht wie in der Tora nach dem Prinzip der Ersatzleistung geahndet werden (vgl. Ex 21,12–22,16; Dtn 19,1–13), sondern im paränetischen Sinne entsprechend dem weisheitlichen Tun-Ergehen-Zusammenhang. Daß zudem die Bindung der Opfertiere zur Schlachtung an ihren vier Beinen auf ägyptische, nicht Jerusalemer Opferpraxis verweist, zeigt BÖTTRICH, Henochbuch, 987 Anm. 3a; vgl. DERS., Weltweisheit, 201f. BÖTTRICH meint zwar, „alle Aussagen zum Tieropfer müssen somit als eine Verpflichtung zur Teilnahme am Jerusalemer Kult verstanden werden", und verweist auf das Pseudonym „Achuzan" für Jerusalem als Ort des exklusiven Opferkultes (a.a.O., 199). Allerdings sind die Belege mit einer Ausnahme, bei der vom Tempel gerade nicht die Rede ist (64,2), aus dem m.E. für sich zu betrachtenden dritten Teil der Schrift genommen (68,5; 69,3; 70,17), der sich eben gerade hinsichtlich der vorausgesetzten Beziehung auf das Prie-stertum, den Jerusalemer Tempel und den Opferkult charakteristisch von den vorangehenden Teilen der Schrift unterscheidet.

[69] So auch BÖTTRICH, Weltweisheit, 200. Vgl. etwa 2,2 (oben zitiert). Die „Erstlinge der Herden" stehen parallel zu den „Erstlingen eurer Jünglinge". Wenn letztere metaphorischer Ausdruck sind für die Auslösung der Erstgeborenen durch die Leviten (Ex 13,2.13; Num 3,12f.40–51; 18,15f.; vgl. Neh 10,37), dann können auch erstere in übertragenem Sinn gedeutet werden, sei es, auf „nicht eingelöste Gelübde hinsichtlich einer Wallfahrt" (BÖTTRICH, Henoch-buch, 838 Anm. g; vgl. zu freiwilligen Spenden aus der Diaspora für den Tempelkult auch E. P. SANDERS, Jewish Law, 283–308), oder auf „Stiftung von Ausstattungsgegenständen für die Syn-agoge" (BÖTTRICH, ebd.). Die Bindung an den Tempel auf dem Zion blieb also in der Diaspora keineswegs auf die Teilnahme an einer Wallfahrt nach Jerusalem beschränkt, sondern konnte sich auch in den Synagogen vor Ort Ausdruck verschaffen.

[70] Zu Lampen als Votivgaben für die Synagoge vgl. BÖTTRICH, Weltweisheit, 200 mit Anm. 235.

[71] Vgl. auch 46,1: „Wenn jemand einem irdischen König irgendeine Gabe bringt, während er in seinem Herzen Untreue sinnt – wird nicht der König, wenn er [das] erkennt, sich über seine

wird in 66,2f. die Aufforderung, jede gerechte Gabe darzubringen vor dem Angesicht des Herrn, weitergeführt und begründet: „Denn der Herr sieht alles. Was ein Mensch im Herzen denkt, das rät ihm der Verstand, denn ein jeder Gedanke ist eine Darbringung vor dem Herrn" (66,3).[72]

Daß sich die Synagoge als der Ort anbot, wo man sich Tag für Tag „vor dem Angesicht des Herrn" versammeln konnte, um ihm die „Opfer" darzubringen, die in der Diaspora allein möglich waren, zeigt sehr schön die Mahnung: „Am Morgen des Tages und in der Mitte des Tages und am Abend des Tages ist es gut, in das Haus des Herrn zu gehen, um den Schöpfer von allem zu verherrlichen" (51,4).[73] Sie mündet in die Aufforderung zum Gotteslob in Form eines Makarismus: „Selig ist der Mensch, der seinen Mund öffnet zum Lob des Gottes Sabaoth und den Herrn lobt mit seinem ganzen Herzen" (52,1). Eingerahmt ist sie durch Reihen von Ermahnungen zu Ausdauer und Vergeltungsverzicht (50,2–5), Barmherzigkeit mit den Schwachen (50,6–51,2) und gegenseitiger Glaubensstärkung (51,2f.) sowie durch die Warnung vor Vergehen der „Zunge" (52,2–15). Solche Aussagen sind nicht im Sinne einer Spiritualisierung oder gar prinzipiellen Kritik des Opferkultes zu werten, sondern stellen den Versuch dar, wenigstens der Intention derjenigen Teile der Tora gerecht zu werden, die man unter den Gegebenheiten der Diaspora praktisch nicht erfüllen konnte.

4. Tora für die Diaspora bei Paulus und Jakobus

Bei der Einordnung und Bewertung des Umgangs mit der Tora bei Paulus und im Jakobusbrief sind damit anhand der gesammelten Beobachtungen zur frühjüdischen Torarezeption folgende Gesichtspunkte zu berücksichtigen: Die Mahnung zu umfassendem, die ganze Tora und alle ihre Gebote einbeziehendem Toragehorsam steht im Frühjudentum in enger Verbindung mit einer Auswahl charakteristischer Einzelforderungen aus ihr. Beides bildet keinen Widerspruch, sondern ist paränetisch einander zugeordnet: Die umfassende Mahnung richtet das geforderte Verhalten grundsätzlich am Willen Gottes aus, die zusammengestellten Einzelweisungen entfalten und konkretisieren diese Forderung unter Berücksichtigung der Voraussetzungen der Adressatensituation und entsprechend der spezifischen Aussageabsicht der

---

Gabe erzürnen und ihn dem Gericht übergeben?" Auch in 61,4; 62,1 legt sich aus dem Kontext die Deutung auf Gelübde bzw. Votivgaben nahe. Zu Recht betont BÖTTRICH, Henochbuch, 962 Anm. 3d, daß hier keine prinzipielle Kultkritik zum Ausdruck kommt. Vielmehr geht es in der Tradition prophetischer Opferkritik (vgl. dazu in diesem Band LANGE, 19, und ALBANI, 37), die zur Zeit des „Zweiten Tempels" in klassischer Weise etwa in Sir 35,1–10 zur Sprache kommt, um Aufrichtigkeit im Gottesdienst, in welchen Formen auch immer er geübt wird (s. auch oben Anm. 36).

[72] Im Kontext geht es wie in 2,2 um das rechte Gebet im Gegensatz zum Götzendienst; vgl. 66,2.5.

[73] Zur Wendung „Haus des Herrn" vgl. BÖTTRICH, Henochbuch, 975 Anm. 4b und c.

Autoren. Wenn bestimmte Einzelgebote oder ganze Teile der Tora dabei nicht zur Sprache kommen, impliziert das nicht ihre prinzipielle Ablehnung oder auch nur eingeschränkte Geltung. Vielmehr ist jeweils zu fragen, inwieweit solche Teile der Tora für die Adressatensituation relevant oder für die spezifische Aussageabsicht der Autoren von Bedeutung waren. Zudem ist die jeweils gewählte Gattung, gegebenenfalls die literarische Fiktion zu berücksichtigen, die Auswirkungen auf die Art und Weise haben kann, in welcher Toraforderungen zur Sprache kommen.

Hinsichtlich der Teile der Tora, die auf den Tempelkult, die rituelle Reinheit, die vorgeschriebenen Abgaben und bestimmte Speisevorschriften bezogen sind, zeigt sich, daß den frühjüdischen Autoren solche Differenzierungen durchaus bewußt sind. Um der Intention solcher Gebote, die als Teil der einen, ganzen Tora Geltung beanspruchen, unter den Bedingungen des Lebens in der Diaspora gerecht werden zu können, werden sie oft in paränetische Ermahnungen umgeformt, die ethischen und popularphilosophischen Konzeptionen in hellenistisch-römischer Zeit sehr nahe kommen. Dennoch bleibt die Beziehung solcher allgemein geltender Normen und Weisungen auf die Tora als Ausdruck des Willens Gottes für Israel deutlich erkennbar. Man sollte deshalb nicht von einer Spiritualisierung der Tora oder von Teilen aus ihr sprechen, sondern vielmehr von dem Bemühen, ihre Forderungen unter den Gegebenheiten der Diasporasituation und mit den geistigen Mitteln, die sie anbot, der Intention nach zu erfüllen.

Von hier aus können auch die Aussagen über die Tora bei Paulus und im Jakobusbrief als Zeugnisse eines je spezifischen Toraverständnisses unter den Bedingungen der Diaspora verständlich werden. Daß die Diasporasituation frühjüdischer Gemeinschaften das Leben der jeweiligen Briefadressaten prägt, ergibt sich hinsichtlich der Paulusbriefe aus unserem Wissen über die paulinische Mission und Paulus selbst,[74] hinsichtlich des Jakobusbriefes schon aus seiner literarischen Gestalt.[75] Daß bei beiden spezifische Toraweisungen zum Opferkult, zu Reinheitsbestimmungen und solchen Speise- und Abgabenbestimmungen, die an das Leben im Land Israel gebunden sind, fehlen, ist auf diesem Hintergrund nicht verwunderlich, sondern geradezu folgerichtig. Ebenso entspricht es frühjüdischer Torarezeption und -praxis in der Diaspora, wenn solche Bereiche der Tora in metaphorischer Weise zur Geltung gebracht werden, wie es bei Paulus etwa hinsichtlich des Sühnopferkultes, des Passafestritus und des Reinheitsgedankens, bei Jakobus hinsichtlich der Erstlingsabgaben und der Reinheit geschieht. Über die weitgehende sachliche Identität der materialen Forderungen paulinischer und

---

[74] Vgl. BARCLAY, Paul; DERS., Jews, 381–395; REISER; NIEBUHR, Identität, 350–359; DERS., Heidenapostel, 95–97, sowie jetzt umfassend HENGEL/SCHWEMER.
[75] Vgl. dazu Niebuhr, Jakobusbrief, 421–424.

jakobäischer Paränese mit denen frühjüdischer Toraparänese kann m.E. kein
Zweifel bestehen.[76]

Paulus

Die charakteristische Weise, in der Paulus auf spezifische Gebote wie die
Beschneidung, den Sabbat oder Speisevorschriften der Tora Bezug nimmt,
läßt sich in dieses Gesamtbild durchaus einordnen. Dabei ist hinsichtlich der
Beschneidung zunächst zu berücksichtigen, daß sie in der Tora selbst nur
für männliche Nachkommen von Juden vorgeschrieben ist, nirgendwo in
der Schrift aber gefordert wird, sie gegenüber Nichtjuden durchzusetzen.[77]
Auch im Frühjudentum wird zwar in aller Regel die Annahme der Beschneidung als Vorbedingung für den Eintritt von Nichtjuden in das Gottesvolk
gefordert. Daraus kann aber keineswegs auf eine organisierte Bewegung zur
Gewinnung von Proselyten nach Analogie der paulinischen Mission geschlossen werden.[78] In der Toraparänese spielt die Beschneidung zudem so
gut wie keine Rolle.

Zum anderen lassen gerade die Auseinandersetzungen um die Beschneidung im Zusammenhang der paulinischen Mission erkennen, daß die Beschneidungsforderung gegenüber Nichtjuden tief umstritten war, sofern sie
nicht mehr von den Voraussetzungen des Übertritts einzelner Proselyten
zum Judentum her verständlich gemacht werden konnte.[79] Genau dies war
aber im Rahmen der paulinischen Missionskonzeption der Fall.[80] Denn für
Paulus ist der Eintritt von Heiden in das durch Gott im Christusgeschehen
neu und endgültig definierte eschatologische Gottesvolk eben gerade nicht

---

[76] S. dazu Reinmuth; Rosner; Tomson, Background. Solch Zweifel kann auch durch die in
der Überlieferung des Urchristentums zweifellos herausgehobene Bedeutung des Liebesgebotes,
die wohl ihre Wurzeln in der Jesusüberlieferung hat, nicht genährt werden, wie die breite
Rezeption von Lev 19,18 im Frühjudentum zeigt (vgl. dazu Niebuhr, Gesetz, 122–124 und
Sachregister s.v. Liebe, sowie Söding, 56–66; zum Liebesgebot in den TestXII s. jetzt auch
Konradt).

[77] Ausnahmen betreffen die Beschneidung nichtjüdischer Haussklaven (Gen 17,12f.) und
die von „Fremden im Lande", die am Passamahl teilnehmen wollen (Ex 12,44.48). Auch die
Zwangsbeschneidung von Nichtjuden, von der Josephus berichtet (Ant XII,254), steht im Zusammenhang der Ausweitung des Landes im Zuge militärischer Eroberungen durch die Has-
monäer und folgt somit der Konzeption der Einheit von Bundesvolk und Erbbesitz des Landes,
die schon Gen 17 bestimmt (vgl. 17,8).

[78] Zur Diskussion um eine jüdische „Proselytenmission" vgl. die bei Niebuhr, Identität,
346–349 mit Anm. 35–45 angeführte Lit., sowie zuletzt Rokéah; Feldman, 288–382; Goodman,
Mission, 60–90; Hengel/Schwemer, 61–76; Donaldson, Paul, 54–65.

[79] Zur durchaus nicht einlinigen Bewertung des gegenwärtigen Status und des endzeitlichen Geschicks von Nichtjuden aus jüdischer Perspektive vgl. Kraus, 12–110; Donaldson,
Proselytes; ders., Paul, 51–78; Fredriksen, 533–548; Segal, Universalism, 2–12.

[80] Wenn andererseits eine solche Forderung dennoch von seiten der Paulusgegner in seinen
Gemeinden erhoben worden ist, dann zeigt dies zwar zum einen, daß sie offenbar ein anderes
Missionsverständnis vertraten, läßt zum anderen aber eben auch erkennen, daß sie sich dafür
keineswegs auf eine „traditionelle" oder gar von der Tora her gebotene Position berufen konnten.
Vgl. dazu vorläufig Niebuhr, Identität, 353–356, sowie Horn.

mehr nach dem Modell des Eintritts von Proselyten in das Gottesvolk der
Geschichte zu verstehen und zu vollziehen, sondern als ein eschatologisches
Rettungsgeschehen, in das Juden wie Nichtjuden durch Glauben an den
gekreuzigten und auferweckten Christus einbezogen und dessen sie in der
Erfahrung des Geistes gewiß werden (vgl. Röm 1,16f.; 3,21–31; Gal 1,15f.;
2,7.15–21; 3,1–5).

Diesen grundlegenden Aussagezusammenhang seines Evangeliums *kann*
Paulus gar nicht von der Tora aus einsichtig werden lassen, und schon gar
nicht von ihrer Beschneidungsforderung her, wohl aber vom Zeugnis der
Schrift aus, wie er sie im Licht seiner eigenen Christuserfahrung zu lesen
gelernt hat. Hier hat seine Argumentation über den in Abraham gründenden
Verheißungszusammenhang ihren Ort (vgl. Röm 4,9–17; Gal 3,6–4,31; auch
Röm 15,7–13). Sie kann Israel und die Völker in eine gemeinsame Heilsperspektive stellen, indem und gerade weil sie die Differenzierung zwischen dem
„beschnittenen" und dem „unbeschnittenen" Gottesvolk der Endzeit wahrt.
Erst auf einer solchen Basis, von der gemeinsamen Heilsperspektive für Juden und Nichtjuden in der göttlichen Verheißung her und im Hinblick auf
das endzeitliche Gericht Gottes, dem beide unterworfen sind, richtet Paulus
seine Forderung zu umfassendem Gehorsam gegenüber dem Willen Gottes
an Juden und Nichtjuden, „Beschneidung" und „Unbeschnittenheit".[81]

Daß mit einer solchen Neubewertung der Beschneidung im Aussagezusammenhang des paulinischen Christusevangeliums aber keineswegs die
Außerkraftsetzung der Tora als Ganzer oder auch nur ihrer „rituellen" Teile einhergeht, zeigen die Aussagen des Paulus zu Speisevorschriften in Gal
2,11–14, I Kor 8–10 und Röm 14f. Die Konflikte, die sich an diesen Stellen widerspiegeln, lassen sich keineswegs einfach gleichsetzen, weisen aber jeweils
für sich in den Bereich frühjüdischer Lebensweise unter den Bedingungen
der Diaspora.

Beim Konflikt in Antiochia ging es nach Gal 2,11–14 nicht um den rituellen Status der Speisen oder gar der beteiligten Menschen, sondern um
das Miteinander-Essen von Juden und Heiden (vgl. 2,12).[82] Da die Tora für

---

[81] Ich folge insofern der durch E. P. Sanders, Paul, begründeten Sicht, nach der die Recht-
fertigungsargumentation des Paulus, insbesondere die mit ihr verbundenen grundsätzlichen
Urteile über die Tora (vgl. bes. Gal 3,10–13.17.21; Phil 3,7f.), in den Auseinandersetzungen
um die Heidenmission wurzelt, sehe aber im Unterschied zu Sanders deren theologische Basis im Berufungsgeschehen vor Damaskus (vgl. Niebuhr, Heidenapostel, 66–78; zur jüngeren
auf Sanders aufbauenden Diskussion vgl. Segal, Paul,
117–149, sowie zuletzt Donaldson, Paul, 293–305).

[82] Wichtig sind in unserem Zusammenhang diejenigen der zahlreichen Untersuchungen zum
„antiochenischen Zwischenfall", welche die mit der vorauszusetzenden Situation in Antiochia
verbundenen „halachischen" Fragen diskutieren (vgl. bes. E. P. Sanders, Association; Dunn, Incident; ders., Partings, 130–135; Tomson, Paul, 222–236; Segal, Paul, 230–233). Feldtkeller,
141–149, läßt, trotz aller Bemühung um Differenzierung, bei seiner Unterscheidung zwischen
„Torah-Kriterium" und „Gottesfürchtigen-Kriterium" (vgl. a.a.O., 123–141) die Differenzierung zwischen dem Land Israel und der Diaspora unberücksichtigt (vgl. etwa seine Vermutung

diese in Antiochia gegebene spezielle Situation keine expliziten Weisungen
enthält, kann weder die Haltung der Jakobus-Leute als von ihr zwingend
gefordert noch die des Paulus als explizit im Widerspruch zu ihr angesehen
werden.[83] Sowohl die zunächst in der Gemeinde geübte Praxis (συνεσθίειν)
als auch ihre Änderung auf Betreiben der Jakobus-Leute (ἀφορίζειν) lassen
sich somit in das Spektrum jüdischer Möglichkeiten der Treue zur Tora unter
den Bedingungen der Diaspora einordnen.[84]

Dies wäre freilich kaum vorstellbar, wenn zu den gemeinsam genossenen
Speisen etwa Blut oder verbotene Tiere gehört hätten.[85] Offenbar verlang-
ten die Jakobus-Leute jedoch mehr als lediglich das Meiden solcher Speisen.
Über ihre Begründungen dafür ist nicht zu spekulieren. Rituelle Verunreinigung war jedenfalls für das Leben in der Diaspora irrelevant, und auf unmittelbare Gefährdungen durch heidnische Religion deutet nichts hin. Das
wird verständlich, wenn die antiochenische Gemeinde im Umfeld der Syn-
agogengemeinschaft Antiochias, die zu den bedeutendsten der Griechisch
sprechenden Diaspora gehörte, entstand und immer noch lebte.[86]

In Korinth ging es dagegen nach I Kor 8–10 um die Gefahr des Götzendienstes beim Essen außerhalb der Gemeindezusammenkünfte.[87] Die Auswahl der Speisen spielt hier ebensowenig eine Rolle wie ihr ritueller Status,
der für das Leben in der Diaspora irrelevant ist. Kriterium dafür, ob bestimmte Speisen in bestimmten Situationen zu meiden sind, ist vielmehr das Wissen,
ob, bzw. der ausdrückliche Hinweis, daß es sich um Götzenopferfleisch handelt. Entscheidend dafür ist die Intention dessen, der die heidnische Religion

---

hinsichtlich der „Benutzung ‚unreinen' Geschirrs" nach Lev 11,32–35; 15,12 [a.a.O., 146f.], die
in Antiochia irrelevant war). Die gegenwärtige Diskussion um die sog. „Gottesfürchtigen" wird
von FELDTKELLER nur sehr fragmentarisch rezipiert (weitere Lit. bei NIEBUHR, Identität, 347f.
Anm. 36–39, sowie zusätzlich FELDMAN, 342–415; LIEU; HENGEL/SCHWEMER, 61–90; WAN-
DER). Begriffe wie „Status" oder „Kriterium" suggerieren eine Klarheit der Verhältnisse, die,
wie FELDTKELLER selbst sieht, aus den frühjüdischen Belegen nicht abzulesen ist. Wie kann
man aber dann „aus einer im Fluß befindlichen innerjüdischen Diskussion" ein „Kriterium des
Christ-Seins im vollen Sinne" entnehmen (a.a.O., 131)? Auch KLINGHARDT, 156–224, und HEIL,
124–169, lassen bei ihren ansonsten sehr detaillierten Untersuchungen (etwa zu den Forderungen des „Aposteldekrets", Act 15,20.29; 21,25) die Differenzierung zwischen dem Land Israel
und der Diaspora ganz außer Betracht.

[83] Vgl. SEGAL, Paul, 231: „there is no law in rabbinic literature that prevents a Jew from
eating with a gentile … It is quite likely that Jewish practice of the time encompassed every
strategy from total abstinence to virtual commensality."

[84] Ähnlich TOMSON, Paul, 227f.; SEGAL, Paul, 230f.

[85] Ebenso mögen die für die „Fremden im Lande" geltenden Speisegebote der Tora (vgl. Lev
17,10–16) von allen Beteiligten eingehalten worden sein (anders offenbar HEIL, 137, aber ohne
Begründung; seine Aussagen zu konkreten Fragen der Speisepraxis in Antiochia bleiben leider
oft unscharf). Das „Aposteldekret" wäre in diesem Fall praktisch eingehalten worden, ob nun
wissentlich oder unwissentlich (vgl. zur Diskussion die bei HEIL, 150–160 aufgeführte Lit.).

[86] Vgl. NIEBUHR, Judentum, 226–229.

[87] Vgl. NIEBUHR, Identität, 357–359 und die dort angeführte Literatur, sowie zuletzt BOR-
GEN, 47–57; HEIL, 177–235; KOCH.

praktiziert bzw. sich ihr aussetzt.[88] Die Abgrenzung gegenüber heidnischer Religion, die Paulus in 10,25–30 in seiner Gemeinde durchzusetzen bemüht ist,[89] erscheint insofern schärfer und eindeutiger als die mancher frühjüdischer Autoren, als sie auch von den nichtjüdischen Gliedern der Gemeinde erwartet wird. Gerade für sie war ja offenbar die Teilnahme an Mahlzeiten mit Nichtjuden problematisch geworden (vgl. 8,7!).[90]

Nach Röm 14f.[91] haben sich innergemeindliche Spannungen daran entzündet, daß manche meinten, alles essen zu können, andere dagegen, auf Fleisch und Wein verzichten zu müssen (vgl. 14,2.21). Dies deutet darauf hin, daß mit der Unterscheidung von „reinen" und „unreinen" Speisen (vgl. V. 14.20) nicht ihr ritueller Status im Sinne der Kultfähigkeit gemeint ist, sondern auf solche Speisen verwiesen wird, deren Genuß Juden durch die Tora explizit verboten ist.[92] Daß auch Wein erwähnt wird (14,21), ließe sich am besten verstehen, wenn durch entsprechende Abstinenz eine mögliche Verbindung zu heidnischer Religion (Libation) ausgeschlossen werden sollte. Aber weder Probleme der Tischgemeinschaft von Juden und Nichtjuden noch eine Gefährdung durch Götzendienst sind erkennbar. Essen und Trinken wird jedenfalls dadurch zum Problem, daß unterschiedliche Haltungen zu bestimmten Speiseverboten in der Gemeinde gegeneinander ausgespielt werden.

Die Haltung des Paulus läuft praktisch darauf hinaus, verschiedene Praktiken nebeneinander zu akzeptieren, sofern sie nicht die Einheit der Gemeinde und damit ihre Identität als endzeitliche Heilsgemeinschaft zerstören. Zwar folgt die Unterscheidung zwischen „reinen" und „unreinen" Speisen

---

[88] So die Interpretation von TOMSON, Paul, 195f.208–216, zu συνείδησις in 8,7; 10,27–29 aufgrund tannaitischer Halacha für den Verkehr mit Nichtjuden in der Diaspora (im wesentlichen zustimmend: BORGEN, 49–54). Dagegen freilich jetzt KOCH, 44f. Anm. 27f. Aber entgegen dem Eindruck, den KOCH erweckt, geht es, wie ich recht sehe, auch TOMSON keineswegs um „Substanzen" (ein m.E. im Blick auf jüdischen Umgang mit Speisen völlig unbrauchbarer Begriff!), sondern um die Intentionen und Situationen, unter denen Glieder der Gemeinde mit „Götzenopferfleisch" in Berührung kommen können.

[89] Daß die konkrete Handlungsanweisung erst in 10,25–30 steht, sieht jetzt auch KOCH, 43.

[90] Die Handlungsanweisungen in 10,27–30 schränken den Entscheidungsspielraum der „Wissenden" (vgl. 8,1f.7.10f.), zu denen Paulus auch sich selbst rechnet, im Blick auf ihren Umgang mit „Götzenopferfleisch" ein, während die „Schwachen" (vgl. 8,7.9f.) „bei ihrer bisherigen Praxis einer sehr restriktiven Haltung gegenüber Opferfleisch … bleiben" können (KOCH, 46). Zu beiden Gruppen mögen sich gegenwärtig Juden wie Nichtjuden in der Gemeinde halten (vgl. dazu jetzt ausführlich HEIL, 212–234). Entscheidend ist aber, daß die Einschränkung des Entscheidungsspielraums für beide der allein aus jüdischen Prämissen abgeleiteten Warnung vor dem Götzendienst folgt (zu KOCH, 51 Anm. 49). Vgl. zum Problem zuletzt J. T. SANDERS.

[91] Vgl. BARCLAY, Law; TOMSON, Paul, 236–245; HEIL, 243–265.

[92] Also Blut, bestimmte Tierarten und „Vermischtes". Zu entscheidenden Unterschieden zwischen den Kategorien „Speisegebote" und „Reinheitsgebote" (im Sinne übertragbarer ritueller Unreinheit) vgl. TOMSON, Paul, 240–242. Völlig undifferenziert urteilt dagegen wieder HEIL, 265: „Die rituell-kultischen Unterschiede (‚rein' – ‚unrein') sind als Heilsparadigma ein für allemal beseitigt. Die Speisegebote und damit die תורה werden in Christus bzw. in bezug auf das Reich Gottes ‚aufgehoben'."

Kriterien jüdischer Speisepraxis. Nicht sicher ist aber, ob unreine Speisen nur von Juden gemieden wurden, während nur Nichtjuden sich die Freiheit nahmen, alles zu essen.[93] Wie sich schon in I Kor 8–10 zeigte, können die paulinischen Gemeinden, die sich aus Juden und Nichtjuden zusammensetzten, nicht einfach mit jüdischen Diasporagemeinschaften gleichgesetzt werden.

Die paulinischen Stellungnahmen zu Fragen der Speisepraxis lassen sich insgesamt also durchaus einordnen in das Spektrum frühjüdischer Fragestellungen und Entscheidungen im Sinne der Treue zur Tora unter den Bedingungen der Diaspora. Die Zusammensetzung der paulinischen Gemeinden aus Juden und Nichtjuden, die ihrem Selbstverständnis als Teil des endzeitlichen Gottesvolkes aus Israel und den Völkern entspricht, läßt sie allerdings auch gegenüber den Voraussetzungen frühjüdischer Torapraxis als eine Einheit *sui generis* erscheinen, für deren konkrete Lebensentscheidungen die Tora gar keine eindeutigen Richtlinien vorsah. Angesichts der Bindung der Tora an das Bundesverhältnis zwischen Gott und seinem Volk konnten ihre Weisungen nur bedingt für deren konkrete Lebensentscheidungen als verbindlich gelten. Gerade auf diesem Hintergrund ist es um so bedeutsamer, daß die Handlungsanweisungen des Paulus seinen Gemeinden gegenüber weitgehend ähnlichen Tendenzen folgen, wie sie sich auch innerhalb der Vielfalt von Ausprägungen frühjüdischer Torapraxis aufweisen lassen.

Jakobusbrief

Nimmt man die sprachliche Gestaltung des Jakobusbriefes als Brief in die Diaspora ernst (vgl. 1,1!), dann erschließt sich seine Aussageabsicht, die Identität der Adressaten als Glieder des Gottesvolkes in der Diaspora in Treue zum in der Tora niedergelegten Willen Gottes zu stärken.[94] Diesem Ziel sind nicht nur die konkreten Handlungsanweisungen untergeordnet, die ganz den Forderungen frühjüdischer Toraparänese entsprechen. Ebenso lassen sich auch die umfassenden Mahnungen zum vollkommenen Wandel (1,4), zum Tun des Wortes (1,22–25), zu einem Gottesdienst, der in Wahrhaftigkeit und Barmherzigkeit besteht (1,26f.), zum Glauben, der sich in Werken der Gerechtigkeit vollendet (2,14–26), als Ermahnung zum Gehorsam gegenüber dem Willen Gottes verstehen.[95] Dem Idealbild des „vollkommen

---

[93] Der Jude Paulus jedenfalls rechnet sich zu den „Starken" (15,1), die meinen, alles essen zu können, (14,2, vgl. 14,14)! Vgl. zur Diskussion HEIL, 260–265.

[94] S. dazu NIEBUHR, Jakobusbrief, unter Verweis auf die Tradition frühjüdischer Diasporabriefe. Das gilt zunächst unabhängig davon, wie man die Frage nach dem Autor beantwortet.

[95] Vgl. NIEBUHR, Jakobusbrief, 440f. In diesem Sinne zuletzt auch VERSEPUT, 115: „In urging consistency of behaviour, the author of the epistle appears to revive the critique of the OT prophets against cultic abuse, insisting in accordance with the traditional pattern that piety without righteousness is vain and ineffectual, unable to achieve the recognition of God, whereas deeds of obedience to the divine will can be said to constitute the proper and valid religion of which God approves." S.a. KONRADT, Christliche Existenz.

Mannes" (τέλειος ἀνήρ, 3,2)[96] korrespondiert als Gegenbild der „zwiespälti-
ge Mann" (ἀνήρ δίψυχος, 1,8).[97] Der „schöne Wandel"[98] des Weisen erweist
sich in „Werken weiser Freundlichkeit", während ein von Eifersucht und
Streit gesteuertes Herz „gegen die Wahrheit lügt" (3,13f.).[99] „Weisheit von
oben" (ἡ σοφία ἄνωθεν) steht im Gegensatz zu Zank, Streit und „jeder bösen
Tat" (πᾶν φαῦλον πρᾶγμα); „Frucht der Gerechtigkeit" (καρπὸς δικαιοσύνης)
kommt hingegen denen zu, die Frieden tun (3,15–18).

Viele dieser umfassenden Leitbegriffe und Wendungen begegnen auch
in der katechismusartigen Toraparänese der frühjüdischen Literatur,[100] besonders häufig im Zusammenhang paränetischer Reihen, die konkrete Verhaltensweisen aus dem Alltagsleben als exemplarischen Ausdruck für die
Forderungen der Tora zusammenstellen.[101] Über solche traditionsgeschichtlichen Brücken hinaus kommt aber im Jakobusbrief der Bezug auf die Tora
auch explizit zur Geltung. Der „Täter des Wortes" (1,22f.) ist derjenige, der
„hineingeschaut hat in das vollkommene Gesetz der Freiheit und darin ver-
harrt" (1,25).[102] Wer „das königliche Gesetz gemäß der Schrift erfüllt", wie
es im Liebesgebot seinen charakteristischen Ausdruck und in den Dekalog-
geboten seine Konkretion gefunden hat, „handelt gut", während Entehrung

---

[96] Zum Ideal des „vollkommenen Mannes" vgl. den ἀγαθὸς ἀνήρ bzw. ἄνθρωπος, TestBenj
4,1f.; 6,1, im Zusammenhang paränetischer Reihen (dazu NIEBUHR, Gesetz, 127–134); zu Josef
als Modell des „vollkommenen Mannes" vgl. noch TestSim 4,4; TestDan 1,4; TestBenj 3,1. Ein
Idealbild von Toratreue stellt ebenso Issachar dar, gestaltet unter dem Leitwort der ἁπλότης
(dazu NIEBUHR, a.a.O., 113); dies im Jakobusbrief nur von Gott, vgl. 1,5: αἰτείτω παρὰ τοῦ
διδόντος θεοῦ πᾶσιν ἁπλῶς („der bitte von Gott, der jedem aufrichtig gibt"), s. aber Röm 12,8:
ὁ μεταδιδοὺς ἐν ἁπλότητι („wer gibt, [der tue es] in Aufrichtigkeit"). Aber auch das Stichwort
τέλειος begegnet in ähnlichem Zusammenhang und ähnlicher Intention in den TestXII, vgl.
TestJud 23,5; TestGad 7,1.

[97] Vgl. dazu die Schilderung des „Zwiegesichtigen" (διπρόσωπον) in den paränetischen Reihen TestAss 2 und 4 (vgl. TestDan 4,7); im Gegensatz zum „Eingesichtigen" (μονοπρόσωπον,
TestAss 4,1; 5,4; 6,1, die beiden letzten Stellen jeweils in bezug auf τὰς ἐντολὰς τοῦ ὑψίστου bzw.
κυρίου); dazu NIEBUHR, Gesetz, 144–152.

[98] 3,13: καλὴ ἀναστροφή (vgl. auch 2,8: καλῶς ποιεῖτε, 4,17: καλὸν ποιεῖν). Zu ἀναστροφή als
Ausdruck für toratreuen Lebenswandel vgl. II Makk 6,23; Tob 4,14 (paränetische Reihe); Gal
1,13; Eph 4,22.

[99] 3,14: ψεύδεσθε κατὰ τῆς ἀληθείας. Vgl. auch 5,19: πλανᾶσθαι ἀπὸ τῆς ἀληθείας („abirren
von der Wahrheit"). Daß auch die Wendung λόγος ἀληθείας (1,18) in den Zusammenhang
von Toratraditionen gehört, weist LUDWIG, 151–157, nach; vgl. auch KLEIN, 129–134. Zu ἐν
τῇ καρδίᾳ ὑμῶν vgl. noch 1,26: ἀπατῶν καρδίαν αὐτοῦ („sein Herz betrügend"); 4,8: ἁγνίσατε
καρδίας, δίψυχοι („heiligt [eure] Herzen, Zwiegesichtige").

[100] Zu entsprechenden Beziehungen zur Toraparänese in frühjüdischen Diasporabriefen vgl.
NIEBUHR, Jakobusbrief, 440–443.

[101] Belege zu „Wahrheit", „Gerechtigkeit", „Güte", „Barmherzigkeit", „Herz", „Weisheit"
etc. bei NIEBUHR, Gesetz, Indizes.

[102] Von hier aus stehen auch die Wendungen λόγος ἀληθείας in 1,18 und ὁ ἔμφυτος λόγος in
1,21 zumindest in sachlich enger Beziehung zur Tora, von der dann in 2,8–13 erneut explizit die
Rede ist. Zum Zusammenhang von ἔμφυτος λόγος und νόμος τέλειος vgl. BURCHARD, 522f. mit
Anm. 10 und 11, sowie ausführlich LUDWIG, 159–170. Vgl. zur Interpretation der genannten
Stellen noch KLEIN, 119–154; TSUJI, 108–115.

der Armen und Bevorzugung der Reichen als Übertretung der Tora bewertet werden (2,1–11).[103] Das „ganze Gesetz" erfordert Gehorsam, weil es den einen Gott zum Urheber hat (2,10f.).[104] Schon das Verleumden und Richten des Bruders ist Ausdruck einer grundsätzlich gegen das ganze Gesetz und damit gegen Gott gerichteten Haltung, denn „ein einziger ist Gesetzgeber und Richter, welcher retten und verderben kann" (4,11f.).[105]

Auf dem Hintergrund dieser umfassenden Mahnung zum Toragehorsam und im Lichte der frühjüdischen Toraparänese für die Diaspora ist auch das Verhältnis von Glaube und Werken im Jakobusbrief zu bewerten. Bezeichnenderweise finden wir ja auch im Jakobusbrief die Argumentation mit dem Glauben Abrahams in einer zugleich an Paulus erinnernden wie sich von ihm charakteristisch unterscheidenden Weise wieder.[106] Während bei Paulus Auseinandersetzungen um die Beschneidung im Zusammenhang seiner Mission den entscheidenden Anlaß für die Argumentation mit dem Glauben Abrahams bilden und seine Argumentationsrichtung bestimmen, fehlt im Jakobusbrief das Thema Beschneidung völlig. Hier ist der Glaube durchgängig eingeordnet in Aussagezusammenhänge, die den umfassenden Willen Gottes für sein Volk zur Sprache bringen. Der Glaube der Adressaten an den einen Gott Israels (2,19; 4,12) bewährt sich im Erdulden von Bedrängnissen (1,2–4.12f.; vgl. 5,7–11). Er kommt zur Sprache im Gebet zu Gott (1,5f.; vgl. 3,9f.; 4,3; 5,15f.) und hat sich in Taten der Barmherzigkeit und Gerechtigkeit zu entfalten und zu vollenden (2,14–26).

Dies sind Konkretionsformen des Gehorsams gegenüber dem Gotteswillen, die der Diasporasituation der Briefadressaten, wie sie schon im Präskript und im Briefeingang zur Sprache gebracht worden ist, entsprechen. Daß die Beschneidung in diesem Zusammenhang ebensowenig thematisiert wird wie Tempelkult und rituelle Reinheit, Sabbat, Speisegebote oder Abgabenbestimmungen, schränkt den von den Adressaten geforderten umfassenden Toragehorsam nicht ein.[107] Vielmehr spiegelt sich auch darin die spezifische

---

[103] Vgl. dazu BURCHARD; LUDWIG, 171–175; KLEIN, 145–152.

[104] ὁ γὰρ εἰπών 2,11, entsprechend der biblischen Formulierung der anschließend zitierten Dekaloggebote als Gottesrede. Zur Wendung ὅλον τὸν νόμον τηρεῖν vgl. die oben unter 3. zusammengestellten Mahnungen zu umfassendem Toragehorsam in frühjüdischen Texten.

[105] Vgl. 2,12f. Dazu BURCHARD, 531f. Zur καταλαλία in der frühjüdischen Toraparänese vgl. NIEBUHR, Gesetz, 115.188f. mit Anm. 114.

[106] Die Frage nach möglichen Beziehungen zwischen Paulus und dem Jakobusbrief kann hier nicht mehr aufgegriffen werden. Vgl. dazu zuletzt LUDWIG, 184–192; KLEIN, 197–204; TSUJI, 187–199; PENNER, 47–74.

[107] Kraß (m. E. fehl-)urteilt dagegen TSUJI, 110–115, wenn er von „Abschaffung", „Aufhebung" bzw. davon spricht, „dass für Jakobus die kultischen Gebote völlig abrogiert worden sind und deshalb nicht mehr erwähnt werden mussten" (112), und νόμος ἐλευθερίας schließlich als „Freiheit vom (Kult-)Gesetz" deutet (115), alles ohne Textbasis! Vorsichtiger dagegen KLEIN, 153: „Inhaltlich steht das ‚Gesetz' des Jakobusbriefes in voller Kontinuität zum hellenistischen Judentum: Es handelt sich um die – bewußt oder unbewußt – auf ihre ethischen Bestandteile reduzierte Tora."

Situation der Briefadressaten, die als „zwölf Stämme in der Diaspora" ihren Glauben an Gott und den Herrn Jesus Christus zu bewähren haben (1,1; 2,1).[108]

Summary

In spite of all the distance and differences between St. Paul and the Letter of James, they agree with each other in describing the Torah as a unity in totality which demands undivided obedience (cf. Gal 5,14; Rom 13,8-10; Jac 2,8-10). The question of the exposition of this basic demand of obedience in concrete behaviour ("Torah-practice") leads to further aggreements between the two:

- Both list a sequence of behavioral patterns in interhuman co-existence.
- Both refer by example to the decalogue and to the love command(ment) (Lev 19,18).
- Neither contain concrete laws of the Torah concerning the Temple and its cult or regulations for the living in the land of Israel (purity, tithes, sacrifice).
- Neither of them uses the tension between the demand of obedience to the Torah and the characteristic selection of regulations/laws when carrying out those demands as a central theme.

The often used categories for description and evaluation of such data ("religious" vs. "moral" commandments, "ritual" vs. "ethical" Torah, "soteriology" vs. "parenetics" etc.) are not just anachonistic in the horizon of early Jewish Torah-experience, but also misleading.

In contrast to this my paper connects back the respective Torah-reception of Paul and the letter of James to the conditions and challenges of the recipient's situation. This will elucidate one more similarity: The addressee's situation corresponds to the early Jewish communities in the diaspora in their daily attempt to fulfil the regulations of the Torah .

First, I bring out the basic lines of the Torah-practice expected by Paul and James. Second, the differences in "applicability" and therefore practical relevance of certain parts of the Torah are shown. Next, we observe forms and contents of Torah-reception and -interpretation in the early Jewish literature of the diaspora (Philo, *Hypothetica* 7; Ps.-Phokylides; *slHen*; *Sib.Or.*; Wis etc.). Finally, the connections of Paul and James as proofs of individual Torah-reception are interpreted against the background of diaspora conditions.

---

[108] Zum Zusammenhang zwischen 2,1 und 2,8–11 vgl. BURCHARD, 520–528.

Bibliographie

M. Albani, „Wo sollte ein Haus sein, das ihr mir bauen könntet?" (Jes 66,1) Schöpfung als Tempel JHWHs?, im vorliegenden Band, 37ff.

J. M. G. Barclay, „Do we undermine the Law?" A Study of Romans 14.1–15.6, in: J. D. G. Dunn (Hg.), Paul and the Mosaic Law, WUNT 89, 1996, 287–308.

— Jews in the Mediterranean Diaspora. From Alexander to Trajan (323 BCE – 117 CE), Edinburgh 1996.

— Paul among Diaspora Jews: Anomaly or Apostate?, JSNT 60 (1995), 89–120.

R. Bauckham, Josephus' Account of the Temple in Contra Apionem 2.102–109, in: L. H. Feldman/J. R. Levison (Hgg.), Josephus' Contra Apionem. Studies in its Character and Context with a Latin Concordance to the Portion Missing in Greek, AGJU 34, 1996, 327–347.

J. Becker, Die Testamente der zwölf Patriarchen, JSHRZ III.1, 2. Aufl., 1980.

M. Bockmuehl, Natural Law in Second Temple Judaism, VT 45 (1995), 17–44.

— The Noachide Commandments and New Testament Ethics. With Special Reference to Acts 15 and Pauline Halakhah, RB 102 (1995), 72–101.

C. Böttrich, „Ihr seid der Tempel Gottes". Tempelmetaphorik und Gemeinde bei Paulus, im vorliegenden Band, 411ff.

— Das slavische Henochbuch, JSHRZ V.7, 1996.

— Weltweisheit, Menschheitsethik, Urkult. Studien zum slavischen Henochbuch, WUNT II.50, 1992.

P. Borgen, „Yes," „No," „How Far?": The Participation of Jews and Christians in Pagan Cults, in: T. Engberg-Pedersen (Hg.), Paul in His Hellenistic Context, Minneapolis 1995, 30–59.

C. Burchard, Nächstenliebegebot, Dekalog und Gesetz in Jak 2,8–11, in: E. Blum/Chr. Macholz/E. W. Stegemann (Hgg.), Die Hebräische Bibel und ihre zweifache Nachgeschichte, FS R. Rendtorff, Neukirchen-Vluyn 1990, 517–533.

H. Cancik, Theokratie und Priesterherrschaft. Die mosaische Verfassung bei Flavius Josephus, c. Apionem 2,157–198, in: J. Taubes (Hg.), Religionstheorie und politische Theologie, Bd. 3: Theokratie, München/Paderborn/Wien/Zürich 1987, 65–77.

G. P. Carras, Dependence or Common Tradition in Philo Hypothetica VIII 6.10–7.20 and Josephus Contra Apionem 2.190–219, StPhilo Annual 5 (1993), 24–47.

A. Chester, The Sibyl and the Temple, in: W. Horbury (Hg.), Templum Amicitiae. Essays on the Second Temple, FS E. Bammel, JSNT.S 48, 1991, 37–69.

N. G. Cohen, Philo Judaeus. His Universe of Discourse, BEAT 24, 1995.

G. Delling, Die Bewältigung der Diasporasituation durch das hellenistische Judentum, Berlin 1987 (= in: ders., Studien zum Frühjudentum. Gesammelte Aufsätze 1971–1987, hg. v. C. Breytenbach/K.-W. Niebuhr, Göttingen 1999, 25–122).

P. Deselaers, Das Buch Tobit: Studien zu seiner Entstehung, Komposition und Theologie, OBO 43, 1982.

T. L. Donaldson, Paul and the Gentiles. Remapping the Apostle's Convictional World, Minneapolis 1997.

— Proselytes or „Righteous Gentiles"? The Status of Gentiles in Eschatological Pilgrimage Patterns of Thought, JSPE 7 (1990), 3–27.

J. D. G. DUNN, The Incident at Antioch (Gal 2:11–18), JSNT 18 (1983), 3–57.

— The Partings of the Ways Between Christianity and Judaism and their Significance for the Character of Christianity, London/Philadelphia 1991.

P. F. ESLER, Galatians, London/New York 1998.

L. H. FELDMAN, Jew and Gentile in the Ancient World. Attitudes and Interactions from Alexander to Justinian, Princeton 1993.

— /J. R. LEVISON (Hgg.), Josephus' Contra Apionem. Studies in its Character and Context with a Latin Concordance to the Portion Missing in Greek, AGJU 34, 1996.

A. FELDTKELLER, Identitätssuche des syrischen Urchristentums. Mission, Inkulturation und Pluralität im ältesten Heidenchristentum, NTOA 25, 1993.

P. FREDRIKSEN, Judaism, the Circumcision of Gentiles, and Apocalyptic Hope: Another Look at Galatians 1 and 2, JThS 42 (1991), 532–564.

J.-D. GAUGER, Sibyllinische Weissagungen. Griechisch und Deutsch. Auf der Grundlage der Ausgabe von Alfons Kurfeß neu übers. u. hg., Düsseldorf, Zürich 1998.

J. GEFFCKEN (Hg.), Die Oracula Sibyllina, GCS 8, 1902.

C. GERBER, Ein Bild des Judentums für Nichtjuden von Flavius Josephus. Untersuchungen zu seiner Schrift Contra Apionem, AGJU 40, 1997.

M. GOODMAN, Kosher Olive Oil in Antiquity, in: P. R. DAVIES/R. T. WHITE (Hgg.), A Tribute to Geza Vermes. Essays on Jewish and Christian Literature and History, JSNT.S 100, 1990, 227–245.

— Mission and Conversion. Proselytizing in the Religious History of the Roman Empire, Oxford 1994.

C. HEIL, Die Ablehnung der Speisegebote durch Paulus. Zur Frage nach der Stellung des Apostels zum Gesetz, BBB 96, 1994.

M. HENGEL/A. M. SCHWEMER, Paul Between Damascus and Antioch. The Unknown Years, London 1997 (dt.: Paulus zwischen Damaskus und Antiochien. Die unbekannten Jahre. Mit einem Beitrag v. Axel Knauf, WUNT 108, 1998).

H. W. HOLLANDER/M. DE JONGE, The Testaments of the Twelve Patriarchs. A Commentary, SVTP 8, 1985.

W. HORBURY, Der Tempel bei Vergil und im Herodianischen Judentum, im vorliegenden Band, 149ff.

F. W. HORN, Der Verzicht auf die Beschneidung im frühen Christentum, NTS 42 (1996), 479–505.

P. W. VAN DER HORST, Pseudo-Phocylides and the New Testament, ZNW 69 (1978), 187–202.

— Pseudo-Phocylides Revisited, JSPE 3 (1988), 3–30.

— The Sentences of Pseudo-Phocylides with Introduction and Commentary, SVTP 4, 1978.

— „Thou shalt not revile the gods". The LXX translation of Ex. 22:28(27), its background and influence, in: DERS., Hellenism – Judaism – Christianity. Essays on Their Interaction, Contributions to Biblical Exegesis and Theology 8, 1994, 112–121 (= StPhilo Annual 5 [1993], 1–8).

M. DE JONGE/H. W. HOLLANDER/H. J. DE JONGE/TH. KORTEWEG (Hgg.), The Testaments of the Twelve Patriarchs. A Critical Edition of the Greek Text, PVTG 1.2, 1978.

A. KASHER, Polemic and Apologetic Methods of Writing in Contra Apionem, in: L. H. FELDMAN/J. R. LEVISON (Hgg.), Josephus' Contra Apionem. Studies in its Character and Context with a Latin Concordance to the Portion Missing in Greek, AGJU 34, 1996, 143–186.

M. KLEIN, „Ein vollkommenes Werk". Vollkommenheit, Gesetz und Gericht als theologische Themen des Jakobusbriefes, BWANT 139, 1995.

J. KLAWANS, The Impurity of Immorality in Ancient Judaism, JJS 48 (1997), 1–16.

— Idolatry, Incest, and Impurity: Moral Defilement in Ancient Judaism, JSJ 29 (1998), 391–415.

M. KLINGHARDT, Gesetz und Volk Gottes. Das lukanische Verständnis des Gesetzes nach Herkunft, Funktion und seinem Ort in der Geschichte des Urchristentums, WUNT II.32, 1988.

D.-A. KOCH, „Seid unanstößig für Juden und für Griechen und für die Gemeinde Gottes" (1Kor 10,32). Christliche Identität im μάχελλον in Korinth und bei Privateinladungen, in: M. TROWITZSCH (Hg.), Paulus, Apostel Jesu Christi, FS G. Klein, Tübingen 1998, 35–54.

M. KONRADT, Christliche Existenz nach dem Jakobusbrief. Eine Studie zu seiner soteriologischen und ethischen Konzeption, StUNT 22, 1998.

— Menschen- oder Bruderliebe? Beobachtungen zum Liebesgebot in den Testamenten der Zwölf Patriarchen, ZNW 88 (1997), 296–310.

W. KRAUS, Das Volk Gottes. Zur Grundlegung der Ekklesiologie bei Paulus, WUNT 85, 1996.

A. LANGE, Gebotsobservanz statt Opferkult. Zur Kultpolemik in Jer 7,1–8,3, im vorliegenden Band, 19ff.

J. M. LIEU, The Race of the God-Fearers, JThS 46 (1995), 483–501.

M. LUDWIG, Wort als Gesetz. Eine Untersuchung zum Verständnis von „Wort" und „Gesetz" in israelitisch-frühjüdischen und neutestamentlichen Schriften. Gleichzeitig ein Beitrag zur Theologie des Jakobusbriefes, EHS.T XXIII.502, 1994.

J. MAIER, Torah und Pentateuch, Gesetz und Moral. Beobachtungen zum jüdischen und christlich-theologischen Befund, in: A. VIVIAN (Hg.), Biblische und judaistische Studien, FS P. Sacchi, JudUm 29, 1990, 1–54.

S. MASON, The Contra Apionem in Social and Literary Context: An Invitation to Judean Philosophy, in: L. H. FELDMAN/J. R. LEVISON (Hgg.), Josephus' Contra Apionem. Studies in its Character and Context with a Latin Concordance to the Portion Missing in Greek, AGJU 34, 1996, 187–228.

N. MEISNER, Aristeasbrief, JSHRZ II.1, 2. Aufl., 1977.

H. MERKEL Sibyllinen, JSHRZ V.8, 1998.

K. MRAS (Hg.), Eusebius Werke. Achter Band: Die Praeparatio Evangelica. Erster Teil: Einleitung: Die Bücher I bis X, GCS 43.1, 1954.

K. MÜLLER, Tora für die Völker. Die noachidischen Gebote und Ansätze zu ihrer Rezeption im Christentum, SKI 15, 1994.

M. NEWTON, The Concept of Purity at Qumran and in the Letters of Paul, MSSNTS 53, 1985.

K.-W. NIEBUHR, Gesetz und Paränese. Katechismusartige Weisungsreihen in der frühjüdischen Literatur, WUNT II.28, 1987.

— Heidenapostel aus Israel. Die jüdische Identität des Paulus nach ihrer Darstellung in seinen Briefen, WUNT 62, 1992.

— Identität und Interaktion. Zur Situation paulinischer Gemeinden im Ausstrahlungsfeld des Diasporajudentums, in: J. MEHLHAUSEN (Hg.), Pluralismus und Identität, Veröffentlichungen der wissenschaftlichen Gesellschaft für Theologie 8, 1995, 339–359.

— Der Jakobusbrief im Licht frühjüdischer Diasporabriefe, NTS 44 (1998), 420–443.

— „Judentum" und „Christentum" bei Paulus und Ignatius von Antiochien, ZNW 85 (1994), 218–233.

B. NIESE (Hg.), Flavii Iosephi Opera, Vol. V: De Iudaeorum vetustate sive contra Apionem libri II, Berlin 1889.

D. NOVAK, The Image of the Non-Jew in Judaism. An Historical and Constructive Study of the Noachide Laws, TST 14, 1983.

T. C. PENNER, The Epistle of James and Eschatology. Re-reading an Ancient Christian Letter, JSNT.S 121, 1996.

M. RABENAU, Studien zum Buch Tobit, BZAW 220, 1994.

E. REINMUTH, Geist und Gesetz. Studien zu Voraussetzungen und Inhalt der paulinischen Paränese, ThA 44, 1985.

M. REISER, Hat Paulus Heiden bekehrt?, BZ 39 (1995), 76–91.

D. ROKÉAH, Ancient Jewish Proselytism in Theory and Practice, ThZ 52 (1996), 206–224.

B. S. ROSNER, Paul, Scripture and Ethics. A Study of 1 Corinthians 5–7, AGJU 22, 1994.

E. P. SANDERS, Jewish Association with Gentiles and Galatians 2:11–14, in: R. T. FORTNA/B. R. GAVENTA (Hgg.), The Conversation Continues. Studies in Paul and John, FS J. L. Martyn, Nashville 1990, 170–188.

— Jewish Law from Jesus to the Mishnah. Five Studies, London/Philadelphia 1990.

— Judaism. Practice and Belief 63 BCE – 66 CE, London/Philadelphia 1992.

— Paul and Palestinian Judaism. A Comparison of Patterns of Religion, London 1977 (dt.: Paulus und das palästinische Judentum. Ein Vergleich zweier Religionsstrukturen, StUNT 17, 1985).

J. T. SANDERS, Paul Between Jews and Gentiles in Corinth, JSNT 65 (1997), 67–83.

H. SCHRECKENBERG, Rezeptionsgeschichtliche und textkritische Untersuchungen zu Flavius Josephus, ALGHJ 10, 1977.

— Text, Überlieferung und Textkritik von Contra Apionem, in: L. H. FELDMAN/J. R. LEVISON (Hgg.), Josephus' Contra Apionem. Studies in its Character and Context with a Latin Concordance to the Portion Missing in Greek, AGJU 34, 1996, 49–82.

B. SCHRÖDER, Die „väterlichen Gesetze". Flavius Josephus als Vermittler von Halachah an Griechen und Römer, TSAJ 53, 1996.

A. F. SEGAL, Paul the Convert. The Apostolate and Apostasy of Saul the Pharisee, New Haven/London 1990.

— Universalism in Judaism and Christianity, in: T. ENGBERG-PEDERSEN (Hg.), Paul in His Hellenistic Context, Minneapolis 1995, 1–29.

T. SÖDING, Das Liebesgebot bei Paulus. Die Mahnung zur Agape im Rahmen der paulinischen Ethik, NTA 26, 1995.

P. SPILSBURY, Contra Apionem and Antiquitates Judaicae: Points of Contact, in: L. H. FELDMAN/J. R. LEVISON (Hgg.), Josephus' Contra Apionem. Studies in its Character and Context with a Latin Concordance to the Portion Missing in Greek, AGJU 34, 1996, 348–368.

J. Thomas, Der jüdische Phokylides. Formgeschichtliche Zugänge zu Pseudo-Phokylides und Vergleich mit der neutestamentlichen Paränese, NTOA 23, 1992.

P. J. Tomson, Paul and the Jewish Law: Halakha in the Letters of the Apostle to the Gentiles, CRI III.1, 1990.

— Paul's Jewish Background in View of His Law Teaching in 1Cor 7, in: J. D. G. Dunn (Hg.), Paul and the Mosaic Law, WUNT 89, 1996, 251–270.

M. Tsuji, Glaube zwischen Vollkommenheit und Verweltlichung. Eine Untersuchung zur literarischen Gestalt und zur inhaltlichen Kohärenz des Jakobusbriefes, WUNT II.93, 1997.

D. J. Verseput, Reworking the Puzzle of Faith and Deeds in James 2.14–26, NTS 43 (1997), 97–115.

N. Walter, Fragmente jüdisch-hellenistischer Historiker, JSHRZ I.2, 2. Aufl., 1980.

— Pseudepigraphische jüdisch-hellenistische Dichtung: Pseudo-Phokylides, Pseudo-Orpheus, Gefälschte Verse auf Namen griechischer Dichter, JSHRZ IV.3, 1983, 173–276.

B. Wander, Gottesfürchtige und Sympathisanten. Studien zum heidnischen Umfeld von Diasporasynagogen, WUNT 104, 1998.

W. T. Wilson, Love without Pretense. Romans 12.9–21 and Hellenistic-Jewish Wisdom Literature, WUNT II.46, 1991.

— The Mysteries of Righteousness. The Literary Composition and Genre of the Sentences of Pseudo-Phocylides, TSAJ 40, 1994.

M. Wolter, Ethos und Identität in paulinischen Gemeinden, NTS 43 (1997), 430–444.

D. Young (Hg.), Theognis. Ps.-Pythagoras – Ps.-Phocylides – Chares – Anonymi Avlodia – Fragmentum teliambicum, BSGRT, 2. Aufl., 1971.

Jesus' Symbolic Act in the Temple (Mark 11:15–17):

The Replacement of the Sacrificial Cult by his Atoning Death

Jostein Ådna, Stavanger[*]

The famous story of Jesus' interfering into the business affairs of money changers, traders, and their customers in the Temple in Jerusalem, related by all four gospels, obviously must be of some relevance for the topic of the March, 1998, Greifswald symposion "Gemeinde ohne Tempel. Zur Substituierung des Jerusalemer Kultes in der Zeit des Zweiten Tempels." In particular, the Johannine version of the story in John 2:13–22 makes explicit an understanding of the event as a substitution of the physical Temple in Jerusalem by the "body temple" of Jesus (cf. the evangelist's comment in v. 21). Our purpose is to reconstruct what can be known about the "historical" Jesus himself and the alleged incident in the Temple in order to ask whether any aspect of substitution was already inherent in the original historical context.[1]

I. The Historicity of the Act

1. The Transmission of the Tradition about Jesus' Act in the Temple

Even though Mark presents a longer and more detailed version of the incident than do Matthew and Luke (cf. Mark 11:15–7 with Matt 21:12–3 and Luke 19:45–6), the validity of Markan priority, which is held generally, is

---

[*] I thank my friend, Prof. Scott J. Hafemann, Wheaton, Illinois, who corrected and polished my English.

[1] The following presentation is to a large extent based on my unpublished doctoral dissertation *Jesu Kritik am Tempel*, finished in the autumn of 1993, to be published in two monographs: *Jerusalemer Tempel und Tempelmarkt im 1. Jahrhundert n.Chr.* (projected in 1999), and the second one, treating the attitude of Jesus to the Temple, forthcoming in WUNT (Tübingen: J.C.B. Mohr [Paul Siebeck]).

In this article it is not possible to discuss the vast scholarly literature on the matter at any length. I do not claim to give a representative presentation of the different scholarly opinions in the references. Priority is given to presenting my own argument, restricting the references to what is directly relevant to this aim. The balanced presentation and discussion of the scholarly literature must be left to the dissertation and the forthcoming monographs.

demonstrable in this particular case as well.[2] Furthermore, although the first part of the Johannine version contains features parallel to the accounts in the Synoptic gospels (cf. John 2:14–6), it still seems best to assume the existence of an independent tradition behind these verses. Consequently, Mark 11:15–7 and John 2:14–6 represent the point of departure for an analysis of the transmission of this tradition prior to its presence in the extant gospels.

A detailed analysis and comparison of these two passages lead to the conclusion that they both stem from the same origin, but that during the transmission process the pre-Johannine tradition added some dramatizing elements (particularly the introduction of oxen and sheep), while the version taken up by Mark is closer to their common starting point. I consider the following elements to belong to the origin of the tradition: 1) Jesus began to drive out those who were selling and those who were buying (Mark 11:15bα); 2) he overturned the tables of the money changers (John 2:15b; Mark 11:15bβ); 3) he reacted against those who sold doves by overturning their seats (Mark 11:15bβ) and/or by ordering them to take away the baskets or cages in which they kept the birds (John 2:16a); 4) he did not allow vessels to be carried through the Temple (Mark 11:16); and 5) he explained and justified these acts by an accompanying saying which included a quotation of Isa 56:7b and an allusion to Jer 7:11 (Mark 11:17).[3]

2. The Scene for the Action of Jesus: The Market in the Temple

Traditionally, not only popular imagination, but also scholarly reading of the gospel narratives has taken more or less for granted that they imply that the arena for the market activities was the huge outer precinct in the Temple. This premise leads either to the assumption that Jesus must have been supported by a large and strong group of followers, with whose assistance he actually occupied the Temple,[4] or to the strict denial of any historical kernel behind the story.[5] However, a traditio-critical analysis hints at a much more

---

[2] For a critique of the view held by the so-called Jerusalem School of Synoptic Research, according to which Mark used Luke as one of his written sources, see ÅDNA, "Attitude of Jesus," 66–8. For a detailed literary critical and traditio-critical analysis on which the evaluation and claims in this paragraph are based, see IDEM, *Jesu Kritik*, 299–370, 565–7.

[3] The pericope with the question about Jesus' authority in Mark 11:27–33 was probably from the beginning transmitted together with and related to the preceding story about the act of Jesus in the Temple.

[4] Among the interpretations of Jesus as a political revolutionary, BRANDON gives – in spite of all the necessary criticism of his thesis – the most serious presentation; cf. 331ff. with regard to the occupation of the Temple. JEREMIAS, *Theology*, 228, infers, particularly from Mark 11:16, that Jesus brought about an "occupation of the Temple gates by his followers". CHILTON even entitles one of his chapters, "Jesus' Occupation of the Temple" (91–111), but it remains unclear what dimensions he assumes for the act of Jesus. He seems to prefer this term for interpretative reasons, as opposed to labelling the act of Jesus as a "demonstration" or a "cleansing" (100).

[5] In particular, HAENCHEN, 382–9, has discussed in detail a number of serious objections against an historical event of this kind. LOHMEYER, 237, has managed to concentrate the most

modest incident than the gospel narratives at face value indicate (cf. above). Moreover, the more precise knowledge of the Temple in Jerusalem in the 1st century CE that archaeological excavations and architectural analyses during the last three decades have made possible, now demonstrates the untenability of the idea of a market stretching out into most of the court of the gentiles.

In this respect the work of the late B. MAZAR, the director of the excavations south and south-west of the Temple Mount in Jerusalem during the years 1968–1977, and his co-worker, the architect L. RITMEYER, has been especially important. By distinguishing between the original area of the Second Temple and the Herodian expansion of the Temple in the years 20–10 BCE (cf. *J.W.* 1.401; *Ant.* 15.380, 420f.), and by further identifying the border lines between these phases on the current location, the *Haram ash-Sharif*,[6] they have brought about a more precise comprehension of the character of the Herodian Temple.[7] The combination of the archaeological-architectural and literary evidence at our disposal leads to the conclusion that the Temple market was situated in the basilica-like hall along the southern wall of the Herodian Temple complex, extensively described by Josephus, and named by him the *Royal Stoa* (*Ant.* 15.411–16): "The stoa served primarily for commerce in cultic provisions for the Temple."[8]

3. The Historical Reconstruction of the Act of Jesus

The recognition of a more modest core in the tradition behind the gospel narratives and the identification of a limited Temple market restricted to the Royal Stoa have converged to produce an historical judgement that avoids the extremes either of conceiving the event to be a full scale occupation or of rejecting any historical episode as the starting point for the tradition. And now, after a period of standstill in the scholarly debate on Jesus' act in the Temple, SANDERS has opened a fresh round of discussion by making this very incident his primary point of departure in portrayal of Jesus in his monograph *Jesus and Judaism*, published in 1985. SANDERS reconstructs the historical event in the following way:

---

crucial points in one sentence: "Geschichtlich läßt sich der Vorfall kaum noch ganz erkennen; denn es ist schwer vorstellbar, wie Jesus allein den weiten Tempelplatz sollte gesäubert haben, weshalb die Tempelpolizei nicht eingegriffen hat ... oder die römische Wache auf der Burg Antonia, weshalb diese Tat in dem Prozeß Jesu keine Rolle spielt."

[6] Cf. MAZAR, "Temple Mount," and L. RITMEYER, "Locating".

[7] For a popular, but nonetheless informative description of Herod's Temple, cf. K. RITMEYER/L. RITMEYER. The famous Caesareum structures in the Hellenistic city centre(s) of Alexandria (and Antioch) served as the model for the expanded Temple complex; cf. MAZAR, "Temple Mount," 468, and in particular "Royal Stoa".

[8] MAZAR, "Royal Stoa," 385 = *Recent Archaeology*, 146. For a short presentation see ÅDNA, "Attitude of Jesus," 68. For a detailed archaeological and architectural analysis supporting the identification of the Royal Stoa as the site of the Temple market, see IDEM, *Jerusalemer Tempel*, 3–90.

"It is reasonable to think that Jesus ... overturned some tables as a demonstrative action. It would appear that the action was not substantial enough even to interfere with the daily routine; for if it had been he would surely have been arrested on the spot. Thus those who saw it, and those who heard about it, would have known that it was a gesture intended to make a point rather than to have a concrete result; that is, they would have seen the action as symbolic."[9]

With few exceptions, the historicity of Jesus' act has been generally accepted in the debate which has followed the publication of SANDERS' study.[10]

Even though SANDERS is probably right in focusing his attention on the overturning of some tables on which the coins of the money changers were lying, he arbitrarily ignores or does away with some of the other primary elements of the tradition. Obviously, the overturning affected some seats of the dove sellers, too. Further, it seems that Jesus ordered the vendors to take their cages or baskets away and even began to drive out some of those who were selling and buying. He was especially concerned about the carrying of certain vessels and tried to stop this activity.[11] Finally, Jesus accompanied his actions with an explanation and justification referring to sayings of the prophets (Isa 56:7b and Jer 7:11).[12] But even if we add these elements to the overturning of the tables focused by SANDERS, his distinction between a completed set of actions with lasting consequences, and "a gesture intended to make a point rather than to have a concrete result," i.e. a symbolic act, remains valid and relevant.[13]

II. The Central Targets of the Act

When it comes to identifying the symbolic content of Jesus' act, SANDERS considers "the place of the trade, and consequently of Jesus' action ... as coincidental and not determinative for the meaning of the event".[14] But to

---

[9] SANDERS, *Jesus and Judaism*, 70 (cf. 61–71). In his more recent monograph SANDERS undertakes an explicit identification of the market and the Royal Stoa (*Judaism*, 68).

[10] See, for example, CHILTON, 99: "... one of the few things we know with some certainty that he [sc. Jesus] did – namely, occupy the Temple ...," and BETZ, 456: "... there is agreement ... that at the beginning of the tradition we can assume an event of some sort to have taken place". For an exception to the dominate, positive judgement of its historicity, see, for example, BUCHANAN.

[11] The imperfect of Mark 11:16 can be understood as an *imperfectum de conatu*. SANDERS, *Jesus and Judaism*, 364 n. 1, allows himself on the basis of a very questionable understanding of this verse to dispense with it as an alleged later addition.

[12] As in the case of the preceding verse, SANDERS holds Mark 11:17 to be inauthentic by taking for granted the traditional "cleansing" interpretation of this saying, which, however, in no way is binding (*Jesus and Judaism*, 66f.). Interestingly, and in contrast, BETZ, 458, 467–9, accepts the authenticity of this verse.

[13] For a detailed discussion of the historical aspects of the act of Jesus in the Temple, including the questions of chronology, cf. ÅDNA, *Jesu Kritik*, 411–50, 567f.

[14] SANDERS, *Jesus and Judaism*, 68.

hold the place and the targets of the act as accidental without testing the plausibility of the opposite option must be characterised as a rather unsound approach, all the more so because the symbolic meaning deduced by SANDERS – namely, destruction – definitely could have been derived more easily from some other act.[15] Therefore, it is better to assume that Jesus deliberately picked out the targets of his act in order to achieve exactly those inferences he intended. Consequently, based on the historical reconstruction proposed above, we must focus on the following elements: 1) the money changers, 2) the dove sellers, whose tables and seats Jesus overturned, and   3) the vessels which he banned for transport through the Temple area. In addition to these three points we must also take notice of the accompanying saying, addressed by Jesus to the servants of the Temple in the market place: "Is it not written, 'My house will be called a house of prayer for all nations'? But you have made it a den of robbers."

1. The Vessels

Let me start with the banned vessels: "And he did not allow anybody to carry a vessel through the Temple" (Mark 11:16). Whether this prohibition is considered to be authentic or not, most scholars tend to interpret it in analogy to a halakhic ruling found in *m. Ber.* 9:5: "He may not enter into the Temple Mount with his staff or his sandal or his wallet, or with the dust upon his feet, nor may he make of it a short by-path; still less may he spit there."[16] Thus, the concern behind the statement in Mark 11:16 that no vessel is to be carried through the Temple area is taken to be the holiness of the place. If somebody carries with him a vessel, which might be impure, or if he abuses the Temple area by using it as a short cut, this would endanger its holiness and be a blatant expression of disregard for the Temple.[17]

However, if it is possible to link the prohibition in Mark 11:16 directly to the overturning of the tables and seats related in the preceding verse, methodologically this must be preferable to understanding the ban on the carried vessels as a rather isolated halakhic ruling concerned with protecting

---

[15] Even SANDERS himself must admit that this perhaps is the case: "Would breaking something not have been a better symbol? Perhaps so. I must leave to others the assessment of 'overturning' as a self-evident symbol of destruction, though it appears to me to be quite an obvious one" (*Jesus and Judaism*, 70). Among those who are not convinced is DUNN, 48: "... the symbolism is hardly self-evident from the action itself (overturning tables); whereas in the prophetic tradition the symbolism of the prophetic action is usually fairly clear-cut in its reference (e.g. I Kings 11.29ff.; 22.11; Isa 20.1ff.; Hos 1.3)."

[16] BUCHANAN, 281, is among those who compare Mark 11:16, "an isolated halachic recollection, different from the ordinary gospel material," with *m. Ber.* 9:5 (cf. p. 281 n. 4). JEREMIAS, "Widerspruch?," has rightly recognised that this text addresses the pilgrim arriving in Jerusalem, not the normal visitor of the Temple. There was never a general prohibition of bringing money to the Temple.

[17] According to JEREMIAS the real analogy between Mark 11:16 and *m. Ber.* 9:5 is the protest against misusing the Temple area as a short cut (cf. *Theology*, 145 n. 1). BETZ, 457, agrees.

the holiness of the Temple. In fact, such a link can be established, since vessels of different kinds had functions related to the Temple market. The Greek word used here, σκεῦος, and its Hebrew counterpart, כְּלִי, can denote a wide range of utensils produced of different materials. Within the context of the Temple market, σκεῦος most probably refers to a clay or stone vessel of the kind abundantly attested in archaeological excavations in Jerusalem for storing and transporting either money[18] or ingredients used in the offerings, such as flour, oil and wine. To choose between these two main alternatives is difficult. With regard to the symbolic impact of Jesus' act, however, it hardly makes any difference. On the one hand, in the case of money, Jesus is forbidding the transport of coins between the vendors and money changers situated in the Royal Stoa and the deposit chambers for this money in the interior precincts of the Temple complex (cf. *J. W.* 5.200; 6.282; *m. Šeqal.* 3:1f.; 5:6). On the other hand, if the vessels contain offering ingredients purchased at the Temple market, Jesus is not allowing them to be carried to the sacrificial altar in the court of the priests. In both cases he disturbs the activity at the Temple market in such a way that important other aspects of the Temple service are affected.[19]

2. The Dove Vendors

The reason why doves or pigeons, περιστεραί, were sold at the Temple market was, of course, that they were needed for sacrifices. The priestly law, put down in the Pentateuch, rules that doves or pigeons can be used for burnt offerings and for sin offerings. In some few cases they are prescribed as the sole alternative (cf. Lev 15:14f., 29f.; Num 6:10f.). But the general rule is that those who cannot afford the preferred and more expensive victims, like a lamb (cf. Lev 4:32; 12:6; 14:10, 19f.) or a goat (cf. Lev 4:28), may replace them with these birds: "If he cannot afford a lamb, he is to bring two doves or two young pigeons to the Lord as a penalty for his sin – one for a sin offering and the other for a burnt offering" (Lev 5:7; cf. 12:8; 14:21–3). People were free to bring their own animals for sacrifices, but because doves were particularly susceptible to blemishes that would disqualify them from being offered, the vast majority of those who were going to offer doves happily welcomed the possibility offered by the Temple authorities to buy these birds at the market in the Temple. SANDERS, writing about the Temple service in the 1st century CE, holds it for an "undoubted fact that most sacrifices were birds, not quadrupeds".[20] Thus, by overturning the seats of the sellers and by ordering them to remove the baskets or cages in which they kept the doves

---

[18] Cf. MASSYNGBERDE FORD, 250: "I suggest, that the σκεῦος prohibited by Jesus may have been a receptacle for money, a bag, chest or box used by the moneychangers and vendors ..."

[19] For a detailed treatment of Mark 11:16 see ÅDNA, *Jesu Kritik*, 380–8.

[20] *Judaism*, 91. This fact is abundantly attested by the rabbinical material as well (cf. for example the tractate *m. Qinnim* and further *m. Šeqal.* 5:1; 6:5; *t. Šeqal.* 3:2f.).

(Mark 11:15bβ; John 2:16a), Jesus interrupted the free trade of the sacrificial victims most in demand for individual sin offerings.[21]

3. The Money Changers as Collectors of the Temple Tax

Because of the many different currencies circulating in the Mediterranean world of the 1st century CE there was a general need for the service of money changers. The particular reason for their presence at the market in the Royal Stoa, however, was the position of Tyrian shekels as the special currency related to the Temple (cf. t. Ketub. 12:6).[22] It is questionable, however, whether the Tyrian shekels exercised a complete monopoly in the sense that any pilgrim who wanted to buy doves or other cultic products on the Temple market would first have to go to the money changers to get hold of the designated coins before he could buy the sacrificial objects he needed. Be that as it may, in one instance of particular importance there did exist such a monopoly, namely, with regard to the so-called Temple tax. During a certain period of days before Passover it was one of the duties of the money changers situated in the Temple to collect this tax from pilgrims arriving for the festival: "On the 25th (of the month Adar the tables of the money-changers) were set up in the Temple. After they were set up in the Temple they began to exact pledges" (m. Šeqal. 1:3).

Overturning the tables of the money changers was surely a strategic choice for anybody who wanted to disturb effectively the activities of the Temple market. But it was the collection of the Temple tax which was most directly affected by such an act, and I want to suggest that this was the deliberate intention of Jesus. To understand the theological implications of such a symbolic act, we must consider the following points with regard to this tax.

The Temple tax, amounting to a Tyrian didrachm (Ant. 18.312; Her. 186) in accordance with the biblical ruling of a half shekel (cf. Ant. 3.194f. with Exod 30:11-6), was collected among Jews all over the world. Both from Josephus and Philo and from rabbinic sources we have information about how the collection of the tax was organised among the diaspora Jews, even in the most distant regions, and how the money subsequently was transported to Jerusalem (cf. Ant. 18.312f.; Spec. Leg. 1.78; m. Šeqal. 2:1). As we have seen, those Jews who went up to Jerusalem for Passover as pilgrims were offered the privilege of paying the tax to the money changers in the Temple itself.

---

[21] For a detailed presentation of the market in the Royal Stoa, with particular emphasis on the dove sellers and the cultic functions of doves and pigeons, cf. ÅDNA, Jerusalemer Tempel, 119–139.

[22] t. Ketub. 12:6: "All money spoken of in the Torah is Tyrian money. Tyrian money is Jerusalemite money." With regard to the position of Tyrian shekels in Palestine in general and in Jerusalem in particular, see BEN-DAVID and MESHORER.

The *Mishna* quoted above and a subsequent *Mishna* specify the regulations
with regard to the different groups of potential payers of the tax:

"From whom did they exact pledges? From Levites, Israelites, proselytes, and freed
slaves, but not from women, slaves, or minors ... Although they have said: 'They do
not exact pledges from women, slaves or minors,' if they have paid the Shekel it is
accepted of them; but if a gentile or a Samaritan paid the Shekel it is not accepted of
them" (*m. Šeqal.* 1:3, 5).

These distinctions between those who were obliged to pay the tax and those
who were strictly prohibited from doing so have to do with the Temple tax
as the financial source for the collective sacrificial cult, administered daily
by the priests in Jerusalem on behalf of the Jewish people. Obviously, it
was a major concern that only persons belonging to Israel were allowed
to contribute financially to this cult. As a matter of fact, the Temple tax
served as the means through which every single Jew anywhere in the world
was involved in the collective sacrifices in the Jerusalem Temple, offered
exclusively on behalf of and to the benefit of the people of Israel.

The centre of the collective sacrificial cult was constituted by the so-
called *tamid*, i.e. the lamb sacrificed as a burnt offering twice a day (cf. Exod
29:38–42; Num 28:3–8; *m. Tamid* 3:2–5; 4:1–3; 7:3).[23] Gese and Janowski
have convincingly demonstrated that the Priestly Code in the Pentateuch
conceives of the whole sacrificial cult as a cult of atonement.[24] Consequently,
within this priestly concept, the goal of achieving atonement is not restricted
to particular sin and guilt offerings (cf. Lev 4–5), but applies as well to the
sacrificial category of burnt offerings (cf. Lev 1:4; 16:24b), to which the *tamid*
belongs. In the *Book of Jubilees*, dating approximately from the middle of
the 2nd century BCE, the atoning effect of the *tamid* is even stated explicitly
(cf. *Jub.* 6:14; 50:11[25]), while a tradition transmitted in the *Tosephta* is
particularly illuminating in this respect: "They exact pledges from Israelites
for their *sheqels*, so that the public offerings might be made of their [funds]
... For public offerings appease and effect atonement between Israel and their
Father in heaven" (*t. Šeqal.* 1:6).[26] Further, on the basis of Exod 30:12f., the

---

[23] According to *m. Šekal.* 4:1, the first object on which the income of the Temple tax was
spent was the *tamid*.

[24] See GESE; JANOWSKI; and ÅDNA, *Jesu Kritik*, 124–44.

[25] *Jub.* 6:14: "And there is no limit of days of this law because it is forever. They shall keep
it for their generations so that they might make supplication on your behalf with blood before
the altar on every day. And at the hour of daybreak and evening they will seek atonement on
their own behalf continually before the Lord so that they might guard it and not be rooted
out." *Jub.* 50:11: "This work alone shall be done on the day of the Sabbath in the sanctuary of
the Lord your God so that they might atone for Israel (with) continual gift day by day for an
acceptable memorial before the Lord. And so that he might accept them forever, day by day,
just as he commanded you."

[26] Commenting on this text from the *Tosephta* NEUSNER, 289, writes: "The explicit explanation of the payment of the half-sheqel, therefore, is that it allowed all Israelites to participate in

Temple tax, giving each Jew a share in the atoning effect of the *tamid*, could be called a ransom (cf. *Spec.Leg.* 1.77; *Her.* 186[27]; *b. B. Bat* 9a).[28]

Thus, there was a crucial link between the activity of the money changers and the most central aspects of the Temple service. According to NEUSNER there can be no doubt that these connections were recognised and appreciated by 1st century Jewry: "I see no grounds for doubting that people generally grasped the reason for the presence of the money-changers, who, as is clear, simply facilitated an essential rite of all Israel. Indeed, their presence made possible the cultic participation of every Israelite, and it was not only not a blemish on the cult but part of its perfection."[29]

III. The Theological Meaning of Jesus' Symbolic Act

The more we investigate its historical background, the more the enormous impact of Jesus' act at the Temple market stands out. His choice of targets cannot have been coincidental. The dove vendors provided Temple visitors with the kind of victims most in demand for individual burnt offerings and sin offerings. The money changers collected the Temple tax for financing the collective cult. The vessels whose carrying Jesus prohibited were needed for the transport of money and offering ingredients between the Royal Stoa and the inner precincts. Hence, by his act Jesus symbolically interfered with the most central function of the Temple, namely, the atoning cult. An act of this sort is so conspicuous and provoking that we are forced to ask why he acted in such a way.

1. The Scriptural Explanation and Justification of the Act

Jesus accompanied his act in the Temple with the saying: "Is it not written, 'My house will be called a house of prayer for all nations'? But you have made it a den of robbers" (Mark 11:17). As we have already pointed out, the charge that the personnel addressed by Jesus has made the Temple a den of robbers is clearly an allusion to the harsh criticism by the prophet Jeremiah of the attitude of his contemporaries to the Temple in Jerusalem: "Has this

---

the provision of the daily whole-offering [i.e. the *tamid*], which accomplished atonement for sin on behalf of the holy people as a whole. That explains why gentiles and Samaritans may not pay the sheqel, while women, slaves, or minor Israelites may do so … For gentiles and Samaritans do not form part of 'Israel,' and therefore are unaffected by the expiation accomplished by the daily whole-offering."

[27] *Spec.Leg.* 1.77: "These contributions are called 'ransom money,' and therefore the first-fruits are given with the utmost zeal." *Her.* 186: "We are meant to consecrate one half of it, the drachma, and pay it as ransom for our own soul."

[28] For a detailed treatment of the money changers and the Temple tax, see ÅDNA, *Jerusalemer Tempel*, 96–118.

[29] NEUSNER, 289.

house, which is called by my name, become a den of robbers in your sight?"
(Jer 7:11a). This accusation is part of a speech which Jeremiah held in the
gate of the Temple (Jer 7:1–15). The prophet compares his contemporaries
with robbers seeking their den as a safe haven between their robberies. They
are convinced that the Temple is an impregnable refuge which will not be
threatened by any kind of danger. The merciful presence of the God of
Israel in the Temple guarantees the safety of the people (v. 4b, 10a). At the
same time that they seek the security of the Temple, however, they allow
themselves, in the most impudent way, to disregard the commandments of
the Lord (v. 9, 10b). This schizophrenic practice, which degrades the holy
Temple of the Lord into a den of robbers, is intolerable to God. He therefore
adopts the attitude of the Judaeans to the Temple (v. 11) – it (has become and)
really *is* a den of robbers. But the consequence drawn by God from this fact
is different than the one drawn by the people: Precisely because the Temple
in Jerusalem has now been made a den of robbers, it will be hit by the same
kind of judgement which earlier had befallen the sanctuary in Shilo (v. 12–4;
cf. Ps 78:60).

Applied to Jesus' confrontation with the money changers and the dove
sellers, the allusion to Jeremiah implies the charge of an analogous grave
situation: They trust that the daily sacrificial cult, in whose efficient and un-
interrupted apparatus they have an important share, brings about the needed
atonement, both for Israel as a whole and for the individual offerer. However,
by clinging to the traditional apparatus in the Temple as if nothing new was
happening, instead of answering obediently the call of Jesus for repentance
and discipleship at the threshold of the kingdom of God, the people deceive
themselves. In this regard they are just like Jeremiah's contemporaries. Jesus
discloses this self-deception by his allusion to the Temple speech of Jeremiah.
Moreover, Jesus' addressees recognised the allusion and understood its implicit warning to the Herodian Temple: Like the sanctuary in Shilo and the
Temple of Solomon, it too would become the victim of destruction if the
priests and the people did not react properly to the words and acts of Jesus.[30]

But Isa 56:7b provides a positive counterpart to the allusion to Jeremiah.
As Isa 56:7b shows, there is still hope for the Temple. Even though Jesus
symbolically marks the end of the sacrificial cult by his interference at the
Temple market, legitimate religious functions still remain for the Temple, not
the least of which is its role as a place for prayer.[31]

---

[30] For this interpretation of Jer 7:1–15 and of the application of Jer 7:11 in Mark 11:17, cf.
Ådna, *Jesu Kritik*, 172–5, 393f., 574.

[31] For an interpretation of Isa 56:7b within the original context of Isa 56:3–8, see Ådna, *Jesu
Kritik*, 156–60. Jesus' application of this citation is discussed in *Jesu Kritik*, 394–99, 510f., 574.

2. Jesus' Understanding of his Violent Death

In a context where the atoning sacrificial cult is central, questions relating to the death of Jesus arise inevitably. By the time Jesus went up to Jerusalem he must have realised the grave danger to which he was exposing himself (cf. Mark 9:31; 10:38; Luke 12:50; 13:33). Even though his act at the Temple market was only a minor incident without lasting effects, the symbolic meaning of this gesture with regard to the status of the sacrificial cult was clear enough to provoke counter measures from the powerful high priests. Indeed, Jesus did not have to wait long for the consequences. Within a few days the high priests, in close co-operation with the Roman authorities, managed to bring him to death. Jesus did not run away from this danger (cf. Mark 14:33b-36), but willingly accepted the arrest and death as the will of his heavenly Father. As a matter of fact, Jesus both helped assure this violent outcome and anticipated the theological meaning of his imminent death by acting the way he did in the Temple. Furthermore, if accepted as authentic, the so-called "ransom saying" and the words of administration at the last Passover meal are Jesus' most outspoken utterances about the theological meaning of his death. Applying the words from Isa 43:3f. (and 53:10–12) to himself, "the Son of Man did not come to be served but to serve and to give his life as a ransom for many" (Mark 10:45[32]), Jesus inevitably established a rivalry with the Temple tax conceived as a ransom (cf. *Spec. Leg.* 1.77; *Her.* 186; cited in n. 27): Not the Temple tax, but only the Son of Man, willingly sacrificing his life for others, can set free and redeem the captive. This rivalry with the atoning sacrificial cult as the most central function of the Temple becomes even clearer and more outspoken through the words of administration: "Take, this is my body … This is my blood of the covenant, which is poured out for many" (Mark 14:22, 24[33]). His imminent violent death, Jesus declares, will have an atoning effect and be "for the forgiveness of sins," as the expanded version of the word over the cup in Matt 26:28 explicitly puts it. With these words Jesus alludes to Exod 24:8 and Isa 53:10–12 and attributes to his own death, once for all, the atoning effect which the priestly law and the common understanding of contemporary Judaism attributed to the blood of the many sacrificial victims in the Temple.

3. Substitution for the Temple Cult

Our sources do not allow us to write a psychological biography of the life of Jesus. We are not able to fix chronologically the point from which Jesus gave up his appeal to the Jewish people to convert at the dawn of the kingdom

---

[32] For an analysis of this logion and its traditio-historical background, see STUHLMACHER, "Vicariously".

[33] For an analysis of Jesus' last meal and the words of administration, see STUHLMACHER, "Lord's Supper," 65–77.

of God, and began instead to attribute to himself an indispensable role in bringing about the kingdom and enabling salvation by vicariously offering himself for those who are presently disobedient. His provocative act in the Temple seems, however, to mark in a conspicuous way the border line between these alternatives.

On the one hand, this act is Jesus' last call and question to "the Temple's priesthood (and Israel with them) about whether they intend to continue to carry out the atonement ritual without acquiescing to Jesus' message of repentance".[34]   For Jesus as the Messiah the renewal of the Temple is a crucial task with regard to the imminent realisation of God's *basileia* (cf. Mark 14:58).[35] But there will not be any legitimate place for the traditional atoning, sacrificial cult – nor any need – in the realised *basileia*, and Jesus effectively demonstrates this by his symbolic act. On the other hand, by the time Jesus arrived in Jerusalem the controversy had already reached such a level that the foreseeable effect of a provocation of this kind will not be a final mass conversion but, on the contrary, the final doing away with the unpleasant figure from Nazareth. In case of this outcome, Jesus was willing to offer himself (cf. above) and, consequently, take over and replace the sacrificial cult in the Temple as the basis for atonement.[36] It was this second option which materialised through the events that took place during the following days. The claim of the post-Easter Christian community that the death of Jesus, once for all, had brought about atonement and, consequently, had replaced the sacrificial cult in the Temple thus stood in continuity with

---

[34]   STUHLMACHER, "Why?," 48. Also SÖDING, 59–62, interprets the act of Jesus as a call to conversion. A wide range of varying interpretations are discussed in ÅDNA, *Jesu Kritik*, 451–81. Important contributions – partly with fresh approaches and new proposals for how to interpret the act of Jesus – which are not treated there (for example CHILTON and BETZ), will be discussed extensively in the second forthcoming monograph (cf. n. 1).

[35]   This logion is probably Jesus' messianic application of Exod 15:17b–8, cf. ÅDNA, "Attitude of Jesus," 72f., and IDEM, *Jesu Kritik*, 479f., 498–511. The Old Testament and Early Jewish traditions about the Messiah as the renewer or the builder of the eschatological Temple are presented in *Jesu Kritik*, 255–90.

[36]   To quote NEUSNER once more, who has grasped the implications of Jesus' act in the Temple clearer than most other scholars: The overturning of the tables of the money changers "will have provoked astonishment, since it will have called into question the very simple fact that the daily whole offering effected atonement and brought about expiation for sin, and God had so instructed Moses in the Torah. Accordingly, only someone who rejected the Torah's explicit teaching concerning the daily whole offering could have overturned the tables – or, as I shall suggest, someone who had in mind setting up a different table, and for a different purpose: for the action carries the entire message, both negative and positive ... the overturning of the moneychangers' tables represents an act of the rejection of the most important rite of the Israelite cult, the daily whole-offering, and, therefore, a statement that there is a means of atonement other than the daily whole offering, which now is null. Then what was to take the place of the daily whole-offering? It was to be the rite of the Eucharist: table for table, whole offering for whole offering" (289–90). The relation between the symbolic act and Jesus' messianic willingness to die vicariously is extensively discussed in ÅDNA, *Jesu Kritik*, 481–97, 574f.

this aspect of substitution in the mission of Jesus in accordance with the way he had conceived of it himself.

Zusammenfassung

Der Schlüssel zu einer richtigen Deutung der Zeichenhandlung Jesu im Jerusalemer Tempel wenige Tage vor seiner Verhaftung, Verurteilung und Kreuzigung (vgl. Mk 11,15–17) ist die gebührende Berücksichtigung der Gegenstände und Personen, gegen die seine Tat sich richtete, und deren Funktionen im Opferkultbetrieb des Tempels. Es geht dementsprechend um 1) die Geldwechsler, 2) die Taubenverkäufer und 3) die Gefäße, die gebraucht wurden, um vegetabilische Opfermaterie und Geld zwischen dem Tempelmarkt in der königlichen Säulenhalle entlang der Südmauer des Tempelgeländes und den inneren Vorhöfen des Tempels zu transportieren.

Indem er die Tische der Geldwechsler und die Sitze der Taubenverkäufer umstieß und das Gefäßtragen unterband, unterbrach Jesus – für kurze Zeit und zeichenhaft – die Tätigkeit dieser Bediensteten des Tempels. Die Taubenverkäufer boten den Tempelbesuchern Tauben für ihre individuellen Brand- und Sühnopfer an. Die Geldwechsler nahmen besonders im Blick auf das Einsammeln der sogenannten Tempelsteuer von den in der Vorpassazeit eintreffenden Pilgern eine unerläßliche Rolle wahr. Der Hauptzweck dieser Tempelsteuer war die Finanzierung der von den Priestern im Namen des ganzen jüdischen Volkes und ihm zugunsten dargebrachten täglichen Opfer (*Tamid*). Durch sein Einschreiten störte Jesus folglich nicht nur die Aktivitäten auf dem Tempelmarkt, sondern seine Handlung brachte zeichenhaft den Opferkult zum Erliegen. Das schnelle und tödliche Eingreifen der Hohenpriester gegen Jesus bekräftigt die provozierende Brisanz seiner Handlung.

Warum forderte Jesus in dieser spektakulären Weise den Tempelkult heraus? Seine Zeichenhandlung stellte einerseits den letzten Umkehrruf an die Priester und ganz Israel dar, nicht weiterhin den herkömmlichen Sühnopferkult an seiner Verkündigung der *Basileia* Gottes vorbei zu vollziehen. Andererseits zeigte sie seine Bereitschaft und seinen messianischen Anspruch, durch seinen Tod – als Lösegeld und Sühnetod verstanden (vgl. Mk 10,45; 14,24) – die Tempelsteuer und den täglichen Sühnopferkult im Tempel zu ersetzen.

Bibliography

J. Ådna "The Attitude of Jesus to the Temple: A Critical Examination of how Jesus' Relationship to the Temple is Evaluated Within Israeli Scholarship, With Particular Regard to the Jerusalem School," *Mishkan* 17–18 (2/1992–1/1993) 65–80.

— *Jerusalemer Tempel und Tempelmarkt im 1. Jahrhundert n.Chr.* (Abhandlungen des Deutschen Palästina-Vereins 25; Wiesbaden: Harrassowitz Verlag, 1999).

— *Jesu Kritik am Tempel: Eine Untersuchung zum Verlauf und Sinn der sogenannten Tempelreinigung Jesu, Markus 11,15–17 und Parallelen* (Tübingen/Stavanger, 1993) [unpublished doctoral dissertation].

A. BEN-DAVID, *Jerusalem und Tyros: Ein Beitrag zur palästinensischen Münz- und Wirtschaftsgeschichte (126 a. C. – 57 p. C.)* (Kleine Schriften zur Wirtschaftsgeschichte 1; Basel: Kyklos Verlag, and Tübingen: J. C. B. Mohr [Paul Siebeck], 1969).

H. D. BETZ, "Jesus and the Purity of the Temple (Mark 11:15–18): A Comparative Religion Approach," *JBL* 116 (1997) 455–72.

S. G. F. BRANDON, *Jesus and the Zealots: A Study of the Political Factor in Primitive Christianity* (Manchester: Manchester University Press, 1967).

G. W. BUCHANAN, "Symbolic Money-Changers in the Temple?," *NTS* 37 (1991) 280–90.

B. CHILTON, *The Temple of Jesus: His Sacrificial Program Within a Cultural History of Sacrifice* (University Park, Penn.: Pennsylvania State University Press, 1992).

J. D. G. DUNN, *The Partings of the Ways Between Christianity and Judaism and their Significance for the Character of Christianity* (London: SCM Press, and Philadelphia, Penn.: Trinity Press International, 1991).

J. MASSYNGBERDE FORD, "Money 'bags' in the Temple (Mk 11,16)," *Bib* 57 (1976) 249–53.

H. GESE, "The Atonement," Essays on Biblical Theology (Mineapolis, MN: Augsburg Publishing House, 1981) 93–116.

E. HAENCHEN, *Der Weg Jesu: Eine Erklärung des Markus-Evangeliums und der kanonischen Parallelen* (2nd ed.; Berlin: de Gruyter, 1968).

B. JANOWSKI, *Sühne als Heilsgeschehen: Studien zur Sühnetheologie der Priesterschrift und zur Wurzel KPR im Alten Orient und im Alten Testament* (WMANT 55; Neukirchen-Vluyn: Neukirchener Verlag, 1982).

J. JEREMIAS, *New Testament Theology: Volume One: The Proclamation of Jesus* (London: SCM Press, 1971).

— "Ein Widerspruch zur Perikope von der Tempelreinigung?," *NTS* 23 (1976–77) 179–80.

E. LOHMEYER, *Das Evangelium des Markus* (Kritisch-exegetischer Kommentar über das Neue Testament I/2; 17th ed.; Göttingen: Vandenhoeck & Ruprecht, 1967).

B. MAZAR, "The Royal Stoa in the Southern Part of the Temple Mount," *Proceedings of the American Academy for Jewish Research* 46–47 (1979–80) 381–7 (= *Recent Archaeology in the Land of Israel* [ed. H. SHANKS; Washington, D. C.: Biblical Archaeology Society, and Jerusalem: Israel Exploration Society, 1984] 141–7).

— "The Temple Mount," *Biblical Archaeology Today: Proceedings of the International Congress on Biblical Archaeology, Jerusalem, April 1984* (ed. J. AMITAI; Jerusalem: Israel Exploration Society, 1985) 463–8.

Y. MESHORER, "One Hundred Ninety Years of Tyrian Shekels," *Numismatik, Kunstgeschichte, Archäologie – Numismatics, Art History, Archaeology. Studien für/Studies in Honor of Leo Mildenberg* (eds. A. HOUGHTON/S. HURTER/P. ERHART MATTAHEDEH/L. AYER SCOTT; Wetteren: Cultura Press, 1984) 171–9.

J. NEUSNER, "Money-Changers in the Temple: The Mishnah's Explanation," *NTS* 35 (1989) 287–90.

K. Ritmeyer/L. Ritmeyer, "Reconstructing Herod's Temple Mount in Jerusalem," *BARev* 15/6 (1989) 23–42.

L. Ritmeyer, "Locating the Original Temple Mount," *BARev* 18/2 (1992) 24–45,
64–5.

E. P. Sanders, *Jesus and Judaism* (London: SCM Press, 1985).

— *Judaism: Practice and Belief 63 BCE – 66 CE* (London: SCM Press, and Philadelphia, Penn.: Trinity Press International, 1992).

T. Söding, "Die Tempelaktion Jesu," *TTZ* 101 (1992) 36–64.

P. Stuhlmacher, "The New Testament Witness Concerning the Lord's Supper,"
Jesus of Nazareth – Christ of Faith (Peabody, Mass.: Hendrickson, 1993) 58–102.

— "Vicariously Giving His Life for Many, Mark 10:45 (Matt 20:28)," *Reconciliation,
Law, and Righteousness: Essays in Biblical Theology* (Philadelphia, Penn.: Fortress
Press, 1986) 16–29.

— "Why Did Jesus Have to Die?," *Jesus of Nazareth - Christ of Faith* (Peabody,
Mass.: Hendrickson, 1993) 39–57.

„Wo zwei oder drei versammelt sind in meinem Namen …"(Mt 18,20)

Petr Pokorný, Prag

1. Die Semantik

Der bekannte und in kirchlichen Kreisen geflügelte Spruch ist in seinem unmittelbaren Kontext der vorhergehenden Erklärung Jesu als ihr Kommentarwort angefügt. Er begründet durch ein „nämlich" (γάρ), daß das Bittgebet der Jünger Jesu effektiv ist, wenn sie sich auf seinen Inhalt einigen. Es ist effektiv, weil unter den Bittenden Jesus präsent ist, und zwar, wie der Leser schon seit Mt 16,16 weiß, als der Sohn des lebendigen Gottes. Wenn wir Mt 18,18–20 semantisch untersuchen, dann sehen wir, daß es sich eigentlich um vier parallele Doppelaussagen handelt:

> „Was ihr auf Erden binden werdet,
>   soll auch im Himmel gebunden sein,
> was ihr auf Erden lösen werdet,
>   soll auch im Himmel gelöst sein.
>   <Weiter sage ich:>
> Wo zwei oder drei von euch eins werden auf Erden,
>   werden sie das, was sie erbitten, von Gott erhalten.
>   <Denn:>
> Wo zwei oder drei versammelt sind in meinem Namen,
>   *da bin ich mitten unter ihnen.*"

Betont ist aufgrund der linearen Gestaltung des Textsegments die Schlußaussage: In der 1. Person und im Indikativ Präsens bildet sie den Gipfel, den die Dynamik der vorhergehenden Teile durch Konjunktionen (ἐάν und ὅτι) unterstreicht. Betont ist nicht, was alles getan werden muß, damit Jesus (das in dem εἰμι enthaltene Ich) als Mittler zwischen Gott-Vater und der (elementaren) Gemeinde stehen kann. Betont wird die effektive Präsenz Jesu als des Sohnes Gottes (s. „mein Vater" in V. 19; vgl. V. 10.35), die als die grundlegende Wirklichkeit verkündigt wird. Das übrige sind ihre begleitenden Merkmale und möglichen Konsequenzen, die zwar zunächst genannt werden, aber von dem Schlußsatz des Textsegments abhängig sind.

Nach Derrett ist in V. 19 die Einigung (συμφωνεῖν) betont, d.h. die Lösung eines Konflikts durch Vereinbarung der Gegner (vgl. I Kor 6,1–11), und die Bitte (αἰτεῖν) ist das Gebet um die göttliche Bestätigung dieser Lösung.[1] Wenn dies auch einige neuere Kommentare übernommen haben,[2] müssen wir eher mit der Einigung in der „Fürbitte" rechnen (vgl. Mt 7,7f.), und nicht nur im Rechtsstreit, denn der Nachdruck liegt auf der Bitte und der Verwirklichung.

Was die Anzahl der Versammelten betrifft, wird zweifelsohne betont, daß Gott auch in der kleinsten christlichen („von euch" – V. 19) Gruppe präsent ist, und doch – das wird fast selbstverständlich vorausgesetzt – muß es eine Versammlung sein (εἰσιν … συνηγμένοι). Da zu demselben Logien-Cluster auch das Wort von der Vollmacht zum Binden und Lösen (V. 18) gehört, die in Mt 16,19 dem Apostel Petrus zugesagt ist, wird hier betont, daß die Gemeinde (auch die kleinste) in der Versammlung (offensichtlich aller) ihrer Glieder die Vollmacht der Urzeugen übernimmt. Es handelt sich um die Präsenz des Herrn *in actu* „da" bzw. „dort" (ἐκεῖ), d.h. in der konkreten Versammlung, wo die Entscheidung getroffen wird. Es handelt sich also weder um die im Eschaton erwartete unmittelbare Präsenz noch um die durch Glauben erfahrene, ständige Beziehung zwischen dem erhöhten Jesus und den gläubigen Christen, sondern um Legitimierung bzw. Ratifizierung der christlichen Verkündigung oder der Entscheidung einer christlichen Versammlung. In diesem Sinne stellt die Parallele im Thomasevangelium EvThom 30 (Log. 30 etwa = POxy. 1, Nr. 5), welche die Präsenz Jesu auch einem Einzelnen verspricht, eine andere Tradition oder sekundäre Fassung dar.

Auch die johanneische Auffassung der nachösterlichen Präsenz Jesu („Und ich habe ihnen die Herrlichkeit gegeben, die du mir gegeben hast, denn sie sollen eins sein, wie wir eins sind, ich in ihnen und du in mir. Sie sollen vollendet sein in der Einheit, damit die Welt erkennt, daß du mich gesandt hast …" – Joh 17,22–23b) trägt, trotz ihrer Eigenartigkeit, die Züge konkreter Bestätigung des Zeugnisses (Joh 17,23) oder der Ratifizierung einer Entscheidung (20,21–23).

2. Das Versammeln im Namen des Herrn in der matthäischen Gemeinde

Mit der Präsenz Jesu kann man in seiner denkbar kleinsten Gemeinde rechnen, falls sie „in seinem Namen" versammelt ist. „In meinem Namen" (εἰς τὸ ἐμὸν ὄνομα) ist eine Wendung, die bei Matthäus eine besondere Rolle spielt. Der Name Jesu repräsentiert Gott selbst. Der Name war so effektiv, weil Jesus nach dem christlichen Zeugnis und der christlichen Überzeugung den Namen Gottes erhalten hat. Er ist der Herr (κύριος) geworden, wie es in Phil

---

[1] DERRETT, 83.
[2] SAND, z.St.; HARE, z.St.

2,6–11 bezeugt wird. Das Versammeln in seinem Namen war offensichtlich ein Gottesdienst mit der liturgischen Akklamation Jesu als des Herrn (κύριος) im Sinne von Röm 10,9: „Denn wenn du mit deinem Munde bekennst, daß Jesus der Herr ist ..., wirst du gerettet." Herr (hebr. אָדוֹן) ist in diesem Sinne die Umschreibung des heiligen Namens Gottes, den die Juden nicht aussprechen durften und der Jesus wegen seines Gehorsams von Gott zuteil geworden ist, ähnlich wie nach Ps 110 der irdische Gesalbte von Gott, dem Herrn (יְהוָה), als Herr (אָדוֹן) des Psalmisten und aller Völker bezeichnet wird (vgl. Mt 22,41–46 par.). Das wird in Mt 28,18b (vgl. 11,27) ausdrücklich proklamiert. Wie das persönliche Bekenntnis des Herrn das individuelle Heil bestätigt, so kann die Versammlung in seinem Namen konkrete, autoritative Entscheidungen der christlichen Gemeinde ratifizieren.

Eἰς steht hier für ἐν, wie es in der Koine oft vorkommt.[3] Flusser hat zwar auf das hebräische לִשְׁמִי („für meinen Namen") aufmerksam gemacht, das in der rabbinischen Tradition eine Sache repräsentiert, welche der Genannte vertritt und garantiert.[4] Das alles wird jedoch durch andere Konnotationen, nicht nur durch die griechische Wendung angedeutet.

Jesus als Sohn Gottes vermittelt also zwischen den Menschen und Gott mit seinem unaussprechlichen Namen; er ist der Immanuel, Gott mit uns Mt 1,23(1,23), der die Erhörung der Gebete durch seinen Vater erwirkt, ungeachtet dessen, wo und ob sein Tempel noch steht (21,9). Die auffälligste Parallele zu unserer Stelle findet sich in den letzten zwei Versen des Matthäusevangeliums – im Missionsauftrag. Das Taufen im Namen des Vaters, des Sohnes und des Geistes ist authentisch, denn Jesus ist mit seinen Jüngern (μεθ' ὑμῶν) alle Tage bis zur Vollendung des Äons (28,19–20). Der letzte Satz wird eingeleitet durch ein ἰδού (siehe!), das hier, ähnlich wie z.B. in Mt 20,18, die Tragweite des Berichteten signalisiert. In dem matthäischen Bereich hat man also die konkrete Legitimierung der Verkündigung und der Entscheidungen durch die Gegenwart des auferstandenen Jesus betont. Die Wendung „im Namen" (d.h. im Namen Jesu) drückt die Autorität solcher Versammlung aus, und gleichzeitig bezeichnet sie ihren spezifischen Anlaß, ähnlich wie das Taufen „im Namen" Jesu (bzw. des Vaters, des Sohnes und des Heiligen Geistes) die christliche Taufe von der Taufe des Johannes unterschieden hat.[5]

Der Heilige Geist, der Name Gottes (V. 19), die Anbetung (προσκυνεῖν – Mt 28,17; vgl. Act 8,27; 24,11 = die Anbetung im Tempel) und das Versammeln (συνάγειν – Mt 18,20) als Mosaiksteine der Tempelmetaphorik deuten indirekt an, daß die vollmächtige Präsenz des Herrn die vermittelnde Funktion des Tempels ersetzt und daß Gott sein (erneuertes) Volk auf seinem Weg

---

[3] BLASS/DEBRUNNER/REHKOPF, §205.
[4] FLUSSER, 102f. Vgl. DELLING, 97: „Die Taufe ‚auf den/im Namen ...' fügt dem Heilsgeschehen ein, das an den Namen (Jesus) gebunden ist."
[5] HARTMAN, 432–440.

in der Wüste dieser Welt wie das Volk Israel während seiner Wüstenwan-
derung begleitet, wenn auch der Tempel „wüst gelassen wurde" (Mt 23,38
[Q]). Den Satz über die Präsenz Jesu, des Sohnes Gottes, als des Herrn unter
denen, die in seinem Namen versammelt sind, hat Matthäus als Konstitution
des erneuerten Volkes Gottes gelernt und anerkannt.

Die ähnliche Aussage über das Wort der Tora (der bedeutendste Beleg ist mAbot
3,3), welche als Verkörperung (Hypostase) der Präsenz Gottes, als die שְׁכִינָה, zwei
Menschen zur Versammlung der Gerechten macht, kann den Sinn der Aussage veranschaulichen, wenn auch in Mt 18,20 Jesus nur bildlich die Rolle der שְׁכִינָה spielen
könnte. Dieser spätere Zusammenhang ist also nicht der wirkliche Schlüssel zu Mt
18,20. Jedenfalls deutet nichts an, daß die dritte versammelte Person eine Hypostase
Gottes wäre.

Gegen den Mißbrauch einer willkürlichen Berufung auf die Präsenz Christi
ist der mit der Tempelmetaphorik verbundene Spruch durch das Prinzip
der Koinonie bzw. Kollegialität aller Glieder der versammelten christlichen
Gemeinde geschützt.

3. Die matthäische Konkretisierung

Der Verfasser des Matthäusevangeliums hat den Satz über das Versammeln im
Namen des Herrn nur bedingt anerkannt. Denn „im Namen" Jesu kommen
auch die falschen Messiasse (24,5). In unserem Kontext bedeutet dies, daß
Matthäus bemüht ist, die Vollmacht der Christen und den Gegenstand der
gemeinsamen Gebete näher zu definieren. Die Mission heißt: „zu Jüngern
machen" (μαθητεύειν – 28,19), d.h. die Lehre Jesu wirklich einzuhalten (28,20).
Ausdrücklich polemisiert er gegen die Maxime, wonach das Bekenntnis zu
Jesus als dem Herrn zum Heil führt (Röm 10,9): „Nicht jeder, der zu mir
Herr, Herr! sagt, wird in das Himmelreich kommen, sondern nur die, welche
den Willen meines Vaters im Himmel tun" (7,21). Offensichtlich ist er einem
degenerierten Paulinismus begegnet und versuchte daher, die Zusage der
rettenden Präsenz des Herrn in seiner Gemeinde auf eine neue Weise zu
interpretieren.

Die Aussagen über die Vollmacht der Kirche werden auch durch die
sie rahmenden Texte interpretiert: durch die Sprüche über das Suchen des
Verlorenen (18,10–14) und durch das Gleichnis über die Vergebung, die durch
die unvergleichlich größere Vergebung Gottes motiviert ist (18,23–35). Für
die Beter bedeutet dieses, daß sie, weil Jesus als der Herr in ihrer Mitte steht,
für die Verlorenen bitten und Konflikte im Lichte der Vergebung Gottes
lösen können.[6] Matthäus hat in seiner Zeit und in seinem Milieu erkannt, daß
einige liturgische Formen schon ihre Kraft verlieren, daß die Gefahr ihrer

---

[6] MAISCH, bes. 263ff.

magischen Auffassung oder Spiritualisierung droht, und hat sich bemüht, sie an die lebendige Tradition der Lehre Jesu zu binden, wie die Vergebung oder das Suchen des Verlorenen, die sich im Lichte der Osterverkündigung als besonders aktuell erwiesen haben.

4. Paulus

In Mt 18,20 handelt es sich, wie gesagt, um eine Modifizierung älterer christlicher Tradition, die nicht nur die jüdische Vorstellung von der nur relativen Bindung Jahwes an den Tempel (I Reg 8,27) und seiner Anwesenheit in seinem Volk (Joel 2,27) weiterträgt, sondern auch das christliche Bewußtsein der spezifischen, konkret effektiven Präsenz Gottes bzw. Christi in der christlichen Gemeinde entfaltet. Es lohnt sich also, jetzt einen kurzen Blick auf ihre Vorgeschichte zu werfen.

Nach I Kor 14,25 bewirkt die verständliche (nicht enthusiastische) prophetische Verkündigung in einer christlichen Versammlung, daß ein Ungläubiger oder Unkundiger (ἰδιώτης – V. 24) seine Entfremdung überwindet (was in seinem Herzen verborgen ist, wird offenbar), so daß er selbst Gott anbeten und bekennen wird: „Wahrhaftig ist Gott unter euch (ἐν ὑμῖν)." Die Grundvoraussetzung für Verständlichkeit und Effektivität ist die deutlich artikulierte Akklamation Jesu als des Herrn (I Kor 12,1–3).

Wir können ständig die innere Spannung verfolgen, die es zwischen dem lebendigen Erbe der spontanen Osterfreude über die neue Präsenz Jesu und die charismatische Autorität der ersten Osterzeugen auf der einen und den notwendigen Schutzmaßnahmen gegen ihren Mißbrauch auf der anderen Seite gab. Daß die im Glauben erlebte Präsenz des gekreuzigten Jesus in der Gemeinde auf eine gefährliche Weise verstanden wurde, bezeugt die scharfe Polemik in I Kor 4. Eine christliche Gruppe in Korinth hatte nur den zweiten Teil der Seligpreisungen der Feld- bzw. Bergpredigt, die Verheißungen, auf sich bezogen. Die Mitglieder dieser Gruppe meinten, daß sie schon im Reiche Gottes mit Christus regierten, daß sie schon reich seien, die Weisheit besäßen und satt seien (I Kor 4,8–13).[7] Sie haben also vorausgesetzt, daß Christus selbstverständlich unter ihnen ist, ja, daß sie mit ihm geistig identisch sind. Es ist sehr wahrscheinlich, daß es die Leugner der Auferstehung aus I Kor 15,12 waren. Dies ist offensichtlich der Hintergrund der Reduktion des Mitseins Christi auf einen Menschen, der wir im Thomasevangelium begegnet sind.

Es ist also begreiflich, daß Paulus außer der Verständlichkeit der Verkündigung und Lehre auch weitere Rückkopplungen suchte, welche das Bewußtsein der effektiven Präsenz Christi vor Mißdeutung schützen sollten. Bei Disziplinarentscheidungen über eine moralische Verfehlung soll sich nach I Kor 5,1–5 die (ganze) Gemeinde im Namen des Herrn Jesus und „in

---

[7] Robinson, 41–44.

der Kraft unseres Herrn Jesus" versammeln (συναχθέντων ὑμῶν – V. 4), die
Entscheidung des Apostels beachten und eine entsprechende Entscheidung
treffen, die dann als der Vollzug des Willens Gottes gilt.[8] Das ἐν τῷ ὀνόματι
τοῦ κυρίου in I Kor 5,4a kann sich sowohl auf die Versammlung als auch auf
die Entscheidung von Paulus als des durch den Herrn (κύριος) bevollmächtig-
ten Apostels und Geistträgers beziehen (vgl. I Kor 7,12.25). Allerdings, wenn
die Gemeinde nach II Kor 13,5 ihre Entscheidungen und ihr Leben als diejenige prüft (δοκιμάζειν), die Christus in ihrer Mitte hat (ἐν ὑμῖν· vgl. I Kor
14,23–25), bedeutet dies den Nachvollzug der Weisungen des Apostels (vgl.
II Kor 2,9) und eine Konfrontation des eigenen Lebens mit der Liebe Christi,
die sich im Tode Jesu für die Sünder erwiesen hat (II Kor 5,14).[9] Dies ist die
Vorgeschichte des in Mt 18,20 formulierten koinonischen Prinzips.

Durch die Bindung der Entscheidungen an die Versammlung der christlichen Gemeinde, welche auf die Rezeption der Christologie des stellvertre-
tenden Opfers Jesu gegründet war, wollte Paulus den mit der Vorstellung
von der Präsenz Jesu in seiner Gemeinde verbundenen Enthusiasmus vor
spiritualistischem und triumphalistischem Mißbrauch schützen.

Wie aktuell eine enthusiastische Subjektivierung der Heilsgewißheit war, kann auch
an den Akzentverschiebungen in der Auffassung der Taufe demonstriert werden: Die
Taufe wurde, offensichtlich schon vor Paulus, als das Mitsterben und Mitbegraben-
Werden mit Christus verstanden, welche die durch den Glauben fest garantierte
Hoffnung der Teilnahme an seiner Auferstehung bringt (Röm 6,3–11). Paulus hat
auf diesem eschatologischen Vorbehalt insistiert („Richtet nicht vor der Zeit [πρὸ
καιροῦ]" – I Kor 4,5), und einige seiner Schüler haben die Behauptung einer schon
vollzogenen Identifizierung mit dem Auferstandenen sogar für Häresie erklärt (II
Tim 2,16–18). Doch hat eine andere Gruppe seiner Schüler, die für die Abfassung des
Kolosser- und Epheserbriefes verantwortlich waren, die Verbindung mit Christus
im Glauben betont und den eschatologischen Vorbehalt so geschwächt, daß ihre
Position der proto-gnostischen aus I Kor 4 ähnlich ist. So lesen wir in Kol 2,12: „...
mit ihm seid ihr auch auferweckt worden im Glauben ..."; und in Eph 2,6 sogar:
„Er hat uns mitauferweckt und mitgesetzt in den Himmelsbereichen in Christus
Jesus".[10] Es handelt sich um Aussagen, welche das gegenwärtige Mitsein mit Christus
in Abwehr einer Relativierung der christlichen Soteriologie betonen. Die Gefahr einer
Mißdeutung wird nur durch die Betonung der Sozialität des christlichen Lebens
im Rahmen der ganzen Kirche als des Leibes Christi (Kol 2,19; 3,15; Eph 1,22f.;
4,12.15f.25; 5,30 u.a.)[11] und durch entfaltete Paränese geschwächt.

Da sowohl Matthäus als auch Paulus den präsenten Herrn mit dem gekreuzigten Jesus identifizieren, müssen wir – um ein möglichst umfassendes Bild

---

[8] SCHRAGE, 375f.
[9] FURNISH, 577.
[10] Siehe POKORNÝ, Kolosser, und DERS., Epheser, z. St.
[11] POKORNÝ, Kolosser, §14; DERS., Epheser, §15.

zu gewinnen – auch die ältesten Traditionen untersuchen, die mit Jesus verbunden sind.

5. Von Jesus zu Paulus

Die meisten christlichen Traditionen rechnen mit einem Umbruch nach der Hinrichtung Jesu und vor der Entstehung der Kirche: Dieser ist durch ein neues Geschehen hervorgerufen worden. Allgemein nennt man dieses Ereignis Ostern, und die meisten Zeugen berufen sich nur auf dessen Folgen (Erscheinungen Jesu); ihre Zeugnisse setzen Ostern nur voraus. Dieses neue, transzendente Geschehen hat die Bildung von neuer, metaphorischer Rede in den christlichen Zeugnissen provoziert, in der Jesus als der auferstandene und/oder erhöhte Herr bezeichnet wird, der in den Akklamationen als der präsente Kyrios gelobt wird (I Kor 12,3; Phil 2,11; Röm 10,9). Es hat sich gezeigt, daß auch der alte aramäische Bittruf *Marana-tha*, d.h. „Der Herr ist nahe" (I Kor 16,22; Did 10,6; vgl. Apk 22,20b), eine – wohl nicht gegenständliche – Präsenz Jesu voraussetzt. Der Herr taucht hier als der Adressat des Bittgebets auf,[12] was im jüdischen Bereich undenkbar wäre. Nur ein außerordentlicher, neuer Impuls kann zur Formulierung solcher Sätze geführt haben.

Es ist allerdings verständlich, daß die Kirche die Traditionen über Jesus aufbewahrt hat und daß in ihrer neuen, nachösterlichen Verkündigung auch die Vorstellungen und die Rhetorik der Jesustradition weiterleben. Wir wissen z.B., daß für die Verkündigung und Lehre Jesu der Begriff „Reich Gottes" bezeichnend war und die Rede von seinem nahen Kommen (ἐγγὺς εἶναι; ἐγγίζειν) in der alten Tradition fest verankert ist (Mk 1,15; Mt 4,17; 10,7; Lk 10,9.11). Es handelt sich um eine zeitliche Nähe (wahrscheinlich Derivate des Stammes *qrb*), die jedoch neu, im Sinne ihrer Auswirkung in die Gegenwart hinein, interpretiert wird. So lesen wir in Lk (Q) 11,20 par., daß (uns) das Reich Gottes in den Exorzismen Jesu „erreicht hat" (ἔφθασεν), und Lukas wagte sogar zu sagen, daß das Reich Gottes „(mitten) unter euch" (ἐντὸς ὑμῶν) ist (Lk 17,21).

Die bekannten Perikopen über die Einsetzung des Herrenmahls bieten uns als Vergleichsmaterial eine Einsicht in die nachösterliche Christologisierung der Jesustradition. In der synoptischen Tradition setzt Jesus voraus, daß er das Mahl erst wieder im Reiche Gottes feiern wird (Mk 14,25b par.; Lk 22,16), während in I Kor 11,26b statt vom Reich Gottes von der (endgültigen) Ankunft Jesu als des Herrn, von der Parusie, die Rede ist. Ähnliches galt für die Verkündigung des nahen Reiches Gottes, das so nahe war, daß es die Zeitgenossen Jesu unmittelbar betraf, ja, daß es unter ihnen war. So konnte man in der nachösterlichen Zeit den neu präsenten und doch in der sicht-

---

[12] Thüsing, 46ff.; Pokorný, Entstehung, 63.

baren Gestalt erst erwarteten Jesus als den auch in der kleinsten Gemeinde seines Volkes gegenwärtigen und das kommende Reich repräsentierenden proklamieren, wie wir es in Mt 18,20 lesen.

Allerdings ist in der nachösterlichen Zeit die Erwartung deutlich gespalten, wie es der Ostererfahrung entspricht. Sie hat Jesus als den Messias und Repräsentanten Gottes (den Herrn im Sinne von Ps 110) bestätigt und war doch nicht mit der Ankunft des Reiches Gottes oder des neuen Äon verbunden. Aus der Sicht des christlichen Glaubens ist dies das Grundzeugnis; aus der Sicht der mit Jesus verbundenen jüdischen Erwartungen, deren Sprache er in modifizierter Gestalt selbst aufgenommen hat, ist dies eine Spaltung der eschatologischen Erwartungen. Ein Teil der Erwartung ist schon erfüllt und kann schon bezeugt werden. Er ist als ständig aktualisierte Erinnerung erreichbar (man kennt den Messias schon). Der andere Teil gehört zur Erwartung, welcher die Teilerfüllung ihr Gewicht verleiht. Für die Interpretation des urchristlichen Denkens und besonders für die Auffassung von der Präsenz Christi ist diese „gespaltene" oder „teleskopische" Eschatologie von entscheidender Bedeutung.[13] Neben der Präsenz Jesu, die im Glauben wahrgenommen wird und jeden Christen ständig begleiten kann, gibt es die unmittelbare eschatologische Begegnung und das direkte Schauen des Herrn. Und schließlich – als die dritte Art der Gegenwart Jesu, die uns in diesem Zusammenhang besonders interessiert – gibt es die Präsenz, welche konkrete, vollmächtige Folgen hat und die geschichtliche Tradition des christlichen Lebens gestaltet.

6. Die Entstehung und Funktion der Ich-Gestalt

Wenn Mt 18,20 auch in einer nicht-klassischen Art und Weise formuliert ist (εἰμι), so gehört dieser Beleg doch zu den Ich-bin-Worten (ἐγώ εἰμι), die in mehreren Religionen und Kulturen als Offenbarungsformeln belegt sind.[14] Das gilt auch für die jüdische Bibel, besonders für die Septuaginta, wo sich auf diese Weise Jahwe selbst vorstellt (z.B. Jes 45,18b). Im Neuen Testament sind die Ich-bin-Worte Jesu, die man als Zeichen einer späteren Entwicklung betrachtet hat, für das Johannesevangelium kennzeichnend.[15] Sie finden sich allerdings schon bei den Synoptikern, besonders in Mk 6,50 par. (Theophanie während der Seefahrt) oder Mk 14,62 (vor dem Hohenpriester).

Der Übergang von den Bekenntnissen in der 3. Person oder von der Anbetung in der 2. Person hat zweifelsohne eine psychologische Dimensi-

---

[13] Der Analyse dieses Phänomens hat sich mein Vorgänger Souček in mehreren seiner tschechischen Veröffentlichungen bahnbrechend gewidmet; Pokorný, In Honor of Josef B. Souček, 13ff.

[14] Zu den Belegen, die Schweizer, 12–24, anführt, können wir noch die vielen Belege in dem gnostischen Traktat Protennoia anführen (NHC XIII/1).

[15] Siehe Schweizer, 2.

on. Wenn der fromme Mensch zu Gott bzw. zur Gottheit eine persönliche Beziehung hat, dann vernimmt er alles, was er auf irgendeine Weise als den göttlichen Willen erkennt, als Anrede, deren Subjekt ihm gegenüber als ein anderes Ich hervortritt.

Das ist eine fast triviale Überlegung, die allerdings auch dort gilt, wo gebildete und denkende Menschen wissen, daß Gott unsere Kategorie des Personseins transzendiert. Das ist nicht nur unser Problem, denn ähnliche Gedanken haben sich schon in der Antike nicht nur die Kritiker der Volksreligion, sondern auch fromme Menschen von Plato bis Origenes gemacht, und in der Bibel sind sie zumindest angedeutet. Wir haben schon die Relativierung der Bindung Gottes an seinen Tempel erwähnt, deren sich nach I Reg 8,27 schon Salomo bewußt war (zur Allgegenwart Gottes vgl. z.B. Ps 139,7–12). Trotz alledem gehört das Vernehmen der Rede Gottes zu den Grunddaten des Glaubens, wenn auch die religiösen Begleitphänomene bei einigen Menschen in den Hintergrund treten können. Unser Problem, das wir jetzt untersuchen wollen, ist das Text-Werden solcher Anrede.

Einige klassische Ich-bin-Texte werden als Offenbarungen im Traum eingeleitet, wie z.B. die Selbstoffenbarung von Isis bei Apuleius (Met. XI,3,1ff. [das Einschlafen]; 5,1ff. [die Selbstoffenbarung]). Es ist wahrscheinlich, daß man solche Texte nach der Inkubation unter dem Eindruck von Traumerlebnissen geschrieben hat, wobei die schon bestehende Tradition der Ich-bin-Texte als Modell mitgewirkt hat. Im Corpus Hermeticum I taucht das Ἐγὼ … εἰμι … des Poimandres beim Meditieren im Traum auf und wird zunächst in das Herz des Empfängers geschrieben (ἀνεγραφάμην εἰς ἐμαυτόν – I,30), und dann offensichtlich auch mit Tinte auf Papyrus oder Pergament.

Im Alten Testament interpretieren die Propheten den Willen Gottes meist in der 3. Person, es handelt sich um die sog. Botenspruchformel (כֹּה־אָמַר יְהֹוָה; נְאֻם יְהֹוָה; in der Septuaginta λέγειν; εἰπεῖν übersetzt), aber oft spricht durch den Mund des Propheten auch Gott selbst in der 1. Person: „Ich bin der Herr (יְהֹוָה), das ist mein Name" (Jes 42,8).

In der Johannesapokalypse sehen wir, wie der christliche Prophet in seiner Vision, die er später aufschreibt (1,9–11), auch den erhöhten Jesus in der 1. Person sprechen hört (22,16ab). Daß dies alles schon eine literarische Bearbeitung eines solchen Phänomens ist, spricht nicht für seine Nicht-Existenz, sondern eher für seinen Einfluß und für seine Verbreitung. Der Philosoph Kelsos (Celsus) hat in seinem antichristlichen Buch „Die wahre Lehre" behauptet, daß die christlichen Propheten von sich selbst sagen, sie seien Gott oder Söhne Gottes (Or. Cels. VII,9),[16] was offensichtlich eine Desavouierung der prophetischen Rede sein soll und eigentlich nur die Autorität der prophetischen Verkündigung bestätigt. Das Ur- und Frühchristentum war viel bunter, als es uns jetzt scheint, und eine ähnliche Information über die

---

[16] BORING, 128ff.

falschen Messiasse, die „ich bin es" behaupten, bietet uns auch das Markusevangelium (13,6).

Lehrreich sind auch die drei Schilderungen der Bekehrung des Paulus
in der Apostelgeschichte, wo Paulus das „Ich bin" Jesu als dessen Selbstidentifikation[17] hört (9,5; 22,8; 26,15). Die Entstehung der Ich-bin-Worte
ist also nicht Ergebnis eines längeren Prozesses. Es gab Modelle und oral-
literarische Gewohnheiten, die durch Entscheidung einzelner Charismatiker
direkt zur Bildung der Ich-bin-Worte geführt haben. Das Spezifische war in
unserem Fall die vorausgesetzte oder konnotierte Verbindung des göttlichen
Gegenübers mit Jesus von Nazareth, einer konkreten Gestalt der Geschichte.
Anhand der Beispiele aus der Apostelgeschichte können wir gut demonstrie-
ren, wie zu der Offenbarung des Ich-bin-Sprechers seine Identifizierung mit
Jesus von Nazareth gehört.

Im Johannesevangelium sind die letzten drei Ich-bin-Worte Jesu, die
man üblicherweise nicht zu den anderen Ich-bin-Worten rechnet, seiner
Identifikation mit Jesus von Nazareth gewidmet (18,5–8), d.h. der Träger
aller anderen Prädikate, einschließlich der Wahrheit und des Lebens, ist Jesus
von Nazareth, der in dem Moment verhaftet wird und für seine Freunde sein
Leben gibt.

Die in seiner Person erfahrene Nähe des Reiches Gottes wurde nach
Ostern durch das Erlebnis seiner neuen, persönlichen Präsenz ersetzt, die
dann die christliche Prophetie in die 1. Person umgewandelt hat, um ihn als
die konkrete Offenbarung Gottes zu präsentieren. Das ist die Präsenz Jesu,
die den Tempel ersetzen konnte.

7. Die Risiken und Chancen einer Gemeinde ohne Tempel

Mit dem Verlust des Tempels haben sich die Christen relativ leicht abgefun-
den, weil unter ihnen, ähnlich wie unter den Essenern, die Relativierung des
Tempels zur Tradition geworden war und vor allem weil sie nach Ostern eine
neue Erfahrung mit Gott gemacht hatten.

Dennoch haben wir gesehen, welche Risiken mit der Verheißung der
Präsenz Christi verbunden waren. Was zunächst der Apostel (Petrus) durch
sein Urzeugnis als den Willen des erhöhten Herrn (χύριος) garantierte, das
hat später die ganze (wenn auch kleine) Ortsgemeinde durch ihren Konsens,
ihr Gebet und durch ihre Deutung der Worte Jesu garantiert. Paulus hat
das Bekenntnis zu dem gekreuzigten Jesus hinzugefügt, und Matthäus hat
die Proklamation der spezifischen Präsenz Jesu durch den Kontext konkretisiert und durch die Verbindung mit der Geschichte Jesu vor möglichem
subjektivistischen Mißbrauch geschützt. Als die endgültige Barriere gegen

---

[17]   Zu der Klassifizierung der einzelnen Gruppen der Ich-bin-Worte s. Brown, bes. 538.

den Mißbrauch des Namens des Herrn hat die Kirche die Bildung des Kanons gewählt.

Die neue Präsenz Jesu als des Herrn in der christlichen Gemeinde und ihre gleichzeitige Bindung an die geschichtliche Jesustradition – das sind die zwei Grundpfeiler der christlichen Frömmigkeit, welche das Spezifische der Ostererfahrung widerspiegeln.

Summary

1. The context (vv. 18–20) reveals that the purport of the sentence from Matt 18:20 is the promise of a special presence of Jesus as the Lord, of his presence confirming a decision of the Christian congregation. His presence is, however, conditioned by the support of the whole Christian group gathered in one place.

2. Also, according to Matt 28:19–20 the mission of the church is being confirmed (ratified) "in the name" of God, Jesus and the Holy Spirit (Shekinah). In the period in which "the house is ... desolate," this meant that every Christian gathering could become the place of a special presence of God, thereby confirming the mission of the Church.

3. Matthew recognized that this new concept of God's presence could be misused by false prophets (24:5) and therefore stressed as the necessary response adopting the Jesus tradition as a model for Christian life.

4. In the epistles of Paul, the responses of common proclamation and decisions being done in the name of Jesus as the Lord required their communal character as well as their understandable communication.

5. The most primitive expression of the experience with Lord's special presence was the short prayer "Maranatha" asserting that Jesus can be the adressee of prayers and yet expecting his more topical presence. It may have been formulated not only because of the Easter experience, but also because in the Jesus tradition there are various sayings which assert that the expected kingdom of God was represented by Jesus himself.

6. Matt 18:20 belongs also to the category of the "I am" sayings which express the personal character of God's presence.

Bibliographie

F. BLASS/A. DEBRUNNER/F. REHKOPF, Grammatik des neutestamentlichen Griechisch, 14. Aufl., Göttingen 1976.

M. E. BORING, Sayings of the Risen Jesus: Christian Prophecy in the Synoptic Tradition, Cambridge 1982.

R. E. BROWN, The Gospel According to John I–XII, AnB 29, 1966.

G. DELLING, Die Zueignung des Heils in der Taufe, Berlin 1961.

J. D. M. DERRETT, „Where two or three are convened in my name …" A sad misunderstanding, ET 91 (1979–80), 83–86.

D. FLUSSER, „Ich bin mitten unter ihnen", in: DERS., Entdeckungen im Neuen Testament, Bd. 1, Neukirchen-Vluyn, 1987, 97–107.

V. P. FURNISH, II Corinthians, AnB 32A, 1984.

D. R. A. HARE, Matthew, Interpretation: A Bible Commentary for Teaching and Preaching, 1993.

L. HARTMAN, „Into the Name of Jesus", NTS 20 (1974–75), 432–440.

J. MAISCH, Christen in Gemeinschaft (Mt 18), in: L. OBERLINNER/P. FIEDLER (Hgg.), Salz der Erde – Licht der Welt. Exegetische Studien zum Matthäusevangelium, FS A. Vögtle, Stuttgart 1991, 239–266.

P. POKORNÝ, Der Brief des Paulus an die Epheser, ThHK X.2, 1992.

— Der Brief des Paulus an die Kolosser, ThHK X.1, 2. Aufl., 1990.

— Die Entstehung der Christologie, Berlin 1985.

— In Honor of Josef B. Souček (1902–1972), in: DERS./J. B. SOUČEK, Bibelauslegung als Theologie, WUNT 100, 1997, 13–23.

J. M. ROBINSON, Kerygma und Geschichte im Neuen Testament, in: DERS./H. KÖSTER, Entwicklungslinien durch die Welt des frühen Christentums, Tübingen 1971, 20–66.

A. SAND, Das Evangelium nach Matthäus, RNT 1, 1989.

W. SCHRAGE, Der erste Brief an die Korinther, Bd. 1: 1Kor 1,1–6,11, EKK VII.1, 1991.

E. SCHWEIZER, Ego eimi. Die religionsgeschichtliche Herkunft und theologische Bedeutung der johanneischen Bildreden, zugleich ein Beitrag zur Quellenfrage des vierten Evangeliums, FRLANT 56, 2. Aufl., 1965.

W. THÜSING, Erhöhungsvorstellung und Parusieerwartung in der ältesten nachösterlichen Christologie, SBS 42, 1970.

Versammlungsraum, Kirche, Tempel

Hans Georg Thümmel, Greifswald

In der Auffassung von der Kirche als gottesdienstlichem Raum der Christengemeinde haben sich Wandlungen vollzogen, denen hier nachgegangen werden soll.[1]

1. Die Frühzeit

Lukas läßt Act 7,48 einen Diakon mit dem griechischen Namen Stephanos sagen: „Der Höchste wohnt nicht in von Händen Erbautem", und er läßt dies in 17,24 Paulus auf dem Areopag mit der Präzisierung „nicht in von Händen erbauten Tempeln" wiederholen. Damit ist zweierlei zum Ausdruck gebracht: Das Evangelium gilt der ganzen (griechisch geprägten) Welt, und das bedeutet auch eine Lösung vom Jerusalemer Tempel. Dahinter steht hier wie andernorts (Joh 4,20–24) die Vorstellung, daß der jüdische Tempel nur ein Zugeständnis Gottes war, die Unfaßbarkeit und Geistigkeit Gottes aber nicht an ein bestimmtes Gebäude gebunden werden kann.

Bei der Ausbreitung des Evangeliums wird im Hinblick auf die Versammlungen eine Predigt entscheidend, die nicht Missionspredigt, sondern Unterweisung der Gemeinde ist,[2] und eine Mahlfeier gemäß der Aufforderung Jesu, sein letztes Mahl zu wiederholen.[3] Beides verband sich mit liturgischen Elementen verschiedener Art, Gebeten, Anrufungen (Halleluja, Kyrie eleison), Segensformeln und Schriftlesungen, zunächst aus dem christlich gedeuteten Alten Testament, bald auch aus dem sich bildenden Neuen Testament. Mahl und Predigt sind gewiß sehr bald in *einer* Veranstaltung

---

[1] Grundlegend ist immer noch trotz notwendiger Korrekturen im einzelnen das materialreiche und kritische Werk von Wieland; dazu die einschlägigen Passagen bei Braun, weiterhin Stuiber und Brandenburg.

[2] Hierbei ist gewiß an die Synagoge angeknüpft worden.

[3] Daß Luther regelmäßig ἀναχεῖσθαι und ähnliche Begriffe mit „zu Tische sitzen" übersetzt hat, ist für die Leser des 16. wie des 20. Jh. gewiß hilfreich, bietet aber für das historische Verständnis keine Hilfe, da weder der Tisch noch das Sitzen in den griechischen Begriffen enthalten, sondern „zum Essen liegen" gemeint ist. Im Zusammenhang mit dem Abendmahl kommt τράπεζα nur Lk 22,21 bei der Verratsankündigung vor.

zusammengefaßt gewesen.[4] Bereits Act 20,7 erscheinen Mahl und Predigt vereint.[5] Wichtig für unser Problem ist dabei, daß in der Regel nur mit *einer* Räumlichkeit für den Gottesdienst zu rechnen ist.[6]

Materielle Anforderungen für solche Veranstaltungen waren ein Raum von genügender Größe, vielleicht ein Sitz für den Leiter der Versammlung und ein Tisch, falls von einem solchen gegessen wurde. Für die Veranstaltung wie für den Raum dafür konnte die Synagoge Anregungen geben. Die materiellen Dinge waren nicht so beschaffen, daß sie ausschließlich der christlichen Versammlung dienen mußten, und auch nicht so, daß sie als christlich identifizierbar wären. So ist bis in das 4. Jh. hinein fast nichts erhalten, was als christliche Kirche bezeichnet werden könnte.[7] Andererseits hätte jeder größere Raum für den Gottesdienst dienen können, und mancher hat es vielleicht auch, ohne daß bei Ausgrabungen der archäologische Befund darüber Aufschluß gäbe.

In der einschlägigen Literatur findet sich häufig die Vorstellung, zunächst habe man für die Mahlfeier einen normalen Tisch benutzt.[8] Offen bleibt dabei die Frage, was das ist: ein normaler Tisch. Solange man Leonardos Abendmahl vor Augen hat, wird man hier kaum weiterkommen.

Man wird davon ausgehen können, daß in Hellenismus und Spätantike ein „normaler" Tisch ein eher niedriger Drei- oder Vierfuß war, auf dem eine Platte lag, beides wohl meist von kleinen Dimensionen, oft aus Metall hergestellt und transportabel. Solche Tische standen neben der *Kline* und dienten für ein oder zwei Mahlteilnehmer zum Abstellen der Speisen und Getränke. Diese Tische sind auch im Kult benutzt worden, sie stehen etwa neben dem Götterbild und dienen für die Aufnahme von Libationen, Speiseopfer oder Weihrauchopfer.[9] Nicht unwesentlich scheint, daß diese Tische ebenso wie der große Brandopferaltar vor dem Tempel auch τράπεζα genannt

---

[4] Natürlich kann es lokale Unterschiede gegeben haben. Ob das Rescript des Plinius an Trajan (ep. 10,96,7: Mynors S. 339,6–12), das von getrennten Veranstaltungen berichtet, die Verhältnisse zutreffend wiedergibt, ist nicht sicher.

[5] Vgl. Act 5,42, wo auch die Predigt im Hause stattfindet; vgl. Just. 1. apol. 67,3–7: PTS 38, S. 129,6–130,7 Marcovich. Jedoch ist von vornherein nicht Einheitlichkeit des Ritus in der gesamten Ökumene zu erwarten. Sokrates stellt im frühen 5. Jh. in seiner Kirchengeschichte (5,22) Unterschiede dieser Art heraus, wobei er auch auf die Trennung von Verkündigung und Mahlfeier in Ägypten, der Thebais und Alexandrien verweist (h.e. 5,22,43–46: GCS NF 1, S. 301,9–18 Hansen). Doch sind diese Nachrichten aus Michael dem Syrer und Origenes gezogen, und es bleibt die Frage, wie weit sie Sokrates richtig verstanden hat.

[6] Wenn im 4. Jh. Kirchen-Komplexe begegnen, die vielräumig sind – wobei zu vermuten steht, daß die verschiedenen Räume auch unterschiedlichen Funktionen dienten (vgl. Trier, Aquileia, Salona) –, dann dürfte das keine Wurzeln in den früheren, eher bescheidenen Verhältnissen haben.

[7] Auch die „Hauskirche" in Dura Europos ist erst als solche identifiziert worden, als die Malereien entdeckt wurden.

[8] Vgl. etwa Stuiber, 308: „Der benötigte Tisch konnte der üblichen Einrichtung des Hauses entnommen werden."

[9] Richter, 63–72.110–113, und Mischkowski.

werden können. Tische, wie man sie heute vielfach als Vor- oder Frühform
des Altars annimmt, kommen am ehesten solchen in der Antike nahe, die als
Arbeitstische gedient haben.[10] Sie bestanden aus Böcken, auf die eine Platte
gelegt wurde, die sich dann in solcher Höhe befand, daß ein Hantieren im
Stehen möglich war. Solche Tische konnten leicht weggeräumt werden.

PERNICE hat eine Gruppe prunkvoller Tische aus Marmor oder Travertin
zusammengestellt, die vor allem am *Impluvium* des römischen Hauses ihren
Platz hatten.[11] Ein älterer Typus besteht aus einem pfeilerartigen Fuß und
einer Platte darüber, der spätere Typus aus zwei skulpierten dicken Stein-
platten, die als Füße die längsrechteckige Tischplatte an den Schmalseiten
unterstützen. Die Höhe schwankt in der Regel zwischen 0,60 und 0,80 m.
Immerhin entsprechen diese Tische älteren „Tischaltären".[12] Offenbar sind
in der Frühzeit die Tische für die Mahlfeier nicht „Altar" genannt worden.[13]
Was sich in dieser Hinsicht an Wandlungen bis zum 4. Jh. vollzogen hat, ist
im Detail unklar.[14] Gleichwohl sind Schritte deutlich.

2. Wandlungen im 3. Jahrhundert

Es gibt den stereotypen Vorwurf der Heiden, die Christen hätten weder Tempel, Altäre noch Götterbilder. Die Christen bestätigen das in ihrer Antwort.
Der Vorwurf erscheint bei Minucius Felix am Ende des 2. Jh.[15] Schon Kelsos
wirft dies um 170 den Christen vor. Und ein dreiviertel Jahrhundert später
nimmt Origenes dies in seiner Schrift gegen Kelsos auf und bekräftigt es:[16]
Die Christen haben keine konkreten Altäre (βωμοί), Götterbilder, Tempel.
Vielmehr sind ihre Altäre die Gesinnungen der Gerechten, und die Gottes-
bilder sind die vom Logos geformten und mit den Tugenden ausgestatteten

---

[10] Vgl. RICHTER, Abb. S. 70 und Abb. S. 419f. (Wandmalereien mit arbeitenden Putten in
Pompeji und Herculaneum). Viel später (um 340) ist die Malerei in der Calixt-Katakombe
entstanden, die vielleicht eine Gemüseverkäuferin zeigt; vgl. WILPERT, Malereien, Tafel 143,2.
Vgl. auch DERS., Ein unbekanntes Gemälde, 20–23 und Tafel I.

[11] PERNICE, 1–11.

[12] WIELAND, Bd. 2, 45f.; BRAUN, 129–157.

[13] Hier geht es vor allem um Ignatios v. Antiochien, bei dem öfter θυσιαστήριον begegnet.
Wahrscheinlich ist, wie schon WIELAND, Bd. 1, 40–43, darlegt, dieser Begriff in übertragenem
Sinne zu verstehen. Auch wenn BRAUN, 30–32, recht hätte, dann stünde Ignatios mit sei-
nem Vokabular in seiner Zeit vereinzelt da. Zum Vorkommen von *altare* und *ara* im lateinischen
Bereich s.u. S. 495 (bei Anm. 29–32).

[14] Die Vorstellung von GAMBER, Domus Ecclesiae, in den Kleinkirchen im Einflußbereichs
Aquilejas mit freistehender halbrunder Presbyterbank sei das sigmaförmige Liegepolster der
frühen Kirche erhalten und die Gemeinde habe dort bis in constantinische Zeit das Mahl (mit
Agape) gefeiert, ist abwegig; vgl. DERS., Liturgie, und meine Rezension, 274f.

[15] Minucius Felix, Octavius 10,2: CSEL 2, S. 14,12f. HALM: *Cur nullas aras habent, templa
nulla, nulla nota simulacra…?* In 10,4: S. 14,17–19 wird der Vorwurf dahingehend verschärft,
daß die Juden, die doch auch nur an *einen* Gott glaubten, doch Tempel und Altäre hatten.

[16] Origenes, Cels. 8,17–19: GCS Orig. 2, S. 234–236 KOETSCHAU.

Menschen, in denen die Gottebenbildlichkeit wiederhergestellt ist. Schließlich haben die Christen auch keine toten und unbeseelten Tempel, sondern ihre Leiber sind die Tempel Gottes (I Kor 3,16 u.ö.). Noch nach der Mitte des 3. Jh. konnte also ein Theologe, der in der Welt herumgekommen war, dies bei seinen Adressaten als selbstverständliche Überzeugung voraussetzen, daß Christen weder Tempel noch Altäre haben. Aber auch noch im frühen 4. Jh. nehmen Arnobius und Constantin denselben Vorwurf bestätigend auf.[17]

Freilich war schon äußerlich der Tempel etwas anderes als der Raum, den die Christen brauchten. Der Tempel war ein der Gottheit geweihter Raum in einem geweihten Bezirk, sein Kern war die *Cella*, die keine Fenster hatte, und die das Götterbild beherbergte, vor dem wohl regelmäßig ein kleiner Altar für Weihrauchopfer und Libationen stand. Der große Altar für die Brandopfer befand sich vor dem Tempel. Die Christen dagegen brauchten einen Versammlungsraum mit einem Platz für den Vorsitzenden und vielleicht auch für den Prediger und wohl einen Tisch, an dem das Mahl gereicht wurde. Ein solcher Raum hatte mit einem Tempel nichts gemeinsam.

Ein gewisser Wandel wird im späteren 3. Jh. deutlich. Er betrifft zunächst nur die Größe der Räume. In der Periode relativen Friedens zwischen der valerianischen und der diokletianischen Verfolgung war die Gemeinde offenbar stark gewachsen, so daß die vorhandenen Gebäude vielfach nicht mehr ausreichten. Schon die kaiserlichen Erlasse sind aufschlußreich. Valerian verbietet im Jahre 257 (offenbar 258 verschärft) christliche Versammlungen.[18] Die diokletianische Verfolgung dagegen beginnt am 23. 2. 303 mit dem Abriß der Kirche in Nikomedien,[19] und auch sonst hören wir von der Zerstörung von Kirchen, ja diese ist geradezu charakteristisch für diese Verfolgung.[20] Daß in der 2. Hälfte des 3. Jh. Gemeinden, die es sich leisten konnten, größe-

---

[17] Arnobius, Adversus nationes 6,1: CSEL 4, S. 214,7–10 REIFFERSCHEID: Es wird als das größte Verbrechen der Christen angesehen, *quod neque aedes sacras venerationis ad officia construamus, non deorum alicuius simulacrum constituamus aut formam, non altaria fabricemus, non aras, non caesorum sanguinem animantium demus* etc. (daß wir weder heilige Gebäude zur Verehrung für die Gottesdienste erbauen, noch das Bild oder die Gestalt irgendeines der Götter aufrichten, nicht Altäre verschiedener Art herstellen, nicht das Blut geschlachteter Tiere darbringen). Die Auseinandersetzung wird im ganzen 6. Buch geführt, wobei der Schwerpunkt auf Tempeln und Götterbildern liegt, und schließlich am Ende des 6. Buches und im 7. Buch, wo vor allem Opfer und dann die Spiele behandelt werden. Constantin sagt (wohl vor 324) in seiner Rede an die Versammlung der Heiligen (GCS Eus. 1 S. 182, 22–26 HEIKEL), Vergil habe in der 4. Ekloge Christus gemeint, um aber einer Verfolgung zu entgehen, habe er seine Weissagung in die seinen Zuhörern geläufigen Formen gefaßt und gesagt, man müsse dem Neugeborenen Altäre errichten, Tempel erbauen und Opfer bringen. Diese Dreiheit ist also auch für Constantin noch etwas Heidnisches.

[18] Acta proconsularia Cypriani 1,1: CSEL 3.3, S. CXI,8f. Allerdings scheint es auch zu Konfiskationen gekommen zu sein, denn Gallien verfügt bei der Restitution auch die Herausgabe der „Kultorte" (τῶν τόπων τῶν θρῃσκευσίμων), Eus. h.e. 7,13: GCS Eus. 2.2, S. 666,17f. SCHWARTZ.

[19] Lactantius, de mort. pers. 12: CSEL 27, S. 186f. BRANDT-LAUBMANN.

[20] Belege s.u. Anm. 52.

re Gebäude bauten, die dann vielleicht auch nur noch dem Gottesdienst dienten, bezeugt auch der Christengegner Porphyrios:

Ἀλλὰ καὶ οἱ Χριστιανοὶ μιμούμενοι τὰς κατασκευὰς τῶν ναῶν μεγίστους οἴκους οἰκοδομοῦσιν εἰς οὓς συνιόντες εὔχονται.[21]

„Aber auch die Christen ahmen die Herstellung von Tempeln nach und erbauen sehr große Häuser, in denen sie zusammenkommen und beten."

Immerhin sind hier, wohl erstmalig, christliche Gottesdiensträume und Tempel miteinander verglichen. Eusebios bestätigt das von Porphyrios Gesagte bei der Schilderung des gottesdienstlichen Lebens vor der diokletianischen Verfolgung:

„Wie könnte jemand dieses Zusammenströmen unzähliger Menschen beschreiben und die Menge der Versammlungen in jeder Stadt und den bedeutenden Zulauf in den Bethäusern (προσευκτήρια). Deswegen reichte man mit den alten Gebäuden ganz und gar nicht mehr aus und errichtete in allen Städten von Grund auf in der Ausdehnung geräumigere Kirchen (ἐκκλησίαι)."[22]

Aus dem 3. Jh. stammen auch die ersten Zeugnisse für einen Tisch, der in der Liturgie Verwendung findet. Dieser scheint regelmäßig erst für die Liturgie aufgestellt worden zu sein,[23] mußte also leicht und transportabel sein. Da noch im 4. Jh. Altäre aus Holz sein konnten,[24] ist dies für die frühere Zeit auch anzunehmen. WIELAND hat darauf hingewiesen, daß auch noch in den Protokollen der Verfolgungszeit unter dem Inventar der Kirchen kein Tisch begegnet.[25]

3. Der Opfergedanke

Bereits im 3. Jh. haben sich weitere Wandlungen vollzogen, doch anscheinend im Westen und im Osten in verschiedener Weise. Ausgangspunkt ist die Umdeutung des alttestamentlichen Opfers. Gebet und Dank wurden allenthalben als geistiges Opfer verstanden, ja waren die eigentliche Umdeutung des Opfers, mit dem man im christlich gelesenen Alten Testament konfrontiert war. Gerade auch Eusebios hat betont, daß die geistigen Opfer der Christen besser sind als die körperlichen Opfer des mosaischen Gesetzes.[26] Aber es bleibt im ganzen oft schwer zu entscheiden, wann direkt, wann übertragen geredet ist. Auch die Vorstellung von dem himmlischen Altar, der

---

[21] Porphyrios, frgm. 76 (A. v. HARNACK [Hg.], Porphyrius „Gegen die Christen", 15 Bücher. Zeugnisse, Fragmente und Referate, APAW.PH 1916, 1 = ders., Kleine Schriften zur Alten Kirche II, Opuscula IX, 2, Leipzig 1980, 362–493; hier 93 = 452), nach Makarios.

[22] Eus. h.e. 8,1,5: GCS Eus. 2.2, S. 738,1–6 SCHWARTZ.

[23] Belege bei WIELAND, Bd. 1, 115–124.

[24] Belege bei WIELAND, Bd. 2., 67–70, vgl. S. 49–51; BRAUN, 102f.; STUIBER, 313.

[25] WIELAND, Bd. 1, 125f.

[26] Belege bei WIELAND, Bd. 2, 17f.

beim Tempelbau Salomos das Vorbild abgab, hat in christlicher Zeit nachgewirkt, wie schon die Apokalypse zeigt.[27] Die geistigen Opfer der Christen werden auf dem himmlischen Altar dargebracht. Für den Westen scheint ein Wandel im Opferbegriff seit dem späten 2. Jh. entscheidend gewesen zu sein. Die Mahlfeier war mit der Danksagung (*Eucharistia*) wie mit dem Totengedächtnis und dem Naturalopfer verbunden, wobei „Eucharistie" und „Opfer" zur Bezeichnung des Ganzen werden konnten. Beim Naturalopfer wurden Gaben dargebracht, die dem Lebensunterhalt des Klerus wie der Armenspeisung dienten, aus denen aber auch Brot und Wein für das Mahl ausgesondert wurden. Und es hat das Opfer der Gaben, die dann zum Mahl dienten, auf letzteres abgefärbt. Schon um 185 findet sich bei Irenäus eine entsprechende Passage,[28] die freilich nur in lateinischer (und armenischer) Übersetzung erhalten ist, so daß auf das Vokabular nicht zu viel Gewicht gelegt werden kann. Nachdem Irenäus in den vorangegangenen Teilen des 17. Kapitels alttestamentliche Opferkritik aufgenommen hatte, wird in 17,5 zum kirchlichen Gottesdienst übergeleitet:

Sed et suis discipulis dans consilium primitias deo offere ex suis creaturis, non quasi indigenti, sed ut ipsi neque infructuosi neque ingrati sint, eum qui ex creatura est panis accepit et gratias egit dicens: Hoc est meum corpus. Et calicem similiter, qui est ex ea creatura, quae est secundum nos, suum sanguinem confessus est et novi testamenti novam docuit oblationem; quam ecclesia ab apostolis accipiens in universo mundo offert deo, ei qui alimenta nobis praestat, primitias suorum munerum in novo testamento.

„Aber auch seinen Jüngern rät (Christus), Erstlinge aus seinen Geschöpfen Gott darzubringen, nicht so, als ob er sie brauchte, sondern damit sie (die Jünger) weder unfruchtbar noch undankbar seien, und er empfing das, was von der Schöpfung her Brot ist, sagte Dank und sprach: Das ist mein Leib. Und in gleicher Weise hat er den Kelch, der aus der uns entsprechenden Schöpfung stammt, als sein Blut bekannt und als das neue Opfer (*oblatio*) des neuen Bundes gelehrt, das die Kirche, von den Aposteln empfangend, in der ganzen Welt opfert, und zwar dem, der die Nahrungsmittel uns zur Verfügung stellt, die Erstlinge seiner Gaben im Neuen Bund."

Grundgedanke ist eine freilich im Neuen Testament so nicht nachweisbare Aufforderung Jesu an seine Jünger, Erstlinge aus der Schöpfung darzubringen. Das kann nicht anders als vom Naturalopfer verstanden werden, das hier als apostolisch begründet wird. Dieses Naturalopfer wird im heiligen Mahl Leib und Blut Christi. Und da das Blut Christi als das Opfer des Neuen Bundes verstanden wird, kann eine Brücke vom Naturalopfer her geschlagen werden. Aber es ist von den Nahrungsmitteln als Opfer im Neuen Bund die Rede, nicht von Christus, wie auch die Fortsetzung lehrt. Das 18. Kapitel

---

[27] Wenn hier vom Thron Gottes die Rede ist und von dem Altar davor, so ist an das Innere des Tempels gedacht, wobei der Vorhang zwischen Heiligem und Allerheiligstem beseitigt ist. Unter dem Thron ist die Lade, unter dem Altar der Räucheraltar zu verstehen (Apk 8,3.5; 9,13).

[28] Irenäus, adv. haer. 4,17,5: SC 100.2, S. 590,21–592,6 Rousseau; vgl. Wieland, Bd. 1, 52f.

und der Anfang des 19. Kapitels handeln weiterhin vom Opfer. Dabei kann sowohl auf die Armenspeisung Bezug genommen werden (18,6: S. 612,123; 614,140) wie auch die Heiligung des Materiellen als Schöpfung in der Konsekration gegen den Spiritualismus der Gnostiker ins Feld geführt werden (18,5: S. 610,110; 612,122). Der hier erhaltene griechische Text belegt προσφέρειν als Ausdruck für „opfern". Als Ort der Gabe erscheint *altare*, wohl in Anlehnung an Mt 5,23 (18,6: S. 614,139f.). Hier wird im Griechischen θυσιαστήριον gestanden haben, was aber im folgenden sofort auf den himmlischen Altar und den himmlischen Tempel bezogen wird (S. 614,141–144).

Wie es scheint, spielt Nordafrika in dieser Entwicklung eine Sonderrolle. Die Dinge sind deswegen so schwer zu fassen, weil es um den lateinischen Sprachgebrauch geht, der uns für diese Zeit fast nur aus Nordafrika bezeugt ist.

Tertullian handelt in einer sachlich isolierten Passage in De oratione über das Verhältnis dreier Dinge, von den Leistungen des Stationstages (*statio*), also wohl vor allem Fasten als gottgeweihtes Werk, vom Gebetsgottesdienst (*sacrificiorum orationes*) und vom Sakramentsempfang.[29] Die knappe Sprache erlaubt kaum eindeutige Zuweisungen. Der Begriff für den Gottesdienst meint nicht einfach „Gebetsopfer". Aber was wird als Opfer bezeichnet? Viele – so sagt Tertullian – fasten zwar, nehmen aber an dem Gottesdienst nicht teil, weil er mit dem Mahl verbunden ist. Dieses soll aber nicht den gottgeweihten Dienst (das Fasten) zunichte machen. Vielmehr wird das Fasten (*statio*) feierlicher sein, *si et ad aram dei steteris* und wenn so *participatio sacrificii* und *executio officii* verbunden sind. *Ad aram dei stare* wird ein bildlicher Ausdruck für das Gebet („vor Gott stehen"), also hier für den Gottesdienst, sein (vgl. De oratione 11: S. 187; 28: S. 198f.; WIELAND, Bd. 1, 112f.), *sacrificium* kann ein vom Naturalopfer auf die ganze Feier übergegangener *Terminus technicus* sein. Aber der dauernde Bezug auf den Empfang des Leibes des Herrn verwischt die Verhältnisse.

Eindeutig scheint die Situation bei Cyprian zu sein.[30] Hier finden sich durchgängig die Bezeichnungen *altare* für den Abendmahlstisch, *sacrificium* für die Konsekration der Elemente und *sacerdos* (neben *clericus*) für den Priester, und die Zusammenhänge sind so geartet, daß kaum ein Zweifel an der direkten Bezeichnung möglich ist. Dabei sind einige Charakteristika zu beobachten.

Altari et sacrificiis deservire o.ä. bezeichnet die normale Funktion des Priesters (De unitate 17; ep. 1,1.2; 67,1; 72,2: S. 226,5–11; 465,12; 466,13f.20f.; 735,23; 777,1f.). Zu *sacrificium* kann *oblatio* und *offere* kommen (ep. 5,2; 12,2: S. 479,14f.; 503,21). Ja, es kann regelrecht *sanguinem Christi offere* heißen (ep. 63,9: S. 708,9). Mit diesen Wörtern ist alttestamentliches Voka-

---

[29] Tertullian, De oratione 19: CSEL 20, S. 192,5–14 REIFFERSCHEID-WISSOWA. Vgl. WIELAND, Bd. 1, 53f.

[30] Die Nachweise im folgenden nach CSEL 3.1–2 HARTEL. Vgl. WIELAND, Bd. 1, 55f.

bular aufgenommen, wie aus ep. 72,2 (S. 777,1–9) erhellt, und in ep. 63,5
(S. 704,11–23) wird gezeigt, daß der *typus dominici sacrificii* durch Salomo
(Prov 9,1–5) vorhergezeigt sei, wobei auf die auf dem Altar *immolata hostia*
Bezug genommen wird.[31] Während *sacrificia* meist im Plural begegnet, steht
altare meist im Singular, was doch wohl auch den Monotheismus und die
Einheit der Kirche zum Ausdruck bringt. So kann das *Numerale* hinzutre-
ten: *unum altare et sacerdotium* (ep. 43,5; 72,2; 75,17: S. 594,6–9; 776,19f.;
822,5f.). Dieser eine Altar wird als *altare dei* bezeichnet (Ad Demetrianum
12: S. 360,5) und den heidnischen Altären – im Plural! – entgegengesetzt. Gelegentlich können diese *altaria* genannt werden, wenn es um Spaltungen in
der Kirche geht (ep. 75,16: S. 821,9), doch scheint der eigentliche Gegensatz
arae zu sein (ep. 59,18; 65,1: S. 688,1–3; 722,4f.). Der Altar wird zur Feier
jeweils aufgestellt: *altari posito* (ep. 45,2: S. 600,23), *altare conlocare* (ep. 73,2:
S. 780,7f.).

Bei Cyprian konnte also auch der Abendmahlstisch den Charakter des
Opferaltars erhalten. Dabei ist nicht einmal sicher, ob nicht das Naturalopfer auf dem gleichen Tisch dargebracht werden konnte, auf dem dann
die Elemente konsekriert wurden. Darauf, daß es sich hier um eine speziell
nordafrikanische Entwicklung handelt, scheint der Tatbestand hinzuweisen,
daß noch in den abendländischen liturgischen Formularen des 4. und frühen
5. Jh. zwischen den *altaria* (im Plural) als den Tischen, auf denen das Opfer
deponiert wurde, und der *mensa* (im Singular) als dem Tisch des Mahles
unterschieden worden ist.[32]

Vom *sacerdos* war bereits die Rede. Auch hier scheint es im 3. Jh. in
Nordafrika eine Sonderentwicklung gegeben zu haben. Griechische Beispiele
(ἱερεύς) begegnen höchstens vereinzelt und sind als *Terminus technicus* kaum
sicher.[33]

4. Constantin und die Lateransbasilika

Am 27.10.312 siegte Constantin in der Schlacht am Pons Milvius unter dem
Zeichen des Christengottes und nahm Rom in Besitz.[34] Der entscheidende
Endkampf hatte sich zwischen Constantin einerseits und Maxentius und sei-

---

[31] *Sed et per Salomonem spiritus sanctus typum dominici sacrificii ante praemonstrat, im-
molatae hostiae et panis et vini sed et altaris et apostolorum faciens mentionem.* (Aber auch
durch Salomo hat der Heilige Geist das Vorbild des Herrenopfers zuvor gezeigt, indem er das
dargebrachte Opfer, sowohl Brot wie Wein, aber auch den Altar und die Apostel erwähnt.)

[32] KLAUSER, 155–160; vgl. THÜMMEL, Altarkreuz, 119f. Wenn in Texten des Origenes *altare* begegnet, sagt das nur etwas über die Zeit der Übersetzung aus. Wahrscheinlich hat im
griechischen Text τράπεζα gestanden. Aus den Belegen, die DÖLGER für die Zeit vor Eusebios beigebracht hat, wird man kaum mehr als eine gewisse Heiligkeit des Tisches erschließen
können, der zum Mahl dient, eine Heiligkeit, die sich von Leib und Blut Christi herleitet.

[33] BRADSHAW, 414.

[34] THÜMMEL, Wende Constantins, bes. 179–181.

ner Leibgarde, den *Equites singulares*, andererseits abgespielt.[35] Maxentius fand den Tod, die Leibgarde wurde aufgelöst, ihre Kaserne auf dem Lateran geschleift. Sehr bald stattete Constantin den Dank für den Sieg an den Christengott ab. Über den Trümmern der Kaserne der *Equites singulares* wurde, als Kirche des römischen Bischofs, die Lateransbasilika erbaut. Ob darin auch der Triumph über den Gegner symbolisiert ist oder ob Constantin hier zufällig ein nach Auflösung der Truppe herrenloses Land nutzte, sei dahingestellt.[36] Römischer Bischof war Miltiades, dem am 31.1.314 Silvester folgte. Mit der Lateransbasilika ist der Name Silvesters verbunden, aber darin wird vielleicht nur die Silvesterlegende wirksam, die diesem Bischof auch die Bekehrung und Taufe Constantins zuschreibt.[37]

Die Lateransbasilika, sehr bald nach der Einnahme Roms errichtet, ist eigentlich die erste Kirche, die wir etwas genauer kennen. Sie war sehr groß (100 m lang) und prächtig, was gewiß mit der kaiserlichen Stiftung zusammenhängt. Sie hatte die Gestalt einer fünfschiffigen Basilika mit westlicher *Apsis*, die äußeren Seitenschiffe stießen auf flankierende Flügelräume. Diese Kirche war auch in dem (kunsthistorischen) Sinne Basilika, daß das Mittelschiff überhöht war und einen Obergaden mit Fenstern aufwies, die den Raum beleuchteten. Ja, die Lateransbasilika ist das Bauwerk, an dem – nach Vorstufen mit bescheiden ausgebildeten Gaden – diese Art von Gaden zuerst nachweisbar ist.[38] Von einem Altar bzw. Tisch für das Mahl hören wir zunächst nichts, dagegen von Offertoriumstischen (*septem altaria*).[39]

Wichtig ist die Frage, wie die Liturgie aussah, die in solchem Raum vollzogen wurde. Nach späteren Denkmälern konnten derartige Basiliken an den Stützenreihen mit Schranken versehen sein, und es spricht alles dafür, daß sich die Gläubigen in den Seitenschiffen, die Frauen im Norden, die Männer im Süden, befanden.[40] Das Mittelschiff diente großartigen Ein- und Auszügen des Klerus, und eine *Schola cantorum* konnte sich weit in das Schiff hineinschieben.[41] Vielleicht diente das Mittelschiff auch für den Offertoriumsgang der Gläubigen (zum Ablegen des Naturalopfers) und als Weg zum Empfang der Kommunion. Andernfalls müßten die äußeren Seitenschiffe dazu benutzt worden sein.

Damit wird ein gewaltiger Unterschied zu der (raumfüllenden) Versammlung der Gläubigen deutlich, die für die Frühzeit anzunehmen ist. Wann sich der Wandel vollzogen hat, ist unklar. Vielleicht kann die neue Art der

---

[35] SPEIDEL, Maxentius.
[36] Ein Parallele bildet die Bestattungsbasilika SS. Marcellino e Pietro, die Constantin über dem Friedhof der *Equites singulares* erbauen ließ; vgl. JOSI, bes. 347–351; SPEIDEL, Equites, und DERS., Denkmäler.
[37] DUCHESNE, Le Liber Pontificalis I, 170.172–174; KRAUTHEIMER/CORBETT/FRAZER, 1–96.
[38] DEICHMANN, 15.
[39] DUCHESNE, Liber Pontificalis I, 172,17; KLAUSER.
[40] Vgl. SELHORST.
[41] THÜMMEL, Altarkreuz, 119f.

Nutzung bereits für die Zeit Constantins in Anspruch genommen werden, vielleicht haben sich schon vorher Wandlungen vollzogen.

Ob die größeren Gottesdiensträume, die vor der diokletianischen Verfolgung geschaffen wurden, Basiliken im engeren Sinne sein konnten, wissen wir nicht.[42] Jedenfalls haben diese Räume weiter bestanden und dem Gottesdienst gedient. Es ist ja nicht so, daß jetzt etwa ganz Rom sonntäglich zur Lateransbasilika gepilgert wäre. Aber auch die Neubauten und Großbauten, die jetzt errichtet wurden, waren nicht unbedingt Basiliken, vielmehr ist mit Vielgestaltigkeit zu rechnen. Es sei nur an eine Kirche wie das Oktogon zu Antiochia erinnert, von den Martyrien und Bestattungskirchen ganz abgesehen.[43] Doch begegnet in der Folgezeit die Basilika häufiger.

Eine Ähnlichkeit zwischen den Basiliken, aber auch den anderen Kirchbauten, und dem, was es in der griechisch-römischen Welt an Tempeln gab, bestand nicht. Letztere waren weiterhin *Cellae*, die ringsherum oder doch wenigstens an der Vorderseite mit einer Säulenfront versehen waren. Dagegen liegen Vorstufen der frühchristlichen Basilika bei den Markt- und Gerichtsbasiliken.[44]

5. Eusebios und die Basilika zu Tyros

Nur wenig jünger als die Lateransbasilika dürfte die Basilika zu Tyros gewesen sein, die wir nur aus der Einweihungsrede kennen. Auch hier handelt es sich um eine drei- oder fünfschiffige,[45] gewestete Basilika mit *Atrium* und *Apsis*. Die Rede, die Eusebios von Kaisareia gehalten hat,[46] wie ihre literarische Umgebung bildet eine Art Wasserscheide im Verständnis dessen, was eine Kirche als Gottesdienstraum ist.

Eusebios hat seine Kirchengeschichte mehrfach redigiert. Ursprünglich endete sie mit der diokletianischen Verfolgung. Die späteren Editionen waren sowohl Ergänzungen, die den aktuellen Stand nachtrugen, als auch Umarbeitungen, die eine neue Konzeption zum Ausdruck brachten. Das 10. Buch gehört der vorletzten Redaktion der Kirchengeschichte an. Es ist dem Bischof Paulinos von Tyros gewidmet, und sein Hauptinhalt ist – in einen erzählenden Rahmen eingebettet – die Rede, die Eusebios selbst zu den *Enkainien*[47]

---

[42] Zur vielfältigen Gestalt dessen, was eine Basilika sein konnte, s. LANGLOTZ.

[43] Die Grabeskirche in Jerusalem war gleichzeitig Martyrium und Bischofskirche.

[44] Etwa die Basilika in Leptis Magna; vgl. LANGLOTZ, 1237–1240.1245f. (Abb. 31.33).

[45] Die Angabe über die Zahl der Schiffe (Eus. h.e. 10,4,42: GCS Eus. 2.1–2, S. 875,7f. SCHWARTZ) ist unklar und läßt an fünf denken: „an beiden Seiten des ganzen Tempels Säulenhallen nach der Zahl der Propyläen anordnend". Befände sich an jeder Seite nur ein Seitenschiff, wäre die Argumentation mit der „Zahl" seltsam. Andererseits scheint der Vergleich mit der Trinität (h.e. 10,4,65: S. 881,7–11) die Dreizahl zu sichern.

[46] Eus. h.e. 10,4,2–72: S. 862,14–883,19 SCHWARTZ.

[47] Vielleicht kann man auch von „Einweihung" sprechen, doch muß deutlich bleiben, daß es sich noch nicht um eine „Weihe" im späteren Sinne handelt.

der nach der Verfolgung neuerbauten Basilika von Tyros gehalten hat. Diese Redaktion ist vor der *damnatio memoriae* des Licinius (letzte Redaktion) 324 anzusetzen und durch den Tod Diokletians 316[48] und den Kirchenbau datiert. Da letzterer erst nach dem Sturz des Maximinus 313 begonnen sein kann und sicher einige Jahre zur Vollendung brauchte, datiert SCHWARTZ die Fertigstellung der Kirche (und die Redaktion) um 317.[49]

Eusebios vergleicht in der Rede die Kirche und ihren Erbauer, Bischof Paulinos, mit den alttestamentlichen Kultstätten und ihren Erbauern, mit dem heiligen Zelt und Bezalel, mit dem Tempel und Salomo,[50] mit dem neuen Tempel und Serubbabel. Die Bilder wechseln. Die Vorstellung von der Erneuerung bezieht sich darauf, daß der Neubau auf dem Platz errichtet wurde, wo die alte Kirche stand, die in der Verfolgung zerstört wurde, die prächtige Gestalt des Neubaus erinnert an Bezalel.

In diesen Vergleichen aber geschieht eine radikale Neuerung. Die Kirche wird nicht nur mit dem alttestamentlichen Tempel verglichen, sondern ebenso genannt: meist νεώς, selten ναός. Die Sprache ist weithin schwebend, und Metapher und wirkliche Bezeichnung sind oft nicht genau auseinanderzuhalten. Doch an einigen Stellen ist der Sprachgebrauch eindeutig. Kirche und Tempel werden gleichgesetzt. Daraus ergeben sich Weiterungen. Der Tisch des Mahles wird Altar, θυσιαστήριον, genannt, und die Kleriker (Bischöfe?) Priester, ἱερεῖς. Vorher ist im Osten solcher Sprachgebrauch – soweit ich sehe – nicht sicher bezeugt, in der 2. Hälfte des 4. Jh. ist er geläufig. Wie schnell auch immer man Eusebios gefolgt ist, hier scheint der Wendepunkt zu liegen. Aus dem Versammlungsraum mit dem Abendmahlstisch, wo die Geistlichen wirken, wird der Tempel mit dem Opferaltar und dem Priester, der opfert.

Der Bruch geht durch die Kirchengeschichte des Eusebios selbst. Jetzt erst ändert sich das Vokabular und offenbart bei dem Verfasser einen Wandel der Konzeption, wovon leicht ein Blick in das Wortregister bei SCHWARTZ überzeugen kann. Bis dahin war von προσευκτήρια oder ἐκκλησίαι[51] die Rede, wozu οἶκοι treten konnte. Im 10. Buch begegnen προσευκτήριον[52] und ἐκκλη-

---

48 Wohl kaum – wie BARNES, 32, will – bereits im Jahre 311.

49 SCHWARTZ, in: GCS Eus. 2,3, S. LIX.

50 So heißt es h.e. 10,4,45: S. 876,6f. im Wortspiel: „Unser überaus friedliebender Salomo, der besorgt den Tempel Gottes erbaute". In späterer Zeit ist es der Kaiser, der mit Salomo verglichen wird.

51 Gebäude für den christlichen Gottesdienst werden überhaupt erst im Zusammenhang mit der diokletianischen Verfolgung genannt. Das hängt gewiß damit zusammen, daß erst im späteren 3. Jh. der Versammlungsraum seinen Charakter ändert. Andererseits wird diese Verfolgung geradezu als „die Zerstörung der Kirchen" bezeichnet. Dabei wechselt das mehrdeutige πολιορκία τῶν ἐκκλησιῶν (Eus. h.e. 7 capp.; 7,32,4: S. 632,19; 718,6f.) mit dem eindeutigen καθαίρησις τῶν ἐκκλησιῶν bzw. προσευκτηρίων o.ä. (z.B. Eus. h.e. 7,30,22; 7,32,32; 8,1,9; 8,2,1.4, etc.: S. 714,24f.; 730,17f.; 740,7.17; 742,12f.).

52 Eus. h.e. 10,3,1 10,4,14: S. 860,16; 867,6.

σία nur noch selten.[53] Andererseits kommt in den früheren Büchern ναός
nur zweimal vor. An der einen Stelle bezeichnet es den jüdischen Tempel,[54]
an der anderen ist von heidnischen Tempeln die Rede, wobei auch ἱερεύς für
den heidnischen Priester begegnet. Maximinus läßt in der Christenverfolgung
überall heidnische Tempel bauen und bestellt Götzenpriester (ἱερεῖς εἰδώλων),
über die in jeder Provinz Oberpriester (ἀρχιερεῖς) gesetzt werden.[55]

Dagegen kommt im 10. Buch zwölfmal ναός oder νεώς für die Kirche
vor. Die ersten Erwähnungen begegnen schon in der Einleitung zur Rede.
Das heißt aber, daß die Aussagen des Eusebios in der *Enkainien*-Rede nicht
nur ein Zufallsprodukt sind, wie man ja bei bestimmter Gelegenheit einmal
Dinge, vom Vergleich davongetragen, in außergewöhnlicher Weise benennen
kann. Vielmehr handelt es sich um eine grundsätzliche Neubestimmung,
die auch in den um die Rede gelegten Rahmen übernommen und erläutert
wird. Gerade hier wird die Weichenstellung deutlich. Hier wird gesagt, daß
nach der Verfolgung die Tempel (νεώς) größer und schöner neu erbaut wurden,[56] und damit kein Mißverständnis aufkommt, wird dies noch einmal
im herkömmlichen Vokabular wiederholt: Die προσευκτήρια werden neu gebaut.[57] Und dies wird schließlich auf den „Tempel" zu Tyros angewandt,[58]
ehe die Rede zu dessen Einweihung beginnt.[59]

Hier wird also die Kirche „Tempel" genannt, und andere Begriffe schließen sich an. Schon in der Anrede begegnet ἱερεῖς: Ὦ φίλοι θεοῦ καὶ ἱερεῖς.[60]
Das spätere Vorkommen von ἱερεῖς und ἀρχιερεῖς ist schillernd. Bei der weiteren Beschreibung des νεώς heißt es dann: „In die Mitte der Bänke für die
Geistlichen setzte er τὸ τῶν ἁγίων ἅγιον θυσιαστήριον."[61] An anderer Stelle ist
auch dieser Begriff dann wieder schillernd.[62] Das Unbestimmte und Schil-
lernde kommt zustande, weil mehrere Bilder und Bildebenen durcheinander
gehen. So werden sowohl die Einzelseele und die Gemeinde als auch das Kir-

---

[53] Eus. h.e. 10,1,3; 10,4,1.14.27: S. 856,9; 862,14; 867,8; 871,8. Dabei ist die Grenze zu ἐκκλησία
als Gemeinschaft fließend. Außerdem ist noch in der Kapitelaufzählung von der „Erneuerung
der Kirchen" die Rede (S. 854,4). Eine weitere Nennung im Text gehört bereits der letzten
Redaktion an: In der Verfolgung des Licinius seien Kirchen abgerissen oder geschlossen worden
(h.e. 10,8,15: S. 898,3f.).

[54] Eus. h.e. 3,5,4: S. 198,2.

[55] Eus. h.e. 8,14,9: S. 782,7.9f.

[56] Eus. h.e. 10,2,1: S. 860,3.

[57] Eus. h.e. 10,3,1: S. 860,16.

[58] Eus. h.e. 10,4,1: S. 862,12.

[59] VOELKL, Die konstantinischen Kirchenbauten nach Eusebius, 52–54, hat die Belege syste-
matisch, nicht zeitlich gegliedert. Doch ist deutlich, daß sich die weiteren Belege für ναός oder
νεώς als Bezeichnung einer christlichen Kirche in der späteren Vita Constantini finden. Auch im
Westen begegnet *templum* erst in dieser Zeit; vgl. DERS., Die konstantinischen Kirchenbauten
nach den literarischen Quellen, 110.

[60] Eus. h.e. 10,4,2: S. 862,16.

[61] Eus. h.e. 10,4,44: S. 875,25. Der Wechsel ist hier nicht so deutlich, da τράπεζα offenbar in
der ganzen Kirchengeschichte des Eusebios nicht begegnet.

[62] Eus. h.e. 10,4,68: S. 882,1.

chengebäude „Tempel" genannt, und die Einzelnen als Teile des Tempels *qua* Gemeinde werden mit dem Ort verglichen, den sie in der Kirche innehaben, und ebenso mit dem konkreten Kirchengebäude.

Doch ist deutlich erkennbar, daß hier geballt und – abgesehen von der Sonderentwicklung in Nordafrika – wohl erstmalig nachweisbar die Kirche „Tempel", der Mahltisch „Altar" und die Geistlichen „Priester" genannt werden.[63] Der Vergleich der christlichen Kirche mit dem alttestamentlichen Tempel schlägt in der Weise zurück, daß das mit diesem verbundene Vokabular ναός, θυσιαστήριον, ἱερεύς für die christliche Kirche übernommen wird. Wenn dieses Vokabular in der 2. Hälfte des 4. Jh. üblich wird, handelt es sich nicht mehr nur um eine Frage der Benennung. Vielmehr ist das Verständnis der bezeichneten Größen nun vom alttestamentlichen Tempelkult her geprägt.[64]

6. Das Alte Testament in der Kirche

Ursprünglich war das Alte Testament in der Kirche als das Buch, das von Christus redet, rezipiert worden. Geschahen die Exegesen hier mehr auf allegorische Weise, wurde das Alte Testament besonders im 4. Jh. in neuer Weise durch die direkte Übernahme von Vorstellungen vor allem an zwei Stellen in der Kirche wirksam.[65] Im 3. Jh. beginnend, vor allem aber im 4. Jh. wirken sich alttestamentliche und andere Vorstellungen dahingehend aus, daß sich Ämter zum Priestertum, Tische zu Altären, Versammlungsräume zu geweihten Kirchen wandeln und das Mahl Opfercharakter erhält. Eine wichtige Gestalt ist dabei Eusebios von Kaisareia.

Aber auch an anderer Stelle gab es einen tiefgreifenden Wandel. Drei Jahrhunderte lang hatte die christliche Kirche in Spannung zum Staat gestanden. Mit der Verchristlichung des Kaisertums und des Staates waren neue Konzepte nötig. Da bot es sich an, die alttestamentliche Theokratie unmittelbar zum Vorbild zu nehmen. Und es ist gewiß kein Zufall, daß es derselbe Eusebios von Kaisareia war, der zuerst Constantin mit Mose, dem Führer des Gottesvolkes, verglich.[66] Das geschieht noch zaghaft. Noch wird der Kaiser nicht „neuer Mose" genannt. Doch bereits die Kaiser des 3. Jh. haben ihre Kulte zu Staatskulten gemacht (besonders, was den Sonnenkult betraf), und es mußte deutlich sein, daß die Wende Constantins den Christengott

---

[63] Auch sonst begegnen Ausdrücke, die Teile des Tempels bezeichnen: ἕρκος, πρόπυλον etc.

[64] Zu klären bleibt, wann und in welchem Zusammenhang θυσιαστήριον einen Raum, und zwar in der Kirche dann den Altarraum bezeichnet.

[65] Vgl. THÜMMEL, Kirche des Ostens, 108f.

[66] Eusebios, Vita Constantini 1,12,1; 1,20,2; 1,38,2.5: GCS Eus. 1.1, S. 21,11f.; 26,13f.; 34,21–35,3.15–21 WINKELMANN; vgl. h.e. 9,9,4–8: S. 828,16–830,21. Damit gehören gewiß auch Szenen der constantinischen Sarkophagplastik – wie etwa die Gesetzesübergabe an Mose – zusammen, s. THÜMMEL, Studien, 220–223; DERS., Sondergut.

zum Reichsgott machte. Die Förderung der Christen, die Maßnahmen gegen heidnische Tempel, gegen Opfer und Bilder, wie sie Eusebios in der Vita Constantini beschrieben hat, zeigen, wie die Weichen in constantinischer Zeit gestellt wurden, auch wenn es noch nicht einfach ein christliches Reich gab. Das Neue wird besonders an der Stellung zum Kriegsdienst ablesbar. Wenn sich auch schon im Heer Diokletians Christen befanden, so galt doch immer noch, daß Christen eigentlich nicht Soldaten werden können. Jetzt wird Constantin als unbesiegbarer Kriegsheld gefeiert (Vita Constantini 1,6; 1,46: GCS Eus. 1,1, S. 17,20–28; 39,25–40,1 WINKELMANN), die Siege werden mit Hilfe des Kreuzes erfochten (4,5: S. 121,10–21), das an den Waffen angebracht ist (4,21: S. 127,22–25), und der Gottesdienst ist jetzt ein Mittel, den militärischen Sieg zu erringen (4,56,2.3: S. 143,24–144,1; vgl. Kephalaion, S. 13,3f.).

Die kanonische Geltung des Alten Testaments erlaubte die direkte Übernahme von Vorstellungen. Eine wichtige Frage ist, ob die beiden genannten Übernahmen auch zusammengesehen werden konnten, d.h. ob es die Vorstellung gegeben hat, daß der christliche Glaube als Staatsreligion auch Tempel, Altäre und Priester braucht.

Summary

For the church two factors are decisive: The Sermon as an instruction for the community and the eucharist following Jesus Christ's invitation to repeat his Last Supper. Both have been connected with different liturgical elements. Physical requirements for those events have been: A room with suitable size, perhaps a seat for the person presiding at the meeting, and a table, if a meal has been arranged.

These elements were not for ritual purposes only and not necessarily identifiable as Christian. Thus up to the 4th century there is almost no evidence of what we could call a Christian church. Up to the 4th century the pagan reproach against the Christians of having neither temple nor altars nor idols is confirmed by the Christians. A change occured in the late 3rd century when Christians had started to use bigger rooms for their meetings. Under the rule of Constantine the first program for building churches took place. In Northern Africa we have a special development by which the combination of offering foodstuff and celebrating eucharist influenced the terminology. In the east, Euseb of Caesarea interpreted the Christian cult with Old Testament terms. Under the influence of ideas taken from the Old Testament and other sources the offices were called "priesthood", tables became altars, assembly rooms became consecrated churches and the meal became a sacrifice.

Bibliographie

T. D. Barnes, The New Empire of Diocletian and Constantine, Cambridge/London 1982.

P. F. Bradshaw, Art. Priester/Priestertum III.1: Christliches Priesteramt, TRE 27 (1997), 414–421.

H. Brandenburg, Art. Kirchenbau I: Der frühchristliche Kirchenbau, TRE 18 (1989), 421–442.

J. Braun, Der christliche Altar, Bd. 1, München 1924.

F. W. Deichmann, Frühchristliche Kirchen in Rom, Basel 1948.

F. J. Dölger, Die Heiligkeit des Altars und ihre Begründung im christlichen Altertum, AuC 2 (1930), 161–183.

L. Duchesne (Hg.), Le Liber Pontificalis I: texte, introduction et commentaire, Paris 1955.

K. Gamber, Domus Ecclesiae, SPLi 2, 1968.

— Liturgie und Kirchenbau, SPLi 6, 1976.

A. v. Harnack (Hg.), Porphyrius „Gegen die Christen", 15 Bücher. Zeugnisse, Fragmente und Referate, APAW.PH 1916, 1 = Ders., Kleine Schriften zur Alten Kirche II, Opuscula IX, 2, Leipzig 1980, 362–493.

E. Josi, Scoperte nella basilica constantiniana al Laterano, RivAC 11 (1934), 335–358.

Th. Klauser, Die konstantinischen Altäre der Lateranbasilika, RQ 43 (1935), 179–186 (= Ders., Gesammelte Arbeiten zur Liturgiegeschichte, Kirchengeschichte und Christlichen Archäologie, hg. v. E. Dassmann, JAC.E 3, 1974, 155–160).

R. Krautheimer/Sp. Corbett/A. K. Frazer, Corpus Basilicarum Christianarum Romae. The Early Christian Basilicas of Rome, Bd. 5, Città del Vaticano 1980.

E. Langlotz, Art. Basilika A, RAC I (1950), 1225–1249.

H. Mischkowski, Die heiligen Tische im Götterkultus der Griechen und Römer, Diss. Königsberg 1917.

R. A. B. Mynors (Hg.), C. Plini Caecili Secundi Epistularum libri decem, Oxonii 1963.

E. Pernice, Hellenistische Tische, Zisternenmündungen, Beckenuntersätze, Altäre und Truhen, Die hellenistische Kunst in Pompeji 5, 1932.

G. M. A. Richter, The Furniture of the Greeks, Etruscans and Romans, London 1966.

H. Selhorst, Die Platzordnung im Gläubigenraum der altchristlichen Kirche, Münster 1931.

M. P. Speidel, Die Denkmäler der Kaiserreiter. Equites singulares Augusti, BoJ.B 50, 1994.

— Die Equites singulares Augusti, Diss. Freiburg/Bonn 1965.

— Maxentius und his Equites singulares in the Battle at the Milvian Bridge, CIA 5 (1986), 253–262 (= Ders., Roman Army Studies II, Mavors Roman Army Researches 8, 1992, 279–289).

A. Stuiber, Art. Altar II: Alte Kirche, TRE 2 (1978), 308–318.

H. G. Thümmel, Altarkreuz und Kreuzaltar, in: Studia byzantina. Beiträge aus der byzantinistischen Forschung der DDR zum XIII. Internationalen Byzantinistenkongreß in Oxford 1966, Wissenschaftliche Beiträge der Martin-Luther-Universität Halle-Wittenberg 1966/23 (K 1), 119–132.

— Ikonographisches Sondergut der konstantinischen Sarkophagplastik, Altertum 14 (1968), 92–97.

— Die Kirche des Ostens im 3. und 4. Jahrhundert, Berlin 1988.

— Studien zur frühchristlichen Grabeskunst, masch. Habil.-Schr., Greifswald 1966.

— Die Wende Constantins und die Denkmäler, in: E. MÜHLENBERG (Hg.), Die Konstantinische Wende, Veröffentlichungen der Wissenschaftlichen Gesellschaft für Theologie 13, 1998, 144–185.

L. VOELKL, Die konstantinischen Kirchbauten nach Eusebius, RivAC 29 (1953), 49–66.

— Die konstantinischen Kirchbauten nach den literarischen Quellen des Okzidents, RivAC 30 (1954), 99–136.

F. WIELAND, Mensa und Confessio, Bd. 1: Der Altar der vorkonstantinischen Kirche, München 1906.

— Mensa und Confessio, Bd. 2: Altar und Altargrab der christlichen Kirchen im 4. Jahrhundert, Leipzig 1912.

J. WILPERT, Die Malereien der Katakomben Roms, Freiburg i. Br. 1903.

— Ein unbekanntes Gemälde aus der Katakombe der hl. Domitilla und die coemeterialen Fresken mit Darstellungen aus dem realen Leben, RQ 1 (1887), 20–40.

Register

Stichworte

Akkadisch   Altpersisch

Hebräisch

Aramäisch

Griechisch

Altes Testament

Apokryphen und Pseudepigraphen

Qumran

Jüdisch-hellenistische Literatur

Inschriften und Papyri

Neues Testament

Frühchristliches Schrifttum

Rabbinische Literatur

Ägyptische Literatur

Pagane antike Literatur

Wissenschaftliche Untersuchungen zum Neuen Testament

Alphabetische Übersicht der ersten und zweiten Reihe

Anderson, Paul N.: The Christology of the Fourth Gospel. 1996. *Band II/78.*

Appold, Mark L.: The Oneness Motif in the Fourth Gospel. 1976. *Band II/1.*

Arnold, Clinton E.: The Colossian Syncretism. 1995. *Band II/77.*

Avemarie, Friedrich und *Hermann Lichtenberger* (Hrsg.): Bund und Tora. 1996. *Band 92.*

Bachmann, Michael: Sünder oder Übertreter. 1992. *Band 59.*

Baker, William R.: Personal Speech-Ethics in the Epistle of James. 1995. *Band II/68.*

Balla, Peter: Challenges to New Testament Theology. 1997. *Band II/95.*

Bammel, Ernst: Judaica. Band I 1986. *Band 37* – Band II 1997. *Band 91.*

Bash, Anthony: Ambassadors for Christ. 1997. *Band II/92.*

Bauernfeind, Otto: Kommentar und Studien zur Apostelgeschichte. 1980. *Band 22.*

Bayer, Hans Friedrich: Jesus' Predictions of Vindication and Resurrection. 1986. *Band II/20.*

Bell, Richard H.: Provoked to Jealousy. 1994. *Band II/63.*

– No One Seeks for God. 1998. *Band 106.*

Bergman, Jan: siehe *Kieffer, René*

Betz, Otto: Jesus, der Messias Israels. 1987. *Band 42.*

– Jesus, der Herr der Kirche. 1990. *Band 52.*

Beyschlag, Karlmann: Simon Magus und die christliche Gnosis. 1974. *Band 16.*

Bittner, Wolfgang J.: Jesu Zeichen im Johannesevangelium. 1987. *Band II/26.*

Bjerkelund, Carl J.: Tauta Egeneto. 1987. *Band 40.*

Blackburn, Barry Lee: Theios Aner and the Markan Miracle Traditions. 1991. *Band II/40.*

Bock, Darrell L.: Blasphemy and Exaltation in Judaism and the Final Examination of Jesus. 1998. *Band II/106.*

Bockmuehl, Markus N.A.: Revelation and Mystery in Ancient Judaism and Pauline Christianity. 1990. *Band II/36.*

Böhlig, Alexander: Gnosis und Synkretismus. Teil 1 1989. *Band 47* – Teil 2 1989. *Band 48.*

Böttrich, Christfried: Weltweisheit – Menschheitsethik – Urkult. 1992. *Band II/50.*

Bolyki, János: Jesu Tischgemeinschaften. 1997. *Band II/96.*

Büchli, Jörg: Der Poimandres – ein paganisiertes Evangelium. 1987. *Band II/27.*

Bühner, Jan A.: Der Gesandte und sein Weg im 4. Evangelium. 1977. *Band II/2.*

Burchard, Christoph: Untersuchungen zu Joseph und Asenath. 1965. *Band 8.*

– Studien zur Theologie, Sprache und Umwelt des Neuen Testaments. Hrsg. von D. Sänger. 1998. *Band 107.*

Cancik, Hubert (Hrsg.): Markus-Philologie. 1984. *Band 33.*

Capes, David B.: Old Testament Yaweh Texts in Paul's Christology. 1992. *Band II/47.*

Caragounis, Chrys C.: The Son of Man. 1986. *Band 38.*

– siehe *Fridrichsen, Anton.*

Carleton Paget, James: The Epistle of Barnabas. 1994. *Band II/64.*

Ciampa, Roy E.: The Presence and Function of Scripture in Galatians 1 and 2. 1998. *Band II/102.*

Crump, David: Jesus the Intercessor. 1992. *Band II/49.*

Deines, Roland: Jüdische Steingefäße und pharisäische Frömmigkeit. 1993. *Band II/52.*

– Die Pharisäer. 1997. *Band 101.*

Dietzfelbinger, Christian: Der Abschied des Kommenden. 1997. *Band 95.*

Dobbeler, Axel von: Glaube als Teilhabe. 1987. *Band II/22.*

Du Toit, David S.: Theios Anthropos. 1997. *Band II/91*

Dunn, James D.G. (Hrsg.): Jews and Christians. 1992. *Band 66.*

– Paul and the Mosaic Law. 1996. *Band 89.*

Ebertz, Michael N.: Das Charisma des Gekreuzigten. 1987. *Band 45.*

Eckstein, Hans-Joachim: Der Begriff Syneidesis bei Paulus. 1983. *Band II/10.*

– Verheißung und Gesetz. 1996. *Band 86.*

Ego, Beate: Im Himmel wie auf Erden. 1989. *Band II/34*

Ego, Beate und *Lange Armin* sowie *Pilhofer, Peter* (Hrsg.): Gemeinde ohne Tempel – Community without Temple. 1999. *Band 118.*

Eisen, Ute E.: siehe *Paulsen, Henning.*

Ellis, E. Earle: Prophecy and Hermeneutic in Early Christianity. 1978. *Band 18.*

– The Old Testament in Early Christianity. 1991. *Band 54.*

Ennulat, Andreas: Die ‚Minor Agreements‘. 1994. *Band II/62.*

Ensor, Peter W.: Jesus and His ‚Works‘. 1996. *Band II/85.*

Eskola, Timo: Theodicy and Predestination in Pauline Soteriology. 1998. *Band II/100.*

Feldmeier, Reinhard: Die Krisis des Gottes-
sohnes. 1987. *Band II/21.*
– Die Christen als Fremde. 1992. *Band 64.*
Feldmeier, Reinhard und *Ulrich Heckel*
(Hrsg.): Die Heiden. 1994. *Band 70.*
Fletcher-Louis, Crispin H.T.: Luke-Acts:
Angels, Christology and Soteriology. 1997.
Band II/94.
Förster, Niclas: Marcus Magus. 1999.
Band 114.
Forbes, Christopher Brian: Prophecy and
Inspired Speech in Early Christianity and
its Hellenistic
Environment. 1995. *Band II/75.*
Fornberg, Tord: siehe *Fridrichsen, Anton.*
Fossum, Jarl E.: The Name of God and the
Angel of the Lord. 1985. *Band 36.*
Frenschkowski, Marco: Offenbarung und
Epiphanie. Band 1 1995. *Band II/79 –*
Band 2 1997. *Band II/80.*
Frey, Jörg: Eugen Drewermann und die
biblische Exegese. 1995. *Band II/71.*
– Die johanneische Eschatologie. Band I.
1997. *Band 96.* – Band II. 1998. *Band 110.*
Fridrichsen, Anton: Exegetical Writings. Hrsg.
von C.C. Caragounis und T. Fornberg.
1994. *Band 76.*
Garlington, Don B.: ‚The Obedience of Faith‘.
1991. *Band II/38.*
– Faith, Obedience, and Perseverance. 1994.
Band 79.
Garnet, Paul: Salvation and Atonement in the
Qumran Scrolls. 1977. *Band II/3.*
Gese, Michael: Das Vermächtnis des Apostels.
1997. *Band II/99.*
Gräßer, Erich: Der Alte Bund im Neuen.
1985. *Band 35.*
Green, Joel B.: The Death of Jesus. 1988.
Band II/33.
Gundry Volf, Judith M.: Paul and
Perseverance. 1990. *Band II/37.*
Hafemann, Scott J.: Suffering and the Spirit.
1986. *Band II/19.*
– Paul, Moses, and the History of Israel.
1995. *Band 81.*
Hartman, Lars: Text-Centered New Testa-
ment Studies. Hrsg. von D. Hellholm. 1997.
Band 102.
Heckel, Theo K.: Der Innere Mensch. 1993.
Band II/53.
Heckel, Ulrich: Kraft in Schwachheit. 1993.
Band II/56.
– siehe *Feldmeier, Reinhard.*
– siehe *Hengel, Martin.*
Heiligenthal, Roman: Werke als Zeichen.
1983. *Band II/9.*
Hellholm, D.: siehe *Hartman, Lars.*
Hemer, Colin J.: The Book of Acts in the
Setting of Hellenistic History. 1989.
Band 49.

Hengel, Martin: Judentum und Hellenismus.
1969, ³1988. *Band 10.*
– Die johanneische Frage. 1993. *Band 67.*
– Judaica et Hellenistica. Band 1. 1996.
Band 90. – Band 2. 1999. *Band 109.*
Hengel, Martin und *Ulrich Heckel* (Hrsg.):
Paulus und das antike Judentum. 1991.
Band 58.
Hengel, Martin und *Hermut Löhr* (Hrsg.):
Schriftauslegung im antiken Judentum und
im Urchristentum. 1994. *Band 73.*
Hengel, Martin und *Anna Maria Schwemer:*
Paulus zwischen Damaskus und
Antiochien. 1998. *Band 108.*
Hengel, Martin und *Anna Maria Schwemer*
(Hrsg.): Königsherrschaft Gottes und
himmlischer Kult. 1991. *Band 55.*
– Die Septuaginta. 1994. *Band 72.*
Herrenbrück, Fritz: Jesus und die Zöllner.
1990. *Band II/41.*
Herzer, Jens: Paulus oder Petrus? 1998.
Band 103.
Hoegen-Rohls, Christina: Der nachösterliche
Johannes. 1996. *Band II/84.*
Hofius, Otfried: Katapausis. 1970. *Band 11.*
– Der Vorhang vor dem Thron Gottes. 1972.
Band 14.
– Der Christushymnus Philipper 2,6-11.
1976, ²1991. *Band 17.*
– Paulusstudien. 1989, ²1994. *Band 51.*
Hofius, Otfried und *Hans-Christian
Kammler:* Johannesstudien. 1996. *Band 88.*
Holtz, Traugott: Geschichte und Theologie
des Urchristentums. 1991. *Band 57.*
Hommel, Hildebrecht: Sebasmata. Band 1
1983. *Band 31* – Band 2 1984. *Band 32.*
Hvalvik, Reidar: The Struggle for Scripture
and Covenant. 1996. *Band II/82.*
Kähler, Christoph: Jesu Gleichnisse als Poesie
und Therapie. 1995. *Band 78.*
Kammler, Hans-Christian: siehe *Hofius,
Otfried.*
Kamlah, Ehrhard: Die Form der katalogischen
Paränese im Neuen Testament. 1964.
Band 7.
Kieffer, René und *Jan Bergman (Hrsg.):* La
Main de Dieu / Die Hand Gottes. 1997.
Band 94.
Kim, Seyoon: The Origin of Paul's Gospel.
1981, ²1984. *Band II/4.*
– „The ‚Son of Man'“ as the Son of God.
1983. *Band 30.*
Kleinknecht, Karl Th.: Der leidende Gerecht-
fertigte. 1984, ²1988. *Band II/13.*
Klinghardt, Matthias: Gesetz und Volk
Gottes. 1988. *Band II/32.*
Köhler, Wolf-Dietrich: Rezeption des
Matthäusevangeliums in der Zeit vor
Irenäus. 1987. *Band II/24.*
Korn, Manfred: Die Geschichte Jesu in
veränderter Zeit. 1993. *Band II/51.*

Koskenniemi, Erkki: Apollonios von Tyana in der neutestamentlichen Exegese. 1994. *Band II/61.*

Kraus, Wolfgang: Das Volk Gottes. 1996. *Band 85.*

– siehe *Walter, Nikolaus.*

Kuhn, Karl G.: Achtzehngebet und Vaterunser und der Reim. 1950. *Band 1.*

Laansma, Jon: I Will Give You Rest. 1997. *Band II/98.*

Lange, Armin: siehe *Ego, Beate.*

Lampe, Peter: Die stadtrömischen Christen in den ersten beiden Jahrhunderten. 1987, ²1989. *Band II/18.*

Landmesser, Christof: Wahrheit als Grundbegriff neutestamentlicher Wissenschaft. 1999. *Band 113.*

Lau, Andrew: Manifest in Flesh. 1996. *Band II/86.*

Lichtenberger, Hermann: siehe *Avemarie, Friedrich.*

Lieu, Samuel N.C.: Manichaeism in the Later Roman Empire and Medieval China. ²1992. *Band 63.*

Loader, William R.G.: Jesus' Attitude Towards the Law. 1997. *Band II/97.*

Löhr, Gebhard: Verherrlichung Gottes durch Philosophie. 1997. *Band 97.*

Löhr, Hermut: siehe *Hengel, Martin.*

Löhr, Winrich Alfried: Basilides und seine Schule. 1995. *Band 83.*

Luomanen, Petri: Entering the Kingdom of Heaven. 1998. *Band II/101.*

Maier, Gerhard: Mensch und freier Wille. 1971. *Band 12.*

– Die Johannesoffenbarung und die Kirche. 1981. *Band 25.*

Markschies, Christoph: Valentinus Gnosticus? 1992. *Band 65.*

Marshall, Peter: Enmity in Corinth: Social Conventions in Paul's Relations with the Corinthians. 1987. *Band II/23.*

McDonough, Sean M.: YHWH at Patmos: Rev. 1:4 in its Hellenistic and Early Jewish Setting. 1999. *Band II/107.*

Meade, David G.: Pseudonymity and Canon. 1986. *Band 39.*

Meadors, Edward P.: Jesus the Messianic Herald of Salvation. 1995. *Band II/72.*

Meißner, Stefan: Die Heimholung des Ketzers. 1996. *Band II/87.*

Mell, Ulrich: Die „anderen" Winzer. 1994. *Band 77.*

Mengel, Berthold: Studien zum Philipperbrief. 1982. *Band II/8.*

Merkel, Helmut: Die Widersprüche zwischen den Evangelien. 1971. *Band 13.*

Merklein, Helmut: Studien zu Jesus und Paulus. Band 1 1987. *Band 43.* – Band 2 1998. *Band 105.*

Metzler, Karin: Der griechische Begriff des Verzeihens. 1991. *Band II/44.*

Metzner, Rainer: Die Rezeption des Matthäusevangeliums im 1. Petrusbrief. 1995. *Band II/74.*

Mittmann-Richert, Ulrike: Magnifikat und Benediktus. 1996. *Band II/90.*

Mußner, Franz: Jesus von Nazareth im Umfeld Israels und der Urkirche. Hrsg. von M. Theobald. 1998. *Band 111.*

Niebuhr, Karl-Wilhelm: Gesetz und Paränese. 1987. *Band II/28.*

– Heidenapostel aus Israel. 1992. *Band 62.*

Nissen, Andreas: Gott und der Nächste im antiken Judentum. 1974. *Band 15.*

Noormann, Rolf: Irenäus als Paulusinterpret. 1994. *Band II/66.*

Obermann, Andreas: Die christologische Erfüllung der Schrift im Johannesevangelium. 1996. *Band II/83.*

Okure, Teresa: The Johannine Approach to Mission. 1988. *Band II/31.*

Paulsen, Henning: Studien zur Literatur und Geschichte des frühen Christentums. Hrsg. von Ute E. Eisen. 1997. *Band 99.*

Park, Eung Chun: The Mission Discourse in Matthew's Interpretation. 1995. *Band II/81.*

Philonenko, Marc (Hrsg.): Le Trône de Dieu. 1993. *Band 69.*

Pilhofer, Peter: Presbyteron Kreitton. 1990. *Band II/39.*

– Philippi. Band 1 1995. *Band 87.*

– siehe *Ego, Beate.*

Pöhlmann, Wolfgang: Der Verlorene Sohn und das Haus. 1993. *Band 68.*

Pokorný, Petr und *Josef B. Souček:* Bibelauslegung als Theologie. 1997. *Band 100.*

Porter, Stanley E.: The Paul of Acts. 1999. *Band 115.*

Prieur, Alexander: Die Verkündigung der Gottesherrschaft. 1996. *Band II/89.*

Probst, Hermann: Paulus und der Brief. 1991. *Band II/45.*

Räisänen, Heikki: Paul and the Law. 1983, ²1987. *Band 29.*

Rehkopf, Friedrich: Die lukanische Sonderquelle. 1959. *Band 5.*

Rein, Matthias: Die Heilung des Blindgeborenen (Joh 9). 1995. *Band II/73.*

Reinmuth, Eckart: Pseudo-Philo und Lukas. 1994. *Band 74.*

Reiser, Marius: Syntax und Stil des Markusevangeliums. 1984. *Band II/11.*

Richards, E. Randolph: The Secretary in the Letters of Paul. 1991. *Band II/42.*

Riesner, Rainer: Jesus als Lehrer. 1981, ³1988. *Band II/7.*

– Die Frühzeit des Apostels Paulus. 1994. *Band 71.*

Rissi, Mathias: Die Theologie des Hebräerbriefs. 1987. *Band 41.*

Röhser, Günter: Metaphorik und Personifikation der Sünde. 1987. *Band II/25.*

Rose, Christian: Die Wolke der Zeugen. 1994. *Band II/60.*

Rüger, Hans Peter: Die Weisheitsschrift aus der Kairoer Geniza. 1991. *Band 53.*

Sänger, Dieter: Antikes Judentum und die Mysterien. 1980. *Band II/5.*

– Die Verkündigung des Gekreuzigten und Israel. 1994. *Band 75.*

– siehe *Burchard, Chr.*

Salzmann, Jorg Christian: Lehren und Ermahnen. 1994. *Band II/59.*

Sandnes, Karl Olav: Paul – One of the Prophets? 1991. *Band II/43.*

Sato, Migaku: Q und Prophetie. 1988. *Band II/29.*

Schaper, Joachim: Eschatology in the Greek Psalter. 1995. *Band II/76.*

Schimanowski, Gottfried: Weisheit und Messias. 1985. *Band II/17.*

Schlichting, Günter: Ein jüdisches Leben Jesu. 1982. *Band 24.*

Schnabel, Eckhard J.: Law and Wisdom from Ben Sira to Paul. 1985. *Band II/16.*

Schutter, William L.: Hermeneutic and Composition in I Peter. 1989. *Band II/30.*

Schwartz, Daniel R.: Studies in the Jewish Background of Christianity. 1992. *Band 60.*

Schwemer, Anna Maria: siehe *Hengel, Martin*

Scott, James M.: Adoption as Sons of God. 1992. *Band II/48.*

– Paul and the Nations. 1995. *Band 84.*

Siegert, Folker: Drei hellenistisch-jüdische Predigten. Teil I 1980. *Band 20* – Teil II 1992. *Band 61.*

– Nag-Hammadi-Register. 1982. *Band 26.*

– Argumentation bei Paulus. 1985. *Band 34.*

– Philon von Alexandrien. 1988. *Band 46.*

Simon, Marcel: Le christianisme antique et son contexte religieux I/II. 1981. *Band 23.*

Snodgrass, Klyne: The Parable of the Wicked Tenants. 1983. *Band 27.*

Söding, Thomas: Das Wort vom Kreuz. 1997. *Band 93.*

– siehe *Thüsing, Wilhelm.*

Sommer, Urs: Die Passionsgeschichte des Markusevangeliums. 1993. *Band II/58.*

Souček, Josef B.: siehe *Pokorný, Petr.*

Spangenberg, Volker: Herrlichkeit des Neuen Bundes. 1993. *Band II/55.*

Speyer, Wolfgang: Frühes Christentum im antiken Strahlungsfeld. Band I: 1989. *Band 50.* – Band II: 1999. *Band 116.*

Stadelmann, Helge: Ben Sira als Schriftgelehrter. 1980. *Band II/6.*

Stenschke, Christoph W.: Luke's Portrait of Gentiles Prior to Their Coming to Faith. *Band II/108.*

Stettler, Hanna: Die Christologie der Pastoralbriefe. 1998. *Band II/105.*

Strobel, August: Die Stunde der Wahrheit. 1980. *Band 21.*

Stroumsa, Guy G.: Barbarian Philosophy. 1999. *Band 112.*

Stuckenbruck, Loren T.: Angel Veneration and Christology. 1995. *Band II/70.*

Stuhlmacher, Peter (Hrsg.): Das Evangelium und die Evangelien. 1983. *Band 28.*

Sung, Chong-Hyon: Vergebung der Sünden. 1993. *Band II/57.*

Tajra, Harry W.: The Trial of St. Paul. 1989. *Band II/35.*

– The Martyrdom of St. Paul. 1994. *Band II/67.*

Theißen, Gerd: Studien zur Soziologie des Urchristentums. 1979, ³1989. *Band 19.*

Theobald, Michael: siehe *Mußner, Franz.*

Thornton, Claus-Jürgen: Der Zeuge des Zeugen. 1991. *Band 56.*

Thüsing, Wilhelm: Studien zur neutestamentlichen Theologie. Hrsg. von Thomas Söding. 1995. *Band 82.*

Treloar, Geoffrey R.: Lightfoot the Historian. 1998. *Band II/103.*

Tsuji, Manabu: Glaube zwischen Vollkommenheit und Verweltlichung. 1997. *Band II/93*

Twelftree, Graham H.: Jesus the Exorcist. 1993. *Band II/54.*

Visotzky, Burton L.: Fathers of the World. 1995. *Band 80.*

Wagener, Ulrike: Die Ordnung des „Hauses Gottes". 1994. *Band II/65.*

Walter, Nikolaus: Praeparatio Evangelica. Hrsg. von Wolfgang Kraus und Florian Wilk. 1997. *Band 98.*

Wander, Bernd: Gottesfürchtige und Sympathisanten. 1998. *Band 104.*

Watts, Rikki: Isaiah's New Exodus and Mark. 1997. *Band II/88.*

Wedderburn, A.J.M.: Baptism and Resurrection. 1987. *Band 44.*

Wegner, Uwe: Der Hauptmann von Kafarnaum. 1985. *Band II/14.*

Welck, Christian: Erzählte ‚Zeichen'. 1994. *Band II/69.*

Wilk, Florian: siehe *Walter, Nikolaus.*

Wilson, Walter T.: Love without Pretense. 1991. *Band II/46.*

Zimmermann, Alfred E.: Die urchristlichen Lehrer. 1984, ²1988. *Band II/12.*

Zimmermann, Johannes: Messianische Texte aus Qumran. 1998. *Band II/104.*

Einen Gesamtkatalog erhalten Sie gern vom
Mohr Siebeck Verlag, Postfach 2040, D–72010 Tübingen.
Neueste Informationen im Internet unter http://www.mohr.de